STAUFFENBURG
Festschriften

Particulae particularum

Festschrift zum 60. Geburtstag
von Harald Weydt

Herausgegeben von

Theo Harden
Elke Hentschel

STAUFFENBURG
VERLAG

Die Deutsche Bibliothek – CIP-Einheitsaufnahme

Particulae particularum : Festschrift zum 60. Geburtstag von Harald Weydt / hrsg. von Theo Harden ; Elke Hentschel. – Tübingen : Stauffenburg-Verl., 1998
(Stauffenburg-Festschriften ; 5)
ISBN 3-86057-644-5

Postfach 25 25 · 72015 Tübingen

Gedruckt auf säurefreiem und alterungsbeständigem Werkdruckpapier.

Druck: Müller + Bass, Tübingen
Verarbeitung: Gogl, Reutlingen
Printed in Germany

ISSN 1433-2752
ISBN 3-86057-644-5

Inhalt

Vorwort

Die Textsorte "Vorwort", zumal in einer Festschrift, ist weniger durch das Informationsbedüfnis der potentiellen (vielleicht sogar virtuellen?) LeserInnen motiviert, auch wohl kaum durch den unbezähmbaren Drang der Herausgeber, ihre Mitmenschen zu belehren oder bisher Unbekanntes zu enthüllen. Nein, motiviert ist ein solches Vorwort, und darin stimmt es in einem Teilbereich der Merkmalsmenge mit der Festschrift insgesamt überein, einzig und allein durch die Konvention, man könnte fast sagen: durch das Ritual, und fällt von daher eher in den Bereich der phatischen als der poetischen Funktion der Sprache. Die geneigte Leserin und der nicht minder geneigte Leser mögen sich dementsprechend darauf einstellen, daß hier weniger ein Sachverhalt an sich als vielmehr die Herstellung eines bestimmten Klimas im Vordergrund steht – nicht Kantisches, sondern Atmosphärisches. *We have come to praise Harald Weydt, not to bury him*, so ließe sich kalauernd die Intention dieser Seiten zusammenfassen.

Eine lange Gelehrtentätigkeit, wie wir sie bei Harald Weydt finden, hinterläßt Eindrücke, schafft Schüler, Freunde, durchaus auch Gegner. Zumal dann, wenn die Gebiete, mit denen sich Harald Weydt beschäftigt hat, eher *terrae incognitae* auf der linguistischen Landkarte waren, bevor er sich ihrer annahm. Wer unbekanntes oder kaum erkundetes Terrain betritt, hat mit ungeahnten und auch kaum antizpierbaren Schwierigkeiten zu rechnen. Um so größer der Ruhm, wenn die Mission mit Erfolg gekrönt ist: die Abtönungspartikeln des Deutschen und ihre systematische Erforschung sind untrennbar mit dem Namen Harald Weydt verbunden.

Davon, daß die Interessen des Jubilars sehr viel umfangreicher und auch heterogener sind, als die Verknüpfung seines Namens mit den sprachlichen Winzlingen auf den ersten Blick vermuten läßt, zeugt indessen auch die Heterogenität der Themen, die in diesem Band behandelt werden. Natürlich stehen die Partikeln im Vordergrund – das war auch nicht anders zu erwarten. Aber daneben spiegelt sich auch der Romanist Harald Weydt wider, der Co-Autor einer deutschen Grammatik, der Mitbegründer eines Reformstudiengangs "Deutsch als Fremdsprache" und *last but not least* der Leiter der Arbeitsstelle "Deutsch als Minderheitensprache" – alle diese Facetten der Forscherpersönlichkeit sind in den Beiträgen enthalten. Eine Aufspaltung dieses bunten Spektrums verschiedenster, auch überlappender Themen in Kapitel schien uns daher wenig sinnvoll, im Gegenteil: die alphabetische Anordnung betont den Charakter eines farbigen Arrangements, das vermutlich am besten die Lehr- und Forschungstätigkeit von Harald Weydt in ihrer ganzen Breite würdigt.

Wir danken allen Beiträgern, ohne die dieser Band natürlich nie zustande gekommen wäre; aber ein kleines Stückchen unseres Dankes gilt darüber hinaus auch den Segnungen der Technik, die ebenfalls einen entscheidenden Anteil daran haben, daß dieser Band nun so vorliegt, wie Sie ihn in Händen halten. Während der Arbeit an der Festschrift war Elke Hentschel z. T. in Belgrad, Theo Harden in Brasília. Die Manuskripte haben mehrfach – natürlich in digitalisierter Form – Ozeane und unwegsames Gebiet überquert. Nicht nur die Kommunikation über Abläufe, Vorgehensweise etc. hätte ohne E-Mail nicht in der relativ störungsfreien Form stattfinden können; es wäre auch unmöglich gewesen, die Beiträge zu bearbeiten und den Band fertigzustellen.

Kleine Mängel, oder weniger euphemistisch: Fehler, die uns der Jubliar verzeihen möge, sind trotzdem nicht zu vermeiden. Sie gehen selbstverständlich zu Lasten der HerausgeberInnen.

Da Rituale nicht zu stark überdehnt werden dürfen, soll es hiermit hinsichtlich des Vorworts sein Bewenden haben. Wir danken nochmals allen, die an diesem Band mitgewirkt haben, und hoffen, daß vor allem beim Jubilar das Gefühl von *prodesse* und *delectare* sich in angemessener Ausgewogenheit einstellt.

Berlin und Dublin, im Dezember 1997

Theo Harden
Elke Hentschel

Werner Abraham (Groningen)

even-sogar-Exerzitie

Ma théorie se borne à utiliser les passions réprouvées telles que la nature les donne, et sans y rien changer.
Charles Fourier, *Théorie de l'unité universelle*

1. Umriß

Die kleinen, nicht gut bestimmbaren Teilchen haben in der Karriere Harald Weydts immer eine große Rolle gespielt, und es ist sein Verdienst, dies der Germanistik in Deutschland nachhaltig ins Bewußtsein gerufen zu haben und daraus ein florierendes akademisches Geschäft gemacht zu haben – an dem er nicht unbeteiligt als Makler und Großhändler war (Weydt 1969, 1981, 1989 etc.).

Der vorliegende Aufsatz ist dem Jubilanten, eben diesem verdienstvollen "Teilchen"-Weydt, insofern gewidmet, als er ein vielbesprochenes Thema (Horn 1972, König/Stark/Requardt 1990, König 1991, Löbner 1989, Vandeweghe 1984, um nur einige wenige zu nennen) nochmals aufnimmt: die empirisch-inhaltlich adäquate Beschreibung der Fokuspartikel *even/sogar* bzw. *selbst*. Dabei orientiere ich mich z. T. methodisch, wiewohl auch wieder nicht in Einzelheiten an einer auf Englisch erschienenen Arbeit, die unter logischen Semantikern als richtungweisend gilt (Rooth 1985), ziehe Vergleiche zur Semantik von *aber* und anderen ähnlichen Satzkoordinatoren und Modalpartikeln (Levin 1975, Abraham 1975, Lang 1984). Unmittelbarer Anlaß zu dieser kurzen Auseinandersetzung ist Boguslavsky (1996).

Der Argumentationsgang, der die Gliederung des Aufsatzes bestimmt, ist folgender: In einem ersten Schritt diskutiere ich die empirische Adäquatheit unter der Beschreibungs- und Generalisierungsannahme einer skalaren griceschen Implikatur für die Fokuspartikel *even/sogar–selbst*; in einem zweiten Schritt ersetze ich diese Implikatur durch eine skalare Bedeutunskomponente in der Definition; und in einem dritten Schritt verzichte ich in der entsprechenden Definitionskomponente um der empirischen Adäquatheit willen auf diese Skala völlig. Schließlich wird uns die Diskussion zeigen, daß wir unter dem erreichten Horizont die Frage entscheiden können, ob es unterschiedliche Lexeme für *even/sogar-selbst* gibt bzw. was eine Alternative dazu wäre – etwa die Annahme verschiedener (absoluter vs. manipulierbarer Prädikate) im Skopus der Fokuspartikel.

2. Die Implikaturanalyse

Sofern nicht ausdrücklich anders betont, soll die folgende Analyse für *even* gelten und auf *sogar/selbst* übertragbar sein. Um die semantische Leistung der skalaren Partikel in Sätzen wie (1) festzulegen, sollen die folgenden drei bedeutungskonstituierenden Leistungskomponenten gelten (Boguslavsky 1996:1). [KLEINE KAPITÄLCHEN legen Fokusakzent fest]

(1) **Even** JOHN can solve this problem – Sogar/selbst HANS kann das Problem lösen

(2) BEDEUTUNGSKONSTITUIERENDE DEFINITIONSKOMPONENTEN:

wo: P=Bedeutung des Satzes ohne die Fokuspartikel; Q=Bedeutung des Partikelsatzes

(2a) P(Q) so viel wie der Kontext der Partikelverwendung:
Hans kann das Problem lösen

(2b) Es gibt ein Q'(=Q) derart, daß P(Q')
Existenzimplikatur: d.h. es gibt andere als Q, auf die dasselbe Prädikat P zutrifft

(2c) Q' hat die Eigenschaft P mit größerer Wahrscheinlichkeit als Q
skalare Implikatur; vgl. (3)

Eine solche implikative Skala sei folgendermaßen erklärt: Unserer Welterfahrung folgend ist Q wahrscheinlicher erfüllt als P; es gebe aber ein Q' derart, daß dessen Erfüllungswahrscheinlichkeit noch höher sei als Q selbst – d.h. unter Bezug auf den *sogar*-Satz, daß es zu *Sogar/selbst HANS (kann das Problem lösen)* (=Q) andere Problemlöser neben Hans (nämlich Q') gibt, denen die Lösung leichter fällt.

```
       0P                    Q
(3a)   |-------------------->|
       P                     Q                   Q'
(3b)   |-------------------->|------------------>|
```

3. Erste Modifikation: Schwächung der Existenzkomponente

Sätz wie (4) sind Anlaß zur Änderung der zweiten Bedeutungskomponente in der Definition in (2) oben im Sinne von (5).

(4) Sophie klettert besser nicht auf diesen Baum! *Sogar/selbst* HANS
würde es nicht schaffen.

(5a) Es gibt Q'(≠Q) derart, daß Q' entweder die Eigenschaft P besitzt oder

(5b) **sie zumindest haben könnte**.

Wir schwächen demnach die Existenzimplikatur in der (b)-Komponente der Definition. Die Formulierung in (4) ist deutlich, was diese Änderung betrifft: Hans, mit dessen Kletterkünsten Sophie verglichen wird, hat seine Kletterkünste auf diesem Baum ja noch nicht bewiesen. (2b) wäre demnach zu streng, somit empirisch inadäquat. Dem trägt (5b) Rechnung.

4. Zweite Modifikation: Schwächung der Skalarkomponente

Die folgenden Beispiele sind Anlaß, weitere Änderungen in der Generalisierung von (2) vorzunehmen. Vgl. (6).

(6) Jakob lächelte, und Hans LACHTE *sogar* lauthals.

(7) Jeder lachte, *sogar* HANS

(8) Alle Männer im Dorf waren verliebt in sie, und *sogar* DIE FRAUEN mochten sie leiden

(9a) *Jeder sprach Polnisch, und *sogar HANS* sprach Ungarisch

(9b) *Jeder lächelte, und *sogar* HANS lachte lauthals

(10) Hans ist Papst. Jakob ist sogar Präsident der USA.

Die Schwierigkeit angesichts solcher Beispiele liegt darin, daß Rang- und Wertordnungen impliziert werden, die nicht nur nicht unbedingt in normalen Welten Gültigkeit haben, sondern die darüber hinaus impliziert werden müssen. Vgl. (11) in bezug auf (10).

(11a) Papst impliziert	(→)	hohen sozialen Status
(11b) US-Präsident	→	hohen sozialen Status
(11c) hoher sozialer Status (Papst)	<	hoher sozialer Status (US-Präsident)

Die komplexen Implikationsschritte ähneln denen, die bei inhaltlich komplexen Koordinatoren wie *aber* und *auch* angestrengt worden sind (Levin 1975, Abraham 1975, Lang 1984). Vgl. etwa (12). [Wo der Quantor weggelassen ist, gilt Allquantifikation]

(12a) Jakob ist klein, *aber* stark
setzt voraus:
klein (x) → ¬stark (x)
direkte Implikation zwischen den beiden Prädikaten

(12b) Jakob trägt eine Brille, *aber* er sieht gut
Brillenträger (x) → schlecht sehen (x)
gut sehen (x) → ¬ schlecht sehen
conclusio: trägt die Brille als Täuschung (x)
indirekte, teilweise mit der Normalwelt unverträgliche Implikationen

Ähnliches gilt für *auch*. vgl. (13).

(13a) Peter sagte kein Wort, und der Gast war *auch* still.
still(x) → kein Wort sagen (x)
direkte Implikation

(13b) Peter war sehr müde. Der Gast sagte *auch* nichts.
sehr müde sein(x) → still sein (x)
still sein(x) → kein Wort sagen (x)
indirekte, mehrschrittige Implikation

All diese Beobachtungen zwingen uns also zu folgenden Modifikationen in der Anwendungsdefinition für *even/sogar–selbst*.

(14a) Es gibt ein Q' und ein P' derart, daß P' "mehr" gilt als P, wobei Q' die Eigenschaften von P' besitzt.

(14b) Q' hat die Eigenschaft P' mit größerer Wahrscheinlichkeit, als Q die Eigenschaft P hat.

Wir haben damit nicht nur skalare Beziehungen zwischen den Argumenten der Prädikate in den Beispielen oben in die Definition eingebracht; vielmehr wurden auch unabhängig davon Welten entworfen, in denen skalare Unterschiede zwischen den Prädikationen ohne *even/sogar* gelten.

5. Negative Polarität

Die folgenden Beispiele erweitern den Geltungsbereich der Partikeln erheblich, und zwar in der Richtung negativer Polarität. Im wesentlichen läuft dies darauf hinaus, daß sich die Partikeln in Kontexten mit nicht-negativer Polarität nicht verwenden lassen. Zu solchen negativ-polaren Kontexten gehören auch Beispiele mit Negationstransport wie in (15). Zu beachten ist, daß das Deutsche im Gegensatz zum Englischen in negativen Kontexten nicht *sogar*, sondern *(nicht) einmal* (= *not even*) verwendet. Andere Sprachen wie etwa das Russische (Boguslavsky 1996) teilen die Verwendung ein und desselben Partikellexems in positiver wie negativer Umgebung mit dem Englischen, im Unterschied eben zum Deutschen.

(15a) Ich glaube, *sogar* HANS kann das Problem lösen
>> leichtes Problem

(15b) ??Ich glaube nicht, daß *sogar* HANS das Problem lösen kann
SOLL >>:schweres Problem (?)

(15c) I don't think that *even* JOHN can solve this problem
>> schweres Problem

(15d) Ich glaube, daß *nicht einmal* HANS das Problem lösen kann
>> schweres Problem

(15e) *Ich glaube nicht, daβ *einmal* HANS das Problem gelöst hat

(15f) Ich glaube nicht, daß Hans dieses Problem lösen kann – *nicht einmal* ER!

Abgesehen vom Problem des Negationstransports zwischen Einbettung und einbettendem Satz – ein solcher Negationstransport funktioniert im Deutschen auf keinen Fall dann, wenn sich das Fokuspartikellexem unter dem Einfluß des Negationselements ändert; vgl. (15e) –, das ich hier nicht weiter verfolgen will, sind Sätze mit *nicht glauben* + Komplementsatz in den größeren Zusammenhang der *Zweifelepistemik* einzuordnen. Dies zeigen die folgenden Beispiele.

(16) ZWEIFELPRÄDIKATE

(16a) Ich *zweifle*/es ist *schwer zu glauben*/man kann *kaum erwarten*/es ist *naiv/ lachhaft anzunehmen,* daß *selbst/sogar* ein einmaliger Kunstexperte wie Albert diese Illumination beurteilen kann.

(16b) #*Selbst* ein einmaliger Kunstexperte wie Albert kann diese Illumination beurteilen.

(16c) *Selbst* ein einmaliger Kunstexperte wie Albert kann diese Illumination *nicht* beurteilen.

Vgl. (16b) und (16a,c). Es ist deutlich, unter welchen epistemischen Bedingungen *selbst/sogar/even* bzw. *(nicht) einmal* grammatisch bzw. akzeptabel und verständlich sind. Die folgenden Illustrationen erweitern die Klasse der Zweifelprädikate.

(17a) Jeder, der ihm heute gefolgt wäre (was freilich niemand tat), wäre *überrascht* gewesen, daß *sogar* ein so brillanter Architekt wie Loos einen so hingebungsvollen Bewunderer gefunden hätte.

(17b) **Selbst* ein Architekt der Brillanz von Loos hat einen so hingebungsvollen Bewunderer wie ihn gefunden.

(17c) *Selbst* ein Architekt der Brillanz von Loos hat *keinen* so hingebungsvollen Bewunderer wie ihn gefunden.

(18) Ich *wußte nicht*, daß *selbst* Albert dieses Problem lösen konnte.

(19) UNZUREICHENDHEITPRÄDIKATE

(19a) Eine Stunde *reicht nicht aus*, daß *selbst* die besten Studenten diese Aufgabe meistern könnten

(19b) **Selbst* die besten Studenten können diese Aufgabe meistern

(19c) Selbst die besten Studenten konnten diese Aufgabe *nicht* meistern

(19d) *Eine Stunde *reicht aus*, daß *selbst* die besten Studenten diese Aufgabe meistern könnten

(20a) *Sogar die besten Studenten konnten die schwierige Aufgabe lösen

(20b) Sogar die besten Studenten konnten die schwierige Aufgabe *nicht* lösen

(21) FRAGEPRÄDIKATE

(21a) ?Werden *selbst* die Besten imstande sein diese Schwierigkeit zu meistern?
direkte Frage

(21b) Werden *selbst* die Besten *nicht* imstande sein diese Schwierigkeit zu meistern?
negierte direkte Frage

(21c) Es erhebt sich die Frage, ob *selbst* die Besten imstande sein werden diese Schwierigkeit zu meistern.
indirekte Frage

(22) Ich *frage mich/es wäre interessant zu wissen/wer weiß/stellen wir die Frage, ob selbst* die Besten imstande sein werden, diese Schwierigkeiten zu meistern.

(23) WENIGPRÄDIKATE

(23a) (Dies ist ein schwieriger Problembereich). Es gibt *wenig* Probleme/es ist *schwer* Probleme zu finden, die *selbst* die besten Studenten lösen können.

(23b) **Selbst* die Besten können solche Schwierigkeiten meistern.

(23c) *Selbst* die Besten können solche Schwierigkeiten *nicht* meistern.

(24) Ich *bezweifle sogar*, daß *sogar* die Besten *sogar* solche Probleme lösen können.

Sofern diese Liste von Prädikaten negativ polaren Inhalts erschöpfend ist, ergibt sich folgendes Gesamtbild:

(25) PRÄDIKATSKLASSEN NEGATIV-POLARER KONTEXTE

i Zweifel

ii Unzureichendheit

iii Fraglichkeit

iv Geringheit

6. Letzte Modifikation: Semantisierung der skalaren Implikatur

Selbst der bisher vorgeführte empirische Bereich ist noch um Beispiele zu erweitern, die zeigen, daß eine weitere Vereinfachung der dreikomponentigen Bedeutungsdefinition nötig ist. Man vgl. die folgenden Illustrationen.

(26a) Er schrieb einen Roman und veröffentlichte ihn *sogar/selbst*

(26b) *Er veröffentlichte einen Roman und schrieb ihn *sogar/selbst*

(26c) *Er schrieb *keinen* Roman und veröffentlichte ihn *nicht einmal*

(26d) Er veröffentlichte *keinen* Roman und schrieb ihn *nicht einmal*

Die semantischen Bezüge sind deutlich und normakzeptiert: zuerst kommt das Schreiben, dann erst – wenn überhaupt – die Publikation. Das wissen wir alle; es geht nicht anders. Nennen wir dies die Normwelt; ihre Prädikate sind aber nicht nur normbestimmt und nur unter Verletzung solcher Normalannahmen anders oder sogar invers zu verwenden. Vgl. (27a) gegen (27b).

```
        schreiben            Publikation
(27a) |------------------|------------------->|
        schreiben            Publikation
(27b) *|<----------------|---------------------|
```

Solche Prädikate erlauben wegen ihrer normativen *Absolutheit* vor allem keine Implikation irgendeiner Art von Manipulierbarkeit der Weltvorstellung eines solchen Sprechers, der solche Prädikate invers verwendet. Genau letzteres ist bei anderen, eben *nicht-absoluten*, eben *manipulierbaren* Prädikaten anders, wie die folgenden Beispiele zeigen.

(28a) #Im Spital nahm sich seiner nicht seine Frau und nicht einmal seinen nächsten Kollegen an, sondern Leute, die ihn kaum kannten.

(28b) #Hans schwimmt im Meer nicht im Sommer und nicht einmal im Herbst, sondern im Winter.

Im Unterschied zu (26) sind wir hier imstande, den bezüglich einer Normalwelt invertierten Erfahrungsgrundsätzen doch Sinn zuzuteilen – etwa daß er keine gute Beziehung zu seiner Frau hatte oder daß es in bestimmten Landstrichen im Winter im Meer wärmer ist als im Sommer. Solche werte- bzw. eigenschaftsmanipulierbaren Prädikate haben wir in Abschnitt 2, nämlich dort kennengelernt, wo es um komplexe Implikationsschritte bei semantischen Koordinatoren ging (bei *aber, auch, dafür, sondern* etc.; vgl. Levin 1975, Abraham 1975). Da sie durch diese Implikationschritte bzw. durch deren Komplexität bestimmt waren, lassen sich Vergleiche mit den Ps, d.h. den Bezügen zwischen den Sätzen ohne Fokuspartikel sowie dem Fokuspartikelgebrauch in solchen Prädikaten herstellen.

Auf die skalare Definitionseigenschaft (c) in (2), (5) sowie (14) gemünzt bedeutet dies jedoch folgendes: Es besteht gar keine skalare Spanne derart, daß die Prädikate eindeutig eingeordnet werden können. Wir stehen aber dann vor folgender Alternative: entweder wir nehmen an, daß es unterschiedliche Fokuspartikelbedeutungen gibt (also ein *even1* neben einem *even2*; ähnlich für *sogar* bzw. *selbst*). Oder aber wir verallgemeinern über die zwei Arten von Prädikaten (den absoluten und den manipulierbaren bzw. selbst skalaren in einem noch weiteren Sinne) derart, daß nur folgendes über sie ausgesagt wird:

(28c) Q hat nach aller Wahrscheinlichkeit nicht die Eigenschaft P

Vgl. nochmals die Definitionskomponente (c) in (2), (5) sowie (14). Man beachte, daß die Formulierung *nach aller Wahrscheinlichkeit* selbst skalaren Charakter hat, daß aber dieser skalare Charakter nicht in der Definitionskomponente selbst steckt, sondern implizierbar ist. Der Implikaturcharakter ist somit suspendiert und durch einen absoluten Definitionsausdruck ersetzt. Der unübersehbare skalare Bewertungscharakter ist durch eine 4. Definitionskomponente festgelegt, in den – allerdings je nach Bedarf, d.h. je nach Abweichung vom Erwartbaren[1] – die skalaren Abstände zwischen den Satzradikalen P (also den Sätzen ohne die Fokuspartikel) eingehen.

7. Vergleich und Schluß

Die Modifikationen bis zur letzten in Abschnitt 6 hin waren nötig, um die unverzichtbare empirische, nämlich Faktenadäquatheit zu sichern. Ob die letzte in 6 allerdings so zu erfolgen hat, wie mit der "Semantisierung der Definitionskomponente c" bzw. deren Entpragmatisierung angedeutet wurde, bleibt offen. Wir haben, dies sei zum Abschluß hervorgehoben, folgende Alternative erarbeitet. Entweder wird die empirisch wohl unverzichtbare skalare Bedeutungskomponente einer 4. Definitionskomponente überlassen, während der Kern der Bedeutungsdefinition implikatur- und skalenfrei gemacht wird. Diese Bedeutungsanalyse gelte für jedes Vorkommen der Fokuspartikel – die Analyse geht also von einem einzigen Partikellexem aus. Als Alternative dazu unterscheiden wir *absolute, nichtmanipulierbare* und *manipulierbare* Prädikate im Skopus der Fokuspartikel. Nur letztere öffnen den Weg zu einer Skala, deren Werterichtung durch die gemeinte Bedeutung der Fokuspartikel bestimmt ist. Im Falle von (27) *muß* der Sprecher jeweils gemeint haben (sofern wir nicht davon ausgehen wollen, daß er Unsinn redet, also unter einem starken Sinnsog bezogen auf das Geäußerte), daß *Schwimmbarkeit* eben im Winter besser ist als im Sommmer bzw. daß der Kranke von seiner Frau *weniger Mitleid* erwarten darf als von anderen, Fremden. Letzteres soll ja passieren, selbst in realen Welten – muß also meinbar sein.

Welcher der beiden alternativen Wege letztlich zu einer adäquateren Lösung führt, ist wohl weniger durch rein empirische Kriterien als vielmehr durch solche Kriterien zu entscheiden, die eine Einbindung in durch andere Faktendimensionen bestimmbare Theoriekomponenten ermöglichen. Rein empirisch liegen sie wohl nicht weit auseinander: Wenn mit (28c) die skalare Bedeutungskomponente ausgelagert wird und dem jeweiligen Kontext anvertraut wird (Boguslavsky 1996), sieht die Unterscheidung zwischen der Manipulierbarkeit von Prädikaten im Skopus der Fokuspartikel eigentlich nur eine Spezifizierung von (28c) vor. Wir können also (28c) beibehalten, aber die dafür benötigte 4. unsystematisch-pragmatische Komponente durch den unterschiedlichen Zugriff auf zwei verschiedene Prädikatsklassen ersetzen. Dies bindet die Alternativen zu einem vernünftigen gemeinsamen Weg, so scheint es.

Bibliographie

Abraham, W. (1975), *Aber, sondern* und *dafür* und ihre Äquivalenten im Niederländischen und Englischen. In: Abraham, W. et al. (Hg) (1975): 105–136.

Abraham, W. et al. (Hg) (1975), *Syntaktische und semantische Studien zur Koordination.* Tübingen.

Abraham, W. (1979), But. *Studia Linguistica* 33/2: 89–119.

Boguslavsky, I. (1996), *Even* and negation: evidence from Russian. *Paper of the Russian Academy of Sciences*, Moscow. Vortrag Groningen, 24. 6. 1996.

Horn, Larry R. (1972), *On the semantic properties of logical operators in English.* Dissertation UCLA. Los Angeles.

[1] Solche Erwartbarkeiten sind wichtige, ja unmißbare Indizien für übertragene Bedeutungen bzw. für Sprechaktreaktionen wie Überraschung (beim Hörer) bzw. Ironie (beim Sprecher).

König, E. (1991), *The meaning of focus particles: a comparative perspective.* London.
König, E./Stark, D./Requardt, S. (1990), *Adverbien und Partikeln. Ein deutsch-englisches Wörterbuch.* Heidelberg.
Lang, E. (1984), *The semantics of coordination.* Amsterdam.
Levin, J. I. (1970), Ob odnoj gruppe sojuzov russkogo jazyka. *Mašinnyj perevod i prikladnaja lingvistika* 13, 64–88. [dt. Version in Abraham, W. et al. (Hg) (1975): 63–103.]
Löbner, S. (1989), German *schon – erst – noch*: an integrated analysis. *Linguistics and Philosophy* 12: 167–212.
Rooth, M. (1985), *Association with focus.* Dissertation University of Massachusetts at Amherst.
Vandeweghe, W. (1984), *Nog* – additiviteit en antiterminativiteit. In: Van der Auwera, J. W./Vandeweghe, W. (Hg) (1984), *Studies over Nederlandse partikels.* Universiteit Antwerpen. Wilrijk: 119–133.
Weydt, H. (1969), *Abtönungspartikel: die deutschen Modalwörter und ihre französischen Entsprechungen.* Bad Homburg.
Weydt, H. (Hg) (1979), *Partikeln der deutschen Sprache.* Berlin.
Weydt, H. (Hg) (1981), *Partikeln und Deutschunterricht.* Heidelberg.
Weydt, H. (Hg) (1989), *Sprechen mit Partikeln.* Berlin.

Bernt Ahrenholz (Berlin)

Korrekturen in One-to-One-Tutorien

1. Einleitung

Mündliches Korrigieren gehört zu den alltäglichen Aufgaben von Fremdsprachenlehrern. Es gibt hierzu auch eine umfangreiche Literatur, allerdings finden sich nur relativ wenige empirische Untersuchungen zum Korrekturverhalten im Fremdsprachenunterricht. Für Deutsch als Fremdsprache sind dies primär die Untersuchungen von Henrici/Herlemann (1986), Rost (1989) und Rost-Roth (1995); darüber hinaus ist vor allem die umfangreiche Studie von Kleppin und Königs (1991) zu Spanisch- und Italienischunterricht zu nennen.[1] Die vorliegende Untersuchung will daher mit einer Analyse zum Korrekturverhalten in One-to-One-Tutorien einen Beitrag zur empirischen Erforschung von Korrekturfrequenzen, Korrekturgegenständen und Formen mündlicher Korrekturen leisten. Da Arbeiten zur Auswirkung von mündlichen Korrekturen auf die Verbesserung der Sprachkompetenz fast völlig fehlen,[2] soll auch untersucht werden, ob Korrekturen in Tutoriums-Interaktionen Wirkungen auf die jeweiligen Lernersprachen haben und ob sich Empfehlungen für ein bestimmtes Korrekturverhalten geben lassen.

One-to-One-Tutorien sind studienintegrierte Praktika im Studiengebiet Deutsch-als-Fremdsprache am Fachbereich Germanistik der Freien Universität Berlin. Sie dienen den Studierenden des Studiengebietes als erste Praxiserfahrung und bieten gleichzeitig ausländischen Studierenden der Universität eine individuelle und intensive Sprachförderung. Die Idee zu diesem Praktikumsmodell stammt von Harald Weydt.[3] Als Lehr-Lern-Situation sind die One-to-One-Tutorien in Zusammenhang mit den Tutoringprogrammen vor allem amerikanischer Universitäten zu sehen.[4] Sie stehen aber auch im Kontext des Lernens und Lehrens in Zweierschaftssituationen (Steinig 1985) und Tandem-Interaktionen (Herfurth 1993, Rost-Roth 1995). Als Praxiserfahrung im "geschützten Raum" sind sie insbesondere für Studierende ohne Unterrichtserfahrung ein guter Einstieg in die Praxis (vgl. Ahrenholz/Rost-Roth 1996). Die Arbeit mit nur einem Lerner bietet den Studierenden die Möglichkeit, sich mit bestimmten Aspekten unterrichtlicher Tätigkeit intensiver auseinanderzusetzen. Dies gilt insbesondere auch für Korrekturen. Mündliches Korrigieren verläuft nach Kleppin/Königs (1991) häufig nach festen Routinen und in geringer Variation; eine Auseinandersetzung mit Korrekturmöglichkeiten wird daher auch seit einiger Zeit von der Lehrerausbildung gefordert (vgl. z. B. Krumm 1990).

---

[1] Für den englischsprachigen Raum sind vor allem Chaudron (1977a,b) und die in Chaudron (1988) resümierten Untersuchungen zu fremdsprachlichem Unterricht zu nennen; für Korrekturen in informellen Gesprächen Chun et al. (1982).

[2] Zu den wenigen Ausnahmen gehören z. B. Lightbown/Spada (1990).

[3] Zur Organisation und zu den Grundprinzipien vgl. Ahrenholz/Rost-Roth (1995), Ahrenholz (1995) und Rost-Roth/Ahrenholz (1997).

[4] Vgl. Flaherty/D'Espinosa (1982), Wagner (1982), Gaies (1985), Gordon/Gordon (1990).

2. Datenbasis

Die spezifischen Sprachlernmöglichkeiten in den One-to-One-Tutorien und die diesem Praktikumsmodell innewohnenden Ausbildungsmöglichkeiten sind Gegenstand einer umfassenden Evaluierung, die auf Fragebogen, Berichten der Tutorinnen und Tutoren sowie longitudinal durchgeführten Mitschnitten der Tutorienarbeit beruht.[5] Mit der vorliegenden Untersuchung wird für den Teilbereich der mündlichen Korrekturen eine exemplarische Analyse von Bildbeschreibungen und Erzählungen vorgelegt. Da die Arbeit in den One-to-One-Tutorien individuell gestaltet wird und, angepaßt an die jeweiligen Bedürfnisse der Lerner und die Interessen der Tutoren im allgemeinen, sehr unterschiedlich verläuft, wurde über eine gemeinsame Aufgabe eine vergleichbare Situation geschaffen. Als Sprechanlaß wurde das Bild "Der bedrohte Mörder" von René Magritte gewählt. Die Tutorinnen und Tutoren erhielten den Auftrag, 1. eine Beschreibung vornehmen zu lassen, 2. eine Erzählung zu erbitten, wie es zu der dargestellten Situation gekommen sein könnte und welches Geschehen möglicherweise folgen würde. Diese Aufgaben sollten bei dem folgenden Tutoriumstreffen eine Woche später wiederholt werden, um anhand der zweiten Durchführung die Wirkung der Korrekturen überprüfen zu können.

Die vorliegende Untersuchung basiert auf Bildbeschreibungen und Erzählungen sowie deren Wiederholungen aus acht Tutorien. Die Lerner sind reguläre Studierende der Freien Universität Berlin sowie Austauschstudenten mit unterschiedlichen Ausgangssprachen (Französisch (2), Italienisch (1), Koreanisch (3), und Polnisch (2)). Sie haben alle fortgeschrittene Deutschkenntnisse, dennoch gibt es nicht unerhebliche Unterschiede in der Sprachkompetenz. Die Bildbeschreibungen mit anschließenden Erzählungen dauern zwischen 9 und 27 Minuten und umfassen auf Seiten der Nichtmuttersprachler (NMS) 330–1200 Wörter.[6] Die Auswertung konzentriert sich vor allem auf die erste Version der Bildbeschreibungen und Erzählungen; die jeweils zweite Durchführung wurde nur daraufhin ausgewertet, inwieweit Wirkungen der vorangegangenen Korrekturen erkennbar sind.

3. Auswertung der Daten

3.1 In welchem Maße wird korrigiert?

In den untersuchten Bildbeschreibungen und Erzählungen wird in recht unterschiedlichem Maße korrigiert. Kriterium für die Häufigkeit ist dabei die Anzahl der Korrekturen im Verhältnis zur Anzahl der Wörter und eine Berechnung auf 1000 Wörter pro Sprecher.[7] Als weitere Vergleichsgröße werden die zu beobachtenden Abweichungen von

---

5 Zur Evaluierung des Modells vgl. vor allem Ahrenholz/Rost-Roth (1996) und Rost-Roth/Ahrenholz (1997).

6 Der unterschiedliche Umfang ist vermutlich z. T. in der unterschiedlichen Sprachkompetenz begründet, z. T. in unterschiedlicher Motiviertheit, über das vorgegebene Bild zu sprechen.

7 Neben einer Berechnung auf der Basis der Wortzahl könnte man auch die absolute Zahl der Korrektursequenzen als Maßstab nehmen, oder die Anzahl der "turns", d.h. der Redebeiträge der Lerner (Rost 1989); denkbar wäre schließlich auch die Berechnung der Häufigkeit in Relation zur Zeit. Die Anzahl der Wörter als Vergleichsgröße scheint mir jedoch ein gutes Kriterium, da Redebeiträge sehr unterschiedlich lang sein können und stark von dem Interaktionsverhalten der Tutoren (bzw. Personen mit

zielsprachlichen Normen herangezogen. Das methodische Verfahren, nachträglich beobachtbare Abweichungen von zielsprachlichen Normen als eine Vergleichsgröße bei der Untersuchung von Korrekturen zu verwenden, findet sich in verschiedenen Untersuchungen (z. B. in Chaudron 1977a, Chun et al. 1982, Kleppin/Königs 1991), ist aber sicher nicht unstrittig. Einwände beziehen sich zum einen auf die Problematik der Fehleranalyse selbst, zum anderen entspringen sie einem grundsätzlich anderen Verständnis lernersprachlicher Äußerungen, die als spezifischer Ausdruck einer "Lernervarietät" verstanden werden.

Eine kritische Auseinandersetzung mit der Fehleranalyse fand vor allem Ende der 60er und Anfang der 70er statt (vgl. Corder 1967, Selinker 1972, Nickel 1972, Cherubim 1980, Ellis 1994). In bezug auf Quantifizierungsversuche beziehen Einwände sich vor allem auf die Frage, welche Norm zugrunde gelegt wird (häufig wurden auf mündliche Äußerungen Normen schriftlicher Textproduktionen angewandt),[8] ob bestimmte "Fehler" nicht Versprecher seien (Corder) oder mit Problemen sukzessiven Äußerungsaufbaus bzw. mit syntaktischen Besonderheiten gesprochener Sprache (vgl. Betten 1980) zusammenhängen. Ebenso wurde eingewandt, daß auch oberflächlich zielsprachengetreue Aussagen bei genauerer Betrachtung fehlerhaft sein können, wenn sie nicht die Äußerungsintentionen der Sprecher zum Ausdruck bringen (Corder 1973, Lindemann 1995). Bezüglich der Fehlerursachen wurde diskutiert, inwieweit Transfer, Lern- und Kommunikationsstrategien zu normabweichenden Produktionen führen (Selinker 1972). Spätestens seit Selinkers (1972) Konzept einer "Interlanguage" oder "Interimssprache" (Bausch/Raabe 1978) findet eine gegenüber der klassischen Fehleranalyse grundsätzlich andere Auseinandersetzung mit "Lernervarietäten", wie es in der Zweitspracherwerbsforschung heißt, oder – in der Terminolgie der Sprachlehr- und Sprachlernforschung – "Lernersprachen" statt.[9] Lernersprachliche Äußerungen wie *er schwimmte* sind in dieser Sicht nicht angemessen als deviante Formen eines deutschen Partizips beschrieben, sondern sind Ausdruck einer Regelstruktur einer eigenen (sich im Laufe der Zeit verändernden) Lernervarietät.

Anliegen der vorliegenden Untersuchung ist jedoch nicht eine Auseinandersetzung mit einer adäquaten Beschreibung der jeweiligen Lernersprachen, sondern vielmehr eine Analyse der Korrekturaktivitäten der Tutorinnen und Tutoren, die notwendigerweise auf einer subjektiven Fehleranalyse beruhen.[10] Für eine Untersuchung der Korrekturaktivitäten ist von daher eine auf "Fehlern" basierende Vergleichsgröße interessant, um zu sehen, in welchem Verhältnis die vorgenommenen Korrekturen zu möglichen Korrekturanlässen stehen. Dabei bin ich mir durchaus bewußt, daß die vorgenommene Fehleranalyse nur eine ungefähre Beschreibung der abweichenden Äußerungen darstellt, da nicht immer eine sichere Interpretation in Hinblick auf Probleme gesprochener Sprache,

---

Lehrerrolle) abhängen. Zudem bietet diese Herangehensweise den Vorteil, die Daten mit den Ergebnissen in Rost (1989) und Rost-Roth (1995) vergleichen zu können.

8 Vgl. zur Normproblematik Kasper (1975).

9 Zum Begriff der "Varietät" in der Zweitspracherwerbsforschung vgl. Klein (1974) und Dittmar (1997). Zu "Interlanguage" und "Lernersprache" vgl. Bausch/Kasper (1979) und Kasper (1989); zur Sprachlehr- und -lernforschung Edmondson/House (1993).

10 Kleppin/Königs (1991:16) bezeichnen Fehler entsprechend als die "wahrgenommenen und/oder bezeichneten Abweichungen vom Sprachsystem oder von einer erwarteten Äußerung oder Äußerungssequenz". Korrekturaktivitäten können dann erfolgen, wenn die jeweilige Lerneräußerung den Erwartungen der anderen Aktanten nicht entspricht. Damit sind sowohl Korrekturen normgerechter Lernerproduktionen erfaßt als auch die Akzeptanz normabweichender Äußerungen.

Fehlercluster etc. vorgenommen werden kann. Unberücksichtigt bleibt, ob es sich um Performanz- oder Kompetenzfehler handelt, wie auch nicht der Anspruch erhoben wird, Ursachen für beobachtete Abweichungen nennen zu können. Vermutlich würden auch nicht alle Tutorinnen und Tutoren exakt die gleiche Fehleranalyse vornehmen, und es ist auch zu berücksichtigen, daß die jeweiligen Tutorinnen und Tutoren mit einer gewissen Wahrscheinlichkeit (dies zeigen durchgeführte Nachbesprechungen) einen Teil der abweichenden Sprachproduktionen gar nicht wahrgenommen haben. Es ist aber anzunehmen, daß die Tutoren wesentlich mehr Abweichungen beobachten, als sie zum Gegenstand von Korrekturen machen, da sie bei Befragungen angeben, nicht zuviel korrigieren zu wollen. Da es sich bei den Gegenständen der korrektiven Interventionen auch aus der Sicht der Tutorinnen und Tutoren nicht immer um Normabweichungen handelt, sondern um Probleme im sprachlichen Ausdruck, die sie zu Feedback herausfordern, soll nicht von "Fehlern" oder "Abweichungen" gesprochen werden, sondern von sprachlichen "Problemen". Für die acht untersuchten Bildbeschreibungen und Erzählungen im Umfang von 5807 Wörtern und einer durchschnittlichen Dauer von 15 Minuten ergibt sich folgendes Gesamtbild hinsichtlich der sprachlichen Probleme und der vorgenommenen Korrekturen:

	L1	Dauer	Wortzahl	sprachliche Probleme	Korrekturen	Korrekturen in Relation zu Problemen in %	Korrekturen pro 1000 Wörter
BB–M 1	Französisch	19'40"	760	20	13	65,00	17,10
BB–M 2	Französisch	22'	675	32	26	81,25	38,51
BB–M 3	Italienisch	17'	910	51	21	41,18	23,08
BB–M 4	Koreanisch	12'	332	27	15	55,55	45,18
BB–M 5	Koreanisch	14'	378	45	16	35,55	42,33
BB–M 6	Koreanisch	27'	960	84	30	35,71	31,25
BB–M 7	Polnisch	8'30"	572	18	10	55,55	17,48
BB–M 8	Polnisch	9'50"	1220	49	20	40,81	16,39
Σ		Ø 15'	5807	326	151	Ø 51,32	Ø 28,91

Tabelle 1: Wortzahl – Probleme – Korrekturen

Quantitativ erfaßt werden alle Korrekturen bis auf die selbstinitiierten Selbstkorrekturen (s. u.). Erfaßt werden auch diejenigen (wenigen) Interventionen, die im Korrekturformat stattfinden, obwohl keine Abweichungen von einer wie auch immer definierten Norm vorliegen, sondern die Tutoren eher das Ausdrucksrepertoire der Lerner in stilistischer Hinsicht verbessern wollen.

Auch wenn man berücksichtigt, daß die Quantifizierung der Problembereiche gewissen Schwierigkeiten unterliegt, ergibt sich, daß in hohem Maße korrigiert wird (28,91 Korrekturen/1000 Wörter). Der Vergleich mit den Tandem-Daten in Rost-Roth (1995) zeigt, daß bei den Bildbeschreibungen in den untersuchten One-to-One-Tutorien die Korrekturhäufigkeit im Durchschnitt fast dreimal höher liegt als in den Tandem-Gesprächen.[11] Hier kann vermutet werden, daß sich a) die Zuschreibung der Lehrerrolle und b) die Aufgabenstellung verstärkend auf die Korrekturtätigkeit auswirkt. In freien Konversationen im Fremdsprachunterricht wird im Durchschnitt etwas weniger als bei den Bildbeschreibungen korrigiert (23,57 Korrekturen/1000 Wörter, Rost 1989:284), bei den mit dem Erwerbsstand der Tutees vergleichbaren fortgeschritteneren Lerngruppen ist die Korrekturquote aber noch wesentlich niedriger (10,71/1000).[12]

Auch gemessen an der Zahl der zu konstatierenden sprachlichen Probleme wird in einem relativ hohen Maße korrigiert. Mehr als die Hälfte aller sprachlichen Probleme sind durchschnittlich Gegenstand von korrektiven Seitensequenzen (in BB–M1, 3 und 7 55–65%, in BB–M2 sogar 81%). Wenn besonders viele Probleme existieren, wie in BB–M 6, wird relativ weniger bearbeitet, bestehen weniger Probleme, wird mehr korrigiert. Aber das Maß der Korrekturaktivitäten ist mit dieser Relation nicht allein zu begründen. Zum Teil hängt der hohe Prozentsatz der Korrekturen auch damit zusammen, daß die Lerner häufig Korrekturen einfordern (s. u.). Ein Vergleich zu anderen Untersuchungen zeigt, daß bei den Bildbeschreibungen in den One-to-One-Tutorien gemessen an der Fehlerquote etwas weniger als im Gruppenunterricht korrigiert wird. Chaudron (1988:137) gibt einen Forschungsüberblick für die 70er und frühen 80er Jahre (also zu Fremdsprachenunterricht, der noch nicht am kommunikativen Ansatz ausgerichtet war).[13] In den von ihm wiedergegebenen Untersuchungen werden zwischen 60% und 96% aller im Unterricht gemachten Fehler korrigiert.[14] Aber auch die neuere Untersuchung von Kleppin/Königs zu Italienisch- und Spanischunterricht an deutschen Schulen zeigt für die meisten Lehrer eine hohe Korrekturaktivität (in 10 der untersuchten 16 Stunden wurden zwischen 55% und 87% aller Fehler korrigiert; 1991:274). In den von Chun et al. (1982) untersuchten informellen Gesprächen zwischen studentischen Englischlernern und ihren Freunden werden dagegen nur ca. 9% aller Fehler korrigiert.

3.2 Problembereiche und Korrekturen

Schlüsselt man die untersuchten Daten nach Problembereichen und Korrekturen auf, so ergibt sich folgendes Bild:

[11] In Tabelle 1 sind auch die selbstinitiierten Fremdkorrekturen erfaßt, die in Rost-Roth (1995) als Ausdrucksschwierigkeiten gesondert untersucht und berechnet werden. Berücksichtigt man dies bei einem Vergleich, so finden sich in den Bildbeschreibungen durchschnittlich nicht 28,14 sondern ca. 18–20 Korrekturen pro 1000 Wörter, in den Tandemgesprächen sind es dagegen nur 7,34.

[12] Es wäre also zu untersuchen, in welchem Maße sich die Korrekturaktivitäten während der Bildbeschreibungen von anderen Phasen der Tutorienarbeit unterscheiden.

[13] Über den Zusammenhang von Unterrichtsmethodik und Korrekturaktivität vgl. die in Knapp-Potthoff (1987) wiedergegebenen Positionen und die ausführlichere Darstellung in Kleppin/Königs (1991).

[14] Dabei kommen einige Untersuchungen zu dem Ergebnis, daß NMS mehr korrigieren als MS; vgl. Chaudron (1988).

	Wortzahl/NMS	Lexik	Morphologie	Syntax	Phonetik	?	Σ
BB–M 1	760	5/4	13/9	2/0	0	0	20/13
BB–M 2	675	17/16	8/7	1/0	5/2	0	31/25[15]
BB–M 3	910	10/8	25/9	8/2	4/0	4/2	51/21
BB–M 4	332	8/8	17/4	0	0	3/3	28/15
BB–M 5	378	10/7	20/2	4/0	1/1	7/6	42/16
BB–M 6	960	12/9	64/20	2/0	6/1	0	84/30
BB–M 7	572	1/0	13/8	2/0	1/1	1/1	18/10
BB–M 8	1220	11/6	30/12	2/0	3/0	4/2	50/20
Σ	5807	74/58	190/71	21/2	20/5	19/14	324/150

Tabelle 2: Auftretende sprachliche Probleme und Korrekturen[16]

Es zeigt sich, daß lexikalische und morphologische Probleme deutlich überwiegen. Durchschnittlich 23% aller Abweichungen lassen sich als lexikalisch klassifizieren, ca. 59% betreffen morphologische Aspekte (vgl. Tabelle 2, erste Ziffer). Auch wenn man Besonderheiten der gesprochenen Sprache und Bedingungen mündlicher Äußerungsproduktionen berücksichtigt, sind einige syntaktische Probleme zu konstatieren (ca. 6,5%). Phonetische Probleme lassen sich am schwierigsten quantifizieren, da viele Äußerungen Merkmale nichtmuttersprachlicher Aussprache enthalten. Auffällige phonetische Abweichungen betreffen aber nur ca. 6% aller klassifizierten Abweichungen. Allerdings ist in mehreren Fällen (ca. 6%) nicht eindeutig, inwiefern phonetische oder morphologische oder lexikalische Probleme im Vordergrund stehen bzw. wie im folgenden Beispiel in einer Sequenz vorliegen.

NMS: eh in der nähe von +2+ von schönem berg
MS: ?von was?
NMS: eh schonem geberg
MS: gebirge einem schönen gebirge ja
(BB–M4)

Vor allem folgende Problembereiche zeigen sich in den Bildbeschreibungen und Erzählungen:

a) Lexik
In fast allen Bildbeschreibungen gibt es Probleme mit den für das Bild zentralen Lexemen *Grammophon, Kanapee, Keule* und *Netz* :

NMS: + ein mann steht vor dem +2+ ?musikbox^?
MS: nee grammophon
(BB–M 6)

Andere Lernerlösungen sind: *Pioneer, Rekordplayer, nicht Lautsprecher: Dingsbums.*

---

15 Außerdem gibt es noch einen inhaltlichen Fehler, der von der Tutorin korrigiert wird.

16 Die erste Ziffer bezieht sich auf die konstatierbaren Probleme, die zweite auf die Anzahl der Korrekturen.

Daneben finden sich Ausdrucksschwierigkeiten vor allem in bezug auf weitere Substantive (wie z. B. *Stille* statt *Stil*), Verben (*schlachten* (vs. *erschlagen*), *liegen* (vs. *stehen*)) und in geringerem Umfange andere Wortarten.

b) Morphologie
Sehr frequent sind Genusprobleme: *das die hammer?, man sieht ein kleines koffer.* Genus-Kasus-Probleme in Verbindung mit der Valenz der Verben oder Präpositionen: *sie hat ein keule, er hörte die + dem grammophon.*

Weitere Probleme sind z. B. die Deklination von Adjektiven: *ein schwarz anzug;* Präpositionen und Genus/Kasus-Probleme: *in seinen hand;* pronominaler Gebrauch des unbestimmten Artikels: *ein hat ein netz.*

c) Syntax
Zu den häufigeren syntaktischen Problemen gehört die fehlende Inversion bei Adverbien (*hm ja also vielleicht er wartet au/*; BB–M 3) und bei vorangestellten Nebensätzen:[17]

> NMS: denn + äh + wenn ein bett gegen eine wand
> MS: ach so
> NMS: ist + man äh +2+ man schläft nicht äh +1+ man schläft auf @der andere seite@
> (BB–M 1)

Ein weiterer Problembereich ist die Stellung des Verbs im Nebensatz (*ja man hat den eindruck dass diese zwei männer haben diese frau getötet*; BB–M 2). Daneben gibt es auch andere Besonderheiten der Satzstellung wie z. B. die Position von Partikeln:

> NMS: oder oder nicht sie wissen einfach das nicht und–eh ja einfach sie warten 'nicht auf diesen mann auf/ sondern auf eh die frau
> (BB–M 3)

Andere Untersuchungen zeigen im Vergleich zu den untersuchten Bildbeschreibungen je nach Lernsituation eine recht unterschiedliche quantitative Verteilung der Fehlertypen. Chun et al. (1982) konstatieren für Gespräche zwischen NMS und MS ca. 29% lexikalische Probleme gegenüber 38% morphosyntaktischer Fehler.[18] Andere Untersuchungen zum Fremdsprachenunterricht zeigen ebenso eine Dominanz morphosyntaktischer Fehler (42–75%, vgl. Überblick in Chaudron 1988:141) und eine geringe Bedeutung lexikalischer Probleme (3–13%). Auch in den von Kleppin und Königs (1991) untersuchten Italienisch- und Spanischstunden treten wenig lexikalische Probleme auf

---

[17] Die Transkriptionen wurden nach den P-MoLL-Konventionen durchgeführt (vgl. Dittmar et al. 1990):

+	Sprechpause
+N+	Sprechpause mit Sekundenangabe
&string&	
&string&	gleichzeitig gesprochene Äußerungen
/	Abbruch
string^	steigende Betonung
string_	fallende Betonung
@string@	lachend gesprochen
%string%	leise gesprochen

[18] Allerdings ist die Untersuchung nicht ohne weiteres vergleichbar, da mit anderen Fehlerkategorien gearbeitet wird. Neben lexikalischen Fehlern (word choice) und morphosyntaktischen Fehlern (Syntax) gibt es inhaltliche Fehler (facts), Diskursfehler und die Kategorie "omission" (unzureichende oder redundante Referenz), die mit ca. 32 % eine große Gruppe darstellt.

(weniger als 15%).[19] In freien Konversationen und besonders in Tandemsettings zeigt sich dagegen eine wesentlich stärkere Dominanz lexikalischer Probleme.[20]

Setzt man die auffallenden sprachlichen Probleme in bezug zu den Korrekturaktivitäten (2. Ziffer in der Tabelle 2), so ist zu konstatieren, daß zwar absolut weniger lexikalische Korrekturen vorliegen als morphologische, die lexikalischen Schwierigkeiten aber zu einem wesentlich höheren Prozentsatz als morphologische korrigiert werden (78% der lexikalischen und 41% der morphologischen Probleme sind Gegenstand eines korrektiven Feedbacks). Bei den selteneren syntaktischen Abweichungen fällt auf, daß sie bei den Korrekturen kaum berücksichtigt werden.

In Chun et al. (1982) wird für informelle Gespräche zwischen NMS und MS gezeigt, daß vor allem inhaltliche Fehler und Diskursprobleme Gegenstand von Korrekturen sind (ca. 90% und 35%), grammatische Fehler werden kaum (zu 7%) und lexikalische Probleme ebenfalls nur in geringem Maß korrigiert (zu 15%). In dem von Chaudron (1977) untersuchten bilingualen Unterricht (kanadische Immersions-Programme) werden neben inhaltlichen und diskursiven Fehlern lexikalische Probleme stärker korrigiert (zu 75%) als morphologische (zu 46%) und syntaktische (zu 65%), wobei zu berücksichtigen ist, daß die absoluten Zahlen der lexikalischen (24 Vorkommen) und syntaktischen Probleme (20 Vorkommen) im Vergleich zu den morphologischen (193 Vorkommen) niedrig sind. In den von Chaudron (1988) im Forschungsüberblick wiedergegebenen Untersuchungen zu Fremdsprachunterricht werden die (in den absoluten Zahlen geringen) lexikalischen Fehler zu einem hohen Prozentsatz korrigiert (67–97%); die relativ häufigen "grammatischen" Fehler dagegen in den meisten Fällen nur zu ca. 50%. Insofern entsprechen die in den Bildbeschreibungen und Erzählungen der Tutorien zu konstatierenden Korrekturhäufigkeiten auch Korrekturen im fremdsprachlichen Gruppenunterricht. In der Untersuchung von Kleppin/Königs zeigt sich, daß lexikalische Probleme von den Lehrern in sehr unterschiedlichem Maße aufgegriffen werden. Während "morphosyntaktische" und phonetische Fehler zu einem hohen Prozentsatz korrigiert werden, schwankt die Korrekturrate bei lexikalischen Problemen zwischen 0% und 93%, wobei nicht nur deutliche Unterschiede zwischen den Lehrern sichtbar werden, sondern auch zwischen den unterschiedlichen Stunden eines Lehrers.[21]

---

[19] Die Zahl der lexikalischen Fehler ist in der Publikation nicht angegeben. Aus den Angaben zu morphosyntaktischen (ca. 45%) und phonetischen Fehlern (ca 40%) ergibt sich jedoch, daß lexikalische und inhaltliche Fehler zusammen ca. 15% aller Fehler ausmachen (vgl. Kleppin/Königs 1991:274–279).

[20] Jedenfalls, wenn man von den Korrektursequenzen ausgeht: in freien Konversationen beziehen sich durchschnittlich 36% aller Korrekturen auf Lexik (Rost 1989:162), im Tandem 60% (vgl. Rost-Roth 1995:146). Darüberhinaus werden im Bereich der Ausdrucksschwierigkeiten sowohl in den freien Konversationen (84,55%) wie in den Tandemsituationen (81,28%) fast ausschließlich lexikalische Aspekte bearbeitet (vgl. Abschnitt über selbstinitiierte Fremdkorrekturen).

[21] Ein Vergleich mit den prozentualen Angaben von Kleppin/Königs ist nur beschränkt aussagekräftig, denn die angegebenen Prozentzahlen verdeutlichen zwar am besten die Relationen zwischen den Kategorien, aber bezüglich der Beurteilung der Korrekturen lexikalischer Fehler führen sie auch leicht zu einer problematischen Interpretation. Die absolute Zahl der lexikalischen Fehler ist, soweit man sie aus den verschiedenen Angaben interpolieren kann, z. T. sehr klein und führt damit zu problematischen Prozentzahlen: Wenn der einzige vorkommende Fehler korrigiert wird, hat man eine Quote von 100% (Lehrer G), wenn nicht, 0% (Lehrer S); vgl. 1991:274.

3.3 Wie wird korrigiert?

Korrektive Sequenzen in Lehr-Lernsituationen lassen sich in der Tradition der ethnomethodologisch orientierten Konversationsanalyse als Reparatursequenzen dahingehend analysieren, wer die Korrektur initiiert und wer die Korrektur durchführt (vgl. Kasper 1986, Henrici/Herlemann 1986, Rost 1989, Rost-Roth 1995).[22] Man kann somit unterscheiden zwischen

- selbstinitiierten Selbstkorrekturen,
- selbstinitiierten Fremdkorrekturen,
- fremdinitiierten Fremdkorrekturen und
- fremdinitiierten Selbstkorrekturen.

ad 1) selbstinitiierte Selbstkorrekturen

Selbstinitiierte Selbstkorrekturen geben Aufschluß darüber, welche kritischen Aspekte die Lerner zu einem gegebenen Zeitpunkt während der Äußerungsproduktion beim 'Monitoring' kontrollieren und korrigieren:

NMS: und nachdem diese mann/ eh dieser mann eh hat den eh d/die frau ermordet hat eh hat
(BB–M 3)

Selbstinitiierte Selbstkorrekturen sind nicht weiter Gegenstand dieser Untersuchung. Es sei nur erwähnt, daß der z. T. nicht unerhebliche Umfang, mit dem Selbstkorrekturen realisiert werden, die Aufmerksamkeit der Tutees für lexikalische und morphosyntaktische Probleme anzeigt.

ad 2) selbstinitiierte Fremdkorrekturen

Bei selbstinitiierten Fremdkorrekturen erbitten die Tutees von den Tutorinnen und Tutoren Hilfe bei lexikalischen oder auch morphologischen Ausdrucksschwierigkeiten:[23]

NMS: +6+ ein mann eh hat +2+ einen ?stift?
MS: einen stock
(BB–M 5)

Manche Lerner nutzen diese Möglichkeit, sich gezielten Input zu verschaffen, intensiv und erfolgreich, wobei besonders lexikalische Ausdrucksschwierigkeiten Gegenstand des erbetenen Feedbacks sind:

---

[22] Zu den konversationsanalytischen Grundlagen vgl. insbesondere Schegloff, Jefferson und Sacks (1977); für einen Überblick zu Reparaturen in Alltagskommunikationen vgl. Levinson 1991.

[23] Selbstinitiierte Fremdkorrekturen werden von Rost-Roth (1995) in der Untersuchung zu Tandem-Interaktionen daher auch nicht zu den Korrekturen gerechnet, sondern gesondert als Ausdrucksschwierigkeiten ausgewertet. Da in den untersuchten Bildbeschreibungen die Tutees aber auch häufig Hilfestellung in bezug auf formale Richtigkeit erbitten, werden sie hier als selbstinitiierte Korrekturen klassifiziert.

	Lexik	Morpho-logie	Syntax	Phonetik	Σ	Korrekturen gesamt	% aller Korrektur	Häufigkeit/ 1000 Wörter
BB–M 1	3?	1?			4?	13	30,77%?	5,26
BB–M 2	8 +1?	2			10+1?	25	40–44%	14,81–16,29
BB–M 3	5	1 +1?			6+1?	21	28,57–33,33%	6,59–7,69
BB–M 4	4	2			6	15	46,15%	18,07
BB–M 5	3 +1?	2		1	6+1?	16	37,5–43,75%	15,87–18,51
BB–M 6	4	3			7	30	23,33%	7,29
BB–M 7		1			1	10	10%	1,75
BB–M 8	6	2			8	20	40%	6,55
Σ	30 + 5?	13 + 2?	0	1	44 + 7?	150	32,04–33,91%	9,52–10,17

Tabelle 3: Selbstinitiierte Fremdkorrekturen: behandelte Problembereiche und Frequenzen[24]

Die Häufigkeit der Selbstinitiierung von Fremdkorrekturen bestätigt zunächst einmal das in verschiedenen Untersuchungen thematisierte Interesse der Lerner an Korrekturen und Hilfe bei Ausdrucksschwierigkeiten. Der Anteil an der gesamten Korrekturtätigkeit ist in vielen Tutorien mit 30–40 % selbstinitiierten Korrekturen sehr hoch. Dabei ist auch kein Unterschied bezüglich der Ausgangssprache bzw. unterschiedlicher kultureller Herkunft erkennbar.

Auch in den von Rost-Roth (1995) untersuchten Tandem-Situationen zeigt sich die Bedeutung selbstinitiierter Fremdkorrekturen für das Lernsetting, und auch in den freien Konversationen (Rost 1989) zeigt sich die Bedeutung, die der Behandlung von Ausdrucksschwierigkeiten zukommt: 38% der Korrekturen in den freien Konversationen und 66% der Tandem-Korrekturen werden von den Lernern selbst initiiert.[25] Ähnlich wie bei den untersuchten One-to-One-Tutorien stehen dabei die lexikalischen Probleme im Vordergrund (One-to-One-Tutorien ca. 70%, freie Konversationen 84,55%, Tandem 81,3%). Während phonetische und syntaktische Aspekte so gut wie nicht Gegenstand selbstinitiierter Fremdkorrekturen werden, spielen dagegen morphologische Aspekte eine gewisse Rolle (ca. 29 % der Korrekturen). Problematische Bereiche sind vor allem:

- fehlende Personenreferenz (*nimmt <man/er>*)
- präpositionale Ausdrücke (*von eine Grammophon hören*)
- Genus (*der man/das mantel?*)
- Deklination (*dem/des Zimmers*)

Zur Initiierung der Fremdkorrekturen verwenden die Lerner verschiedene Techniken (vgl. auch Rost 1989 und Rost-Roth 1995). Zum Teil werden explizit Fragen gestellt:

[24] Fälle, in denen eine Kategorisierung als "selbstinitiiert" oder "fremdinitiiert" nicht eindeutig erfolgen konnte, sind mit einem Fragezeichen versehen und in die Tabellen für beide Kategorien aufgenommen.

[25] Bei der Berechnung sind die im Tandem frequenten, ebenso Reparatursequenzen initiierende verständnissichernden Nachfragen nicht mitgezählt.

NMS: + wir könnten einen eine: berglandschaft äh durch diese diesen balkon sehen
?sagt man durch?
MS: mhm (h) aber nicht wir könnten sondern wir können
(BB–M 3)

In anderen Fällen werden hypothetische Konstruktionen interrogativ intoniert:

NMS: sie ist fast ähm +3+ (xx) ?so gelegt? geradeaus gelegt?
MS: hingelegt
(BB–M 3)

Zum Teil erfolgt eine Korrekturinitiierung auch nur über Pausen, Verzögerungssignale u.ä., häufig in Verbindung mit Selbstkorrekturversuchen:

NMS: ja und mit dem decke + mit einem decke + dunkle decke + mit einem dunklen decke
MS: mit einer^dunklen^decke @@
(BB–M 6)

Wir wissen aus anderen Untersuchungen auch, daß Selbstinitiierungen über Blickkontakt erfolgen können (vgl. Ahrenholz 1994). Es zeigt sich, daß viele Selbstkorrekturversuche von "fragenden" Blicken begleitet sind, wobei dieser nonverbale "Check" dann nicht in verbale Hilfen mündet, wenn die Selbstkorrekturen gelingen. Von daher ist davon auszugehen, daß oft mehr Selbstinitiierungen erfolgen, als aus den vorhandenen Daten hervorgeht.

ad 3) Fremdinitiierte Fremdkorrekturen
Während die Selbstinitiierungen der Lerner vor allem lexikalischen Problemen gelten, beziehen sich die fremdinitiierten Fremdkorrekturen der Tutorinnen und Tutoren stärker auf morphologische Aspekte.

	Lexik	Morphologie	Syntax	Phonetik	?	Σ	Korrekturen gesamt	% aller Korrekturen	Häufigkeit pro 1000 Wörter
BB–M 1	2+3?	7+1?	0	0	0	9+4?	13	69,23–100%	11,84–15,78
BB–M 2	6+1?	4	0	2	0	12+1?	25	48–52%	17,77–19,25
BB–M 3	1	1+1?	0	0	0	2+1?	21	9,52–14,28%	2,19–3,29
BB–M 4	1	5	0	0	0	6	15	46,15%	18,07
BB–M 5	3+1?	1+1?	0	1	1?	5+3?	16	31,25–50%	13,22–21,16
BB–M 6	5	14	0	1	0	20	30	66,66%	20,83
BB–M 7	0	7	0	1	1	9	10	81,81%	15,73
BB–M 8	1	11		0	0	12	20	60%	9,84
Σ	19+5?	50+3?	0	5	1+1?	75+9?	150	50–56%	13,68–15,49

Tabelle 4: Fremdinitiierte Fremdkorrekturen: Problembereiche und Frequenzen

Die Präferenz der MS bezüglich morphologischer Probleme erklärt sich zum Teil vermutlich daher, daß die meisten lexikalischen Probleme bereits durch die NMS selbst thematisiert sind. Andererseits ist sie sicher auch Ausdruck eines Rollenverständnisses, nachdem es die Aufgabe der Tutorinnen und Tutoren ist, formale Richtigkeit zu trainieren. Im Vergleich zu anderen Lernformen zeigt sich, daß einerseits in den Bildbeschreibungen morphologische Aspekte stärker korrigiert werden als in Tandemgesprächen (vgl. Rost-Roth 1995), andererseits morphologische und syntaktische Aspekte aber weniger im Zentrum der Aufmerksamkeit stehen als z. T. im schulischen Fremdsprachenunterricht (vgl. Rost 1989, Kleppin/Königs 1995). Gegenstand der Korrekturen ist vor allem die Deklination (mehr als 60%). Dies hängt zusammen mit Genusproblemen (13 von 45), verb- bzw. präpositionsabhängigen Kasusfragen und der Adjektivdeklination sowie der Deklination von Zahlwörtern. Daneben spielt auch die Wahl der Präposition eine gewisse Rolle (4 von 45 Korrekturen).

ad 4) Fremdinitiierte Selbstkorrekturen
Fremdinitiierte Selbstkorrekturen sind in den untersuchten Daten die Ausnahme; in den meisten One-to-One-Tutorien werden sie nur in Einzelfällen eingesetzt. Nur in einem Tutorium (BB–M 3) findet ein systematischer Einsatz dieses Korrekturtyps statt, allerdings in Form einer nachgestellten Sammelkorrektur. Die Aufforderung zur Selbstkorrektur betrifft z. T. morphologische Aspekte:

NMS: in dem raum gibt es eine frau ja die die ist tot+3+ und eine männe^r die äh
MS: ?ein was?
NMS: ein mann der musik hört und draußen draußen gibt es drei
(BB–M2)

In BB–M3 werden zudem auch syntaktische Fehler angesprochen:

MS: mhm (h) eh: mir sind jetzt nen paar sachen aufgefallen die ich gerne mit dir noch mal durchgehen würde das letzte war diese drei männer ein fach
schreien
NMS: schreien einfach
(BB–M 3)

Auch lexikalische Probleme werden in den Aufforderungen zur Selbstkorrektur angesprochen:

MS: und dann eh ist mir aufgefallen dass du gesagt hast diese beiden männer die
sie die frau ‘geschlossen hatten +5+ ich w/ weiss denk ich was du meinst
NMS: a aber nich geschlossen also mhm wie kann man sagen eh keine ahnung ?halten? nee
MS: nee es fehlt im grunde genommen nur ein kleiner teil vor geschlossen und zwar die sie ‘eingeschlossen hatten + jemanden einschliessen
NMS: mhm
(BB–M 3)

Die Aufforderungen selbst werden unterschiedlich realisiert. Es sind:

– Fragen metasprachlicher Natur:

NMS: auf dem hals eine schal
MS: ?wo isn das verb?
(BB–M 6)

– Fragen mit betonten Wiederholungen:

NMS: draußen ist der berg
MS: ?was fürn berg? wieso 'der berg?
(BB–M 6)

– "echte" Nachfragen, die z. B. Hypothesen anbieten:

NMS: ne aber solche bild hab ich gesehen solche stille bild/ stilles bild
MS: ?meinst du still wie leise oder stil?
(BB–M 6)

	Lexik	Morphologie	Syntax	Phonetik	?	Σ	Korrekturen gesamt	% aller Korrekturen	Häufigkeit pro 1000 Wörter
BB–M 1	0	0	0	0	0	0	13	0	0
BB–M 2	0	1	0	0	1	2	25	8%	2,96
BB–M 3	3	5	3	0	0	11	21	52,38%	12,08
BB–M 4	0	1	0	0	0	1	15	6,6 %	3,01
BB–M 5	1	1	0	0	0	2	16	12,5 %	5,29
BB–M 6	2	2	0	0	0	2	30	13,3 %	4,15
BB–M 7	0	0	0	0	0	0	10	0	0
BB–M 8	1	0	0	0	0	1	20	5 %	0,82
Σ	5	10	3	0	1	19	150	∅ 12,66%	∅ 3,54

Tabelle 5: Fremdinitiierte Selbstkorrekturen: Problembereiche und Frequenzen

Nur 19 von 150 Korrekturen (12,66%) werden in der Form einer Aufforderung zur Selbstkorrektur durchgeführt. Während in Tandem-Interaktionen ebenfalls sehr wenig Aufforderungen zur Selbstkorrektur stattfinden, konstatieren Kleppin/Königs (1991) dagegen für den von ihnen untersuchten Italienisch- und Spanischunterricht an deutschen Schulen ca. ein Drittel Aufforderungen zur Selbstkorrektur. In den von Rost (1989) untersuchten Gruppenunterrichtsituationen werden ca. 7,65 % aller Korrekturen als Aufforderung zur Selbstkorrektur vorgenommen. In beiden Untersuchungen zeigen sich aber auch starke Schwankungen zwischen den einzelnen Unterrichtenden.

In der Literatur zu Korrekturen wird immer wieder gefordert, man solle dem Lerner Möglichkeiten zur Selbstkorrektur einräumen (z. B. Krumm 1990, Kleppin/Königs 1991). Sofern diese Forderung dadurch motiviert ist, daß bei Selbstkorrekturen eine bessere Behaltensleistung erwartet wird, scheint mir dies zwar plausibel zu sein, ein entsprechender Nachweis aber noch auszustehen. Soweit sich die Autoren auf Beobachtungen der Konversationsanalyse stützen, nach der fremdinitiierte Fremdreparaturen der am wenigsten präferierte Reparaturtyp ist, sprechen die Daten der vorliegenden Untersuchung ebenso wie die Ergebnisse in Rost (1989) und Rost-Roth (1995) allerdings eher dafür, daß im freien Gespräch zwischen Muttersprachlern (MS) und Nichtmuttersprachlern (NMS) und insbesondere in eher auf freundschaftlicher Basis stattfindenden

Formen des Zweierschaftlernens die fremdinitiierten Selbstkorrekturen nicht bevorzugt sind. Mir scheint ein Zusammenhang zwischen der geringen Häufigkeit der Aufforderung zu Selbstkorrekturen und dem Umstand zu bestehen, daß die Tutorinnen und Tutoren immer wieder Unbehagen äußern, eine eindeutige Lehrerrolle zu übernehmen (vgl. Ahrenholz/Rost-Roth 1996). Der Zusammenhang zwischen der Aufforderung zur Selbstkorrektur und der Lehrerrolle wird im Fall von BB–M 3 besonders deutlich, da dieser Korrekturtyp ausschließlich in nachgestellten Sammelkorrekturen angewendet wird.[26]

Ein weiterer Grund für die geringe Frequenz dieses Korrekturtyps mag darin liegen, daß man als Lehrender eine gute Kenntnis der Sprachkompetenz des jeweiligen Lerners haben muß, denn nur wenn man annimmt, der Lerner sei auch in der Lage, sich selbst zu korrigieren, macht dieser Korrekturtyp Sinn. Dies ist aber gerade in freien Lehr-Lernsituationen wie Tandem oder One-to-One-Tutorien eher schwierig, da die Themen und angesprochenen Probleme nicht systematisch, sondern eher ad hoc bearbeitet werden. Außerdem erfordert es auf Seiten des Korrigierenden die Fähigkeit, systematische Aspekte der auftretenden Abweichungen zu erkennen und sich für die weitere Arbeit zu merken. Beachtet man das mögliche Wissen bei den Lernern während der Korrekturtätigkeit nicht, müssen die Aufforderungen zur Selbstkorrektur scheitern. In BB–M3 gelingen 9 der 11 Selbstkorrekturen; der Tutor scheint also die Sprachkompetenz seines Tutee angemessen einzuschätzen. Die wenigen fremdinitiierten Selbstkorrekturen in den anderen Bildbeschreibungen scheitern jedoch überwiegend; dies wäre z. T. zu vermeiden gewesen, da schon aufgrund des Verlaufs des Gespräches hätte erkannt werden können, daß der jeweilige Lerner nicht über die vorausgesetzte Kenntnis verfügt:

NMS: steht/zwei männer stehen vorne und drei männer hinten
und hinten ein mann der musik hört (xx) das alte modische schallplatte
oder
ja
MS: ?weißt du wie das heißt das gerät?
NMS: mh mh <verneinend>
MS: das heißt ähm grammophon nennt man das
NMS: ?grammophon?
(BB–M 5)

Fremdinitiierte Selbstkorrekturen fokussieren explizit die eingeschränkte Sprachkompetenz des Lerners; kann er sich dann trotz Aufforderung nicht selbst korrigieren, wirkt dies bei häufiger Anwendung des Verfahrens vermutlich stärker gesichtsbedrohend, als wenn ein einmal gemachter Fehler nebenbei korrigiert wird.

3.4 Wiederholung des Korrigierten durch die Lerner

Korrektursequenzen mit Fremdkorrekturen schließen im allgemeinen mit einer Bestätigung oder Zurückweisung durch die Lerner (vgl. Rost 1989:187, Kleppin/ Königs 1991). Die Bestätigung kann durch Bestätigungssignale (*hm, ja*) oder in Form einer

[26] Empirische Untersuchungen zeigen, daß nachgestellte Sammelkorrekturen vielfach als problematisch anzusehen sind (obwohl in der didaktischen Literatur z. T. empfohlen, etwa bei Heyd 1990). Lernende und Lehrende erinnern sich u.U. nicht genau an das jeweils zu behandelnde Problem oder erinnern sich in unterschiedlicher Weise. Zudem erweist es sich, daß die Fehler ohne Äußerungskontext oft nicht sinnvoll rekonstruiert werden können (vgl. Rost-Roth 1995:113, Kleppin/Königs 1991:299). In dem Tutorium BB–M 3 scheint es jedoch eine eingespielte und relativ erfolgreiche Form darzustellen.

Wiederholung (von Teilen) der Korrektur erfolgen, eventuell in Verbindung mit anderen Bestätigungssignalen:

NMS: die frau liegen +
MS: %liegt%
NMS liegt ah die frau liegt-e auf dem tisch ah: bett bett vielleicht bett
(BB–M 4)

Solch eine Wiederholung der korrigierten Äußerungsteile wird in der Literatur als "erfolgreiche" Korrektur bezeichnet (Chaudron 1977a, 1988: 134 ff.). Diese Bezeichnung ist insofern zutreffend, als die Wiederholung im allgemeinen zeigt, daß der Lerner a) den korrigierten Äußerungsteil richtig identifiziert hat (was nicht in allen Fällen so einfach ist wie in dem obigen Beispiel), b) der Lerner die Korrektur akzeptiert und c) die betreffende Äußerung selbst korrekt bilden kann. Letzteres ergibt sich keineswegs von selbst, da mit der Wiederholung phonetische, morphologische oder syntaktische Schwierigkeiten verknüpft sein können:

NMS: aber einfach Tisch mit decke
MS: aber + nen einfacher Tisch
NMS: einfache Tisch ja
MS: einfacher^
NMS: einfacher^ Tisch
MS: ja genau
(BB–M 6)

Wie in diesem Beispiel werden auftretende Probleme bei den Wiederholungen fast immer weiterbearbeitet bis zur zielsprachlichen Lösung.

Bei den Wiederholungen durch die Lerner können auch Unzulänglichkeiten der Korrektur selbst deutlich werden; so wird in der obigen Korrektur der indefinite Artikel wenig deutlich artikuliert, und es ist auch nicht erkennbar, daß und warum der Nominativ verwendet werden muß, da das zunächst fehlende Verb in der Korrektur nicht ergänzt wird.

Aber nicht in jedem Fall ist die korrekte Wiederholung auch ein Zeichen, daß die Korrektur verstanden wurde. Davon zeugt das folgende Beispiel, in dem die Tutorin ihrer Tutee *nach* der "erfolgreichen" Wiederholung noch einen Hinweis auf das Korrekturthema gibt:

NMS: ehm der merkt wahrscheinlich nicht eh daß gleich um die ecke sich noch zwei männer eh befinden
MS: er merkt wahrscheinlich nicht
NMS: er merkt wahrscheinlich nicht
MS: du hast DER gesagt
NMS: achso schon wieder
(BB–M 7)

Insgesamt ist festzuhalten, daß die Lerner die Korrektursequenzen zu einem sehr hohen Prozentsatz mit einer Wiederholung abschließen (vgl. Tabelle 6). Dieser Befund deckt sich mit den Ergebnissen zu Tandem-Interaktionen, bei denen sich ein ähnlich hoher Prozentsatz an Wiederholungen zeigt (durchschnittlich 84%; vgl. Rost-Roth 1995:147). Im Klassenunterricht liegt der Anteil dagegen deutlich geringer: In der Untersuchung von Rost (1989) sind es in freien Konversationen im Deutsch-als-Fremdsprache-Unterricht durchschnittlich 51%, und auch Kleppin/Königs (1991: 286) konstatieren in Spanisch- und Italienischstunden an Schulen eine geringere und sehr uneinheitliche Frequenz an Wiederholungen,[27] zu ähnlichen Ergebnissen kommt Chaudron (1977a); in dem von ihm untersuchten Unterricht liegt die Anzahl der Wiederholungen bei durchschnittlich 35%.

	Fremd-Korrekturen	mit Wiederholungen durch NMS	% aller Korrekturen
BB–M 1	13	12	92,30%
BB–M 2	23	18	78,26%
BB–M 3	9	4	44,44%
BB–M 4	12	10	83,33%
BB–M 5	12	10	83,33%
BB–M 6	27	18	66,66%
BB–M 7	9	9	100%
BB–M 8	20	18	90%
Σ	125	99	79,2%

Tabelle 6: Fremdkorrekturen und Wiederholungen

Es scheint mir nach wie vor offen, wie sich das Phänomen der Wiederholung interpretieren läßt. Lehrer fordern z. T. solche Wiederholungen, weil sie sich einen höheren Behaltenseffekt versprechen. Sicher sind solche lernpsychologischen Erwägungen plausibel; ob sie jedoch zutreffen, ist m.W. nicht empirisch nachgewiesen, und auch die vorliegenden Daten erlauben diesbezüglich keine eindeutigen Aussagen (s. u.). In jedem Fall bestehen auch konversationelle Zwänge, die Korrektursequenz durch eine Ratifizierung zu schließen,[28] dies zeigen einige Wiederholungen durch Muttersprachler bei fremdinitiierten Selbstkorrekturen:

MS: und dann äh:: +1+ is mir aufgefalln
dass du gesagt hast !ein! von diesen männern
NMS: einer
MS: einer von diesen männern und äh: + dass äh: du gesagt hast +
(BB–M 3)

Es wäre von Interesse, auf einer breiteren Datenbasis der Frage weiter nachzugehen, welche kognitiven und lernpsychologischen Mechanismen an der Organisation von Korrektursequenzen beteiligt sind. Wenn im Prinzip aber eine lernfördernde Wirkung von Wiederholungen durch die Lerner angenommen wird, stellt sich die Frage, warum in manchen Fällen *keine* Wiederholung stattfindet. Diesbezüglich werden einige Gründe in den untersuchten Daten deutlich:

Zumindest ein Teil der Wiederholungen wird nicht laut artikuliert, wobei beim schriftlichen Notieren das Aufschreiben zuweilen an die Stelle der hörbaren Wiederho-

[27] Eine genaue Quantifizierung liegt nicht vor. Nach Kleppin/Königs ist der Lehrer "zumeist die Instanz, die auch verbal die schülerseitige Reaktion 'absegnet' oder korrigiert" (1991:281).

[28] Vgl. Schegloff/Jefferson/Sacks (1977); die Ratifizierung muß allerdings nicht durch eine Wiederholung erfolgen, sondern kann auch ein Bestätigungssignal sein.

lung zu treten scheint. Zum Teil finden keine Wiederholungen statt, weil eine weitere kognitive Nachbearbeitung der Korrektursequenz erfolgt:

NMS: er hat +2+ eine netz
MS: ein netz
NMS: ?das netz?
MS: ja
NMS: %verdammt%
(BB–M 6)

In anderen Fällen wird den Lernern gar keine Gelegenheit gegeben, den korrigierten Äußerungsteil zu wiederholen, weil unmittelbar nach der Korrektur alternative Lösungen angeboten, Fragen gestellt oder Kommentare gegeben werden:

NMS: liegt einem schal
MS: liegt ein schal oder ein tuch eher ne
NMS: achso ja
(BB–M 6)

Manchmal wird von den Lernern ein anderes Problem fokussiert als von den Tutoren; bei Problemclustern kommt es dann dazu, daß bestimmte Korrekturen vermutlich nicht wahrgenommen werden. So im folgenden Beispiel die Genuskorrektur, wobei für die Lernerin lexikalische Probleme im Vordergrund stehen:

NMS: ist rot und eh + im raum gibt es kaum + möbel die eh das raum ist kaum ?möbeliert?
MS: mh
NMS: ?möbeliert?
MS: der raum ist kaum möbliert + ja aber da stehen=
NMS: = ja ja und noch ein/ noch ein stuhl/ eine stuhl + es gibt noch einen stuhl
(BB–M 6)

Eventuell wird auch die phonetische Differenz von *möbeliert* und *möbliert* nicht gehört und die letzte Äußerung des MS eher als Bestätigung aufgefaßt.

3.5. Der Erfolg von korrektivem Feedback

Der "Erfolg" von Korrekturen im Sinne einer dauerhaften Veränderung der Lernervarietät ist bisher so gut wie nicht untersucht; zu viele Bedingungen spielen bei der Sprachproduktion eine Rolle. Obwohl die meisten Lerner und die meisten Lehrenden aus unterschiedlichen Gründen davon überzeugt sind, daß Korrekturen notwendig und hilfreich sind, ist ein wissenschaftlicher Nachweis schwierig zu führen. Knapp-Potthoff/Knapp (1982) sprechen daher auch lieber von einer "plausiblen Annahme". Lightbown/Spada (1990) zeigen einen Zusammenhang zwischen der Korrektheit bestimmter Formen in Schulklassen und den Korrekturaktivitäten der Lehrenden, aber letztendlich sind die Folgen einzelner Korrekturen nur mit Schwierigkeiten zu zeigen. Für Korrekturen in freien Konversationen gelingt es Brock et al. (1983) nur, ein sehr geringes Maß an positiven Folgen der Korrekturen nachzuweisen. Auch über den Zusammenhang zwischen unterschiedlichen Realisierungen von Korrekturen und Lernerfolgen liegt m.W. bis jetzt keine wissenschaftliche Untersuchung vor. Soweit didaktische Empfehlungen gegeben werden, sind sie daher als wissenschaftlich nicht abgesichert einzustufen (vgl. hierzu auch Henrici/Herlemann 1986, Kleppin/Königs 1991, Königs 1995, Kleppin im Druck).

Hier soll deshalb u. a. der Frage nachgegangen werden, ob sich "Spuren" der Korrekturen in späteren Lernerproduktionen finden lassen. Aus diesem Grund wurde den Lernern nach einer Woche (also beim folgenden Treffen) die gleiche Aufgabe noch einmal gestellt, um bei der zweiten Bildbeschreibung und Erzählung Auswirkungen von den zuvor erfolgten Korrekturen beobachten zu können. Auch wenn bei der zweiten Durchführung der Aufgaben meist wesentlich kürzere Bildbeschreibungen und Erzählungen produziert wurden, lassen sich deutlich Spuren der Korrekturen zeigen.

	Korrekturen in der 1. Durchführung	Wiederverwendung der korrigierten Formen in der 2. Durchführung	entsprechend der Korrektur verwendet	abweichend verwendet
BB–M 1	13	5	4	1
BB–M 2	26	12	10	2
BB–M 3	9	7	5	2
BB–M 4	13	8	7	1
BB–M 5	13	6	2	4
BB–M 6	30	13	7	6
BB–M 7	9	3	3	0
BB–M 8	21	10	4	6
Σ	134	64	42	22

Tabelle 7: Korrekturen und ihre Wirkung

In den zweiten Bildbeschreibungen taucht ca. die Hälfte der korrigierten Formen wieder auf, und diese werden zu zwei Dritteln entsprechend der Korrektur verwendet. In einzelnen Tutorien ist der Prozentsatz sogar noch wesentlich höher (vgl. z. B. BB–M 2 und 4).[29] Damit scheint trotz der begrenzten Datenlage deutlich zu werden, daß korrektives Feedback einen längerfristigen Einfluß auf die jeweilige Lernersprache hat. Allerdings zeigen sich auch erhebliche Unterschiede zwischen den einzelnen Tutorien.

Bezüglich der Frage, ob die unterschiedliche Wirkung der Korrekturen mit der Verwendung unterschiedlicher Korrekturtypen zusammenhängt, sind aufgrund der begrenzten Datenlage allerdings keine eindeutigen Tendenzen zu erkennen. 22 der 42 erfolgreichen Korrekturen gehen auf fremdinitiierte Fremdkorrekturen zurück (52%), 13 auf selbstinitiierte Fremdkorrekturen (31%). In 4 Fällen ist unklar, ob es sich um Selbst- oder Fremdinitiierungen handelt. Setzt man die Korrekturtypen in Relation zur Häufigkeit ihres Vorkommens, so scheinen selbstinitiierte Fremdkorrekturen (13 von 45, 29%) ebenso erfolgreich zu sein wie fremdinitiierte Fremdkorrekturen (22 von 76, 29%).

Bei 31 der 42 erfolgreichen Korrekturen erfolgt am Ende der Korrektursequenz eine Ratifizierung durch die Lerner in Form einer Wiederholung. Da dies in etwa dem Anteil

[29] Die hohe Erfolgsquote in BB–M2 mag damit zusammenhängen, daß die Tutorin nach der ersten Bildbeschreibung den Tutee darauf hinweist, daß eine Wiederholung vorgesehen ist und sie am Ende einige von Korrekturen betroffenen Lexeme und Genera wiederholt. Die Tutee in BB–M8 wiederum schreibt während der Korrekturen einige neue Wörter auf, ohne sie jedoch bei der zweiten Bildbeschreibung gut zu erinnern.

der Wiederholungen in Korrektursequenzen überhaupt entspricht, kann ein Zusammenhang zwischen abschließender Wiederholung des Korrigierten durch den Lerner und Korrekturerfolg zwar vermutet, aber in den vorliegenden Daten nicht nachgewiesen werden.

Erfolgreiche Korrekturen betreffen in etwa gleichem Maße lexikalische und morphologische Probleme. Da in der Gesamtheit mehr morphologische Korrekturen als lexikalische vorgenommen werden (81 zu 60), scheint das Feedback bei lexikalischen Problemen erfolgreicher zu sein als bei morphologischen. Dieses Ergebnis wird noch deutlicher, wenn man berücksichtigt, daß 60% der erfolgreichen morphologischen Korrekturen mit Genusproblemen zusammenhängen und diese z. T. einen Zusammenhang mit den neuen Lexemen aufweisen. Das Lernen des Genus scheint mir aus der Sicht des Lerners ohnehin eher ein lexikalisches als ein morphologisches Problem zu sein. Stimmt man diesen Überlegungen zu, zeigt sich bei den Korrekturerfolgen letztendlich eine deutliche Dominanz der Lexik.[30]

4. Zusammenfassung

Die Untersuchung der Korrekturen in Bildbeschreibungen und Erzählungen führt zu folgenden Ergebnissen:

1. An den Korrekturen zeigt sich der Status der One-To-One-Tutorien im Vergleich zu Lehr-Lernsituationen wie Tandem und fremdsprachlichem Gruppenunterricht: die Situation entspricht dem informelleren Umgang von Partnern in gemeinsamen Lehr-Lernprozessen, aber die Lehrerrolle ist ausgeprägter als im Tandem, und es wird folglich mehr korrigiert.
2. Es wird deutlich, daß eine Korrelation zwischen Fehlervorkommenshäufigkeiten und Korrekturen besteht. Die hohe Frequenz von lexikalischen und morphologischen Korrekturen gegenüber syntaktischen entspricht den Häufigkeiten lexikalischer und morphologischer Probleme. Auch die geringe Korrektur syntaktischer Fehler korrespondiert mit einer sehr geringen Vorkommenshäufigkeit, allerdings sind die wenigen syntaktischen Probleme kaum Gegenstand korrektiven Feedbacks. Weichen die Lerneräußerungen schließlich in sehr vielen Punkten von zielsprachlichen Normen ab, wird nicht unbedingt in entsprechend hohem Maße korrigiert; bei geringerer Fehleranzahl kann dagegen ein höherer Prozentsatz bearbeitet werden.
3. Es zeigt sich, daß lexikalische und morphologische Probleme von den Lernern anders gewichtet werden als von den Tutoren bzw. Lehrern. Die NMS bemühen sich vor allem um die Klärung lexikalischer Fragen, die Tutorinnen und Tutoren berücksichtigen dagegen stärker morphologische Aspekte.
4. Die Lerner in One-to-One-Tutorien nutzen ähnlich wie Tandemteilnehmer intensiv die Möglichkeit, über selbstinitiierte Fremdkorrekturen Ausdrucksschwierigkeiten zu bearbeiten; im Gruppenunterricht scheint diese Möglichkeit weit weniger zu bestehen.

---

[30] Es ist nicht auszuschließen, daß die Aufgabenstellung Einfluß auf dieses Ergebnis hat, da bei einer Bildbeschreibung auf das Bild bezogene Lexeme wie "Grammophon" oder "Knüppel" visuell gestützt und besser behalten werden (zu entsprechenden lernpsychologischen Annahmen vgl. Schouten-van Parreren 1989).

5. In den Daten zeigt sich eine deutliche Evidenz für die Wirkung von Korrekturen. Dabei scheinen – zumindest bei dem untersuchten Aufgabentyp – lexikalische Korrekturen einen größeren Erfolg zu haben als morphologische.
6. Ob ratifizierende Wiederholungen des korrigierten Äußerungsteils durch Lerner die Behaltensleistung erhöhen und an dem Erfolg einer Korrektur mitwirken, ist aus den Daten nicht abzuleiten; die Sprecher scheinen aber dazu zu tendieren, Ratifizierungen als Wiederholung durchzuführen, wenn ihnen dies im Gesprächsablauf möglich ist.
7. Ein Zusammenhang zwischen dem Erfolg einer Korrektur und einem bestimmten Korrekturtyp ist aus den bisher untersuchten Daten noch nicht erkennbar; insbesondere ist nicht erkenntlich, ob selbstinitiierte Korrekturen erfolgreicher sind als fremdinitiierte. Besonders bezüglich dieses Zusammenhangs sind weitere Untersuchungen erforderlich.

Bibliographie

Ahrenholz, B. (1994), Korrekturen in einem One-to-One-Tutorium. Arbeitspapier. Berlin.

Ahrenholz, B. (1995), One-to-One-Tutorien im Zusatzstudium "Deutsch als Fremdsprache". Dokumentation der 5. Internationalen Tandem-Tage 1994 in Freiburg i. Br. In: Pelz, M. (Hg) (1995), *Tandem in der Lehrerbildung, Tandem und grenzüberschreitende Projekte.* Frankfurt/M.: 237–247.

Ahrenholz, B./Rost-Roth, M. (1995), "One-to-One-Tutorien" im Zusatzstudium "Deutsch als Fremdsprache": Praxiserfahrung und Serviceleistung. Ein Bericht. In: Wolff, A./Welter, W. (Hg) (1995), *Mündliche Kommunikation, Unterrichts- und Übungsformen DaF, Themen- und zielgruppenspezifische Auswahl von Unterrichtsmaterialien, Modelle für studien- und berufsbegleitenden Unterricht.* Regensburg: 319–331.

Ahrenholz, B./Rost-Roth, M. (1996), Evaluation der "One-to-One-Tutorien" als studienintegrierte Praktikumsform in der Ausbildung von Fremdsprachenlehrern für den Bereich "Deutsch als Fremdsprache". Arbeitspapier. Berlin.

Bausch, K.-R./Kasper, G., (1979), Der Zweitspracherwerb: Möglichkeiten und Grenzen der "großen" Hypothesen. *Linguistische Berichte* 64: 3–35.

Bausch, K-R./Raabe, H. (1978), Zur Frage der Relevanz von kontrastiver Analyse, Fehleranalyse und Interimssprache für den Fremdsprachenunterricht. In: *Jahrbuch Deutsch als Fremdsprache* 4: 56–75.

Betten, A. (1980), Fehler und Kommunikationsstrategien. Zur funktionalen Erklärung einiger häufig vorkommender syntaktischer Wiederaufnahme-Formen in der gesprochenen deutschen Gegenwartssprache. In: Cherubim, D. (Hg) (1980), *Fehlerlinguistik. Beiträge zum Problem der sprachlichen Abweichung.* Tübingen: 188–208.

Brock, C. et al. (1983), The Differential Effects of Corrective Feedback in Native Speaker-Nonnative Speaker Discourse. Paper presented at the Los Angeles Second Language Research Forum. Los Angeles.

Chaudron, C. (1977a), A descriptive Model of Discourse in the corrective treatment of learners' errors. *Language Learning* 27/1: 29–46.

Chaudron, C. (1977b), Teachers' Priorities in Correcting Learners' Errors in French Immersion Classes. *Working Papers on Bilinguism/Travaux de recherches sur bilinguisme.* Ontario Institute for Studies in Education 12. Toronto: 21–44.

Chaudron, C. (1988), *Second Language Classrooms. Research on teaching and learning.* Cambridge.

Chenoweth, N. A. et al. (1983), Attitudes and Preferences of ESL Students to Error Correction. *Studies in Second Language Acquisition* 6/1: 79–87.

Cherubim, D. (Hg) (1980), *Fehlerlinguistik. Beiträge zum Problem der sprachlichen Abweichung*.Tübingen.
Chun, A. E. et al. (1982), Errors, interaction, and correction: A study of native-nonnative conversations. *TESOL Quarterly* 16/4: 537–546.
Corder, S. P. (1967), Significance of Learners' Errors. *IRAL* 5: 161–170.
Corder, S. P. (1973), *Introducing Applied Linguistics.* Harmondsworth.
Dausendschön-Gay, U. (1987), Lehren und Lernen in Kontaktsituationen. In: Gerighausen, J./Seel, P. (Hg) (1987), *Aspekte einer interkulturellen Didaktik, Dokumentation eines Werkstattgesprächs des Goethe-Instituts München vom 16.–17.Juni 1986*. München: 60–103.
Dittmar, N. et al. (1990), Die Erlernung modaler Konzepte des Deutschen durch erwachsene polnische Migranten. *Info DaF* 17/2: 125–172.
Dittmar, N. (1997), *Grundlagen der Soziolinguistik. Ein Arbeitsbuch mit Aufgaben.* Tübingen.
Edmondson, W./House, J. (1993), *Einführung in die Sprachlehrforschung*. Tübingen.
Ellis, R. (1994), *The Study of Second Language Acquisition.* Oxford.
Flaherty, S./D'Espinosa, J. (1982), A New Language Program: Using Native Speakers. *Improving College and University Teaching* 30/4: 175–178.
Fromkin, V. A. (ed) (1980), *Errors in Linguistic Performance. Slips of the Tongue, Ear, Pen, and Hand.* New York.
Gaies, S. (1983), Learner Feedback: An Exploratory Study of Its Role in the Second Language Classroom. In: Seliger H. W./Long M. H. (eds) (1983), *Classroom Oriented Research in Second Language Acquisition.* Rowley/Mass.: 190–212.
Gaies, S. (1985), *Peer Involvement in Language Learning*. Orlando.
Gordon, E. E./Gordon, E. H. (1990), *Centuries of Tutoring. A History of Alternative Education in America and Western Europe*. Lanham etc.
Henrici, G./Herlemann, B. (1986), *Mündliche Korrekturen im Fremdsprachenunterricht.* München.
Herfurth, H.-E. (1993), *Möglichkeiten und Grenzen des Fremdsprachenerwerbs in Begegnungssituationen. Zu einer Didaktik des Fremdsprachenlernens im Tandem.* München.
Heyd, G. (1990), *Deutsch lehren. Grundwissen für den Unterricht in Deutsch als Fremdsprache*. Frankfurt/M.
Kasper, G. (1975), *Die Problematik der Fehleridentifizierung. Ein Beitrag zur Fehleranalyse im Fremdsprachenunterricht.* Bochum.
Kasper, G. (1986), Repair in Foreign Language Teaching In: Kasper, G. (ed), *Learning and Teaching in Classroom Communication*: 23–41.
Kasper, G. (1989), Funktionen und Formen der Lernersprachenanalyse. In: Bausch, K.-R./Christ, H./Hüllen,W./Krumm, H.-J. (Hg) (1989), *Handbuch Fremdsprachenunterricht.* Tübingen: 218–222.
Klein, W. (1974), Variation in der Sprache. Ein Verfahren zu ihrer Beschreibung. Kronberg/Ts.
Kleppin, K. (im Druck), *Fehleranalyse und Fehlerkorrektur*. München.
Kleppin, K./Königs, F. G. (1991), Der Korrektur auf der Spur – Untersuchungen zum mündlichen Korrekturverhalten von Fremdsprachenlehrern. *Manuskripte zur Sprachlehrforschung* 34. Bochum.
Kleppin, K./Königs, F. G. (1993), Grundelemente der mündlichen Fehlerkorrektur – Lernerurteile im (interkulturellen) Vergleich. *Fremdsprachen Lehren und Lernen* 22: 76–90.
Knapp-Potthoff, A./Knapp, K. (1982), *Fremdsprachenlernen und -lehren. Eine Einführung in die Didaktik der Fremdsprachen vom Standpunkt der Zweitsprachenerwerbsforschung*. Stuttgart.
Knapp-Potthoff, A. (1987), Fehler aus spracherwerblicher und sprachdidaktischer Sicht. Eine Bestandsaufnahme. *Englisch Amerikanische Studien* 9/2: 205–230.

Koutiva, I./Storch, G. (1989), Korrigieren im Fremdsprachenunterricht. Überlegungen zu einem Stiefkind der Fremdsprachendidaktik. *Info DaF* 16/4: 410–430.
Krumm, H.-J. (1990), “Ein Glück, daß Schüler Fehler machen!” Anmerkungen zum Umgang mit Fehlern im lernerorientierten Fremdsprachenunterricht. In: Leupold, E./Petter, Y. (Hg) (1990), *Interdisziplinäre Sprachforschung und Sprachlehre. Festschrift für Albert Raasch zum 60. Geburtstag.* Tübingen: 99–105.
Levinson, S. C. (1990), *Pragmatik.* Tübingen.
Lightbown, P. M./Spada, N. (1990), Focus on Form and Corrective Feedback in Communicative Language Teaching. Effects on Second Language Learning. *Studies in Second Language Acquisition* 12: 429–448.
Lindemann, B. (1995), Zum Fehlerbegriff in einer Lernersprachenanalyse. *Deutsch als Fremdsprache* 2: 91–96.
Nickel, G. (1972), *Fehlerkunde. Beiträge zur Fehleranalyse, Fehlerbewertung und Fehlertherapie.* Berlin.
Rost, M. (1989), *Sprechstrategien in 'freien Konversationen'. Eine linguistische Untersuchung zu Interaktionen im zweitsprachlichen Unterricht.* Tübingen.
Rost-Roth, M. (1990), Interkulturell und interlingual bedingte Verständnisschwierigkeiten als Chance für den Lernprozeß im Tandem. In: TANDEM e.V. (Hg) (1990), *Sprachen lernen im interkulturellen Austausch. Dokumentation der 2. Europäischen Tandem-Tage 1990*, Frankfurt/M.: 29–44.
Rost-Roth, M. (unter Mitarbeit von O. Lechlmaier) (1995), *Sprachenlernen im direkten Kontakt. Autonomes Tandem in Südtirol. Eine Fallstudie.* Meran.
Rost-Roth, M./Ahrenholz, B. (1997), Studienintegrierte Praxiserfahrung in der Ausbildung von Fremdsprachenlehrern: One-to-One-Tutorien im Bereich 'Deutsch als Fremdsprache'. *Zeitschrift für Fremdsprachenforschung* 1/1997: 51–64.
Schegloff, E. A./Jefferson, G./Sacks, H. (1977), The preference for selfcorrection in the organization of repair in conversation. *Language* 53/2: 361–382.
Scherfer, P. (1982), Zur Erforschung von Sprachlehr- und -lernprozessen auf Gegenseitigkeit. *Zeitschrift für Literaturwissenschaft und Linguistik* 12/45: 72–99.
Schouten-van Parreren, C. (1989), Wider das Vergessen. Lern- und gedächtnispsychologische Gesichtspunkte beim Wortschatzerwerb. *Fremdsprache Deutsch* 3: 12–16.
Selinker, L. (1972), Interlanguage. *IRAL* 10: 209–231.
Steinig, W. (1985), *Schüler machen Fremdsprachenunterricht.* Tübingen.
Wagner, L. (1982), *Peer Teaching. Historical Perspectives.* Westport/London.

Per Bærentzen (Aarhus)

Zur Definition der Wortarten des Deutschen

1. Einleitung

Die Grundpfeiler einer Sprache sind ihr Wortschatz und ihre Grammatik. Der Wortschatz ist die Gesamtmenge der Wörter der betreffenden Sprache. Die Grammatik ist die Gesamtmenge der Regeln, welche die Kombinierbarkeit der Wörter der betreffenden Sprache beschreiben. Da einerseits der Wortschatz prinzipiell offen ist und sich ständig erweitert, während andererseits die Grammatik prinzipiell geschlossen sein und aus einer endlichen Anzahl von Regeln bestehen muß, ist es eine Voraussetzung für die Konstituierung der Grammatik, daß die unendliche Menge der Wörter sich unter die endliche Menge der Wortarten subsumieren läßt, auf die sich dann die Regeln der Grammatik beziehen können.

Bei der Definition der Wortarten des Deutschen wird normalerweise eine Mischklassifikation nach morphologischen und/oder syntaktischen und/oder semantischen Kriterien unternommen. Bemerkenswert ist, daß dieses Verfahren trotz der Uneinheitlichkeit der Kriterien bis heute das grundlegende Gliederungsprinzip nahezu aller Grammatiken bildet (Glück 1993:693). Anders jedoch verfahren Hentschel/Weydt (1994:14–16), die bei der Definition der Wortarten des Deutschen allein solche Kriterien gelten lassen wollen, die einen Universalitätsanspruch erheben können. Da es Sprachen ohne Flexion gibt, lehnen sie – auch für das Deutsche – das morphologische Kriterium ab. Zur möglichen Verwendbarkeit syntaktischer Kriterien äußern sie sich nicht. Statt dessen interpretieren sie die Unterscheidungen in Wortarten als semantisch fundiert und unterscheiden dabei vier Arten von Bedeutungen: kategorematische Bedeutung (lexikalische Bedeutung); deiktische Bedeutung; synkategorematische Bedeutung; kategorielle Bedeutung (Wortartbedeutung).

Unter einer kategorematischen Bedeutung verstehen Hentschel/Weydt (1994:16) "eine Bedeutung, die aus der außersprachlichen Wirklichkeit einen bestimmten Bereich ausgliedert. Das Ausgegliederte kann ein Objekt sein, aber auch ein Vorgang, eine Eigenschaft, eine Relation usw." Wörter mit kategorematischer Bedeutung werden als "Nennwörter" bezeichnet, weil sie einen bestimmten Ausschnitt aus der außersprachlichen Wirklichkeit "benennen" (Hentschel/Weydt 1994:17). Im Unterschied hierzu gilt für Wörter mit deiktischer Bedeutung, daß sie nur auf etwas "zeigen", indem sie auf Personen, Zeitpunkte oder Orte in der außersprachlichen Wirklichkeit verweisen und diese in ihrem Verhältnis zur Sprechsituation definieren (Hentschel/Weydt 1994:17). Wieder anders verhält es sich mit der synkategorischen Bedeutung. Sie "gliedert nichts aus der außersprachlichen Wirklichkeit aus, sondern entfaltet sich erst in Verbindung mit anderen. So wird etwa durch *in* nur die Art der Relation ausgedrückt, in der sich ein Objekt im Verhältnis zu einem anderen befindet" (Hentschel/Weydt 1994:20). Die kategorielle Bedeutung (Wortartbedeutung) veranschaulichen Hentschel/Weydt (1994:19) anhand der drei Beispiele *an meiner Hand ist Blut; meine Hand ist blutig; meine Hand blutet*: "Offensichtlich wird dabei das außersprachliche Faktum, das der kategorematischen Bedeutung 'blut-' entspricht, jeweils in verschiedener Weise erfaßt. Als Substantiv *(Blut)* wird es als ein Etwas aufgefaßt, das uns gegenübersteht und das wir zum Gegenstand unseres Sprechens machen können. Als Adjektiv *(blutig)* hingegen wird dasselbe Phänomen als eine Eigenschaft gefaßt, die einem Gegenstand zugeschrieben wird; hierin besteht die Wortartbedeutung des Adjektivs. Das Verb *(bluten)* schließlich drückt das Phänomen als einen Vorgang in der Zeit aus; dies ist die Wortartbedeutung des Verbs." Nach Hentschel/Weydt (1994:20) "lassen sich die Wortarten Verb, Substantiv und Adjektiv als Klassen bestimmen, die Wörter mit kategorematischer und Wortartbedeutung enthalten. Pronomina haben deiktische und kategorielle (substantivische oder adjektivische), aber keine kategorematischen Bedeutungen; sie verweisen auf etwas, ohne es zu nennen. Partikeln wiederum haben lediglich synkategorematische Bedeutungen: Sie gliedern nichts aus einer wie auch immer vorgestellten Wirklichkeit aus, sie fassen es nicht kategoriell, sondern sie drücken Relationen zwischen von Autosemantika bezeichneten Phänomenen aus."

Die von Hentschel/Weydt (1994:15) vertretene Ansicht, daß die Wortarteneinteilung universale Geltung haben müsse, teile ich nicht. Wenn nicht flektierende Wörter des Chinesischen als eindeutige Substantive bzw. Verben bezeichnet und mit den entsprechenden Wortarten des Deutschen parallelisiert werden, will mir scheinen, daß dies auf einem Analogieschluß beruht, da von der semantischen Äquivalenz der Wörter auf eine volle Äquivalenz der Wortartensysteme der beiden Sprachen geschlossen wird. Statt dessen ist zuerst für jede einzelne Sprache ein Wortartensystem zu definieren. Erst dann lassen sich durch Vergleich mehrerer Systeme etwaige Parallelitäten feststellen. Parallelität darf aber nicht mit Identität gleichgesetzt werden.

Die von Hentschel/Weydt (1994:15) vertretene Ansicht, daß die Unterscheidungen in Wortarten semantisch fundiert seien, teile ich auch nicht. Gegen ihre Verwendung der vier Bedeutungstypen als Definitionsgrundlage der Wortarten lassen sich folgende Einwände erheben: Gemäß dem Zeichenbegriff de Saussures (1965:98f.; 1967:77–79) vereint jedes Wort einer Sprache in sich eine Vorstellung und ein Lautbild oder – durch andere Termini ausgedrückt – Bezeichnetes (signifié) und Bezeichnung (signifiant). Deshalb muß gelten, daß jedes Wort als sein Bezeichnetes irgendeinen Bereich aus der außersprachlichen Wirklichkeit ausgliedert. Dabei kann, wie Hentschel/Weydt (1994:16) mit Recht meinen, das Ausgegliederte ein Objekt, ein Vorgang, eine Eigenschaft, eine Relation usw. sein, aber dem ist präzisierend hinzuzufügen, daß es sich u. a. auch um den Vorgang des "Zeigens" und um die durch *in* oder *weil* ausgedrückte Relation handeln kann, da auch diese Inhalte Ausgliederungen aus der außersprachlichen Wirklichkeit darstellen. Somit haben in Wirklichkeit alle Wörter an der kategorematischen Bedeutung teil und sind sich darin gleich, daß sie kraft ihrer Funktion als sprachliche Zeichen einen Bereich aus der außersprachlichen Wirklichkeit ausgliedern, und deshalb kann die kategorematische Bedeutung kein Kriterium der Wortklassifikation sein. Ebenso können weder die kategorielle Bedeutung mit ihrer Unterscheidung von einem Etwas (Substantiv), einer Eigenschaft (Adjektiv) und einem Vorgang (Verb), noch die deiktische Bedeutung (Pronomen) noch die synkategorematische Bedeutung (Partikel) primäre Kriterien der Wortklassifikation sein, da sich nicht von vornherein erahnen läßt, daß gerade diese Bereiche der außersprachlichen Welt für die Klassifikation der Wörter relevant sein sollten. Die Bedeutungstypen stellen allenfalls sekundäre Charakterisierungen im voraus definierter Wortarten dar. Der semantischen Charakterisierung muß eine Klassifikation der Wörter vorausgehen, die auf beobachtbaren, d. h. im sprachlichen Ausdruck vorhandenen und feststellbaren Distinktionen basiert. Die Anzahl der Distinktionen muß möglichst gering sein, um der eingangs erwähnten Forderung nach Geschlossenheit der Grammatik gerecht zu werden, die Distinktionen müssen sich aber auf möglichst viele Wörter erstrecken, da prinzipiell alle Wörter klassifiziert werden müssen. Eine Verkörperung solcher Distinktionen findet sich in der Flexion. Die Flexion umfaßt einerseits eine beschränkte Anzahl von formalen Varianten, andererseits eine große Anzahl von Wörtern.

Im folgenden soll deshalb der Versuch unternommen werden, die Wortarten des Deutschen möglichst weitgehend anhand des morphologischen Kriteriums der Flexion zu definieren.

2. Morphologische Definition der Wortarten

Das morphologische Kriterium basiert auf der Flexion. Unter Flexion ist eine systematische paradigmatische Relation zwischen zwei oder mehreren Elementen zu verstehen, die gemeinsam eine Flexionskategorie konstituieren. Die Flexionskategorien und ihre Elemente sind im Deutschen die folgenden:[1]

Attribution:	Ø-Form, Attributionsform
Deklinationsart:	Stark, Schwach
Genus:	Maskulinum, Femininum, Neutrum
Kasus:	Nominativ, Akkusativ, Genitiv, Dativ
Komparation:	Positiv, Komparativ, Superlativ
Modus:	Indikativ, Konjunktiv, Imperativ
Numeralität:	Kardinal, Ordinal
Numerus:	Singular, Plural
Person:	1.Person, 2.Person, 3.Person
Status:	Infinitiv, Partizip
Tempus:	Präsens, Präteritum

Die Flexion entfaltet sich innerhalb eines Flexivs. Ein Flexiv kann eine oder mehrere Flexionskategorien beinhalten, oder – mit anderen Worten – die Flexionskategorien treten in verschiedenen Bündelungen auf. Für das Deutsche sind insgesamt sechs Bündelungen zu verzeichnen:

B 1: Tempus
Modus
Person
Numerus

B 2: Status
Tempus
Attribution
Kasus
Genus
Numerus
Deklinationsart

B 3: Kasus
Numerus
Genus

---

[1] Einige der aufgelisteten Kategorien sind neu. Wie sie zu verstehen sind, geht aus dem folgenden hervor.

B 4: Komparation
Attribution
Kasus
Genus
Numerus
Deklinationsart

B 5: Numeralität
Attribution
Kasus
Genus
Numerus
Deklinationsart

B 6: Kasus u. a. m.

Jede Kategorienbündelung und somit jedes Flexiv unterliegt einer Selektion von seiten eines anderen sprachlichen Zeichens. Demgemäß läßt sich das Flexiv als das eine Relat einer Selektionsrelation auffassen. Im folgenden wird die selektierende Größe als das A-Relat, die selektierte Größe (das Flexiv) als das B-Relat bezeichnet. Bei der Wahl eines B-Relats durch ein A-Relat ist zwischen interner und externer Selektion zu unterscheiden. Eine interne Selektion liegt vor, wenn das A-Relat mit dem von ihm selektierten B-Relat zusammen ein Wort bildet. Das ist bei allen flektierenden Wörtern der Fall (vgl. Abschnitt 2.1). Eine externe Selektion liegt vor, wenn das A-Relat ein eigenes Wort ist und das B-Relat Teil eines anderen Wortes ist (vgl. Abschnitt 2.2).

Die A-Relate lassen sich nach der Art der Selektion und nach der selektierten Bündelung klassifizieren. Im folgenden soll gezeigt werden, wie anhand der internen Selektion die flektierenden Wörter (Abschnitt 2.1) und anhand der externen Selektion die nicht flektierenden Wörter (Abschnitt 2.2) klassifiziert und somit insgesamt die Wortarten des Deutschen konstituiert werden können. Dabei sollen folgende drei Konstitutionsregeln gelten, in denen X als Variable für die Art der Selektion (I = intern oder E = extern), N und M als Variablen für verschiedene Zahlen zwischen 1 und 6 stehen:

Konstitutionsregel 1: AX N ist die Klasse der Inventare, welche die Bündelung B N selektieren und somit die Wortart AX N konstituieren. AX M ist die Klasse der Inventare, welche die Bündelung B M selektieren und somit die Wortart AX M konstituieren.

Konstitutionsregel 2: Falls AX N und AX M die gleichen Inventare haben, konstituieren AX N und AX M ein und dieselbe Wortart.

Konstitutionsregel 3: Falls AX N eine Teilmenge von AX M ist, gehört AX N zur Wortart AX M.

2.1 Interne Selektion. Flektierende Wortarten

Eine interne Selektion liegt vor, wenn das A-Relat mit dem von ihm selektierten B-Relat zusammen ein Wort bildet. Dies ist bei allen flektierenden Wörtern der Fall, denn in ihnen ist immer die im Flexiv enthaltene Kategorienbündelung (als B-Relat) vom jeweiligen Wortstamm (als A-Relat) selektiert. Demnach lassen sich sechs Klassen von Wortstämmen unterscheiden, die als A-Relate durch eine interne Selektion je eine der sechs B-Relatklassen selektieren. Die selektierenden Wortstämme verteilen sich gemäß der ersten Konstitutionsregel auf die Klassen AI 1 bis AI 6:

AI 1 umfaßt die Stämme der finiten Verbalformen. Sie selektieren die Bündelung B 1: In *er lebt* sind im Flexiv *-t* des Finitums *lebt* die Kategorien Tempus, Modus, Person, Numerus enthalten, aus denen die Elemente Präsens, Indikativ, 3. Person, Singular realisiert sind.

AI 2 umfaßt die Stämme der infiniten Verbalformen. Sie selektieren die Bündelung B 2. Die Kategorien von B 2 sind folgendermaßen hierarchisiert: Zuerst wird die Kategorie Status aktiviert. Falls das Element Infinitiv realisiert wird, werden keine weiteren Kategorien aktiviert. Wird dagegen das Element Partizip realisiert, werden zusätzlich die Kategorien Tempus und Attribution aktiviert. Falls aus der Kategorie Attribution das Element Ø-Form realisiert wird, werden keine weiteren Kategorien aktiviert. Wird dagegen das Element Attributionsform realisiert, werden zusätzlich die Kategorien Kasus, Genus, Numerus und Deklinationsart aktiviert:

In *er will schlafen* ist im Flexiv *-en* des Infinitums *schlafen* aus der Kategorie Status das Element Infinitiv realisiert, weshalb keine weiteren Kategorien aktiviert sind. In *das entlaufene Kind wurde gefunden* sind im Flexiv *-ene* des Infinitums *entlaufene* aus der Kategorie Status das Element Partizip realisiert; zusätzlich ist aus der Kategorie Tempus das Element Präteritum realisiert; danach ist aus der Kategorie Attribution das Element Attributionsform realisiert, und schließlich sind aus den Kategorien Kasus, Genus, Numerus, Deklinationsart die Elemente Nominativ, Neutrum, Singular, Schwach realisiert.

AI 3 umfaßt die Stämme der Substantive. Sie selektieren die Bündelung B 3: In *des Freundes* sind im Flexiv *-es* des Substantivs *Freundes* die Kategorien Kasus, Genus, Numerus enthalten, aus denen die Elemente Genitiv, Maskulinum, Singular realisiert sind.

AI 4 umfaßt die Stämme der Adjektive. Sie selektieren die Bündelung B 4. Die Kategorien von B 4 sind folgendermaßen hierarchisiert: Es werden zuerst die Kategorien Komparation und Attribution aktiviert. Falls aus der Kategorie Attribution das Element Ø-Form realisiert wird, werden keine weiteren Kategorien aktiviert. Wird dagegen das Element Attributionsform realisiert, werden zusätzlich die Kategorien Kasus, Genus, Numerus und Deklinationsart aktiviert:

In *höchst sonderbar* enthält das Flexiv *-st* des Adjektivs *höchst* die Elemente Superlativ und Ø-Form; wegen der Wahl von Ø-Form sind keine weiteren Kategorien aktiviert. In *ein hoher Berg* wurden im Flexiv *-er* des Adjektivs *hoher* die Elemente Positiv und Attributionsform realisiert; zusätzlich wurden aus den Kategorien Kasus, Genus, Numerus, Deklinationsart die Elemente Nominativ, Maskulinum, Singular, Stark realisiert.

AI 5 umfaßt die Stämme der Numeralien. Sie selektieren die Bündelung B 5. Die Kategorien von B 5 sind folgendermaßen hierarchisiert: Es wird zuerst die Kategorie Numeralität aktiviert. Falls das Element Kardinal realisiert wird, werden keine weiteren Kategorien aktiviert. Wird dagegen das Element Ordinal realisiert, wird zusätzlich die Kategorie Attribution aktiviert. Falls das Element Ø-Form realisiert wird, werden keine weiteren Kategorien aktiviert. Wird dagegen das Element Attributionsform realisiert, werden zusätzlich die Kategorien Kasus, Genus, Numerus und Deklinationsart aktiviert:

In *zwei Kinder* wurde am Numerale *zwei* aus der Kategorie Numeralität das Element Kardinal (durch Ø ausgedrückt) realisiert, weshalb keine weiteren Kategorien aktiviert sind. In *sie kamen zu zweit* enthält das Flexiv *-t* des Numerales *zweit* aus der Kategorie Numeralität das Element Ordinal; zusätzlich wurde aus der Kategorie Attribution das

Element Ø-Form realisiert, weshalb keine weiteren Kategorien aktiviert sind. In *mein zweiter Sohn* enthält das Flexiv *-ter* des Numerales *zweiter* aus der Kategorie Numeralität das Element Ordinal; zusätzlich wurde aus der Kategorie Attribution das Element Attributionsform realisiert, und anschließend wurden aus den Kategorien Kasus, Genus, Numerus, Deklinationsart die Elemente Nominativ, Maskulinum, Singular, Stark realisiert.

AI 6 umfaßt die Stämme der Pronomina. Sie selektieren die Bündelung B 6, die eine Reihe heterogener Varianten umfaßt, die man auch als selbständige Bündelungen hätte betrachten können. Die Varianten ähneln sich darin, daß sie die Kategorie Kasus in Kombination mit anderen Kategorien, vor allem Numerus und/oder Genus, enthalten, so daß B 6 eine gewisse Affinität zu den Bündelungen B 3 und B 4 besitzt, und darin, daß die in ihnen enthaltenen Kategorien sehr häufig in ihrer Realisation formale Eigentümlichkeiten aufweisen. Es können hier nicht alle Einzelheiten beschrieben, sondern nur folgende Eigentümlichkeiten angeführt werden:

Bei den Flexionsformen des Personalpronomens (*ich, mich, er, wir, uns* u. a.) lassen sich Stamm und Flexiv nicht voneinander abgrenzen. Bei den Flexionsformen des Possessivpronomens sind auch im Stamm (*mein-, dein-, unser-, euer-* u. a.) grammatische Kategorien (Person und Numerus) enthalten. Im Unterschied zu Substantiven (B 3) und Adjektiven (B 4), die innerhalb eines Paradigmas höchstens drei verschiedene Kasusformen und nie eine spezifische Akkusativform aufweisen, können die Pronomina in ein und demselben Paradigma vier Kasusformen und damit eine spezifische Akkusativform unterscheiden, z. B. *ich, mich, meiner, mir; der, den, dessen, dem; mein, meinen, meines, meinem* u. a.

Es kann hier keine systematische und vollständige Beschreibung der etwas heterogenen Klasse AI 6 gegeben werden. Gegenüber den anderen AI-Klassen zeichnet sie sich jedoch durch ihre Geschlossenheit, d. h. durch ihr begrenztes und nicht zu erweiterndes Inventar aus.[2]

Somit konstituieren die Klassen AI 1 bis AI 6 vorerst sechs flektierende Wortarten. Bei näherem Zusehen stellt sich heraus, daß die Klassen AI 1 (finites Verb) und AI 2 (infinites Verb) die gleichen Inventare haben, weshalb sie gemäß der zweiten Konstitutionsregel ein und dieselbe Wortart (Verb) konstituieren.

Darüber hinaus können sich die Inventare zweier oder mehrerer AI-Relatklassen in einigen Punkten überlappen, ohne daß dies die Konstitution der Wortarten beeinflußt. Somit gehört das sprachliche Zeichen *übel-* in *das größte Übel* bzw. *eine üble Sache* der Klasse AI 3 (Substantiv) bzw. der Klasse AI 4 (Adjektiv) an. Das sprachliche Zeichen *licht-* gehört nicht nur der Wortart Verb (AI 1+2) an wie in den Beispielen *der Himmel lichtet sich; sein Haar hat sich stark gelichtet*, sondern auch den Klassen AI 3 (Substantiv) und AI 4 (Adjektiv) in den Beispielen *die Lichter der Stadt; es wurde lichter*. In diesen Fällen liegt weder eine vollständige Übereinstimmung (vgl. Konstitutionsregel 2) noch ein Inklusionsverhältnis (vgl. Konstitutionsregel 3) zwischen den Inventaren der betreffenden AI-Klassen vor.

Demnach lassen sich durch die interne Selektion insgesamt fünf flektierende Wortarten definieren: Verb (AI 1+2), Substantiv (AI 3), Adjektiv (AI 4), Numerale (AI 5) und Pronomen (AI 6).

---

[2] Einige nicht flektierende Wörter wie *man, etwas* und *nichts* werden traditionell – und mit Recht – als Pronomina bezeichnet. Diese Einordnung basiert auf syntaktischen und semantischen Äquivalenzen mit den flektierenden Pronomina.

2.2 Externe Selektion. Nicht flektierende Wortarten

Im vorhergehenden Abschnitt wurde gezeigt, daß jedes Flexiv das B-Relat einer internen Selektion ist. Darüber hinaus kann das Flexiv gleichzeitig einer externen Selektion unterliegen. Das A-Relat der externen Selektion ist ein eigenes, entweder flektierendes oder nicht flektierendes Wort, das hierarchisch höher situiert ist als das Wort mit dem selektierten B-Relat.

Das flektierende A-Relat *werde* selektiert in *ich werde kommen* die Bündelung B 2 an der infiniten Verbalform *kommen*, in *ich werde Rentner* die Bündelung B 3 am Substantiv *Rentner* und in *ich werde älter* die Bündelung B 4 am Adjektiv *älter*. Demnach ließe sich das Wort *werden* durch seine Funktion als A-Relat dieser externen Selektionen drei verschiedenen AE-Klassen zuordnen. Da aber *werden* und alle anderen flektierenden Wörter schon durch ihre interne Selektion hinreichend klassifiziert sind (vgl. Abschnitt 2.1), werden im folgenden die Möglichkeiten weiterer Klassifikationen der flektierenden Wörter durch ihre Teilnahme an der externen Selektion unberücksichtigt gelassen.

Dagegen soll die externe Selektion als Instrument zur Klassifikation der nicht flekticrenden Wörter, der Partikeln, genutzt werden. Eine Partikel, der ein flektierendes Wort untergeordnet ist, kann in zweierlei Weise an einer externen Selektion teilhaben, deren B-Relat das Flexiv des untergeordneten Wortes ist. Entweder hat die Partikel als eigentliches A-Relat an der Selektion teil. Es liegt dann eine direkte Selektion vor (vgl. Abschnitt 2.2.1). Oder die Partikel hat als uneigentliches A-Relat an der Selektion teil, während das eigentliche A-Relat ein Wort ist, das hierarchisch höher situiert ist als die Partikel. Es liegt dann eine indirekte Selektion vor (vgl. Abschnitt 2.2.2). Darüber hinaus gibt es Partikeln, die an keiner Selektion teilhaben (vgl. Abschnitt 2.2.3).

2.2.1 Partikeln mit direkter Selektion. Subjunktionen und Präpositionen

Eine Partikel, der ein flektierendes Wort untergeordnet ist, übt eine direkte Selektion aus, wenn sie als eigentliches A-Relat an der externen Selektion teilhat, deren B-Relat das Flexiv des untergeordneten Wortes ist. Solche Partikeln verteilen sich gemäß der ersten Konstitutionsregel vorerst auf die Klassen AEd 1 bis AEd 6:[3]

Aed 1 umfaßt solche Partikeln, die als eigentliches A-Relat an dem ihnen untergeordneten Wort die Bündelung B 1 (finite Verbalform) selektieren. Hierhin gehören Wörter wie *daß, wenn, ob* u. a.: In dem Satz *daß er morgen kommt* selektiert *daß* die Kategorienbündelung Tempus, Modus, Person, Numerus, die durch das Flexiv *-t* am Finitum *kommt* ausgedrückt ist.

AEd 2 umfaßt solche Partikeln, die als eigentliches A-Relat an dem ihnen untergeordneten Wort die Bündelung B 2 (infinite Verbalform) selektieren. Hierhin gehören Wörter wie *für* und *als*: In den Fügungen *das halte ich für übertrieben* bzw. *ich betrachte die Sache als erledigt* selektieren *für* bzw. *als* die Bündelung B 2 an den Infinita *übertrieben* bzw. *erledigt*, wo in beiden Fällen zuerst aus der Kategorie Status das Element Partizip und anschließend aus den Kategorien Tempus und Attribution die Elemente Präteritum und Ø-Form realisiert wurden. Wegen der Wahl von Ø-Form wurden keine weiteren Kategorien aktiviert.

AEd 3 umfaßt solche Partikeln, die als eigentliches A-Relat an dem ihnen untergeordneten Wort die Bündelung B 3 (Substantiv) selektieren. Hierhin gehören Wörter wie *durch, für, bei, als* u. v. a.: In Fügungen wie *er lief durch den Garten, es eignet sich für*

[3] Das d in der Formel AEd gibt an, daß von einer direkten Selektion die Rede ist.

Kinder, er wohnt bei Freunden, ich betrachte ihn als meinen Freund selektieren die betreffenden Wörter die Kategorienbündelung Kasus, Genus und Numerus an den ihnen untergeordneten Substantiven.

AEd 4 umfaßt solche Partikeln, die als eigentliches A-Relat an dem ihnen untergeordneten Wort die Bündelung B 4 (Adjektiv) selektieren. Hierhin gehören Wörter wie *für, als, seit, vor* u. a.: In Fügungen wie *ich halte ihn für dumm, ich betrachte ihn als faul; ich kenne ihn seit langem, er war vor kurzem hier* selektieren die betreffenden Wörter die Bündelung B 4. In den ersten beiden Fällen wurden an den Adjektiven *dumm* und *faul* aus den Kategorien Komparation und Attribution die Elemente Positiv bzw. Ø-Form realisiert; wegen der Wahl von Ø-Form wurden keine weiteren Kategorien aktiviert. In den letzten beiden Fällen wurden an den Adjektiven *langem* und *kurzem* aus den Kategorien Komparation und Attribution die Elemente Positiv bzw. Attributionsform realisiert; anschließend wurden aus den Kategorien Kasus, Genus, Numerus, Deklinationsart die Elemente Dativ, Neutrum, Singular, Stark realisiert.

AEd 5 umfaßt solche Partikeln, die als eigentliches A-Relat an dem ihnen untergeordneten Wort die Bündelung B 5 (Numerale) selektieren. Hierhin gehören Wörter wie *für, als, zu* u.a.: In Fügungen wie *es reicht für zwei, es kommen mehr als zwei, sie gingen zu zweit* selektieren die betreffenden Wörter die Bündelung B 5. In den ersten beiden Fällen wurde am Numerale *zwei* aus der Kategorie Numeralität das Element Kardinal realisiert; es wurden deshalb keine weiteren Kategorien aktiviert. Im letzten Fall wurde am Numerale *zweit* aus der Kategorie Numeralität das Element Ordinal (durch *-t* ausgedrückt) realisiert; anschließend wurde aus der Kategorie Attribution das Element Ø-Form realisiert und damit keine weitere Kategorie aktiviert.

AEd 6 umfaßt solche Partikeln, die als eigentliches A-Relat an dem ihnen untergeordneten Wort die Bündelung B 6 (Pronomen) selektieren. Hierhin gehören Wörter wie *für, als, zu* u. a.: In Fügungen wie *das reicht für alle, er ist größer als ich, er kam zu sich* selektieren die betreffenden Wörter die Bündelung B 6. Näheres kann im Moment nicht darüber gesagt werden.

Das reichhaltigste Inventar findet sich in der Klasse AEd 3 mit den Partikeln, von denen die Bündelung B 3 (Substantiv) selektiert wird. Die Partikeln dieser Klasse werden traditionell als Präpositionen bezeichnet. Bei näherem Zusehen stellt sich heraus, daß die Inventare der Klassen AEd 2, AEd 4, AEd 5 und AEd 6 Teilmengen der Klasse AEd 3 sind. Deshalb lassen sich die Klassen AEd 2 bis AEd 6 gemäß der dritten Konstitutionsregel als eine gemeinsame Klassen von Präpositionen betrachten. Demgegenüber bildet AEd 1 mit den Partikeln, von denen die Bündelung B 1 (finite Verbalform) selektiert wird, eine eigene Klasse. Die Partikeln dieser Klasse werden traditionell als Subjunktionen (subordinierende Konjunktionen) bezeichnet.

Die Inventare der Klasse Subjunktion und der Klasse Präposition können sich in einigen Punkten überlappen, ohne daß dies die Konstitution der beiden Klassen beeinflußt. Somit selektiert die Partikel *seit* in dem Beispiel *seit er hier war* die Bündelung B 1 an der finiten Verbalform *war* und in dem Beispiel *seit seinem Besuch* die Bündelung B 3 am Substantiv *Besuch.* Da aber zwischen dem Inventar der Klasse AEd 1 und den Inventaren der übrigen AEd-Klassen weder eine vollständige Übereinstimmung (vgl. Konstitutionsregel 2) noch ein Inklusionsverhältnis (vgl. Konstitutionsregel 3) besteht, machen die Subjunktionen und die Präpositionen zwei verschiedene Klassen aus. Demnach lassen sich durch die direkte externe Selektion insgesamt zwei nicht flektierende Wortarten definieren: Subjunktion (AEd 1) und Präposition (AEd 2 bis 6).

2.2.2 Partikeln mit indirekter Selektion. (Koordinierende) Konjunktionen

Eine Partikel, der ein flektierendes Wort untergeordnet ist, übt eine indirekte Selektion aus, wenn sie als uneigentliches A-Relat an der Selektion teilhat, deren B-Relat das Flexiv des untergeordneten Wortes ist und deren eigentliches A-Relat ein Wort ist, das hierarchisch höher situiert ist als die Partikel. Die indirekte Selektion besteht darin, daß die Partikel (als uneigentliches A-Relat) an das ihr untergeordnete Wort eine Selektion vermittelt, die dem eigentlichen A-Relat entspringt. Die im folgenden durchzuführende Klassifikation betrifft die Partikeln mit der Vermittlerfunktion des uneigentlichen A-Relats.

Der folgenden Darstellung liegt die Ansicht[4] zugrunde, daß der traditionelle Begriff der Parataxe nicht aufrechterhalten werden kann und daß zwischen den drei Wörtern des Syntagmas *Frauen und Kinder* vielmehr ein hierarchisches (hypotaktisches) Verhältnis besteht, das sich mit dem hierarchischen Verhältnis zwischen den drei Wörtern des Syntagmas *Frauen ohne Kinder* parallelisieren läßt. In beiden Fällen ist das Substantiv *Frauen* der Partikel (*und* bzw. *ohne*) hierarchisch übergeordnet. Die Partikel wiederum ist in beiden Fällen dem Substantiv *Kinder* hierarchisch übergeordnet. Die Partikel *ohne* gehört zu der in Abschnitt 2.2.1 definierten Klasse der Präpositionen, die eine direkte Selektion ausüben. Die Partikel *und* dagegen gehört zu den Partikeln, die eine indirekte Selektion ausüben. Solche Partikeln verteilen sich gemäß der ersten Konstitutionsregel vorerst auf die Klassen AEi 1 bis AEi 6:[5]

AEi 1 umfaßt solche Partikeln, die als uneigentliches A-Relat an das ihnen untergeordnete Wort die Selektion der Bündelung B 1 (finite Verbalform) vermitteln. Hierhin gehören Wörter wie *und, oder, denn, aber, sondern* u. a.: In dem Satz *daß er ständig ißt und trinkt* vermittelt die Partikel *und* an das ihr untergeordnete Finitum *trinkt* die Selektion der Bündelung B 1. Das eigentliche A-Relat dieser indirekten Selektion ist die Subjunktion *daß*, die zugleich durch direkte Selektion an dem ihr untergeordneten Finitum *ißt* die Bündelung B 1 selektiert. Als Vermittler der indirekten Selektion egalisiert[6] die Partikel *und* das ihr untergeordnete Finitum *trinkt* mit dem ihr übergeordneten und von der direkten Selektion betroffenen Finitum *ißt*, was heißen will, daß das Finitum *trinkt* in formaler Hinsicht so gestaltet wird, daß es sich dem eigentlichen A-Relat *daß* direkt unterordnen ließe *(® daß er ständig trinkt).*

AEi 2 umfaßt solche Partikeln, die als uneigentliches A-Relat an das ihnen untergeordnete Wort die Selektion der Bündelung B 2 (infinite Verbalform) vermitteln. Hierhin gehören Wörter wie *und, oder, aber, sondern* u. a.: In dem Satz *(...) die Alten seien noch mitten drin im Leben, würden von den Jungen Geschichten aus der Werkstatt hören und zu mancher Aktivität angeregt*[7] vermittelt die Partikel *und* an das ihr untergeordnete Infinitum *angeregt* die Selektion der Bündelung B 2. Das eigentliche A-Relat dieser indirekten Selektion ist das Finitum *würden*, das zugleich durch direkte Selektion an dem ihm untergeordneten Infinitum *hören* die Bündelung B 2 selektiert. Als Vermittler der indirekten Selektion egalisiert die Partikel *und* das ihr untergeordnete Infinitum *angeregt* mit dem ihr übergeordneten und von der direkten Selektion betroffenen Infinitum *hören*, was heißen will, daß das Infinitum *angeregt* in formaler Hinsicht so gestaltet wird, daß es sich dem eigentlichen A-Relat *würden* direkt unterordnen ließe *(® die Al-*

---

[4] Diese Ansicht wurde an anderer Stelle (Bærentzen 1989:20ff und 24f) ausführlich begründet.

[5] Das i in der Formel AEi gibt an, daß von einer indirekten Selektion die Rede ist.

[6] Zum Begriff der Egalisierung siehe Bærentzen (1989:24f).

[7] Beispiel aus *Die Zeit* (31.5.1996:65).

ten (...) würden von den Jungen zu mancher Aktivität angeregt). Es ist zu bemerken, daß die Egalisierung nicht unbedingt eine grammatische Kongruenz hervorruft: *hören* ist Infinitiv, *angeregt* ist Partizip Präteriti.

AEi 3 umfaßt solche Partikeln, die als uneigentliches A-Relat an das ihnen untergeordnete Wort die Selektion der Bündelung B 3 (Substantiv) vermitteln. Hierhin gehören Wörter wie *und, oder, aber, sondern* u. a.: In dem Satz *ist er [= der Gasthörer] dagegen älteren Semesters und Ruheständler, geht er zur Uni, um (...)*[8] vermittelt die Partikel *und* an das ihr untergeordnete Substantiv *Ruheständler* die Selektion der Bündelung B 3. Das eigentliche A-Relat dieser indirekten Selektion ist das Finitum *ist*, das zugleich durch direkte Selektion an dem ihm untergeordneten Substantiv *Semesters* die Bündelung B 3 selektiert. Als Vermittler der indirekten Selektion egalisiert die Partikel *und* das ihr untergeordnete Substantiv *Ruheständler* mit dem ihr übergeordneten und von der direkten Selektion betroffenen Substantiv *Semesters*, was heißen will, daß das Substantiv *Ruheständler* in formaler Hinsicht so gestaltet wird, daß es sich dem eigentlichen A-Relat *ist* direkt unterordnen ließe *(® ist er [= der Gasthörer] dagegen Ruheständler, geht er zur Uni, um (...).* Auch in diesem Beispiel hat die Egalisierung keine grammatische Kongruenz hervorgerufen: *Semesters* ist Genitiv, *Ruheständler* ist Nominativ.

AEi 4 umfaßt solche Partikeln, die als uneigentliches A-Relat an das ihnen untergeordnete Wort die Selektion der Bündelung B 4 (Adjektiv) vermitteln. Hierhin gehören Wörter wie *und, oder, aber, sondern* u. a.: In dem Satz *er war gut erzogen, aber faul* vermittelt die Partikel *aber* an das ihr untergeordnete Adjektiv *faul* die Selektion der Bündelung B 4. Das eigentliche A-Relat dieser indirekten Selektion ist das Finitum *war*, das zugleich durch direkte Selektion an dem ihm untergeordneten Infinitum *erzogen* die Bündelung B 2 selektiert. Als Vermittler der indirekten Selektion egalisiert die Partikel *aber* das ihr untergeordnete Adjektiv *faul* mit dem ihr übergeordneten und von der direkten Selektion betroffenen Infinitum *erzogen*, was heißen will, daß das Adjektiv *faul* in formaler Hinsicht so gestaltet wird, daß es sich dem eigentlichen A-Relat *war* direkt unterordnen ließe *(® er war faul).*

AEi 5 umfaßt solche Partikeln, die als uneigentliches A-Relat an das ihnen untergeordnete Wort die Selektion der Bündelung B 5 (Numerale) vermitteln. Hierhin gehören Wörter wie *und, oder, aber, sondern* u. a.: In dem Satz *er tut es schon zum dritten oder vierten Mal* vermittelt die Partikel *oder* an das ihr untergeordnete Numerale *vierten* die Selektion der Bündelung B 5. Das eigentliche A-Relat dieser indirekten Selektion ist das Substantiv *Mal*, das zugleich durch direkte Selektion an dem ihm untergeordneten Numerale *dritten* die Bündelung B 5 selektiert. Als Vermittler der indirekten Selektion egalisiert die Partikel *oder* das ihr untergeordnete Numerale *vierten* mit dem ihr übergeordneten und von der direkten Selektion betroffenen Numerale *dritten*, was heißen will, daß das Numerale *vierten* in formaler Hinsicht so gestaltet wird, daß es sich dem eigentlichen A-Relat *Mal* direkt unterordnen ließe *(® er tut es schon zum vierten Mal).*

AEi 6 umfaßt solche Partikeln, die als uneigentliches A-Relat an das ihnen untergeordnete Wort die Selektion der Bündelung B 6 (Pronomen) vermitteln. Hierhin gehören Wörter wie *und, oder, aber, sondern* u. a.: In dem Satz *er hat nicht meiner Frau, sondern mir geholfen* vermittelt die Partikel *sondern* an das ihr untergeordnete Pronomen *mir* die Selektion der Bündelung B 6. Das eigentliche A-Relat dieser indirekten Selek-

---

8 Beispiel aus *Die Zeit* (25.10.1985:50).

tion ist das Infinitum *geholfen*, das zugleich durch direkte Selektion an dem ihm untergeordneten Substantiv *Frau* die Bündelung B 3 selektiert. Als Vermittler der indirekten Selektion egalisiert die Partikel *sondern* das ihr untergeordnete Pronomen *mir* mit dem ihr übergeordneten und von der direkten Selektion betroffenen Substantiv *Frau*, was heißen will, daß das Pronomen *mir* in formaler Hinsicht so gestaltet wird, daß es sich dem eigentlichen A-Relat *geholfen* direkt unterordnen ließe *(® er hat mir geholfen).*

Die Klasse AEi 1 ist um ein einziges Wort reicher als die anderen AEi-Klassen, da die Partikel *denn* nur in AEi 1 vorkommt, während sonst die Inventare sämtlicher AEi-Klassen identisch sind. Somit sind die Inventare der Klassen AEi 2 bis 6 Teilmengen der Klasse AEi 1, und deshalb lassen sich alle AEi-Klassen gemäß der zweiten und dritten Konstitutionsregel als eine gemeinsame Wortart definieren. Sie bilden die Wortart der (koordinierenden) Konjunktionen.

Demnach läßt sich durch die indirekte externe Selektion allein die nicht flektierende Wortart Konjunktion (AEi 1 bis 6) definieren.

2.2.3 Partikeln, die an keiner Selektion teilhaben. Adverbien und Interjektionen

Neben den Partikeln, die eine direkte oder indirekte Selektion ausüben, gibt es Partikeln, die an keiner Selektion teilhaben. Eben dadurch lassen sie sich anhand des morphologischen Kriteriums der Flexion, wenn auch ex negativo, als Wortart definieren, nämlich als die Klasse der Wörter, die sich auf keine Weise an der Selektion einer Bündelung beteiligen. Hierhin gehören Wörter wie *heute, jetzt, bald, hier, dort*, die traditionell als Adverbien bezeichnet werden, und Wörter wie *pfui, au, hurra*, die traditionell als Interjektionen bezeichnet werden. Diese traditionelle Unterscheidung läßt sich natürlich nicht anhand flexivischer Kriterien, sondern allein anhand syntaktischer Kriterien aufrechterhalten.

3. Zusammenfassung

Im voraufgehenden wurden die Wortarten des Deutschen allein anhand der Flexion definiert. Mittels der internen Selektion der flexivischen Bündelungen ließen sich die fünf flektierenden Wortarten Verb, Substantiv, Adjektiv, Numerale und Pronomen definieren (Abschnitt 2.1). Mittels der externen Selektion der flexivischen Bündelungen ließen sich insgesamt vier nicht flektierende Wortarten definieren, und zwar die Wortarten Subjunktion und Präposition mit direkter Selektion (Abschnitt 2.2.1), die Wortart Konjunktion mit indirekter Selektion (Abschnitt 2.2.2) und schließlich eine Restklasse von Partikeln ohne Selektion, welche die traditionell als Adverbien und Interjektionen bezeichneten Wörter umfaßt (Abschnitt 2.2.3).

Das Ergebnis dieser Klassifikation deckt sich mit den Wortartensystemen der meisten Darstellungen. Die Klassifikation zeichnet sich dadurch aus, daß sie die unendliche Menge der Wörter unter die endliche Menge der neun (oder zehn) Wortarten subsumiert und somit die beste Grundlage für die grammatische Beschreibung der Sprache bildet, weil die Regeln der Grammatik sich dann nur auf diese begrenzte Anzahl von Wortarten zu beziehen hat.[9]

---

[9] Bergenholtz/Schaeder (1977) etablieren ein syntaktisch orientiertes Wortartensystem mit 51 Wortarten. Durch die große Anzahl von Klassen, die im Wesentlichen auf der Nichtbeachtung der in unserer zweiten und dritten Konstitutionsregel formulierten Prinzipien beruht, wird die Konstituierung einer Grammatik beträchtlich erschwert.

Bibliographie

Bergenholtz, H./Schaeder, B. (1977), *Die Wortarten des Deutschen. Versuch einer syntaktisch orientierten Klassifikation*. Stuttgart.

Bærentzen, P. (1989), Syntaktische Subklassifizierung der Fügewörter im Deutschen. In: Weydt, H. (Hg) (1989), *Sprechen mit Partikeln*. Berlin/New York: 19–29.

Glück, H. (Hg) (1993), *Metzler Lexikon Sprache*. Stuttgart, Weimar.

Hentschel, E./Weydt, H. (1994²), *Handbuch der deutschen Grammatik*. Berlin/New York.

de Saussure, F. (1965³), *Cours de linguistique générale*. Paris (= deutsch 1967², *Grundfragen der allgemeinen Sprachwissenschaft*. Berlin).

Armin Burkhardt (Magdeburg)

Interjektionen: Begriff, Geschichte(n), Paraphrasen

1. Proömium

Interjektionen sind "in". Einst als unzivilisiertes Relikt aus der Urzeit mehr oder weniger verpönt, aber gleichwohl aus der gesprochenen Alltagssprache nicht wegzudenken, scheinen sie heute weithin als salonfähig zu gelten. Auch in den Medien. Das Vorbild Wilhelm Buschs (vgl. Kleemann 1980), dessen lautmalerische Kreationen (*schnuppdiwupp, klickeradoms*) sich nach wie vor großer Bekanntheit erfreuen, und die Expansion der Comic-Literatur (von "Tarzan" bis "Asterix"), die ihrerseits eine Vielzahl neuer, wenngleich recht instabiler "Onpos"[1] hervorgebracht hat (*GRAAAARGH, WUKAWUKAWUKAWUKAWUKA*), mögen zu dieser Entwicklung ebenso beigetragen haben wie der subkulturelle Reflex der modernen Bildergeschichtensemiotik in der Sprache der Jugend, die auf dem Gebiet der Lautwörter ebenfalls eine erstaunliche Kreativität entfaltet (vgl. Henne 1986:104ff). In der Epoche eines kommerziell orientierten Jugendkults kann eine solche Tendenz nicht ohne Auswirkungen auf die Sprache der Werbung bleiben, die sich ja vor allem an die Gefühle und Instinkte der Umworbenen richtet. Schon im Bäckerladen begegnen daher Slogans wie "Mmmh – wieder frisch vom Blech", in Zeitschriften sind Reklametexte wie "Warum Schwitzen nicht igitt, sondern aaaaah ist" (Werbung für Heimsaunen) zu lesen, und "Mal' mal Ooh! Aah! Alpia!" kann das Preisausschreiben eines Schokoladenherstellers heißen. Boutiquen tragen nicht selten Namen wie "aha!" oder "nanu nana". Anfang der 90er Jahre kamen sogar interjektionale Titel für Fernsehsendungen groß in Mode: *baff* war ein Schülermagazin (ARD), *Klack* hieß eine Spielshow für Kinder (RTLplus); bei *Hopp oder Top* handelte es sich um eine Rateshow (Tele 5), bei *klipp-klapp. Pannen vorm Objektiv* um die Darbietung "lustiger Amateur-Videofilme mit Didi Hallervorden" (SAT.1); *Pssst ...* war der Name eines "Ratespiels um Geheimnisse" (N3), *Zapp Zarapp* der Titel eines "Programms zum Staunen, Lachen und Mitraten" (ARD); *Boing!* war ein "Familienspiel mit Tommi Ohrner" (ARD) betitelt, mit *Oh là là!* dagegen ein Seniorenmagazin (DFF-Länderkette); *Ach, du dickes Ei!* nannten sich "Szenen und Dialoge mit Ilse Neubauer und Hans Schulze" (ZDF), *Mensch Meier* "Spiele und Musik mit Alfred Biolek" (ARD); hinter *Hallo, Europa!* verbarg sich das "Frühstücksfernsehen" (SAT.1) und hinter *Hurra, Deutschland!* eine wöchentlich wiederkehrende Satire mit Politikerpuppen (ARD), während *Prost, Helmut!* seltsamerweise eine amerikanische Comedyserie (Pro7) gewesen ist und *Ach so* ein Technik-Magazin für Kinder (N3). Doch auch wenn es im MDR noch eine Magazinsendung *Donnerwetter* gibt und vom selben Sender unter dem Titel *Oje, Oje!* gelegentlich "Pechgeschichten" mit Wolfgang Stumpf ausgestrahlt werden, ist inzwischen eine Trendwende hin zur metonymischen Verwendung der Moderatorennamen als Titel (*Ilona Christen, Bärbel Schäfer, Hans Meiser, Fliege, Schreinemakers live, Willemsens Woche,* um nur einige zu nennen) unverkennbar.

[1] Onomatopöien (vgl. Havlik 1991:7).

Die Linguistik hat der modisch bedingten Veränderung des Images der Interjektionen in gewisser Weise Rechnung getragen, denn als sie im Gefolge ihrer "pragmatischen Wende" den Weg über die Sprechakttheorie zur Gesprächsanalyse fand, wandte sie sich auch den Partikeln zu, genauer: den unflektierbaren Wörtern des Gesprächs. In diesem Forschungskontext erlebten auch die Interjektionen ihre sprachwissenschaftliche Renaissance (vgl. z. B. Burger 1980, Poggi 1981, Perez 1982, Fries 1988, 1988a, 1990, Ehlich 1986, Burkhardt 1997). Niemand hat sich jedoch auf dem jahrhundertelang vernachlässigten Gebiet der Partikelforschung mehr Verdienste erworben als derjenige, der solchen Untersuchungen mit seinem Buch *Abtönungspartikel. Die deutschen Modalpartikeln und ihre französischen Entsprechungen* (1969) den Anstoß gab, sich in zahlreichen Veröffentlichungen zu diesem Thema äußerte, der mehrere Partikel-Symposien und -Kongresse organisiert und ihre Ergebnisse herausgegeben hat. Und so könnte man, der Tendenz bei den Fernsehsendungen folgend, auch die Bezeichnung *Partikelforschung* durch den Namen des weydtsichtigen Moderators dieser Disziplin ersetzen, dem aus gegebenem Anlaß – als "kritisches Juchhe" (Marx/Engels 1958:101) – im Rahmen der vorliegenden Festschrift auch dieser Artikel gewidmet ist.

2. Interjektionen

Nach traditioneller Bestimmung ist die Interjektion eine der Wortarten, die im allgemeinen so gefaßt wird, daß sie alle satzwertigen Sprachzeichen einschließt, die dem Ausdruck von Gefühlen (*ach, au, pfui*) und/oder der Lautnachahmung (*bums, miau, zisch*) und/oder dem Vollzug eines Kurzkommandos (*dalli, hauruck, hüh*) oder dem emphatisch-poetischen Wohlklang (*tandaradei, fiderallala*) dienen. Die Interjektionen können entweder satzisoliert auftreten oder dem Satzverband vor-, nach- bzw. zwischengeschaltet sein und stehen insofern (zumeist) außerhalb der syntaktisch-regelhaften Wortfolge des Satzes.[2] In pragmatischer Hinsicht gehören sie "vorzüglich der Volkssprache oder dem Konversationstone" (Schwentner 1924:3) an. Daher sind im weiteren Sinne auch die Partikeln des Gesprächs (*äh, hm, gelt, na, naja, tja* usw.) sowie funktional entsprechende, satzisoliert oder zwischengeschaltet auftretende Wörter der Hauptwortarten (*Idiot!, Tor!, Donnerwetter!, Klasse, Schnell!, Los!* usw.) oder sogar mehrwortige, idiomatisierte Ausrufe, Flüche, Grüße oder Kommandos (*Dem Himmel sei Dank!, Verflixt und zugenäht!, Glück auf!, Hau bloß ab!*) als Interjektionen betrachtet worden.

Weil sie unter den sprachlichen Einheiten der "pariente pobre" zu sein schien: "sin flexión, sin conexión sintactica, sin normalidad fonológica, sin fijeza sémantica, etc." (Perez 1982:136, vgl. auch Bertrand 1980:2), ist die Interjektion von Semantik, Grammatik und Lexikographie traditionell recht stiefmütterlich behandelt worden (vgl. auch Kutzelnigg 1980:428, Erämetsä 1982:168) und, von einem kurzen glanzvollen Intermezzo einmal abgesehen, als "ein ungeliebtes Objekt der Sprachwissenschaft" (Ehlich 1986:1) bis heute ein "Mauerblümchen" (Angermeyer 1979:39) der Forschung geblieben. Im folgenden wird zunächst (2.1) ein kurzer Überblick über die Geschichte der Begriffs der Interjektion gegeben. Nach einer Skizze der unterschiedlichen Genesemuster (2.2) wird die für diese Wortklasse charakteristische Bedeutungsentfaltung an

---

2 Zur Syntax der Interjektion vgl. v. a. Fries (1990:13ff).

einem markanten Beispiel demonstriert (2.3). Den Abschluß bilden Vorschläge für eine künftige semantische Paraphrasierung der Interjektionen (2.4).[3]

2.1 Geschichte des Begriffs

Der Begriff der Interjektion wurde von römischen Grammatikern geprägt und verdankt sich – vielleicht – dem Wunsch, trotz Fehlens des Artikels im Lateinischen die Achtzahl der *partes orationis* des Griechischen nicht zu unterschreiten (vgl. Ehlich 1986:19). Die griechischen Grammatiker hatten das, was heute, der römischen Tradition folgend, als *Interjektion* bezeichnet wird, als επιρρημα σχετλιαστικον (*epirrhema* schetliastikon, 'Seufzadverb') zu den Adverbien gerechnet und damit eine Art lexikalischer Restkategorie geschaffen, die recht heterogene, im Laufe der Zeit immer akribischer subklassifizierte Elemente enthielt, von denen zumeist behauptet wurde, daß sie generell dem Gefühlsausdruck dienten.

Die römischen Grammatiker haben die *interiectio* formal als in Sätze einfügbarer "Zwischenwurf", inhaltlich als Ausdruck des *affectus animi* bzw. *mentis* bestimmt. Als paradigmatisch kann hier die Definition von Cledonius (1864:26) angesehen werden: "quidquid affectum exprimit, interiectio est" ('was immer einen Affekt ausdrückt, ist eine Interjektion'). In der Rhetorik wurde dagegen ein weiterer Begriff der *interiectio* verwandt. Schon bei Quintilian (I, iv, 20; VIII, ii, 14 f; XI, iii, 37) bezeichnet sie zugleich das "Dazwischenwerfen" allgemein und wird daher zur Emphase und Parenthese erweitert. In der römischen Antike ist der kategorielle Status der Interjektion nicht ausdiskutiert worden, vielmehr wurden die einmal eingeführten Bestimmungen mehr oder weniger abschreibend fortgeschrieben. Erst bei den "Modisten" des Spätmittelalters zeigt sich ein partieller Neuansatz. So konzipiert Duns Scotus (1902:Cap. XLIIIf) die Interjektion im Rahmen seiner Lehre von den *modi significandi* zwar als nähere Bestimmung des Verbs oder Partizips, hält jedoch an ihrer Klassifikation als eigenständige *pars orationis* fest: "Interiectio (...) est pars orationis significans per modum determinantis alterum, quod est Verbum vel Participium, affectus vel motus animae repraesentans". Als Gefühlsausdrücke beziehen sich die Interjektionen demnach nicht auf den vom Verb bezeichneten Sachverhalt, sondern ihr *modus significandi* besteht darin, wie Heidegger (1972:339f) die zitierte Stelle verdeutscht hat, "*die Beziehung der verbalen Bedeutungsakte zum Bewußtsein*" zu determinieren.

Während Melanchthon (1544:Bl. S. 5vf. u. Bl. Z.2v.–Z.3v.) und Scaliger (1580:408–413) den Bestimmungen der römischen Tradition vorbehaltlos folgen und den Forschungsstand lediglich durch ausführliche Typologien der lateinischen Interjektionen bereichern, nimmt sich Johannes Claius (1578:188ff) erstmals der deutschen Interjektionen an, handelt sie jedoch – der griechischen Tradition folgend – als Adverbien ab; als Subklassen schlägt er u. a. die Kategorien "Adverbium Exclamandi" ("Awe/zeter/mordio/fewer"), "Adverbium Admirandi" ("Wanne wanne"), "Adverbium Idignandi" ("Och och"), "Adverbia Gaudendi" ("Hui/jauch/hoscha") und "Vox Sonum Imitandi" ("muff/mauff/wuff/maw/brim/bram/klinck/klanck") vor. Maaler (1561) bestimmt die Interjektionen in seinem Wörterbuch als "wort", "stimm" oder "geschrey", so z. B.

[3] Die meisten der nachfolgend vorgestellten Einsichten haben sich bei der lexikographischen Bearbeitung der Gesprächswörter für das *Deutsche Wörterbuch* von Hermann Paul (1992) und beim Verfassen des Artikels "Interjektion" für das *Handwörterbuch der Rhetorik* (Burkhardt, im Druck) ergeben.

Auwee als "*Ein wort eines betrúbten unnd er-schrocknen weybs*. Au, Interiectio consternatae mulieris".[4]

Auch Schottelius ist in seiner 1663 in Braunschweig erschienenen *Ausfuͤhrlichen Arbeit von der Teutschen HaubtSprache* auf die Interjektionen eingegangen. Für ihn ist das "Zwischenwort (*Interjectio*,) (...) gleichfalls ein unwandelbares Wort/und wird also genant/weil es haubtsachlich der Wortmeynung/und der Rede keine Huͤlfe tuht/sondern nur zwischen gesetzet/und dadurch des Redners vorhabende Bewegung/mit angedeutet wird/". Des weiteren schreibt er:

> Die Zwischenwoͤrter pflegt man in gewisse Classes zusonderen/etwa folgender gestalt/als:
>
> Abominantis, Abscheu und Ekkel andeutende/als: Pfu/pfui/pfi/tfi/tfu/ay/ey/paͤh/baͤh/aͤh !
>
> Admirantis, Potz/Botz/Wanne=wanne/ey=ey/Siehe dar/siehe doch/ gleichwol !
>
> Avertendi, etwas abzuwuͤnschen/o das sey fern ! da sey GOtt fuͤr ! huͤte=behuͤte Gott !
>
> Deridendi, jemand auszuhoͤhnen/áx, áx : Sch ab=ab/o recht/o da !
>
> Dolentis, beklagende/o weh/ach weh/ach leider/ach/ach ! zeter !
>
> Expellentis, wegtreibende/weg weg: fort fort/hinaus hinaus/pack dich. Volucres expellimus per sch/sch.
>
> Indignantis, Zorn und Fluch bedeutende/potz Element/potz Krankheit/der henker hohle/daß dich! ich wolte daß ! och och!
>
> Lætantis, lustig und fro=seyn andeutende/juch/hop=he/he=lustig/hui/hoscha/ he.
>
> Minantis, androͤnde/weh dir ! warte/warte : ! ich wil dir ! ich schenkes nicht/nu !
>
> Ridentis, nur lachende/ha/ha/ha/he.
>
> Rogantis, Bitte anzeigende/ei nun ! ach ja ! ach lieber/nun nun/Saxonicè huͤtoch/huͤtoch !
>
> Silentii, ein Stillschweigen oder stillseyn erfodrende/sch/st/ still/still.
>
> Vocantis, aut vocem vel sonum imitantis, Ruf= und Lautwoerter/hui/holla hie/hotte hie/ brummen/muf/maf/klink klank :
>
> Wenn man die Katze ruft/Puschen/Puschen/Pusel/Pusel/
>
> Wenn man die Kuͤchlein ruft/Pudle/Pudle. (Schottelius 1663:666f)

Wie Claius, auf dessen Klassifikation er unverkennbar Bezug nimmt, rechnet auch Schottelius mehrwortige Exklamationsformen zu den Interjektionen.

Die Sprachursprungsdiskussion der Barockzeit rückte die Interjektion vorübergehend vom Rand in das Zentrum der sprachwissenschaftlichen Betrachtung. Hatte Condillac (1973:194ff) den Ursprung der Sprache in den "cris des passions" gesehen, die von bloßen "signes naturels" zu "signes d'institution" mutieren, so führte Herder die

---

4 An dieser Bestimmung läßt sich zugleich ablesen, daß es vermutlich geschlechtsspezifische Interjektionen gab und vielleicht sogar noch gibt, denn gelindes Erschrecken anzeigendes *huch* und gleichbedeutendes inspiratorisches *he* scheinen bei Sprecherinnen deutlich frequenter zu sein als bei Sprechern.

Sprachentstehung auf die schallnachahmenden Interjektionen zurück. Vor allem Herders (1891:36ff) Erklärung des Sprachursprungs aus der gedoppelten Interjektion, nämlich der Gegenstandsmerkmale mental fixierenden Umwandlung vom Gehör wahrgenommener interjektionaler Naturschälle und Empfindungsausdrücke in selber interjektionale "Merkzeichen", ist nicht ohne Auswirkungen auf die Grammatik geblieben. Adelungs Bestimmung der Interjektionen als "Ausdrücke bloßer Empfindungen" (1782:201) läßt sich als direkter linguistischer Reflex von Herders Entdeckung des qualitativen Sprungs vom Naturlaut zum "Merkwort" der Sprache lesen. Trotzdem werden die Empfindungswörter zwar als "Redetheile" betrachtet, doch zugleich der Klasse der "Wörter" gegenübergestellt, die – ganz im Geiste der Aufklärung – dem Ausdruck "klarer Vorstellungen" (ebd.) zu dienen haben. Damit sind mehrwortige Exklamationen und Parenthesen – anders als etwa noch bei Gottsched (vgl. 1762:159, 397f und 529ff) – kategorisch aus der Klasse der Interjektionen ausgeschlossen, denn weil exklamatorische Ausdrücke wie *wehe!, wohl!, frisch!, wollte Gott! behüte Gott!* die bezeichneten Empfindungen nicht "als Empfindungen", sondern als "klare Vorstellungen merklich" machen, können sie "nur in einer sehr weiten Bedeutung unter die Interjectionen gerechnet werden" (Adelung 1782:203). Adelung unterscheidet die Interjektionen in "die Ausdrücke der innern und äußern Empfindungen" (ebd.). Während es sich bei den ersteren um eine "in den höhern Graden der Cultur" (ebd. 204) nur in begrenzter Anzahl verfügbare Klasse "unarticulierter" "thierischer Schälle" handelt, die "so vielfach [sind], als es innere Empfindungen gibt" (ebd.), sind unter den letzteren die zwar weniger frequenten, aber wesentlich zahlreicher inventarisierten Schallnachahmungen zu verstehen, in denen die Empfindungen des Gehörs zum Ausdruck kommen: "*Platz, da lag er! husch, war er weg! wisch, war er da! knacks, da brach es! er fiel ins Wasser, daß es sagte, plump! es machte, hurr!*" (ebd. 205f). Indem die Interjektionen (v.a. die emotiven) nur die zu überwindende Vorstufe der klare Vorstellungen bezeichnenden und daher vernunftgemäßen Begriffe darstellen, sind gerade sie – in phylogenetischer wie in sozialer Hinsicht – Gradmesser des kulturellen Fortschritts.

Für Jacob Grimm (1890:279ff) dagegen gehört die Interjektion zu den Einheiten der Sprache, obwohl sie mit "leidenschaftlicher ausbruch der empfindungen (...), oder nachahmung eines naturlautes oder endlich lock- und scheuchwort für hausthiere" überwiegend im Sinne vorsprachlicher Äußerungsformen charakterisiert wird. Grimm, der hervorhebt, daß die Interjektionen "abgerißen und los überall in der rede vorkommen" könnten und daß vielen von ihnen "erkennbar nomina oder verba zu grund" lägen, unterscheidet nicht weniger als 19 Subtypen, zu denen, neben den Partikeln und Wendungen des Gefühlsausdrucks, des Schweigen Gebietens, des Drohens, der Schallnachahmung, der Haustierkommandos und der poetischen Gesangseinschaltungen auch "Imperativ-" (*warte nur!*), "Nominal-" (*teufel!, gott sei dank!*) und "conjunktivische Interjektionen" (*das wäre der henker!*) gehören. Indem sein Interjektionsbegriff nicht auf lexikalische Einheiten begrenzt ist, sondern auch mehrwortige idiomatisierte Formen des emphatisch-parenthetischen Ausrufs umfaßt, fällt Grimm partiell wieder hinter Adelung zurück.

Hermann Paul (1920:179ff) schließlich bestimmt die Interjektionen, die für ihn eine der Formen der lexikalischen "Urschöpfung" darstellen, zwar als "unwillkürlich ausgestossene Laute, die durch den Affekt hervorgetrieben werden, auch ohne jede Absicht der Mitteilung", um jedoch sogleich hervorzuheben, daß sie nicht als "mit ursprünglicher Notwendigkeit aus dem Affekte" entspringende "Naturlaute" anzusehen seien, sondern "gerade so gut durch die Tradition erlernt [würden] wie die übrigen Elemente der Sprache". Sie sind entweder "Ausdruck der inneren Empfindung" (*o, ach, pfui*) oder onomatopoetischer Natur (*paff, bums, schwapp*). Während die "Empfindungsinterjektionen" zuweilen "artikulierte Substrate" darstellen, "die an und für sich ziemlich indifferent sind und erst durch den begleitenden Gefühlston einen bestimmteren Inhalt bekommen", und z. T. "aus andern Wörtern und Wortgruppen entstehen" (*jemine* aus *Jesus domine*), lassen sich die onomatopoetischen als "Reaktionen gegen plötzliche Erregungen des Gehörs- oder Gesichtssinnes" betrachten und bedienen sich besonders häufig des Ablauts und der Reduplikation (*ritschratsch*).

Von Wilhelm Wundt (1911:319ff) stammt die bekannte terminologische Differenzierung zwischen "primären" und "sekundären" Interjektionen.[5] Für Wundt sind sowohl die "unartikulierte[n] Schreilaute, die sich allerdings beim erwachsenen Menschen durchgehends auf die äußersten Grade des Schmerzes oder allenfalls noch der Wut oder des Jubels einschränken", als auch die "artikulierte[n] Gefühlslaute, die im ganzen mäßigere Gefühle ausdrücken", aus den ursprünglichen "Naturlauten" hervorgegangen. Von diesen sind die "primären Interjektionen" nur die "stehen gebliebenen Reste".

> "Primär" wollen wir sie nennen, weil sie die ursprünglichsten sind, und weil sie den Charakter von Naturlauten vollständig bewahrt haben. Mit der eigentlichen Sprache in gar keiner inneren Verbindung stehend, bilden sie gleichsam vereinzelte Trümmer einer vorsprachlichen Stufe, die den Zusammenhang der Rede unterbrechen. Dahin gehören Laute wie im Deutschen *oh, ach, ah, au, weh, ha, he, ei, juhe,* (...). (ebd.:320)

Als "sekundäre Interjektionen" werden dagegen "diejenigen reinen Gefühlsäußerungen" bezeichnet, "die in andere sprachliche Formen eingekleidet werden." Als deutsche Beispiele nennt Wundt "'mein Gott', 'mein Himmel', 'Jesus Maria', 'Donnerwetter', 'Blitz' usw. sowie die aus solchen Wörtern und aus primären Interjektionen zusammengesetzten Gebilde wie: 'o Himmel', 'potztausend', 'ach Gott'." (ebd.:321) Ähnlich wie vor ihm Herder und Adelung ist auch er der Auffassung, daß sich im Laufe der Menschheitsgeschichte "der Naturlaut des Gefühls durch zunehmende assoziative Übertragung mehr und mehr in Worte umgesetzt" (ebd.) habe und so auch die "primären" Interjektionen allmählich durch "sekundäre" Bildungen ersetzt worden seien.[6]

Vielfalt und Heterogenität der verschiedenen Begriffsbestimmungen sind die unübersehbaren historischen Spuren einer sprachtheoretischen "Ratlosigkeit" (Ehlich 1986:140) den Interjektionen gegenüber, die sich, von der Antike ausgehend, über die Jahrhunderte fortgesetzt und zu zahlreichen Terminologievorschlägen geführt hat.Vor allem in Barock und Aufklärung waren die deutschen Grammatiker und Lexikographen bemüht, den lateinischen Terminus *interiectio* einzudeutschen. Während Schottelius, Gottsched und Aichinger die Lehnübersetzung "Zwischenwort" einführen, spricht Stieler vom "Triebwort", Gueintz vom "Bewegewort", Longolius gar vom "Herzwört-

---

[5] Indirekt hat er damit nur einen früheren Gedanken wieder aufgenommen, denn schon Blatz hatte (in Anlehnung an Heyse) zwischen "echten (eigentlichen)" und "unechten (uneigentlichen)" Interjektionen, d. h. zwischen nur als Interjektionen gebräuchlichen Partikeln, die aus angeblichen Naturlauten hervorgegangen sind, und interjektionalen Verwendungen von Wörtern aus anderen Wortarten (*Teufel!, still!, Gottlob!*) unterschieden (vgl. dazu Burkhardt, im Druck).

[6] Vgl. zu alledem ausführlicher Burkhardt (im Druck), Ehlich (1986:18ff) und Perez (1982:63ff). Eine kürzere Darstellung der Geschichte des Interjektionsbegriffs findet sich auch bei Burger (1980:54ff).

chen". Adelung, der den Begriff des "Zwischenworts" ausdrücklich ablehnt, sowie Campe und Blatz bevorzugen hingegen den Terminus "Empfindungswort", der zumeist dem des "Schallworts" gegenübergestellt wird, halten jedoch zugleich an der parallelen Verwendung des Begriffs der Interjektion fest, der bei Heyse, Grimm oder Paul alleinige Verwendung findet und auch in modernen Wortartentypologien vorherrscht. Spätestens bei Götzinger, der neben dem lateinischen Lehnwort auch die Bezeichnung "Füllwort" verwendet, kündigt sich das Verdikt der Überflüssigkeit an, das die normative Stilistik später jeder Art von Gesprächswort entgegengehalten hat. Doch während sich noch zu Beginn des Jahrhunderts Sapir (1972:16) zu der Formulierung verstiegen hat, die Interjektionen gehörten "zu den unwichtigsten Elementen der Sprache", wurden solche Ansichten im Rahmen der neueren Partikelforschung inzwischen gründlich revidiert, denn auch wenn die Interjektionen "sicher (...) nicht zu den Kerngebieten der Sprache" (Ehlich 1986:2) gehören, steht derlei Thesen sowohl die Frequenz als auch die Leistung der Interjektionen in allen Sprachen der Welt entgegen.

Schloß der traditionelle Interjektionsbegriff ohne weitere Unterscheidung neben Gefühlsausdrücken und Schallnachahmungen auch Wörter mit speziellen Sprechhandlungs- und Gesprächsbedeutungen ein, so wurden einer modernen Linguistik, die sich im Zuge ihrer pragmatischen Neuorientierung nunmehr auch der Analyse gesprochener Sprache zugewandt hatte, gerade solche Funktionsdifferenzierungen besonders wichtig. Nun zeigt aber die begriffsgeschichtliche Darstellung, daß von alters her Nachahmung von Geräuschen und Ausdruck von Empfindungen als eigentliche Wesensmerkmale der "Zwischenwörter", andere Funktionen der zu den Interjektionen gerechneten Sprachelemente dagegen als eher nebensächlich betrachtet wurden. Angesichts eines solchen Befundes bot es sich an, die Klasse der Interjektionen auf ihren kategoriellen Kern zu begrenzen und für die Wortart als ganze nach einem neuen Oberbegriff zu suchen, unter den sich neben den Interjektionen auch die Sprechhandlungspartikeln und die gesprächstypischen lexikalischen Sprecher- und Hörersignale subsumieren ließen. Einen terminologischen Vorschlag von Brinkmann (1962:765ff) aufnehmend hat Henne (1978:44ff) zu diesem Zweck den Begriff des "Gesprächsworts" eingeführt und zu dieser Wortart die "Funktionsklassen" Gliederungspartikel, Rückmeldungspartikel und Interjektion (i.e.S.) gerechnet. Allgemein sind Gesprächswörter Partikeln oder partikelhaft verwendete lexikalische Einheiten, die – in satzisolierter oder satzintegrierter Stellung – überwiegend in der gesprochenen Sprache gebraucht werden und dadurch charakterisiert sind, daß sie eine Bedeutung aufweisen, die auf andere Äußerungen desselben oder eines anderen Sprechers bzw. auf außersprachliche Handlungen oder Ereignisse bezogen ist und kaum anders denn mit Hilfe eines ganzen Satzes paraphrasiert werden kann, insofern also mit Recht "holophrastisch" (Poggi 1981:43ff, Trabant 1983:72f, Fries 1988:25, 1990:30) genannt werden darf.[7] Weil sie den genannten Bestimmungskriterien ebenfalls entsprechen und es sich z. T. um Lexeme handelt, die sich als Bedeutungsvarianten von Mitgliedern der schon angeführten Subklassen beschreiben lassen, hat Burkhardt (1982:144 ff, 1989) der Kategorie Gesprächswort darüber hinaus auch Abtönungs- und Sprechhandlungspartikeln (*denn, halt, ja* bzw. *bitte, topp,*

[7] Gerade weil Interjektionen als Einzellexeme "holophrastisch" sind, ist die z. B. bei Hentschel/Weydt (1994:296 ff.) und Fries (1988:25) wiederholte Bemerkung Trabants (1983:72), daß Wörter dieser Kategorie nicht an der "doppelten Gliederung" der Sprache teilnähmen, im Kern tautologisch. Trabants Behauptung, sie seien "nicht in Moneme zerlegbar", ist darüber hinaus ahistorisch, gilt nicht für alle Interjektionen (*aha, hopphopp, herrje*) und stellt insofern zugleich eine falsche Generalisierung dar.

wehe) zugeordnet und die Interjektionen in "emotive" und "schallnachahmende" unterschieden. Diese erweiterte Klassifikation hat auch Eingang in die Beschreibungssprache der 9. Auflage des *Deutschen Wörterbuchs* von Hermann Paul (1992) gefunden, die unter der Leitung von Helmut Henne in Braunschweig erarbeitet worden ist.[8]

Im Gegensatz zu Ehlich (1986), der zwar von der Extension des traditionellen Terminus ausgeht, aber neben Form und Funktion der Einzelzeichen auch die Intension des Interjektionsbegriffs neuzubestimmen und die Interjektionen als Mittel der Herstellung "elementarer interaktionaler Übereinstimmung" im "expeditiven Feld" (ebd., 241) zu beschreiben sucht, werden also sowohl bei Henne und Burkhardt als auch im "Paul" die Rückmeldungs-, Gliederungs- und Sprechhandlungspartikeln aus der traditionellen Wortklasse gerade ausgegliedert. Daher bilden die Interjektionen im hier gemeinten Sinne nur eine Teilmenge der Wörter, die in der Grammatik traditionellerweise unter dem Begriff *Interjektion* zusammengefaßt werden. Neben den Schall- und Empfindungswörtern sind der nunmehr neubestimmten Wortklasse (innerhalb der Wortart "Gesprächswort") die inhaltsleeren poetisch-musikalischen Klangwörter *(damdam, fidirallala, trallala, simserimsimsim* usw.) und die zumeist den Lautäußerungen der Artgenossen nachgebildeten *(miesmies, puttputtputt)*, zumindest aber situations- bzw. art- oder altersgemäß gestalteten *(brr, hüh; eieiei, killekille, putzputzi)* Lock- Scheuch- und Kontaktrufe,[9] wie sie an Tiere oder Kleinkinder gerichtet werden, zuzurechnen.[10]

Wenn man die Interjektion nicht einfach unspezifisch als lexikalische Restkategorie bestimmt, in der alle unflektierbaren, satzwertigen, satzisoliert verwendbaren Sprachzeichen enthalten sind, sondern diese Wortklasse auf Empfindungs- und Klangwörter einerseits und Schallwörter, Lock-, Scheuch- und Kontaktrufe andererseits beschränkt, dann zeigt sich auch, daß die von den griechischen Grammatikern vorgenommene (und bei Claius noch vorhandene) Zuordnung zu den Adverbien keineswegs so absurd war, wie sie heute auf den ersten Blick vielleicht erscheint. In der neubestimmten Kategorie reflektiert sich nämlich die (im Deutschen syntaktisch allerdings irrelevante) Unterscheidung zwischen auf das Verb bezogenem Adverb und auf das Subjekt bezogenem Prädikativum (*sie arbeiten schnell* vs. *sie arbeiten fröhlich*). Während Schallwörter sowie die

---

8 Um hausinterne Diskussionen zu umgehen, wurde jedoch in den Artikeln, die den Gliederungs-, Rückmeldungs-, Abtönungs- und Sprechhandlungspartikeln sowie den Interjektionen gewidmet sind, auf die Verwendung des Terminus *Gesprächswort* selbst verzichtet. Gleichwohl ist der Begriff im "Paul" (1992:346) als Sublemma zu **Gespräch** verzeichnet und dem Vorstehenden entsprechend erläutert worden. Auch im Sachregister ist er als beschreibungssprachliche Kategorie enthalten und wird dort durch "Abtönungspartikel, Empfindungswort, Gliederungspartikel, Interjektion, Rückmeldungspartikel, Sprechhandlungspartikel" exemplifiziert (Paul 1992:1104). Der Hinweis auf die weitere Beschreibungskategorie "Schallwort" ist an dieser Stelle leider vergessen worden.

9 "Bei den Lockrufen liegt bisweilen wohl eine Annäherung an den Naturlaut des Tieres selbst zu Grunde, wobei in den verschiedenen Sprachen allerdings meist eine recht verschiedene Auffassung herrscht." (Schwentner 1923:40) Vgl. auch Grimm (1890:304), Burger (1980:56).

10 Soweit sie onomatopoetisch sind, können auch (per definitionem an Menschen gerichtete) Sprechhandlungspartikeln in diese Kategorie aufgenommen werden. So beinhalten etwa *pst* bzw. *sst*, die in identischer oder ähnlicher Gestalt in zahlreichen Sprachen erscheinen, zwar einerseits eine an Menschen gerichtete Handlungsaufforderung und sind insofern illokutionär, andererseits lassen sie sich als abstrakte Nachbildung leisen Sprechens interpretieren und sind insofern als Schallwort zu bestimmen. Wie bei dem "Zischlaut 'ssssss', der in einer Reihe von Kulturen zur Erregung der Aufmerksamkeit einer anderen Person, ohne selbst allzu störend zu wirken, benutzt wird" (Scherer 1977:209), handelt es sich auch bei *pst* und *sst* um Laute, die wegen ihrer "akustischen Übermittlungseigenschaften" produziert werden.

in der Regel onomatopoetischen Lock-, Scheuch- und Kontaktrufe Handlungen oder Ereignisse ikonisch nach- oder vorzeichnen und von daher den Adverbien nahestehen,[11] bringen Empfindungs- und (bis zu einem gewissen Grade auch) Klangwörter psychische Zustände des (sprechenden) Subjekts zum Ausdruck und sind insofern den Prädikativa vergleichbar. Nur auf Interjektionen im engeren Sinne dieser vier Teilkategorien sollen sich die folgenden Abschnitte beziehen.

2.2 Genesemuster

Bei aller Kritik an seiner Geringschätzung der Interjektionen hat doch schon Sapir (1972:15) gesehen, daß "unsere konventionellen Interjektionen – unsere oh's, aha's und pscht's –" nicht mit instinktiven Affektäußerungen gleichzusetzen sind.

> Diese Interjektionen sind nämlich nichts anderes als durch Übereinkommen festgelegte Formen der Naturlaute. Deshalb sind sie auch in den verschiedenen Sprachen ganz verschieden und jeweils dem phonetischen Grundcharakter einer Sprache angepaßt. In dieser Form kann man sie mit Fug und Recht zur Sprache rechnen, denn sie sind ja, wie die Sprache auch, Zivilisationsprodukt und mit den wirklich instinktiven Schreien so wenig identisch wie etwa das Wort "Kuckuck" mit dem Schrei des Vogels, der diesen Namen trägt (...). (ebd.)

Für Sapir verhalten sich "die Interjektionen und die lautmalenden Wörter der normalen Sprache zu ihren Vorbildern in der Natur wie sich die Kunst, die ja ausschließlich der sozialen und kulturellen Sphäre angehört, zur Natur verhält." (ebd.) Und weil sie mit Hilfe der Sprechwerkzeuge ausgeführte Zeichen sind, die wir lernen müssen, die diachronischem Formen- und Funktionswandel unterworfen sind und die wir uns aus der gesprochenen Kommunikation gar nicht wegdenken können, gehören sie kraft ihrer Konventionalität – z. T. sogar Arbitrarität – und "Lautzeichenkonstanz" (Kainz 1967:207f) auch dann zur Sprache, wenn sie zuweilen Laute oder Lautkombinationen enthalten, die nicht als Phoneme oder zulässige Phonemverbindungen der betreffenden Sprache anerkannt sind (vgl. z. B. Jespersen 1922:415, Perez 1982:43ff, Trabant 1983:75ff; Ehlich 1986:22, 244, Fries 1988:27).[12] Denn dafür, daß Interjektionen Wörter sind, gibt es keinen sichereren Beweis als ihre einzelsprachlich verschiedene Lautgestalt selbst da, wo sie offenkundig Schallnachahmungen sind. Und auch wenn sie im Einzelfall Sprachgemeinschaften übergreifen können, sind Interjektionen, anders als bloße "Affektlaute" (Scherer 1977), in das System einer Einzelsprache eingegliedert, wo sie allerdings nur "randgrammatischen Status" (Fries 1988:28) genießen.

Zu den häufig fälschlich als "Naturlaute" oder, wie von Botho Strauß (1981b:90), als "die unwillkürlichen Hupfer des Gemüts in den Mund" apostrophierten Interjektionen gehören Lautgebilde, die ausschließlich von Vokalen getragen werden (*oh, ah, ih*), die einfache Vokal/Konsonanten-Verbindungen darstellen (*ha, uff, huch*), die aus Lau-

---

[11] Schon Oksaar (1959/60) hat auf adverbiale Gebrauchsweisen von schallnachahmenden Interjektionen hingewiesen (vgl. dazu auch Ehlich 1986:257). Auch Fries (1990:13) kommt auf syntaktische Ähnlichkeiten zwischen einigen (zumeist schallnachahmenden) Interjektionen und Adverbien bzw. adverbialen Adjektiven zu sprechen. Doch wie so oft ist auch hier das neu Erscheinende schon in den Schriften der Alten verzeichnet, denn wie hatte Sacerdos geschrieben: "Interiectio est par orationis adverbio persimilis" (1874:447).

[12] Nicht zu Unrecht hat aber Fries (1988a:3, 1990:7) darauf hingewiesen, daß "im Bereich der Interjektionen Übergänge zwischen Nicht-Sprachlichem und Sprachlichem, zwischen Affektlauten und Lexemen zu konstatieren sind". Vgl. dazu auch Kainz (1967:208ff).

ten bestehen, die nicht zum Phonemsystem der betreffenden Sprache gehören (inspiratorische *he, tsts* oder der Diphthong in *pfui*) oder Phonemkombinationen enthalten, die insofern phonotaktisch abweichend sind, als sie auf Vokale völlig verzichten (*pf, pst, ts, hm*[13]) und/oder ansonsten im Sprachsystem nicht vorhandene Konsonantenverbindungen aufweisen (*brr, krk*) (vgl. dazu auch Schwentner 1924:45, Fülei-Szánto 1981:89, Perez 1982:50ff, Trabant 1983:74f, Ehlich 1986:211f, Fries 1988a:4, 1990:8f, Hentschel/Weydt 1994:297).[14] Auf der anderen Seite gibt es zahlreiche Interjektionen, die sich von bereits vorhandenen Sprachzeichen herleiten lassen. Durch seine (oben erläuterte) Unterscheidung der "primären", d. h. einfachen, gleichsam auf natürliche Weise von selbst entstandenen, von den "sekundären", d. h. zusammengesetzten oder aus anderen Wörtern hervorgegangenen Interjektionen hat Wundt (1911:320f) dieser typologischen Zwiefalt Rechnung getragen.[15] Doch auch die "primären" Interjektionen haben sich nicht rein zufällig herausgebildet, sondern dürften ihrerseits auf die onomatopoetische Nachahmung natürlicher Geräusche oder Lautäußerungen zurückzuführen sein. Insofern sind Interjektionen generell entweder phonetisch-phonologisch (und damit ausdrucksseitig) oder morphologisch-semantisch (und damit inhaltsseitig) motiviert. Dennoch kommt es vor, "daß durch innersprachliche Lautentwicklung die Verbindung zwischen Sprachlaut und Naturlaut zerrissen wird." (Porzig 1986:22). Zwar lassen sich die Interjektionen "schwerlich systematisieren" (Erämetsä 1982:168), doch erscheint es möglich, sie auch nach den Prinzipien ihrer Entstehung in unterschiedliche Gruppen einzuteilen. Daß sich, wie noch zu zeigen ist, die emotiven Interjektionen zu einem Großteil aus onomatopoetischen Nachahmungen von Naturlauten (des Menschen selbst) entwickelt haben, ist ein starkes Argument dafür, mit Perez (1982:122) auch Schallwörter zu den "primären" Interjektionen zu rechnen. Wenn also Ehlich (1986:66) schreibt:

> Die Interjektionen sind charakterisiert durch ein ihnen spezifisches Bildungsverfahren, das sich strukturell von dem für die Mehrzahl der anderen Wörter deutlich unterscheidet. Die vokalischen Bildungsmöglichkeiten überwiegen die konsonantischen im Vergleich zu den Bildungsmöglichkeiten bei den nicht-interjektionalen Wörtern.

so darf diese im großen und ganzen zutreffende Aussage doch nicht dazu führen, daß den historischen Bildungswegen und den unterschiedlichen Bildungsmustern nicht mehr nachgegangen wird. De facto ist aber gerade auch in dieser Hinsicht eine "mangelnde wissenschaftliche Analyse der deutschen Interjektionen" (ebd.:68) zu verzeichnen.

Das folgende ist ein erster Versuch, diese ungünstige Forschungslage durch das Nachzeichnen unterschiedlicher Genesemuster ein wenig zu verbessern.

---

[13] Schon Schwentner (1923:45) hat darauf hingewiesen, daß in der Interjektion *hm* "ein nasaler Hauchlaut [steckt], den wir nur ungenau durch *h* ausdrücken." Vgl. auch Vacheks (1981:185ff) Ausführungen über die entsprechenden "paralinguistic sounds" im Tschechischen und Englischen.

[14] Z. T. wird sogar die Tonhöhe moduliert, so daß Ehlich (1986) solche Interjektionen als Tonem-Vorkommen der deutschen Sprache beschreiben konnte. Allerdings ist der Tonverlauf im Deutschen ein suprasegmentales, nicht aber ein phonologisch relevantes Phänomen (vgl. dazu auch Perez 1982:67f).

[15] Der Wundtschen Unterscheidung entspricht übrigens auch Havliks (1991:38) Einteilung der Onomatopöien in "eigentliche" und "umschreibende".

I. "Primäre" Interjektionen

Auch unter historisch-genetischen Gesichtspunkten bilden die "primären" Interjektionen, d. h. "Wörter bzw. Phrasen, welche ihre *lexikalische Bedeutung* im wesentlichen aufgegeben haben und die zu *rein funktionalen Größen* geworden sind" (Fries 1988:28), eine erste Gruppe mit verschiedenen Untertypen:

1. Wohl in jeder Sprache gibt es eine Reihe einsilbiger Empfindungswörter, zu denen vor allem diejenigen gehören, die von Schwentner (1924:6ff) als "reinvokalische Interjektionen" bezeichnet werden (vgl. auch Costa 1981:88). Schon aus Gründen artikulatorischer Bewegungsökonomie liegt es nahe, daß sich der Empfindungsausdruck gern der Grundvokale /a/, /i/, /o/ und /u/ bzw. der entsprechenden Umlaute und Diphthonge sowie deren an- oder auslautender Kombination mit durch bloße Öffnung der Stimmlippen gebildetem /h/ bedient (das in der Schriftform natürlich auch als bloßes Dehnungszeichen erscheinen kann). Auch wenn hier auf anthropologische oder sprachuniversalistische Spekulationen verzichtet, sondern nur versucht werden soll, der Antwort auf die Frage nach unterschiedlichen Genesewegen der deutschen Interjektionen und deren "semantischer" Bestimmung näherzukommen, scheinen solche phonetisch einfachen, einsilbigen Interjektionen, die stets Empfindungswörter sind und als BASALE INTERJEKTIONEN bezeichnet werden sollen, die weitaus ältesten zu sein[16] und kommen in identischer oder ähnlicher Gestalt in sehr vielen Sprachen vor. Gerade die Interjektionen dieses Typs weisen also, um es mit Sapir (1972:15) zu sagen, "in allen Sprachen eine auffallende Familienähnlichkeit auf (...), aufgrund deren man sie als aus einer gemeinsamen instinktiven Wurzel stammend ansehen könnte." (Vgl. dazu auch Fries 1988a:3)

Im Deutschen ist seufzendes *ah* (*aa*) schon ahd., der Schmerzausdruck *au* (*ou*), Lachen bzw. Hohn anzeigendes *ha* und Schaudern signalisierendes *hu* sind bereits mhd. vorhanden. Spöttisches *ho* ist immerhin bereits fnhd., Schmerz, Angst und Abscheu ausdrückendes *uh* ist dagegen erst Anfang des 19. Jh. nachzuweisen. Multifunktionales *o(h)*, mhd. *ô*, scheint erst im Mittelalter nach dem Vorbild des Griechischen und Lateinischen in die deutsche Sprache gekommen zu sein und stellt wohl die erste Lehninterjektion des Deutschen dar (vgl. Paul 1920:180, Schwentner 1924:11f, Burger 1980:63, Ehlich 1986:81). Gemeinsam ist den Mitgliedern dieser Gruppe, daß sie absolut unmotiviert zu sein scheinen. Obwohl einiges dafür spricht, daß sie mindestens partiell aus der sprachlichen Nachahmung natürlicher Lautäußerungen des Menschen (wie Ein- und Ausatmen, Schmerzens- oder Freudenschreie) hervorgegangen sind, haben sie sich als Sprachzeichen historisch herausgebildet und sind z. T. denselben lautgesetzlichen Veränderungen gefolgt, denen auch die übrigen Wörter unterworfen waren. So könnte es sich etwa beim multifunktionalen *ei*, das Maaler (1561, s. v. *Ey*) als "Ein stimm mancherley anmu°tung oder anfechtung anzeigende" beschreibt, um die diphthongierte Form des ahd., mhd. und nd. vorhandenen *i* handeln. Auch – jedenfalls im Deutschen – mit /b/ oder /p/ anlautende einsilbige Empfindungswörter wie *bah, bäh, buh* bzw. *puh* –, die Schwentner (1924:26) für "Naturlaute" hält, "die aus der Kindersprache stammen", während sie Kutzelnigg (1976:429 ff.) sprachuniversalistisch vom Geräusch beim Ausstoßen schlechter Atemluft herzuleiten sucht – ließen sich zu den basalen Interjektionen rechnen. Gleiches gilt für seit dem 17. Jahrhundert belegtes spöttisches *ätsch*, für zuerst

[16] "Sie gehören sicher zu den ältesten Bestandteilen der idg. Sprachen und sind zweifellos aus der Ursprache ererbt." (Schwentner 1924:6)

im 18. Jahrhundert nachweisbares *uff* als Nachahmung des Geräusches beim erleichterten Luftschnappen und für das auf idg. Wurzeln verweisende *weh*, auch *wehe,* ahd. *we¯*, mhd. *wê*, fnhd. *wee*, das im Got. als *wai* und im Lat. als *vae* überliefert ist.

Die basalen Interjektionen haben eine einfache, von einem Vokal oder Diphthong getragene Silbenstruktur, deren kombinatorische Möglichkeiten Schwentner (ebd.:16f) wie folgt beschreibt:

> Weitaus die größte Zahl aller Interjj. der idg. Sprachen besteht aus Vokal(en) und Konsonant(en). Es treten verschiedene Möglichkeiten der Bildung auf: Vokal + Konsonant; Konsonant + Vokal; Vokal + Konsonant + Vokal; Konsonant + Vokal + Konsonant; Konsonant + Vokal + Konsonant + Vokal sind die am häufigsten auftretenden Formen der Interjektionen. (Vgl. dazu auch Costa 1981:90)

2. Eine weitere, wesentlich jüngere Gruppe bilden die SCHALLNACHAHMENDEN INTERJEKTIONEN, die – mit wenigen Ausnahmen – Versuche darstellen, mit den Mitteln eines je einzelsprachlichen Phonemsystems Geräusche nachzubilden, insbesondere "den schall (...), der beim fallen, schwingen, wegraffen, zerbrechen, tönen gewisser gegenstände entsteht" (Grimm 1890:302). Solche akustischen Ikonen sind für die gesprochene Sprache (oder deren schriftliche Nachahmung) charakteristisch und dienen hier vor allem dazu, die Schilderung von Ereignissen anschaulich zu gestalten und zu verkürzen. Insofern handelt es sich um Formen darstellungsfunktionaler Deixis. Weil sie die betreffenden Bezugsgeräusche niemals in authentischer Weise reproduzieren, sondern sie nur sozusagen ins Lautsystem der jeweiligen Sprache übersetzen, d. h. nachahmen "mit den im Lautbestand der Sprache vorhandenen Mitteln" (vgl. Kleemann 1980:9),[17], und daher in allen Sprachen partiell verschieden sind, können auch diese Interjektionen keineswegs als "Naturlaute" betrachtet werden. Sie sind onomatopoetisch und trotzdem partiell arbiträr (vgl. Hauschild 1909:150, Saussure 1967:81, Burger 1980:63, Porzig 1986:21, Hentschel/Weydt 1994:300).[18]

Soweit sie konventionalisiert sind, lassen sich die meisten dieser Schallwörter nur bis ins Fnhd. zurückverfolgen, so *bums,* mit seinen älteren Formen *bumbs* bzw. *bumms* u. *bumlebum* (Narrensch., Frisch),[19] das den Ton dumpfer Glocken (Heine, Sa.) oder einen dumpfen Knall abbildet, wie er insbesondere beim Fallen entsteht, oder *hui*, das dem Geräusch schneller Bewegungen nachempfunden ist und dem Ausdruck von Geschwindigkeit bzw. Plötzlichkeit dient: *Huy, sputet euch* (so Stieler 1691). Auch *klapp* wäre hier zu nennen, das ein kurzes Knall- oder Schlaggeräusch imitiert, mit der Ablautbildung *klipp klapp* als Nachahmung des Geräuschs der Mühle. Ebenso das schon bei Stieler (1691) lexikographisch erfaßte *knack*, "welches", wie Adelung ein Jahrhundert später in seinem Wörterbuch schreibt, "den Schall nachahmet, den ein harter Körper von sich gibt, wenn er plötzlich bricht oder brechen will, und wofür auch *knacks* üblich ist": *Das Glas sagte k. K., da war es entzwey* (ebd.). Auch das ein klatschendes Schlaggeräusch abbildende *patsch*, fnhd. auch *batsch* (Stieler 1691), gehört in diese Reihe: *da versah's einer, patsch! eine Ohrfeige, und u^e^ber das Gela^e^chter der fol-*

---

[17] Und zwar so weit, "als articulirte Laute unarticulirte wiederzugeben im Stande sind" (Humboldt 1963:452, VII 76).

[18] Zu den Regeln für die Bildung, Verwendung und Gestaltung von "Onpos" in Comics vgl. Havlik (1991:17ff).

[19] Wo nicht anders angegeben, entstammen die zitierten Belege zu den jeweiligen Interjektionen den betreffenden Artikeln im *Deutschen Wörterbuch.* Quellenangaben sind über Paul (1992) erschließbar. Auf exakte bibliographische Angaben zu den Belegstellen wird daher in der Regel verzichtet.

gende auch patsch! und immer geschwinder heißt es bei Goethe. *Patsch* kann aber auch das Zerspringen von Behältern mit Flüssigkeit oder den Aufprall auf eine Wasseroberfläche lautnachahmend bezeichnen: *Und – patsch! – der Räuber lebt nicht mehr,/Der Mühlstein druckt ihn gar zu sehr* und *Patsch! fällt der Krug. Das gute Bier/Ergießt sich in die Stiefel hier* liest man bei Wilhelm Busch. Schon Luther verwendet *puff*, das der lautlichen Nachbildung eines kurzen dumpfen, durch entweichenden Luftstoß erzeugten Knalls, insbesondere beim Schießen dient: *Puff! – Sie fallen in die Kist',/Wo das Mehl darinnen ist* heißt es vier Jahrhunderte später in "Max und Moritz" und *Meine Wange genießt die Kühle des Kolbens, während ich auf Miller ziele. Puff!* schreibt Max Frisch in *Mein Name sei Gantenbein*. Erst im *Teutsch-Lateinischen Wörter-Buch* von Johann Leonhard Frisch (1741) ist hingegen *klick* gebucht, das ein kurzes, hell-metallisches Schlag- oder Einschnappgeräusch (heute insbesondere des Verschlusses beim Fotoapparat) lautlich nachzuahmen sucht. Silbenreduplikation und -verdreifachung ist bei schallnachahmenden Interjektionen (*zackzack, ratatat, taptaptap*) besonders häufig, wobei die Reduplikation nicht selten in Verbindung mit dem Ablaut auftritt (*dingdong, klippklapp, piffpaff(puff), ritschratsch, ticktack*) (vgl. dazu z. B. Grimm 1890:303, Paul 1920:181).[20] Manche Schallwörter sind aber jüngeren Datums. Wohl erst im 19. Jahrhundert entstanden ist z. B. *rums*, das einen dumpfen Knall nachbildet: *Rums!! – da geht die Pfeife los/Mit Getöse, schrecklich groß* (W. Busch, *Max und Moritz*). Für die These, daß die schallnachahmenden Interjektionen gerade heute ein besonders produktives System sind, mag die gesamte Comic-Welt und ihre Fortsetzung in der Jugendsprache in den Zeugenstand gerufen werden. Aufgrund ihrer mimetischen Qualität dürfte sich auch die Mehrzahl der "reinkonsonantischen" (Schwentner 1924:15ff) Interjektionen (*brr, krk, sst*) am besten in diese Gruppe einordnen lassen.

Schallnachahmende Interjektionen erscheinen besonders häufig in satzintegrierter Stellung: *Else wußte wohl, warum sie plumps vor ihm auf die Knie fiel.* (H. Mann, *Der Untertan*). Recht anschaulich wird hier mit Hilfe von *plumps* die Art und Weise verdeutlicht, in der die vom Verb ausgedrückte Handlung vollzogen wird. Das Beispiel zeigt, daß schallnachahmende Interjektionen "auch als Adverbien verwendet werden können" (Oksaar 1959/60:272, vgl. dazu auch Hentschel/Weydt 1994:296f). Im Extremfall kann sogar auf die Einfügung eines Verbs verzichtet werden:

> Und der andere, na, der war schlauer, der hat bloß das Glas gemerkt, und schon ist er hopps wieder runter in den Hof. (A. Döblin, *Berlin Alexanderplatz*)

Aus nachvollziehbaren Gründen hat daher Oksaar für Interjektionen dieses Typs, die in adverbialer Verwendung "entweder auf den plötzlichen Eintritt oder schnellen Verlauf eines Tatbestandes" (1959/60:274) hinweisen, die Bezeichnung "Interjektionsadverbien" vorgeschlagen.[21] Mit dem Hinweis darauf, daß z. B. *schwupps* soviel wie 'schnell, plötzlich' bedeuten könne, haben Hentschel/Weydt (1994:301) im selben Sinne von "adverbialen Interjektionen" gesprochen.

---

[20] Zu den lexikalisierten Formen der sprachlichen Wiedergabe von Tierlauten und der Geschichte dieser Gruppe schallnachahmender Interjektionen (und Verben) vgl. Hauschild (1909 und 1910).

[21] Ein weiteres Argument gewinnt Oksaar (1959/60:272) aus der Tatsache, daß einigen schallnachahmenden Interjektionen in Wörterbüchern auch adverbiale Bedeutungen zugewiesen werden. Anhand von jüngeren Beispielen läßt sich dies ebenfalls belegen: "**hopphopp!** [...] <auch als Adv.:> jetzt h. (*sofort u. schnell*) ins Bett", "**hops!** [...]<auch als Adv.:> die Brötchen waren h. (ugs.; *im Nu*) verkauft" (Duden 1983:603).

3. "De même que toute onomatopée n'est pas interjection, toute interjection n'est pas onomatopée", schreibt mit Recht Costa (1981:93). Zwischen den onomatopoetischen und den nicht-onomatopoetischen Interjektionen gibt es jedoch Übergangsformen, die vielleicht am besten IKONISCHE EMPFINDUNGSWÖRTER genannt werden könnten. Ein Beispiel ist verächtlich ablehnendes *pfui*, mhd. *phiu, phî,* das zwar für das Deutsche erst seit etwa 1200 belegt ist, aber in vergleichbarer Lautung auch in anderen Sprachen erscheint (vgl. u. a. griech.-lat. *phy,* lat. *fu,* franz. *fi,* dän. *fy*) und wohl ursprünglich die lautliche Nachbildung des Geräusches beim Ausspeien gewesen ist (vgl. auch Schwentner 1924:48).[22] Fnhd. konnte die Partikel auch *fi, fy, pfich* oder *pfuch* lauten: *Phfuch schand der tütschen nacion* heißt es 1494 in Sebastian Brants *Narren Schyff. Pfui* ist gewissermaßen die zivilisierte Reduktionsform des Ausspuckens und aus dem diachronen Wirken der semasiologischen Metonymie (vgl. Burkhardt 1996:187ff) zu erklären: Das Spucken als symptomatisches Begleitverhalten des Ekelgefühls wird zunächst als dessen Ausdruck interpretiert und in einem zweiten Schritt entsprechend zeichenhaft eingesetzt; irgendwann genügt das Speigeräusch allein, um auf den ursprünglich nur über tatsächliches Ausspucken mit ihm verbundenen Ekel zu verweisen, und wird schließlich in einem längeren historischen Prozeß der Lautstruktur des Sprachsystems angepaßt.[23] Auf dem Umweg über die Schallnachahmung ist so eine emotive Interjektion entstanden, deren Bezeichnungsfunktion auf einem typischen Moment ihres Signifikats beruht und sie dadurch besonders befähigt, "sozusagen selbst der ausgedrückte Ekel oder Abscheu, der in der verbalen Zeigegeste sich gewissermaßen ausagiert" (Hermanns 1995:146), zu sein.[24] *Pfui* ist demnach aus "Gebärden der Sprechorgane" hervorgegangen und deshalb – im Sinne Wundts (1911:343f) – als "Lautgebärde" (Porzig 1986:24) par excellence zu bestimmen, denn mehr noch als die eigentlichen schallnachahmenden Zeichen der Sprache sind Interjektionen dieses Typs als "mimische Bewegungen der Artikulationsorgane [zu] verstehen, die zumeist der Kategorie der nachbildenden Gebärden angehören, und die sich von andern Gebärden nur dadurch unterscheiden, daß sich mit ihnen ein den begleitenden Affekt ausdrückender Stimmlaut verbindet, der durch die mimische Bewegung seine eigentümliche Artikulation und Modulation erhält." (Wundt 1911:345)[25] Was akustische Begleiterscheinung und insofern Symptom eines körperlichen Vorgangs ist, wird zum ikonischen Naturlaut als "Merkzeichen" uminterpretiert und in einem weiteren Schritt schließlich in das Phonem-

[22] Angesichts der genannten Vorformen vermag ich mich der – auch von Kutzelnigg (1976:430) vertretenen – Ansicht Wierzbickas (1991:313) nicht anzuschließen, wonach das deutsche *pfui*, anders als etwa das polnische *tfu*, aus dem Geräusch des Ausatmens entstanden sei, das mit dem instinktiven Ausstoßen übelriechender Luft verbunden sei. Für *puh* mag eine solche Deutung allerdings richtig sein.

[23] Allerdings haben Hentschel/Weydt (1994:292) mit Recht darauf hingewiesen, daß die Vokalkombination /ui/ als solche den phonotaktischen Regeln des Deutschen zuwiderläuft.

[24] Auch heute sind beim Gebrauch von *pfui* "Expression und Reaktion kaum zu trennen, wenn das Verhalten des Interaktionspartners beim Sprecher eine bestimmte Emotion hervorgerufen hat" (Scherer 1977:204).

[25] Auch die schon bei Porzig (1986:25) referierte These, wonach "die Silbe *ma*, die einfach oder verdoppelt in den meisten Sprachen der Welt die Mutter bezeichnet, ursprünglich das Lautwerden der Saugbewegung ist", entbehrt nicht der Plausibilität.

system einer Sprache übersetzt. Insofern stellt *pfui* eine Art Zwischenform zwischen Schall- und Empfindungswort dar.[26]

Auch die Entstehung anderer Interjektionen wie z. B. *puh* oder *buh* läßt sich nach diesem Muster erklären, denn wie "man sich den bei Ekel auftretenden Gesichtsausdruck als Residualerscheinung von Würgebewegungen bei einem zum Erbrechen reizenden Stimulus vorstellen [kann]" (Scherer 1977:209), so auch Ekel ausdrückende Affektlaute und Interjektionen als Residualerscheinungen eines reflexhaften Ausatmens oder Ausspeiens übelriechender Luft bzw. schlecht schmeckenden Speichels. Vergleichbares schreibt Fries (1990:7) über *brr*:

> Ein Affektlaut [BR] entsteht aus einer bei Kälte-, Furcht- oder Ekel-Empfindung unwillkürlich ablaufenden Bewegung unter anderem der Lippen (man denke hier an das bekannte Zähneklappern; das Sichschütteln bei Ekelempfindungen wird durch Geruchsrezeptoren bedingt). Der bilabiale Liquid [BR] ist kein Phonem des Deutschen. Die 'Interjektion' *brr* ist insofern eine lexematische Entsprechung des 'Affektlautes' [BR], als sie erstens phonemisch (hinsichtlich der sie konstituierenden Laute [b] und [R] in das Sprachsystem eingegliedert ist: die die 'Interjektion' *brr* konstituierenden Laute [b] und [R] gehören dem deutschen Phonembestand an. Zweitens ist die phonologische Eingliederung nicht völlig willkürlich: die wesentlichen Merkmale [bilabial] und [intermittierend] des Affektlautes [BR] werden in der lexematischen Form *brr* als phonologisch distinktive Merkmale realisiert, wenn auch in zwei verschiedenen Phonemen. Drittens verfügt die 'Interjektion' *brr* über spezifische pragmatische Funktionen, die den Ausdrucksfähigkeiten des 'Affektlautes' [BR] nur zum Teil entsprechen: sie dient einerseits zum Ausdruck von Kälte- und Ekelempfindungen, andererseits als Zuruf für Zugtiere, dialektal auch als Lockruf für Pferde und Schafe und andere Tiere.

Durch semasiologische Metonymie und Onomatopöie ist aus dem "Affektlaut" *brr* ein Empfindungswort der Sprache geworden, das dann seine eigene Bedeutungsgeschichte durchlaufen und inzwischen eine polyseme Bedeutungsstruktur ausgebildet hat.[27]

Indem sie, wie gesehen, aus Schallnachahmungen hervorgegangen sind, wird gerade an den ikonischen Empfindungswörtern – auch über äußere Merkmale wie "Lautkombinatorik und Flexionslosigkeit" (Ehlich 1986:260) hinaus – der enge Zusammenhang zwischen emotionalen und onomatopoetischen Interjektionen besonders deutlich. Insofern erscheint Ehlichs (ebd.) Forderung, daß die "schall- und lautnachahmenden Ausdrücke von den Interjektionen deutlich differenziert werden" müßten, in keiner Weise gerechtfertigt.

---

[26] Der Genese von *pfui* vergleichbar, wenngleich etwas komplizierter, sind Entstehung und Entwicklung der heute als Glückwunsch an Künstler geläufigen Sprechhandlungspartikel *toi, toi, toi,* die erst seit 1900 zunächst in Norddeutschland nachweisbar ist und, laut Paul (1992), wohl als "lautl. Nachbildung des Geräuschs beim dreimaligen, nach der abergläubischen bzw. magischen Vorstellung unheilbannenden Ausspucken [angesehen werden muß], das beim Bericht über einen persönlichen Erfolg o. beim Glückwünschen den Neid böser Geister abwehren soll" (vgl. dazu auch Wilde 1971). *Bisher geht ja alles unberufen toitoitoi solala ...* heißt es in Falladas "Bauern, Bonzen und Bomben". Möglicherweise hat sich die Formen- und Bedeutungsgeschichte dieser Interjektion mit der von hebr.-jidd.-rotw. *tow, tof* 'gut' in der Nebenf. *tojw* als Verkürzung aus *maseltow* 'gut Glück, alles Gute' vermischt, so daß *toi, toi, toi* zugleich als eine Lehninterjektion zu bestimmen ist.

[27] In 2.2.1 wird dies am Beispiel von *ach* demonstriert. Zu *brr* und *puh/buh* vgl. auch Kutzelnigg (1976:429ff).

4. Schon Jacob Grimm (1890:292) hat darauf hingewiesen, daß "Unser nhd. *haha!* für lautes lachen, *hihi!* für feines kichern (...) keine wahren interjectionen [sind], sondern nur surrogate der schrift zur bezeichnung des in buchstaben unausdrückbaren naturlauts". Solche an die Schriftsprache gebundenen Partikeln, die zumeist in reduplizierender oder sogar verdreifachender Gestalt erscheinen, sind insofern Interjektionen, als durch sie der mit fröhlicher Gestimmtheit verbundene Affektlaut in eine sprachliche Form umgegossen wird. Weil sie aber am eigentlichen Ort der Interjektionen: der gesprochenen Sprache nur als Naturlaute erscheinen, könnte man derartige Partikeln als SCHEIN- oder SEMIINTERJEKTIONEN bezeichnen.

5. Morphologisch sind manche Interjektionen KOMPOSITIONEN AUS BASALEN INTERJEKTIONEN. So z. B. das wohl aus *ah* und *ha* zusammengesetzte *aha* (ahd. *aha,* mhd. *ahâ*) der Genugtuung darüber, daß etwas Erwartetes geschieht oder etwas Gewußtes endlich zugegeben wird.[28] Andere Beispiele sind etwa *oha, oho, juchhei* und *juppheidi.* Auch weniger feste Formen wie *ach so, ach weh* oder *na ja, nanu, nana* könnte man zu dieser Gruppe rechnen.

II. "Sekundäre" Interjektionen

Eine zweite Gruppe innerhalb der Interjektionen bilden unter historisch-genetischen Gesichtspunkten diejenigen Schall- und Empfindungswörter, die aus nicht-interjektionalen Sprachzeichen hervorgegangen oder zusammengesetzt sind. Nach Ehlich (1986:257) liegt solchen "sekundären Interjektionen" keine bloße Wortartverschiebung, sondern eine "Übertragung aus einem Feld in ein anderes, und zwar – je nachdem – aus dem Symbolfeld oder aus dem Zeigfeld" zugrunde. Folgende Untertypen wären hier zu unterscheiden:

1. DEVERBATIVE INTERJEKTIONEN wie *würg, schluck, kreisch, hechel, seufz, lechz* und *kotz* sind von Verben abgeleitet, die schallnachahmend sind oder zumindest als schallnachahmend empfunden werden. Sie sind daher weniger "lautmalend" denn "lautcharakterisierend" (vgl. Henne 1986:75). Die Häufigkeit solcher mit der jeweiligen Imperativform identischen "Archiwörter" (Ehlich 1986:263f) bzw. "Lexeminterjektionen" (Hentschel/Weydt 1994:301)[29] in manchen Bereichen der Gegenwartssprache verdankt sich vor allem der Comic-Literatur (vgl. Burger 1980:63f), deren Sprachgebung sich besonders auf die Jugendsprache ausgewirkt hat (vgl. Henne 1986:104ff). Für die Comic-Literatur ist die Entdeckung des Prinzips, den Verbstamm einfach als Interjektion zu verwenden, auf die sprachspielerische Kreativität von Dr. Erika Fuchs zurückzuführen, die seit 1951 mit großem Erfolg Micky-Maus-Hefte ins Deutsche übersetzte (vgl. Zimmer 1986:40). Vor dem 20. Jahrhundert bleiben Interjektionen dieses Typs selten. Eine Ausnahme bildet das seit dem 17. Jh. belegte *baff* bzw. *paff,* das als Nachbildung eines kurzen Knallgeräuschs, insbesondere beim Schuß, oder von Hundegebell anzusehen und wahrscheinlich von dem mhd. Verb *baffen,* fnhd. *befzen, bäffzen*

---

[28] Im Gespräch kann *aha* heute natürlich auch dazu dienen, aus Sprecher- oder Hörerposition ausdrücklich zu bekunden, daß etwas vorher Nicht-Gewußtes verstanden oder etwas Nicht-Gedachtes mit Erstaunen zu Kenntnis genommen wurde, und ist entweder Sprechhandlungs- oder als Rückmeldungspartikel zu bestimmen. Zu den dialogischen Funktionen von *aha* vgl. v.a Kühn (1979).

[29] Auch wenn es zutrifft, daß Neu-Interjektionen wie *schwitz* oder *kreisch* "auf normalen Lexemen [beruhen] und [...] somit an der doppelten Gliederung teil[nehmen]" (Hentschel/Weydt 1994:301), wäre der Terminus an sich als Oberbegriff der "Nominal-" und "Imperativinterjektionen" besser geeignet.

'bellen' (Stieler) abgeleitet ist: *Hört man nichts als bumm, bumm und biff, baff* heißt es bei Auerbach, und *Du trauriger Futuridiot, du Medientrottel. Sich richtig hinstellen, denkst du, Schnellphilosoph, immer wissen, wo's lang geht und baff!, schon fällst du wieder auf die Schnauze* kann man in Strauß' *Kalldewey Farce* (Strauß 1981a) lesen. Hierher gehört auch der beim Kraulen oder Kitzeln, insbesondere von Kindern, gebräuchliche Ausruf *killekille*, der vermutlich durch Reduplikation des Verbstamms von *killen, killern* 'kitzeln' entstanden ist, das seinerseits durch Lautangleichung verkürzt sein könnte aus mnd. *kittelen, kettelen*, mhd. nhd. *kitzeln*. Besonders bemerkenswert ist in diesem Zusammenhang die Entstehung von *ächz* aus *ächzen*, das wiederum seinerseits von der Seufz-Interjektion *ach* herzuleiten ist (umgelautetes *ach* + "Iterativ- und Intensivsuffix nhd. *-zen* (...) = mhd. *-ezen, -zen*" (Schwentner 1924:52; vgl. auch Grimm 1890:285), ähnlich nhd. *jauchzen, juchzen*). Abgesehen davon daß "Archiwörter" einen offenkundig interjektionalen Gebrauch haben, macht schon ihre Entstehungsgeschichte deutlich, daß Ehlichs Auffassung, wonach "wir es hier nicht mit Ausdrücken zu tun haben, die irgenwie mit Interjektionen zusammengehören" (1986:264) irgendwie unhaltbar ist.

Eine Sonderstellung zwischen Imperativbildung und Lehninterjektion stehenden nimmt *hurra* ein, dessen mhd. Form *hurrâ* aus dem Imperativ eines mhd. und noch mundartlich vorhandenen Verbs *hurren* (lat. *currere*, engl. *hurry)* 'sich hastig bewegen' und Aufforderungen verstärkender Partikel *-â* (vgl. auch *hallo, holla)* gebildet wurde, "die sich an andere laut ausgerufne wörter hängt und sie dadurch sinnlich zu interjectionen stempelt" (Grimm 1890:281). Obschon mhd. bereits vorhanden, ist es nhd. erst wieder seit der 2. Hälfte des 18. Jh. nachweisbar: *hurrah! die todten reiten schnell!* (Bürger). Bei Campe (1808) wird *hurra* als sondersprachliche, berufsgruppenspezifische Partikel beschrieben, nämlich als "ein Ausruf, dessen sich besonders die Matrosen bedienen, Freude und Beifall auszudrucken". Erst seit den napoleonischen Kriegen ist es auch als Kampf- bzw. Ehrenruf gebräuchlich und wahrscheinlich unter dem Einfluß des *hurray, hurrah* englischer Matrosen in die Alltagssprache zurückgekehrt, aus der es – so wenigstens die Beleglage – jahrhundertelang verschwunden war.[30]

Deverbativ ist letztlich auch *zeter*, mhd. *zêter, zêther, zetter* (in den Minnes. *ziehter*), das ursprünglich ein bei einer gewaltsamen Rechtsverletzung erhobener Klage- und Hilferuf war und aus einem alten Imperativ hervorgegangen ist, und zwar entweder aus *ziehet her!* (DWb) oder aus **zi jo¯t hera* 'zum Kampf hierher'. Fnhd. wurde *zeter* nicht selten verstärkt duch *mordio* (auch *mordjo*, mhd. auch *mordigauw*, fnhd. gelegentlich *mordigo)*, das aus dem Substantiv *mord* und der bekräftigenden, zunächst nachgestellten, dann enklitischen "particula exclamandi" (Frisch 1741) *Jo/io* 'es ist wirklich wahr' gebildet worden ist.[31] *O zetter waffen moᵉrdio* heißt es in den Fastnachtsspielen des Hans Sachs.

2. Den eigentlichen Problemfall der Abgrenzung der Kategorie Interjektion bilden von alters her interjektionale Verwendungen von Inhaltswörtern (Substantiven, Adjektiven, Verben) und mehrwortigen Verbindungen, wie sie etwa als Flüche (*Donnerwetter, Zum Teufel!, Verflixt und zugenäht!*) und vergleichbare emotionale Ausrufe (*Mist!,*

---

[30] Vgl. dazu die sehr ausführliche Beweisführung in Walz (1940).

[31] Während Kluge (1902:49) die Auffassung vertritt, *jô* habe, gemeinsam mit *-ô*, in fnhd. Zeit das mhd. *-â* abgelöst, hält Stosch (1902:361) das "später mit dem Notruf völlig verwachsene *jo*" für identisch mit der überwiegend als Weheruf gebräuchlichen mhd. Interjektion *jô*, von der sowohl *jolen* als auch *jodeln* abgeleitet sei.

Scheiße!, Alle Achtung!, Mensch Meier!, Da legst di nieder!) erscheinen. Schon Jacob Grimm (1890:288f) hat hervorgehoben, "wie sich an viele, hauptsächlich klagende, interjectionen der name des höchstens wesens knüpft, welches gleichsam zum zeugen, helfer und rächer des erduldeten wehes angerufen wird", und als Beispiele u. a. "Nhd. *o gott! ach gott! o Jesus! o himmel!* und (...) mit wegfallender partikel: *gott! gott im himmel! Jesus!*" und engl. *o Lord! o Heavens!* genannt. Mit Blick auf die interjektionalen Verwendungen der Inhaltswörter und mehrwortigen Verbindungen hat Grimm darüber hinaus (ebd.:299f) deren Unterscheidung in "Nominal-", "Imperativ" sowie "conjunctivische" Interjektionen vorgeschlagen. "Nominalinterjektionen" (*Donnerwetter, Gott im Himmel, Gnade*), sind "interjectionen durch weglassung des eigentlichen ausrufs", d. h. der ursprünglich vorhandenen basalen Interjektion (z. B. *o*).[32] "Imperativinterjektionen" sind Imperativformen in interjektionaler Verwendung (*topp* 'schlag ein'; *stopp, kusch, hilf*), "die keine eigentlichen interjectionen sind, aber ihnen gleichen".[33] "Conjunctivische" Interjektionen schließlich bedienen sich der Satzform und werden häufig durch eine Konjunktion eingeleitet (*daß dich der Teufel hole*). Die Einbeziehung dieser Interjektionstypen ist allein schon deswegen wichtig, weil Interjektionen anderer Typen historisch des öfteren (s.u.) aus alten Nominal- (*potz schlapperment, herrje*) oder Imperativinterjektionen (*hurra, mordio, zeter*) entstanden sind.

Da es sich bei den Interjektionen dieser Gruppe um mit Lexemen identische, von diesen abgeleitete oder um mehrwortige Sprachzeichen handelt, ließen sich solche Formen typologisch vielleicht am besten als LEXIKALISCHE bzw. PHRASEOLOGISCHE INTERJEKTIONEN fassen, wobei zu den letzteren auch die Kombinationen von Lexemen und basalen Interjektionen (z. B. *ach Gott*) zu rechnen wären. Der interjektionale Status der "conjunctivischen" Interjektionen muß jedoch umstritten bleiben, weil sie den syntaktischen Status der Phrase überschreiten.

3. Zu einer eigenen Gruppe lassen sich auch die INTERJEKTIONALEN KURZWÖRTER zusammenfassen, deren Ursprung durch Lautveränderungen "so sehr verdunkelt ist, dass er selbst bei angestellter Reflexion nicht mehr zu erkennen ist" (Paul 1920:180), Anrufungen bzw. Verfluchungen Gottes, also ursprüngliche lexikalische bzw. phraseologische Interjektionen, werden – wohl nicht zuletzt unter dem Einfluß von Tabus – so verkürzt, daß ihre Bildung heute nicht mehr unmittelbar durchsichtig ist und eine Art morphologischer Euphemismus entsteht. Meistens handelt es sich um Kopfwörter, seltener um Klammerformen. Beispiele sind unangenehme Überraschung ausdrückende *herrje* bzw. *herrjemine,* die wohl aus *Herr Jesu* bzw. *Herr Jesu domine* verkürzt worden sind; *jemine,* auch *jemini, oh jemine,* das als Ausdruck von Erschrecken oder Erstaunen bzw. Ärger über ein Mißgeschick, aus lat. *Jesu domine* zusammengeschmolzen ist, um, wie Kluge (1975:332) schreibt, "eine Übertretung des zweiten Gebots zu vermeiden". *Herrjemine* und *oh jemine* lassen sich morphologisch als Klammerformen beschreiben. Ein Kurzwort ist vermutlich auch Ekel anzeigendes *i*, das wohl erst im späten 19. Jh. aus dem norddeutschen Ausruf *i gitt i gitt* (aus *i* = *ei* und der ebenfalls Ekel anzeigenden Interjektion *gitt*) entstanden ist.

---

[32] Ob auch Kombinationen von basalen Interjektionen mit Substantiven als "Nominalinterjektionen" zu werten sind, läßt Grimm offen.

[33] "Imperativinterjektionen" sind nicht, wie die "deverbativen", bloß mit der Imperativform identisch, sondern bringen Aufforderungen zum Ausdruck; sie sind daher teils als Sprechhandlungspartikeln, teils als Lock-, Scheuch- und Kontaktrufe zu werten.

4. Aus der vorsätzlichen Entstellung alter lexikalischer bzw. phraseologischer Interjektionen oder, wie Burger (1980:57) schreibt,"durch Amalgamierung aus Wortketten" sind schließlich die TARNINTERJEKTIONEN *potz, sackerlot* und *sapperment* hervorgegangen: *potz*, mhd. *bocks, pocks, potz* u. *pox* (Lexer), fnhd. auch *botz*, *box, kotz, pocz* oder *potsch,* ist eine euphemistische Entstellung von Flüchen,[34] die das Genitivattribut *Gottes* enthielten (vgl. z. B. noch *Scheltet ihr von gotz Elementen? je Herr/es ist grosse bittre Su^{e}nde* bei Gryphius und *Ei, Gotts Blitz, alle Wetter* in Kleists *Zerbrochenem Krug*). "Botz", schreibt Maaler 1591 in seinem Wörterbuch, "Ist ein wort einsi der sich verwunderet oder fro^{e}uwet/Es wirt auch merteil gedoppelt/Botz/Botz. Etwan wirts auch im zorn gebraucht/Das dich Botz diß unnd ja^{e}nes schend."

Sowohl Lehnwort als auch Entstellung sind die in der Gegenwartssprache weniger gebräuchlichen *sackerlot/sapperlot* und *sackerment/sapperment*, die heute, ähnlich wie *potz Blitz*, historisch zu Unrecht zumeist preußischen Militarismus assoziieren lassen. Das seit dem 16. Jahrhundert in Flüchen belegte *sapperment*, auch *sackerment,* ist vermutlich aus *Sakrament* entstellt worden. "Der große Haufe, der dieses Wort [*Sacrament*] sehr häufig als eine Art eines leichtsinnigen Fluches mißbraucht, verunstaltet es oft in Sapperment, Schlapperment, Sackerloth u.s.f. welches letztere aus Sacra lotio, die Taufe, verderbt seyn soll", schreibt Adelung unter dem Stichwort *Sacrament.* Schon ein Jahrhundert zuvor hatte Stieler (1691) die Flüche *Gotz sackerment, Botz siebensackerment, Gotz hundertsacker, Botz schlapperment* verzeichnet. Mit fortschreitender Assimilation schwand die ursprünglich blasphemische Bedeutung, und die Partikel wurde schließlich auf den Ausdruck von Verärgerung oder (respektvollem) Staunen reduziert: *Razmann! ich rieche Pulver* sagt Spiegelberg in Schillers "Räubern", und Razmann antwortet: *Sapperment! ich riechs auch schon lang. Sackerlot* schließlich wurde im 17. Jh. aus franz. *sacrelot(t)e* entlehnt, das wohl seinerseits aus *sacré nom (de Dieu)* entstellt worden und im Deutschen später – vielleicht in Analogie zu *sapperment* – zu *sapperlot* umgelautet worden ist. Als neueres Beispiel für diesen Entstehungstyp wäre vielleicht *Scheibe* zu nennen.

III. Entlehnungen

Auch bei den Interjektionen sind unterschiedliche Formen der Übernahme aus anderen Sprachen zu finden. Analog zu der üblichen terminologischen Unterscheidung zwischen Lehnwort und Fremdwort, könnte man hier zwischen LEHN- und FREMDINTERJEKTIONEN unterscheiden, bei denen es sich sowohl um "primäre" als auch um "sekundäre" Interjektionen handeln kann. Eine der deutschen Lautung anverwandelte Lehninterjektionen ist z. B. das einen kurzen, hellen Knall, insbesondere den des Schusses aus einer Handfeuerwaffe nachbildende Schallwort *peng*, das – nach dem Vorbild von engl. *bang* – wohl zwischen den Kriegen in die deutsche Sprache gelangt sein dürfte, denn der früheste Beleg, der aufgefunden werden konnte, stammt aus Döblins *Berlin Alexanderplatz* (1929), "(...), und wenn er drin ist, macht er >päng, päng<, keener weeß, wie et war." Lehninterjektionen sind auch der kirchliche Jubelruf *halleluja*, der auf dem Umweg über kirchenlat. *hal(l)eluia, alleluia* aus hebr. *hallelujah* 'preist Jahwe' (aus *hillel* 'preisen, glänzen machen' und *jah* (= *jahweh*) 'Jahwe, Jehova') entstanden ist, sowie das schon mhd. (z. B. bei Walther) vorhandene, über das Griech.-Lat. entlehnte, ursprünglich hebräische Bekräftigungswort *amen* "es geschehe"! (Campe, Erg.). Seit 1617 ist die 3.

[34] Für französische Beispiele vgl. Costa (1981:94f).

Pers. Sg. des ital.-span. Verbs *bastar(e)* 'hinreichen, genügen' im Deutschen als Interjektion belegt, die als Verstärkung von Befehlen bzw. Verboten Verwendung findet und seither die Bedeutung 'dabei bleibt es, punktum' angenommen hat: *basta*. Auch das im 18. Jh. wohl unter dem Einfluß der italienischen Oper und Komödie entlehnte Adjektiv *bravo, -a* 'tüchtig, tapfer' kann für das Deutsche als Lehninterjektion bezeichnet werden. Aus der englischen Seemannssprache stammt der im 18. Jahrhundert entlehnte nautische Ausruf *ahoi*. Eine Lehninterjektion ist möglichweise auch geringschätziges *pah*, das seit dem 18. Jahrhundert belegt ist und auf ital. franz. *pah, bah* zurückzuführen sein könnte. Auch wenn die Form *utsch*, die Maaler (1561) mit ≠ *hem* verdeutscht, schon fnhd. nachzuweisen ist, könnte auch *autsch* eine Lehninterjektion sein, die unter engl. Einfluß in das Deutsche gekommen ist.

Wie die Beispiele zeigen, werden ursprüngliche Fremdinterjektionen, in denen die ausgangssprachliche Lautung zunächst noch beibehalten wird, offenbar nach und nach der Lautung, Orthographie und Morphologie der Nehmersprache assimiliert und so zu Lehninterjektionen. Lediglich *oh la la*, das auch in deutschen Texten häufig mit accents graves geschrieben wird, könnte als ältere, längerfristige Fremdinterjektion bezeichnet werden, weil sie auch heute noch sofort Frankreich und das Französische assoziieren läßt. Aktuelle Fremdinterjektionen sind dagegen aus dem Angloamerikanischen stammenden Schallwörter *crash, smash, squeek* und *whizz*, deren Verwendungsbereich allerdings weitgehend auf die Comic-Literatur begrenzt ist, wo sie gemeinsam mit anderen, ähnlichen Interjektionen "eine ziemlich strenge Tabelle" bilden,

> die vom "zip" der fliegenden Kugel zum "crack" des Karabiners reicht; vom "smack" des Faustschlags, vom "slam" der zugeschlagenen Tür, vom "swish" des ins Leere gegangenen Hiebs zu den verschiedenen Formen des Sturzes vom "blomp" zum "ploff", zum "sigh" oder "sob" des Seufzers, zum "gulp" der Bestürzung, zum "mumble" der Gehirntätigkeit und zum "rattle", das an Nagetiergeräusche gemahnt. (Eco 1984:127)[35]

Im Englischen sind die meisten dieser Neuinterjektionen durch einfache Konversion von Verben abgeleitet worden. Mit Recht hat Eco darauf hingewiesen, daß sie daher im Englischen eine andere Rolle spielen als im Deutschen (bzw. Italienischen).

> Oft handelt es sich dabei um richtiggehende Lautnachahmungen, die im Englischen bereits ein Signifikat haben und mit rein evozierender Funktion in andere Sprachen übertragen wurden, wobei sie den ursprünglichen Zusammenhang mit dem Signifikat verloren und sich vom einstigen sprachlichen "Zeichen" zum visuellen Pendant des Geräusches wandelten, also im Feld der semantischen Förmlichkeit des Comic wiederum als "Zeichen" zu fungieren begannen. (ebd.)

Durch diesen Prozeß wird in der Nehmersprache eine onomatopoetische Qualität hergestellt, die mit derjenigen in der Gebersprache nicht deckungsgleich sein muß.

Zu den Fremdinterjektionen gehören auch Erstaunen und/oder Bewunderung ausdrückendes *wow*, das inzwischen international geläufig ist, sowie z. B. das multifunktionale Feuersteinsche Empfindungswort *yabbadabbadoo* (das zugleich akustisches Erkennungszeichen seines Verwenders ist).

---

[35] Auf Konventionen der graphischen Gestaltung von Interjektionen in Comics und auf ein inzwischen entstandenes "Affixsystem für die Neubildung von Interjektionen" (*kr-* für mit Gewalt verbundene, *-oing* für durch Schlagwirkung auf elastische Körper hervorgerufene Geräusche) hat Fries (1988a,:13f) hingewiesen.

2.3 Bedeutungsentfaltung

Herder schreibt am Anfang seiner *Abhandlung über den Ursprung der Sprache* (1772),

> So viel Gattungen von Fühlbarkeit in unsrer Natur schlummern, so viel auch Tonarten – – (...) Nun sind freilich diese Töne sehr einfach; und wenn sie artikulirt, und als Interjektionen aufs Papier hinbuchstabirt werden; so haben die entgegengesetztesten Empfindungen fast Einen Ausdruck. Das matte Ach! ist so wohl Laut der zerschmelzenden Liebe, als der sinkenden Verzweiflung; das feurige O! so wohl Ausbruch der plötzlichen Freude, als der auffahrenden Wuth; der steigenden Bewunderung, als des zuwallenden Bejammerns; allein sind denn diese Laute da, um als Interjektionen aufs Papier gemalt zu werden? (1891:8)

Unter Hinweis auf *ach* und *o* wird hier einerseits die "Artikuliertheit" der "primären" Interjektionen betont und ihre "Ton"abhängigkeit in der aktuellen Verwendung hervorgehoben. Andererseits enthalten die zitierten Ausführungen Herders dieselbe Behauptung einer emotional-semantischen Ambivalenz von Empfindungswörtern, die seit Jahrhunderten die lexikograpischen Darstellungen prägt. Zumindest da, wo sich sich ein Naturlaut als eigentlicher Ursprung ermitteln läßt, sollte es aber möglich sein, eine die verschiedenen interjektionalen Gebrauchsweisen übergreifende Kern- oder Ausgangsbedeutung zu formulieren, die sich dann in weitere Bedeutungen entfaltet hat, so daß sich die von Fries (1988a:9) diagnostizierte "Multifunktionalität" ergibt. Vor allem emotive Interjektionen bilden im Verlauf ihrer geschichtlichen Entwicklung häufig neue Teilbedeutungen aus und werden dadurch zunehmend polysem. Der Weg ist immer derselbe: Durch Bedeutungserweiterung, oder genauer: Tilgung und Entstehung semantischer Merkmale im Zuge semantisch-pragmatischer "Sprünge" (Burkhardt 1991:25ff), rutscht eine Interjektion zusätzlich in die Gruppe der Sprechhandlungs- und/oder der Gliederungs- und Rückmeldungspartikeln hinüber. Am Beispiel der literarischsten aller deutschen Interjektionen soll dies verdeutlicht werden:

Ach (ahd. *ah (weh)*, mhd. *ach*), von dem Jacob Grimm (1890:285) sagt, er kenne es "erst aus dem 10. jh.", ist seit ahd. Zeit im Deutschen als Empfindungswort vorhanden. Wie Luftschnappen abbildendes *uff* verdankt es sich einem metonymischen Prozeß, durch den das typische Symptom zur Bezeichnung des verursachenden Gefühls umfunktioniert wird. *Ach* ist nicht Nachahmung, sondern Ergebnis kollektiven prähistorischen Seufzens. Zunächst ist es dann ein 'Seufzer, Ausdruck der Verzweiflung, des Bedauerns, des Schmerzes oder der schmerzlichen (Rück-)Besinnung'. Noch bei Maaler (1591) wird *ach* als "Ein geschrey eines betruͤbten und bekümmerten menschens" beschrieben, und in dieser Bedeutung ist die Partikel auch heute noch geläufig: Ihre beiden *loci classici* hat sie in Goethes "Faust": *Habe nun, ach! Philosophie,/Juristerey und Medicin,/Und leider auch Theologie!/Durchaus studirt, mit heißem Bemuͤhn* und im berühmten "*Ach* der Alkmene" am Schluß von Kleists *Amphitryon*" gefunden.[36] Von dieser ersten Bedeutung lassen sich die phraseologischen Interjektionen *ach Gott!* und *ach weh!* sowie das Verb *ächzen* herleiten. Im Gegensatz zu unserer Zeit wurde *ach* je-

---

[36] Wie Fries (1988a:7) gezeigt hat, folgte der Abbau der Kasusrektion bei den wenigen expansionsfähigen Interjektionen einer seit mittelhochdeutscher Zeit nachweisbaren Tendenz: "während im Althochdeutschen und im Mittelhochdeutschen (...) die meisten Interjektionen mit einer Nominalphrase beliebigen Kasus eine Phrase bilden konnten, ist dies heute nur noch bei stereotypen Wendungen der Fall."

doch früher häufig mit dem Genitiv gebraucht, vgl. *Ach meines jamers und herzeleids* (Lu.:DWb).

Wie alle emotiven Interjektionen ist *ach* demnach zunächst Ausdruck: Es "behauptet weder 'meine Überraschung' noch den Gegenstand meiner Überraschung als propositionalen Gehalt, sondern drückt einfach 'meine Überraschung' aus." (Trabant 1983:72f) Was Gegenstand schmerzlichen Bedauerns ist, wird in der Regel zugleich abgelehnt. Die Ausdrucks- schlägt in die Appellfunktion um: Das Empfindungswort wird zur Sprechhandlungspartikel. In diesem Sinne kann *ach* spätestens seit dem Fnhd. auch Ausdruck der (ärgerlichen) Ablehnung sein, der zumeist in Verbindung mit einer wegwerfenden Handbewegung erscheint: *ach schweig stille* heißt es schon 1695 bei Reuter. Als Phraseologismen gehören zu dieser semantischen Variante die ablehnenden *ach was!*, *ach nein!* und *ach, Unsinn!*.

Zu dem, was ein Sprecher bedauern kann, sind aber nicht nur Ereignisse, Handlungen oder Sprechakte zu rechnen, sondern auch die möglicherweise mit Störung verbundene Zumutung der Kontaktaufnahme selbst. Will man Henne/Rehbocks (1982:182ff) Unterscheidung zwischen "thematischen" und "strukturierenden" Gesprächsakten aufgreifen, so könnte man sagen: *Ach* bezieht sich zunächst als selber noch thematischer Gesprächsakt des Bedauerns auf einen intendierten, nachfolgenden thematischen Eigenakt, etwa eine potentiell störende Frage oder eine Bitte. Im Laufe der Zeit werden dann die Kontextmerkmale 'Einleitung' und 'Bezug auf einen thematischen Gesprächsakt' semantisiert. Der Ausdruck des Bedauerns tritt in den Hintergrund. Dadurch wird zugleich die ursprünglich thematische Leistung der Sicherung der Kommunikationsbereitschaft auf die bloß strukturierende von Einleitung, Gliederung und Anzeigen eines plötzlichen Themenwechsels reduziert. Was zunächst Symptom, dann Ausdruck des Bedauerns war, schlägt gewissermaßen um in das Bedauern des Ausdrucks. Wohl schon in fnhd. Zeit wird *ach* folglich zur gesprächsakteinleitenden oder -intern-gliedernden Gliederungspartikel. Beispiele dafür sind: *ach lesen sie doch weiter!* (1739 Zinzendorf:DWb), *– Ach, du – wandte sie sich plötzlich an mich – da muß ich dir wirklich eine Geschichte erzählen ... eine Geschichte!* (1911 Hartleben, *Ausgew. Werke* II:56) und *Ach entschuldigen Sie – ...* (A. Schmidt, *Trommler* 44). Als phraseologische Gliederungspartikeln wären hier *ach ja* und *ach so* zu nennen, die über die Einleitung hinaus zugleich (erstauntes) Verstehen oder ein Sich-Erinnern ausdrücken, vgl. actuarius: *wie er heißt, will ich wissen.* Nante: *ach so, wie er* (schankwirt) *heißt! ...* Nante: *ach so, wie ick heiße! aha!* (1847 Glasbrenner:DWb).

Der Ausdruck des Bedauerns stellt normalerweise eine Reaktion auf sprachliche oder nicht-sprachliche Handlungen des Kommunikationspartners dar. Besonders häufig werden unerwartet schlechte Nachrichten bedauert, die zugleich längere Erzählungen des Geschehenen erforderlich machen. Durch häufigen, zur Ritualisierung tendierenden Gebrauch in derart reaktiven, auf die Ausübung der Hörerrolle beschränkten Kontexten wird das ursprüngliche Bedauern auf ein Bedauern der Unerwartetheit, d. h. auf den Ausdruck von Erstaunen reduziert. Darüber hinaus wird das Kontextmerkmal 'reaktiv' semantisiert. Im Ergebnis entsteht eine Rückmeldungspartikel, die zugleich die Bereitschaft zur Beibehaltung der Hörerrolle und Erstaunen signalisiert: Der Mann. *Hast du das gesehen?!/ Er hat mir die Hand auf die Schulter gelegt.* K. *Ach.* (Strauß 1981a:82). Als Ausdruck des Bedauerns ist *Ach*, besonders in Verbindung mit *Weh*, seit spätmhd. Zeit auch als Substantiv lexikalisiert, vgl. *gott lebt und hört dein ach* (Gellert) bzw. *da si müezen iemer me Mit leide han ach unde we.*

Ergebnis solcher Wandlungsprozesse ist eine polyseme semantisch-pragmatische Struktur, wie sie sich (z. T.) in Wörterbuchartikeln spiegelt.

2.4 Paraphrasen

Nach Perez (1982:93) ist die Interjektion als ein "*lexismo autovalente factitivo*" zu bestimmen, d. h. als potentiell eigenständige, ein- oder mehrwortige, grammatisch unveränderbare Diskurseinheit mit selbstreferentiellem Handlungsvollzug, die der Rektion selbst nicht unterworfen ist. Indem sie selbst zugleich darstellen, was durch sie mitgeteilt und vollzogen wird,[37] sind die Interjektionen nicht nur "mots-phrases" bzw. "phrasillons" (Tesnière 1965), sondern auch "palabras-acción" (Perez 1982:116). Als Mittel und Formen des Gefühlsausdrucks einerseits und der Schallnachahmung andererseits sind sie letztlich nichts anderes als konventionalisierte, der Lautstruktur der Sprache eingepaßte und dadurch gewissermaßen zivilisierte Indizes und Ikonen.[38] Und weil es die zum Ausdruck gebrachten Gefühle und phonetisch nach- oder phonologisch abgebildeten Geräusche sind, welche die Struktur der Wortfelder bestimmen, die von den Empfindungs-, Schall- und Klangwörtern sowie den Lock-, Scheuch- und Kontaktrufen gebildet werden, lassen sie sich nicht in einem strengen Sinne semantisch paraphrasieren (vgl. auch Hermanns 1995:146f). Mit den Bühlerschen Kategorien sind Interjektionen als Empfindungs- und Klangwörter expressiv, als Schallwörter sind sie darstellend, als Lock-, Scheuch- und Kontaktrufe sind sie appellativ zu nennen.[39] Dies entspricht Ballys (1965:§ 40) Unterteilung der Interjektionen in "exclamations", "onomatopées" und "signaux" (sieht man einmal davon ab, daß zu den letzteren auch an Menschen gerichtete appellative Sprechhandlungspartikeln wie *Pst!* und *Holà!* gerechnet werden). Wie z. B. Erämetsäs (1982:170f) Gegenüberstellung der deutschen und finnischen Interjektionen zeigt, kann derselbe Inhalt in verschiedenen Sprachen ausdrucksseitig recht unterschiedlich gestaltet sein. Andererseits können dieselben Interjektionen "nicht nur in mehreren verwandten Sprachen, sondern auch in ein und derselben Sprache ganz verschiedene Empfindungen ausdrücken, (...)." (Schwentner 1924:2)

Im Gegensatz zu pragmatischen Ansätzen, die die Gebrauchsbedingungen der Interjektionen in die semantische Beschreibung einbeziehen (Kühn 1979, Wierzbicka 1991:285ff), ist der Versuch, diese Teilgruppe der Gesprächswörter mit sprechakttheoretischen Kategorien zu beschreiben (Searle 1969:30, Trabant 1983:71ff), insofern zum

---

[37] "ella *hace lo que* designa, y *al mismo tiempo que lo* designa" (Perez 1982:117), oder wie Fries (1990:32) es ausdrückt: Sie "referieren" und "tun kund" [d. h. "exponieren" eine Emotion des Sprechers] bzw. "appellieren" zugleich.

[38] Da "unartikulierte Schreilaute" (Schwentner 1923:1) unmittelbare Gefühlsäußerungen sind, denen das Merkmal der Konventionalität fehlt, gehören sie nicht zur Sprache und werden daher auch nicht als Interjektionen betrachtet.

[39] Dem entspricht auch Tesnières (1965:98) Unterscheidung zwischen "phrasillons impulsifs", "phrasillons représentatifs" und "phrasillons impératifs" (vgl. dazu auch Bertrand 1980:37f). Unter Rekurs auf die Bühlersche Terminologie unterscheidet Kainz (1967:205ff) zwischen "ausdrückenden oder kundgebenden" und "auslösenden" Interjektionen, wobei die ersteren eher ad hoc denn mit Bedacht in "gefühlseindeutige" (*pfui, o weh, hurra*), "gefühlsmehrdeutige" (*oh, ah*) und "vorstellungsangenäherte" (*piff-paff, bumms, perdauz*) eingeteilt werden. Bei Wierzbicka (1991:292ff) werden die appellativen Interjektionen als "volitive" und die expressiven als "emotional" gefaßt; darüber hinaus wird als dritte Kategorie die der "cognitive interjections" eingeführt, die allerdings nicht die in der Typologie noch fehlenden Schallnachahmungen, sondern im wesentlichen die lexikalischen Mittel der dialogischen Meinungskundgabe aus der Hörerposition (z. B. engl. *aha, o, oh-oh*), d. h. Rückmeldungspartikeln, enthält.

Scheitern verurteilt, als mit Interjektionen (i.e.S.) – anders als mit den als eigene Subklasse ausgegliederten Sprechhandlungspartikeln – keine Handlungen vollzogen werden und Austins *indem*-Test daher nicht sinnvoll anwendbar ist. Austin selbst bewahrt sich hinsichtlich des performativ-handlungsmäßigen Charakters der Interjektionen *(verdammt, au)* eine durchaus kritische Reserve (Austin 1962:150). Searle deutet seine Position nur an, wenn er sagt, daß "Of course not all illocutionary acts have a propositional content, for example, an utterance of 'Hurrah' does not, nor does 'Ouch'." (1969:30). Trabant (1983:72) hat diesen Gedanken aufgegriffen, indem er die Interjektionen als "*illokutionäre* Textschemata" bezeichnet und z. B. *ach* einen propositionalen Gehalt abspricht. Eher könnte man aber umgekehrt argumentieren: Interjektionen haben einen expressiven, deskriptiven oder appellativen propositionalen Gehalt, aber keine Illokution (vgl. auch Wierzbicka 1991:288f).

Wenn man einmal die poetisch-musikalischen Klangwörter, die "nicht etwas bestimmtes ausdrücken [sollen], vielmehr den lyrischen schwung steigern, oder wohllautend abschließen, oder auch was der sänger nicht mit worten sagen mag, in undeutlichere töne faßen" (Grimm 1890:303), und die Lock-, Scheuch- und Kontaktrufe beiseite läßt,[40] so gliedert sich die Welt heutiger Interjektionen in die durch Expressivität gekennzeichneten Empfindungs- und die überwiegend deskriptiven Schallwörter. Nur die semantische Beschreibung dieser beiden Arten wird im vorliegenden Abschnitt behandelt. Da diese Interjektionen dem konventionellen Ausdruck von Gefühlen bzw. der Nachahmung von Schällen dienen und ihnen darüber hinaus kein Set distinktiver Seme zugeordnet werden kann, bietet sich für sie eine Komponentenanalyse nicht an. Ihre semantische Beschreibung kann daher praktischerweise nur in der Auflistung der durch sie bezeichneten Empfindungen und Schälle bestehen, gegebenfalls ergänzt durch einen Hinweis auf die sie typischerweise verwendende Personengruppe bzw. auf die Gegenstände, Ereignisse und Handlungen, in deren Umfeld die bezeichneten Geräusche typischerweise auftreten. In alphabetischer Reihenfolge sind in der folgenden Liste die wichtigsten Interjektionen mit den dazugehörigen Paraphrasen aufgeführt, wie sie im *Deutschen Wörterbuch* von Hermann Paul (1992) angeboten werden:

Empfindungswörter:

ach	Ausdruck der Verzweiflung, des Bedauerns, des Schmerzes oder der schmerzlichen (Rück-)Besinnung
ah	1. Ausdruck des Bedauerns, des Schmerzes, der Verärgerung
	2. Ausdruck von Bewunderung und Freude, insbesondere auch Ausdruck der freudigen Erwartung vor oder des Wohlbefindens nach dem Genuß von Speisen und Getränken
	3. Ausdruck (plötzlichen) Verstehens oder (Wieder-)Erkennens
aha	(ironischer) Ausdruck von Genugtuung darüber, daß etwas Erwartetes geschieht oder etwas Gewußtes endlich zugegeben wird

[40] Während sich Klangwörter der semantischen Paraphrase widersetzen, weil sie zwar – wie die typischen Singwörter des deutschen Volkslieds – häufig eine konventionelle Form, aber niemals eine definierbare konventionelle Bedeutung aufweisen – also "selbst das Gemeinte [sind], nämlich ein bestimmter Schall" (Porzig 1986:21) –, können die Lock-, Scheuch- und Kontaktrufe durch Angabe der Handlungsintentionen beschrieben werden, denen sie dienen.

ahoi	nautischer Ausruf, mit dem ein Schiff oder ein Boot angerufen oder allgemein auf etwas aufmerksam gemacht wird
alaaf	insbesondere in Aachen, Köln, Düren üblicher Karnevalsruf zum Hochlebenlassen der jeweiligen Städte, Vereine, Personen
ätsch	insbesondere kindersprachlich, spöttischer Ausruf, nachdem man jemanden hereingelegt hat
au	1. "natürlicher Ausdruck eines körperlichen Schmerzens" (Ad.)
	2. Ausruf bei Verwunderung, Erschrecken
bäh	Ausdruck von Spott bzw. Geringschätzung
bravo	lobender bzw. zustimmender Zuruf, insbesondere in der Versammlung oder bei öffentlichen Aufführungen, z. B. im Theater
brr	Ausdruck von Ekel oder (Kälte-)Schauder
ha	1. Ausdruck von Schmerz, Schrecken, Abscheu oder Zorn
	2. Ausdruck plötzlicher Überraschung oder eines spontanen Einfalls
	3. (veralt.) Ausdruck stolzen Selbstgefühls
heissa	Ausdruck jubelnder Freude und Zustimmung, insbesondere gegenüber Kindern
herrje	Ausdruck von Ärger oder Bedauern
horrido	1. freudig zustimmender Ausruf der Jäger bei Trinksprüchen und festlichen Gelegenheiten i. S. v. 'Hoch!'
	2. allgemein freudiger Ausruf bzw. ermunternder Zuruf
huch	1. Ausruf des (gespielten) Erschreckens
	2. Ausdruck einer unangenehmen Empfindung, z. B. Furcht oder Abscheu
hurra	"ein Ausruf, dessen sich besonders die Matrosen bedienen, Freude und Beifall auszudrucken" (Ca.)
i	Ausdruck von Ekel und Abscheu
jemine	Ausdruck von Erschrecken oder Erstaunen bzw. Ärger über ein Mißgeschick
	1. Ausdruck von Emphase
	2. Ausdruck von Verwunderung, Klage oder (spöttischer) Kritik
pah	Ausdruck (stolzer) Verachtung, Geringschätzung oder Gleichgültigkeit
pfui	1. Ausdruck von Ekel und Widerwillen
	2. (emotionaler) Ausdruck von Ablehnung, Abscheu und Verachtung, nicht selten mit dem Vorwurf sittlich-moralischen Fehlverhaltens
puh	Ausdruck von Widerwillen und Ekel
sapperment	Ausdruck von Verärgerung oder (respektvollem) Staunen

ts	Ausdruck von Erstaunen oder Betroffenheit, freundlich-spöttischer Kommentar zu einem als unverständlich empfundenen Verhalten
uff	Ausdruck von Erleichterung (...); seit Karl May auch als Ausdruck von Erstaunen bei Indianern

Typologievorschlägen früherer Grammatiker (von Melanchthon bis J. Grimm) folgend lassen sich die emotiven Interjektionen nach den Arten von Gefühlshaltungen, die durch sie zum Ausdruck gebracht werden, grob in Abscheu-, Fluch-, Klage-, Spott-, Lach-, Staun-, Lob- und Jubelwörter einteilen.

Schallwörter:

bauz	1. lautliche Nachbildung eines kurzen Knalls
	2. zur Kurzbeschreibung der Fallbewegung
bim	lautliche Nachbildung hellen Glockenklangs
bums	lautliche Nachbildung eines dumpfen Knalls, wie er insbesondere beim Fallen entsteht
	später übertragen auch zur anschaulichen Beschreibung plötzlich eintretender Handlungen oder Ereignisse
hatschi	lautliche Nachbildung des Niesgeräuschs
hui	lautliche Nachbildung des Geräuschs schneller Bewegungen als Ausdruck von Geschwindigkeit bzw. Plötzlichkeit
husch	"raschen schwung in die höhe bezeichnend" (Lexer), später allgemein zur Beschreibung schneller, insbesondere leiser Bewegungen
klapp	lautliche Nachbildung eines kurzen Knall- oder Schlaggeräuschs
klatsch	lautliche Nachbildung des Schalls, "welcher entstehet, wenn gewisse weiche Körper gegen eben so weiche oder gegen harte beweget werden, z. B. wenn man mit der Hand gegen eine Wand u.s.f. schläget" (Ad.), oder auch des Spritzgeräuschs von Flüssigkeiten, insbesondere beim Aufprall auf Wasser
klick	lautliche Nachbildung eines kurzen, hell-metallischen Schlag- oder Einschnappgeräuschs (heute insbesondere des Verschlusses beim Fotografieren)
knacks	lautliche Nachbildung des Geräuschs beim Brechen harter Gegenstände
paff	lautliche Nachbildung eines Knallgeräuschs, insbesondere eines Schusses
patsch	lautliche Nachbildung eines klatschenden Schlaggeräuschs (...), insbesondere beim Zerspringen von Behältern mit Flüssigkeit oder beim Aufprall auf die Wasseroberfläche
peng	lautliche Nachbildung eines kurzen, hellen Knalls, insbesondere des Schusses aus einer Handfeuerwaffe (...); auch zur Beschreibung eines plötzlich eintretenden Ereignisses mit negativen Folgen (z. B. Unfall)
piep	lautliche Nachbildung eines kurzen, hellen Pfeiftons

plumps — lautliche Nachbildung eines dumpfen Fallgeräuschs, wie es insbesondere beim Ins-Wasser-Stürzen entsteht

puff — lautliche Nachbildung eines kurzen dumpfen, durch entweichenden Luftstoß erzeugten Knalls, insbesondere beim Schießen

ratsch — lautliche Nachbildung des Geräuschs beim Reißen bzw. Zerreißen oder eines kurzen schnellen Kratzgeräuschs

rums — lautliche Nachbildung eines dumpfen Knalls

schwapp — lautliche Nachbildung des Geräusches eines kurzen schnellen Schlages [insbesondere von Flüssigkeiten an den Gefäßrand]

schwupp — lautliche Nachbildung eines dumpfen Klatschens sowie des Geräusches einer schnellen Bewegung, eines Schlages, Stoßes usw.

zack — lautliche Nachbildung eines kurzen Knalls zur Bezeichnung einer blitzartigen Bewegung

Bei ikonischen Empfindungswörtern hat sich die heute dominierende emotive Bedeutung durch metonymische Ableitung aus der ursprünglichen Schallnachahmung entwickelt. Dazu einige wenige Beispiele:

ach — 1. [lautliche Nachbildung des Geräusches beim Seufzen]

2. Ausdruck der Verzweiflung, des Bedauerns, des Schmerzes oder der schmerzlichen (Rück-)Besinnung

bla — (ironisierendes) Nachahmen von Geschwätz, Geplapper

hurra — 1. [ursprünglich] Beschreibung schneller Bewegungen

2. "ein Ausruf, dessen sich besonders die Matrosen bedienen, Freude und Beifall auszudrucken" (Ca.)

papperlapapp — lautliche Nachbildung von Geplapper, als zurückweisende Antwort i. S. v. 'das ist Unsinn, (dummes) Geschwätz'

pfui — 1. lautliche Nachbildung des Geräusches beim Ausspeien

2. Ausdruck von Ekel und Widerwillen

3. (emotionaler) Ausdruck von Ablehnung, Abscheu und Verachtung, nicht selten mit dem Vorwurf sittlich-moralischen Fehlverhaltens

puh — 1. lautliche Nachbildung geräuschvollen Auf- bzw. Ausatmens (vor Hitze, Kälte, Erschöpfung)

2. Ausdruck von Widerwillen und Ekel

uff — 1. lautliche Nachbildung atemlosen Luftschnappens nach einer Kraftanstrengung

2. Ausdruck von Erleichterung (...); seit Karl May auch als Ausdruck von Erstaunen bei Indianern

Wierzbickas (1991:285ff) kontrastive Analyse v.a. polnischer, russischer, englischer und jiddischer Interjektionen hat ergeben, daß diese – über die durch sie konventionell angezeigten Wünsche, Empfindungen und Meinungen hinaus – noch typische Kontext- bzw. Referenzbedingungen präsupponieren, durch die sich ansonsten synonyme Interjektionen derselben Sprache oder homophone, partiell synonyme zweier Sprachen unterscheiden können. Z.B kann die Autorin zeigen, daß zwar sowohl poln. als auch russ. *fu* Ekel und Widerwillen zum Ausdruck bringen, dabei die polnische Partikel jedoch auf den Bereich schlechter Gerüche und Geschmacksempfindungen begrenzt ist, während ihr russisches Pendant keine solche Einschränkung kennt und sich daher ablehnend auf Wahrnehmungseindrücke aller Art beziehen kann. Und wenngleich poln. *tfu* und russ. *t'fu* zwar beide die Handlung des Spuckens symbolisieren, liegt der russischen Interjektion "contempt and moral disgust" zugrunde, während die polnische nur "contemptuous indifference" zum Ausdruck bringt. Auch poln. *fe* ist zwar dem russ. *fu* insofern ähnlich, als es nicht auf Sinnesempfindungen beschränkt ist, enthält aber zugleich einen moralischen Appell an das Schamgefühl und wird daher zu didaktischen Zwecken gern gegenüber Kindern eingesetzt. Wendet man die semantisch-pragmatische Analysemethode Wierzbickas auf das deutsche Quasi-Homophon *pfui* an, so ergibt sich, daß dessen Allgemeinheitsgrad in etwa dem des russ. *fu* entspricht, wobei die deutsche Partikel allerdings typischerweise ablehnend auf fremde Handlungen bezogen ist, während Ekelempfindungen gegenüber Wahrnehmungseindrücken im Deutschen normalerweise durch *i(gitt)* kundgetan werden, es sei denn, sie beziehen sich auf unangenehme Gerüche, deren Ausdruck der Interjektion *puh* vorbehalten ist.

Zwar kann (und konnte) im Wörterbuch das Fehlen mancher der an sich notwendigen Präzisierungen des "range of use" (ebd.:337) durch die Angabe (ent-)sprechender Belege oder Beispiele aufgefangen werden, doch ist, wie man sieht, auch auf dem Felde der Interjektionen für Semantik und Lexikographie noch allerlei Arbeit zu leisten.

3. Epilog

Will man die Interjektion von ihrem unglücklichen Status als Restkategorie der Sprachwissenschaft befreien, so muß man den Begriff konkreter fassen. Die Interjektionen (i.e.S.) sind daher im Vorstehenden als Teilmenge der "Gesprächswörter" verstanden und nach den – einander historisch überlappenden – Kriterien "Expressivität" und "Onomatopoetizität" als Empfindungs- und Klangwörter sowie Schallwörter, Lock-, Scheuch- und Kontaktrufe neu bestimmt worden. Sowohl für "primäre" als auch für "sekundäre" Interjektionen wurden unterschiedliche Genesemuster ermittelt. Ein nicht geringer Teil der Gesamtklasse, so zeigte sich, ist nachweislich dem Laut- und Bedeutungswandel unterworfen und hat sich bei historischer Betrachtung als motiviert erwiesen. Als Wortklasse stehen die Interjektionen daher auf der Grenze zwischen Arbitrarität, Naturkausalität, Motiviertheit und Onomatopöie. Mit Ausnahme der "Onpos" gehen die weitaus meisten derjenigen, die heute noch geläufig sind, auf das 17. und 18. Jahrhundert zurück.

Die vorstehende Untersuchung der Entstehungsformen und semantischen Entwicklung der deutschen Interjektionen war notwendig, weil sich auch deren gegenwärtige Funktion nur dem Rückblick auf ihre Geschichte wirklich erschließt. Weil etliche dieser unflektierbaren Sprachzeichen – die phonetisch einfachen, einsilbigen – anthropologische Universalien, zumindest aber menschheitsgeschichtlich sehr alt zu sein scheinen, weil sie zumeist basale, nämlich onomatopoetische Wortbildungsverfahren repräsentieren und trotzdem partiell arbiträr bleiben, weil spätere Bildungen häufig durch Konversion, Komposition, Abbreviation und Deformation entstehen, weil sie entstehen und vergehen, weil sie semantische Wandlungen durchlaufen und komplizierte Bedeutungsstrukturen entfalten, weil sich auch Entlehnungsprozesse an ihnen studieren lassen, weil ihre Verteilung auf unterschiedliche Funktionsklassen zugleich kulturgeschichtliche Stadien und Entwicklungen widerzuspiegeln vermag und weil sie am Ende womöglich doch Auskunft über die Sprachentstehung zu geben vermögen, darum verdienen die Interjektionen auch in historischer Perspektive wesentlich mehr Aufmerksamkeit, als ihnen bisher seitens der Forschung zuteil geworden ist:

> Tantôt mot créé à l'imitation d'un bruit naturel, tantôt emprunté à une autre classe de mots et subissant une transformation sémantique sensible, mot-phrase indépendant et solitaire, l'interjection est imprévisible. Elle surprend par sa mouvance, par son extrême mobilité. (Costa 1981:122)

Bibliographie

Adelung, J. Ch. (1782), *Umständliches Lehrgebäude der Deutschen Sprache zur Erläuterung der Deutschen Sprachlehre für Schulen.* Zweyter Band. Leipzig.

Angermeyer, A. (1979), Die Interjektion. *Linguistik und Didaktik* 10/37: 39–50.

Austin, (1962), *How to do Things with words.* Oxford.

Bally, Ch. (1965[4]), *Linguistique Générale et Linguistique Française.* Bern.

Bertrand, Y. (1980), *Que faire des interjections?* Paris.

Brinkmann, H. (1962), *Die deutsche Sprache. Gestalt und Leistung.* Düsseldorf.

Burger, H. (1980), Interjektionen. In: Sitta, H. (Hg) (1980), *Ansätze zu einer pragmatischen Sprachgeschichte.* Tübingen: 53–69.

Burkhardt, A. (1982), Gesprächswörter. Ihre lexikologische Bestimmung und lexikographische Beschreibung. In: Mentrup, W. (Hg) (1982), *Konzepte zur Lexikographie. Studien zur Bedeutungsbeschreibung in einsprachigen Wörterbüchern.* Tübingen: 138–171.

Burkhardt, A. (1989), Die Beschreibung von Gesprächswörtern im allgemeinen einsprachigen Wörterbuch. In: Hausmann, F. J./Reichmann, O./Wiegand, H./Zgusta, L. (eds) (1989), *Wörterbücher. Dictionaries. Dictionnaires. Ein Internationales Handbuch zur Lexikographie. An International Encyclopedia of Lexikography. Encyclopédie internationale de lexikographie.* Erster Teilband/First Volume/Tome Premier. Berlin/New York: 822–830.

Burkhardt, A. (1991), Vom Nutzen und Nachteil der Pragmatik für die diachrone Semantik. In: Busse, D. (Hg) (1991), *Diachrone Semantik und Pragmatik. Untersuchungen zur Erklärung und Beschreibung des Sprachwandels.* Tübingen: 7–36.

Burkhardt, A. (1996), Zwischen Poesie und Ökonomie. Die Metonymie als semantisches Prinzip. *Zeitschrift für germanistische Linguistik* 24: 175–194.

Burkhardt, A. (im Druck), Interjektion. In: *Handwörterbuch der Rhetorik.*

Claius, J. (1578), *Grammatica Germanicae Linguae.* Leipzig.

Cledonius (1864), Ars Grammatica. In: Keil, H. (Hg) (1864), *Grammatici Latini.* Bd. IV. Leipzig.

Condillac, E. (1973), *Essai sur l'origine des connaissances humaines* (1746). Ed. Ch. Porset. Auvers-sur-Oise.

Costa, G. (1981), Pour une grammaire de l'interjection française. *Linguistica e letteratura* VI/1: 87–124.

Duden (1983), *Deutsches Universalwörterbuch.* Mannheim etc.

Eco, U. (1984), *Apokalyptiker und Integrierte. Zur kritischen Kritik der Massenkultur.* Frankfurt/M.

Ehlich, K. (1986), *Interjektionen.* Tübingen.

Erämetsä, E. (1982), Die Interjektionen – ein deutsch-finnisches Übersetzungsproblem. *Fremdsprachen* 26: 167–171.

Fries, N. (1988), Interjektionen. Forschungsbericht 1. *Sprache und Pragmatik* 2: 24–36.

Fries, N. (1988a), Interjektionen. Forschungsbericht 2. *Sprache und Pragmatik* 9: 1–15.

Fries, N. (1990), Interjektionen und Interjektionsphrasen. *Sprache und Pragmatik* 17: 1–43.

Fülei-Szánto, E. (1981), Interjektionen als kommunikative Einheiten. In: Kommunikativ-funktionale Sprachbetrachtung. Bd. 1. Halle/Saale: 87–91.

Gottsched, J. Ch. (1762), *Vollstaendigere und Neuerlaeuterte Deutsche Sprachkunst, Nach den Mustern der besten Schriftsteller des vorigen und itzigen Jahrhunderts abgefasset, und bey dieser fuenften Auflage merklich verbessert.* Leipzig.

Grimm, J. (1890), *Deutsche Grammatik.* Bd. III. Gütersloh.

Hauschild, O. (1909), Deutsche Tierstimmen in Schriftsprache und Mundart I. *Zeitschrift für deutsche Wortforschung* 11: 149–181.

Hauschild, O. (1910), Naturlaute der Tiere in Schriftsprache und Mundart II. In: *Zeitschrift für deutsche Wortforschung.* 12: 1–47.

Havlik, E. J. (1991), *Lexikon der Onomatopöien. Die lautimitierenden Wörter im Comic.* Frankfurt/M.

Heidegger, M. (1972), Die Kategorien- und Bedeutungslehre des Duns Scotus. In: Heidegger, M. (1972), *Frühe Schriften.* Frankfurt/M.: 130–353.

Henne, H. (1978), Gesprächswörter. Für eine Erweiterung der Wortarten. In: Henne, H./Mentrup, W./Möhn, D./Weinrich, H. (Hg) (1978), *Interdisziplinäres deutsches Wörterbuch in der Diskussion.* Düsseldorf: 42–47.

Henne, H. (1986[2]), *Jugend und ihre Sprache. Darstellung Materialien Kritik.* Berlin/New York.

Henne, H./Rehbock, H. (1982[2]), *Einführung in die Gesprächsanalyse.* Berlin/New York.

Hentschel, E./Weydt, H. (1994[2]), *Handbuch der deutschen Grammatik.* Berlin/New York

Herder, J. G. (1891), Abhandlung über den Ursprung der Sprache. 1772. In: ders.: *Sämmtliche Werke.* Hrsg. von Bernhard Suphan. Bd. 5. Berlin: 1–154.

Hermanns, F. (1995), Kognition, Emotion, Intention. Dimensionen lexikalischer Semantik. In: Harras, G. (Hg) (1995), *Die Ordnung der Wörter. Kognitive und lexikalische Strukturen.* Berlin/New York: 138–178.

Humboldt, W. v. (1963), Ueber die Verschiedenheit des menschlichen Sprachbaues und ihren Einfluss auf die geiste Entwicklung des Menschengeschlechts. In: Humbolt, W. v. (1963), *Werke in fünf Bänden. Bd. III: Schriften zur Sprachphilosophie.* Darmstadt: 368–756.

Jespersen, O. (1922), *Language. Its Nature, Development and Origin.* London.

Kainz, F. (1967[4]), *Psychologie der Sprache.* I. Bd. *Grundlagen der allgemeinen Sprachpsychologie.* Stuttgart.

Kleemann, F. (1980), Der Gebrauch der Interjektionen bei Wilhem Busch. *Sprachpflege* 20: 8–11.

Kluge, F. (1902), Notschreie. *Zeitschrift für deutsche Wortforschung* 2: 47–49.

Kluge, F. (1975[21]), *Etymologisches Wörterbuch der deutschen Sprache.* Berlin/New York.

Kühn, P. (1979), AHA! Pragmatik einer Interjektion. *Deutsche Sprache* 4: 289–297.

Kutzelnigg, A. (1980), 'Buh! Bullemann, Bulle' – Interjektionen und Wörter. *Muttersprache* 90: 427–440.

Maaler, J. (1561), *Die Teütsch Spraach. Dictionarium Germanicolatinum novum.* [Nachdruck der Ausgabe Zürich 1561. Mit einer Einführung von Gilbert de Smet. Hildesheim/New York 1971].

Marx, K./Engels, F. (1958), *Werke.* Bd. 3. Berlin (Ost).

Melanchthon, Ph. (1544), *Grammatica Philippi Melanchthonis, ad vsum puerorum in breues interrogationes contracta.* Nürnberg.

Oksaar, E. (1959/60), 'Interjektionsadverbien' als Wortart. *Plumps, Rums* und Verwandtes. *Sprachforum* 3: 272–274.

Paul, H. (1920[5]), *Prinzipien der Sprachgeschichte.* Halle/Saale.

Paul, H. (1992⁹), *Deutsches Wörterbuch*. Vollständig neu bearbeitete Aufl. von H. Henne und G. Objartel unter Mitarbeit von H. Kämper-Jensen. Tübingen.
Perez, R. A. (1982), *Apuntes gramaticales sobre la interjección*. Murcia.
Poggi, I. (1981), *Le interiezioni. Studio del linguaggio e analisi della mente*. Turin.
Porzig, W. (1986), *Das Wunder der Sprache. Probleme, Methoden und Ergebnisse der Sprachwissenschaft*. Tübingen.
Quintilianus, M. F. (1988²), *Ausbildung des Redners*. Zwölf Bücher. Herausgegeben und übersetzt von H. Rahn. 2 Bd. Darmstadt.
Sacerdos, M. M. P. (1874), M. Marii Poltii Sacerdotis Grammaticarum libri II, III. In: Keil, H. (Hg) (1874), *Grammatici Latini*. Bd. VI: 414–546.
Sapir, E. (1972²), *Die Sprache. Eine Einführung in das Wesen der Sprache*. München.
Saussure, F. de (1967²), *Grundfragen der allgemeinen Sprachwissenschaft*. Berlin.
Scaliger, J. C. (1580), *De Causis linguae Latinae libri tredecim*. Santander.
Scherer, K. R. (1977), Affektlaute und vokale Embleme. In: Posner, R./Reinecke, H.-P. (Hg) (1977), *Zeichenprozesse. Semiotische Forschung in den Einzelwissenschaften*. Wiesbaden: 199–214.
Schottelius, J. G. (1663), *Ausfu^e^hrliche Arbeit von der Teutschen HaubtSprache*. Braunschweig.
Schwentner, E. (1924), *Die primären Interjektionen in den indogermanischen Sprachen*. Heidelberg.
Scotus, Duns, J. (1902), Tractatus de Modis Significandi sive Grammatica Speculativa. In: B. Joannis Duns Scoti Doct. Subtilis O. F. M., *Grammaticae speculativae nova editio cura et studio P. Fr. Mariani Fernandez Garcia*. Quaracchi.
Searle, (1969), *Speech Acts*. Cambridge.
Stieler, Kaspar (1691), *Der Teutschen Sprache Stammbaum und Fortwachs oder Teutscher Sprachschatz*. [Nachdruck der Ausgabe Nürnberg 1691. Mit einer Einführung und Bibliographie von Gerhard Ising. Hildesheim 1968].
Stosch, J. (1902), Notschreie. *Zeitschrift für deutsche Wortforschung* 3: 361.
Strauß, B. (1981a), *Kalldewey, Farce*. München etc.
Strauß, B. (1981b), *Paare Passanten*. München/Wien.
Tesnière, L. (1965), *Éléments de syntaxe structurale*. Paris.
Trabant, J. (1983), Gehören die Interjektionen zur Sprache? In: Weydt, H. (Hg) (1983), *Partikeln und Interaktion*. Tübingen: 69–81.
Vachek, J. (1981), Paralinguistic sounds, written language and language development. *Folia Linguistica* II/2: 179–190.
Walz, J. A. (1940), The interjection *hurrah*. *Journal of English and Germanic Philology* 39: 33–75.
Weinrich, H. (1993), *Textgrammatik der deutschen Sprache*. Mannheim etc.
Werner, F. (1983), Lachähnliche Partikeln in Redebeiträgen. In: Weydt, H. (Hg) (1983), *Partikeln und Interaktion*. Tübingen: 226–241.
Weydt, H. (1969), *Abtönungspartikel. Die deutschen Modalwörter und ihre französischen Entsprechungen*. Bad Homburg.
Wierzbicka, A. (1991), *Cross-Cultural Pragmatics. The Semantics of Human Interaction*. Berlin/New York.
Wilde, H. (1971), "Unberufen, toi, toi, toi". Einige Gedanken zur Herleitung interjektionaler Gebilde. *Der Sprachdienst* 15: 4–7.
Wundt, W. (1911³), *Völkerpsychologie*. 1. Bd. *Die Sprache*. Leipzig.
Zimmer, D. E. (1986), *Redens Arten. Über Trends und Tollheiten im neudeutschen Sprachgebrauch*. Zürich.

Kennosuke Ezawa (Berlin)

Sekiguchis Sprachstudium und Grundkonzept der Grammatik

1. Das Sprachstudium Tsugio Sekiguchis (1894–1958)

Der japanische Germanist und Sprachforscher Tsugio Sekiguchi wurde im Westen erstmalig bekannt durch die deutsche Übersetzung seines Artikels "Was heißt *doch*?", die im von Harald Weydt herausgegebenen Sammelband *Aspekte der Modalpartikeln* (1977) enthalten ist. Weydt bezeichnet diese originelle Abhandlung in Form eines Lehrdialogs als "ein Musterbeispiel für eine funktionale Analyse einer Partikel" und stellt sie im forschungsgeschichtlichen Teil des Bandes vor die frühen Bemerkungen des deutschen Sinologen und allgemeinen Sprachwissenschaftlers Georg von der Gabelentz (1840–1893) zu deutschen Partikeln.

Sekiguchi war in seinen jungen Jahren Schauspieler, speziell Regisseur und Dramaturg. Zur Erforschung von Sprachen, besonders des Deutschen, hatte er sich relativ spät, kurz vor seinem dreißigsten Lebensjahr, entschlossen, nachdem eine Fortführung seines erfolgreich begonnenen Theaterlebens aus gesundheitlichen Gründen nicht mehr möglich war. Die umfangreichen Sprachkenntnisse, die ihm später zu vergleichenden grammatischen Untersuchungen zur Verfügung standen, hatte er zum großen Teil aus persönlichem literarischem Interesse und zum beruflichen Zweck erworben.

Diese Tatsache läßt auch seine spezifische Einstellung zum Gegenstand der Sprachforschung verstehen. Es war nicht das System einer Sprache, sondern das Sprechen einer Sprache durch Menschen, das im Vordergrund seines Interesses stand. Nicht die festen Elemente und Regeln, die zum formalen System der Sprache gehören, sondern konstante Inhalte, die der kompetente Sprecher mit ihnen aktiv und regelmäßig realisiert, "Bedeutungsformen" (*imikeitai*), wie sie Sekiguchi nannte, waren der Gegenstand seiner Sprachforschung.[1]

Besonders einzelsprachliche Fakten im Bereich der Grammatik lassen sich Sekiguchis Überzeugung nach in einem solchen "synthetisch-grammatischem" Verfahren, um einen Begriff von Gabelentz zu gebrauchen,[2] besser ordnen und erklären als im traditionellen analytischen, weil das, was dem aktuellen Bewußtsein des Sprechers inhaltlich als gleich gilt, bestimmte, aufzählbare formale Mittel aufweist, aber nicht umgekehrt.[3] Die formalen Mittel einer Sprache lassen sich zwar durch das System, d. h. durch die darin gemachten Unterscheidungen, bestimmen, sind aber als solche nicht gleichzusetzen mit tatsächlichen Inhalten, die sich in realen Kontexten mit ihnen verbinden.

Die Erfolge, die Sekiguchi als Verfasser von Grammatiken und Werken für den praktischen Sprachunterricht in seinem Lande erzielte, beruhten offensichtlich auf dieser Erkenntnis über die grammatische Beschreibung und Erklärung einzelsprachlicher Fak-

---

[1] Hierzu vgl. Coseriu (1996:28f, Ezawa (1996:98ff).
[2] Vgl. Gabelentz (1901:84ff) sowie Coseriu (1996:16ff).
[3] Vgl. Ezawa (1996:97).

ten, die sich heute weithin in der Linguistik durchgesetzt hat. So konnten bei ihm gerade solche Gegenstände, die in der traditionellen Grammatik nicht befriedigend behandelt werden konnten, wie der Konjunktiv, Modalpartikeln, logische Elemente (Konjunktionen, Negationswörter u. a.), Präpositionen, vor allem aber der Artikel, jeweils klare systematische Beschreibungen und Erklärungen finden.

Seine Hauptwerke, "Technik der Übersetzung aus dem Japanischen ins Deutsche" (1939), "Ausführliches über den Gebrauch des Konjunktivs im Deutschen" (1943), "Vorlesungen über die deutsche Sprache" (1943), "Neue deutsche Grammatik" (1950) und das posthum publizierte monumenale Werk "Der Artikel" (3 Bde., 1960–62)[4] sind Zeugnisse dieser gerade heute als ausgesprochen modern zu bezeichnenden Grammatikauffassung.

Und hinter all diesen Arbeiten standen bezeichnenderweise außerordentlich umfangreiche Collectanea als Instrument der Forschung, die Sekiguchi im Laufe seines Lebens systematisch aufgebaut hatte und die zuletzt 88 Bände mit Belegen aus dem Deutschen, Französischen, Englischen, Lateinischen, Altgriechischen, Sanskrit und anderen westlichen Sprachen auf mehr als 24 500 Seiten umfaßten.[5]

In der Syntax vertrat Sekiguchi die Auffassung, daß nicht die Verbindung von Subjekt und verbum finitum, sondern die verbal-prädikative Gruppe die funktionelle und strukturelle Basis eines Satzes bilde. Der Begriff des Prädikats wurde entsprechend von ihm anders definiert als in der herkömmlichen "substantivistischen" Grammatik und das Subjekt zu einer der Ergänzungen erklärt, die den verbal-prädikativen Kern des Satzes näher bestimmen.

Ferner entwickelte er eine eigene Ansicht über das Verhältnis zwischen dem (grammatischen) "Regieren" und dem (semantischen) "Bestimmen", eine begriffliche Unterscheidung, die er ursprünglich zur strukturellen Erklärung des Verbalkomplexes am Ende eines Nebensatzes im Deutschen versuchsweise verwendete, später jedoch, und zwar in seinem letzten Werk, auch zur Erklärung der Funktionen des Artikels nutzte. Ein analoger Gedanke ist im übrigen bei L. Tesnière in seiner strukturalen Syntax (1959; Kap. 21) zu finden.

Die obige Einstellung Sekiguchis zum Gegenstand der Sprachforschung im allgemeinen und zur Grammatik und Syntax im besonderen und der Umfang seines Untersuchungsmaterials ermöglichten ihm schließlich eine Sprachbeschreibung und -erklärung, die sich in der Nähe der heutigen empirisch fundierten Universalgrammatik befindet.[6] Zwar ist das Japanische in den Collectanea relativ wenig vertreten, gelegentliche Bemerkungen Sekiguchis zum Japanischen lassen jedoch vermuten, daß er seine Anschauungen zum Teil aus kritischen Reflexionen über die eigene Muttersprache gewonnen hatte.

Sein Sprachstudium war, genauso wie sein früheres Theaterstudium, durch einen aufklärerischen Bildungstrieb bestimmt, der sich, was für seine Generation charakteristisch war, vornehmlich an abendländischen Errungenschaften orientierte.[7] Sekiguchi schrieb in der Regel ein bewußt im Plauderton gehaltenes, lebendiges, im linguistischen Schrifttum der damaligen Zeit ungewöhnliches Japanisch, das sich dabei durch Klarheit, Eindringlichkeit und Ausführlichkeit auszeichnete.

---

4 Die Titel sind zum Teil aus dem Japanischen übersetzt.

5 Vgl. Kürschner (1996:223ff).

6 Hierzu vgl. Coseriu (1996:28ff).

7 Vgl. Ezawa (1994:68f).

Im Frühjahr 1983 untersuchte Eugenio Coseriu während eines Aufenthaltes in Tokyo auf Einladung der Japan Foundation die Sekiguchischen Collectanea, die ihm von der Familie Sekiguchi im Original zur Verfügung gestellt worden waren. Kiyoaki Sato assistierte bei der Arbeit, die volle zehn Tage in Anspruch nahm. Das Ergebnis der Untersuchung faßte Coseriu in einem Schreiben zusammen, in dem er eine detaillierte Klassifikation des gesamten Materials im Hinblick auf eine wissenschaftliche Auswertbarkeit vornahm.

2. Sekiguchis Grundkonzept der Grammatik

Im letzten, 88. Band der Sekiguchischen Collectanea, der mit "Verschiedenes II" betitelt ist und in Kopien nur 12 Seiten umfaßt, sind in Form von Notizen einige grundlegende Gedanken Sekiguchis zur Grammatik im allgemeinen festgehalten.

Im folgenden seien diese in deutscher Übersetzung der japanischsprachigen Teile möglichst übersichtlich und vollständig wiedergegeben:
(Die von mir aus dem Japanischen übersetzte Teile des Originals sind kursiv gesetzt)

Sekiguchi stellt die Begriffe der "Ausprägung", des "Sich-Herausbildens" und der "Vollentwicklung" (jeweils in deutscher Sprache) an den Anfang seiner Überlegungen in den Notizen, die meiner Ansicht nach systematisch geordnet sind, um den sich in der Grammatik abspielenden Prozeß zu charakterisieren:

- *Der Prozeß, daß sich das Verbum finitum, das Verbum finitum mit eingeschlossenem Satz oder die* Urform *des Satzes herausbildet*
- *Man betrachte alles vom* Vollentwickelten *ausgehend!*
- Vollentwicklung *nimmt öfters eine biedere 'Begriffhaftigkeit' an. Man verachte aber diese nicht! Denn hier liegt das ursprüngliche Problem.*
- "... die Moralität bei einzelnen Individuen mehr nach einer Seite, bei andern mehr nach einer andern Richtung ausgeprägt ist". (Eduard Jung, Das konstitutive Prinzip in der organischen Natur; Hervorhebung im Original).
- sich ausprägen, sich ausbilden (S. 1).

Anschließend teilt er auf dem nächsten Blatt, offenbar unter Zugrundelegung des obigen allgemeinen Gesichtspunktes, seine Gesamtüberlegungen über grammatische Formen (*bunpô-keitai*), also seine Theorie der Grammatik, in folgende drei Abschnitte ein:

1) Entstehung der Wortarten
2) am Verbum finitum orientierte Satzauffassung
3) am Verb orientierte Grammatik

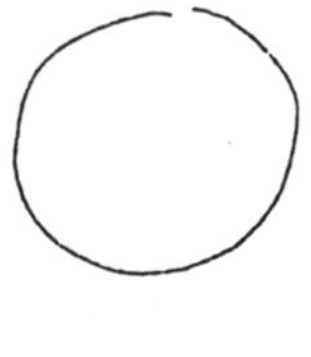

(S. 2)

Es folgen nun folgende Thesen:

(1) Das Verbum finitum ist selbst ein Satz.

K. [d. i. Kopula, K. E.] *allerdings nicht.*
Der ganze Oberbau ist vom Verbum finitum getragen. Er ist nur auf dieses hin verständlich. (Unterstreichung im Original)

(2) Das 'Verb' und das 'Verbum finitum' sind nicht gleich.

- *Vgl. Konstruktionen mit einem Hilfsverb.*
- *Das Verb fordert (ob als Infinitiv oder als Partizip Perfekt) stets eine Phrasenordnung (*bunsei*) / Konstruktion (*kikô, kamae*), das Verbum finitum dagegen nicht immer. (Man sieht, daß hier zweierlei Formen für zweierlei Funktionen vorliegen).*
- *Bei Verwendung eines Hilfsverbs kann das Verb (Infinitiv) als Nomen (also adverbal), das Partizip Perfekt oder das Partizip Praesens als Adjektiv (also indirekt als Nomen, adverbal) aufgefaßt werden.*
- *Beim Imperativ sieht man es am deutlichsten: von* Yuk=e! (*Geh-e!*) *ist* e= *die finite Form des Verbums und* Yuk= *das Verb.* (S. 3)

(3) Konstruktionsforderung (kikô-yôkyû) *gehört zum Wesen des Verbs.*

Bzw. Ergänzungsforderung (Ergänzung; sich ausgliedern*).*

Bei Wortaren außer den Verben gibt es wohl eine Bestimmungsfunktion, aber keine Konstruktionsforderung.

- *Daß auch die 'Rektion' bei* impatiens jugi, ähnlich *u. a. verbal aufgefaßt werden kann, zeugt von der* Vollentwicklung, *die hier vorliegt.*
- *Beim* nomen actionis *ist es genauso.*
- *Beim Verb:* *Bei den übrigen Wortarten:*

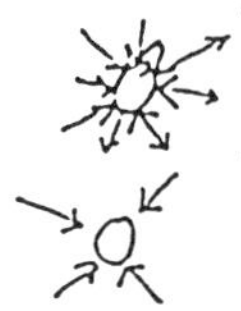

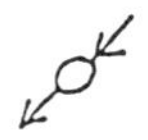

- *Die Konstruktionsforderung ist eine Bestimmungsforderung.*
- *Das Verb fordert, von mehreren Seiten her bestimmt zu werden, das Nomen dagegen, von einer Seite bestimmt zu werden und nach einer anderen Seite zu bestimmen.*
- *Die Ergänzungskonstruktion ist wie Kristallbildung: HINAUSKONSTRUIEREN* (KÔSHUTSU). (S. 4)

Auf einem eigenen Blatt mit der Überschrift: *Hinauskonstruieren* (kôshutsu) *und Hereinkonstruieren* (kônyû) ist folgende Illustration zu finden:

a. Pluit → il pleut → amega furu (il tombe de la pluie).

b. keikaku-suru (*plan=en*), keishi-suru (*in Angriff nehmen*) (S. 5)

Nun kommt die Feststellung:

Grammatische Formen haben mit Bedeutungsbeziehungen nichts zu tun.

1. Bei einem Satz Ich höre einen Hund anschlagen *ist die Konstruktion folgendermaßen:*

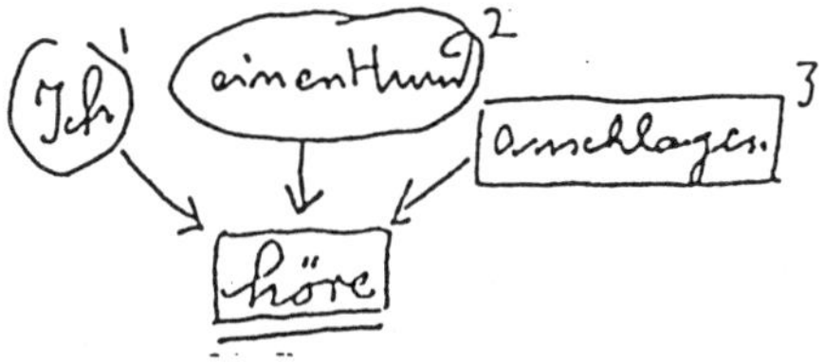

Zwischen (2) und (3) gibt es keine formale Beziehung.
Wenn man einen Hund *als Subjekt von* anschlagen *ansieht, so geht es um die Bedeutungsform, nicht um die grammatische Form.*

2. Ich höre ihn <u>ein Lied</u> singen:

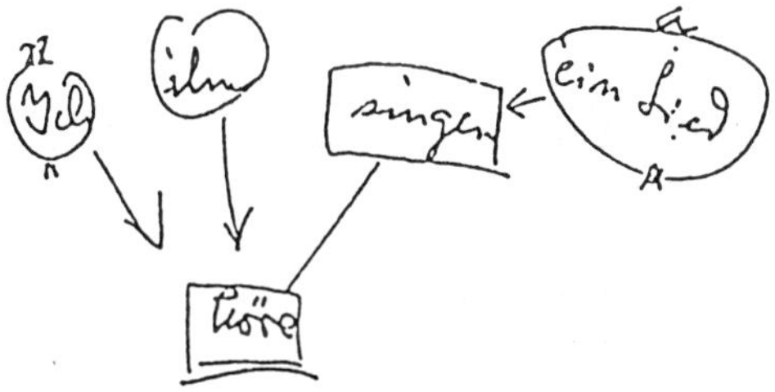

(S. 6)

Auf gesondertem Blatt werden folgende "*graphische Darstellungsmöglichkeiten* (zushihô)*(?)*" präsentiert, die zeigen sollen, *wie Satzglieder in ein Verb hereinkonstruiert werden*:

1. Dies tritt nur ganz selten in die Erscheinung.

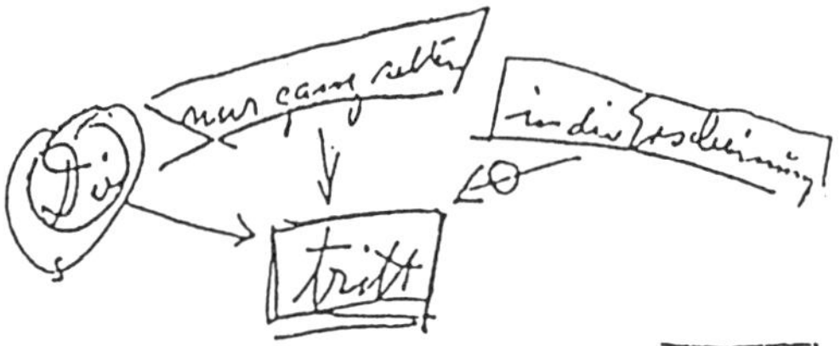

oder:

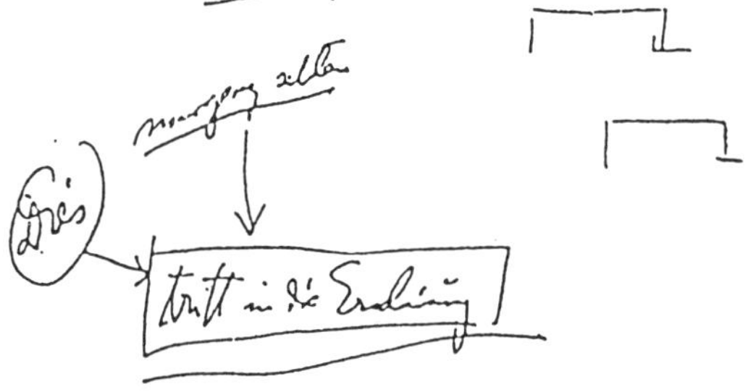

2. Allerdings bei Ich höre ihn ein Lied singen:

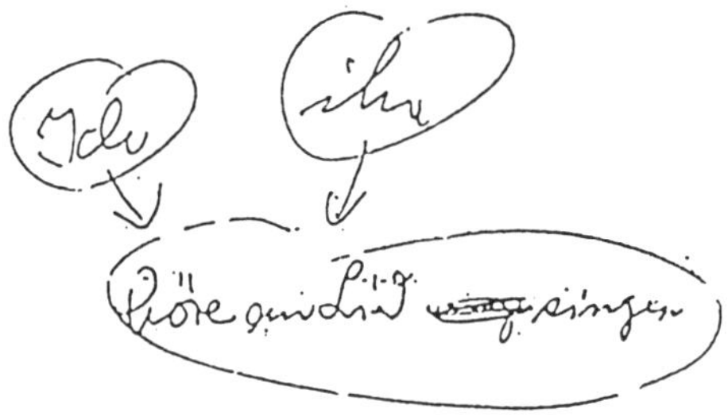

(S. 7)

*Rektion (*shihai)

1. Das Regieren geschieht stets vom Bestimmten zum Bestimmenden hin;
a. vom Verb zum Kasus des Objektes hin;
b. vom Verb zur Präposition hin;
c. von der Präposition zum Kasus des Nomens hin;
d. vom Genus und Kasus des Nomens zur Genus- und Kasusendung des Adjektivs hin;
e. vom Adjektiv zum Kasus des Nomens hin, der es bestimmt;
f. von schöner *zu* als *hin;*
g. das Nomen actionis *verhält sich genauso wie ein Verb;*
h. bei getötet werden *regiert* werden getötet*; beim Futur regiert* werden *das Infinitiv;*
i. Numeralia und Computabilia regieren den Genitiv.

2. Ausnahmen:
a. haben, sein *als Hilfsverb!*
b. Endung des Verbums finitum (Personalendung)

Anmerkung: (1) sein *als Hilfsverb:*
In Wirklichkeit regiert ist ... *das Partizip Perfekt des perfektivischen Verbs.* (S. 8)

Was heißt Bestimmen?

1. Bestimmen heißt Herstellen von Inhalt.

(Füllen mit Inhalt, d. h. den Leerraum, der bereits als Form empfangsbereit ist, ausfüllen)
Über die Form dieses Leerraums eine Entscheidung zu treffen und auf dessen Ausfüllen zu warten, heißt Regieren.(Unterstreichung im Original)

Das Phänomen des Artikels

– Es handelt sich um einen abnormen Fall des Bestimmungsverhältnisses.
Der Bedeutungsform nach müßte eigentlich der Artikel (oder das Demonstrativum) das zu Bestimmende sein, aber als grammatische Form wird ein entgegengesetzter Ausdruck gewählt.
Dieses Verhältnis ist auch in etwas Gutes *usw. zu finden, ebenfalls in der Genitivrektion von Numeralia.*
– Auch in dieser Bleistift *liegt im Grunde genommen diese Diskrepanz vor. (Dies ist allerdings ein recht schwieriges Problem).* (S. 9)

Diskrepanz zwischen grammatischer Form und Bedeutungsform

1. Anakoluth (Übergleisung) (Kaum ..., als /da ...usw.)
2. Artikel, Demonstrativum
3. Gesprungener Huf!
4. abnormes Prädikativum (Im nahen Gebüsch, den Blick unverwandt auf seine Beute gerichtet, lauert das furchtbare Raubtier)
5. Negativum (kein usw.) (Beispiele in Klammern K. E.)

Fälle, in denen sich eine Unangemessenheit ergibt, wenn man sie ins Japanische übersetzt, gehören alle hierher. (S. 10; Unterstreichung im Original)

Adnominal

Apposition

1.

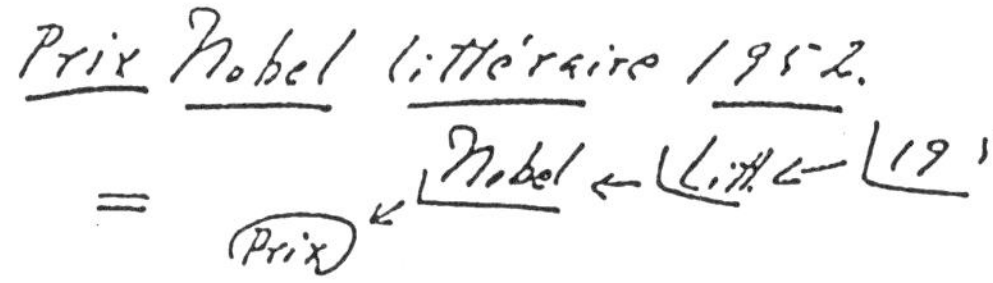

(S. 11)

Klassifikation der adnominalen *Bestimmungen*

1. Genitiv
2. von
3. Präposition
4. Adverb
5. Apposition
6. Apposition *von Sätzen*
7. Konjunktion (nicht nur daß*)*
8. Adjektiv
9. erweitertes Attribut
10. Konjunktiv (indirekte Rede)
11. zu+*Infinitiv*
12. Prädikativphrase
13. Relativsatz
14. Artikel und Demonstrativum (Diskrepanz mit der Bedeutungsform) (S. 12)

Bibliographie

Coseriu, E. (1994), Sprachtheorie und Grammatik bei Sekiguchi. In: Sekiguchi, T. (1994), *Deutsche Präpositionen. Studien zu ihrer Bedeutungsform.* Hg. von K. Ezawa, W. Kürschner u. I. Suwa. Tübingen: 59–64.

Coseriu, E. (1996), Die gegenwärtige Lage in der Sprachforschung: Einzelsprachliche und Sprachverwendungsforschung. In: Coseriu, E./Ezawa, K./Kürschner, W. (Hg) (1996), *Sprachwissenschaftsgeschichte und Sprachforschung.* Tübingen: 3–34.

Ezawa, K. (1985), *Sprachsystem und Sprechnorm. Studien zur Coseriuschen Sprachnormtheorie.* (4.3.2. Sekiguchis "Grammatik der Bedeutungsform"). Tübingen.

Ezawa, K. (1994), Das Leben von Tsugio Sekiguchi (1894–1958), einem modernen japanischen Intellektuellen. In: Sekiguchi, T. (1994), *Deutsche Präpositionen. Studien zu ihrer Bedeutungsform.* Hg. von K. Ezawa, W. Kürschner u. I. Suwa. Tübingen: 65–74.

Ezawa, K. (1996), Sekiguchis Sprachforschung. In: Coseriu, E./Ezawa, K./Kürschner, W. (Hg) (1996), *Sprachwissenschaftsgeschichte und Sprachforschung.* Tübingen: 97–104.

Gabelentz, G. von der (1901), *Die Sprachwissenschaft, ihre Aufgaben, Methoden und bisherigen Ergebnisse.* 2. Aufl. (Nachdruck) 1972, Tübingen.

Kürschner, W. (1996), Das Sekiguchi-Korpus zur Negation. Mit einigen Probeseiten. In: Coseriu, E./Ezawa, K./Kürschner, W. (Hg) (1996), *Sprachwissenschaftsgeschichte und Sprachforschung*. Tübingen: 223–239.

Sekiguchi, T. (1977), Was heißt *doch*? In: H. Weydt (Hg), *Aspekte der Modalpartikeln. Studien zur deutschen Abtönung*. Tübingen: 3–9.

Sekiguchi, T. (1994), *Deutsche Präpositionen. Studien zu ihrer Bedeutungsform*. Hg. von K. Ezawa, W. Kürschner u. I. Suwa. Tübingen.

Tesnière, L. (1980), *Grundzüge der strukturalen Syntax*. Hg. u. übers. von U. Engel. Stuttgart.

Eugène Faucher (Nancy)

Der zusammengesetzte Satz.[1] Zu einem obligaten Kapitel jeder DaF-Gebrauchsgrammatik

Unter "Satz" verstehe ich ein verbzentriertes propositionales Radikal (also Verb+Ergänzungen) und die Elemente, die sich auf dieses Radikal beziehen. Formalsyntaktisch übernehme ich die Glinzsche Unterteilung in Kernsätze (Verb-Zweit), Stirnsätze (Verb-Erst), Spannsätze (Verb-Letzt). Welche Gewinne diese Dritteilung auch einbringt, sie genügt nicht, die Verbstellungs- und Interpunktionsregularitäten zu beschreiben, noch den Sinn des Satzgefüges zu errechnen. Mit der Bezeichnung des kursiv gedruckten Satzes in (0a) als Kernsatz ist es nicht getan, es muß vielmehr ein Terminus her, um das gegenseitige Voraussetzungsverhältnis zwischen diesem Satz und *es* abzubilden:

(0a) Es ist besser, *man macht ihn sich zum Freunde*, er ist gefährlich. (Balzac 1985:82)

Daß dieser Satz eine mögliche, zukünftige Welt, und nicht die reale, abbildet, verdankt er eben diesem Verhältnis.[2] Desgleichen ist mit dem Terminus "Kernsatz" wenig gedient, wenn es gilt, dem Lernenden beizubringen, daß der *kaum*-Satz bis zum Komma in (0b) nur dazu da ist, zwei Vorgänge in zeitlicher Beziehung zueinander zu setzen, und nicht das Material zu einer selbständigen, negativen Aussage abzugeben:

(0b) (...), aber kaum ist er an dir vorbei und du wendest dich und schaust ihm nach, so siehst du ihn alsbald undeutlich werden und spurlos ins Graue hinein verschwinden. (Hesse 1976:267)

Daß der Terminus "Nebensatz" zugunsten von "Teilsatz" aufgegeben wurde, war nicht nur kosmetisch gemeint: denn wer "Nebensatz" sagt, muß auch "Hauptsatz" sagen, ein Begriff, mit dem man wenig anzufangen weiß, wenn der Satz, um den Nebensatz gekürzt, keinen Anspruch mehr auf Satz-Status erheben darf, wie in

(1) Wer die besseren Argumente hat, weiß, wer Recht hat.

Ferner trat der Gebrauch von "Nebensatz" in Konflikt zu den "*neben*ordnenden Konjunktionen", die eben *keine* Nebensätze einleiteten. Und schließlich war der Nebensatz-Begriff nicht in Intension, sondern lediglich in Extension, d. h. durch Auflistung zu definieren: Sätze (mit welchen inhärenten Merkmalen immer) als Satzglieder einerseits, nicht selbständige Spann- bzw. Stirnsätze andererseits, wobei übersehen wurde, daß die koordinierten Sätze auch nicht selbständig sind. Der Vorteil dieses denkbar unsauberen Begriffs bestand aber darin, daß er die Formulierung einer Interpunktionsregel ermöglichte:

---

[1] Dieser Beitrag ist gemeint als Huldigung an den Mitautor einer deutschen Grammatik und an den Vorkämpfer für den Deutschunterricht in der GUS.

[2] Es wäre unvorsichtig, dieses Verhältnis darauf zurückzuführen, daß der kursiv gedruckte Satz Tiefensubjekt ist, denn es ist auch dort festzustellen, wo der Nachsatz unmöglich Tiefensubjekt sein kann: "Weil es eben besser ist, **wenn** Schwarz und Weiß unter sich bleibt." (Jehn 1983:11).

Durch *und* und *oder* koordinierte **Nebensätze** dulden kein Komma vor der sonst komma-freundlichen Konjunktion.[3]

Deshalb wohl wurde der Nebensatz-Begriff in der letzten Ausgabe von Dudens *Richtiges und gutes Deutsch* beibehalten (1985:387, 488).

Die Einführung von "Teilsatz" hat die alten Schwierigkeiten nicht behoben. So durchsichtig und motiviert, wie er aussieht, ist der Ausdruck nicht. Denn auch der koordinierte Satz ist **Teil** einer höheren Einheit, die sich intonatorisch durch ihren Spannbogen als solche kundgibt. Um diesem Einwand zu entgehen, wurde der "Gliedsatz" bemüht, ein Satz in Ergänzungs-, Angabe oder Attributfunktion. Dadurch werden aber solche Sätze ausgeschlossen, deren Sonderstellung zwar abgedeckt werden muß, aber nicht, so sollte man wenigstens meinen, in dem Maße, daß ihre Verwandtschaft zu dem Kernbestand unkenntlich wird. Deshalb wurde der Ausschluß auch nie ausgesprochen, geschweige denn reflektiert. Da sind zunächst einmal die sog. weiterführenden Teilsätze:

(2a) Er will auswandern, welchen Entschluß ich rüge.

(2b) Sie zeigte ihm einen Vogel, was ihn maßlos ärgerte.

(3) Da ist was faul im Staate Dänemark, sagte Charlotte, die sich das Mißtrauen nicht abgewöhnen konnte. Du mußt ja immer die Flöhe husten hören: Bruno Jordan. **Bis** dann nach ruhmreich beendetem Spanienkrieg Onkel Hannes mitsamt der übrigen Legion Condor in Berlin am Führer vorbeimarschierte, wobei er natürlich beide gesunde Beine zum Stechschritt hochschmiß. (Wolf 1978:176)

(4) Schlafen war so gut wie unmöglich, höchstens, daß man vor Erschöpfung ein wenig vor sich hin döste. (Kempowski 1978:363)

(5) Aber sein Interesse ist nicht groß, kaum daß er aus dem Auto steigt. (Kempowski 1978:416)

Ferner die anaphorisierten bzw. kataphorisierten Spannsätze:

(6) Ja, das habe ich gleich gefühlt, daß es verrückt war, wie ich mich anstellte. (Kaschnitz 1973:36)

Die Objektfunktion in bezug auf *habe gefühlt* wird durch das Pronomen *das* wahrgenommen, der Spannsatz von *daß* bis *anstellte* geht keine syntaktische Konnexion mit seiner linken Umgebung ein, es besteht lediglich zwischen dem Demonstrativpronomen *das* und dem zu benennenden Spannsatz dieselbe Beziehung wie zwischen einem Zeigefinger und dem von ihm bzw. durch ihn anvisierten Gegenstand, eine Beziehung also, die sich hier zwar sprachlicher Mittel bedient, ohne jedoch an sich auf die Rede angewiesen zu sein. Das gleiche gilt für

(7) Daß eine solche Enthüllung gegenüber Bruno eine Wiederaufnahme in die Partei endgültig unmöglich mache, das habe Collignon wohl gewußt und seine Geliebte auch. (Breitbach 1986:110)

mit dem einzigen Unterschied, daß die Zeigegeste, als deren Werkzeug das Demonstrativpronomen *das* auftritt, rückwärts gerichtet ist. Unsere Erwartung geht dahin, daß (7) so beschrieben wird wie

(7a) Daß eine solche Enthüllung gegenüber Bruno eine Wiederaufnahme in die Partei endgültig unmöglich macht, hat Collignon gewußt.

---

[3] Allerdings dürfte der Komma-Schwund auch bei Nicht-Nebensätsen festzustellen sein: "Wo waren Sie in der Zeit und was haben Sie getan?" (Bachmann 1961:127). "Ihr Vater arbeitet beim Zoll und Sie logieren im Fürstenhof?" (Breitbach 1980:77)

nicht aber wie

(7b) Eine solche Enthüllung gegenüber Bruno macht eine Wiederaufnahme in die Partei endgültig unmöglich; das hat Collignon gewußt.

Welche Art Beschreibung wird aber intendiert? Sicher keine syntaktische, denn in (7) genauso wie in (7b) wird der erste Satz anaphorisiert, wohingegen nur in (7a) der erste Satz als Objekt zu *hat gewußt* auftritt und dementsprechend als Gliedsatz angesprochen werden darf. Diese Inkonsequenz lehrt uns zweierlei: a) daß wir bei der Unterteilung der Sätze inhärente Merkmale und Stellenwert vermengen b) daß unsere angeblich formal-syntaktische Sichtweise durch die Sachbezogenheit der menschlichen Rede, die Transparenz der Äußerung, getrübt wird. Die Vertretungsrelation zwischen Demonstrativpronomen und ana- bzw. kataphorisiertem Satz verleitet uns dazu, letzterem die syntaktische Funktion des ersteren zu verleihen. Die Linguisten machen sich über den zoologisch interessierten Volkshochschüler gern lustig, der sich in einer Latein-Vorlesung verirrt hatte, die er bald kopfschüttelnd verließ mit dem Kommentar: "Wie hat bloß ein so hoch zivilisiertes Volk das *equus* nennen können, was so nachweislich ein *Pferd* ist." (A. Martinet). Einem ähnlichen Trugschluß verfällt der Grammatiker, der den Einklang von

(8) Der Sigi, den haben wir längst durchschaut.

mit der Verb-Zweit-Regel befriedigt feststellt unter dem Hinweis darauf, daß *Der Sigi* und *den* zusammen eine einzige Stellungseinheit abgäben, da sie ja genau dasselbe intendieren.

Sowohl "Teilsatz" als auch "Gliedsatz" kranken an einer Fehleinschätzung des Gebildes "Satz". Es wurde ersichtlich in Anlehnung an den Mengenbegriff modelliert, unter der stillschweigenden Voraussetzung, daß sich die Frage nach der Zugehörigkeit eines Elements zum Satz genauso eindeutig und undifferenziert beantworten läßt wie die Frage nach der Zugehörigkeit eines Elements zu einer Menge. In der Tat ähnelt der Satz mehr dem karolingischen Reich als einer Menge Dedekindscher Prägung. Gehörte etwa die Bretonische Mark zum Reich? Ja und nein. Wenn die Frage mit ja beantwortet wird, dann unter der Schutzklausel einer durch die Randstellung und die Ferne zum Zentrum begründeten losen Verbindung. Desgleichen schlage ich eine Vierteilung des Satzes vor, wobei die jeweiligen Felder lediglich auf syntaktische Einbettungsmöglichkeit von Sätzen zugeschnitten sind. Das jeweils besprochene Feld in den Belegen ist kursiv markiert.

– Vorder-Feld (das erste Glied des Verbalverbands ist durch Fettdruck hervorgehoben):

(8a) Bist du nicht willig, **so** brauche ich Gewalt.

(8b) Kaum haben wir den verrauchten Raum betreten, **da** nimmt mich mein Schulfreund Hadouch, Amars Sohn, auch schon in die Arme. (Pennac 1990:58)

(8c) (...) je mehr Tritte und Schläge er bekommt, **desto fester** bleibt er in seine Demutreaktion eingeklinkt. (Lorenz 1983:125)

(8d) (...) Sägewerk. Angenommen Sie haben keins, **dann** werden Sie merken, daß der Holzertrag der gefällten Bäume weniger einbringen kann, als Sie für das Entfernen der Wurzelstöcke ausgeben müssen. (Wolff 1962:19)

–Vorfeld:

(9a) War ich je einmal mit dem wirklichen Leben in Berührung gekommen, stand ich ratlos da. (Brod 1968:49)

(9b) Vorausgesetzt es schieben sich keine Wolken dazwischen, kann das Schauspiel gegen 22.30 Uhr dicht am westlichen Horizont beobachtet werden. (*Rhein-Neckar-Zeitung* 14.06.91.)

(9c) Kaum war das Geld da, reiste er ab. (H.Mann 1977:2)

(aber: *das Geld war kaum da, reiste er ab)

(9d) Im Fall sie eine Beschießung machen, muß ich doch meine Hasen evakuieren. (Walser 1963:25)

(9e) "Außer daß ihnen das Ding im Schlaf abgenommen wurde, kann man die beiden Fälle überhaupt nicht miteinander vergleichen", behauptet ein Reporter. (*Der Spiegel* 3/94/)

– Restlicher Verbalverband:

(10a) Es war schrecklich, weil man nicht wußte, kam das nun aus den Lungen oder aus den Eingeweiden. (Ernaux 1988:83)

(10b) Das kam, er hatte zu lange gewartet. (H. Mann 1976:289)

(10c) Es gab Tage, da haßte ich mein Engagement selber. (Grant Duff 1978:195)

(10d) Es gibt welche unter uns, die machen nicht mehr mit.

(10e) Am besten ist, man erfährt nur, was man weiß. Es stärkt den Glauben. (Eich 1973:375)

(10f) Dann sag du Charly mal, es genügt nicht, daß man so etwas sagt – besser ist, man hält den Mund und tut etwas für sie. (Jehn 1983:40)

– Nachfeld:

(11a) (...), denn er hatte es gerade in diesen Stunden mit betäubender Macht gefühlt, daß es einen Gott gibt. (Konsalik 1985:208)

(11b) "Vielleicht wäre es am besten, Herr Kollege, wir würden gemeinsam in den Akt Einblick nehmen?" (Federmann o. J.:341)

(11c) Kein noch so "guter Bekannter", kein noch so "zuverlässiger Freund", braucht zu wissen, was du tust, außer ihr habt eine gemeinsame Arbeit und müßt miteinander sprechen. (*Der Spiegel* 49/93)

(11d) "Mein Leben als Jude ist ganz normal", schreibt Luba: "Außer manchmal fragen mich meine Freunde, warum ich jeden Freitag schön angezogen weggehe". (*Der Spiegel* 10/94)

(11e) Erst recht vermag der lyrische Dichter keine tragische Einsicht zu gewinnen. Sieht er doch überhaupt nichts und spricht er doch nur, solang er eins ist mit den Dingen. (Staiger 1975:133)

(11f) Er stand da und umklammerte die Waffe, kaum daß er fühlte, wie kalter Schweiß über seinen Nacken floß. (Dürrenmatt 1973:94)

(11g) Sie spürte, wie ihr Kleid immer mehr niederglitt, kaum konnte sie es noch halten. (Zweig 1990:24)

(11h) Der Bildschirm beunruhigt uns nicht in der Tiefe, höchstens, daß er mal einen Kitzel aussendet. (Zwerenz 1977:196f)

Aufgrund welcher Merkmale ist die Zuordnung der Belege erfolgt, welche Definitionen setzt sie voraus, welche für den DaF-Lernenden relevanten Regularitäten erlaubt sie zu formulieren?

"Vorderfeld" und "Vorfeld" leiten ihre Daseinsberechtigung von den Verb-Erst- und Verb-Zweit-Regeln her. Tritt letztere in Kraft, dann entsteht ein Feld vor dem Verbum Finitum, dessen Besetzung sich vereinheitlichend auswirkt auf das dort aufgenommene

Material. Vor dem Vorfeld entsteht das Vorderfeld, fakultativ und möglicherweise uneinheitlich besetzt. Kommt die Verb-Erst-Regel zum Tragen, dann ist nur Vorderfeld möglich.

Das Vorderfeld hat die vordere Grenze des Verbalverbands zur unteren Grenze. Als zum Vorderfeld gehörig sehe ich solche Sätze an, die als Äußerung entweder nicht in Betracht kommen oder aber einen anderen Sinn ergeben hätten. Ein anaphorisches Verhältnis genügt also nicht. In (8e)

(8e) Das Stück hatte kaum angefangen, da fiel mein Blick auf Gatsby. (Fitzgerald 1974:56)

(8f) Das Stück hatte soeben angefangen, da fiel mein Blick auf G.

könnte der erste Satz in eine gleichbedeutende Äußerung überführt werden, weshalb auch das Vorderfeld keine Besetzung erfährt. Das entscheidende Merkmal bei der Zuweisung eines Satzes zum Vorderfeld ist also die Anlehnungsbedürftigkeit. Viel mechanischer erfolgt die Zuweisung zum Vorfeld. Beiden Feldern gemeinsam ist die Unmöglichkeit eines reinen Kernsatzes. Zugelassen werden Spannsätze, Stirnsätze und mit solchen Wörtern eingeleitete Kernsätze, deren hier in Kraft tretende Potenz m.W. noch nicht erkannt wurde. Bei *vorausgesetzt* könnte man an Koordinierung denken, es wäre aber der erste Fall eines koordinierten Satzes, der dem Partnersatz vorausgeht; bei temporalem *kaum* käme ein zweites Hindernis hinzu: es ist nämlich ein wesentliches Merkmal der Koordinatoren, daß sie die Null-Position wenigstens einnehmen *können.* Ich halte deshalb für nützlich, einen Begriff einzuführen, unter dem alle Satzeinleiter subsumiert würden, die das Vorkommen eines Satzes im Vorderfeld und im Vorfeld ermöglichen. Wer gewillt ist, das Präfix *pro-* im selben Sinne wie in *Proseminar, Prognose* usw. aufzufassen, wird auch den Neologismus *Pronektor* durchgehen lassen. Pronektoren müssen nicht Subjunktoren sein (vgl. *kaum, vorausgesetzt),* sie müssen auch nicht segmental sein: Das Merkmal Verb-Erst befähigt einen Satz sowohl zur Vorderfeld- als auch zur Vorfeldbesetzung, ist also ein Pronektor, vorausgesetzt, man unterscheidet es von der komplexeren Konstellation "Verb-Erst ... *doch*", wie in (11e), die als Nektor nur im Nachfeld vorkommen kann, und vom illokutivem "Verb-Erst", wodurch ein verbales Syntagma als Frage, Befehl, Ausruf seine Verwendung findet. Zwar kann "Verb-Erst" als Variante zu "*wenn*+Spannsatz" vom illokutiven "Verb-Erst" genetisch hergeleitet werden (der Sprecher behauptet die Apodosis, nachdem der Hörer die durch die Protase geäußerte Frage stillschweigend bejaht hat), es hat sich aber eine Grammatikalisierung des illokutiven Merkmals vollzogen, die sich u. a. darin kundgibt, daß der Stirnsatz dem Kernsatz folgen kann. Die Kontrastierung der mit dem Nektor "Verb-Erst" eingeleiteten Stirnsätze und der nicht-eingeleiteten Stirnsätze bildet diese Grammatikalisierung ab

Nicht alle Subjunktoren hingegen weisen die Potenz zur Pronexion auf, so das Vergleichs-*als* (auch in *als daß), kaum daß* und *kaum* in nicht-zeitlicher Verwendung, *höchstens, daß.* Ferner sollen die Pronexion zum Vorderfeld und die Pronexion zum Vorfeld auseinandergehalten werden: *wie* und *so* im Vergleich- und Konzessivsatz, *je* im Proportionalsatz ermöglichen die erstere, nicht aber die letztere. Von der Möglichkeit zur Pronexion wird nicht immer Gebrauch gemacht: Spannsätze mit *daß, ob, wenn,* w-Wörtern als Subjunktoren können durchaus selbständige Äußerungen abgeben, ein mit *kaum* eingeleiteter Kernsatz kann den Verbalverband herstellen:

(11i) K. wandte sich um, kaum bemerkte das der Kaufmann, als er sofort aufstehen wollte. (Kafka 1973:398)

Der restliche Verbalverband wird zunächst einmal durch die Auflistung der durch das Verb eröffneten sättigungsbedürftigen Leerstellen nach links abgegrenzt (sofern noch nicht im Vorfeld untergebracht), was eine interessante Aufnahmefähigkeit für Kern- und Stirnsätze ohne Einleiter bewirkt (vgl. 10a, b, e, f). Dadurch werden aber Sätze in Angabefunktion aus dem Verbalverband ausgeschlossen und in das Nachfeld abgeschoben.[4] Das Merkmal für die Zugehörigkeit zum restlichen Verbalverband ist also eine Umkehrung des Merkmals für die Zugehörigkeit zum Vorderfeld. Beruhte letzteres auf der Anlehnungsbedürftigkeit des aufzunehmenden Satzes, so beruht ersteres auf der Ergänzungsbedürftigkeit des verbalen Kerns im Verband. Die zweite Einfügemöglichkeit ergibt sich aus der Attribut-Funktion. Auch hier stehen Sättigungsbedürftigkeit des Trägers und Zulassung des Kernsatzes im Zusammenhang (10c; 10d), mit der Einschränkung, daß der Kernsatz mit einem *d*-Wort eingeleitet werden muß und daß die Unvollständigkeit des Attributsträgers durch dessen Undefinitheit offensichtlich gemacht werden muß. Ferner fehlen die Belege für einen negativen bzw. universalen Attributsträger:[5]

(12a) *Es gibt keinen unter uns, der macht mit.

(12b) *Ich kenne alle, die machen mit.

Daß dieser Kernsatz als Attributsatz weder in Vorderfeld noch im Vorfeld belegbar ist:

(12c) *Auf ein Mädchen, das heißt Rotkäppchen, hat er sich zwar eingelassen.

(12d) *Mit dem Mädchen, das heißt Rotkäppchen, mit dem will er nichts mehr zu tun haben.

(12e) Es war einmal ein Mädchen, das hieß Rotkäppchen.

ist ein zusätzliches Argument für die Relevanz der Feldereinteilung.[6]

Ist der Attributsträger unvollständig und definit (d. h. generalisierend definit), unterliegt der Attributsatz der allgemeinen Regelung der Sätze in Attributfunktion zu einem nominalen bzw. pronominalen Träger: der Kernsatz ist unmöglich:

(12f) Peter mißtraut den Zeugen, die sich für ihre Aussage erwürgen lassen.

(12g) *Peter mißtraut den Zeugen, die lassen sich für ihre Aussage erwürgen.

Mit einem *d*- bzw. *w*-Wort eingeleitetete Spannsätze, die keinen Beitrag leisten zum Vollzug der Referenz durch eine Nominalgruppe oder ein Pronomen im restlichen Verbalverband, sind keine Attributsätze und gehören in das Nachfeld: (2), (3) und

---

4 Auch wenn sie eingeklammert sind: *Ich weiß über ihn, außer daß er eine Buchhandlung betreibt, so gut wie nichts.* (Lange 1990:68)

5 Vielleicht ist das Merkmal 'spezifisch-indefinit'.

6 Anders gelagert ist der Kernsatz als Attribut zu *Falle* (das Präpositionalgefüge hier als Nachfeld):(12f) *Im Falle, es kämen plötzlich die Pfleger.* (Dürrenmatt 1970:33). Für oder gegen eine Beschreibung des *außer daß*-Satzes als Attribut zu *nichts* in: *Am Ende war dann weiter* ***nichts, außer daß*** *man sich nach Strich und Faden hat die Hucke vollbrüllen lassen müssen.* (Cavanna 1989:391), finde ich kein zwingendes Argument Die Semantik von *außer* bringt es mit sich, daß die *außer*-Sätze oft im Gefolge eines Satzes mit universalem bzw. fast universalem Anspruch vorkommen. Es liegt nahe, diesen Anspruch mithilfe eines Pronomens zu artikulieren. Daß es tatsächlich oft geschieht, erweckt den Eindruck, es sei die Bestimmung des *außer*-Satzes, einem Pronomen beigefügt zu werden. Die Vorkommenshäufigkeit dieser Konstellation erreicht aber nicht die Hälfte der Belege.

(13) Ich suchte meinen Freund, den ich auch endlich fand.

Das Nachfeld nimmt also die sog. weiterführenden Teilsätze auf, die daran erkannt werden können, daß sie durch einen koordinierten Satz bedeutungserhaltend ersetzt werden können.

Über die Zugehörigkeit eines Satzes zum Nachfeld (d. h. über die Aberkennung des Status als Glied in einer Satzreihe) entscheidet seine Anlehnungsbedürftigkeit, auch in (11b): zwar könnte der dort kursiv gedruckte Satz als Äußerung per se vorkommen, aber nicht unter Wahrung der Bedeutung. Bloße Kataphorik besagt noch nichts über die Anlehnungsbedürftigkeit des Kataphorisierten und eröffnet noch kein Nachfeld. In

(14) Habe ich es doch gleich gesagt: *Der kommt nie auf einen grünen Zweig*!

ist der kursiv gedruckte Satz eine Äußerung *per se*, also keineswegs anlehnungsbedürftig. Worauf *es* vorgreift, ist nicht die Äußerung, sondern ihre darstellende Komponente, anders als in (11b), wo der Nachsatz seine illokutionäre Kraft von seinem Vorgänger bezieht. Deshalb sehe ich eine Satzreihe in

(15) Es ist gewiß, wir werden ihn bald wiedersehen.

wo Duden IV 1973 §1373 ein Attribut zu *es* zu erkennen glaubt.

Ebensowenig Nachfeldkandidaten sind Sätze mit Konjunktionaladverbien wie *also, folglich, demzufolge, dementsprechend, füglich* usw. Zwar setzen solche Wörter einen Vorgängersatz voraus, aber nur kraft ihrer Semantik, ihre syntaktischen Eigenschaften spielen keine Rolle, im Gegensatz zu den Nektoren, die ja samt und sonders Satzeinleiter sind.

Die obere Grenze des Nachfeldes deckt sich nicht mit den unteren Grenzsignalen des verbalen Syntagmas (Verbzusatz, Verbum infinitum, Verbum finitum bei Subjunktor), weil letztere jede Relevanz verlieren, wenn es darum geht, einem Satz den Status einer Ergänzung zu- bzw. abzuerkennen: die Einklammerung im Mittelfeld ist die Ausnahme. Es ist aber wichtig, diesen Status im Darstellungsmodell abzubilden, denn er steuert die Möglichkeit der Nicht-Einleitung. Von Vorfeld abgesehen, wo der Satz nur als Redewiedergabe ohne Einleiter auskommt:

(16a) (...) wir wußten, ein Streik führt zu nichts.

(16b) (...) ein Streik führt zu nichts, meinte er.

(16c) *ein Streik führt zu nichts, wußten wir.

kann der nicht eingeleitete Satz als Objekt fungieren (16a, 10a, b). Die Nicht-Einleitung im Nachfeld aber ist auf ganz wenige Schemata beschränkt: (0a) und

(17) Es ist nichts so fein gesponnen, es kommt doch an die Sonnen. (Sprichwort)

wo sich die Nicht-Selbständigkeit der Sätze aus dem Bewußtsein einer satzübergreifenden Konstellation ergibt: (0a) ist eine Variation zum Thema *ist besser/am besten* (Null-Form des Adjektivs unmöglich, und Adjektive aus einem anderen Sinnbezirk[7] kommen nicht vor). Bei (17) lauten die Restriktionen: Immer dient der erste Satz zu einer negati-

[7] Für das in dieser Konstellation erwartete *zweckmäßig* habe ich keinen Beleg.

ven Existenzaussage mit *sein* als Existenzverb und *so* wird bemüht als Bestandteil des Prädikatsausdrucks für den Begriff, dessen Leere behauptet wird.[8]

Je weiter nach unten, desto nötiger der Einleiter. Dies gilt erst recht, wenn eine starke Interpunktion überbrückt werden soll, wie in (11d, e, g) und

(18) Denn es wäre unmoralisch, diese Eintracht auf skandalöse Verstöße gegen die guten Sitten zurückführen zu wollen. **Höchstens, daß** hier und da eine Verwechslung vorkam, indem gewisse Leute aus Clochemerle, die sich sehr eifrig um die Frau ihres Nachbarn bemühten, nicht mehr daran dachten, sich um die eigene zu kümmern, die ja dann schließlich ebenfalls nicht mitten im Festtrubel die Arme hängen lassen konnte wie eine, auf die kein Mensch mehr Wert legte. (Chevallier 1994:128)

(19) Ihr Gesicht ist glatt. **Kaum daß** es eine den Umständen entsprechende Miene andeutet. (Prou 1990:39)

(20 (... heiraten.) ADAM Mußt du? EDGAR Ja. ADAM Ist es die, die dich hat ohrfeigen lassen? EDGAR Ja. ADAM Dann mußt du nicht. **Außer,** du willst dir die Nacht über Ohrfeigen einstecken. (Lange 1967:241)

(21) Ansonsten weiß ich nichts mehr von diesen Weltfestspielen. **Außer,** daß ich in ein Mädchen verliebt war. (Müller 1992:119)

(22) Auf das Haus, in der die Tant Adelheid wohnt, braucht kein feindlicher Flieger eine Bombe abzuwerfen, um die Leute dort zu töten, das besorgt vorher schon die Tant Adelheid. **Es sei denn,** sie wird vorher vom Schauwecker umgebracht, der auch begeisterter Nationalsozialist ist und in der ersten Etage wohnt. (Keun 1980:16)

Es empfiehlt sich die Potenz der Einleiter zu benennen, die es einem Satz ermöglichen, im Nachfeld vorzukommen. Als Gegenpol zu "Pronexion" liegt "Postnektion" nahe. Diese Potenz haben alle Koordinatoren (eine Klasse, zu der *außer* ohne Komma + Verb-Zweit zugerechnet werden muß, da der so eingeleitete Satz dem Partnersatz nicht vorausgehen kann), *außer* als Präposition (20) und (21), alle Subjunktoren mit der Ausnahme von *wie* I. S. v. *als,* das nicht temporal gebrauchte Adverb *kaum* (vgl. 11g), *es sei denn, (daß)* und die Konstellation Verb-Erst...*doch,* die von der gleichlautenden Konstellation als illokutives Zeichen (für Ausruf: *Dacht' ich's doch*!) unterschieden werden soll.

Die eingangs erwähnte Interpunktionsregel läßt sich nun wie folgt neu formulieren: Wenn *und* bzw. *oder* zwei elementare Nachbarsätze nektieren, die zum selben Feld unmittelbar gehören, ist vor dem Nektor kein Komma zulässig, es sei denn, das Satzpaar als Ganzes steht im Skopus eines Koordinators. Also:

(23) Du bist uns zugetan, und wir können uns auf dich verlassen

denn die beiden Sätze gehören keinem gemeinsamen Feld (Verbalverband hier, Nachfeld da).

(24a) Wir können ruhig verreisen, **denn** du bist uns zugetan, und wir können uns auf dich verlassen.

(das Satzpaar gehört zwar zum selben Feld, hier Nachfeld, steht aber im Skopus des Koordinators *denn).*
Aber:

---

[8] Hier kommt eine interessante Asymmetrie zwischen Anaphorik und Kataphorik zum Vorschein. Was letzterer möglich ist (einen Kernsatz als Teilsatz zu annektieren), ist ersterer unmöglich. Diese Asymmetrie rührt daher, daß der Satz in vorgerückter Stellung beliebig aufgefaßt werden kann, wohingegen der Satz im Nachfeld vorbelastet ist.

(24b) Ich weiß, du bist uns zugetan und wir können uns auf dich verlassen

denn die beiden Sätze gehören zum selben Feld (Verbalverband). Erfolgt ein Satzbruch, dann ist das meistens gesetzte Komma trotz des gemeinsamen Feldes eine Begleiterscheinung des Anakoluths, ja sogar ein Bekenntnis zu ihm:

(25) Wenn Krieg ist, und sie ziehen mich ein, (...)[9]

Ohne Komma, also der generellen Regel entsprechend:[10]

(26) Wenn man einige Monate die Zeitungen nicht gelesen hat und man liest sie alsdann zusammen, so zeigt sich erst, wie viel Zeit man mit diesen Papieren verdirbt (Goethe 1953:970)

Ebenso neu definiert werden kann nun der Begriff "Teilsatz": ein Satz, der mittelbar oder unmittelbar zu einem Satzfeld gehört.[11] Gehört ein Satz zu keinem Feld, dann ist er ein Vollsatz (zusammengesetzt oder aber einfach).

Da der koordinierte Satz zum Nachfeld gehört, fällt er unter den Begriff "Teilsatz", was der Funktionsähnlichkeit von weiterführenden Teilsätzen und koordinierten Sätzen einerseits, von *denn* und *weil* andererseits und der Überlappung von *weil* als Konjunktor und *weil* als Koordinator gerecht wird. Koordinatoren, Konjunktoren, Subjunktoren und andere mehr, für die noch keine Namen vorgeschlagen wurden, sind unter dem Begriff "Satzeinleiter" zu subsumieren. Ihre gemeinsamen Merkmale sind die Anfangsstellung und ihr Beitrag zur Einbettungsmöglichkeit des eingeleiteten Satzes.

Bevor eine Klassifizierung vorgeschlagen wird, ist die Frage nach den Kriterien zur Abgrenzung der Satzeinleitergruppe zu beantworten. Die Zulässigkeit des Begriffs "zusammengesetzter Satzeinleiter" drängt sich angesichts von *als ob, kaum daß* u. a. m.[12] auf. Bei *ohne daß, statt daß* könnte die Möglichkeit erwogen werden, ein Präpositionalgefüge anzusetzen mit *ohne, statt* als Operator und dem mit *daß* eingeleiteten Satz als Operand. Satzeinleiter wäre dann lediglich *daß*. Dadurch würden wir uns aber der Möglichkeit begeben, dem Vorhandensein bzw. Nichvorhandensein des Kommas zwischen *außer* und *daß* gerecht zu werden:

(27a) (...), außer daß ich zum Hinfallen müde bin (Kafka 1973:278)

(27b) Er will nichts damit zu tun haben, außer es gibt ein Erbe. (Rodrian 1992:90)

(27c) Der hintere Führer sitzt immer hinterm vordern Führer, außer, das Flugzeug ist verkehrt. (Valentin 1981:130)

---

9 Hierfür andere Belege in Duden IX, Stichwort "Anakoluth".

10 Die Befolgung der generellen Regel erleichtert die Rechtsabgrenzung des Teilsatzes in (0b). Fortgeschrittene DaF-Lernende, die nicht angeleitet worden sind, die deutsche Interpunktion ernst zu nehmen, sind der Gefahr ausgesetzt, den Inhalt des *und*-Satzes als durch den *kaum*-Satz zeitlich eingeordnet zu verstehen.

11 Als "Gliedsatz" sollte man nur solche Sätze ansprechen, die eine Argumentstelle im propositionalem Radikal ausfüllen. "Glied", im Gegensatz zu "Teil", setzt eine Funktion voraus. Wer die Aussage von sich gibt: "Der Satz S ist ein Gliedsatz", übernimmt die Verpflichtung, die meist nicht-triviale Auskunft über die syntaktische Funktion von S inbezug auf das Verb zu liefern. Die Auskunft ist meistens deshalb nicht trivial, weil nur im restlichen Verbalverband nicht eingeleitete Teilsätze auftreten dürfen (von den Randerscheinungen in (0a) und (17) abgesehen).

12 *Im Falle wenn*: Wenn ich gehe, soll ich Ihnen die Galoschen rausstellen, im Fall wenn Sie hinauswollen, weils regnet? (Lange 1967:223). *Im Falle daß:* im Falle daß sie beide das Landleben weich und verträglich stimmen sollte. (Zola 1985:210).

(27d) Zum Beispiel ist bekannt, daß er vorzugsweise an Parteifreunde vermietet, was noch gar nichts Ehrenrühriges sein mag. Außer, daß in seinen Häusern auch einige Magistratsmitglieder wohnen, nicht zu besonders günstigen Mieten, aber mit bevorzugter Wohnungsbeschaffung. (Schatten 1991:78)

Soll die Wahl zwischen Komma und nicht-Komma in der Darstellung abgebildet werden, dann muß das Komma als Symptom für die Eigenständigkeit von *außer* (als Präposition) interpretiert werden; der Teilsatz ist dann entweder eingeleitet (mit *daß:* 27d) oder nicht eingeleitet (27c). In beiden Fällen ist er Glied eines Präpositionalgefüges. Fehlt hingegen das Komma, dann haben wir es mit einem Koordinator (27b) oder mit einem zusammengesetzten Subjunktor (27d: außer *daß)* zu tun. Die Relevanz des Kommas verschwindet aber, wenn die Eigenständigkeit seines Vorgängers nicht zu vertreten ist, so bei *höchstens, daß, es sei denn, daß.* Im letzten Fall kommutiert *es* in der Standardsprache nicht mehr, anders als zu Luthers Zeit:

(28a) Ich lasse dich nicht, du segnest mich denn.

mit entsprechender Befähigung zum Platzhalter der Erststellung (expletives *es):*

(28b) Es sei denn eure Gerechtigkeit besser als der Schriftgelehrten und Pharisäer, so werdet ihr nicht ins Himmelreich kommen. (Sauzay 1986:238)

Ein weiterer Unterschied zwischen beiden diachronen Schichten ist die ausschließliche Zuweisung des mit *es sei denn, (daß)* eingeleiteten Satzes zum Nachfeld im modernen Sprachzustand, im Gegensatz zu (28b)

Kann heute *es sei denn, daß* als zusammengesetzter Subjunktor angesehen werden, so fehlt hingegen die Benennung für *es sei denn,* (+Kernsatz). Wenn nicht das Komma wäre, läge *Koordinator* nahe. Allerdings hat man andere Gründe, ein Komma links vom Koordinator vereinzelt zuzulassen:

(29) In Brüssel wird darauf hingewiesen, daß sich der Flirt de Gaulles mit Moskau und den Ostblockstaaten in der Wahl nicht ausgezahlt habe, **ja,** daß er nicht einmal von Moskau honoriert werde, da die kommunistischen Stimmen offensichtlich vollständig dem Kandidaten der Linken zugefallen seien. (FAZ 7.12.1965)

Bei *vorausgesetzt, angenommen, gesetzt,* +Kernsatz ist dieser Weg nicht gangbar, denn es geht hier um Partizipialadjektive als prädikativer Pol im Rahmen des *accusativus absolutus,* wie in

(30a) dich ausgenommen,

(30b) diesen Vermerk vorausgeschickt,

(30c) einen entsprechenden Sinn für die Kunst vorausgesetzt.

In (30a, b, c) ist die Reihenfolge der Pole umgekehrt, weil der thematische Pol nominal und nicht propositional ist. In (30d) enthält der *accusativus absolutus* einen mit *daß* eingeleiteten Teilsatz als thematisches Glied, in (30e) einen uneingeleiteten:

(30d) Mich genieren, das kenne ich nicht, vorausgesetzt, daß mir an einer Sache viel liegt. (Breitbach 1980:98)

(30e) (...), vorausgesetzt, Sie reisen in den nächsten Tagen wieder ab. (Kirchhoff 1991: 73)

Es fragt sich, ob nicht die Kriterien, die soeben bemüht wurden, um *vorausgesetzt* aus der Klasse der Satzeinleiter auszuschließen, dazu dienen sollten, auch die Präposition *außer,* (mit Kern- und Spannsatz) auszuschließen (20, 21,27c, 27d). Der einzige Grund, der dagegen spräche, ist der Umstand, daß der erwartete Operand zu einer Präposition ein Nominale ist. *Außer* ist die einzige Präposition, die durch einen Satz gesättigt werden kann. Sie in die Liste der Satzeinleiter aufzunehmen, hieße diese Sonderstellung abbilden. Eine mißliebige Konsequenz wäre aber, daß zwei freie Varianten angenommen werden müßten, d. h. *außer,* einerseits, und *außer, daß* andererseits, wo doch die freie Variation anderswo anzusiedeln ist: in der Realisierung des Teilsatzes selber. Ferner liefe diese Darstellung darauf hinaus, die Zugehörigkeit dieser Verwendung von *außer* zur Klasse der Präpositionen aufzugeben. Am zweckmäßigsten lassen sich die Satzeinleiter je nach Satztyp klassifizieren.

Ist der eingeleitete Satz ein Kernsatz, kann der Einleiter die Verbstellung beeinflussen oder nicht beeinflussen. Bleibt er ohne Einfluß und kann der so eingeleitete Satz als erster im konnektierten Satzpaar nicht auftreten, dann ist er ein Koordinator (zu dieser Klasse gehört auch *außer* (11c, d, 27b). Ist die Satzfolge umkehrbar (*vorausgesetzt* und sein Synonym *angenommen* ohne Komma: 9b, 8d), fehlt die Bezeichnung. Da letztere Klasse im Grunde als ein einziges Element zählt, ist es wohl müßig, einen Namen vorzuschlagen. Dieselbe terminologische Lücke ist festzustellen, wenn der Einleiter das Vorfeld besetzt (*kaum* 9c, 8b)

Bei der Klassifizierung der Einleiter zu Spann- und Stirnsätzen hilft das Merkmal *Relator* oder *Nicht-Relator.* Z. B. darf der mit *daß* eingeleitete Spannsatz als kontextbedingte Variante eines Nur-Satzes aufgefaßt werden; (7a) läßt sich umformen in

(7c) Collignon hat gewußt, eine solche Enthüllung gegenüber Bruno macht eine Wiederaufnahme in die Partei endgültig unmöglich.

wie-Sätze als Objekte zu Verben der geistigen oder sinnlichen Wahrnehmung können auf Infinitiv-Sätze **ohne** *wie* bedeutungserhaltend zurückgeführt werden. Ebenso kann der *ob*-Satz als eine freie bzw. kontextbedingte Variante eines Nur-(Stirn-)Satzes gelten. Ganz anders die Konjunktionalsätze in der Rolle von Umstandsergänzungen und freien Umstandsangaben. Hier kann das Einleitewort in keinem Fall spurlos wegtransformiert werden. Aufgrund der Funktionsähnlichkeit von *wegen* und *weil,* von *trotz* und obwohl, von *vor* und *bevor* usw. schlage ich[13] vor, den Terminus *Konjunktional*satz durch *Konjunktional*gefüge zu ersetzen. Der sog. Konjunktionalsatz ist kein Satz, er enthält einen Satz.

Einigt man sich darüber, daß der Operator sättigungsbedürftig ist, das Operandum hingegen ein abgeschlossenes Ganzes darstellt, kann die Entstehung der Gefüge wie folgt zusammengefaßt werden:

Operator	Operand	Ergebnis
Präposition[14]	Nominalgruppe	Präpositionalgefüge
Konjunktor[15]	Satz	Konjunktionalgefüge

Die Erwägung, die vorhin dazu geführt hat, die Präposition *außer* nicht als Satzeinleiter anzuerkennen, ist hier nicht übertragbar: *außer* ist gegenüber der Syntax des regierten Satzes neutral, wohingegen die Konjunktoren solche Satzrelatoren sind, die einen Spannsatz einleiten.

[13] In Anlehnung an Fourquet (1970:62).

[14] Definierendes Merkmal: Kasus-bestimmend.

[15] Was mich abhält, auch den Koordinatoren die Potenz zur Gefügebildung zuzuerkennen, ist der Umstand, daß der Koordinator eine u.U. starke Interpunktion rechts neben sich duldet, was auf eine lockere Bindung mit dem eingeleiteten Satz hinweist.

Alle Kernsatzeinleiter sind Relatoren:[16] deshalb kann das Merkmal "+Relator" nicht dazu dienen, sie zu unterteilen. Anders bei den Spannsätzen. Spannsatzeinleiter als Nicht-Relatoren sind *daß, ob* und *wie* (nach Verben der Wahrnehmung), Adverbien und Pronomina (*w*-Wörter). Spannsatzeinleiter als Relatoren sind die Konjunktoren (auch *als* nach Steigerungsform), auch zusammengesetzte, in denen *daß, ob, wie* vorkommen und die Partikel *je* + Steigerungsform.

Stirnsatzeinleiter sind samt und sonders Relatoren: "Verb-Erst" als Zeichen für die Bedingung-Folge-Relation, "Verb-Erst...doch" für die argumentative Relation, *als* für die Vergleichsrelation (*als wäre es ein Stück von mir*): *als* hat in seinem Skopus das Ergebnis der Anwendung des Relators *Verb-Erst* auf das nicht geordnete Satzmaterial. Lohnt es sich, die gängige Dichotomie Subordinierung~Koordinierung aufzugeben? Ist das hier vorgeschlagene Modell nicht zu aufwendig? Ist das Nutzen-Kosten-Verhältnis noch vertretbar? Ich glaube schon, wenigstens für eine DaF-Grammatik für Fortgeschrittene. Man kann sich auf die Dauer doch nicht damit abfinden, daß es solche Sätze gibt, die weder unter den Begriff Koordination noch unter den Begriff Subordination fallen, und wiederum solche, die sowohl unter dem einen als auch unter dem anderen zu subsumieren sind.

Bibliographie

Bachmann, I. (1961), *Das dreißigste Jahr.* München.

Balzac, H. de (1985), *Glanz und Elend der Kurtisanen.* München.

Breitbach, J. (1980), *Das blaue Bidet.* Frankfurt/M.

Breitbach, J. (1986), *Bericht über Bruno.* Frankfurt/M.

Brod, M. (1968), *Prager Tagblatt. Roman einer Redaktion.* Frankfurt/M.

Cavanna, F. (1989), *Das Lied der Baba.* Frankfurt/M.

Chevallier, G. (1994), *Clochemerle.* Frankfurt/M.

Dürrenmatt, F. (1970), Die Physiker. In: Dürrenmatt, F. (1970), *Komödien II und Frühe Stücke.* Zürich.

Dürrenmatt, F. (1973), *Der Richter und sein Henker.* Reinbek.

Eich, G. (1973), *Hörspiele.* Frankfurt/M.

Ernaux, A. (1988), *Das bessere Leben.* Frankfurt/M.

Federmann, R. (o. J.), Die Akten, In: *Österreichische Erzähler aus 6 Jahrzehnten.* Berlin.

Fitzgerald, F. S. (1974): *Der große Gatsby.* Berlin.

Fourquet, J. (1970), Prolegomena zu einer deutschen Grammatik. Düsseldorf.

Goethe, J. W. v. (1953), Maximen und Reflexionen. In: *Werke.* Bd. II. Frankfurt/M.

Grant Duff, Sh. (1978), *Fünf Jahre vor dem Krieg.* Stuttgart.

Hesse, H. (1976), *Dieseits. Erzählungen.* Frankfurt/M.

Jehn, I. (1983), Papa hat nichts gegen Italiener. In: *Papa, Charly hat gesagt...* Bd. 1. Reinbek.

Kafka, F. (1973), *Der Prozeß.* Frankfurt/M.

Kaschnitz, M.-L. (1973), Das dicke Kind. In: Ulrich, W. (Hg) (1973), *Deutsche Kurzgeschichten.* Stuttgart: 16–38.

Kempowski, W. (1978), *Aus großer Zeit.* Hamburg.

Keun, I. (1980), *Nach Mitternacht.* Düsseldorf.

Kirchhoff, B. (1991), *Infanta.* Frankfurt/M.

Konsalik, H. G. (1985), *Der Träumer. Gesang der Rosen.. Sieg des Herzens.* Bergisch-Gladbach.

---

[16] Auch *kaum* i. S. v. *beinahe nicht.* Der Unterschied zwischen diesem *kaum* als Satzeinleiter und seiner Umschreibung besteht darin, daß der mit *kaum* eingeleitete Satz einen Vorgänger voraussetzt, den er überbietet und veranschaulicht.

Lange, H. (1967), Senftenberger Erzählungen: In: *Deutsches Theater der Gegenwart* II. Frankfurt/M.
Lange, H. (1990), *Die Wattwanderung*. Zürich.
Lorenz, K. (1983), *Er redete mit dem Vieh, den Vögeln und den Fischen*. München.
Mann, H. (1976), *Die Vollendung des Königs Henry IV*. Düsseldorf.
Mann, H. (1977), *Der Untertan*. München.
Müller, H. (1992), *Krieg ohne Schlachten. Leben in zwei Diktaturen*. Köln.
Pennac, D. (1990), *Wenn nette alte Damen schießen*. Reinbek.
Prou, S. (1990), *Die Freunde des Monsieur Paul*. München.
Rodrian, I. (1992), *Strandgrab*. Reinbek.
Sauzay, B. (1986), *Die rätselhaften Deutschen. Die Bundesrepublik von außen gesehen*. Stuttgart.
Schatten, V. (1991), *Dienstag war die Nacht zu kurz*. Frankfurt/M.
Staiger, E. (1975), *Grundbegriffe der Poetik*. München.
Ulrich, W. (Hg) (1973), *Deutsche Kurzgeschichten*. Stuttgart.
Valentin, K. (1981), *Gesammelte Werke. Band III. Szenen und Stücke 2*. München/Zürich.
Walser, M. (1963), *Eiche und Angora*. Frankfurt/M.
Wolf, C. (1978), *Kindheitsmuster*. Darmstadt.
Wolff, R (1962), *Keine Angst vorm Bauen*. München.
Zola, E. (1985), *Nana*. München.
Zweig, S. (1990), *Angst*. Stuttgart.
Zwerenz, G. (1977), *Die Westdeutschen: Erfahrungen, Beschreibungen, Analysen*. München.

Mechtild Gilzmer (Berlin)

Das Deutschland der dreißiger Jahre aus französischer Sicht

"(...) en allemand et en français, les mêmes mots ne recouvrent pas les mêmes réalités, n'expriment pas les mêmes idées." Zu diesem Schluß kommt 1933 der an der Toulouser Universität lehrende Germanist Jean Boyer bei der Lektüre des gerade in französischer Übersetzung erschienenen Buches des Frankreichkorrespondenten Friedrich Sieburg, mit dem für französische Leser provokativen Titel *Défense du nationalisme allemand.* Jean Boyer, der Buch und Autor der Leserschaft der Tageszeitung *La Dépêche* vorstellt, antizipiert mögliche Abwehrreaktionen beim Leser und erklärt deshalb beschwichtigend, daß die gleichen Wörter im Deutschen und Französischen nicht unbedingt das Gleiche bedeuten:

> Le livre de M. Sieburg manifeste de façon éclatante que ce que les Allemands appellent 'nationalisme' ne correspond pas du tout à ce que nous entendons par ce terme: ni ce qu'ils appellent 'militarisme', ni ce qu'ils appellent 'liberté', ni même ce qu'ils appellent 'peuple' ou 'nation'. Et il ne faut pas croire qu'il s'agisse là uniquement de querelles de mots.[1]

Wie wir wissen, sorgt die hier konstatierte unterschiedliche inhaltliche Füllung von Begriffen in den deutsch-französischen Beziehungen häufiger für Irritationen und Kommunikationsstörungen. Die deutsch-französische (Miß)-Verständigung, die immer wieder neue Nahrung findet, hat ihre Ursache zum einen sicherlich darin, daß die gleichen Wörter in beiden Kulturen aufgrund unterschiedlicher kultureller und geschichtlicher Prägungen und Erfahrungen etwas anderes bedeuten, sie liegt aber zu einem nicht unerheblichen Teil auch an der mangelnden oder oberflächlichen Berichterstattung über das andere Land. Diese Berichterstattung ist häufig von eben den Stereotypen und Klischees geprägt, die in einem Land in bezug auf das andere Land vorherrschen. Wahrgenommen wird nur, was dieses Bild bestätigt. Sachverhalte, die eine Korrektur des im kollektiven Unterbewußtsein verankerten Bildes vom anderen Land nach sich ziehen müßten, werden ausgeblendet oder einfach falsch interpretiert. So hält sich z. B. in der allgemeinen öffentlichen Meinung Frankreichs hartnäckig der Mythos eines finanziell starken, wirtschaftlich erfolgreichen Deutschland auch in Krisenzeiten. Daran ändert auch die oberflächliche Kenntnisnahme von Rekordarbeitslosigkeit und Massenentlassungen nichts. Daß die Wahrnehmung des anderen Landes und der anderen Kultur klischeehaft vonstatten geht und Resultat von Wunschvorstellungen bzw. Projektionen ist, gilt in umgekehrter Richtung z. B. für die Berichterstattung in Deutschland über die Wahlerfolge des Front National in Frankreich. Die hohe Zahl der Le Pen-Anhänger und die Tatsache, daß inzwischen in vier französischen Städten die Partei des Front National den Bürgermeister stellt, wird als Beleg für eine zunehmende rechtsradikale Tendenz in der französischen Bevölkerung herangezogen. Es finden sich jedoch selten ausführliche Reportagen, mit Hintergrundinformationen über die besonderen Ursachen für die derzeitigen Erfolge dieser Partei in bestimmten Bevölkerungsgruppen, sozialen Schichten und Regionen. Diese undifferenzierte Betrachtungsweise ermöglicht es, dem beliebten

[1] Jean Boyer: Querelles d'Allemands. *La Dépêche,* 14. März 1933.

Klischee vom nationalistischen Frankreich zu frönen und von eigenen Problemen abzulenken.

Ein anderer Mechanismus in der wechselseitigen Wahrnehmung besteht darin, daß das andere Land und dort beobachtete Ereignisse auf dem Hintergrund der eigenen Kultur wahrgenommen und interpretiert werden. Als Beispiel sei hier das Erstaunen eines Fernsehjournalisten herangezogen, der über die Streiks in Frankreich berichtet und einen Widerspruch darin zu erkennen glaubt, daß eine in der kommunistischen Gewerkschaft organisierte Arbeiterfamilie Weihnachten feiert. Seine Beobachtung ist einer in Deutschland verbreiteten Beurteilung des Kommunismus geschuldet und ignoriert das weniger ideologisierende, unverkrampftere Verhältnis der französischen Gesellschaft zu kommunistischen Ideen, das sich aus der Bedeutung der kommunistischen Partei in der politischen und kulturellen Geschichte Frankreichs ergibt.

Bei allen Bemühungen, das deutsch-französische Verhältnis zu fördern, scheint es doch manchmal, als sei noch sehr viel Aufklärungsarbeit vonnöten. Wie uns die Geschichte der deutsch-französischen Beziehungen zeigt, können solche Fehleinschätzungen bzw. die mangelnde Kenntnis des anderen Landes und seiner kulturellen Spezifika in Krisenzeiten fatale Auswirkungen haben.

Ein Blick auf die Forschungsergebnisse zur Deutschlandberichterstattung in den 30er Jahren, die uns in der Folge interessieren werden, zeigt z. B., daß die Lage in Deutschland, die reale politische Zielsetzung Hitlers und die Haltung der Bevölkerung falsch eingeschätzt wurden. Eine Untersuchung zum *Aufstieg des Nationalsozialismus im Spiegel der französischen Presse* kommt deshalb auch zu dem Ergebnis: "daß die französischen Beobachter, wie immer sie ideologisch und politisch engagiert waren, die spezifische Eigenart des deutschen Faschismus nicht voll erkannt haben." (Kimmel 1968:XI)

Dies ist umso erstaunlicher, als die Situation in Deutschland in der französischen Presse dieser Zeit einen breiten Raum einnimmt: "La grande presse d'information fait la place belle à l'Allemagne: les études statistiques démontrent que c'est le pays étranger sur lequel le public français est le plus informé." (Rémond 1981:14)

In einer Studie über die französische Linke und Hitlerdeutschland wird ebenfalls die Fülle und Vielzahl von Informationen betont, die sich dem Leser in der französischen Linkspresse dieser Zeit über Deutschland boten. Sicherlich war es teilweise unter den veränderten politischen Bedingungen schwieriger, Originalinformationen aus Deutschland einzuholen, doch:

> Es ist nur in den seltensten Fällen zu beobachten, dass Berichte auf ungenauen Informationen beruhten oder gar falsch waren. Im Gegenteil: die Berichterstatter der linken Presse bemühten sich offenbar besonders, auch Detailinformationen zu bearbeiten und damit zu verbreiten. (Taubert 1991:27)

Doch trotz dieser Tatsache ist dem Fazit von René Rémond zuzustimmen, der im Hinblick auf den Kenntnisstand der französischen Bevölkerung schreibt: "l'opinion française, prise dans sa généralité, n'a guère perçu la spécificité du phénomène national-socialiste." (Rémond 1981:14)

Dafür lassen sich ohne Zweifel verschiedene Gründe finden. Wie Fritz Taubert in seiner Analyse des Deutschlandbildes der französischen Linkspresse sehr anschaulich belegt, spielt der eigene politische Standort eine wichtige Rolle, denn darin liegen die "Determinanten, die zu den Vorstellungen führen, die sich die verschiedenen Fraktionen vom Deutschen Reich unter national-sozialistischer Führung machten." (Taubert 1991:321) Als ein Beispiel unter vielen sei an dieser Stelle die Bewertung des Widerstandspotentials in Deutschland und der entsprechenden Bedeutung der verschiedenen linken Gruppierungen genannt. Jede einzelne Gruppe des linken Spektrums reklamierte die Führung des deutschen Widerstands für die entsprechende "Schwesterpartei" im Untergrund. Daß die Berichterstattung mehr von Wunschprojektionen als von der Realität getragen wurde, belegt auch die Tatsache, daß in periodischen Abständen der Sieg des deutschen Widerstands über das faschistische Regime als unmittelbar bevorstehend beschrieben wurde. Jenseits dieser ideologisch bedingten Wahrnehmungstrübung spielten jedoch auch die eingangs erwähnten Klischeevorstellungen von Deutschland eine wesentliche Rolle und wirkten sich nachhaltig auf die Interpretation des Beobachteten aus. Eine große Rolle spielte dabei das bereits vorhandene Bilderrepertoire, d.h. die Vorstellungen von Deutschland, die sich im kollektiven Bewußtsein als feste Bestandteile eingeschrieben haben. Diese werden dann zur Erklärung der wahrgenommenen Phänomene herangezogen:

> L'opinion par un travail le plus souvent inconscient, cherche à rattacher les traits nouveaux à ceux que l'histoire lui a rendu familiers et s'emploie laborieusement à rendre compte de l'insolite par référence à l'habituel. Dans le cas de l'Allemagne entre 1936 et 1939, cette disposition a pour conséquence de réduire la spécificité du phénomène national-socialiste et de le ramener à des données que l'opinion française croit bien connaître et qu'elle tient pour constitutives d'un "éternel germanique" qui s'appelle tantôt le pangermanisme, tantôt le militarisme prussien ou encore le romantisme d'outre-Rhin. Ce processus d'assimiliation de Hitler à Bismarck ou Guillaume II comme cette propension à voir dans le IIIe Reich l'héritier naturel des régimes précédents ont eu une responsabilité majeure dans l'incompréhension de la situation. (Rémond 1981:4)

Das Bilder-Repertoire auf das hier Bezug genommen wird und das bei der Erklärung des Phänomens Nationalsozialismus aktualisiert wurde, sei an dieser Stelle noch einmal kurz in Erinnerung gerufen: Die Vorstellung von Deutschland bewegte sich seit Beginn des 19. Jahrhunderts zwischen den beiden Polen des von Mme de Staël in ihrem Reisebericht "De l'Allemagne" produzierten, idealisierenden, romantischen Deutschland, dem Land der Dichter und Denker auf der einen Seite und dem Bild des Barbaren auf der anderen Seite, der seit Tacitus die Phantasien über Deutschland prägte und in der Folge der kriegerischen Auseinandersetzungen von 1870/71 und der Gründung des Deutschen Reiches neue Nahrung erhielt. Seither findet sich häufig der Topos des janusköpfigen Deutschland, das sowohl die romantische als auch die barbarische Seite in sich vereinigt. Je nach ideologischem Standort und persönlicher Erfahrung schwankt das Deutschlandbild nach dem 1. Weltkrieg zwischen unversöhnlichem Haß gegenüber dem Erbfeind, aber auch Bewunderung von seiten der *Anciens Combattants* gegenüber dem mutigen und ebenbürtigen Gegner. Die französische Linke wiederum plädiert für Nachsicht und Verständnis, denn sie sieht Hitler als Ergebnis der Knebelung Deutschlands durch den Versailler Vertrag. Während der Nationalsozialismus von der Rechten als natürliches Produkt des barbarischen Volkscharakters der Deutschen angesehen wird, führt die Linke ökonomische und soziale Erklärungen für die Popularität des Regimes an.

Es stellt sich nun die Frage, ob und inwieweit die hier beschriebenen Vorstellungen durch die Möglichkeit des konkreten Austauschs und der Begegnung mit den deutschen

Emigranten, d.h. also denjenigen Deutschen, die aufgrund ihrer politischen Überzeugung oder aus Gründen ihrer Religionszugehörigkeit dem "barbarischen" Deutschland den Rücken kehren mußten, Modifikationen erfuhr.

In einer Untersuchung mit dem Titel "L'immigration allemande et l'opinion publique en France" geht Rita Thalmann der Frage nach, wie die französische Öffentlichkeit zwischen 1932 und 1939 auf die deutschen Emigranten reagierte. Zur Beantwortung ihrer Frage stützt sie sich auf Archivunterlagen der Ministerien und der Polizeipräfektur von Paris. Sie weist selbst auf die Lückenhaftigkeit dieses Unterfangens hin und auf die Notwendigkeit, eine solche Untersuchung, die sich hauptsächlich auf gesetzliche Maßnahmen und behördliche Anordnungen und Reaktionen beschränkt, durch die Erforschung der veröffentlichten Meinung zu ergänzen: "seule une étude détaillée de la presse française de ces années (...) permettrait de confirmer ou d'infirmer notre hypothèse." (Thalmann 1980:161) Andererseits stehen die behördlichen Anordnungen und Gesetzesinitiativen bzw. die gesetzliche verfügte Ausländerpolitik in einem engen, häufig unguten Wechselverhältnis, wenn Stammtischparolen und rechtsradikaler Zeitgeist als Wählerwille verstanden und in Politik umgesetzt wird. Die Reaktion auf die deutschen Emigranten ist deshalb sehr eng mit der innenpolitischen Situation Frankreichs in den 30er Jahren zu sehen, mit den ideologischen Auseinandersetzungen, politischen Rücksichtnahmen und Strategien der Parteien einerseits und den Auswirkungen der wirtschaftlichen Krise andererseits. Während die französische Linke die Emigranten zu unterstützen suchte, bildeten sie für die Rechte die Zielscheibe für antisemitische und fremdenfeindliche Attacken, die auf Dauer im Bewußtsein der Bevölkerung auf fruchtbaren Boden fiel: "on peut dire que la gauche française soutient les victimes du nazisme et organise la protestation contre les atteintes nazies aux droits de l'homme tandis que les milieux conservateurs expriment des réserves, voire de l'hostilité, à l'encontre des nouveaux arrivants, qui selon eux, aggravent les difficultés de l'économie française." (Thalmann 1980:156) Die französische Regierung und die politisch Verantwortlichen bleiben in ihrem Engagement vorsichtig, denn sie wollen die offiziellen deutsch-französischen Beziehungen nicht belasten. Abgesehen von einer sehr kurzen Phase im Frühjahr 1933, in der die Emigranten großzügig aufgenommen wurden, zeichnet sich bereits ab Juli 1933 eine restriktive Handhabung der Einreisemöglichkeiten ab. Im Oktober 1933 werden die Grenzen für diejenigen geschlossen, die angeblich nicht unmittelbar bedroht sind, und alle Aufnahmehilfen werden gestoppt. Die Situation verbessert sich für die deutschen Emigranten für kurze Zeit noch einmal unter der Volksfrontregierung, doch mit dessen Ende setzt sich endgültig eine repressive Ausländerpolitik durch. Um sich von den früheren Koalitionspartnern in der gemeinsamen Volksfront deutlich abzugrenzen und mit dem Ziel, sich für die bürgerliche und konservative Wählerschaft zu profilieren, entwickelt die Radikal-Sozialistische Regierungspartei unter Daladier eine ausländerfeindliche Gesetzgebung, die die Ausweisung und kurze Zeit darauf auch die Internierung von sogenannten "indésirables" [Unerwünschten] ermöglicht.[2] Diese Maßnahme und die sie begleitenden Pressekommentare verstärken die ausländerfeindlichen Tendenzen. Nach altbekanntem Muster werden sie – bewußt oder unbewußt – für die wirtschaftliche Krise und die immer deutlicher werdende Kriegsgefahr verantwortlich gemacht.

[2] Regierungsdekrete vom 2. Mai und 11. November 1938.

Im Hinblick auf die öffentliche Meinung und die Haltung der französischen Bevölkerung gegenüber den Emigranten kommt Rita Thalmann denn auch zu einem pessimistischen Fazit:

> En France, comme nous avons pu le constater, la bonne volonté d'un certain nombre d'organisations et de personnalités, ainsi qu'une brève période d'euphorie dans les débuts du Front Populaire, ne parviennent pas à dissiper un climat de méfiance, perceptible dès les premières mesures restrictives de la fin de 1933. Ce climat tend à se dégrader au cours de l'année 1938 (...) Devant les difficultés d'ordre économique, social, politique, l'opinion française prête une oreille plus complaisante aux thèses xénophobes et racistes qui lui désignent clairement les responsables de ses maux. (Thalmann 1981:70)

Die von Zurückhaltung bis Ablehnung reichende Haltung gegenüber den Emigranten verhindert also gerade deren Integration, die möglicherweise zu einem effektiveren Widerstand gegen den Nationalsozialismus hätte beitragen können. Doch es scheint, als sei man an den Kompetenzen und Erfahrungen der vor dem Hitler-Regime Geflohenen nur wenig interessiert.

> Ce n'est que très rarement, et encore de façon sporadique, que les émigrés allemands trouvèrent un accès immédiat à la presse française, et par ce biais, aux organes de la formation de l'opinion publique. Dans le temps, ces possibilités d'accès étaient limitées au tout début de l'émigration, lorsque son destin paraissait inhabituel et que ses formes d'expression revêtaient encore quelque chose de sensationnel. Mais aucun des grands journaux parisiens ne s'assura définitivement la collaboration d'un émigrant. (*Propos d'exile* 1983:27)

Eine einzige Zeitung in Frankreich bildete hierin die Ausnahme: die eingangs erwähnte, in Toulouse erscheinende Tageszeitung *La Dépêche,* in der ab 1933 regelmäßig monatlich Leitartikel von renommierten deutschen Emigranten erschienen. Diese Tatsache verdient aus verschiedenen Gründen unsere Aufmerksamkeit und soll hier näher betrachtet werden.

Die *Dépêche,* ein Produkt der III. Republik, wurde seit 1932 von Maurice Sarraut geleitet, dem Bruder Albert Sarrauts, der in den dreißiger Jahren mehrfach Minister und auch Ministerpräsident war und eine wichtige politische Rolle spielte. Die politische Einflußnahme der *Dépêche* als Sprachrohr der radikal-sozialistischen Partei war bedeutend; wobei die Zeitung finanziell vollkommen unabhängig blieb. Zu Beginn der dreißiger Jahre hatte sie immerhin eine Auflage von 350.000; ihre Qualität stand außer Zweifel: sie war eine der bedeutenden regionalen Tageszeitungen.

Bereits vier Tage nachdem Heinrich Mann Deutschland verlassen hatte, am 25. Februar 1933, erschien sein erster Kommentar zur Hitlerregierung in der *Dépêche* unter dem Titel "La Curée". Heinrich Mann hatte bereits vorher gelegentlich für die *Dépêche* geschrieben; ein erster Artikel datiert von 1927. Seine Bekanntschaft mit Maurice Sarraut war demnach bereits längeren Datums. Ab 1933 verbindet ihn mit der *Dépêche* eine vertragliche Vereinbarung für eine regelmäßige Mitarbeit. Der von Wolfgang Klein in seinem Aufsatz über *Heinrich Manns Pressebeiträge in Frankreich 1933–1939* geäußerten Ansicht, die fast ununterbrochene Reihe der von Februar 1933 bis August 1939 monatlich auf Seite 1 erschienenen mit jeweils 1000 Francs honorierten Kommentare zur Zeitgeschichte habe die Forschung "beschäftigt", kann so nicht zugestimmt werden. Insgesamt sind in den Jahren zwischen 1933 und 1939 78 Artikel von Heinrich

Mann erschienen. Eine differenzierte Analyse dieser und der insgesamt 81 Artikel von Georg Bernhard, dem früheren Herausgeber der *Vossischen Zeitung* und einigen Artikeln anderer deutscher Emigranten wie Alfred Kerr, Thomas Wolff, Theodor Lessing, Thomas Mann und Hermann Rauschning steht bisher jedoch noch aus. Daß zumindest eine Reihe dieser Artikel dem interessierten Publikum inzwischen zugänglich sind, ist dem Konservator des Mainzer Gutenberg-Museums Adolf Wild zu verdanken, der einige von ihnen aus Anlaß einer 1983 in Toulouse gezeigten Ausstellung zusammenstellte.[3]

Eine genaue Analyse der publizistischen Aktivitäten der Emigranten in der *Dépêche* hätte auf einige inhaltliche und rezeptionsgeschichtliche Fragen einzugehen, denn bisher ist dies nur oberflächlich oder gar nicht geschehen.[4] Der "Historiograph" der *Dépêche*, Henri Lerner, geht in seiner zweibändigen Studie auch auf die Deutschlandberichterstattung und die Mitarbeit der deutschen Intellektuellen in der Zeitung ab 1933 ein. Er kommt dabei allerdings zu einem sehr negativen Ergebnis: "Normalement destinés à réhausser la qualité de l'information que la *Dépêche* dispensait sur l'Allemagne hitlérienne, ces articles prestigieux, publiés à la cadence d'environ deux par mois de 1933 à 1939, offrent un remarquable exemple d'aveuglement intellectuel qui témoigne à quel point la lucidité, voire même le simple bon sens, ont pu faire défaut à des esprits aussi distingués." (Lerner 1978:871) Lerner hebt die Tatsache hervor, daß die deutschen Emigranten das Widerstandspotential in Deutschland überschätzt, die Stabilität des Systems dagegen unterschätzt hätten, und stellt dem die angebliche Klarsicht anderer, französischer Mitarbeiter der *Dépêche* gegenüber. Sieht man einmal von der unzulässigen Verallgemeinerung ab, mit der er die Gesamtheit der Artikel der deutschen Emigranten als Beispiel für Verblendung und Ignoranz gegenüber dem Naziregime verurteilt, so fällt des weiteren auf, daß seine Darstellung der Zeitung insgesamt wenig differenziert ist und ganz offensichtlich dazu dienen soll, der *Dépêche* ein Denkmal zu setzen. Dementsprechend oberflächlich und unkritisch fällt denn auch seine Untersuchung aus. Als Beispiel für eine gelungene, klarsichtige Analyse der deutschen Verhältnisse zitiert er Beiträge von Julien Benda u. a. Der französische Philosoph und Schriftsteller Julien Benda, Autor eines 1927 erschienenen kritischen Essays über die Rolle der Intellektuellen mit dem Titel *La trahison des clercs*, kritisiert darin den "Verrat" der Intellektuellen an universellen Werten und Ideen. Die "Vorbeter" von rechts und links pervertierten ihre eigentliche Aufgabe; die einen, indem sie nationalistische Ideen propagierten, die anderen, indem sie die Arbeiterklasse zum Götzen erheben. Nach Ansicht Bendas ist beiden Konzepten die Ablehnung universalistischen Denkens und die Reduktion auf egoistische Gruppeninteressen gemeinsam. Wie unschwer vorstellbar ist, lösten seine Thesen, die auch als eine Reaktion auf Charles Maurras' 1905 erschienene Studie *L'avenir de l'intelligence* zu lesen ist, unter den Zeitgenossen heftige Reaktionen aus.

In einigen Artikeln in der *Dépêche* entwickelt Julien Benda nun eine Theorie, derzufolge der Nationalsozialismus der logische Endpunkt einer historischen Entwicklung in Deutschland darstellt. Dabei greift er Forderungen französischer Intellektueller auf, die für einen Dialog mit Deutschland plädieren.[5] Dies lehnt Benda jedoch kategorisch ab, da der Nationalsozialismus in seinen Augen eine Kriegserklärung an die westliche Zivili-

---

[3] Propos d'exil. Articles publiés dans "la Dépêche" par les émigrés du IIIe Reich. Hg von La Dépêche du Midi (1983).

[4] Vgl. Dreher (1971).

[5] Julien Benda: La forêt vierge. *La Dépêche*, 23. Oktober 1933.

sation darstellt. Die in der nationalsozialistischen Ideologie zum Ausdruck kommende Absage an die Werte der abendländischen Kultur sind nach seiner Ansicht das Ergebnis einer durch permante "ideologische Kriegsführung" herbeigeführten nationalistischen Grundeinstellung der Deutschen: "elle est l'aboutissant de toute une tradition, la prise de conscience d'une volonté profonde et fort ancienne." Die geistigen Grundlagen hierfür sieht Benda in den Schriften nationalistischer "Vordenker" wie Leibniz, Lessing, Schlegel, Herder und vor allem Fichte mit seinen *Reden an die deutsche Nation*. Die Polarisierung zwischen der deutschen und der französischen Nation und die Ablehnung einer im mediterranen Raum beheimateten Kultur durch die Deutschen sei im 19. Jahrhundert durch ihren Sieg über die Franzosen und die deutsche Einheit noch verstärkt worden.

Dieser unzulässig verallgemeinernde Diskurs, in dem Deutschland und die Deutschen auf bestimmte geschichtliche Ereignisse, einzelne geistesgeschichtliche Traditionen oder Personen reduziert werden, die dann dazu dienen, das aktuelle Deutschland zu erklären, findet sich in zahlreichen anderen Artikeln dieser Zeit. Für den Chronisten der *Dépêche*, Henri Lerner, sind diese gerade die Belege für die gelungene Aufklärungspolitik der Zeitung: "elle s'efforce même de replacer l'hitlérisme dans le contexte de l'histoire culturelle allemande, à la faveur d'analyses du passé germanique qui atteignaient parfois une qualité intellectuelle excluant la facilité." (Lerner 1978:874)

Die Tatsache, daß der Nationalsozialismus von der deutschen Arbeiterschaft mitgetragen wird, erklären französische Beobachter z. B. mit deren unbeirrbaren Nationalismus: "ce nationalisme prolétarienne est un trait endémique de la nation allemande. (...) Le nationalisme-socialisme est, au fond, une sorte de constante historique de l'Allemagne."[6] Hitler wird als der natürliche Nachfolger und Erbe Preußens gesehen, der das Werk von Bismarck und Wilhelm II. weiterführt:

> Il serait puéril de nier que la révolution hitlérienne (...) s'alimente aux sources les plus authentiques de la tradition allemande. L'Allemagne hitlérienne est peut-être même plus la véritable Allemagne que celle de Guillaume II, dans la mesure où elle allie à l'esprit militaire de la race cette vieille fermentation romantique qui a joué lui aussi dans le passé national un rôle considérable.[7]

Die Deutschen erscheinen in ihrer Gesamtheit als militaristische Gehorsamkeitsfanatiker, denen die Fähigkeit zu demokratischem Denken und Handlen abgeht: "Enfin, il faut tenir compte avant tout du caractère moutonnier, grégaire 'apolitique' de la nation allemande. (...) Elle aspire instinctivement à un chef, et à une hiérarchie de chefs, à laquelle elle obéira avec discipline. Son idéal est de marcher en rang et au pas de l'oie."[8] Julien Benda geht so weit, die Passivität und das Obrigkeitsdenken der Deutschen als Ausdruck ihrer moralischen Minderwertigkeit zu deuten:

> Je crois qu'il existe chez les Allemands, quel que puisse être leur bon vouloir, une impuissance fondamentale à la liberté. Au risque d'être qualifié de raciste, je crois à des races moralement inférieures, même si elles produisent des Goethe et des Wagner.[9]

An dieser Stelle wird der Einfluß der nationalen Stereotype bei der Analyse und Beurteilung der Vorgänge im Nachbarland – auf die ich eingangs hingewiesen hatte – deut-

---

6 Psychologie d'une révolution. *La Dépêche*, 28. Dezember 1933.

7 Paul Bastid: Réflexions sur l'Allemagne hitlérienne. *La Dépêche*, 5. Mai 1933.

8 Pierre Mille: Sur l'Allemagne hitlérienne. *La Dépêche*, 16. April 1933.

9 Julien Benda: Obéissance allemande. *La Dépêche*, 14. April 1939.

lich geworden sein. Die Analyse der politischen Situation in Deutschland wird eben von diesen tiefverankerten Klischees bestimmt. Genau das aber verhindert fatalerweise eine realistische Wahrnehmung der Realität und damit auch eine adäquate Reaktion darauf.

Bleibt noch die Frage, wie sich die von Lerner beklagte Unterschätzung des Regimes in den Artikeln der Emigranten erklärt. Auf die Idee, daß die Darstellung der Emigranten einer bewußt oder unbewußt ausgeübten Selbstzensur geschuldet sein könnte, kommt Lerner nicht, obwohl dies doch durchaus nahelag. Wissen wir doch alle nur zu gut, wie unbeliebt die Verkünder schlechter Nachrichten sind:

> Personne n'aime ces gens qui courent à travers les rues en s'écriant: 'Soyez prêts, soyez prêts, le jour de la colère est proche' – et encore moins lorsqu'ils s'expriment avec un accent étranger (...) Pourquoi gâcher le petit déjeuner des Français par de tels articles dans le journal du matin? (*Propos d'exil* 1983:27f)

Dies ist sicherlich einer der Gründe, weshalb auch für Heinrich Mann die Möglichkeiten, im französischen Exil publizistisch Einfluß zu nehmen, sehr beschränkt blieben. Er selbst schreibt am 12. August 1939 rückblickend in einem Brief dazu: "Ich habe sechs Jahre lang französische Artikel geschrieben, ohne daß ich das eigentliche Problem, die deutsche Revolution berühren durfte." (Klein 1992:35) Zum Zwang, aus taktischen Gründen bestimmte Schreibstrategien zu verwenden, kam noch die von der *Dépêche* nahegelegte Zurückhaltung bei bestimmten Themen. Interessante Aufschlüsse gibt uns in diesem Zusammenhang ein Einblick in die aus dem Jahre 1933 teilweise erhaltene Korrespondenz zwischen M. Sarraut und H. Mann, aus der unter anderem auch hervorgeht, daß die Redaktion der *Dépêche* Zensur ausübte. Besonders erhellend ist die Reaktion Maurice Sarrauts auf Heinrich Manns Ankündigung, er werde in seinem nächsten Artikel die Frage der deutschen Emigranten behandeln. Sarraut hält dies zwar für eine wichtige Frage, doch er schränkt ein: "Mais il y a évidemment une situation générale dont il faut tenir compte et qui fait que, notamment, à raison de la crise qui sévit en France, il y a beaucoup de chômage ... C'est un point de vue dont il faut tenir compte pour être juste."(Klein 1992:39)

Ob sich Heinrich Mann bei der Abfassung seines Artikels von dieser Einschätzung hat beeinflussen lassen, ist nur schwer nachprüfbar. Da er auf die Zusammenarbeit mit der *Dépêche* angewiesen war (im 1. Jahr seines Exils war dies seine einzige Geldquelle), wird er darauf Rücksicht genommen haben. In dem veröffentlichten Artikel jedenfalls findet sich kein kritisches Wort zu Frankreichs Verhalten gegenüber den Emigranten. Da "Aspects de l'émigration" einer der ganz wenigen Artikel ist, der zuerst in der *Neuen Weltbühne* und erst einen Monat später in der *Dépêche* erschienen ist, vermutet Wolfgang Klein, daß die Redaktion der Toulouser Zeitung mit der ersten Fassung nicht einverstanden war, und er zieht folgendes Fazit: "Die Zurückhaltung des offiziellen Frankreich gegenüber entschiedenem Antifaschismus ist in den Beziehungen Manns zu der einzigen Zeitung, in der er regelmäßig schreiben konnte, immer wieder greifbar. Die Folge war, daß der französischen Öffentlichkeit – selbst wenn sie die *Dépêche* zur Kenntnis nahm – die Radikalität des Mannschen Antifaschismus nicht unverkürzt zur Kenntnis kam." (Klein 1992:40)

Bis Ende 1933 waren insgesamt rund 25.000 Flüchtlinge aus Deutschland nach Frankreich gekommen, eine vergleichsweise geringe Zahl, deren Ankunft nicht ernsthaft als Bedrohung für den französischen Arbeitsmarkt angesehen werden konnte. Wenn sich jedoch ein Mann wie M. Sarraut – der es eigentlich hätte besser wissen müssen – den von der Rechten in Umlauf gebrachten simplifizierenden Mythos von der Arbeitslosigkeit erzeugenden Emigrantenflut zu eigen macht, so spricht dies Bände, und es darf nicht verwundern, wenn dieser fremdenfeindliche Diskurs im Frankreich der 30er Jahre zum Allgemeinplatz wird. Es scheint auch, als sei niemand daran interessiert, die genaueren Hintergründe und Zusammenhänge der Emigration (Gründe, Ursachen, Folgen für die Betroffenen) aufzuzeigen. Eine Durchsicht aller zwischen 1933 und 1940 erschienenen Nummern der *Dépêche* ergibt, daß weder über die konkrete, materielle Situation der Emigranten, noch über mögliche Gründe für ihre Flucht berichtet wird. Einzelne herausragende Persönlichkeiten wie eben H. Mann dürfen zwar einmal im Monat über die nationalsozialistische Politik berichten, die konkreten Auswirkungen dieser Politik auf ihr Leben und damit verbunden ihre augenblickliche Lebenssituation und die der anderen Emigranten bleiben jedoch ausgeblendet. In den Jahren 1933–1938 kommen sie in der *Dépêche* nur noch einmal explizit vor. In einem Artikel mit dem Titel "L'opinion des émigrés" weist der regelmäßig für die *Dépêche* arbeitende italienische Emigrant und Schriftsteller G. Ferrero am 21. Juli 1935 auf die besondere Bedeutung der Emigranten als authentische Quelle für die Verhältnisse des Landes hin, das sie verlassen mußten. Gleichzeitig diagnostiziert er allerdings auch sehr klarsichtig die Abwehr des Gastlandes gegenüber diesen Augenzeugenberichten:

> C'est une opinion courante que les émigrés d'un pays qui s'est lancé dans l'aventure révolutionnaire d'un gouvernement d'usurpation et de mystification ne comprennent rien à leur pays dès qu'ils l'ont quitté. Mais cette opinion est à mon avis complètement fausse. Ce sont, au contraire, les pays à gouvernement légitime qui ne comprennent rien à ce qui se passe dans les pays révolutionnaires. Par paresse et par égoïsme, ils les imaginent plus ou moins sur le même modèle d'eux-mêmes.[10]

Da die *Dépêche* regelmäßig Emigranten zu Wort kommen läßt, kann diese Auffassung als Bestätigung der eigenen Strategie gelesen werden. Doch auch in diesem Artikel bleibt die prekäre Situation der Emigranten selbst unerwähnt.

Im Juli 1938 erscheint aus Anlaß der Konferenz von Evian, auf der die Flüchtlingsproblematik behandelt wird, ein Leitartikel mit der Überschrift "Les réfugiés politiques". Statt jedoch auf die Betroffenen und ihre Situation einzugehen, entwirft der Autor ein Horror-Szenario, demzufolge bestimmte Staaten sich im Falle einer liberalen Handhabung der Flüchtlingsproblematik seitens der Aufnahmeländer eines "minderwertigen" Teils ihrer Bevölkerung entledigen könnten:

> Ne serait-il pas possible à certains pays, sous des prétextes politiques, de se débarasser de la partie la moins désirable de leur population, d'individus tarés, de malades, voire même de criminels ou de fous, pour les mettre à la charge de voisins qui se seraient déclarés d'avance prêts à les accepter?[11]

Durch diese – begrifflich der nationalsozialistischen Propanda vom Untermenschen nahestehende – Argumentation wird beim Leser – gewollt oder ungewollt – eine Gleichsetzung von Asylanten mit Kriminellen und Verrückten suggeriert und der Begriff negativ besetzt. Statt die realen Probleme anzusprechen und über mögliche Lösungen für das Problem nachzudenken, wird auf einer völlig irrationalen Ebene argumen-

[10] Ferrero Guglielmo: L'opinion des émigrés. *La Dépêche*, 21. Juli 1935.
[11] Emile Borel: Les réfugiés politiques. *La Dépêche*, 7. Juli 1938.

tiert, die Gefahr eines möglichen Mißbrauchs durch eine liberale Regelung an die Wand gemalt und damit die Stimmung in der Bevölkerung aufgeheizt. Gleichzeitig wird damit die bereits erwähnte, im Verlauf des Jahres 1938 in Kraft tretende repressive Ausländergesetzgebung indirekt legitimiert. Der gleichen Geisteshaltung entspringt ein Artikel vom 12. September 1938, in dem der Schriftsteller J.-H. Rosny, Mitglied der *Académie Goncourt,* unter dem provokativen Titel "L'Unité de la France est-elle menacée?" die Überfremdung Frankreichs durch die zahlreichen Emigranten beklagt: "Le courant d'emigration est devenu inquiétant. Un peu partout on voit se former sur notre territoire des groupements d'étrangers."[12] Der metaphorische Sprachgebrauch bei der Charakterisierung der Emigranten als "courant d'émigration", "flot toujours croissant des immigrés" oder "la marée espagnole" ruft beim Leser die Assoziation eines gewaltsamen Naturereignisses wach, dem er hilflos ausgeliefert ist. So ist denn auch dieser Beitrag vor allem durch den Appell an primitive Instinkte gekennzeichnet und trägt nicht zur sachlichen Auseinandersetzung über das Thema bei. Durch das Ende des spanischen Bürgerkriegs und die dadurch entstehende dramatische Flüchtlingsproblematik rückt das Thema erneut in die Schlagzeilen. Dies nimmt der Chef der CGT, Léon Jouhaux, zum Anlaß, die fremdenfeindlichen Ausfälle der französischen Presse zu kritisieren. In einer für die *Dépêche* ungewöhnlichen Deutlichkeit beklagt er, daß die Presse die Flüchtlingsproblematik für fremdenfeindliche Kampagnen nutzt, und dies nicht nur im Fall der Spanienflüchtlinge:

> Prenons d'ailleurs garde que cette campagne ne vise pas les seuls réfugiés espagnols: les journaux qui s'y livrent sont les mêmes pour qui la xenophobie est devenue une règle depuis que les bouleversements politiques chassent de leur pays natal des masses d'individus menacés dans leur liberté et dans leur vie, et d'ailleurs privés de moyens d'existence. C'est encore par là que s'exprime la complaisance pour le fascisme.[13]

Dies ist der einzige Artikel für den von mir untersuchten Zeitraum, in dem die Emigranten als in ihrem Heimatland Verfolgte und Bedrohte erscheinen. Was jedoch auch dieser Artikel nicht erwähnt, ist die Tatsache, daß es seit dem 21. Januar 1939 ein offizielles Internierungslager in Frankreich gibt, in das sogenannte "indésirables" eingewiesen werden können. Die ab Anfang Januar 1939 einsetzende Internierungspolitik, die eindeutig repressiven und antikommunistischen Charakter trug, ist für die französische radikal-sozialistisch orientierte Presse kein Thema, insofern als doch gerade ihre Partei für diese Politik verantwortlich ist. Daß von diesem Maßnahmen und der damit einhergehenden ausländerfeindlichen Hetze auch die zu diesem Zeitpunkt noch in der *Dépêche* publizierenden prominenten deutschen Emigranten betroffen sein könnten, wurde dabei wohl als harte, aber unvermeidliche Konsequenz in Kauf genommen. Im September 1939 beendet Heinrich Mann seine Mitarbeit bei der *Dépêche.* In seinen Erinnerungen *Ein Zeitalter wird besichtigt* erscheint Maurice Sarraut dabei als Edelmann: "Als ich, nach der Kriegserklärung, meine Verbindung mit der Zeitung löste, entschuldigte er sich, weil er mich gehen ließ." (Mann 1988:447) Inwieweit diese positive Darstellung der Realität entspricht oder dem Phänomen geschuldet ist, daß die Vergangenheit im Rückblick gerne idealisiert wird, kann hier nicht geklärt werden.

---

[12] J.-H. Rosny aîné: L'Unité de la France est-elle menacée? *La Dépêche,* 12. September 1938.

[13] Léon Jouhaux: Devoir d'hospitalité et Droit d'asile. *La Dépêche,* 9. März 1939.

Festzuhalten bleibt aber, daß die hier angedeutete enge Beziehung zu einzelnen Emigranten nicht verhindert, daß kurze Zeit später ein Artikel in der *Dépêche* erscheint, in dem die Deutschen (ob Opfer oder Täter) grundsätzlich, ohne Unterscheidung, als Feinde und Spione angesehen werden:

> Ce n'est pas seulement à Amsterdam, La Haye ou Rotterdam, mais dans mainte ville de moindre importance, qu'on trouvait des Allemands installés depuis dix ans, vingt ans ou davantage; ils vivaient là et prospéraient, tenaient boutique, débitaient des produits *made in Germany*, sous étiquette anglaise, géraient une succursale de banque, gagnaient des florins, serraient des mains, buvaient des bocks, prenaient des notes et les envoyaient à Berlin, bons espions sous un masque de bons vivants.[14]

Und damit wäre also zumindest vorläufig die Frage, inwieweit die Präsenz der deutschen Emigranten in Frankreich und speziell ihr Engagement in der *Dépêche* zur Differenzierung des Diskurses über Deutschland hat beitragen können, zu verneinen. Daß dies nicht gelang, liegt zu einem großen Teil daran, daß deren Artikel losgelöst vom restlichen Diskussions- und Argumentationszusammenhang der Zeitung standen und dort auch nicht auf sie eingegangen wurde. Die überwiegend völkerpsychologisch argumentierende, auf tiefsitzende Vorurteile und nationale Stereotypen zurückgreifende Darstellung und Analyse Deutschlands in der *Dépêche* und in anderen Presseorganen hat schließlich verhindert, daß ein anderes, durch die Emigranten verkörpertes Deutschland hätte wahrgenommen werden können.

Bibliographie

Benda, J. (1927), *La trahison des clercs*. Paris.

Dépêche du Midi (Hg) (1983), *Propos d'exil. Articles publiés dans 'La Dépêche' par les émigrés du IIIe Reich*. Toulouse.

Dreher, E. (1971), Les éditoriaux de Heinrich Mann dans la Dépêche de Toulouse (1933–1939). *Etudes Germaniques* 26: 349–351.

Kimmel, A. (1968), *Der Aufstieg des Nationalsozialismus im Spiegel der französischen Presse 1930–1933*. Bonn.

Klein, W. (1992), Heinrich Manns Pressebeiträge in Frankreich 1933–1939. In: Roussel, E./Winkler, L. (Hg) (1992), *Deutsche Exilpresse und Frankreich 1933–1940*. Bern etc.: 35–45.

Lerner, H. (1978), *La Dépêche. Journal de la Démocratie. Contribution à l'Histoire du Radicalisme en France sous la Troisième République*. Toulouse.

Mann, H. (1988), *Ein Zeitalter wird besichtigt. Erinnerungen*. Reinbek.

Maurras, Ch. (1905), *L'avenir de l'intelligence*. Paris.

Rémond, R. (1981), L'image de l'Allemagne dans l'opinion publique française de mars 1936 à septembre 1939. In: Hildebrand, K./Werner, K. F. (Hg) (1981), *Deutschland und Frankreich 1936–1939*. München: 3–16.

Taubert, F. (1991), *Französische Linke und Hitlerdeutschland. Deutschlandbilder und Strategieentwürfe (1933–1939)*. Bern etc.

Thalmann, R. (1980), L'immigration allemande et l'opinion publique en France de 1933 à 1936. In: *La France et l'Allemagne 1932–1936. Communications présentées au Colloque franco-allemand tenu à Paris 1977*. Paris: 149–172.

[14] Edmond Haraucourt: La cinquième colonne. *La Dépêche*, 19. Mai 1940.

Thalmann, R. (1981), L'émigration allemande et l'opinion française de 1936 à 1939. In: Hildebrand, K./Werner, K. F. (Hg) (1981), *Deutschland und Frankreich 1936–1939*. München: 48–70.

Theo Harden (Dublin)

Verpflichtung und Wissen
Unvollständige Überlegungen zur Funktion einiger Modalverben

Die Tatsache, daß deutsche Modalverben sowohl deontische (von griechisch *deon*, 'was verpflichtend, notwendig ist') als auch epistemische (von griechisch *episteme*, 'Wissen, Erkenntnis(fähigkeit)') Modalität[1] ausdrücken können, führt, vor allem in einschlägigen Handbüchern und Grammatiken, häufig zu terminologischer Konfusion[2] und leider – möglicherweise im Gefolge derselben – zu relativ uneinheitlichen Analysen dieser beiden Ausdrucksvarianten. In diesem Beitrag werden die Termini deontisch bzw. epistemisch (im folgenden auch DM und EM) benutzt, da sie erstens den Sachverhalt angemessener beschreiben als z. B. *subjektiv* und *objektiv* und zweitens, da sich in der einschlägigen Forschung diese Terminologie durchzusetzen scheint.

Generell wird die deontische Lesart als die zugrunde liegende angesehen, eine Ansicht, die historisch durchaus hinreichend motiviert, aber nicht unbedingt am aktuellen Gebrauch orientiert ist. Die Entscheidung, welcher der jeweiligen Interpretation – Pflicht oder Grad bzw. Sicherheit des Wissens – der Vorzug zu geben ist, wird meist von ko- und kontextuellen Faktoren abhängig gemacht. Obwohl dies im Sinne einer pragmatischen Analyse durchaus richtig ist (im normalen, alltäglichen Sprachgebrauch gibt es hinsichtlich der jeweils angemessenen Lesart selten Probleme), beantwortet der Verweis auf situative und kontextuelle Faktoren keineswegs die Frage, warum bestimmte syntaktische Kombinationen jeweils einer der beiden Möglichkeiten einen deutlichen Vorzug geben, ja zum Teil die Lesart derart eindeutig vorschreiben, daß die jeweils andere oft nur unter größten Mühen und unter Mißachtung sprachökologischer Gesichtspunkte konstruierbar ist und daß sie z. T. eine Lesart völlig ausschließen. In diesem Beitrag soll der Versuch unternommen werden, einige der Faktoren, die die Interpretation jeweils in eine bestimmte Richtung lenken, zu beschreiben und ansatzweise zu analysieren.

Bei den Untersuchungen zum Problem der Desambiguierung liegt das Augenmerk häufig auf dem eingebetteten Verb, das als Ergänzung von den MV gefordert wird, genauer, auf dessen Aspekt oder Aktionsart. Abraham (1995) hat in diesem Rahmen die relativ weitreichende These aufgestellt, daß Verben mit dem Merkmal *+terminativ* (z. B. einschlafen, umfallen etc.) im Präsens keine EM zulassen, daß also Sätze wie *Er muß/soll einschlafen* ausschließlich deontisch interpretiert werden können.[3] Gestützt wird diese Position durch die Tatsache, daß in den Fällen, in denen das Modalverb im Perfekt steht, also *hat ... müssen/sollen* vergleichbare Restriktionen vorliegen (vgl. Abraham 1995), das heißt, daß auch in diesen Fällen EM ausgeschlossen ist, wie z. B. bei *Er hat laufen müssen/sollen.*

---

1 Zu diesen Termini vgl. vor allem von Wright (1951), auch Harden (1983) und Harden (1989).

2 Vgl. zur terminologischen Vielfalt auch Weydt/Hentschel (1990).

3 Auch wenn zugestanden werden muß, daß EM forciert wirkt, ist für meine eigene muttersprachliche Intutition diese Ausschließlichkeit eine zu weit gehende Behauptung, zumal wenn *sollen* benutzt wird.

> Or, in other words, terminativity on the embedded main verb displays the same distribution as MV under temporal periphrasis. This also proves the close affinity between lexically inherent aktionsart and temporal periphrasis in German. (Abraham 1995:6)

Das Merkmal +*terminativ* würde also dementsprechend eine Lesart nicht nur nahelegen, sondern vorgeben.

Diese Beobachtungen sind zwar einerseits kaum von der Hand zu weisen, es scheint aber, daß bei einer Analyse, die neben der Aktionsart des eingebetteten Verbs auch noch Faktoren wie die Struktur des Komplements und die Person des Subjekts in Betracht ziehen, andere Aspekte bei der Desambiguierung in den Vordergrund treten.[4] Ich werde die Überlegungen aus naheliegenden Gründen auf den Indikativ von *müssen* und *sollen* beschränken.[5]

Betrachtet man die folgenden Beispielsätze, die den trockenen Charme aller Beispielsätze haben, so wird deutlich, wie stark die Art der Ergänzung bereits die Wahl der Lesart bestimmt.

(1a)	Er muß/soll	einschlafen	DM
(1b)		laufen	DM/EM
(1c)		krank sein	EM/DM
(1d)		Arzt sein	EM/DM

Während bei (1a) EM kaum akzeptabel ist, bei (1b) dagegen sehr wohl, ist DM bei (1c) und 1d) nur mit Mühe vorstellbar. Etwas einfacher wird es, wenn man *Arzt* durch *König* und *krank* durch *vorsichtig* ersetzt. Aber selbst in diesen Fällen wäre wohl EM immer die naheliegendere Modalität und DM stark konstruiert. Dazu kommt, daß sich *sollen* und *müssen* keineswegs gleichförmig verhalten, ein Umstand, auf den weiter unten noch eingegangen wird.[6]

Festzuhalten bleibt, daß Desambiguierung zwar durch Aspekt und Aktionsart erleichtert wird, daß jedoch die Struktur des Komplements eine nicht zu unterschätzende Wirkung hat. Dabei soll durchaus zugestanden werden, daß Aspekt und Aktionsart hier von Bedeutung sind, daß jedoch auch semantische Kriterien eine Rolle spielen, kurz, daß man kaum von binären, sehr wohl aber von skalierten Lesarten sprechen kann.

Im Rahmen seiner Untersuchung kommt Abraham unter anderem zu dem Ergebnis, daß DM ausgeschlossen ist, wenn das eingebettete Verb im Perfekt steht, d.h. daß wir ein inverses Verhältnis zwischen Modalverb-Perfekt und dem Perfekt des eingebetteten Verbs vorliegen haben. (vgl. Abraham 1995:5f) Dies trifft jedoch nur bedingt zu, wie die folgenden Beispiele zeigen:

2a)	Er muß/soll	eingeschlafen sein	EM/DM
2b)		gelaufen sein	EM/DM

---

4 In den einschlägigen Arbeiten wird fast ausschließlich die Kombination 'Modalverb+Inf. eine Vollverbs' untersucht. Die Ergebnisse lassen sich jedoch nicht ohne Probleme auf Kombinationen wie 'Modalverb +Nomen/Adjektiv + Inf. sein' übertragen.

5 Auch Posteriorität (also das Futur) wird nicht berücksichtig, da hier nur eine Lesart, nämlich die deontische, möglich ist.

6 Abraham (1995:4) scheint diese Tatsache zu berücksichtigen. In seinem Beispielsatz 3a ist *sollen* nicht mit aufgeführt. *Sie soll Ärztin werden* wäre ja aber durchaus epistemisch zu interpretieren, wie m. E. auch *Sie muß Ärztin werden.*

besser – und generell: Sie soll Ä. werden wollen/müss…

2c)		Arzt gewesen sein	EM/DM
2d)		krank gewesen sein	EM/DM

Bei 2a) und 2b) läßt sich ohne große Mühe DM interpretieren z. B. *...bevor wir ausgehen können und ... bevor man Öl einfüllen kann.* Dies gilt nicht für 2c) und 2d), hier ist in der Tat eine deontische Lesart sehr weit hergeholt. (*... bevor er Psychiater werden kann... bevor er die Rente beantragen kann*)

Eindeutig ist, daß im Gegensatz zum Präsens, in allen Fällen EM die naheliegendere Lesart ist, jedoch nicht, wie Abraham (1995:6f) nachzuweisen versucht, aufgrund der unterschiedlichen *operator relations*, die einzige.

Weiter oben ist bereits die Person des Subjekts als Desambiguierungsfaktor erwähnt worden. Auch hier eine bemerkenswerte Vereinfachung in vielen Untersuchungen, die sich in den Beispielsätzen vorwiegend der 3. Person bedienen. Aus naheliegenden Gründen ist aber ganz besonders die Person des Subjekts an der Desambiguierung beteiligt. Betrachten wir die bereits vertrauten Sätze in der 1. und 2. Person und mit indefinitem *man*, dann erhalten wir das folgende Bild:

3a)	Ich muß/soll	einschlafen	DM
3b)		laufen	DM
3c)		Arzt sein	DM
3d)		krank sein	DM

In allen Fällen ist eine epistemische Lesart weitestgehend ausgeschlossen, wenn man nicht Amnesie oder Wahrnehmungsstörungen des Sprechers unterstellt.

4a)	Ich muß/soll	eingeschlafen sein	EM/DM
4b)		gelaufen sein	EM/DM
4c)		Arzt gewesen sein	EM/DM
4d)		krank gewesen sein	EM/DM

Beim Perfekt der verbalen Ergänzung wirken im Prinzip beide Modalitäten etwas forciert, allerdings bewegen sie sich immer noch im Rahmen des Akzeptablen, zumal im fiktionalen Raum sind Äußerungen des obigen Typs vorstellbar. (*Ich weiß nicht mehr, wie ich nach Hause gekommen bin. Ich muß gelaufen sein.*)

Deutlich wird, daß die Desambiguierung bei einem Subjekt in der 1. Person wenig mit dem Charakter der Ergänzung zu tun hat, sondern vielmehr von der Quelle und dem Ziel der Obligation bzw. des Wissens bestimmt wird. Dazu weiter unten mehr. Bei der 2. Person ist das Bild oberflächlich betrachtet identisch mit dem der 3. Person

5a)	Du mußt/sollst	einschlafen	DM
5b)		laufen	DM/EM
5c)		krank sein	EM/DM
5d)		Arzt sein	EM/DM

5a) kann nur deontisch interpretiert werden, 5b), 5c) und 5d) lassen aber beide Lesarten zu. Im Vergleich mit der 3. Person liegt eine deontische Lesart hier deutlich näher, da die direkte Ansprache – und damit auch eher die Möglichkeit, eine 'Obligation' zu thematisieren – gegeben ist: *Du mußt Arzt sein, um die Gesundheit zu schätzen* und auch *Du mußt krank sein, um ein guter Dichter zu sein.*

Klarer wird dies noch im Perfekt, wo beide Modalitäten zwar nicht gleichermaßen naheliegen, sich aber deutlicher als im Präsens anbieten.

6a)	Du mußt/sollst	eingeschlafen sein	EM/DM
6b)		gelaufen sein	EM/DM
6c)		krank gewesen sein	EM/DM
6d)		Arzt gewesen sein	EM/DM

Ist indefinites *man* das Subjekt, liegt epistemische Modalität als Möglichkeit nur dann vor, wenn das eingebettete Verb transitiv ist und im Perfekt bzw. Plusquamperfekt steht, in den Beispielsätzen also nicht.[7]

7a)	Man muß/soll	einschlafen	DM
7b)		laufen	DM
7c)		krank sein	DM
7d)		Arzt sein	DM

Für 7a) – 7d) gilt verstärkt das, was bereits für 6a) – 6d) beobachtet worden ist: die Möglichkeit der direkten Ansprache des Partners, *man* also in der kommunikativen Rolle der 2. Person, läßt eine DM weniger gezwungen erscheinen, als z. B. bei der 3. Person.
Dies hat auch Auswirkungen auf das Perfekt:

8a)	Man muß/soll	eingeschlafen sein	DM
8b)		gelaufen sein	DM
8c)		krank gewesen sein	DM
8d)		Arzt gewesen sein	DM

EM kann, wie bereits angesprochen, nur in Beispielen wie *Man muß/soll das Problem gelöst haben* angenommen werden.

Zusammenfassend läßt sich sagen, daß die Person des Subjekts einen sehr starken Einfluß auf die Wahl der Lesart hat, der bis zum Auschluß einer der potentiell möglichen gehen kann. Da hier nun der Einfluß der Ergänzung weniger ins Gewicht fällt, scheint es sinnvoll, die Gründe dafür in den bereits kurz erwähnten Faktoren Quelle der *Obligation/des Wissens und Ziel der Obligation/des Wissens* zu suchen.

Die Begriffe *Quelle der Obligation* und *Ziel der Obligation* werden von Eisenberg (1986:102f) in Anlehnung an Brünner/Redder (1983) und Calbert (1975) benutzt, um bestimmte Unterschiede im Verhalten von Modalverben wie *wollen/mögen* einerseits und *müssen/sollen* andererseits zu erklären. Bei *wollen/mögen* liegt die *Quelle der Obligation* im Handelnden selbst, bei *müssen/sollen* befindet sie sich außerhalb. *Quelle des Wissens* und *Ziel des Wissens* können analog dazu gebildet werden, um die Art der Information und das Objekt oder die Person, auf die sich diese Information oder das Wissen bezieht.

Normalerweise wird bei der Untersuchung von *sollen* und *müssen* hinsichtlich des Charakters der *Quelle der Verpflichtung* nicht weiter differenziert (vgl. Eisenberg 1986:102). Bei der Lokalisierung der *Quelle der Verpflichtung* muß man aber in Betracht ziehen, daß sie im Falle von *sollen* benennbar ist, d.h., daß eine Person oder eine

[7] Es scheint überdies so zu sein, daß das direkte Objekt auch realisiert sein muß.

personifizierbare Instituion hinter dem Gebot bzw. Verbot steht.[8] Selbst wenn im alltäglichen Gebrauch nicht immer klar ist, wer sich hinter einer mit *sollen* formulierten Vorschrift verbirgt, ist es grundsätzlich möglich zu fragen: *Wer hat das gesagt?*

Deutlich wird dies an Beispielen wie *Du sollst noch tanken* und *Du mußt noch tanken.* Im ersten Fall steht der Wunsch einer Person im Vordergrund, der prinzipiell unabhängig von der Benzinmenge im Tank ist. Im zweiten Beispielsatz kann davon keine Rede sein. Wird nicht getankt, bleibt der Wagen stehen. Womit bereits der grundlegende Unterschied bezüglich der Quelle der Obligation bei müssen und sollen illustriert ist. Müssen bezeichnet eine Verpflichtung, die – prinzipiell – jenseits eines identifizierbaren Willens angesiedelt sind, die sich quasi aus naturgesetzlichen oder logischen Gegebenheiten ableitet. Mit einer Aufforderung wie *Du mußt noch deine Hausaufgaben machen* deuten Eltern an, daß es nicht so sehr ihr Wunsch ist, sondern daß es sich vielmehr um eine Unabänderlichkeit handelt, die von anonymen Instanzen (wie z. B. dem Leben selbst) vorgegeben ist.

Für die epistemische Modalität läßt sich eine Parallele problemlos ziehen. Die Quelle des Wissens ist bei *sollen* immer personalisierbar, potentiell jedenfalls, während bei *müssen* eher allgemeine logische Schlußregeln als Grundlage angenommen werden können. Bei *Er soll reich sein.* wird Bezug genommen auf jemanden, der sich in dieser Richtung geäußert hat. Selbst wenn es um die opinio communis handelt und keine Einzelperson mehr verantwortlich gemacht werden kann, so steht doch im Hintergrund eine Äußerung und nicht wie bei *Er muß reich sein* eine Schlußfolgerung, die sich aufgrund von Indizien (großes Haus etc.) aufdrängt.

Palmer (1986:51) unterscheidet zwischen den folgenden Möglichkeiten, eine Aussage zu modalisieren: man kann sie als Spekulation, als Schlußfolgerung, als Hörensagen oder als Wahrnehmung, basierend auf nicht völlig zuverlässigen Sinneseindrücken, präsentieren. Dementsprechend schlägt er die Termini spekulativ, deduktiv und quotativ (Palmer 1986:52) für die verschiedenen Arten der epistemischen Modaliät vor. Es ist klar, daß diese drei Typen zu grundsätzlich unterschiedlichen Systemen der epistemischen Modaliät gehören. Meinungen und Schlußfolgerungen setzen Urteile voraus, Berichte und Hörensagen erfordern nach Palmer Evidenzen, die die Position des Sprechers rechtfertigen. (Y hat x gesagt) Bei der epistemischen Modalität liegen also – in der Terminologie Palmers – entweder *judgements* oder *evidentials* vor. (vgl. Palmer 1986:52f). *Judgements* wären dementsprechend *müssen* zuzuordnen, *evidentials sollen.*

Wie bereits andeutungsweise gezeigt wurde, hat diese Unterscheidung in Verbindung mit der Person des Subjekts Konsequenzen für die Desambiguierung. Sie bietet außerdem ansatzweise eine Erklärung für die Tatsache, daß unabhängig vom Charakter der Ergänzung bestimmte Lesarten zugelassen sind und andere nicht, bzw. daß manche sich eher anbieten als andere.

Bei der 3. Person – mit Ausnahme von *man* – ist die Differenzierung zwischen *judgements* und *evidentials* hinsichtlich der Desambiguierung von relativ geringer Bedeutung. Es ist die besprochene Person, und von daher ergibt sich hier, daß es recht

---

[8] Mit sollen werden, obwohl dies in der Praxis relativ irrelevant ist (das Gebot etwas zu unterlassen ist für den, den es betrifft, kaum vom Verbot etwas zu tun, zu unterscheiden), eher Gebote als Verbote formuliert. Die 10 Gebote sind dementsprechend in ihrer Konsequenz überwiegend Verbote (zu töten, des Nächsten Weib zu begehren), jedoch als Gebote formuliert. Zudem steht hinter ihnen nicht ein ethischer und moralischer Konsens, sondern - zumindest in der Zeit ihres Entstehens - ein überaus präsenter Gott, der sich immer wieder in die Angelegenheiten seines Volkes persönlich einmischte.

unerheblich ist, wo die *Quelle der Obligation/des Wissens* liegt. Hier scheinen auch in der Tat aspektuelle Merkmale der Ergänzung eine entscheidende Rolle bei der Wahl der Lesart zu spielen.

Bei der 1. Person ist jedoch eine Desambiguierung bereits durch die Person des Subjekts vorgenommen. Weder *evidentials* noch *judgements* können sinnvoll angenommen werden, wenn der Sprecher sich zu seiner eigenen Person äußert. Bis auf die bereits angeführten – sehr konstruierten – Fälle, in denen man eine Amnesie des Sprechers annimmt, kann EM eigentlich nur noch dort interpretiert werden, wo er sich direkt auf eine Unterstellung bezieht nach dem Muster: *Du sollst krank sein, hab' ich gehört. Wie bitte? Ich soll krank sein? (Wer setzt denn solchen Unsinn in Umlauf?*) *Evidentials* sind logisch nicht vertretbar, da das Hörensagen über die eigene Person allenfalls in Beispielen wie dem obigen thematisiert werden kann und dann sofort mit der Authorität des Sprecherwissens über sich selbst konfrontiert wird. Dies gilt auch für die seltenen Fälle, wo man der außerhalb liegenden *Quelle des Wissens* einen potentiell größeren Wahrheitsanspruch einräumen muß als dem eigenen Informationsstand. Wenn der Arzt sagt, daß man krank sei, man sich aber sehr wohl fühlt, wird man kaum *Ich soll krank sein* verwenden, um die Diskrepanz zwischen dem, was der Arzt 'weiß', und dem, was man selbst 'weiß', zu thematisieren. Die wahrscheinlichere Form wäre wohl *Angeblich bin ich ja krank ..., durch die Prüfung gefallen ...* etc. Die geringe Wahrscheinlichkeit, daß gerade bei sollen EM als Lesart gewählt wird, scheint damit zusammenzuhängen, daß die Quelle des Wissens in diesem Fall immer in irgendeiner Form benennbar bzw. personalisierbar ist. Es steht also sozusagen Aussage gegen Aussage, und da hat das eigene Wissen offensichtlich das größere Gewicht.

Ähnlich wie bei der 1. Person legt auch die 2. Person – unabhängig von den Eigenschaften der Ergänzung – bereits bestimmte Interpretationen nahe bzw. läßt sie Lesarten zu, die bei der 3. Person z. B. weitestgehend ausgeschlossen werden können. Während Äußerungen wie 1c) oder 1d) wenig Spielraum lassen, d.h. fast auschließlich EM angenommen werden kann, ist dies bei 4c) und 4d) nicht der Fall. Zwar legt *krank* nicht unbedingt DM nahe, *vorsichtig*, *stark* etc. können jedoch deontisch wie epistemisch interpretiert werden. Man stellt allerdings auch hier einen feinen Unterschied im Verhalten von *müssen* und *sollen* fest: Bei *Du mußt vorsichtig sein* und *Du mußt stark sein* scheint die Wahl der Lesart relativ offen und von kontextuellen Faktoren abhängig, bei *Du sollst vorsichtig sein* und *Du sollst stark sein* ist aber die deontische im ersten, die epistemische im zweiten Fall die bevorzugte Interpretation. Zwar liegen die Unterschiede zu einem großen Teil in der Bedeutung der Adjektive begründet, mittelbar spielt aber auch der *Charakter der Quelle der Obligation/des Wissens eine* Rolle. Umstände können es erforderlich machen, stark zu sein, Personen können dies aber kaum einklagen, sie können aber die Forderung nach Vorsicht stellen. Daß sich bei der 2. Person eine Tendenz zu deontischen Lesarten festellen läßt, scheint dadurch erklärbar, daß die 2. Person als die angesprochene sehr viel eher als die 3. mit Verpflichtungen konfrontiert werden kann, vor allem mit solchen, deren Quelle identifizierbar ist, während selbst die Zehn Gebote in der 3. Person noch epistemisch gedeutet werden könnten: *Es (das Volk Israel) soll nicht töten ..., das habe ich gelesen.*

Der Grad von Eindeutigkeit, den das Indefinitpronomen *man* bewirkt, ist insofern bemerkenswert, als es sich formal um die 3. Person handelt, bei der bisher die eine relativ große Freiheit bezüglich der Wahl der Lesart festgestellt worden war.

Eine Erklärungsmöglichkeit scheint in der kommunikativen Rolle von *man* zu liegen: *man* kann alle drei Personen vertreten, ohne daß dies zu entscheidenden Bedeutungsveränderungen führt. Da in den Beispielsätzen immer auch die 1. Person eingeschlossen ist, kann man also annehmen, daß dieser Faktor eine Rolle bei der Festlegung der Interpretation spielt. Nur dort, wo die 3. Person in der Vordergrund tritt und wo der Aspekt es zuläßt, nämlich beim Perfekt des eingebetteten Verbs, kann EM angenommen werden, also in Sätzen wie *Man muß/soll das Problem gelöst haben.*

Gerade das Beispiel *man* zeigt, daß neben Aspekt und Aktionsart, so wichtig sie auch in bestimmten Kontexten sein mögen, die Person des Subjekts ein entscheidender Faktor bei der Desambiguierung sein kann.

Eine Zusammenstellung der hier behandelten Beispiele und Möglichkeiten ergibt folgendes Bild:

Präsens

Person	Verb + terminativ	Verb – terminativ	Nomen/Adjektiv+sein
1.	DM	DM	DM
2.	DM	DM/EM	EM/DM
3.	DM	EM/DM	EM/DM
man	DM	DM	DM

Perfekt

1	EM/DM	EM/DM	EM/DM
2.	EM/DM	EM/DM	EM/DM
3.EM/DM	EM/DM	EM/DM	EM/DM
man	DM/EM	DM/EM	DM/EM

Bibliographie

Abraham, W. (1990), The aspectual source of the epistemic-root (sic) distinction of modal verbs. Unpublished paper. Gronigen. (Cf. Abraham, W. (1995), *Deutsche Syntax im Sprachenvergleich. Grundlegung einer typologischen Syntax des Deutschen*. Tübingen: Kapitel 10.

Bech, G. (1951), Grundzüge der semantischen Entwicklungsgeschichte der hochdeutschen Modalverba. *Dan. Hist. Filol. Medd.* 32, 6. Kopenhagen: 1–28.

Brünner, G./Redder, A. (1983), *Studien zur Verwendung der Modalverben*. Tübingen.

Calbert, J. P. (1975), Toward the Semantics of Modality. In: Calbert, J. P./Vater, H. (1975), *Aspekte der Modalität*. Tübingen: 1–70.

Duden Grammatik (1984), Mannheim etc.

Eisenberg, P. (1986), *Grundriß der deutschen Grammatik*. Stuttgart.

Harden, Th. (1983), *Die subjektive Modalität in der zweiten Sprache*. Frankfurt.

Harden, Th. (1989), Ausdrucksweisen der deontischen Modalität im Deutschen und Portugiesischen. In: Franco, A. (Hg) (1989), *Duas línguas em contraste: Português e Alemão*. Porto: 123–136.
Helbig, G./Buscha, J. (1975), *Deutsche Grammatik. Ein Handbuch für den Ausländerunterricht*. Leipzig.
Palmer, F. (1986), *Mood and Modality*. Cambridge.

Elke Hentschel (Frankfurt/Oder)

Die Emphase des Schreckens: *furchtbar nett* und *schrecklich freundlich*

1 Die Wortklasse der Intensivpartikeln

Intensivpartikeln sind Partikeln wie deutsch *sehr,* französisch *très* oder englisch *very*, die den Grad oder die Intensität markieren, mit der eine Eigenschaft, ein Zustand, Vorgang etc. gegeben sind. In der großen und heterogenen Familie der "Partikeln im engeren Sinne" (vgl. Hentschel/Weydt, im Druck) nehmen die Intensivpartikeln, gelegentlich auch als Gradpartikeln (nach Altmann 1976) oder Gradadverbien bezeichnet (vgl. z. B. König/Stark/Requardt 1990:207), was die Forschung betrifft, einen eher bescheidenen Platz am Rande ein und sind im allgemeinen bisher eher stiefmütterlich behandelt worden. Die Definition, aufgrund derer diese Klasse eingeteilt wird, ist rein semantisch. Os (1989:83) meint hierzu: "Eine klare Abgrenzung der Klasse IM [= Intensivierungsmittel, E. H.] ist schon deshalb ein heikles Unterfangen, weil nicht alle IM (...) lexikalische Mittel sind. Es wäre deshalb angebracht, vielmehr von einer Funktionsklasse als von einer Wortklasse zu sprechen." Im Rahmen der hier vorgelegten Untersuchung soll allerdings kein derartig weit gefaßter Begriff der Intensivierung, der auch nonverbale oder paralinguistische Ausdrucksmittel mit einschließt, verwendet werden, sondern eine Beschränkung auf lexikalische Ausdrucksmittel

Syntaktisch verhalten sich die Intensivpartikeln mehrheitlich wie Adverbien; sie sind aber zusammen mit ihrem Beziehungswort erfragbar und können z.T. sogar den Fokus der Negation tragen, vgl.:

Die zeitweise starke Strömung erschwerte das Rudern.
?Die wann starke Strömung...?
Die sehr starke Strömung...
Die wie starke Strömung?

vgl.:

**Die nicht zeitweise starke Strömung...*
Die nicht sehr starke Strömung...

Nicht alle Intensivpartikeln können negiert werden; ob dies möglich ist oder nicht, hängt offenbar von verschiedenen Faktoren ab. Eine Voraussetzung scheint zu sein, daß sie mit einem Verb verbunden werden können (wie *sehr, viel*), eine zweite, daß sie hochgradig lexikalisiert sind; cf:

Ich freue mich sehr.
Ich freue mich nicht sehr.
Ich freue mich echt.
**Ich freue mich nicht echt.*

vgl. auch:

> **eine nicht ziemlich starke Strömung*
> **eine nicht etwas enttäuschende Leistung*

Diese letztere Distributionsbeschränkung hängt vermutlich damit zusammen, daß Intensivpartikeln wie *ziemlich* ausdrücken, daß eine Eigenschaft bis zu einem gewissen, festgelegten Grad vorliegt; diesen Grad erst zu messen und zu bestimmen, um dann das angegebene Maß zu negieren, ist nicht sinnvoll. Eine Eigenschaft kann aber andererseits nicht zugleich bis zu einem gewissen Grad vorliegen und gar nicht vorhanden sein; deshalb sind Syntagmen wie *eine ziemlich starke Strömung* generell nicht mit der Negation verträglich.

Ob eine Intensivpartikel nur bei Adjektiven und Adverbien (vgl. z. B. *sehr oft, recht gern*) oder auch bei Verben stehen kann, ist demgegenüber nicht von semantischen Faktoren abhängig, sondern wird auf der Ebene der Sprachnorm entschieden; dabei kann auch die etymologische Herkunft des Wortes eine Rolle spielen. So ist das deutsche *sehr* im Gegensatz zum englischen *very* und französischen *très* in der Lage, auch Verben zu intensivieren:

> *Sie mochte ihn sehr.*
> **She liked him very.*
> **Elle l'aimait très.*

Um trotzdem auch Verben intensivieren zu können, wird in solchen Sprachen dann gewöhnlich entweder ersatzweise oder auch zusätzlich ein anderes Element verwendet. Dabei handelt es sich in vielen Fällen um das Wort mit der Bedeutung 'viel', das seinerseits als eigenständige Intensivierungspartikel auftreten kann. Vgl.

> *She liked him very much.*
> *Elle l'aimait beaucoup.*

serbisch:

Mnogo	*ga*	*je*	*volela.*
viel	ihn	AUX	geliebt-fem.sing.

Čak	*vrlo*	*mnogo.*
sogar	sehr	viel.

Je nachdem, ob es sich bei 'viel' um eine eigenständige Intensivpartikel handelt oder nicht, muß die Kombination mit 'sehr' dann als zusätzliche Steigerung der Intensität (wie im Serbischen) oder als einfache Intensivierung (wie im Englischen) interpretiert werden.

Als weitere Kriterien zur Einteilung der Intensivpartikeln schlägt Os (1989) vor:

> (...)
> (c) nach dem Grad, in dem IM 'grammatikalisiert' bzw. 'lexikalisiert' sind (...)
> (d) nach dem Sprachregister (...)
> (e) nach einer ganzen Reihe spezifischer Eigenschaften (...) Dazu gehören u.a. das Verhalten von IM unter Negation, die Reduplizierung und Stapelung sowohl von IM

wie auch von intensivierbaren Kernen sowie letztlich andere, nicht-idiosynkratische Verhaltensweisen von IM. (Os 1989:83f.)

In der Tat liegt es nahe, zwischen hochgradig grammatikalisierten resp. lexikalisierten Intensivpartikeln wie *sehr* und solchen zu unterscheiden, die noch eine völlig durchsichtige Semantik ausweisen und in anderen Funktionen (als Adjektive oder Adverbien) gebräuchlich sind, wie *etwa außerordentlich, hochgradig, mittelmäßig* etc. Was das Register betrifft, so scheint die Mehrheit der Intensivpartikeln einer neutralen Sprachebene anzugehören; einige sind umgangssprachlich *(irre, echt),* und solche wie *hochgradig* könnte man eventuell der gehobenen Stilebene zurechnen.

"Es liegt meines Erachtens genügend Evidenz vor, jedenfalls die vier Stufen 'hoch', 'gemäßigt', 'schwach' und 'minimal' zu unterscheiden.", sagt Os (1989:97). Ob es wirklich nötig ist, eine derartige Feingliederung vorzunehmen, sei dahingestellt; ganz sicher muß aber eine Unterscheidung zwischen hohem und niedrigem Grad der Intensität vorgenommen werden. Die folgende Beschreibung beschränkt sich auf Intensivpartikeln zum Ausdruck des hohen Grades.

2. Grammatikalisierungsprozesse

Daß Intensivpartikeln, wie alle anderen Wortarten auch, einem ständigen Grammatikalisierungsprozeß unterliegen, ist alles andere als erstaunlich. Im Gegenteil: wenn man mit Lehmann (1995:3-5) und seinen ebenda zitierten historischen Vorläufern wie Georg von der Gabelentz (1891/1901) oder Meillet (1912) annimmt, daß Grammatikalisierungsprozesse die Folge zweier einander entgegengesetzter Bestrebungen sind, nämlich dem Wunsch nach möglichst starker Expressivität einerseits und der Tendenz zu Uniformität und Bequemlichkeit andererseits, dann ist natürlich der Ausdruck der Intensität ein besonders naheliegender Bereich für die Entwicklung neuer Ausdrucksformen. Das besondere Maß des Vorliegens einer Eigenschaft, eines Vorgangs etc. ruft das Bedürfnis hervor, auch den Ausdruck hierfür möglichst intensiv zu gestalten. Die Erklärung, die Hopper/Traugott (1993:65) für Ausdrucksverstärkung generell geben, paßt hier in besonderem Maße: "This is typically done through (...) finding new ways to say old things. Expressivity serves the dual function of improving informativeness for the hearer and at the same time allowing the speaker to convey attitudes towards the situation, including the speech situation."

Obwohl dem Erfindungsreichtum und der Phantasie der Sprecherin theoretisch keine Grenzen gesetzt sind, scheinen Intensivpartikeln dennoch mehrheitlich aus ganz bestimmten semantischen Bereichen zu stammen, die den Gebrauch als Metapher für Intensität naheliegen. Dies sind u.a. folgende Wortfelder:

- Mengenangaben ('viel', 'voll')
- Gewicht, Stärke, Größe ('schwer', 'stark', 'riesig')
- Wahrheitsbeteuerungen ('wirklich')
- lokale Adverbiale ('durch und durch')
- intensive Empfindungen ('schmerzlich')

2.1 Menge, Fülle

Um anzuzeigen, daß eine Eigenschaft mit hoher Intensität gegeben ist, liegt die Metapher der großen Menge nahe: mit anderen Worten, es ist 'viel' von der Eigenschaft da.

Diese Quelle für die Intensität findet sich in sehr vielen europäischen Sprachen. So gehören beispielsweise die romanischen Intensivpartikeln ital. *molto,* port. *muito* und spanisch *muy* (bei Adjektiven) sowie *mucho* (bei Verben) zur selben Wurzel: lat. *multum* 'viel'. Auch das engl. *much,* das in Kombination mit *very* zur Intensivierung von Verben verwendet wird, gehört ebenso hierher wie etwa serbisch *mnogo* oder das türkische *çok* 'sehr/viel', wobei letzteres natürlich nicht aus der den anderen Wörtern zugrundeliegenden indoeuropäischen Wurzel stammt, sondern nur demselben semantischen Verfahren entspringt. Eine Mengenangabe verbirgt sich auch hinter dem französischen Intensivierer *beaucoup,* der aus einer anderen etymologischen Quelle hervorgegangen ist. Das Wort entsteht mit der Bedeutung 'en grande mesure' (*coup* = 'mesure') schon im 13. Jahrhundert, verdrängt die Intensivierung mit *moult* aber erst viel später (vgl. Picoche 1994).

Im Deutschen wird die Mengenangabe *viel* normalerweise nicht zu den Intensivpartikeln gerechnet. Dies liegt vermutlich daran, bei sie nur bei einer eingeschränkten Gruppe von Verben verwendet werden kann und dann in einer Position auftritt, die leicht mit der des direkten Objektes zu verwechseln ist. Indessen handelt es sich bei vielen Verben, die durch *viel* intensiviert werden können, um solche, die gar keine direkten Objekte zulassen. Solche Verben sind beispielsweise *arbeiten, schlafen, spazierengehen* oder *reisen.* In diesen Fällen ist keine Intensivierung mit *sehr,* wohl aber eine mit *viel* möglich:

> **Ich arbeite/schlafe/reise sehr.*
> **Ich gehe sehr spazieren.*

vs.

> *Ich arbeite/schlafe/reise viel.*
> *Ich gehe viel spazieren.*

Viel kann in solchen Fällen nicht als Objekt interpretiert werden, da die Verbvalenz ein solches nicht zuläßt; es handelt sich eindeutig um eine Intensivpartikel. Zugleich illustrieren solche Belege den fließenden Übergang von einer Mengenangabe im Objekt wie z. B. in *Sie liest viele Bücher* über eine zwar als Objekt interpretierbare, aber bereits deutlich intensivierende Funktion wie in *Sie liest viel* hin zu einer reinen Intensivpartikel wie in *Er lächelt viel.*[1]

Ebenfalls zur Klasse der Mengenangaben kann das serbische *puno* 'voll' gerechnet werden, das als Intensivierungspartikel bei Verben gebraucht wird (vgl. z. B. *puno radi* 'sie/er arbeitet viel'). Die Nähe zur Semantik von 'viel' zeigt sich dabei nicht zuletzt darin, daß *puno* als Mengenangabe regelmäßig auch in der Bedeutung von 'viel' verwendet werden kann, so etwa in *puno pozdrava* 'viele Grüße', *puno problema* 'viele Probleme' etc. Der Ausdruck der Fülle tritt auch im Deutschen in der Funktion eines Intensivierers auf, und zwar im Substandard als *voll* und im Standard-Deutschen in Form des von *voll* abgeleiteten *völlig;* vgl.: *das find' ich voll geil/sie war völlig übermüdet.* Während *voll* sowohl mit Adjektiven als auch mit Verben (vgl. z. B. *voll drauf abfahren)* gebraucht werden kann, kommt *völlig* nur bei Adjektiven vor. Daneben tritt auch das Syntagma *voll und ganz* auf, das aber eine eingeschränkte Distribution auf-

---

[1] Interessanterweise kann die Intensivierung in der Umgangssprache auch durch eine substantivische Mengenangabe wahrgenommen werden: cf. *Er lächelt eine Menge.*

weist und vor allem in bestimmten Redewendungen (z. B. *jemandem voll und ganz zustimmen)* vorkommt.

2.2 Stärke, Gewicht, Größe

Man könnte darüber diskutieren, ob nicht auch Intensivpartikeln aus Bedeutungen wie 'gewichtig', 'groß' oder 'stark' der semantischen Klasse der Mengenangaben im weitesten Sinne zuzurechnen sind. Jedenfalls sind auch diese semantischen Felder sehr produktiv und haben beispielsweise im Serbischen die Intensivpartikel *jako* ('stark'/'sehr') hervorgebracht, die eine von mehreren Möglichkeiten bildet, Intensivierung bei Adjektiven zum Ausdruck zu bringen; vgl. z. B. *jako lepo* 'sehr schön'. Das sowohl in Standard- als auch in Substandard-Varianten des Deutschen gebräuchliche *stark* unterliegt demgegenüber einer Reihe von Verwendungsbeschränkungen idiomatischer Art, kann aber im Prinzip sowohl bei Adjektiven als auch bei Verben stehen: *Das will ich doch stark annehmen/Er war stark betrunken.*

Die Verstärkung des Ausdrucks durch 'schwer' erweist sich ebenfalls als weit verbreitet; vgl. z. B. deutsch *schwer verletzt, schwer betrunken,* ugs. *schwer bescheuert, schwer in Ordnung* etc.; englisch *heavily drunk,* serbisch *tesko pijan* 'schwer betrunken' etc.

Schließlich können auch Größenangaben wie 'riesig' zur Intensivierung verwendet werden; vgl. deutsch *riesig nett* etc. *Riesig* ist im Deutschen noch kaum grammatikalisiert und wird vermutlich noch direkt als Metapher interpretiert, weswegen Bildungen **riesig wenig* nicht möglich sind. Solche Kombinationen kommen aber beispielsweise im Niederländischen vor, vgl. z. B. *reusachtig klein, gigantisch klein.*[2]

2.3 Wahrheitsbeteuerungen

Eine ganz anders geartete semantische Quelle für Intensivpartikeln stellen Wahrheitsbeteuerungen dar. Die Betonung dessen, daß ein geäußerter Sachverhalt wirklich zutrifft, kann verschiedene sekundäre Funktionen erfüllen: sie kann konzessiv interpretiert (und in dieser Bedeutung auch grammatikalisiert) werden, wie dies z. B. bei deutsch *zwar* (aus *zuwahr)* oder dem französischen Einschub *il est vrai* der Fall ist, oder aber sie kann eine Verstärkung bewirken. Wie es zu dieser Verstärkungsfunktion kommt, wird schnell deutlich, wenn man z. B. die Äußerung *Ich bin wirklich/wahrhaftig müde* mit dem einfachen *Ich bin müde* vergleicht; der Satz mit *wirklich* bringt sozusagen einen höheren Grad von Müdigkeit zum Ausdruck.

Zu einer Intensivpartikel grammatikalisiert liegt dieses 'wahrhaftig' im englischen *very* vor, das seinerseits romanischen Ursprungs ist: "About 1275 *verray* true, real, genuine; later in the sense of actual, sheer, as in 'the very air, the veriest truth' (about 1390, in Chaucer's *Canterbury Tales);* borrowed from Anglo-French *verrai,* Old French *verai* true, from Vulgar Latin **veracus,* from Latin *verax* (genitive *veracis*) truthful from *verus* true. (...) Before 1395 *verray* truly, really, genuinely; from the adjective. The meaning of greatly, extremely, is first recorded in Middle English in 1448." (Barnhart 1988:1201).[3]

---

[2] E-Mail-Mitteilung Mitteilung von E. Henny Klein-v.d.Laaken <klein@let.rug.nl>.

[3] Das Wörterbuch fährt, etwas verwirrend, fort: "The use of *very* as an intensive form emphasizing the quality or the identity of something is attributable to both the adjective (as in *to fly like the very wind, passing under our very eyes)* and the adverb (as in *the very best of us, the very opposite word),* and has been known since Middle English, naturally extending the sense of true and truly." (ebd.) Da

Die Intensivierung durch die Betonung der Wahrheit des Gesagten erfolgt im Deutschen durch das umgangssprachliche *echt: Jetzt bin ich aber echt müde/Das find' ich echt gemein.* Abermals tritt die Metapher also, wie schon zuvor bei *voll,* nur in einer Substandard-Variante des Deutschen auf. Dies ist aber zugleich der Ort, an dem sich neue Funktionen am schnellsten entwickeln. Prognosen darüber, ob die umgangssprachlichen Intensivierungspartikeln langfristig in die Standardsprache übergehen und dann eventuell grammatikalisiert werden, sind naturgemäß nicht möglich; es ist aber ebensowenig auszuschließen, daß im derzeitigen ugs. *voll* oder *echt* das 'sehr' eines zukünftigen Sprachstandards vorliegt.

In den semantischen Bereich der Betonung der Wahrheit zum Zwecke der Verstärkung fällt auch das weitverbreitete Verfahren, den geäußerten Sachverhalt als schwer glaublich zu qualifizieren. Hierher gehören z. B. deutsch *unwahrscheinlich billig, unglaublich nett;* englisch *incredibly nice;* serbisch *neverovatno jeftino* 'unwahrscheinlich billig' etc. Hier wird sozusagen der umgekehrte Weg beschritten: nicht die Wahrheit, sondern die Schwierigkeit bei der Zuordnung zum Bereich des Wahren wird hervorgehoben, damit aber zugleich indirekt auch die Richtigkeit bestätigt.

2.4 Lokale Metaphern

Als lokale Metaphern zur Intensivierung bieten sich insbesondere solche Ausdrücke an, die eine räumliche Ausdehnung oder Durchdringung bis zu einem Endpunkt formulieren. Deutsche Beispiele hierfür sind: *durch und durch, äußerst, höchst, zutiefst.* Während die ursprüngliche wörtliche Bedeutung in diesen Fällen noch völlig transparent ist, ist sie im Falle von franz. *très* verlorengegangen. Die Intensivpartikel hat sich aus dem lateinischen *trans* 'durch' entwickelt; "il a une valeur intensive depuis le XIIe siecle, mais ne devient pas courant dans ce sens qu'au XVIe siecle" (Picoche 1994). Auf demselben Weg, aber noch sehr weit von seinem Ziel entfernt, befindet sich auch das serbische *skroz* 'durchweg', das insbesondere in der Umgangssprache ganz genauso wie französisch *très* verwendet wird: als Intensivpartikel zur Verstärkung von Adjektiven und Adverbien (vgl. *skroz je lud* 'er ist völlig verrückt', *skroz mokar* 'völlig naß'). Interessanterweise kann es nicht mit Adjektiven gebraucht werden, die eine positive Konnotation aufweisen (vgl. **skroz lepo* 'völlig schön', **skroz srećna* 'völlig glücklich' etc.)

3. Die "schreckliche" Intensivierung

Einen Bereich, der in semantischer Hinsicht besonders interessant ist, ist die Verwendung von intensiven negativen Empfindungen wie Schmerz, Furcht oder Schrecken für die Intensivierung – um so interessanter, als positive Empfindungen in dieser Funktion nicht vorzukommen scheinen. Jemand kann zwar *furchtbar, schrecklich* oder *unheimlich nett* sein – nicht aber **anheimelnd, *wohlig* oder **beglückend nett.* Grammatikalisiert liegt dieses Verfahren dem deutschen *sehr* zugrunde, das mit gotisch *sair*

---

es sich bei *wind* und *eyes* sowenig um Adjektive handelt, wie in *best* und *opposite* Adverbien vorliegen, muß die verunglückte Passage wohl ursprünglich als Hinweis darauf geplant gewesen sein, daß *very* sowohl bei Substantiven *(eyes, wind)* als auch bei Adjektiven *(best, oppisite)* und Adverbien (z.B. *very quickly)* auftreten kann und somit die Klasse der Nomina im allerweitesten Sinne intensiviert. Cf. hierzu auch ausführlich *The Oxford English Dictionary* (1989).

'Schmerz' verwandt ist und sich auf mittelhochdeutsch *sêre* 'schmerzlich, gewaltig, heftig' zurückführen läßt. Die ursprüngliche Bedeutung, die der Intensivpartikel völlig abhanden gekommen ist, ist nur noch in *versehren* erhalten. Aber der semantische Bereich ist außerordentlich produktiv und bringt immer wieder neue Elemente hervor. In der langen Liste der bei Os (1989:239-265) aufgeführten "Lexikalischen Intensivierer" finden sich z. B. die folgenden, die dem Bereich der negativen Sinneseindrücke entstammen:

abhorrent	*greulich*
beängstigend	*haarsträubend*
entsetzlich	*horrend*
erschreckend	*schauderhaft*
fürchterbar	*schauerig*
fürchterlich	*schauerlich*
furchtbar	*schaurig*
grausig	*schrecklich*
grauslich	*unheimlich*

Nun muß zwar einschränkend festgestellt werden, daß keineswegs alle diese Wörter zum Ausdruck der Steigerung eines als positiv verstandenen Sachverhalts verwendet werden können; Kombinationen wie *erschreckend nett* oder *haarsträubend freundlich* sind nur dann denkbar, wenn die Sprecherin damit zugleich zum Ausdruck bringen will, daß die so apostrophierte Nettigkeit negativ gewertet werden muß (also z. B. nicht situationsadäquat ist). Trotzdem bleibt die Tatsache bestehen, daß Wörter wie *furchtbar, fürchterlich, schrecklich* oder *unheimlich* im alltäglichen Sprachgebrauch regelmäßig als Intensivierer für positiv konnotierte Sachverhalte verwendet werden.

Dieses auf den ersten Blick höchst erstaunliche Phänomen ist keineswegs auf das Deutsche beschränkt, sondern kommt auch in zahlreichen anderen Sprachen vor, wie der folgende kleine Überblick über eine Reihe von verwandten wie nicht-verwandten Sprachen zeigt:

– Indoeuropäische Sprachen:
Afrikaans:
Belege aus dem Afrikaans sind beispielsweise:

Dit	*was*	*verskriklik*	*lekker*
Das	war	schrecklich	nett/erfreulich
Sy	*is*	*verskriklik*	*gaaf*
Sie	ist	schrecklich	sympatisch/angenehm

"In Afrikaans, e.g. the expression *verskriklik* /'furchtbar') is used as a universal substitute for *baie* /'sehr'). "[4]

[4] E-Mail-Mitteilung von E. F. Kotze <afaefk@upe.ac.za>.

Englisch:

awfully, terribly, frightfully [5]
That's frightfully kind of you.

Farsi:

wahshatnak	*ziba*
schön	unheimlich

Französisch:[6]

horriblement
terriblement

vgl. auch:

C'est pas terrible 'Das ist nicht so toll'[7]

Griechisch:
"Modern Greek has *fovera* 'terribly' (adv) from the adjective *foveros* 'terrible', which can be applied to, e. g., monsters, but in colloquial modern speech it means 'wonderful', 'great'. *Fovera* is a regularly formed adverb from the adjective. The verbal root is *fovame* 'I fear' from ancient *phobeo.*"[8]

Katalanisch:
Auch im Katalanischen ist die Verwendung von 'schrecklich' zur Intensivierung positiv konnotierter Sachverhalte möglich, wie das folgende Beispiel belegt:

terriblement	*maco*
schrecklich	schön

Niederländisch und Flämisch:
"The most grammaticalized ones [i.e. intensifiers, E.H.], easily used with positive as well as negative modified expressions are *verschrikkelijk* and *ontzettend*

ze is verschrikkelijk/ontzettend aardig/irritant
she is terribly/awfully nice/irritating"[9]

Weitere Beispiele aus dem belgischen Sprachraum sind:

---

[5] Auf eine weitere interessante Erscheinung dieser Art macht M. A. Mandel <mark@dragonsys.com> aufmerksam: "... an expression in this category that has become popular in the US in the past 10-15 years, especially in the sub-25 generation: *wicked.* It may (...) have spread initially in just the expression *wicked good*, although *wicked* is now used as an intensifier with any adjective." Ronald Cosper <RCosper@husky1.stmartins.ca> weist ferner auf die Möglichkeit hin, *badly* zu Steigerung des Ausdrucks eines Wunsches zu benutzen: *I badly wanted to go there.*

[6] Für Hinweise zum Französischen danke ich: Jack Aubert <jaubert@cpcug.org>, Bill Holowacz <bill@softdom.com>, Stavros Macrakis <macrakis@osf.org>, Mark Picard <PICARD@vax2.concordia.ca>.

[7] Die deutsche Übersetzung zeigt hier ganz parallel den Gebrauch des Wortfelds 'Wahnsinn' in positiver Funktion. Die semantische Entwicklung ist dabei schon so weit fortgeschritten, daß *toll* nur noch in einigen festen Verbindungen (cf. *Tollwut, wie ein toller Hund* u. ä.) in seiner alten Bedeutung 'wahnsinnig' gebräuchlich ist.

[8] E-Mail-Mitteilung von Stavros Macrakis <macrakis@osf.org>.

[9] E-Mail-Mitteilung von E.Henny Klein-v.d.Laaken" <klein@let.rug.nl>.

vreselijk aardig 'schrecklich nett'
vreselijk verstandig 'schrecklich klug'
vreselijk leuk 'schrecklich nett'

"*Vreselijk,* whose first denotation as an adjective would be 'horrible', 'terrible', 'gruesome' (e.g. *een vreselijk ongeluk* = 'a terrible accident'), here functions as an emphasizer and can collocate with 'positive' adjectives like the first three listed above."[10] "Note furthermore that several dialects have intensifiers which derive from the same 'semantic sphere'. Thus e.g.: *wreed* (East-Flanders): lit. 'cruelly' *gruwelijk* (some brabantic dialects): lit. 'horribly'."[11]

Polnisch:

On	*jest*	*strasznie*	*miły*
Er	ist	schrecklich	nett

strasznie	*ładny*
schrecklich	schön

Portugiesisch:

terrivelmente	*belo*
schrecklich	schön

Russisch:
Auch die russische Übersetzung von deutsch *schrecklich, strashno,* kommt in der Funktion einer Intensivpartikel vor:

ja	*tebe*	*strashno*	*priznatelen*
ich	dir	schrecklich	dankbar

Serbisch:
Serbisch steht hier stellvertretend auch für Bosnisch und Kroatisch, in denen dieselben Konstruktionen möglich sind:

strašno	*lepo*
schrecklich	schön

užasno	*dobro*
furchtbar	gut

Schwedisch:
"This is possible in Swedish too: Literal translation would give the original English sentences."[12] "(...) works just like English and German in Swedish (...) as well. (...) Swedish: *hemskt fin*"[13]

---

[10] E-Mail-Mitteilung von Alex Housen, Department of Germanic Languages, Universiteit Brussel.
[11] E-Mail-Mitteilung von Christof Vanden Eynde, Universität Gent.
[12] Die englischen Ausrücke, auf die hier Bezug genommen wird, waren *awfully kind* und *terribly nice.* (E-Mail-Mitteilung von Mikael Parkvall <parkvall@ling.su.se>).
[13] E-Mail-Mitteilung von Jussi Karlgren, karlgren@cs.nyu.edu.

Slowakisch:

strašne	*pekný*
schrecklich	nett
hrozne	*milý*
furchtbar	lieb/nett

Spanisch:

terriblemente	*agradable,*
schrecklich	nett[14]
terriblemente	*bonito*
schrecklich	schön

– Nicht-indoeuropäische Sprachen:

Arabisch:

"In spoken cairene arabic, to emphasise how nice or not nice something was, you would add the adjective /'awi/, which is derived from the word for 'strong, powerful'. (...) Something that has an extraordinarily favorable effect on the speaker may be described as /xaTiir/'dangerous' or /faZii/'horrid'. I know that in the levant the word /haraam/'shameful, forbidden' might be used in the same way."[15]

Baskisch:

"The same strategy is found, in a quite conventionalized way, in Basque. 1a)-1c) show a predicate adjective modified by three degree modifiers of the intensifying type.

1a)	*Gure*	*herria*	*oso*	*polita*	*da.*
	our	town	complete	pretty	is
	'Our town is very pretty.'				
1b)	*Gure*	*herria*	*izugarri*	*polita*	*da.*
	our	town	terrible	pretty	is
	'Our town is very pretty.'				
1c)	*Gure*	*herria*	*ikaragarri*	*polita*	*da.*
	our	town	awful	pretty	is
	'Our town is very pretty.'				

The modifier in 1a) literally means "completely", while the last two examples have degree modifiers that literally mean 'terribly' or 'awfully'."[16] "*Izu(tu)* and *ikara(tu)* literally mean 'to (be) frighten(ed), to (be) scare(d)'. Both adjectives can also be used as adverbs, unless there are other adverbial forms such as *ikaragarriki, izugarriki, ikaragarriro* and *izugarriro* /'terribly')."[17]

---

[14] E-Mail-Mitteilung von Elisa Vazquez Iglesias, Universität Santiago de Compostela.

[15] E-Mail-Mitteilung von David Wilmsen, American University od Cairo.

[16] E-Mail-Mitteilung von Alan R. King <mccay@jet.es>.

[17] E-Mail-Mitteilung von Ricardo Gomez Lopez, Euskal Herriko Unibertsitatea (University of the Basque Country), Vitoria-Gasteiz, der die folgenden zusätzlichen Beispiele anführt: "(1) Etxe hori izugarri/ikaragarri garestia da 'That house is terribly expensive' (house that terribly expensive is) (2)

Chinesisch:

> *hao* *de* *yitahutu*
> good 'to the extent that ...' bad
> 'extremely good'

"This expression is popular in Shanghai Chinese."[18]

Finnisch:
"Finnish is a language that uses 'awfully nice' type of constructions:

> *kamalan hauskaa*
> *hirvean mukavaa*

(sometimes even *sikahauskaa* or *sikamaisen hauskaa* which translate literally as 'pig nice' or 'piglike-ly nice'!!!)"[19]

Hebräisch:
Im modernen Hebärischen wird *nora* 'schrecklich' als Intensivpartikel gebraucht. "Interestingly, the original meaning of the word isn't 'awful' but 'awe-inspiring'; thus the High Holy Days (Rosh HaShana and Yom Kippur) are known as *Yamim Nora'im* 'the Days of Awe'. However, this meaning is not used in Modern Hebrew."[20]

Japanisch:
"Though *osorosiku* 'terribly' and baka *mitaini* 'like a fool' can certainly have the literal meaning in appropriate contexts, they function merely as intensifiers in the following examples:

> *osorosiku* *sinsetuna* *hito*
> terribly/awfully kind person

> *baka* *mitaini* *piano-ga* *umai* *hito*
> fool like piano-NOM good person
> (Lit.:) 'a person who is good at playing piano like a fool'"[21]

vgl. auch:

> *sogoi* 'schrecklich':
> *sugoi taifu*
> schrecklicher Taifun'
> *sugoi bijin*
> eine tolle Frau
> *monosugoi* (Verstärkung von *sugoi*)
> *monosugoi ame datta.*
> '[das] war ein furchtbarer Regen'

Mirenek izugarri/ikaragarri praka politak erosi ditu 'Mary has bought terribly beautiful trousers' (Mary-ERG terribly trousers beautiful-ABSpl bought has-ABSpl)."

[18] E-Mail-Mitteilung von Ning Zhang, University of Toronto.

[19] E-Mail-Mitteilung von Satu Manninen <satu@ling.ed.ac.uk>.

[20] E-Mail-Mitteilung von Yehuda N. Falk, The Hebrew University of Jerusalem.

[21] E-Mail-Mitteilung von Hiroyuki Tanaka, Department of English Linguistics, Faculty of Letters, Osaka University.

monosugoi bijin
'eine wahnsinnig (schoene) Frau'[22]

Koreanisch:

(ku˘mu˘n) *ku˘ne˘rl* *ku˘m jik mi* *(Joahanda)*
schrecklich liebhaben

Türkisch:

korkunç	*güzel*	(vgl. *kormak* 'sich fürchten')
schrecklich	schön	

acayip	*güzel*
unheimlich	schön

felekat	*büyük*
Katastrophe	groß
'riesengroß'[23]	

fena	*tutuldum*
schrecklich	ich-habe-mich-verliebt

Ungarisch:
"Examples include:

szörnyu˝ lit. 'monstrous'
borzasztó lit. 'tremblifying' (were there such a word in English)
írtó' lit. 'devastating'

All three function (...) for emphasis."[24]

Yoruba:

---

[22] E-Mail-Mitteilung von Joerg Fehr, Freie Universität Berlin.

[23] "*Korkunc*, is commonplace, but some people also use *felaket* 'catastrophe' (which is actually a noun but in this case is used as an adjective). In this case, however, I tend to think it is restricted to cases which are inherently negative, as in *felaket zor* 'unbelievably difficult', or at least neutral (i.e. not inherently positive), as in *felaket büyük* 'incredibly large'. I find *felaket güzel* 'incredibly beautiful' suggesting at least that the extent of the beauty of this thing is going to cause some problems." (E-Mail-Mitteilung von Murvet Enc, <menc@facstaff.wisc.edu>).

[24] E-Mail-Mitteilung von Peter Szigetvari <szigetva@osiris.elte.hu>. Weitere Beispiele im Ungarischen sind:
borzasztoan jo = horrifyingly good
borzalmasan jo = horribly good
szornyen jo = monstrously good
felelmetesen jo = frightfully good
ijesztoen jo = frighteningly good
rettenetesen jo = terribly good
remesen jo = awfully good
irtozatosan jo = smashingly good
irto jo = smashing good
iszonyatosan jo = dreadfully good
iszonyu jo = dreadfully good
(Beispiele zitiert nach einer E-Mail-Mitteilung von Marina McDougall, USA, daher ohne diakritische Zeichen).

odara	*ju*
schön	unheimlich

Dieser kleine Exkurs durch Beispiele aus den verschiedensten Sprachen zeigt, daß das 'Schreckliche' nicht nur im Deutschen, sondern in einer sehr großen Anzahl verwandter wie nicht-verwandter Sprachen zur emphatischen Verstärkung benutzt wird. Warum aber wird gerade eine negative Emotion verwendet, um (nicht nur, aber auch) positive Eigenschaften zu verstärken? Offenbar hat die Äußerung einer negativen Empfindung einen stärkeren Signalwert als die einer positiven, und zwar kulturübergreifend. Das ist zunächst insofern überraschend, als extrem positive ebenso wie negative Empfindungen die gleichen körperlichen Reaktionen (wie Tränen, Zittern, beschleunigten Atem etc.) hervorrufen. Im Gegensatz zu Freude ist Schrecken, der das gesamte körperliche und seelische Gleichgewicht eines Menschen schlagartig verändern kann, stets notwendig mit dem Element des Unerwarteten, der Überraschung verbunden; Glücksempfindungen können sich demgegenüber auch allmählich und entsprechend einer positiven Vorerwartung aufbauen. Vermutlich liegt hierin der Grund für die auffällige Bevorzugung dieses Typs von negativen Empfindungen bei der Bildung von Intenisivpartikeln. Im Weltwissen der Sprecherinnen und Sprecher von Arabisch bis Yoruba, von Afrikaans bis Urdu ist offenbar die Erkenntnis verankert, daß negative Sinneseindrücke besser als positive für den Ausdruck der Emphase geeignet sind: um den größtmöglichen verbalen Effekt zu erreichen, wird der Ausdruck des Unerwarteten gewählt, das in der außersprachlichen Wirklichkeit mit besonderer Intensität auf den emotionalen Zustand einwirkt – und so entsteht die sprach- und kulturübergreifende Emphase des Schreckens.

4. Schlußbemerkung

Mit den hier skizzierten semantischen Bereichen sind die Metaphern, die zur Bildung von Intensivpartiklen verwendet werden können, natürlich noch nicht vollständig beschrieben; vor allem Wortfelder mit negativen Bedeutungen scheinen insgesamt eine große Rolle zu spielen. Ein Bereich, der in der bisherigen Beschreibung noch nicht berücksichtigt wurde, ist beispielsweise der des Wahnsinns (vgl. z. B. *wahnsinnig nett, irre gut*). Obwohl auch das Wortfeld 'Wahnsinn' in den Bereich des 'Schrecklichen' im weitesten Sinne fällt, zumal die Auswirkungen geistiger Erkrankungen im sog. primitiven Denken durchweg als das Wirken böser, gefährlicher Geister interpretiert werden, liegt hier ein gesonderter semantischer Bereich vor. Auch diese Ausdrücke sind nicht auf das Deutsche beschränkt und werden typischerweise nicht nur als Intensivpartikeln, sondern – in Gestalt des entsprechenden Substantivs – auch als Kommentare verwendet; vgl. dt. *Wahnsinn!* serbisch *Ludnica!* Ebenfalls eine negative "Auszeichnung" erfolgt durch Ausdrücke wie dt. *saumäßig* oder *sau-* (vgl. dt. regional *saumäßig gut, saugut*; vgl. ebenso finnisch *sikahauskaa*, *sikamaisen hauskaa.* Überhaupt ist die Verwendung eines Schimpfworts zur Intensivierung offenbar ebenfalls weit verbreitet; vgl. dt. *verdammt gut*, engl. *bloody good*, franz. *vachement/salement bien,* ähnlich auch *rudement bien* etc. oder, noch etwas drastischer, serbisch *dobro u pičku materinu* 'mutterfotzengut'. In allen diesen Fällen wird der negative Effekt der verwendeten Lexeme genutzt, um eine Intensivierung auszudrücken.

Insgesamt läßt sich wohl in kaum einem Bereich so gut wie bei den Intensivpartikeln aufzeigen, wie durch das Streben nach möglichst großer Expressionalität Metaphern aus den unterschiedlichsten semantischen Bereichen hervorgebracht werden, von denen einige dann den Weg der Grammatikalisierung gehen, während andere nur konventionaliert werden, aber durchsichtig bleiben.

Bibliographie

Altmann, H. (1976), *Die Gradpartikeln des Deutschen. Untersuchungen zu ihrer Syntax, Semantik und Pragmatik.* Tübingen. (= *Linguistische Arbeiten* 33).

Barnhart, R. K. (ed) (1988), *The Barnhart Dictionary of Etymology.* New York.

Braußе, U. (1994), *Lexikalische Funktionen der Synsemantika.* Tübingen.

Gabelentz, G. von der (1891/1901), *Die Sprachwissenschaft und ihre Aufgaben, Methoden und bisherigen Ergebnisse.* 2. überarb. Aufl. Leipzig.

Hentschel, E./Weydt, H. (im Druck), Die Wortart 'Partikel'. In: Cruse, D. A., et al. (eds): *Lexikologie. Lexicology. Ein internationales Handbuch zur Natur und Struktur von Wörtern und Wortschätzen. An international handbook on the nature and structure of words and vocabularies.* Berlin/New York.

Hopper, P. J./Traugott, E. C. (1993), *Grammaticalization.* Cambridge.

König, E./Stark, D./Requardt, S. (1990), *Adverbien und Partikeln. Ein deutsch-englisches Wörterbuch.* Heidelberg.

Lehmann, Ch. (1995), *Thoughts on Grammaticalization.* München/Newcastle.

Meillet, A. (1912), L'evolution des formes grammaticales. *Scientia (Rivista di Scienza)* 12 (26): 6.

Os, Ch. van (1989), *Aspekte der Intensivierung im Deutschen.* Tübingen.

The Oxford English Dictionary. Bd XIX (1989). Second edition. Oxford.

Picoche, J. (1994), *Dictionnaire étymologique du français.* Réimpression. Paris.

Ernest W. B. Hess-Lüttich (Bern)

Fachsprachen als Register

1. Sprachliche Register

1.1 Zur Definition des Register-Begriffs

Fachsprachen als "Register" zu betrachten heißt, sie als funktionale Varianten des Sprachgebrauchs in primär fachlich bestimmten Domänen der Verständigung aufzufassen. Das linguistische Konzept des sprachlichen "Registers" berührt sich mit dem in der Prager Schule formulierten Ansatz der Funktionalstilistik und bildet das funktionale Gegenstück zu primär sozial oder pragmatisch bestimmten Dimensionen sprachlicher Variation. In seiner klassischen Version wurde der Begriff als "language variety according to *use*" definiert und dem des 'Dialektes' (der im angelsächsisch weiten Sinne regionale, soziale und individuelle Merkmale umschließt) als der "language variety according to *user*" gegenübergestellt (Halliday/McIntosh/Strevens 1964:87). Während dieser sich also auf die Unterschiedlichkeit der Sprachbenutzer bezieht, zielt jener auf die unterschiedlichen Anforderungen jeweiliger Situationen, "usually we identify registers by taking the speaker as the invariable element in overlapping situations, and discussing how he adjusts his language to a situation" (Turner 1973:165).

Diese Gegenüberstellung macht den Begriff freilich noch keineswegs eindeutig, "A term like 'register' [...] because of its breadth of definition, is almost bound to produce confusion" (Crystal 1981:159). Die linguistischen Nachschlagewerke (soweit sie den Begriff überhaupt verzeichnen) setzen bei seiner Bestimmung zwar häufig unterschiedliche Akzente, aber in den meisten Definitionen sind Elemente enthalten wie

- sprachliche Variation (Crystal 1983:301: "a variety of language defined according to its use in social situations"),
- situatives Handeln (Crystal 1988:52: "linguistically distinct activities [...] contextually influenced varieties"),
- stilistische Selektion (Stone 1978:4: "By register itself is meant a style situation"),
- soziales Rollenspiel (Strang 1968:19: "forms of language in relation to particular social roles"),
- kommunikativer Handlungsrahmen (Hartmann/Stork 1976:194: "A variety in language used for a specific purpose").

Während Gläser (1993:568) den Begriff im Hinblick auf Fachsprachen für völlig ungeeignet hält und empfiehlt, "künftig auf seine Verwendung in der Fachsprachendiskussion gänzlich zu verzichten" (Gläser 1993:590), rückt er bei anderen, gerade in deren Nähe, wenn er durch Beispiele veranschaulicht wird (Catford 1965:85: "Variety related to the wider rôle being played by the performer at the moment of the utterance; e.g. 'scientific', 'religious', 'civil service', etc."; Crystal 1988:429: "A socially defined variety of language, e.g. scientific, legal, etc."). Gelegentlich wird er auch ausdrücklich verbunden "mit unterschiedlichen Berufsgruppen [...] (z. B. naturwiss[enschaftliches]

Register, Register der Piloten, religiöses Register usw.), vor allem bezogen auf das distinkte Vokabular" (Glück 1993:502).

1.2 Ursprung und Entwicklung des Konzepts

Das linguistische Konzept des sprachlichen Registers wurde zuerst im Rahmen der sog. Londoner Schule des britischen Kontextualismus entwickelt (Monaghan 1979). Es ist damit in eine Tradition eingebettet, in der – in der Nachfolge Philipp Wegeners (1885) mit seiner Differenzierung kontextueller Felder (nach sozialen, thematischen u.a. Kriterien) – schon früh Sprache als in kulturellen Kontexten und situativen Konstellationen eingebettetes Handeln aufgefaßt wurde (vgl. Juchem 1984). Im Anschluß an Bronislaw Malinowski (1935) entwickelt John R. Firth (1937) sein Textmodell der Einbettungshierarchie von Kontexten, in denen sprachliches Handeln seinen je spezifischen Sinn erhält. Firth und seine Nachfolger in der Londoner Schule stellen den gängigen Modellen des Sprach*systems* konsequent ihre Auffassung vom Sprach*gebrauch* zur Seite, nach der Sprecher je nach Situation und sozialer Rolle, je nach Adressat und Gesprächspartner, je nach Gegenstand und Medium spezielle sprachliche Register zu ziehen imstande sind.

Als linguistische Kategorie taucht der Begriff wohl zuerst bei Reid (1956:28) auf, "The linguistic behaviour of a given individual is by no means uniform; placed in what appears to be linguistically identical conditions, he will on different occasions speak (or write) differently according to what may be roughly described as different social situations, he will use a number of different 'registers'." Reid verbindet demnach sprachliches Verhalten mit sozialen Rollen des Sprechers in wechselnden Konstellationen und unter sich wandelnden kommunikativen Voraussetzungen.

Hill (1958) greift den Vorschlag auf und schlägt bereits eine innere Differenzierung des Terminus vor ("style, genre, and mode"), an die später Halliday anknüpfen wird (siehe unten). Ure (1963) benutzte den Ausdruck zur summarischen Bezeichnung der "features in any given text which show it as belonging to the system of features, lexical, syntactical, phonological and others by which the hearer, without regard to context of the text, can draw certain conclusions about the speaker" (Ure 1963:136). Der klassische Stil-Topos, nach dem man das Wesen des Redners aus seiner Rede erkennen könne (Menander, ανδρζ χαρακτηρ εκ λογου γνωριζεται), taucht hier wieder auf (zur Tradition dieser Stilauffassung seit der Antike s. Müller 1981).

Strang (1968) und Catford (1965) unterscheiden dagegen "Register" in einem engeren Sinne vom Stil und dem sprachlichen Medium und beziehen den Ausdruck ähnlich wie schon Reid auf die soziale Rolle des Sprechers. Im Anschluß an McH. Sinclair beschreibt Dixon (1964) Register als Weisen des Sprechens ("matters of mode"). Zur gleichen Zeit legen Halliday, McIntosh/Strevens (1964) ihre Version der Registertheorie vor, die von Enkvist, Spencer/Gregory (1964:87ff) weitgehend übernommen und von Ellis/Ure (1969) modifiziert und fortentwickelt wird. Seither hat das Konzept, ungeachtet seiner vielfältigen Versionen und terminologischen Nuancen (vgl. dazu Hess-Lüttich 1974), seine Fruchtbarkeit in zahlreichen Feldern Angewandter Linguistik erwiesen, vor allem als Kategorie der Stilistik (z. B. Spillner 1974:58ff, Sanders 1977:138ff, Spillner 1987:281ff), der Soziolinguistik (Gläser 1976:294–243, Crystal 1983:301), der Textlinguistik und Literaturanalyse (Lux 1981,Pritscher 1981), der Textwissenschaft und Diskursforschung (Hess-Lüttich 1985:166–186) und, nicht zuletzt, der Fachsprachenforschung (z. B. Arnon 1989, aber Gläser 1993).

1.3 Kriterien der Unterscheidung sprachlicher Register

Die weite Verbreitung und vielfältige Anwendung des Begriffs mag in seiner mangelnden Randschärfe begründet sein. Die Allgemeinheit seiner Definitionselemente wie 'situationsgemäßes' oder 'rollenspezifisches' Sprachverhalten, seine problemlose Verwendung in unterschiedlichen Sparten der Disziplin, seine Nähe zum alltagssprachlichen Gebrauch des Wortes ("der zieht ja alle rhetorischen Register") lassen ihn ebenso diffus wie beliebt erscheinen. Dies gilt auch für seine eher programmatisch-klassifikatorische als analytisch-deskriptive Kraft. Linguistische Analysen, die sich des Registerbegriffs bedienen, begnügen sich häufig mit wenigen und eher äußerlichen Merkmalen zur Differenzierung zwischen verschiedenen Registern, wobei auffällt, daß die Beispiele sehr häufig aus Fachsprachen ("languages for special purposes") entnommen werden.

Hudson (1980:50) unterscheidet sprachliche Register beispielsweise nach dem Grad der Technizität bzw. des Fachwissens in technisch/formal ("We obtained some sodium chloride"), nicht-technisch/formal ("We obtained some salt"), technisch/informell ("We got some sodium chloride") und nicht-technisch/informell ("We got some salt").

Als Kriterien zur Unterscheidung von Registern dienen überwiegend lexikalische Markierungen, die es erlauben oder nahelegen, einen Text oder eine Äußerung einem bestimmten Register (etwa dem der Piloten, der Mediziner, Theologen oder Sportler) zuzuordnen. In solchen Fällen ist die Nähe zur Fachsprachenforschung, aber auch zur klassischen Funktionalstilistik, nicht zu übersehen (Crystal 1983:301: "register of scientific, religious, formal English"). Die Verwendung disziplinspezifischer Fach- und Fremdwörter gilt dabei als ebenso konstitutiv wie die spezifischer Collocationen, Stilebenen und Phraseolexeme.

Deutlich seltener sind Hinweise auf morphologisch-syntaktische Charakteristika spezieller Register, etwa der Werbung, des Pressekommentars, des Pop-Songs, der Sportberichterstattung, des Gottesdienstes, des Wetterberichtes, des Kochrezeptes, der Speisekarte. Hier überschneiden sich die Beispiele meist mit Ergebnissen der linguistischen Beschreibung bestimmter Fachsprachen (Werbesprache, Sportsprache, Mediensprache), Textsorten (Predigt, Rezept, Wetterbericht, Bulletin, Kommuniqué), Redekonstellationen ("Baby-Talk", "Party-Talk", "Foreigner-Talk", "Talkshow"), Berufssprachen ("Banker-Jargon", "Soziologen-Deutsch", "Wirtschafts-Chinesisch", "Labor-Slang").

In Ausnahmefällen werden auch phonetische, chronemisch-stronemische, phonotaktische, rhythmische, prosodische Kriterien der Register-Differenzierung genannt (z. B. Predigt vs. Gebet vs. seelsorgerisches Gespräch oder Sprechtempo, Apokopen, Deletionen etc. zur Kennzeichnung 'informeller' Register vertrauter Konversation).

Je nachdem, welche Dimension des Registers im Vordergrund steht (1.4), variieren auch die formalen Beschreibungskriterien. Bei stärker thematisch, inhaltlich, sachlich geprägten "Operationsfeldern der Rede" (Hüllen 1973:133) überwiegen lexikalisch-terminologische Charakteristika. Wenn das Interesse stärker auf die Beziehung der Gesprächspartner, ihr Kommunikationsverhältnis oder ihre sozialen Rollen zielt, werden Gradationen stilistischer Selektion beschrieben, die ein Register z. B. auf einer Skala von Formalitätsgraden (z. B. Joos 1962: "frozen, formal, consultative, casual, intimite") anzusiedeln erlauben. Andere Gradationsachsen verbinden Kriterien wie vorbereitet – unvorbereitet, persönlich – unpersönlich, symmetrisch – asymmetrisch, gesprochen – geschrieben, regional – überregional, technisch – nicht-technisch etc. (Hess-Lüttich 1985:160).

So wird etwa die situationsspezifische Wahl zwischen zwei zu Gebote stehenden Sprachen – etwa des Französischen in öffentlichen oder amtlichen Sphären und des Letzeburgischen oder Bretonischen im Familien- oder Freundeskreise, zwischen Sakralsprache im religiösen Ritus und Profansprache im Alltagsverkehr – häufig auch als Wahl zwischen Registern beschrieben (Crystal 1983:301: "variety of language according to its use in social situations").

Der im deutschsprachigen Teil der Schweiz seit den 70er Jahren beobachtbare Wandel sprachlicher Gepflogenheiten läßt sich anschaulich *in terminis* der Register-Dimensionen beschreiben, wurde früher (auch noch nach dem 2. Weltkrieg und trotz wachsender Distanz zum "Reichsdeutschen") die Wahl zwischen Standardsprache ("Schriftdeutsch") und Dialekt (der jeweiligen Ausprägung dessen, was man, andernorts, so summarisch wie ungenau unter "Schwyzerdütsch" zu rubrizieren pflegt) vom Kriterium der Redekonstellation, Situation, sozialen Rolle bestimmt ("style of discourse", Dialekt im privaten, vertrauten, familiären Gespräch, Standardsprache im öffentlichen, formellen beruflichen Alltag), so fällt die Entscheidung heute zunehmend nach dem Kriterium des Mediums ("mode of discourse", Dialekt bei gesprochener Sprache, auch in öffentlichen Situationen des Fernsehinterviews oder der Talkshow und in formellen Kontexten des Fach- oder Amtsgesprächs, Standardsprache nur noch in Fällen schriftlicher Äußerung einschließlich verlesener Nachrichtentexte). Die Konsequenzen dieses markanten Wandels – im Hinblick auf kommunikative Reichweite, kulturellen Regionalismus, Vertiefung des "Röschtigrabens" im Innern, politische Verschärfung der Europadistanz nach außen – dringen dortzulande erst allmählich ins öffentliche (Sprach-) Bewußtsein.

1.4 Die Dimensionen des Register-Begriffs

Im Umkreis des Neo-Firthianismus und seiner Rezeption wird der Register-Begriff zumeist in drei (gelegentlich vier, Ellis/Ure 1969, oder auch acht, Crystal/Davy 1969, oder gar dreizehn, Hymes 1972) Dimensionen expliziert, die erste, die Dimension des "field of discourse" (auch "province", "domain", "topic", "genre", "area of operation in the language activity"), bezieht sich auf den Redegegenstand, den Inhalt der Verständigung, das Thema eines Textes (Ellis), den Texttyp, das Genre des Textes (Hill), das Sach-, Fach-, Arbeitsgebiet, in dem sprachlich gehandelt, über das sprachlich verhandelt wird.

Dabei können die Situationen (nach Halliday et al. 1964) grob danach unterschieden werden, welchen Stellenwert die Sprache in ihnen einnimmt, so kann die inhaltlich-verbale Auseinandersetzung im Vordergrund stehen wie in sachbezogener, fachlicher oder institutioneller Kommunikation, in Verhandlung, Hearing, Diskussion, in Vorlesung, Aufsatz oder Essay; Thema und Textsorte bestimmen die Wahl des (fachlich) angemessenen Registers. Oder der verbale Anteil der Kommunikation ist sekundär, situationsbezogen, empraktisch eingebettet in nicht-sprachliche Tätigkeiten, auf die deiktisch verwiesen wird. Beispiele hierfür wären etwa die Instruktions- und Demonstrationsprozesse in der betrieblichen oder medizinischen Ausbildung (Brünner 1987, Bliesener 1982). Oder sprachliches Handeln und nicht-sprachliches Verhalten laufen unverbunden nebeneinander her wie in Montagsgesprächen am Fließband. Die Kategorie beschreibt in der Tat ein weites Feld, es kann theoretisch-technische wie praktisch-operationale Bereiche umfassen, "the subject matter" ebenso wie "the whole event" und "what is going on" (Halliday et al. 1964:90), Thema und Funktion, Referenzakt und Sprechakt,

Gesprächsdomäne und Handlungstyp (vgl. kritisch Lux 1981:96, Hess-Lüttich 1985:185).

Ähnlich ambivalent ist die zweite Dimension, "mode of discourse" oder "medium" (Strang). Sie betrifft zunächst die Unterscheidung zwischen gesprochener und geschriebener Sprache mit ihren je spezifischen Merkmalen und Strukturen. Mit zunehmender medialer Differenzierung weitet sich auch diese Dimension aus ins Unübersichtliche, zumal sie sich nicht nur auf den kommunikativen Kanal und die Materialität des Mediums bezieht, sondern auch auf die Art und Weise ("mode"), in der sich Verständigung konkret vollzieht. Darüber hinaus verweisen die in der einschlägigen Literatur diskutierten Beispiele auch auf einen texttypologischen Aspekt der Kategorie, Textsorten wie Anzeigen, Limericks, Slogans, Briefe werden genannt; "the language of newspapers, of advertising, of conversation and of sports commentary [...] of literature" (Halliday et al. 1964:92) – dies berührt sich zum Teil mit dem, was unter dem Stichwort "field of discourse" verhandelt wird, mit wichtigen Nuancen freilich, im Focus stehen hier die medial bedingten und materiell (semiotisch) signifikativen Erscheinungsformen der Kommunikation – etwa die Signalwerte eines handgeschriebenen Billets gegenüber dem amtlichen Formbrief, des Fax-Schreibens gegenüber der e-mail message, die Variationen eines Stoffes in verschiedenen Mediensorten (Drama und Inszenierung, Drama als Film und Oper und Tanz und Comic-Strip und CD-ROM, vgl. Faulstich 1982, Hess-Lüttich 1991, Hess-Lüttich/Posner 1990).

Es leuchtet unmittelbar ein, daß mit dem Wechsel der Mediensorte einerseits, mit dem der Textsorte andererseits auch Veränderungen der linguistischen, der allgemein semiotischen Strukturen der 'Texte' (im weiten Sinne, Hess-Lüttich 1981) einhergehen. Dies kann jedoch nur der Ausgangspunkt sein für die genaue Analyse dieser Veränderungen und ihrer Konsequenzen für den Wandel der kommunikativen Gepflogenheiten in einer durch Medienvielfalt geprägten Welt.

Die dritte Dimension schließlich ist die vielleicht schillerndste, "style of discourse" (auch "tenor", "formality", "rôle"). Sie definiert das Verhältnis der Kommunikatoren zueinander, Laie und Experte, Kunde und Anbieter, Vorgesetzter und Untergebener, Lehrer und Schüler, Eltern und Kinder, Widersacher, Gleichgesinnte, Freunde, Vertraute, Männer, Frauen und alles, was dazwischen liegt, je nach Definition der Beziehung und sozialen Rolle und gegebenen Situation stufen die Beteiligten ab und wählen das (im Glücksfalle passende) Register aus dem ihnen zu Gebote stehenden Repertoire stilistischer Nuancierung.

Dies ist der systematische Ort der Erforschung der kulturell so vielfältigen Formen der Höflichkeit (Brown/Levinson 1987), der Anredeformen (Winter 1984), der institutionellen Kommunikation (Giesecke 1988, Koerfer 1994), des Variationsreichtums fachlicher Kommunikation, deren eminent soziale Dimension die Fachsprachenforschung endlich zu durchleuchten und zu entschlüsseln beginnt (Bungarten 1986, Hess-Lüttich 1986b).

In der Praxis der Verständigung ebenso wie in ihrer Analyse wirken diese Dimensionen natürlich stets zusammen und bestimmen die Wahl und Beschreibung des Registers mit der charakteristischen Auswahl aus dem Repertoire der Zeichen. Texte werden danach hinsichtlich der Register-Dimensionen sortiert, "Many texts can be located roughly on the same points on the clines of field, mode, and tenors. For example, 'lectures (modes and tenors) on geography (field)', 'sermons (field, mode, and tenors)', 'cooking (field) recipe (tenors) books (mode)', 'personal (field and tenors) conversations (tenor and mode)'. These represent registers, the varieties according to use of which a text may be regarded as an instance" (Gregory/Carroll 1978:9, vgl. Spillner 1987:282).

In fachlicher Kommunikation drängt es den Experten vielleicht zur Mitteilung der Ergebnisse seines Forschens, er macht sich Notizen und gliedert den Stoff, er schreibt einen Aufsatz nach den Konventionen seines Faches für eine Zeitschrift seiner Zunft, er kondensiert die Ergebnisse für einen Handbuchartikel und formuliert sie um für seine Vorlesung, er faßt zusammen in Gutachten, Forschungsanträgen und -berichten, er hält einen Vortrag vor Kollegen und später vor einem informierten Laienpublikum, er äußert sich zum Thema in Interviews, Talkshows oder in Zeitungsartikeln, den Gehalt bereitet er auf in Skripten für Studenten oder in Hypermedia-Lernprogrammen, in Briefen gibt er Hinweise, und in ironischen Glossen gewinnt er Distanz zur Zunft und zum Thema – und nur bei treffender Wahl des jeweils passenden Registers kann er hoffen auf Resonanz und Interesse und damit, im Glücksfalle, auf so etwas wie fachliche *Kommunikation.*

2. Register und Fachkommunikation

2.1 Vom Status der Fachsprachen

Wer Fachsprachen als Register betrachten will, muß sich mit konkurrierenden Ansätzen und benachbarten Auffassungen vom Status der Fachsprachen im Verhältnis zur Standardsprache auseinandersetzen. Dabei weist der registertheoretische Ansatz zu den traditionellen von der Lexikologie und Terminologieforschung geprägten Überlegungen zum Verhältnis von Fach- und "Gemeinsprache" noch die vergleichsweise größte Distanz auf. Eine sehr viel stärkere Affinität besteht aufgrund verwandter sprachtheoretischer Prämissen zu text- und soziolinguistischen Auffassungen von Fachsprachen als Varietäten, Subsprachen, Gruppensprachen, Funktionalstilen.

Mit der Bestimmung von Fachstilen als Varietäten verbindet der registertheoretische Ansatz die Zuordnung von Fachsprachen zu den situativ-funktionalen Varietäten. Dem Vorschlag von Adamzik (1997:10), die Variationsdimensionen um das zu ergänzen, "was eine Fachsprache am eindeutigsten charakterisiert und was bei aller Variation gleich bleibt", nämlich das Fach, der Gegenstand, das Thema, korrespondiert ziemlich exakt die "field"-Dimension des Registers. Ist der Gegenstand ein fachlicher (wissenschaftlicher, technischer etc., also z. B. geologischer, ingenieur-wissenschaftlicher, poetologischer), so haben wir es mit einem Fach-Register (der Geologie, Ingenieurwissenschaft, Literaturtheorie) zu tun, sofern und insoweit die anderen Dimensionen dem nicht entgegenstehen (wie in Fällen von "Registertransferenz", Ironie, Jargon usw., s.u. 2.4). Im übrigen teilen beide Ansätze jene Probleme, die in ihrer sehr weiten ("globalen") Modellierung begründet sind. Für ihre fruchtbare Anwendung in Detailuntersuchungen müßten ihre Beschreibungsinstrumentarien (diachronisch, typologisch, kategorial) noch erheblich differenziert werden, ohne damit eine Festlegung etwa auf ein bestimmtes Grammatikmodell (etwa der Varietätengrammatik einerseits, der *Stratificational Grammar* oder *Systemic Grammar* andererseits) zu verbinden.

Register werden immer wieder als "language varieties" definiert, aber auch als "subsystems" einer Sprache, die ein Sprecher nach Maßgabe dessen, worüber er sich zu verständigen strebt, zu aktualisieren vermag. Fachsprachen als "Subsprachen" werden (nach Hoffmann 1997:4) vom "Sachgebiet oder Kommunikationsbereich" bestimmt. Dies entspricht wiederum der inhaltlichen Dimension des Registers, wovon die Rede ist. Wenn Subsprachen freilich lapidar als "another dimension of linguistic variations in addition to register, style, dialect and routine" (Kittredge/Lehrberger 1982:6) eingeführt werden, so bleibt da noch ebensoviel Raum für die innere Differenzierung der spezifischen Art ihres Wechselverhältnisses wie bei der Feststellung, daß "die Termini *Subsprache* und *Register* [...] oft als Synonyme gebraucht" würden (Hoffmann 1997:14).

Wenn Subsprachen (vgl. "Substandard" in der Dialektforschung und in der Soziolinguistik) in der Fachsprachenforschung über das Fach bzw. den Kommunikationsbereich definiert werden, so ist im Auge zu behalten, daß dieser Aspekt nur eine von mehreren Dimensionen des Registers betrifft und daß überdies Ausdrücke wie "field of discourse", "Fach", "Kommunikationsbereich", "Domäne", "Sphäre" etc. keineswegs alle einfach mehr oder weniger dasselbe besagen. Im übrigen wäre zu prüfen, welchen begrifflichen Gewinn die Rede von Fachsprachen als Subsprachen bringt, wenn beides praktisch weitgehend ineins gesetzt wird.

Demgegenüber nimmt die Auffassung von Fachsprachen als Gruppensprachen einen ganz spezifischen Aspekt der Fachkommunikation in den Blick, der von einer lexikologisch verengten Fachsprachenforschung lange vernachlässigt wurde, den Aspekt nämlich, daß Fachsprachen uns nicht nur als 'Objekte' in Texten entgegentreten, sondern zugleich Hinweise auf die Subjekte enthalten, die da fachlich sich miteinander zu verständigen suchen. Diese Symptomfunktion der Sprache (Hess-Lüttich 1988) ist in fachlicher Kommunikation entgegen landläufigem Vorurteil ja keineswegs suspendiert.

Diesen Aspekt hebt die Registertheorie mit ihrer Dimension des "style of discourse" hervor, die die sozialen Rollen der Subjekte, hier der Experten und ihr Verhältnis zueinander, in den Vordergrund rückt. In diesem subjektbezogenen Sinne kann man das "Fach" in der Tat (z. B. mit Wichter 1994:21) als "die Gruppe der Experten" auffassen oder die Fachsprache als "das sprachliche System der Experten" (Wichter 1994:43). "Sprache als Gruppen-Zeichen" (Hess-Lüttich 1986a) zu betrachten, legt die Registertheorie insofern nahe, als in ihr die Analyse von Fachsprachen sich nicht mit der Kompilation lexikalischer Listen, dem Aufweis statistischer Verteilungen syntaktischer Bauformen, der Sortierung typischer Wortbildungsmuster und Textbausteine begnügt, sondern Fachkommunikation als dialogischen Prozeß sozialer Subjekte exponiert, in deren Kommunikation nicht nur "das Fachliche" sich niederschlägt, sondern auch die das Fach kennzeichnenden Erfahrungssedimente und Realitätsorientierungen der Experten, deren Kollektivität Fachlichkeit zuallererst begründet.

Fachsprache ist hier im Sinne Hallidays (1978) eine semiotische Organisationsform sozialer Erfahrungen. Die Summe der Erfahrungen verdichtet sich (nach Möhn 1997:6f) zu "Wirklichkeitskonzepten (= Erfahrungsschemata), die in der Sprache objektiviert werden", und diese ist "intersubjektiv, gruppenkonstituierend und somit für die Gruppenmitglieder in hohem Maße verpflichtend". Sie figuriert als Mitgliedschaftsausweis und Identitätsmarkierung – und wirksame Sanktionen hat nicht selten zu gewärtigen, wer sich darüber hinwegzusetzen glaubt leisten zu dürfen.

Wenn Möhn (1997:11), in beinahe sakralem Ton, von der "Initiation der Gruppennovizen" spricht, so illustriert dies anschaulich die Bedeutung der Balance zwischen "sachorientiertem" und "gruppentypischem" Handeln für den, der im Fache sich behaupten können soll und will. Das Verhältnis von Fach- und Gruppensprache hat Peter von Polenz (1981) als das eines Kontinuums beschrieben, Fachsprache im Sinne einer

Spezial- und Spezialisten-Sprache sei objektorientiert und als 'Soziolekt' zugleich gruppengebunden. Je stärker jedoch die soziolektale Gruppenbindung gegenüber der funktionalen Sachorientierung hervortrete, desto mehr werde die Fachsprache zum Fachjargon, der eher der Signalisierung oder symptomatischen Erkennung der Gruppenzugehörigkeit diene als der Förderung und Effektivierung von Arbeits- und Lernprozessen (von Polenz 1981:86).

Gerade im Respekt vor diesem sprachkritischen Motiv muß das Interesse moderner Fachsprachenforschung beidem gelten, den erkenntnisleitend-sachorientierten Funktionen ebenso wie den gruppenkonstituierend-soziolektalen Funktionen fachlicher Verständigung (vgl. Bungarten 1981:43ff). Die registertheoretische Modellierung erlaubt hier einen gleichsam neutralen Ansatz, da sie mit ihrem einerseits fachbezogenen ("field") und andererseits sprecherbezogenen ("rôle") Interesse beide Perspektiven gleich ernst nimmt, ohne die eine von vornherein als positiv (weil vorgeblich 'objektiv', sachorientiert) und die andere als negativ (weil 'subjektiv', gruppenorientiert, womöglich prestige-motiviert) zu werten. Darüberhinaus trägt sie mit ihrem text-, medien- und textsortenbezogenen Interesse ("mode") zugleich zentral der medialen Differenzierung Rechnung, die unbestreitbar für die Fachkommunikation zunehmend an Bedeutung gewinnen wird (Hess-Lüttich 1986b, 1994, 1995).

2.2 Funktionalstilistik und Registertheorie

Wissenschaftshistorisch gesehen sind Funktionalstilistik und Registertheorie zunächst unabhängig voneinander entstandene Parallelentwicklungen, wobei die Querbezüge erst relativ spät explizit zutage traten. Sie sind übrigens nicht nur von wissenschaftsgeschichtlichem Interesse (Gläser 1997), sondern können in texttheoretischer Absicht rekonstruiert und fortentwickelt werden (Hess-Lüttich 1985a, b). So lassen sich funktionalstilistische und registertheoretische Überlegungen unter variationslinguistischen Gesichtspunkten unschwer miteinander verknüpfen – z. B. Hallidays Varietäten "according to user" und "according to use" mit Jelíneks "subjektiven" und "objektiven" stilbildenden Faktoren, in beiden Fällen läßt sich die sprachliche (textuelle) Variation ableiten entweder aus der Selektion stilistischer Varietäten in bezug auf das Individuum und seine psychischen, sozialen, regionalen, biographischen, kulturellen usw. Dispositionen im Sinne idiolektisch-endogener Straten oder aus der Selektion stilistischer Varietäten in bezug auf konventionelle Gebrauchsschemata und ihre funktionalen, situativen, medialen Bedingungen im Sinne soziolektisch-exogener Typik.

Auch die einzelnen Dimensionen der Registertheorie lassen sich auf einzelne "stilbildende Faktoren" beziehen, wie sie in der Prager Schule klassifiziert wurden. So haben die Aspekte des Themas, Redegegenstandes, Gesprächsbereiches, Kommunikationssektors systematische Anschlußstellen in der Registerdimension des "field of discourse". Die Definition der Partnerbeziehungen und der 'Adressfaktoren' wird in der Dimension des "style (rôle) of discourse" berücksichtigt. Dem medialen Faktor phonischer oder graphischer Realisierung des Textes trägt die Dimension des "mode of discourse" Rechnung.

Die objektbezogenen Stil-*Konstituenten* und die subjektbezogenen Stil-*Komponenten* sind als "stilformende Prozesse" (Dolezel) oder "stilbildende Faktoren" (Havránek) eingebettet in das Spannungsfeld zwischen *Sprachnorm* als derjenigen Instanz, die die Ausdrucksmittel normiert, also das *Inventar* der Sprache betrifft, und *Stilnorm* als derjenigen Instanz, die die Selektion dieser Ausdrucksmittel normiert, also die kommunikative Aktivität in der Sprachverwendung betrifft. Dies entspricht ziemlich genau dem, was Halliday als das System der "extrinsic functions" aus psychologischen (Bühler), ethnographischen (Malinowski) und semiotischen (Morris) Forschungstraditionen kategorial systematisiert und den "intrinsic functions" zur Seite gestellt hat (vgl. Hess-Lüttich 1985a:160 Abb. 6, 1985b:180 Abb. 8).

Eine modern instrumentierte Diskursforschung (im Sinne von *discourse analysis*), die sich ihrer (wissenschafts-)historischen Wurzeln und Quellen bewußt bleibt, läßt die dort bereits entwickelten Modelle zur vollen Geltung gelangen in der Anwendung auf Forschungssektoren der Fachkommunikation, aber auch der institutionellen, interkulturellen, öffentlichen und, nicht zuletzt, ästhetischen Kommunikation.

2.3 Fach-Register

Der Ausdruck "Fach-Register" soll keineswegs eine Identität von Fachsprache und Register suggerieren, die es nach Gläser (1993:577) nicht geben könne (wenn sie auch im darauffolgenden Satz in den englischen Äquivalenten "eine bestimmte Ähnlichkeit zwischen *register* und *language for special/specific purposes*" konzediert), sondern als Instrument dienen zur besseren Erschließung der inneren Differenzierung von Fachsprachen. Gerade weil das Konzept funktionale, soziale und mediale Komponenten in sich vereint, trägt es den vielfach facettierten Bedingungen fachlicher Verständigung systematisch Rechnung.

In der *disziplinsystematisch-funktionalen* Dimension des Fach-Registers kann die thematische Staffelung fachlich geprägten Diskurses differenziert beschrieben werden im Hinblick auf das in Rede stehende Fach (z. B. Medizin, Jurisprudenz), die Teildisziplin (z. B. Innere Medizin, Strafrecht), den Redegegenstand (z. B. Zuckerkrankheit, Aussage im Strafprozeß) je nach Funktion und Situation ("Sie haben Zucker" oder "Laborbefund: Diabetes mellitus", "Ich weise Sie darauf hin, daß Sie nach § 243 Abs. 4 StPO das Recht zur Verweigerung der Aussage haben" oder "Sie brauchen dazu jetzt nichts zu sagen"). Dies trägt zugleich dem in der Praxis ja keineswegs seltenen Problem der Abgrenzung zwischen genuin fachlicher und noch nicht oder nicht mehr fachlicher Redeweise Rechnung, da Sprachgebrauch sich nun einmal nicht immer so übersichtlich in distinkte Klassen von Varietäten sortieren läßt, wie Linguisten dies gerne hätten.

Mit der *medial-typologischen* Dimension des Fach-Registers sind die eminent wichtigen Probleme der Fachtextsorten (Kalverkämper 1982, Hoffmann 1988) ebenso exponiert wie die des Mediums, des Medienwechsels, der Intermedialität, der Multimedialität (Hess-Lüttich 1987). Natürlich lassen sich bei konstant oder invariabel gehaltenem Thema große Unterschiede der Textstruktur und Stilelemente beschreiben, wenn ein Experte seinen Gegenstand in einem Aufsatz, Vortrag, Podiumsgespräch, Fernsehmagazin, Presseinterview, Brief oder Internet abhandelt (s.o.). Die Entwicklungen im Bereich 'Multimedia' oder 'Hypermedia' (Hess-Lüttich 1994 und 1995, Sager 1995) mit ihren mehrfach codierten Textstrukturen erfordern nachdrücklich die semiotische Erweiterung des Beschreibungsinstrumentariums der Fachsprachenlinguistik, weil die Sprache nun einmal von diesen medialen Bedingungen ihrer Übermittlung und Manifestationsform nicht unberührt bleibt.

Die *sozial-konstellative* Dimension des Registers schließlich erlaubt den systematischen Einbezug der Kategorie des 'Kommunikationsverhältnisses' (Hess-Lüttich 1981) als der verallgemeinerten Rollenkomplementarität der an der Fachkommunikation beteiligten Subjekte. Je nach Adressaten-Konstellation nimmt etwa der wissenschaftliche

Experte unterschiedliche Rollen ein, wenn er sein Thema (schriftlich, mündlich, technisch vermittelt) behandelt, als Lehrer, Kollege, Forscher, Gutachter, Konkurrent, Schüler, Organisator, Gremienmitglied, Kongreßpräsident, Prüfer, Interviewpartner, Mutter usw. Auch der Maurerpolier bespricht ein technisches Problem mit dem Bauingenieur anders als mit dem Lehrling. Der Geologe äußert sich zu einem Thema im Gutachter-Hearing der Auftraggeber anders (stilistisch wohlgemerkt, nicht im Ergebnis, hoffentlich) als 'im Felde' gegenüber studentischen Teilnehmern seiner Exkursion oder ausländischen Besuchern seines Labors. Selbst- und Fremdbild werden in der Rede mitvermittelt – und das mag sich ändern in der Biographie eines Lebens, wer schreibt seine Alters-*Summa* zur Situation des Faches in souveränem Résumé noch so wie seinen ersten Aufmerksamkeit heischenden Aufsatz oder im angestrengten Stil seiner frühen Qualifikationsschriften?

In je gegebener Situation entspannt sich das triadische Konzept des Fach-Registers zwischen den Polen des Faches mit seiner (horizontalen?) Tiefenstaffelung, des Mediums in seiner semiotisch materialen Komplexität und typologischen Klassifikationshierarchie und des Kommunikationsverhältnisses, dessen potentielle (nur vertikale?) Definitionspluralität sich subtil sedimentiert im sprachlichen Ausdruck – dem alten Topos gemäß (in der Fassung Ben Jonsons etwa, "Speake that I may see thee"). Jeder Versuch einer schematischen Darstellung dieses komplexen Zusammenhangs enthüllt die Grobheit seiner linearen Vereinfachung (Abb. 1).

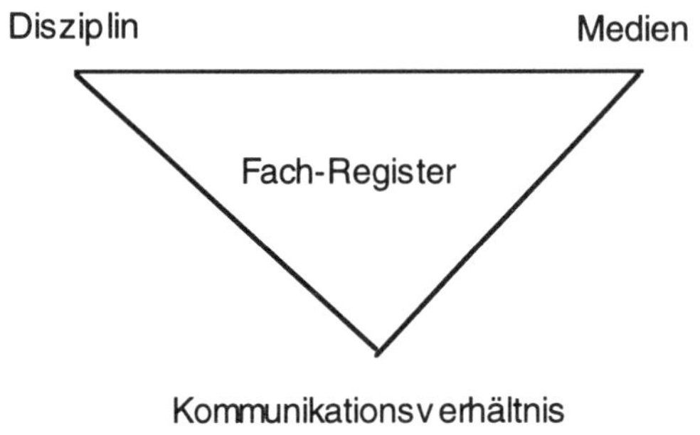

Es ist nicht zu bestreiten, daß der (linguistische) Begriff des Registers in den letzten vierzig Jahren seines Gebrauches im Fache in der vielfältigsten Weise variiert wurde, was seine Konturen ein wenig hat verschwimmen lassen – die von Gläser (1993) fleißig kompilierten Beispiele geben ein eindrucksvolles Zeugnis vom erreichten Stande der terminologischen Stringenz in der Linguisten-Zunft –, aber das muß ja nicht auf immer und ewig so bleiben, es sei denn, man folgte der Empfehlung (s.o.), künftig überhaupt auf ihn zu verzichten.

2.4 Das "unpassende" Register, Dissonanz, Transferenz, Parodie

Das passende Register zu ziehen, dazu bedarf es der Feinabstimmung seiner Dimensionen, was einige Fertigkeit im Gebrauch der Sprache voraussetzt. Keine ganz neue Einsicht, wie die Tradition des *aptum*-Postulats seit den Rhetorikern der Antike zeigt. In der Regel geschieht das intuitiv, der Pfarrer findet den richtigen Ton in der Gemeinde, der Forscher vermeidet beim Party-Gespräch pedantische Referate seiner Werkstattergebnisse, der Politiker verdeutlicht dem Wähler die Probleme dieser Welt und daß er sie im Griffe hat, der Sozialarbeiter vergißt beim "street-working" das Soziologendeutsch seiner Ausbildung, der Professor wird von seinen Studenten sowieso immer verstanden. Und doch lehrt die Erfahrung, daß es gelegentlich Ausnahmen von der Regel gibt.

Aus der Kontrastiven Linguistik, der Interkulturellen Germanistik und der Fremdsprachendidaktik wissen wir, daß die Wahl eines "unpassenden" Registers zu den häufigsten Ursachen kommunikativer Irritationen (auch handfester Mißverständnisse) zählt zwischen den Angehörigen verschiedener Sprach- und Kulturgemeinschaften. "Fehler" werden den "Lernern" (Ausländern, 'Anderen', Fremden usw.) im phonemisch-prosodischen oder morpho-syntaktischen Bereich viel eher nachgesehen als im stilistischen Bereich etwa der Wahl des Registers, ohne daß dies den Beteiligten immer bewußt sein muß. Solche Mißgriffe, die gelegentlich auch unter dem Stichwort "Xenismen" beschrieben werden, also sprachliche Indikatoren der Fremdheit in einer Sprachgemeinschaft (Ehlich 1986), sind jedoch keineswegs auf Situationen beschränkt, in denen sich Angehörige verschiedener Kulturen begegnen.

Dieselbe Fremdheit im kommunikativen Gebaren tritt nämlich häufig auch zwischen Menschen zutage, die sich innerhalb einer Sprachgemeinschaft unterschiedlichen Subkulturen zurechnen. Ihr Ausdruck ist nicht selten die Wahl eines nicht als angemessen empfundenen Registers. Der Bereich der Fachkommunikation bietet dafür eine Fülle von Beispielen – etwa wenn Experten aus verschiedenen Disziplinen einander begegnen und dabei in ihren jeweiligen Begrifflichkeiten, Denkschulen, Weltsichten befangen bleiben; oder wenn Laien von Fachleuten Auskunft begehren über Ergebnisse ihrer Arbeit und beide Seiten dabei auf 'Übersetzungsprobleme' stoßen; oder wenn wissenschaftliche Erkenntnisse "mediengerecht aufbereitet" werden und dabei die Urheber sich darin nicht wiederzuerkennen vermögen oder die Adressaten sich überfordert (oder nicht ernstgenommen) fühlen; oder wenn Patienten und Klienten Rat suchen von Medizinern und Juristen, die kompetent in der Sache sich äußern und den Verstehenshorizont der Ratsuchenden dabei aus dem Blick verlieren; oder wenn die Konsumenten von Pharmaprodukten und die Besitzer von Haushaltsgeräten oder Personalcomputern ratlos über Beipackzetteln, Bedienungsanleitungen, Benutzerhandbüchern brüten; oder wenn Spezialisten ihren für Fachkollegen formulierten Vortrag noch einmal vor einem gähnenden Laienpublikum halten; oder wenn fachliche Informationen beim Wechsel des Mediums ihrer Präsentation verzerrt werden oder gar verloren gehen.

Die Fähigkeit zur Wahl des passenden Registers will gelernt sein. Jeder Deutschlehrer weiß ein Lied davon zu singen, wie Schüler in ihren Aufsätzen über erhabene Themen und hohe Literatur das angemessene Register ihres Kommentars kurios verfehlen; mancher Handbuch-Herausgeber sieht sich Beiträgen konfrontiert, die seinem Verständnis der Textsorte nicht entsprechen; für Werbetexter kann das Verfehlen des richtigen, d. h. kommunikativ (und damit auch kommerziell) wirksamen Registers geradezu existentielle Folgen zeitigen. Umgekehrt können sie zuweilen gerade durch die Verletzung eingeschliffener Erwartungen und Vertextungsmaximen erst den eigentlichen Erfolg erzielen; ganze Gattungen zogen aus diesem Verfahren der Wahl des 'unpassenden' Registers Stoff und Wirkung. In Literatur und Medien ist es ein beliebtes Stilmittel zur Erzeugung komischer Effekte. Die Stilfigur des Malapropismus (nach Richard Brinsley Sheridans Drama *Mrs. Malaprop*) beruht auf demselben Prinzip, Verfehlung der Stilebene, *genus gravis* in seichter Situation und leichter Thematik. Frau Stöhrs Fischsoßenerläuterungen in Thomas Manns *Zauberberg* oder Käfersteins Erklärung "gesellschaftspsychologischer Zwischenfälle" in Gerhart Hauptmanns *Ratten*, umgekehrt die entlarvenden Mittel der Bauer, Bernhard und Turrini im "neuen deutschen Volksstück" (Hassel/Herzmann 1992), der 'hohe Ton' bei trivialem Sachverhalt, der Griff in die untere Sprach-Schublade bei ernsten Problemen – stets hat die Verletzung des *aptum*-Postulats, die komische Diskrepanz zwischen Stilebene und Referenzebene zugleich erkenntnisaufschließende Funktion.

Die komische oder satirische Wirkung resultiert aus bewußten und gezielt gesetzten 'Abstimmungsfehlern' in einer der Dimensionen des Registers, etwa wenn das christliche Weihnachtsfest Gegenstand einer Glosse im Register eines medizinischen Bulletins aus dem Bereich der Krebsforschung ist (Hess-Lüttich 1974), oder wenn die Bibel als Musical ("Das Leben des Brian") oder Einsteins Relativitätstheorie als Comic-Strip präsentiert werden, oder wenn in einer ingenieurgeologischen Fachzeitschrift ein Text erscheint, der sich erst auf den zweiten Blick als Paradebeispiel für Registertransferenz und Parodie fachsprachlicher Konventionen enthüllt [cf. Text als Faksimile, Abb. 2].

Bibliographie

Adamzik, K. (1997), Fachsprachen als Varietäten. In: Hoffmann, L./Kalverkämper, H./Wiegand, H. E. (Hg) (1977), *Fachsprachen*. Berlin/New York [Ms. im Druck].

Arnon, R. (1989), Technical English, The Linguistic Analyses of Some Registers. In: Laurén, C./Nordmann, M. (eds) (1989), *From Office to School, Special Language in Internationalisation*. Clevedon/Philadelphia: 49–58.

Bliesener, Th. (1982), *Die Visite – ein verhinderter Dialog. Initiativen von Patienten und Abweisungen durch das Personal*. Tübingen.

Brown, P./Levinson, S. C. (1987), *Politeness. Some Universals in Language Usage*. Cambridge/London.

Brünner, G. (1987), *Kommunikation in institutionellen Lehr-Lern-Prozessen. Diskursanalytische Untersuchungen zu Instruktionen in der betrieblichen Ausbildung*. Tübingen.

Bungarten, Th. (Hg) (1981), *Wissenschaftssprache. Beiträge zur Methodologie, theoretischen Fundierung und Deskription*. München.

Bungarten, Th. (Hg) (1986), *Wissenschaftssprache und Gesellschaft. Aspekte der wissenschaftlichen Kommunikation und des Wissenstransfers in der heutigen Zeit*. Hamburg.

Catford, J. C. (1965), *A Linguistic Theory of Translation*. London.

Crystal, D. (1981), Objective and subjective in stylistic analysis. In: Crystal, D. (ed) (1981), *Directions in Applied Linguistics*. London:147–162.

Crystal, D. (1983), *A First Dictionary of Linguistics and Phonetics*. Worcester/London.

Crystal, D. (1988), *The Cambridge Encyclopedia of Language*. Cambridge/New York.

Crystal, D./Davy, D. (1969), *Investigating English Style*. London/Harlow.

Dixon, R. M. W. (1964), On Formal and Contextual Meaning. *Acta Linguistica* 14: 23–46.

Dixon, R. M. W. (1966), *What is Language? A New Approach to Linguistic Description*. London.

Ehlich, K. (1986), Xenismen und die bleibende Fremdheit des Fremdsprachensprechers. In: Hess-Lüttich, E. W. B (Hg) (1986), *Integration und Identität. Soziokulturelle und Psychopädagogische Probleme im Sprachunterricht mit Ausländern*. Tübingen: 43–54.

Ellis, J./Ure, J. N. (1969), Language Varieties, Register. In, Meetham, A.R. (ed) (1969), *Encyclopaedia of Linguistics, Information and Control*. London: 251–259.

Enkvist, N. E., Spencer, J./Gregory, M. (1964), *Linguistics and Style*. London.

Faulstich, W. (1982), *Medienästhetik und Mediengeschichte*. Heidelberg.

Firth, J. R. (1937), The Tongues of Men. London. (Wiederabdruck in *The Tongues of Men and Speech*. London 1964:1–138).

Giesecke, M. (1988), *Die Untersuchung institutioneller Kommunkation. Perspektiven einer systemischen Methodik und Methodologie*. Opladen.

Gläser, R. (1976), Die Stilkategorie 'register' in soziolinguistischer Sicht. *Zeitschrift für Phonetik, Sprachwissenschaft und Kommunikationsforschung* 29/3: 234–243.

Gläser, R. (1993), Der britische Register-Begriff im Lichte der Fachsprachenforschung. In: Bungarten, Th. (Hg) (1993), *Fachsprachentheorie*. Bd. II. Tostedt: 567–594.

Gläser, R. (1997), Fachsprachen und Funktionalstile. In: Hoffmann, L./Kalverkämper, H./Wiegand, H. E. (Hg) (1997), *Fachsprachen*. Berlin/New York [Ms. im Druck].

Glück, H. (Hg) (1993), *Metzler Lexikon Sprache*. Stuttgart/Weimar.

Gregory, M./Carroll, S. (1978), *Language and situations. Language varieties and their social contexts*. London.

Halliday, M. A. K./McIntosh, A./Strevens, P. (1964), *The Linguistic Sciences and Language Teaching*. London.

Halliday, M. A. K. (1978), *Language as Social Semiotic*. London.

Hartmann, R. R. K./Stork, F. C. (1976), *Dictionary of Language and Linguistics*. London.

Hassel, U./Herzmann, H. (Hg) (1992), *Das zeitgenössische deutschsprachige Volksstück*. Tübingen.

Hess-Lüttich, E. W. B. (1974), Das sprachliche Register. Der *register*-Begriff in der britischen Linguistik und seine Relevanz für die Angewandte Sprachwissenschaft. *Deutsche Sprache* 2/4: 269–286.

Hess-Lüttich, E. W. B. (1981), *Grundlagen der Dialoglinguistik*. Berlin.

Hess-Lüttich, E. W. B. (1985), *Zeichen und Schichten in Drama und Theater*. Berlin.

Hess-Lüttich, E. W. B. (1985a), Prag: Extrinsisch-funktionalstilistische Instrumente und Stiltypen. In: Hess-Lüttich, E. W. B. (1985): 151–166.

Hess-Lüttich, E. W. B. (1985b), London: Intrinsisch-textlinguistische Instrumente und Stilschichten. In: Hess-Lüttich, E. W. B. (1985): 166–186.

Hess-Lüttich, E. W. B. (1986a), Sprache als Gruppen-Zeichen. In: Schöne, A. (Hg) (1986), *Kontroversen, alte und neue. Akten des VII. IVG-Kongresses Göttingen 1985*. Bd. 3 Tübingen: 119–127.

Hess-Lüttich, E. W. B. (1986b), Experten-Deutsch für Initiierte und Immigrierte, Gruppensprachen – Berufssprachen – Fachsprachen. In: Eggers, D. (Hg) (1986), *Jahrbuch Deutsch als Fremdsprache* 12. München:134–150.

Hess-Lüttich, E. W. B. (1987), Fachsprachenerwerb im Zweitsprachenerwerb. Probleme der Vermittlung von Fachsprachen in ethnisch heterogenen Gruppen. In: Sprissler, M. (Hg) (1987), *Standpunkte der Fachsprachenforschung*. Tübingen: 111–128.

Hess-Lüttich, E. W. B. (Hg) (1987a), *Text Transfers. Probleme intermedialer Übersetzung*. Münster.

Hess-Lüttich, E. W. B. (1988), Die sozialsymbolische Funktion der Sprache. In: Ammon, U./Dittmar, N./Mattheier, K. J. (Hg) (1988), *Sociolinguistics/Soziolinguistik. An International Handbook of the Science of Language and Society*. Bd. 2. Berlin/New York: 1119–1126.

Hess-Lüttich, E. W. B./Posner, R. (Hg) (1990), *Codewechsel. Texte im Medienvergleich*. Opladen.

Hess-Lüttich, E. W. B. (Hg) (1991), *Literature and Other Media. Teaching German in the Age of Multimedia Communication*. Tübingen.

Hess-Lüttich, E. W. B. (1994), Multimedia Communication. In Müller, J. E. (Hg) (1994), *Towards a Pragmatics of the Audiovisual. Theory and History*. Vol. 1. Münster: 47–60.

Hess-Lüttich, E. W. B. (1995), Text, Intertext, Hypertext. Zur Texttheorie der Hypertextualität. In: Söring, J. (Hg) (1995), *Literatur und Automaten*. Frankfurt/M. [Ms. im Druck].

Hill, T. (1958), Institutional Linguistics. *Orbis* 7: 441–455.

Hoffmann, L. (1988), *Vom Fachwort zum Fachtext. Beiträge zur angewandten Linguistik*. Tübingen.

Hoffmann, L. (1997), Fachsprachen als Subsprachen. In: Hoffmann, L./Kalverkämper, H./Wiegand, H. E. (Hg) (1997), *Fachsprachen.*Berlin/New York [Ms. im Druck].
Hudson, R. A. (1980), *Sociolinguistics*. London.
Hüllen, W. (1973²), *Linguistik und Englischunterricht 1. Didaktische Analysen*. Heidelberg.
Hymes, D. (1972), Models of the Interaction of Language and Social Life. In: Gumperz, J. J./Hymes, D. (eds) (1972), *Directions in Sociolinguistics, The Ethnography of Communication*. New York: 35–71.
Joos, M. (1962), *The Five Clocks*. Bloomington.
Juchem, J. G. (1984), Die Konstruktion des Sprechens. Kommunikationssemantische Betrachtungen zu Philipp Wegener. *Zeitschrift für Sprachwissenschaft* 3/1: 3–18.
Kalverkämper, H. (1982), Fachsprache und Textsorten. In: Høedt, J. et. al. (eds) (1982), *Proceedings of the 3rd European Symposium on LSP. Copenhagen, August 1981: Pragmatics and LSP*. Kopenhagen: 105–168.
Kalverkämper, H. (1987), Vom Terminus zum Text. In: Sprissler, M. (Hg) (1987), *Standpunkt der Fachsprachenforschung*. Tübingen: 39–78.
Kittredge, R./Lehrberger, J. (Hg) (1982), *Sublanguage. Studies of Language in Restricted Semantic Domains*. Berlin/New York.
Koerfer, A. (1994), *Institutionelle Kommunikation. Zu Methodologie und Empirie der Handlungsanalyse*. Opladen.
Lux, F. (1981), *Text, Situation, Textsorte. Probleme der Textsortenanalyse, dargestellt am Beispiel der britischen Registerlinguistik. Mit einem Ausblick auf eine adäquate Textsortentheorie*. Tübingen.
Malinowski, B. (1935), *Coral Gardens and their Magic*. 2 vols. London.
Möhn, D. (1997), Fachsprache als Gruppensprache. In: Hoffmann, L./Kalverkämper, H./Wiegand, H. E. (Hg) (1997), *Fachsprachen*. New York [Ms. im Druck].
Monaghan, J. (1979), *The Neo-Firthian Tradition and its Contribution to General Linguistics*. Tübingen.
Müller, W. G. (1981), *Topik des Stilbegriffs. Zur Geschichte des Stilverständnisses von der Antike bis zur Gegenwart*. Darmstadt.
von Polenz, P. (1981), Über die Jargonisierung von Wissenschaftssprache und wider die Deagentivierung. In: Bungarten, Th. (Hg) (1981), *Wissenschaftssprache. Beiträge zur Methodologie, theoretischen Fundierung und Deskription*. München: 85–110.
Pritscher, U. F. (1981), *Die Funktion des Registerwechsels in 'Lady Chatterley's Lover'*. Diss. Phil., Köln 1981.
Reid, T. B. (1956), Linguistics, Structuralism and Philology. *Archivum Linguisticum* 8: 28–37.
Sager, S. F. (1995), Hypertext und Kontext. In: Jakobs, E.-M. et. al. (Hg) (1995), *Wissenschaftliche Textproduktion mit und ohne Computer*. Frankfurt/M. etc.: 209–226.
Sanders, W. (1977), *Linguistische Stilistik*. Göttingen.
Spillner, B. (1974), *Linguistik und Literaturwissenschaft*. Stuttgart.
Spillner, B. (1987), Style and Register. In: Ammon, U./Dittmar, N./Mattheier, J. K. (Hg) (1987), *Sociolinguistics/Soziolinguistik. An International Handbook of the Science of Language and Society*. 1. Bd. Berlin/New York: 273–285.
Stone, L. (1978), *English Register – Example and Exercise*. Stuttgart.
Strang, B. M. H. (1968²), *Modern English Structure*.
Turner, G. W. (1973), *Stylistics*. Harmondsworth.
Ure, J. N. (1963), Types of Translation and Translatability. In: *Proceedings of the 3rd Congress of the International Federation of Translators 1959*. Oxford.
Wegener, Ph. (1885), *Untersuchungen über die Grundfragen des Sprachlebens*. Halle.
Wichter, S. (1994), *Experten- und Laienwortschätze. Umriss einer Lexikologie der Vertikalität*. Tübingen.
Winter, W. (Hg) (1984), *Anredeverhalten*. Tübingen.

Richtlinien für die Einrichtung und Gestaltung von Krötenwanderanlagen an Straßen (RG KRÖT 85)

1 Allgemeine Planungsgrundsätze für Krötenwanderanlagen

1.1 Begriffsbestimmungen

Krötenwanderanlagen sind Anlagen, die das sichere Queren eines Verkehrsweges durch Amphibien gewährleisten und die Kollision von Amphibien und Verkehr vermeiden.

Krötenwanderanlagen werden errichtet für die Herpatofauna, insbesondere für Lurche (Amphibia), also für
- Schwanzlurche (Urodela), d.h. Salamander (Salamandra) und Molche (Triturus)
- Froschlurche (Anura), d.h. Unken (Bombinator), Kröten (Bufo) und Frösche (Ilyla).

Da der plurale Anteil aller Amphibien den Kröten, hier wiederum den Erdkröten (Bufa vulgaris) sowie den Wechselkröten (Bufo viridis) zukommt, wird im folgenden der Einfachheit halber nur der Begriff „Kröte" verwandt.

1.2 Anwendungsbereich

Die Richtlinien für die Einrichtung und Gestaltung von Krötenwanderanlagen an Straßen gelten für den Neu-, Um- und Ausbau von Straßen.

1.3 Zweck der Krötenwanderanlagen

Krötenwanderanlagen werden notwendig bei der Funktionstrennung von Jahreslebensräumen durch die Straße. Sie dienen Amphibien zum sicheren Erreichen der Laichgewässer auf der anderen Seite der Straße. Sie verhindern oder vermindern
- störende Auswirkungen von Straßen auf Krötenpopulationen,
- die Isolation (Verinselung) von Krötenpopulationen,
- die Entleerung ökologischer Nischen.

Krötenwanderanlagen dienen also der Erhaltung des Gen-Flusses.

1.4 Rechtsgrundlagen

Krötenwanderanlagen sind nach § 1 Abs. 4 FStrG Bestandteile der Bundesfernstraßen. Für die rechtliche Zuordnung der Krötenwanderanlagen an den übrigen Straßen gelten die jeweiligen Landesstraßengesetze.

1.5 Zusammenarbeit der Fachgebiete

Der Bau von Krötenwanderanlagen ist eine Gemeinschaftsaufgabe der Fachleute des Straßenbaus, der Landschaftspflege, der Wasserwirtschaft und der Biologie. Die Zusammenarbeit muß von Anfang an erfolgen und erstreckt sich von der Standortwahl über die Planung und den Entwurf bis zur Bauausführung. In jeder dieser Stufen ist eine sorgfältige gegenseitige Abstimmung unerläßlich. Insbesondere sind bei der Sektoralen Fachplanung die örtlichen Beauftragten des BUND und der ANU in allen Stufen einvernehmlich zu beteiligen, zoologisch-faunistisch tätige Personen und Institutionen sind beizuziehen.

1.6 Standortwahl

Bei der Wahl des Standortes sind
biotisch-potentielle,
bio-ökologische,
hydro-biologische,
bio-klimatische
Gesichtspunkte zu berücksichtigen.

1.6.1 Biotisch-potentielle Gesichtspunkte

Krötenwanderanlagen sollen sich an den Schwerpunkten des querenden Krötenpotentials orientieren.

Grundlage hierfür ist die Erfassung des Artenpotentials der Amphibien als Teil des biotischen Potentials. Das danach zu entwickelnde Raumgliederungsmodell mit dem Ziel des Arten- und Ökosystemschutzes wird erreicht durch Zählungen und Beobachtungen des Krötenbesatzes und durch örtliche Erkundung der Migrationswege während der Paarungs- und Laichzeit. Der ermittelte Krötenbesatz ist unter Berücksichtigung des Krötenzuwachses auf das Jahr 2000 zu quantifizieren. Dabei ist ein Faktor 5,0 zugrunde zu legen, da die Krötenpopulationen infolge ihrer allgemein anerkannten Bedeutung und Schutzwürdigkeit einem hohen Vermehrungsgrad unterliegen werden.

Zählungen erfolgen täglich tunlichst unter Zuhilfenahme von Krötenabfangzäunen aus Plastikfolie o.ä. und von Krötensammeleimern. Die Intimsphäre der Tiere ist bei der Registrierung zu respektieren, Konflikte mit dem Datenschutz sind durch geeignete Erhebungsbogen zu vermeiden.

1.6.2 Bio-ökologische Gesichtspunkte

Die Bestimmung des bio-ökologischen Potentials erfolgt auf der Basis des Systems der Ökotope und der standörtlichen Vielfalt der Biozönosen. Die Kriterien für das bio-ökologische Potential sind im landschaftspflegerischen Begleitplan darzustellen; die Kriterien werden hierbei unter Bezugnahme auf die Indikatorenblätter an Hand der Computerkarten im quantitativen Vergleich verdeutlicht.

Die ökologische und gestalterische Verträglichkeit der amphibiellen Nutzungsansprüche einerseits und der anthropogenen Verkehrsbedürfnisse andererseits ist ebenso wie die gebietsspezifische Entwicklungstendenz dieser kontroversen Nutzungsansprüche in der Ergebnisinterpretation verbal aufzuzeigen. Die Indikatoren hierzu und deren Wirkungsrichtung sind an Hand der folgenden Unterlagen zu erfassen:

- Landschaftsdatenkatalog der Landschaftsdatenbank
- Biotopkartierung
- Biotopvernetzungspläne
- ökologische Standorteignungskarten
- Rasterkarten für Amphibien und Reptilien (Herpetofauna)
- Mobilitätsdiagramm der Herpetofauna
- Aktivitätsradien.

1.6.3 Hydro-biologische Gesichtspunkte

Die hydro-biologischen Verhältnisse sind Grundlage des Wasserangebotspotentials, das Krötenpopulationen und damit Krötenbewegungen überhaupt erst ermöglicht. Die hydrobiologischen Bilanzierungsergebnisse vermitteln also den Überblick über den aktuellen und den künftigen Zustand. Hinreichende Wassertransmissivität (Wasserhöffigkeit) - auch nach dem Bau des Verkehrsweges - ist Grundlage der Erhaltung bestehender bzw. der Schaffung neuer Feuchtbiotope.

Bei der Wasserbilanz und damit bei der Ökodiagnose ist die reale und potentielle Vegetation zu beachten.

Die Indikatoren sind an Hand der unter 1.6.2 genannten sowie der nachfolgenden Unterlagen zu erfassen:

- Hydrologische Kartierung
- Moorkarten
- Wassertransmissivitätskataster

1.6.4 Bio-klimatische Gesichtspunkte

Ebenso wie der Wasserhaushalt ist auch das Mikroklima maßgebend für die Erhaltung und Optimierung der Krötenbewegungen. Zu prüfen ist die Abhängigkeit des Biotops von den mikroklimatischen Standortbedingungen, insbesondere unter dem Gesichtspunkt der Veränderbarkeit dieser Bedingungen durch anthropogene Einflüsse, also den Straßenbau. Hierbei ist das Pufferungsvermögen des Biotops gegenüber eben diesen anthropogenen Umwelteinflüssen in die Diagnose einzubeziehen, ebenso die Beeinträchtigungswahrscheinlichkeit der potentiellen Klimabelastung durch Kaltluftstaus.

1.7 Abstand der Krötenwanderanlagen

Der Abstand der Krötenwanderanlagen ergibt sich aus den v.g. Untersuchungen der daraus ermittelten Breite des Migrationsstromes des Krötenpotentials. Der Abstand der einzelnen Anlagen soll 50 m nicht unterschreiten.

1.8 Grunderwerb

Der Grunderwerb ist für alle zu einer Krötenwanderanlage gehörenden Flächen durchzuführen, hierbei sind die Migrationswege in angemessenem Abstand links und rechts des Verkehrsweges einzubeziehen. Bei Neubaustrecken ist ein gleichzeitiger Grunderwerb für die Strecke und für die Krötenwanderanlagen anzustreben.

2 Gestaltung der Krötenwanderanlagen

Zu den Krötenwanderanlagen gehören

- die Leitanlagen,
- die Einrutschbauwerke,
- die eigentlichen Durchlässe sowie
- die Pflanzungen

2.1 Zwangsgeführte Krötenwanderanlagen

2.1.1 Leitanlagen

Leitanlagen sind Anlagen, die dazu dienen, die im breiten Bereich eines Migrationsweges anwandernden Kröten am Überqueren des Verkehrsweges zu hindern, sie abzufangen und den Einrutschbauwerken (Amphibienschächten) zuzuführen.

Die Leitanlagen sind in Form von Wänden oder von Zäunen auszubilden.

Wände sind herzustellen aus Betonfertigteilen und zwar unter Verwendung von L- oder von U-Profilen. Unter Abwägung der mittleren Sprunghöhe der Einheitskröte einerseits und dem Gebot der Wirtschaftlichkeit andererseits sind Betonfertigteile mit einer Höhe von 50 cm zu wählen.

Zäune sind herzustellen aus kleinmaschigen Drahtgeflechten. Mit Rücksicht auf die mittlere Sprunghöhe der Einheitskröte muß O.K. Amphibienleitzaun mindestens 50 cm über O.K. Gelände liegen. Der Zaun ist mindestens 10 cm einzugraben.

Beim Vorhandensein von Wildschutzzäunen ist der Amphibienleitzaun mit diesen zu kombinieren, d.h. der kleinmaschige Krötenzaun ist in den großmaschigen Wildschutzzaun durch Einflechten zu integrieren.

Auf die Verwendung von Plastikfolienzäunen ist zu verzichten, da dieses Material nicht krötenartgerecht ist und bei Mäharbeiten so beschädigt werden kann, daß Kröten durch entstandene Löcher gelangen können.

2.1.2 Kröteneinrutschbauwerke (<u>Bild 1</u>)

Kröteneinrutschbauwerke sind Amphibienschächte, die den Einstieg der Kröten in den Durchlaß erzwingen. Der Einstieg ist in Trichterform auszubilden, um das Schrägabrutschen der Kröten zu gewährleisten. Bei der Neigung der Trichterwände sind die Abrutschbeiwerte (Feuchtigkeitsbeiwerte) der Normalkröte zu berücksichtigen. Empfohlen wurden Neigungen von 1:1 bis 2:1. Die Sohle des Schachtes ist mit Mutterboden und Laub zu polstern.

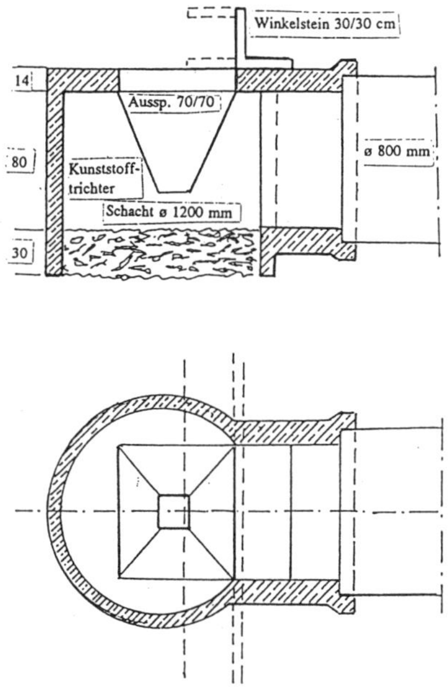

Bild 1 Amphibienschacht

Die Schachttiefe ist abhängig vom Durchmesser des Durchlasses. Zu beachten ist, daß von der Schachtsohle aus die Helligkeit am anderen Ende des Durchlasses von den Lichtrezeptoren des Krötenauges ungehindert und ohne Verzug erkannt werden können.

2.1.3 Krötendurchlässe

Krötendurchlässe sind den Bedürfnissen der Kröten anzupassen. Sie sind tunlichst an Geländetiefpunkten anzuordnen. Bei zwangsgeführten Durchlässen ist grundsätzlich nur Richtungsverkehr zuzulassen, d.h. für den Zugang vom Winterquartier zum Laichbiotop sowie für den Rückweg zum Nahrungsbiotop bzw. zum Winterquartier sind jeweils getrennte Röhren anzuordnen.

Der Durchmesser der Rohre steht in unmittelbarer Relation zur Länge des Durchlasses. Mit Rücksicht auf den erforderlichen Helligkeitseffekt im Rohr, mit Rücksicht auf die besonders in der Paarungszeit hohe Sensibilität der Tiere und zur Vermeidung der damit verbundenen Klaustrophobie sind Durchmesser von 300 mm (bei RQ 7,5) bis 1200 mm (bei RQ 29) zu wählen.

Die Neigung der Rohre ist wechselseitig auszubilden und soll 10% nicht überschreiten.

Besondere technische Forderungen für die Rohrherstellung sind:
- Als Zementart darf nur Portlandzement verwendet werden.
- Wegen der Verätzungsgefahr für die Kröten dürfen keine Betonzusatzmittel verwendet werden (Betonverflüssiger, Dichtungsmittel, Erstarrungsverzögerer, -beschleuniger).
- Die Rohre müssen vor der Verlegung wassergetränkt sein.

Die Sohle des Durchlasses wird von Kröten sensibel abgetastet. Für die Sohlenausgestaltung sind daher nur natürliche und artgemäße Baustoffe zu verwenden. Geeignet ist Kiessand 0 - 300 mm, eingeschwemmt mit Oberboden.

Falls eine natürliche Naßhaltung der Durchlaßsohle nicht gegeben ist, sind entsprechend Bewässerungseinrichtungen anzuordnen. Diese dürfen jedoch nicht auf die Verwendung toxisch beeinträchtigten Straßenoberflächenwassers zurückgreifen.

2.1.4 Lichtschächte

Grundsätzlich ist den Tieren bei der Durchwanderung des Durchlasses ausreichendes Tageslicht anzubieten. Bei einer Länge der Durchlässe von >50 m sind deshalb bei Autobahnen Lichtschächte im Mittelstreifen anzuordnen.

2.1.5 Pflanzungen

Zur Verminderung der Eingriffsschärfe im Übergang von Straße zu Hinterland sind die Krötenwanderanlagen mit einer lockeren Bepflanzung zu umgeben. Die Bepflanzung ist als natürliche Saumgesellschaft in die Seitenbepflanzung der Straße einzubinden. Bei angeschnittenen Wäldern ist eine Waldvorpflanzung als Bindeglied erforderlich.

Die Auswahl der Pflanzenarten richtet sich nach der standortgemäßen Pflanzengesellschaft. Pflanzenarten, die für Kröten gesundheitsschädlich sind, sollen im Bereich der Krötenwanderanlagen vermieden werden.

2.2 Freigeführte Krötenwanderanlagen

2.2.1 Leitanlagen

Leitanlagen sind Anlagen, die dazu dienen, die im breiten Bereich eines Migrationsweges anwandernden Kröten am Überqueren des

Verkehrsweges zu hindern, sie abzufangen und zwanglos dem Krötendurchlaß zuzuführen.

Hinsichtlich der Gestaltung der Leitanlagen gilt Ziff. 2.1.1.

2.2.2 Kröteneinrutschbauwerke

Kröteneinrutschbauwerke entfallen bei freigeführten Krötenwanderanlagen.

2.2.3 Krötendurchlässe

Die Krötendurchlässe freigeführter Krötenwanderanlagen sind im Gegensatz zu den zwangsgeführten Anlagen in beiden Migrationsrichtungen benutzbar. Das Auftreten von störendem Gegenverkehr kann vernachlässigt werden, da der Rückweg im allgemeinen erst angemessene Zeit nach dem Ablaichen angetreten wird. Von der Richtung abirrende Einzelkröten werden meist vom Krötenkollektiv wieder in die dem jeweiligen Wanderzweck dienende Richtung eingegliedert.

Die Durchlässe sind in Rechteckform auszubilden, wobei wiederum die Größe des Rechteckquerschnittes in unmittelbarem Zusammenhang zur Länge des Durchlasses steht. Aus den unter Ziff. 2.1.3 genannten Gründen sind Abmessungen von 80 x 80 cm (bei RQ 7,5) bis 100 x 250 cm (bei RQ 29) zu wählen.

Hinsichtlich der Rohrherstellung sowie der Sohlenausbildung gilt Ziff. 2.1.3 sinngemäß. Bei der Bewässerung der Sohle ist eine Kombination des Durchlasses mit einem kleinen Fließgewässer anzustreben.

2.2.4 Lichtschächte

Für die Lichtschächte gilt Ziff. 2.1.4 sinngemäß.

2.2.5 Pflanzungen

Für die Pflanzungen gilt Ziff. 2.1.5 sinngemäß.

2.3 Künstlerische Gestaltung

Aufgabe der künstlerischen Gestaltung ist es, durch Animation (Beseelung) die Krötenwanderanlagen von dem rein funktionalen Bezug der Krötenbewegung zu lösen.

2.3.1 Gestaltungsrepertoire

Das Gestaltungsrepertoire ist so groß, daß ansprechende individuelle Lösungen verwirklicht werden können. Die Gestaltung der Krötenwanderanlagen bedeutet aber für die Kröten eine ständige Auseinandersetzung. Eine nur dem persönlichen Ausdruckswillen des Künstlers folgende Gestaltung kann zur Ablehnung durch die Tiere führen. Die künstlerische Gestaltung hat daher auf das Krötensozialgefüge und die Sensibilität der Tiere einzugehen, sie hat dem individuellen Erlebniswert für die Kröten zu dienen.

2.3.2 Oberflächentextur

Durch die Oberflächentextur muß eine kleinteilig organisierte und überschaubare Struktur der Krötenwanderanlagen erzielt werden. Es sind amorphe Strukturen zu wählen, die die Besiedlung der Anlagen durch Moose und Flechten erleichtern.

2.3.3 Urheberrecht

Der Künstler hat das ausschließliche Nutzungsrecht im Sinne des ß 31 Urheberrechtsgesetz (i.d.F. vom 9.9.65 - BGBl. S. 1273) der Straßenbauverwaltung zu übertragen.

3 Unterhaltung und Betrieb

Krötenwanderanlagen sind grundsätzlich in den Straßenkörper zu verlegen. Sie stehen damit in Eigentum und Unterhaltung des Straßenbaulastträgers, der die Funktionstüchtigkeit und Betriebssicherheit zu gewährleisten hat. Die Überlassung der Nutzung durch die Kröten erfolgt gem. den Nutzungsrichtlinien vom 1.8.1975, Ziff. 2.3.2, unentgeltlich, da es sich um eine nichtgewerbliche, im öffentlichen Interesse liegende Anlage handelt. Für die in Ziff. 2.11, Abs. 3 genannten Fälle sind die Schutzzaunrichtlinien (SchuZR) vom 1.8.1975 (VKBl. 1975 S. 478) analog anzuwenden.

Anlage 1

Empirische Formel zur Berechnung der mittleren Sprunghöhe der Einheitskröte

Hierzu sind aus einem Krötenkollektiv von 100 Tieren folgende Durchschnittsmaße zu ermitteln:

Oberschenkel ø	$\bar{o}$ [mm]
Unterschenkel ø	$\bar{u}$ [mm]
Gestreckte Hinterbeinlänge	L_{Streck} [mm]
Gewicht der weibl. Kröte	$G_{Kröt}$ ♀ [g]
Gewicht der männl. Kröte	$G_{Kröt}$ ♂ [g]
Gewicht des Laichguts	G_{Laich} [g]
Sprunghöhe	H [cm]
Biotop-Faktor	B_{top} (ohne Dimension)

Der Biotop-Faktor hängt von der Lebensqualität und dem Ermüdungsgrad der Tiere ab und liegt zwischen 70 und 120.

Die Formel lautet:

$$H = B_{top} \cdot \frac{\bar{o} + \bar{u}}{2} \cdot \sqrt{L_{Streck}} \cdot \frac{1}{G_{Kröt} + G_{Kröt} + G_{Laich}}$$

Beispiel für Hinweg:

$$h = 100 \cdot \frac{8 + 4}{2} \cdot \sqrt{70} \cdot \frac{1}{150+50+30} = 21{,}83\,cm$$

Beispiel für Rückweg:

$$h = 100 \cdot \frac{8+4}{2} \cdot \sqrt{70} \cdot \frac{1}{150} = 33{,}41 \text{ cm}$$

Anmerkung
Die empirische Formel wurde durch Messungen in der Natur überprüft. Hierzu wurde ein Parcours aufgebaut mit verschiedenen Sprunghöhen. Die Kröten wurden durch Darbieten von Insekten in situ zum Sprung aufgefordert, in hartnäckigen Fällen wurde durch elektrische Impulse aus einer Schwachstrombatterie nachgeholfen. Die Überprüfung ergab, daß die Formel geeignet ist.

Extreme Sprunghöhen, die nach der Gaußschen Verteilungskurve durchaus möglich sind, können außer Betracht bleiben, da diese Biotopmasse bei der nächsten Zählung nicht mehr registriert zu werden braucht (vom Verkehr plattgedrückt).

Patentschau

Redaktioneller Hinweis:

Bei den nachfolgenden, aus dem amtlichen Patentblatt übernommenen Angaben handelt es sich um eine Auswahl aus dem geotechnischen Bereich, die von der Landesgewerbeanstalt Bayern in Nürnberg für uns vorgenommen wurde. Wir übernehmen keine Gewähr für die Vollständigkeit.

Patentblatt 114. Jhrg. Heft 18 vom 05. 05. 1994

E02D 27/40 OS 42 36 766
Verfahren zum Sanieren eines Dammbaues für eine Fahrbahn
Bauer Spezialtiefbau GmbH, 86529 Schrobenhausen, DE
Erf: Antrag auf Nichtnennung

E02D 17/13 OS 42 36 489
Verfahren zum Einbau von Dichtwandfolien in eine Dichtungsschlitzwand und Einrichtung zur Durchführung des Verfahrens
Franki Grundbau GmbH, 4000 Düsseldorf, DE
Erf: Neuenhaus, Hans, Dipl.-Ing., 4000 Düsseldorf, DE; Lehmann, Friedrich, 4047 Dormagen, DE

E02D 3/074 PS 35 45 593
Vibrationsplatte zur Verdichtung des Bodens
Amann-Duomat Verdichtung GmbH, 53773 Hennef, DE
Erf: Wedell, Karl-Heinz, 53773 Hennef, DE

E02D 7/10 PS 43 00 074
Vorrichtung zur Signal- und Datenübertragung für die Steuerung und Überwachung von Unterwasser-Ramm-, Trenn- oder dergleichen Arbeitsgeräten
Kühn, Hans, 22527 Hamburg, DE
Erf: Gleich Anmelder

E02D 17/08 EP 0589419
Verbauvorrichtung
Emunds&Staudinger GmbH, 41836 Hückelhoven, DE, Erf: Pelzer, Hans, D-52525 Heinsberg-Dremmen, DE; Hess, Wilhelm, D-50859 Köln, DE

E02D 31/00 =S 43 36 940
Deponieauskleidung
Schwarz, Gerhard, Dipl.-Ing. Dr. techn., Wien, AT
Erf: Gleich Anmelder

Patentblatt 114. Jhrg. Heft 18 vom 05. 05. 1994

E04C 5/12 OS 42 34 892
Vorrichtung zum lage- und richtungsstabilen Eibau von Verankerungsteilen in Beton.
Bisani, Karl, 80935 München, DE
Erf: Gleich Anmelder

E02D 31/00 GM 85 02 365
Basisabdichtung von Speicherbecken oder Deponien.
Ed. Zublin AG, 70567 Stuttgart, DE

E02D 27/42 EP 04 34 548
Bauliche Anordnung für ein Fundament eines Antennenmastes mit Hochleistungssender.
THomson-CSF, Paris, FR
Erf:Ursenbach, Francois, F-92045 Paris La Defense, FR; Martin, Jean-Marc

---

E02D 17/08 GM 94 01 684
Vorrichtung zum Abstützen von Grabenwänden
Theißen, Stefan, 52525 Heinsberg, DE

Patentblatt 114. Jhrg. Heft 21 vom 26. 05. 1994

E04B 1/66 OS 43 39 739
Abdichtung für Ingenieurbauten
Messinger, Hermann, 53859 Niederkassel, DE
Erf: Gleich Anmelder

E02D 3/12 OS 42 37 999
Verfahren und Vorrichtung zur Abdichtung und Festigung von Wasser- und Gasdurchlässigkeitsbereichen in natürlichen Böden, Gesteinen und Erd- und Steinbauwerken
Heidelberger Baustofftechnik GmbH, 69115 Heidelberg, DE
Erf: Ernst, Werner, Prof. Dr., 7400 Tübingen, Weinmann, Gruber, Alfred, 6902 Sandhausen

---

E02D 5/74 OS 05 92 567*
VERFAHREN ZUR EINBRINGUNG EINES BODENANKERS UND BODENANKER.
Soilex AB, Stockholm, SE
Erf: SKOGBERG, Bo, Torbjörn, S-136 71 Haninge, SE

E02D 7/16 EP 05 92 547*
Pfeilereintreibmaschine.
Rasmussen & Schiotz Anlaeg A/S, Hvidovre, DK
Erf.: WOLLER, Steen, Daniel, DK-8370 HADSTEN, DK; VAN DEURS, Gert, Emil, DK-2830 VIRUM, DK

Patentblatt 114. Jhrg. Heft 22 vom 01. 06. 1994

E02B 3/04 GM 91 90 136
Vorrichtung zum Verhindern von Erosion oder eines schädlichen Einflusses von Erosion.
Karlsson, Ulf, Borås, SE

E02D 29/02 PS 39 12 710
Stützkonstruktion zur Absicherung einer Hinterfüllung
Claus, Hermann, Bad Ragaz, CH
Erf: Gleich Anmelder

E02D 31/02 GM 93 20 134
Injizierbare Fugschiene
IBS Injektionstechnologie GmbH
Niederlassung Berlin, 10245 Berlin, DE

E02D 17/20 OS 42 40 236
Begrünbare Erdbefestigungsanlage
Möller, Ute, O-8029 Dresden, DE; Möller, Achim, Dr., O-8029 Dresden, DE

E02D 19/18 OS 43 11 948
Flüssigkeitsdichtes Schloß für miteinander verbundene, eine Dichtungswand bildende Kunststoffbahnen
Rödel, Andreas, Dipl.-Ing., 14052 Berlin, DE
Erf: Gleich Anmelder

Patentblatt 114. Jhrg. Heft 23 vom 09. 06. 1994

E04B 1/92 GM 93 20 264
Abdichtung zum Schutz von Bauwerken gegen Eindringen schädlicher Gase, insbesondere von Radon, aus dem Baugrund
Horn, Wolfgang, Dr.-Ing., 08301 Schelma, DE

E02D 3/046 OS 42 41 018
Gerät zur Bodenverdichtung
Dyniv Dynamische Intensivverdichtung GmbH, Franki Grundbau - Ménard-Soltraitement, 8000 München, DE
Erf: Varksin, Serge, Villennes sur Seine, FR; Wirth, Franz, 8152 Westerham, DE

E02D 3/12 EP 0411560
Bodenverfestigungsgerät.
Trevi S.p.A., Cesena, Forli, IT
Erf: Botto, Guiseppe, I-00142 Roma, IT; Trevisani, Davide, I-47023 Cesena (Forli), IT

E02D29/02 EP 0595193
Böschungswand und ihr Herstellungsverfahren bestehend aus vorgefertigten, ineinandergreifenden und montierbaren Elementen, insbesondere für den Straßen- oder Eisenbahnbau.
Impresa Concari Prefabbricati, di P: Concari, Parma, IT
Erf: Lunardi, Pietro, IT-20123 Milano, IT

E02D 27/28 PS 40 05 032
Vorrichtung zum Aufbringen einer Kraft zwischen einer Bodenplatte und einem Gründungselement
Bauer Spezialtiefbau GmbH, 86529 Schrobenhausen, DE
Erf: Bayersdorfer, Anton, 8899 Oberlauterbach

Patentblatt 114. Jhrg. Heft 24 vom 16. 06. 1994

E02D 3/12 EP 0569792
Verbesserte Bodebbearbeitungsvorrichtung mit rotierenden Strahlen.
Sondages Injections Forages „S.I.F."
Entreprise Bachy, Rueil Malmaison, FR
Erf: Gessay, Jean-Claude, F-77680 Roissy en Brie, FR

Patentblatt 114. Jhrg. Heft 25 vom 23. 06. 1994

E04G 15/00 OS 42 42 471
Elementschalung zur Herstellung von wasserdichten Arbeits- und Dehnfugen im Beton- und Stahlbetonbau
Zusatz zu: P 42 24 481.1
Reichart, Herbert, 87640 Biessenhofen, DE
Erf: Gleich Anmelder

E04B 1/68 GM 93 18 326
Injektionsprofil zum Abdichten von Fugen an Bauwerken
IBS Injektionstechnologie GmbH
Niederlassung Berlin, 10245 Berlin, DE

E02D 31/00 OS 42 42 682
Barriere und Verfahren zu ihrer Herstellung
Rutgerswerke AG, 60326 Frankfurt, DE
Erf: Oeste, Franz D., Dipl.-Ing.,6309 Münzenberg; Domalski, Rainer, Dr., 6392 Neu-Anspach; Kempfert, Joachim, Dipl.-Ing., 6242 Kronberg; Carl, Hans Egon, Dpl.-Ing., 6143 Lorsch

---

E02D 19/18 PS 35 08 664
Verbindungskupplung für Schlitzwandfertigteile
Zusatz zu: P 34 30 789.3
Ed. Zublin AG, 70567 Stuttgart, DE
Erf: Antrag auf Nichtnennung

E02D 3/12 EP 0440825*
Verfahren zur Wiederverwendung von Schlamm bei der Bodenstabilisierung.
Kajima Corp., Tokio/Tokyo,JP; NEC Corp., Tokio/Tokyo,JP; Sumitomo Cement Co., Ltd., Tokio/Tokyo,JP; Chemical Groutimg Co. Ltd.,Tokio/Tokyo,JP; Shoei Yakuhin Co. Ltd., Osaka, JP
Erf: YOSHIDA, Hiroshi, Minato-ku Tokyo, JP; TSUTAOKA, Takanri, Minato-ku Tokyo, JP; IMAI, Toshio, Saitama-ken, JP; YOSHIHARA, Masahiro, Chiba-ken, JP; SHIBAZAKI, Mitsuhiro; KUBO, Hiroaki; Jinbo Toshitsugu, MIYAZAKI, Hiroshi, Hyogo-ken, JP

E02D 27/28 EP 0317458
Verfahren und Einrichtung zur Einstellung eines Fundamentes durch Bildung einer aus dem Boden selbst bestehenden Vermassung.
Castola, Charles-Alain, Hyeres,FR
Erf: Martin, Andre, F-8300 Toulon, FR; Habib, Pierre, F-75016 Paris, FR; Luong, Minh Phong, F-91270 Vigneux/Seine, FR

Klaus Hölker (Konstanz)

Die Resultate von *magis* in den romanischen Sprachen. Polysemie und Etymologie einer Konjunktion*

> *In the Hebrew tongue there is a particle consisting but of one single letter, of which there are reckoned up, as I remember, seventy, I am sure above fifty several significations.*
>
> John Locke

In seinem Aufsatz *Aber, mais* und *but* aus dem Jahr 1983 zeigt Weydt sehr plausibel, daß die jeweiligen Sprachen bezüglich der Verwendungstypen dieser Konjunktionen nur partiell übereinstimmen, daß den Verwendungen aber dennoch eins gemeinsam ist, nämlich der Bezug auf ein antithetisches Grundschema:

> Es gibt bei jedem Vorkommen von *aber* zwei Propositionen, die zueinander in Beziehung gesetzt werden. Sie sollen im folgenden These und Antithese genannt werden. Die Antithese entspricht der mit *aber* eingeleiteten Proposition. Beide Propositionen schließen sich nicht gegenseitig aus. Sie sind sogar durchaus miteinander kompatibel. *Aber* hat in dieser Konstellation die Funktion, einem vom Sprecher beim Gesprächspartner für möglich gehaltenen Fehlschluß zuvorzukommen und ihn zu verhindern. In einem Satz wie [*Karl ist groß, aber schwach.*] wird von Karl gesprochen, der groß ist. Der Sprecher nimmt an, daß der Hörer, vielleicht aufgrund seiner bisherigen Erfahrungen, der Meinung sein könnte, daß Karl, wenn er groß ist, auch stark ist. Einem solchen Fehlschluß will er durch die Antithese zuvorkommen. Er verbindet These und Antithese durch die adversative Konjunktion *aber*, um darauf aufmerksam zu machen, daß das zweite Element eben als Antithese in diesem Sinn verstanden werden soll. (Weydt 1983:149)

Worauf Weydt hier abhebt, ist also vor allem die Bedeutungskomponente 'Gegensatz' der Konjunktionen *aber, mais* und *but*, worauf ihre grundlegende argumentative Funktion beruht. Dies ist natürlich der Aspekt, der in der Analyse von *aber, mais* und *but* stets die zentrale Rolle gespielt hat (Anscombre/Ducrot 1977, Mazzoleni 1990:27ff). Ein anderer Aspekt, der in der Tradition auch immer herausgestellt worden ist, betrifft die teilweise Übereinstimmung dieser Konjunktionen mit *und, et* bzw. *and* (Marconi/Bertinetto 1984:243ff), allerdings meist nur, was die nicht-pragmatische Komponente, also ihren Beitrag zu den Wahrheitsbedingungen eines Satzes betrifft. Dies zeigen auch die Paraphrasen von *but*, die Weydt (1983:150) aus Arbeiten der 70er Jahre zitiert. Ein dritter Aspekt der Bedeutung von *aber, mais* und *but* wird dagegen höchst selten erwähnt. Es geht darum, daß diese Konjunktionen, grob gesprochen, 'mehr' oder 'weiter' implizieren können. Marconi/Bertinetto (1984:230ff) sprechen von der "interpretazione gerarchica", also von der hierarchischen Interpretation. Es ist dieser Aspekt der entsprechenden Konjunktionen in den romanischen Sprachen, insbesondere im Französischen und Italienischen, der mich in diesem Aufsatz interessiert.

* Ich danke Urs Egli, Aldo di Luzio, Peter Pause und Frans Plank für wichtige Hinweise.

Auch in Weydt (1983:150) findet sich ein Hinweis auf 'mehr' bzw. 'weiter'. Er macht nämlich darauf aufmerksam, daß Leibniz in den *Nouveaux essais sur l'entendement humain* die von Locke im *Essay Concerning Human Understanding* erwähnten Bedeutungsvarianten von *but* in der Grundbedeutung 'non plus ultra' oder 'was das Weitere betrifft, so muß man davon lassen' zusammenfaßt. Aber in dieser negativen Formulierung wird lediglich erneut die Relevanz der Bedeutung 'Gegensatz' oder 'Einschränkung' unterstrichen: Sie [= diese Interpretation] enthält ebenfalls den Gedanken, daß eine Proposition nur bis zu einem gewissen Punkt geht, daß ihre Gültigkeit begrenzt sei. (Weydt 1983:150)

Es ist jedoch schwer zu sehen, inwiefern dies auch auf das Vorkommen von *but* in Lockes Beispiel unter (1) zutreffen soll:

(1) All animals have sense, but a dog is an animal. (Weydt 1983:150)

Hier ist *a dog is an animal* wohl keine Antithese zu *all animals have sense*. Locke (1690:74) schreibt zu diesem Beispiel: "(...) here it [= *but*] signifies little more but that the latter proposition is joined to the former, as the *minor* of a syllogism." *But* markiert in (1) lediglich, daß der nachfolgende Ausdruck eine Fortführung ist. Adam Smith spricht in seiner Rezension des *Dictionary of the English Language* von Samuel Johnson aus dem Jahr 1755 bezüglich dieses Gebrauchs von *but* von einer "transitive conjunction": "*But* is likewise a transitive conjunction in the sense in which it is synonymous with the Latin *sed*, and with the French *or*. " (Johnson 1755:11).

Nun handelt es sich hierbei aber um einen sehr speziellen Gebrauch, der offenbar auf die Tradition zurückgeht, die altgriechischen konjunktionalen Ausdrücke in solchen Kontexten parallel zu übersetzen, denn im Altgriechischen kommen hier konjunktionale Ausdrücke vor, die'Fortführung' bedeuten, die aber auch als adversative Konjunktionen vorkommen können oder Ausdrücke enthalten, die als adversative Konjunktionen vorkommen können. So erklärt sich auch das Vorkommen von *ma* in Beispiel (108). Im Deutschen kann in solchen Fällen *nun ... aber* verwendet werden. Für *but* scheint also generell zu gelten, daß Komponenten wie 'mehr', 'weiter' oder allgemein 'Fortführung' nur eine sehr untergeordnete Rolle spielen, was etymologisch zu erklären sein dürfte, denn dieser Ausdruck hatte ursprünglich eine ortsbezogene Interpretation und hat dann, was seine (pragmatische) Markerbedeutung betrifft, eine exzeptive Interpretation angenommen: altenglisch *butan*, *buton* 'without', 'outside'; westgermanisch **be-*, **bi-*, BY + *utana* 'from without'; niederdeutsch *buten* 'draußen'.

Aber ist dagegen mit dem gotischen *afar* verwandt, das soviel bedeutet wie 'dann', '(da)nach', sich also auf eine zeitliche Ordnung bezieht. Es ist insofern von seinem Ursprung her den Bedeutungen 'mehr', 'weiter' und 'Fortführung' schon näher als *but*. Daß Ausdrücke, die sich ursprünglich auf eine zeitliche Nachordnung beziehen, als Marker eine adversative Bedeutung annehmen können, läßt sich auch in anderen Sprachen aufzeigen, so etwa für das italienische *poi* (Hölker 1993, 1994).

Ganz eindeutig besteht nun aber ein Zusammenhang zwischen 'weiter', 'Fortführung' und vor allem 'mehr' und bestimmten Entsprechungen zu *but* und *aber* in den romanischen Sprachen, denn es gibt in den meisten dieser Sprachen adversative Konjunktionen, die auf das lateinische *magis* ('mehr') zurückgehen. Ich werde mich deshalb im folgenden mit der vieldiskutierten Frage beschäftigen, wie *magis*, also ein Wort mit ursprünglich quantitativ-steigerndem Sinn, in den romanischen Sprachen adversative Konjunktionen als Resultate liefern konnte. Dabei stütze ich mich ganz wesentlich auf den Aufsatz "Analisi di *ma*" von Marconi und Bertinetto aus dem Jahr 1984, wo im zweiten Teil dieses auf den ersten Blick recht verwirrende Phänomen unter Berücksichtigung der früheren Ansätze sehr ausführlich diskutiert wird. Während die beiden Autoren nun im ersten Teil, in dem es um die heutigen Verwendungen von *ma* (und *mais*) geht, zeigen, wie fruchtbar das Konzept der Implikatur (Grice 1975) bei ihrer Analyse eingesetzt werden kann, spielt dieses Konzept im zweiten Teil, also bei der Rekonstruktion der historischen Entwicklung der beiden Konjunktionen, insbesondere von *mais*, keine Rolle mehr. Ich möchte im folgenden versuchen aufzuzeigen, daß im Licht des Konzepts der Implikatur auch die Entwicklung von *magis* zu *mais* (und zu den entsprechenden Ausdrücken in anderen romanischen Sprachen) verständlicher wird. Dabei geht es mir nicht so sehr um eine genaue Rekonstruktion der zeitlichen Abfolge, in der sich *magis* zu den verschiedenen adversativen Konjunktion entwickelt hat, sondern primär um die semantischen Zusammenhänge, die dabei eine Rolle gespielt haben, um so sichtbar zu machen, inwieweit 'mehr', 'weiter' und 'Fortführung' auch heute noch bei den entsprechenden Konjunktionen in den romanischen Sprachen eine Rolle spielen.

1. Die Resultate von *magis* in den romanischen Sprachen

In allen romanischen Sprachen gibt es heute noch Wörter, die lautgeschichtlich auf das lateinische *magis* zurückgehen:

1. Französisch:

(2) Il attend ici sa prochaine nomination. Celle-ci s'avère difficile, elle traîne. Le nom de Bombay a été prononcé, <u>mais</u> rien n'est sûr. (Duras 1966:35)

(3) On ne lui donna plus rien à faire, <u>mais</u> ce qui s'appelle rien. (Montherlant) (Robert 1982:1133)

Hier ist *mais* koordinierende Konjunktion mit der Bedeutung 'aber'. In (4) ist es ebenfalls koordinierende Konjunktion, entspricht jedoch dem deutschen *sondern* und nicht *aber*:

(4) Reconnaissons avec Condillac que Dieu n'est plus à la présupposition d'une systématique, <u>mais</u> à la conclusion d'une philosophie analytique. (Robinet 1987:83)

Mais kann aber auch als einstellige Konjunktion vorkommen und insofern als zu einer bestimmten Klasse von Adverbien gehörig betrachtet werden, nämlich zu den Satzadverbien in einem weiten, syntaktischen Sinn dieses Terminus, denn kategorial sind einstellige Konjunktionen und Satzadverbien Ausdrücke, die sich mit einem Satz als Skopus zu einem Satz verbinden. Insofern kann man auch von Adsätzen sprechen. Was einstellige Konjunktionen von anderen Satzadverbien unterscheidet, ist, daß sie nur vor ihrem Skopus stehen können:

(5) Regard encore sur les eaux jaunes et les bambous noyés: on dirait que la faim trouve sa nourriture là. <u>Mais</u> elle rêve, la faim, un temps très court, très vite elle revient et écrase. (Duras 1966:19)

Auch hier hat *mais* die Bedeutung 'aber'. Als veraltet bzw. literarisch gilt heute der Gebrauch von *mais* in der Wendung *n'en/y pouvoir mais*, wo bei der Interpretation 'nicht mehr können' noch der quantitativ-steigernde Sinn erhalten ist und bei den Interpretationen 'nichts dafür können' und 'nichts daran ändern können' noch der quantitative. Als Interjektion kommt *mais* normalerweise in Kombination mit anderen Interjektionen vor:

(6) Eh mais! C'est ma foi vrai! Ah! ça, mais, je ne me trompe pas, c'est bien lui. (Robert 1982:1133)

(7) Je vais lui fermer le bec, ah mais! Non, mais! pour qui tu te prends! Non mais, des fois! (Robert 1982:1133)

In den Beispielen unter (6) markiert es Überraschung, und in den Beispielen unter (7) unterstreicht es den drohenden Charakter der jeweiligen Äußerung. *Mais* ist auch Bestandteil von *jamais* und *désormais*.

2. Frankoprovenzalisch:
Was das Frankoprovenzalische betrifft, beziehe ich mich hier auf das Vaudois (Waadtländisch), wo es im Gegensatz zum Französischen — aber wie in den meisten anderen romanischen Sprachen — zwei lautlich verschiedene Resultate von *magis* gibt, nämlich *mâ* und *mé*. *Mâ* kommt vor als koordinierende Konjunktion:

(8) L'é z'u yu, mâ lâi a grantein. [Je l'ai (eu) vu, mais il y a longtemps.] (Reymond/Bossard 1979:128)

und als Adsatz:

(9) [Lo vîlyo tsapouè] ètâi pas bin mé suti dein son metî; (...). Mâ l'ètâi tot parâi fiè quemeint on pu et s'agessâi pas d'allâ lâi trovâ à redere. [[Le vieux charpentier] n'était pas plus adroit dans son métier; (...). Mais il était cependant fier comme un coq et il ne s'agissait pas de lui trouver à redire.] (Reymond/Bossard 1979:217)

Das frankoprovenzalische *mâ* entspricht so im wesentlichen dem französischen *mais*, während *mé*, wie schon *mé suti* ('plus adroit') in Beispiel (9) erahnen läßt, dem französischen *plus* bzw. *davantage* entspricht, also quantitativ-steigernd verwendet wird:

(10) mé de iena [plus d'une] (Reymond/Bossard 1979:47); rein mé [plus du tout, pas davantage], plye rein mé [pas davantage] (Reymond/Bossard 1979:138); lo mé [le plus] (Reymond/Bossard 1979:140) Mé l'âno l'è tserdzî, mé ye vau. [Plus l'âne est chargé, plus il a de valeur.] (Reymond/Bossard 1979:255)

Mé ist auch Bestandteil von *jamé* (*djamé*), das dem französischen *jamais* entspricht.

3. Okzitanisch:
Auch in den Varianten des Okzitanischen gibt es normalerweise zwei Resultate von *magis*, nämlich *mas* und *mai*.

3.1. Zentralokzitanisch:
Mas ('mais'):

(11.1) Aviá qualque còp talament talent qu'auriá plan manjadas aquelas fuèlhas de caulet e aquela frucha confida que manjan los pòrcs; mas degun li balhava pas res. [Il avait quelquefois si faim qu'il aurait bien mangé ces feuilles de chou et ces fruits pourris que mangent les porcs; mais personne ne lui donnait rien.] (Bec 1986:111, 57)

Mai ('plus', 'davantage'):

(12.1) Aguèt pas mai de lèit pèr dormir la nuèit ni de fuòc pèr se calfar quand aviá freg. [Il n'eut plus de lit pour dormir la nuit ni de feu pour se chauffer quand il avait froid.] (Bec 1986:111, 57)

3.2. Provenzalisch:

Mas ('mais'):

(11.2) Aviá de còps tan fam qu'auriá bèn manjat aqueli fuèlhas de caulet e aqueli fruchas poiridas que manjan los pòrcs; mas degun i donava rèn. [= 11.1] (Bec 1986:111)

Mai ('plus', 'davantage'):

(12.2) Aguèt plus ges de lièch pèr dormir la nuèch ni mai de fuòc pèr se caufar quora aviá freg. [= 12.1] (Bec 1986:111)

3.3. Auvergnatisch:

Mas ('mais'):

(11.3) De còps que i a aviá talament fam qu'auriá ben manjat quelas fuèlhas de chau e quelas fruitas puiridas que manjan los pòrcs. Mas degun n'i bailava ges. [= 11.1] (Bec 1986: 112)

Mas ('ne...que' ('nur')) (< *ne mas que* ('nicht mehr als'):

(13.1) Un òme aviá mas dos garçons. [Un homme n'avait que deux fils.] (Bec 1986:112; 57)

Mai ('plus', 'davantage'):

(12.3) Aguèt plus de lèit pèr durmir la nuèit ni mai de fuòc pèr se chaufar quand aviá freid. [= 12.1] (Bec 1986:112)

3.4. Limousinisch:

Mas ('mais'):

(11.4) A beus còps aviá talament fam qu'auriá be minjat quelas fuèlhas de chaul e queus fruchs poirits que minjan los ganhons; mas degun li donava res. [= 11.1] (Bec 1986:112)

Mas ('ne...que' ('nur')):

(13.2) Un òme aviá mas dos filhs. [= 13.1] (Bec 1986:112)

Mai ('plus', 'davantage'):

(14) D'un pauc mai quò se tornava conhar dins lo riu, tot plejat coma quo era en los petaçons. [Pour un peu, cela rentrait dans le ruisseau, tout emmailloté dans ses chiffons.] (Bec 1973:159f)

3.5. Gascognisch:

Mès ('mais'):

(11.5) Qu'avèva quaunque còp tan gran hame que s'auré ben minjat aqueras huelhas de caulets e aqueths fruts poirits qui minjan los pòrcs. Mès degun non li balhava arren. [= 11.1] (Bec 1986:113)

Mès (*mes*, *mei*) ('plus', 'davantage'):

(12.4) N'avoc pas mès de lieit endà dromer la nueit ni de huec endà se cauhar quand hasèva fred. [= 12.1] (Bec 1986:113)

(15) lo mès joen [le plus jeune] (Bec 1986:113, 57)

Sie kommen auch als Bestandteile von Wörtern und in festen Wendungen vor: *jamai* ('jamais'), *res mas* ('nur').

4. Katalanisch (Barcelonesisch):
Wie in den meisten Varianten des Okzitanischen gibt es auch im Katalanischen zwei Resultate von *magis*, nämlich *més* und *mai*:
Més:
Der Gebrauch von *més* als koordinierende Konjunktion oder als Adsatz gilt heute als veraltet:

(16) Ell ho demana, més jo no ho vull. [Er verlangt es, aber ich will es nicht.] (Huber 1929:165)

Es kommt heute nur noch in der Bedeutung 'mehr' vor:

(17) a més tardar ('spätestens'), a lo més ('höchstens'), (no...) mai més ('nie mehr'), només ('nur'), no...més que ('nur'), només que ('nur, daß'), més (de) ('mehr'), demés (früher auch *més*) ('außerdem'), (tant) més que ('(um so) mehr als'), com més... més ('je mehr...desto mehr'), tan com més...tan més ('je mehr...desto mehr'), com més...menys ('je mehr ...desto weniger'), més...(del) que no ('mehr...als'), més tard o més aviat ('früher oder später'), més aviat ('eher'), més val (que) ('es ist besser'), per més que ('so sehr auch'), a més de ('außer'), més alt ('höher'), el més alt ('der höchste')

Mai:
Auch die Bedeutung von *mai* ist ursprünglich quantitativ-steigernd, ist dann aber auf Zeitbezug eingeschränkt worden:

(18) Si mai veníes, t'ho donaría. [Wenn du je kämst, würde ich es dir geben.] (Huber 1929: 137)

(19) Mai (no) diuen el que pensen. [Sie sagen nie, was sie denken.] Mai ho faré. [Nie werde ich es machen.] (Huber 1929:141)

(20) ja mai ('nie'); mai per mai ('nie und nimmer'); (no...) mai més ('nie mehr')

5. Spanisch
Im Spanischen gibt es im Gegensatz zum Katalanischen lediglich *mas* als Resultat von *magis*, wobei nur in der Orthographie zwischen *mas* und *más* differenziert wird. Ähnlich wie für das katalanische *més* gilt für den Gebrauch von *mas* als koordinierende Konjunktion oder als Adsatz, daß er heute rein literarisch ist (und vor allem dem stilistischen Zweck dient, eine Wiederholung von *pero* ('aber') zu umgehen):

(21) Comencé a trabajar asiduamente, pero/mas acabé por cansarme. [Erst habe ich fleißig gearbeitet, bin dann aber müde geworden.]

(22) Mas el zorro era muy listo y no se dejó engañar fácilmente. [Aber der Fuchs war sehr schlau und ließ sich nicht so einfach täuschen.] (de Bruyne 1993:344)

Sieht man nun von weiteren Details ab, so läßt sich generell sagen, daß *más* in den Fällen verwendet wird, in denen im Katalanischen *més* oder *mai* vorkommt.

6. Portugiesisch:
Wie das Katalanische kennt auch das Portugiesische zwei Resultate von *magis*, nämlich *mas* und *mais*. Es gibt jedoch keine genauen Entsprechungen zu den katalanischen Wörtern. *Mas* kommt als koordinierende Konjunktion und als Adsatz vor:

(23) Já o espera há meia hora, mas não aparece. [Er/sie wartet schon seit einer halben Stunde auf ihn, aber er kommt nicht.]

(24) Mas porque ir tão longe? [Aber warum so weit gehen?]

und zwar auch in der Bedeutung 'sondern':

(25) Como se vê, a palavra *ladinho* compreendia não só o significado de *latim*, mas também o da actual forma erudita *latino*. [Wie man sieht, umfaßte das Wort *ladinho* nicht nur die Bedeutung von *latim*, sondern auch die der heutigen gelehrten Form *latino*.]

Mais hat dagegen quantitativ-steigernde Bedeutung:

(26) o mais ('am meisten'); o mais rapidamente ('möglichst schnell'); mais vinho ('mehr Wein'); mais alto ('höher'); o mais alto ('der höchste'); mais de ('mehr als'); mais ou menos ('mehr oder weniger')

7. Italienisch:
Auch im Italienischen gibt es zwei Resultate von *magis*, nämlich *ma* un *mai*:
Ma:

(27) Il negozio era molto fornito, ma non trovarono nulla di soddisfacente. (Corti/Caffi 1989:664)

Hier ist *ma* koordinierende Konjunktion mit der Bedeutung 'aber'. In (28) ist es ebenfalls koordinierende Konjunktion, entspricht jedoch dem deutschen *sondern* und nicht *aber*:

(28) Il delfino non è un pesce, ma appartiene alla classe dei mammiferi. (Corti/Caffi 1989:664)

Ma kann auch als Adsatz vorkommen:

(29) Avevo dinanzi un vastissimo spazio di pianure verdi e fiorite, intersecate da grandissimi canali simili a quello che avevo passato io, ma assai più larghi e profondi. I quali s'andavano perdendo in una stesa d'acqua assai più grande ancora; e in fondo a questa sorgevano qua e là disseminati alcuni monticelli, coronati taluno da qualche campanile. Ma più in là ancora l'occhio mio non poteva indovinare che cosa fosse quello spazio infinito d'azzurro, che mi pareva un pezzo di cielo caduto e schiacciatosi in terra: un azzurro trasparente e svariato da strisce d'argento che si congiungeva lontano lontano coll'azzurro meno colorito dell'aria. (Nievo) (Corti/Caffi 1989:595)

Auch hier hat *ma* die Bedeutung 'aber'.

Ma kommt auch als Interjektion vor:

(30) chi sarà quell'uomo? Ma! (Palazzi/Folena 1992:1038)

Mit *ma* gibt der Sprecher/die Sprecherin zu verstehen, daß er/sie etwas nicht weiß oder nicht sicher ist. Geschrieben wird es als Interjektion meist *mah.*
Mai:
'je', 'jemals', 'nie', 'niemals':

(31) Hai mai visto Napoli? No, non ci sono mai stato.

(32) Questo mai!

'wohl', 'nur', 'bloß', 'schon':

(33) Chi sarà mai?

'denn':

(34) Come mai?

in festen Wendungen:

(35) più che mai ('mehr denn je'); quant'altri mai ('wie nur einer'); come non mai ('wie nie zuvor'); il giorno del mai ('der Nimmerleinstag'); ora meno che mai ('jetzt erst recht nicht'); ora più che mai ('jetzt erst recht'); mai più ('nie wieder', 'nie mehr'); mai e poi mai ('nie und nimmer', 'durchaus nicht'); quanto mai ('außerordentlich', 'äußerst'); non sia mai ('da sei Gott vor', 'Gott bewahre')

Mai ist auch Bestandteil von *giammai.*

8. Rätoromanisch (Surselvisch):
Im Surselvischen gibt es die beiden Resultate *ma* und *mai*, also wie im Italienischen, die allerdings dazu tendieren, in *mo* zusammenzufallen:
Mo (*ma*) ('aber', 'doch'):

(36) quei ei bia, mo buc avunda [das ist viel, doch nicht genug] (Vieli/Decurtins 1981:405)

(37) nus essan stai tier el, mo el era buc a casa [wir sind bei ihm gewesen, aber er war nicht zu Hause] (Vieli/Decurtins 1981:405)

(38) Gl'emprem ei tut ruasseivel. Mo prest entscheiva la fallileia: (...). [Zuerst ist alles ruhig, aber bald beginnt das Geschrei.] (Candinas 1982:26)

(39) Quei ei stupent, mo ussa hai jeu seit. [Das ist großartig. Aber jetzt hab' ich Durst.] (Candinas 1982:18)

Mo (*ma*) ('nur', 'allein', 'bloß', 'erst', 'lediglich'):

(40) mo ad egl ('mit bloßem Auge')

(41) A Cuera stueis vus spitgar mo in quart d'ura. [In Chur brauchen Sie nur eine halbe Stunde zu warten.] (Candinas 1982:63)

Mo kommt in dem Kompositum *mobein* ('sondern') vor:

(42) buca mo ... mobein era ('nicht nur ... sondern auch')

Mai (*mo*) ('je', 'jemals', 'nie', 'niemals'):

(43) mai pli ('nie mehr'); mai e pli mai ('nein, niemals'); ussa pli che mai ('nun erst recht')

9. Sardisch (Campidanesisch):
Auch im Sardischen gibt es zwei Resultate von *magis*, nämlich *ma* und *mai*. Dabei kommt *ma* als koordinierende Konjunktion:

(44) Sa modernidadi s'at donau tantis cosas k'is ayayus nostus no tenianta, ma si nd'at pigau unu pagu de umanidadi. [Der moderne Fortschritt hat uns viele Dinge gegeben, die unsere Vorväter nicht hatten, hat uns aber auch ein wenig Menschlichkeit genommen.] (Kamps/Lepori 1985:107)

(45) Eya, gi m'iat a andai meda, ma po imoi, prus a prestu, tengu gana de aturai a sola, mi cumprendis? [Ja, es würde mir schon sehr gefallen, aber im Augenblick habe ich eher Lust, allein zu sein, verstehst du?] (Kamps/Lepori 1985:34)

und als Adsatz vor:

(46) Ma poita no mi naras nudda? [Aber warum sprichst du denn nicht mir?] (Kamps/Lepori 1985:34)

(47) Perdonamì, ma tui, kini ti creis? [Entschuldige mal, aber für wen hältst du dich eigentlich?] (Kamps/Lepori 1985:34)

Mai kommt dagegen in der temporalen Bedeutung 'je', 'jemals', 'nie', 'niemals' vor:

(48) No benit mai. [Er kommt nie.]

10. (Dako-) Rumänisch:
Im Rumänischen gibt es nur noch ein einziges Resultat von *magis*, nämlich *mai*, das nicht als adversative Konjunktion oder adversativer Adsatz vorkommt. Es hat die Bedeutungen:
'noch' im quantitativ-steigernden Sinn:

(49) Cine mai este în curte? În curte mai este un om, o femeie, un copil și un cane. [Wer ist noch im Hof? Im Hof sind ferner ein Mann, eine Frau, ein Kind und ein Hund.] (Popinceanu 1972:3) Mai doriți ceva? [Wünschen Sie noch etwas?] (Popinceanu 1972: 14) (Popinceanu 1972:14) bunica este mai tîna˘ra˘decît el. [Die Großmutter ist jünger als er.] (Popinceanu 1972:17) Vara avem zilele cele mai lungi și nopțile cele mai scurte. [Im Sommer haben wir die längsten Tage und die kürzesten Nächte.] (Popinceanu 1972:25) Mai aveți ceva bagaje? – Mai am două valize. [Haben Sie noch Gepäck? – Ich hab' noch zwei Koffer.]

'noch' im temporalen Sinn:

(50) Seara satul e plin de viată și de zgomot pînă tîrziu, cînd totul cade în liniște și nu se mai aud decît cînii care latră toată noaptea. [Abends ist das Dorf voller Leben und Lärm bis spät abends, wenn alles ruhig wird und man nur noch die Hunde hört, die die ganze Nacht bellen.] (Popinceanu 1972:25) O să mai vin./Am să mai vin. [Ich werde noch (einmal) kommen.]

'mehr' im temporalen Sinn:

(51) Alții nu mai au păr în cap. [Die anderen haben keine Haare mehr auf dem Kopf.] (Popinceanu 1972:29) Nu mai zice nimic. [Er/sie sagt nichts mehr.] Nu mai plec. [Ich fahr' nicht mehr.] Nu mai am timp. [Ich hab' keine Zeit mehr.] Nu mai am nici o țigară. [Ich hab' keine Zigaretten mehr.] Nimic mai mult. [Nichts mehr.]

'auch':

(52) Brutarul mai face și franzele, cornuri, chifle și covrigi. [Der Bäcker backt auch Weißbrot, Hörnchen, Brötchen und Brezel.]

'fast':

(53) după ce s-a mai oprit zgomotul [nachdem sich der Lärm fast gelegt hat] (Popinceanu 1972:115)

'denn':

(54) Ce mai faceți? [Wie geht es ihnen? (Was machen Sie denn so?)]

und kommt in festen Wendungen vor:

(55) mai ales ('besonders'); mai întîi ('zuerst'); numai ('nur, 'bloß'); nu numai ... ar și ('nicht nur ... sondern auch'); mai mulți (multe) ('mehrere'); mai toți ('fast alle'); tot mai ('immer mehr')

2. *Magis*

Die Bedeutungen von *magis* im klassischen Latein lassen sich im wesentlichen in zwei Gruppen zusammenfassen: in der ersten Bedeutung entspricht es *plus* ('mehr'):

(56) magis necessarius ('notwendiger', 'sehr notwendig'), magis impense ('unter großer Verschwendung')

In der zweiten entspricht es *potius* ('lieber', 'eher', 'vielmehr'):

(57) malo < mavolo < magis volo ('ich möchte lieber', 'ich ziehe vor')

(58) sed praeterita magis reprehendi possunt quam corrigi. (Livius) (Hand 1836:557) [Es ist aber leichter, Vergangenes zu tadeln als zu korrigieren.]

Die gemeinsame Grundbedeutung ist die der Steigerung, der die folgende Vergleichsstruktur zugrunde liegt:

(59) X_0 magis X_1 quam X_2

wo X_0 und X_2 die Vergleichsausdrücke sind, und X_1 sich auf einen Vergleichsparameter bezieht. Die Vergleichsausdrücke können aber auch X_1 und X_2 sein:

(60) Is disertus magis est quam sapiens (...). (< Cicero) [Er ist mehr beredt als klug.] (Rubenbauer/Hofmann 1977:296)

Spezialfälle solcher Konstruktionen sind die, in denen der erste der beiden Vergleichsausdrücke Skopus eines Negationsadverbs ist:

(61) Non equidem invideo, miror magis (Vergilius) (Marconi/Bertinetto 1984:475) [Ich bin sicherlich nicht neidisch, sondern (eher) erstaunt.]

Dieser Gebrauch von *magis* war im klassischen Latein relativ häufig. Es handelt sich hier um Korrekturstrukturen, denn mit (61) etwa weist der Sprecher die Aussage des Adressaten zurück, er, der Sprecher, sei neidisch. Insofern kommt dieser Gebrauch von *magis* einem metasprachlichen Gebrauch, also einem Gebrauch als Marker, schon sehr nahe. Die Vergleichsstruktur, die hier zugrunde liegt, ist:

(62) non X_0 magis [quam X_0] X_1

wo der Klammerausdruck die für Marker typische Indexikalität deutlich macht. Der Vergleichsparameter ist in in solchen Fällen der der Wahrheit: daß der Sprecher erstaunt ist, ist wahrer, als daß er neidisch ist, denn das letztere ist einfach falsch. Wenn *magis* mit einem Verb des Sagens oder des Meinens verbunden ist, das den Sprecher/die Sprecherin ins Spiel bringt, wird deutlich, wie der metasprachliche Gebrauch von *magis* zustande gekommen ist:

(63) Ad hos qui additi, prior a principe deo Ianuarius appellatus; posterior, ut idem dicunt scriptores, ab diis inferis Februarius appellatus, quod tum his parentetur; ego <u>magis</u> arbitror Februarium a die februato, quod tum februatur populus (Varro) (Marconi/Bertinetto 1984:484) [Von den (zu diesen zehn Monaten) hinzugefügten heißt der erste Ianuarius nach dem ersten unter den Göttern. Der zweite heißt, wie dieselben Autoren sagen, Februarius nach den Göttern der Unterwelt, weil dann die Totenopfer dargebracht werden. Ich denke vielmehr, daß Februarius von dies februatus (Tag der Reinigung) kommt, denn dann wird das Volk gereinigt.]

Auch das folgende Beispiel kann so interpretiert werden, daß ein metasprachlicher Gebrauch vorliegt:

(64) Pythagoras Samius ait omnium rerum initia esse bina ut finitum et infinitum, bonum et malum, vitam et mortem, diem et noctem. Quare item duo status et motus... quod stat aut agitatur, corpus, ubi agitatur, locus, dum agitatur, tempus, quod est in agitatu, actio: quadripertio <u>magis</u> sic apparebit: corpus est ut cursor, locus stadium quo currit, tempus hora qua currit, actio cursio (Varro) (Marconi/Bertinetto 1984:484). [Pythagoras Samius behauptet, die Grundlage aller Dinge sei zweiteilig: endlich und unendlich, gut und schlecht, Leben und Tod, Tag und Nacht. So auch die beiden Möglichkeiten Ruhe und Bewegung (...) was sich in Ruhe befindet oder bewegt wird, heißt Körper; wo die Bewegung stattfindet, Ort; wann die Bewegung stattfindet, Zeit; was die Bewegung ausmacht, Tätigkeit. Diese Vierteiligkeit wird folgendermaßen noch deutlicher [Es wird so eher eine Vierteiligkeit herauskommen]: der Körper ist der Läufer, der Ort die Bahn, auf der er läuft, die Zeit die Stunde, zu der er läuft, und die Tätigkeit ist der Lauf.]

(Genauer gesagt ist hier natürlich nicht *magis* der metasprachlich verwendete Ausdruck, sondern der Satz, in dem es vorkommt, nämlich *quadripertio magis sic apparebit*, kann metasprachlich interpretiert werden.) In anderen Fällen ist der Parameter durch den Bezug auf die Situation bestimmt, über die gesprochen wird:

(65) Dum mortuus non bibo, dicis/Optima mihi bibere et corda sopire/Subministra <u>magis</u>, quod amplius quaeris abuti/infimo paupero, et eritis ambo refecti (Commodianus) (Marconi/Bertinetto 1984:485) [Du sagst: Wenn ich einmal tot bin, trinke ich nicht mehr. Das beste ist zu trinken und die Seele zu beruhigen. Gib den Wein, mit dem du Mißbrauch treiben willst, lieber dem ärmsten der Armen, und ihr werdet beide erquickt.]

Im folgenden Beispiel ist *magis* überflüssig als Hinweis auf einen Parameter, weil durch *melius* ein Parameter schon explizit genannt wird:

(66) Nam Dido Tyria fuit, Hannibal Poenus a genere Didonis longe remotissimus. Magis est melius sic intelligere, ut perturbatae persona nesciret se impossibilia postulare, quod ipsum sequentia docent (...) (Tiberius Claudius Donatus) (Marconi/Bertinetto 1984:485) [Dido kam aus Tyrus, Hannibal aus Karthago, war also mit der Familie der Dido so gut wie nicht verwandt. Es ist vielmehr besser, (die Prophezeiung eines Rächers durch Dido) so zu verstehen, daß der verwirrten nicht klar war, daß sie Unmögliches forderte, was die Fortsetzung (der Rede) zeigt (...)]

In (67) – (69) ist ein Bezug auf einen Vergleichsparameter nicht leicht zu erkennen:

(67) non omnis aetas, Lyde, ludo convenit. Magis unum in mente est mihi nunc, satis ut commode pro dignitate obsonii haec concurret cocus (Plautus) (Hand 1836:562, Marconi/Bertinetto 1984:484) [Man kann nicht zu allen Zeiten (seines Lebens) lernen, Lydus. Zur Zeit hab' ich nur eins im Sinn: daß der Koch so gut sei wie die Sachen, die ich zum Essen eingekauft habe.]

(68) solus autem mel non coquatur, dulcido ipsa bene educit ventrem, constringit magis eum. (Oribasius) (Marconi/Bertinetto 1984:486) [Der Honig allein jedoch soll roh gegessen werden; die Süße reinigt den Bauch gut, kann ihn jedoch auch verstopfen.]

(69) Omnibus exclusis uno retineberis antro:/nos magis includis, quos facis esse foris. (Venantius Fortunatus) (Marconi/Bertinetto 1984:488) [Nachdem alle draußen zurückgelassen worden sind, wird man dich in der Höhle halten; und außerdem (dann, darüber hinaus, ferner, überdies, weiter, weiterhin, zudem) schließt du uns, die du draußen läßt, ein. [uns dagegen (hingegen, jedoch), die du draußen läßt, schließt du ein]]

(70) Loco tenebroso eum includes, ordeum ne dederis, et mollibus cibariis iubabis. Magis tamen apium viridem prius, quantum volueris, ei da. (*Mulomedicina Chironis*) (Marconi/ Bertinetto 1984:489) [Du schließt ihn an einem dunklen Ort ein, gibst ihm keine Gerste und kannst ihm mit leichtem Futter helfen. Außerdem (dann, darüber hinaus, ferner, überdies, weiter, weiterhin, zudem) gib ihm jedoch vor allem vom grünen Eppich soviel er mag.]

Der erste Schritt in der Entwicklung von *magis* zu einer Konjunktion war also offenbar der, daß es als Skopus ein Verb und dann einen Satz haben konnte. *Magis* bezieht sich in diesen Fällen auf einen Vergleichsparameter, auf dem der Sachverhalt, den der Skopussatz von *magis* bezeichnet, ein höherer Wert zugeordnet wird als dem im vorangehenden Kotext genannten Sachverhalt. (57) und (58) sind Beispiele dafür.

In einem zweiten Schritt verschob sich der Bezug von der Situation, über die gesprochen wird, auf die Situation, in der gesprochen wird. Eine solche Verschiebung führt zu der in der Literatur häufig als für pragmatische Partikeln und Marker typisch angesprochenen semantischen Ausbleichung. Was *magis* betrifft, spielt dabei vor allem der Parameter der Wahrheit eine Rolle. Hand (1836:564) etwa weist aber auch darauf hin, daß *magis* in dem Ausdruck *magis est*, der als Formel häufig in der Rechtssprache verwendet wurde, auch 'wichtiger', 'besser' oder 'stärker'/'gültiger' bedeuten kann. Beispiele für solche Interpretationen sind (61), (63), (64) und (66). Dies erinnert natürlich an die Griceschen (1975) Maximen, oder genauer, an die Kategorien, in die Grice die Maximen einteilt, so daß sich zunächst einmal vermuten läßt, daß sich *magis* auf alle diesen

Kategorien entsprechenden Parameter beziehen kann, Parameter, die die Adaption einer Äußerung an die Sprechsituation betreffen, wobei die Kategorie der Modalität allerdings ausgenommen sein muß, weil *magis* keine Ausdruckskorrekturen einleiten kann. Die Ausdrücke, die *magis* verbindet, müssen vielmehr referenzverschieden und der zweite darf nicht aus dem ersten inferierbar sein, was sich bis zu einem gewissen Grad schon daraus ergibt, daß *magis* Objekten der Situation, über die gesprochen wird, unterschiedliche Parameterwerte zuordnet. Insofern müssen die Objekte natürlich verschieden sein. Die Formel *magis est* zeigt aber, daß *magis* sich auch auf den Parameter der Relevanz (Maxime der Relation) beziehen kann, und daß es sich auf den Parameter der Wahrheit (Maximen der Qualität) bezieht, wurde schon gesagt.

Wie steht es nun aber mit der Kategorie der Quantität, also derjenigen, die dem Parameter der Informationsmenge entspricht? Nun, ich denke, daß man die Vorkommen von *magis* in den Beispielen (69) und (70) so interpretieren kann, daß hier markiert wird, daß mit dem jeweiligen Ausdruck in ihrem Skopus weitere Information zum gerade anstehenden Thema geliefert wird. Dies legt jedenfalls die Übersetzbarkeit von *magis* mit *außerdem*, *dann*, *darüber hinaus*, *ferner*, *überdies*, *weiter*, *weiterhin* oder *zudem* in diesen Fällen nahe, die in (61) und (63)–(66) nicht vorliegt. Es ist interessant, daß sich diese Adverbien nicht nur auf die Situation beziehen können, über die gesprochen wird, sondern auch auf die Situation, in der gesprochen wird, was auch für das deutsche *aber auch* sowie für *mai* bzw. *ma* in den Beispielen (52) und (118) gilt.

Die direkte Vergleichsinterpretation, wonach der Ausdruck nach *magis* mehr Information liefert als der vorangehende, ist jedoch ausgeschlossen, weil, wie schon gesagt, die Ausdrücke, die *magis* verbindet, referenzverschieden sein müssen und der zweite nicht aus dem ersten inferierbar sein darf.

Man kann also annehmen, daß *magis* im wesentlichen vier Bedeutungen hatte:

1. Referenzverschiedenheit, Nicht-Inferierbarkeit, höherer Wert auf dem Parameter der Wahrheit (wahrer), Korrektur
2. Referenzverschiedenheit, Nicht-Inferierbarkeit, höherer Wert auf dem Parameter der Wahrheit (wahrer) (---> Einschränkung)
3. Referenzverschiedenheit, Nicht-Inferierbarkeit, höherer Wert auf dem Parameter der Relevanz (relevanter)
4. Referenzverschiedenheit, Nicht-Inferierbarkeit, weitere Information (---> Kontrast) (Der Pfeil bedeutet 'impliziert häufig konversationell'.)
5. Referenzverschiedenheit, Nicht-Inferierbarkeit, höherer Wert auf dem Parameter der Wahrheit (wahrer), Korrektur [= 1]
6. Referenzverschiedenheit, Nicht-Inferierbarkeit, weitere Information [= 4]

Die Bedeutung 3 ist offenbar schon im Vulgärlateinischen verschwunden, denn in den romanischen Sprachen gibt es sie nicht mehr. Es ließe sich allerdings einwenden, daß in (70) das, was der Ausdruck im Skopus von *magis* sagt, relevanter ist als das, was durch die vorangehende Satzsequenz zum Ausdruck gebracht wird. Es ist jedoch so, daß dieser Aspekt eher durch *prius* zum Ausdruck gebracht wird. *Magis* hat also in (70) die Bedeutung 4, ohne jedoch in dieser Umgebung 'Kontrast' zu implizieren. Diese Bedeutung von *magis* ist die dominante Bedeutung der Resultate von *magis* geworden.

Auch die Bedeutung 2 verschwindet, denn da die Bedeutung 4 die wesentlichen Bedingungen dafür umfaßt, daß der Skopusausdruck von *magis* eine Einschränkung ist, kann dies nun mit *magis* in der Bedeutung 4 konversationell impliziert werden. (Das dahinterstehende Prinzip wird in Abschnitt 3 genauer erläutert.) Es kann also angenommen werden, daß *magis* im Vulgärlateinischen schließlich im wesentlichen die Bedeutungen 5 und 6 hatte.

Magis wurde in den beiden Bedeutungen 5 und 6 weiterentwickelt, worauf die Tatsache hinweist, daß nicht alle romanischen Sprachen ein Resultat von *magis* in der Bedeutung 5 kennen, obwohl sie ein Resultat von *magis* in der Bedeutung 6 haben. Dies gilt für das Katalanische und das Spanische. Im Katalanischen entspricht *sinó* dem deutschen *sondern* und *però* dem deutschen *aber*. Das veraltete *més* entspricht nur dem *magis* in der Bedeutung 6. Entsprechendes gilt auch für *sino*, *pero* bzw. *mas* im Spanischen. Auch im Rätoromanischen (Surselvischen) wird zwischen *mo/ma* (*aber*) und *mobein* (*sondern*) differenziert. Es muß jedoch einschränkend bemerkt werden, daß die Ersetzung der Resultate von *magis* im Katalanischen und Spanischen erst sehr spät eingesetzt hat, etwa gegen Ende des Mittelalters, und sich nur ganz allmählich vollzogen hat, denn mehr oder weniger abgeschlossen war dieser Prozeß erst im 18. Jh. In der gesprochenen Sprache verlief dieser Prozeß allerdings rascher.

Aufgrund der Bedeutung 6 konnte mit *magis* im Vulgärlateinischen, wie gesagt, 'Einschränkung' und 'Kontrast' konversationell impliziert werden. Aber es ist anzunehmen, daß damit noch viel mehr impliziert werden konnte. Auch darauf weisen die romanischen Sprachen hin. Besonders interessant ist in diesem Zusammenhang das Altfranzösische, wo *mais*, das auch als *maix*, *mas* oder *mes* vorkommt, eine große Bandbreite von ko- und kontextuellen Bedeutungsvarianten aufweist. (Die folgenden Ausführungen zu *mais* gelten im wesentlichen auch für das italienische *ma*.)

3. Altfranzösisch

Tobler/Lommatzsch (1963:855ff) unterscheiden über fünfzig verschiedene Verwendungen des altfranzösischen *mais*, die sie in sechs Gruppen zusammenfassen: quantitativ (*mehr*), temporal (*fortan*, *fürderhin*, *je*, *jemals*, *je wieder*, *je sonst*, *nunmehr*, *weiter*), adversativ-korrigierend (*im Gegenteil*, *sondern*, *vielmehr*), einschränkend (*ausgenommen*, *außer*), konzessiv (*noch so sehr*, *obgleich*, *selbst wenn*, *wenn auch*, *wie sehr auch*, *wofern*), adversativ-fortführend (*aber*, *denn*, *gleichwohl*, *jedoch*, *natürlich*, *selbstverständlich*, *und zwar*). (Die Bezeichnungen stammen nicht alle von Tobler und Lommatzsch.) Diese Einteilung ist angesichts der Belegstellen, die sie angeben, nicht ganz durchsichtig. Marconi/Bertinetto (1985:493) schlagen deshalb, auch auf der Grundlage des Eintrags für *mais* in diesem Wörterbuch des Altfranzösischen (dem Marconi und Bertinetto auch die Beispiele entnommen haben), eine andere Einteilung vor, wobei der Gebrauch im quantitativen und der im temporalen Sinn unberücksichtigt bleiben: adversativ im engeren Sinn (*dagegen*, *dennoch*, *doch*, *hingegen*, *jedoch*, *trotzdem*, *während*), exzeptiv (*abgesehen von*, *allerdings*, *außer*, *außer wenn*, *bis auf*, *es sei denn*, *mit Ausnahme von*, *nur*, *nur nicht*), konzessiv-konditional (*vorausgesetzt*, *wenn nur*), konzessiv (*auch wenn*, *obgleich*, *obschon*, *obwohl*, *wenngleich*, *wiewohl*), explikativ (*ja*, *ja sogar*, *und zwar*, *zudem*), begründend (*denn*, *nämlich*). Es läßt sich ferner ein Gebrauch auszeichnen, der sich in erzählenden und argumentativen Texten findet und den ich kontinuativ nennen möchte. Was den im engeren Sinn adversativen Gebrauch angeht, läßt sich schließlich weiter differenzieren zwischen: oppositiv (*allerdings*, *dennoch*, *doch*, *jedoch*, *trotzdem*), limitativ (*allerdings*, *doch*, *jedoch*), substitutiv/korrigierend (*sondern*) und kontrastiv (*dagegen, hingegen, während*). Dies sei anhand der folgenden Beispiele erläutert:

1. adversativ im engeren Sinn (*allerdings, dagegen, dennoch, doch, hingegen, jedoch, sondern, trotzdem, während*):

1.1. oppositiv (*allerdings, dennoch, doch, jedoch, trotzdem*):
Der Satz vor *mais* bezeichnet u. a. einen Sachverhalt, der in einer möglichen Situation realisiert ist. Der Satz nach *mais* gestattet die Inferenz, daß der Sachverhalt in der realen Situation nicht realisiert ist:

(71) Ancor de remenoir l'enortent/li rois et tuit li chevalier;/mes proiere n'i a mestier,/que por rien ne vost demorer. (*Erec* 4258–4261) [Der König und alle Ritter bitten ihn, noch zu bleiben. Doch alles Bitten nützt nichts, denn er wollte um nichts in der Welt bleiben.]

(72) ferir la volt par mi le vis,/mes cele a son braz devant mis; (*Erec* 181–182) [Er wollte ihr ins Gesicht schlagen, doch sie hielt sich den Arm davor.]

1.2. limitativ (Inkonsequenz) (*allerdings, doch, jedoch*):
Der Satz vor *mais* bezieht sich u. a. auf ein Objekt, das typischerweise bestimmte Eigenschaften haben müßte. Der Satz nach *mais* macht klar, daß dies nicht uneingeschränkt gilt:

(73) et vit gesir sor uns degrez/un vavasor auques de jorz,/mes molt estoit povre sa corz; (*Erec* 374–377) [Und er sah einen schon etwas älteren Vavasseur oben auf einer Treppe liegen, dessen Anwesen allerdings sehr ärmlich war.]

1.3. substitutiv/korrigierend (*sondern*):
Mit dem Satz vor *mais* wird explizit gesagt, daß ein bestimmter Sachverhalt nicht realisiert ist. Mit dem Satz nach *mais* wird gesagt, welcher Sachverhalt statt dessen realisiert ist. Beispiel (74) repräsentiert die deontische Variante:

(74) Ne soffre que nos seiom tempté..., mas delivre nos de mau (*Serm. poit.* 10) (Tobler/Lommatzsch 1963:872, 41–42) [Laß nicht zu, daß wir in Versuchung geführt werden (...), sondern erlöse uns von dem Übel.]

1.4. kontrastiv (*dagegen, hingegen, während*):
Die verbalen Ausdrücke der beiden Sätze bezeichnen unterschiedliche Funktionen (beziehen sich auf unterschiedliche Klassen von Objekten):

(75) Ceste foiz vos iert pardonee, mes, s'autre foiz vos avenoit, ja pardoné ne vos seroit. (*Erec* 2851) [Diesmal wird Euch verziehen werden, während Euch, sollte es Euch noch einmal passieren, nicht verziehen wird.]

(76) El mor a tort, ren non forsfez,/mais nos adreit per colpas granz,/esmes oidi en cest ahanz (*Passion* 291) (Marconi/Bertinetto 1984:500) [Er stirbt zu Unrecht, er hat kein Unrecht begangen, während wir heute wegen großer Verbrechen zu Recht in dieser schrecklichen Lage sind.]

2. exzeptiv (*abgesehen von, allerdings, außer, außer wenn, bis auf, es sei denn, mit Ausnahme von, nur, nur nicht*):

Mit dem Satz vor *mais* wird jedem Teil einer Gesamtheit eine Eigenschaft zugeschrieben. Mit dem Ausdruck nach *mais* bzw. *mais que* wird deutlich gemacht, daß nicht allen Teilen der Gesamtheit diese Eigenschaft zukommt:

(77) Tote estoit noire, mes un dens qu'ele ot blanc (*M. Aym.* 449) (Marconi/Bertinetto 1984:500) [Sie war ganz schwarz, abgesehen von einem weißen Zahn.]

(78) De pan et vin sanctificat/tot sos fidels i saciet/mais que Judes Escharioh (*Passion* 97ff) (Marconi/Bertinetto 1984:496) [Mit gesegnetem Brot und Wein speiste er alle seine Jünger außer Judas Ischarioth.]

3. konzessiv-konditional (*vorausgesetzt*, *wenn nur*):
Der Satz vor *mais* schränkt die Wahrheit des anderen Satzes ein, der nur dann einen Sachverhalt bezeichnet, wenn auch der Satz nach *mais* einen Sachverhalt bezeichnet:

(79) Mei ne chaut, s'il m'aveit ocis,/mais de lui fust vengemenz pris (*Troie* 1396) (Marconi/Bertinetto 1984:501f) [Es hätte mir nichts ausmacht, wenn er mich erschlagen hätte, vorausgesetzt es wäre Rache an ihm genommen worden.]

(80) Ne mais que Dex m'envoie joie,/onques ne me chaut quel tans face (*St Jul.* 4538) (Marconi/Bertinetto 1984:501) [Das Wetter kümmert mich nicht, wenn Gott mir nur Freude schickt.]

4. konzessiv (*auch wenn, obgleich, obschon, obwohl, wenngleich, wiewohl*):
Aus dem Satz nach *mais* bzw. *mais que* läßt sich unsicher inferieren, daß der andere Satz falsch ist. Er ist jedoch tatsächlich wahr:

(81) Il le fet tot trestorner deus foiz ou plus, mes bien li poist (*RCharr.* (Marconi/Bertinetto 1984:501) [Er wirbelte ihn zweimal oder noch öfter herum, obgleich es ihm ziemlich leid tat.]

(82) Maix k'il èust le scïence/de Salemon et d'Omeir (*Bern. LHs.* 311,1) (Marconi/Bertinetto 1984:501) [Auch wenn er das Wissen von Salomon und Homer hätte]

5. explikativ (*ja*, *ja sogar*, *und zwar*, *zudem*):
Der Satz nach *mais* liefert Zusatzinformation über ein Objekt, das im Satz vor *mais* schon erwähnt worden ist:

(83) Iluec ot duel, mais il fu granz,/et de vieuz homes et d'enfanz,/qui sor le cors crïent et braient (*Thebes* 6251) (Marconi/Bertinetto 1984:502) [Es herrschte Trauer, ja große Trauer, sowohl bei den Alten als auch bei den Jungen, die über dem Leichnam weinten und schrien.]

(84) Li chiers mout grans cornes avoit,/mais de fin or couviers estoit (*Sone* 11524) (Marconi/Bertinetto 1984:502) [Der Hirsch hatte ein mächtiges Geweih, das zudem mit purem Gold überzogen war.]

6. begründend (*denn*, *nämlich*):
Mit dem Satz nach *mais* motiviert der Sprecher/die Sprecherin die Äußerung des Satzes vor *mais*. In dieser Bedeutung entspricht es dem neufranzösischen *car*:

(85) Ne sai beste fors que Brun l'ors/que tant hee comme vos./Mais vos hai ge de fine mort. (*Ren.* XXII, 651) (Marconi/Bertinetto 1984:502) [Ich kenne außer dem Bär Brun kein Tier, das ich so hasse wie Euch. Denn ich hasse Euch bis auf den Tod.]

(86) Dist li prestres: Il vous estuet/menger enuit, mais en est tans. (*Mont. fabl.* II, 56) (Marconi/Bertinetto 1984:503) [Der Priester sagte: Ihr müßt heute nacht essen, es ist nämlich Zeit.]

7. kontinuativ:
Mit dem Satz nach *mais* wird der Diskurs fortgesetzt. Es liegt jedoch ein Bruch vor, weil der Satz vor *mais* einer anderen Diskurseinheit (z.B. thematischen Einheit) angehört als der zweite:

(87) Je sui vostre cosine,/sachiez que c'est veritez fine,/et vos estes niece mon pere,/car il et li vostres sont frere;/mes je cuit que vos ne savez,/ne oï dire ne l'avez,/comant je ving an ceste terre. (*Erec* 6207–6213) [Ich bin Eure Cousine, das ist die reine Wahrheit. Ihr seid die Nichte meines Vaters, denn er und der Eure sind Brüder. Ich nehme an, daß Ihr nicht wißt und auch nicht davon habt reden hören, wie ich in dieses Land gekommen bin.]

In all diesen Fällen gilt, daß die beiden Sätze referenzverschieden sind, die Wahrheit des zweiten nicht aus der des ersten inferiert werden kann und mit dem zweiten Satz ein Mehr an Information geliefert wird. Ebenso wie *magis* dies mit der in Abschnitt 2 genannten Bedeutung unter 6 im Vulgärlateinischen deutlich machte, markierte *mais* dies im Altfranzösischen, und zwar 'mehr' relativ deutlich, weil es im Altfranzösischen auch noch im quantitativ -steigernden Sinn verwendet wurde:

(88) Ma meson de ci est moult pres;/Deux liues i a et non mes (*Méon* I 131, 121) (Tobler/ Lommatzsch 1963:856, 21 – 22) [Mein Haus ist ganz in der Nähe, nur zwei Meilen und nicht mehr.]

Was so deutlich gemacht wird, sind aber gerade zentrale Bedingungen für das Vorliegen der unter 1–7 genannten Relationen (Beispiele (71)–(87)), so daß *mais* indirekt auch diese Relationen deutlich machen konnte. Aber wie funktioniert das? Nun, die Eigenschaften 'Referenzverschiedenheit', 'Nicht-Inferierbarkeit' und 'weitere Information' sind relativ uninteressant. Aber gerade weil sie so uninteressant sind, löst der Hinweis auf sie den Prozeß des (unsicherern) Inferierens aus, der nach Grice (1975) notwendig ist, um hinter eine Implikatur zu kommen, ein Prozeß, in dem, wie bekannt, das Kooperationsprinzip und seine Maximen eine ganz entscheidende Rolle spielen. Was jeweils impliziert wird, ist das Vorliegen einer der unter 1 – 7 genannten Relationen, weil die genannten Aspekte zentrale Bedingungen dafür sind. Das Konzept der Implikatur gestattet so, ganz plausibel die auf den ersten Blick ungeheuere Polysemie von *mais* im Altfranzösischen zu erklären, wie sie etwa im Wörterbuch von Tobler und Lommatzsch eindrücklich dokumentiert wird.

Diese Beschreibung des Zusammenhangs zwischen der Grundbedeutung von *mais* und seinen abgeleiteten Bedeutungen ist intuitiv vielleicht weniger deutlich nachvollziehbar als die gleiche Beschreibung der Verhältnisse bei den sogenannten indirekten Sprechakten. Wenn jemand in einem Restaurant sagt:

(89) Ich möchte einen Tisch bestellen.

so fordert er/sie den Adressaten/die Adressatin auf, ihm/ihr einen Tisch zu reservieren, obgleich es sich bei dem, was er/sie wörtlich sagt, zunächst einmal lediglich um die relativ uninteressante Behauptung handelt, daß der Sprecher/die Sprecherin einen Tisch bestellen möchte. Inwiefern der Sprecher/die Sprecherin mit (89) eine Aufforderung realisiert, läßt sich mit Hilfe des Konzepts der (konversationellen) Implikatur erklären.

Ganz wichtig ist dabei, daß (89) eine zentrale Bedingung für die Aufforderung, einen Tisch zu reservieren, nennt. Es läßt sich sogar ein ganz generelles Prinzip formulieren: ein illokutionärer Akt I kann normalerweise (indirekt) dadurch realisiert werden, daß man eine Sprecherbedingung von I behauptet oder nach der Erfüllung einer Adressatenbedingung von I fragt (*Können Sie mir einen Tisch reservieren?*).

Nun ist es im Altfranzösischen allerdings nicht mehr so, daß 'Gegensatz' mit *mais* konversationell impliziert würde, denn es ist wohl nicht anzunehmen, daß in den Beispielen (71)–(82) diese Komponente getilgt werden könnte. Im Altfranzösischen gehört sie schon zur konventionellen Bedeutung von *mais*. Dies galt schon im Lateinischen für das substitutive/korrigierende *magis*, nur daß in solchen Fällen der Gegensatz darin besteht, daß der Satz, der *mais* unmittelbar folgt, wahr ist und das Negat des Satzes, der *mais* unmittelbar vorausgeht, falsch. Insofern ist das substitutive/korrigierende *mais* des Altfranzösischen nur noch eine Variante des adversativen *mais*. Da 'Gegensatz' nun zur konventionellen Bedeutung von *mais* gehört, entstehen die Bedeutungsvarianten 1–4 (Beispiele (71)–(82)) nicht mehr als konversationelle Implikaturen, sondern als Spezifizierungen von 'Gegensatz', obgleich das Kooperationsprinzip natürlich auch für die Entstehung dieser Spezifizierungen relevant ist.

Was für 'Gegensatz' gilt, trifft auch auf die Bedeutungskomponente 'Fortführung' zu, d.h. auch diese Komponente gehört im Altfranzösischen schon zur konventionellen Bedeutung von *mais*. So entstehen auch die Bedeutungsvarianten 5–7 (Beispiele (83)–(87)) nicht mehr als konversationelle Implikaturen, sondern als Spezifizierungen von 'Fortführung'. *Mais* hatte also neben der quantitativen und temporalen Bedeutung zwei weitere Grundbedeutungen.

4. Die Bedeutungen der Resultate von *magis* heute

Die Veränderungen vom Alt- zum Neufranzösischen betreffen eher die Syntax. So ist *mais* keine Präposition mehr wie in (77) und verbindet sich nicht mehr mit *que* zu einem subordinierenden konjunktionalen Ausdruck wie in (80) und (82). Was dagegen die Bedeutungen von *mais* und *ma* im Neufranzösischen bzw. im modernen Italienisch betrifft, gibt es keine wesentlichen Unterschiede zum altfranzösischen *mais*:

1. adversativ im engeren Sinn (*allerdings, dagegen, dennoch, doch, hingegen, jedoch, sondern, trotzdem, während*):

1.1. oppositiv (*allerdings, dennoch, doch, jedoch, trotzdem*):

(90) Je pensais qu'il demanderait lui-même sa révocation, dit l'ambassadeur, <u>mais</u> il ne l'a pas fait. (Duras 1966:39)

(91) I domestici, vedendo quel dottorino male in arnese non volevano lasciarlo entrare, <u>ma</u> il Re disse: – Tanto, male al mio povero figliolo non gliene può fare, perché peggio di come sta è impossibile. Fate provare anche a questo qui –. (Calvino 1993:138)

1.2. limitativ (Inkonsequenz) (*allerdings, doch, jedoch*):

(92) J'embrasse mon rival, <u>mais</u> c'est pour l'étouffer. (Racine) (Robert 1982:1133)

(93) Del resto, anche Hegel era stato sensibile a questo problema e ne aveva fatto oggetto di studio negli anni di Jena. Ma riprenderemo questo discorso più tardi (Marconi/Bertinetto 1984:230)

1.3. substitutiv/korrigierend (*sondern*):

(94) A moins que ce ne soit pas sa mère mais une autre (Duras 1966:28)

(95) Non è bello, ma è gradevole.

1.4. kontrastiv (*dagegen, hingegen, während*):

(96) Les privilèges finiront, mais le peuple est éternel. (Mirabeau) (Robert 1982:1133)

(97) Je dis que c'est le côté défectueux. Cela est vrai, dans un sens. Mais, dans un autre sens, j'étais obligé de reconnaître que tout le secret d'une bonne organisation était là. (Camus 1957:169)

(98) I privilegi finiranno, ma il popolo è eterno.

2. exzeptiv (*abgesehen von, allerdings, außer, außer wenn, bis auf, es sei denn, mit Ausnahme von, nur, nur nicht*):

(99) Pour mieux faire ressortir les caractères du français, Bally fait constamment appel à la comparaison de l'allemand; mais quand il s'agit d'opposer les caractères des deux langues, il se montre prudent et réservé, se gardant bien d'établir un classement entre elles, et leur attribuer un rang. (Vendryes 1966:199)

(100) Tornati sulla piazza, scoraggiati, i contadini non sapevano più cosa fare. Ma il più vecchio, quello che aveva parlato al Conte, disse: – Qui bisogna mandare a chiamare Masino! (Calvino 1993:102)

3. konzessiv-konditional (*vorausgesetzt, wenn nur*):
In dieser Bedeutung kommen *mais* und *ma* heute nicht mehr vor. Dies hat offenbar mit den erwähnten syntaktischen Veränderungen zu tun, denn wie Mazzoleni (1990:53ff, 105) herausstellt und anhand mehrer Sprachen zeigt, sind die konzessiven Konstruktionen "prototipicamente ipotattiche", also prototypisch hypotaktisch. Dies gilt erst recht für die konzessiv-konditionalen. Das Verschwinden von *mais que* als subordinierende Konjunktion (die den Konjunktiv verlangte) hat deshalb wohl auch zum Verlust des Gebrauchs von *mais* in dieser kotextuellen Bedeutung geführt. (Der Konjunktiv findet sich auch in (79).)

4. konzessiv (*auch wenn, obgleich, obschon, obwohl, wenngleich, wiewohl*):

(101) Il entendait montrer par là que le rôle du maître est de former des élèves qui le contredisent (...). Mais il n'est pas donné à chacun de contredire son maître. (Vendryes 1966:188)

5. explikativ (*ja, ja sogar, und zwar, zudem*):

(102) Hassan était donc nu, – mais nu comme la main (Musset, zitiert nach Grevisse 1993:1553)

(103) Buono ma veramente buono (Battaglia/Pernicone 1965:439)

6. begründend (*denn*, *nämlich*):

(104) Quand elle est partie, le concierge a parlé: «Je vais vous laisser seul.» Je ne sais pas quel geste j'ai fait, mais il est resté. (Camus 1957:169)

(105) Maria ha abbandonato il progetto, ma si rendeva conto di correre troppi rischi (Marconi/ Bertinetto 1984:503)

7. kontinuativ:

(106) Deux prémisses particulières ne mènent à aucune conclusion. (...) Les prémisses doivent utiliser une fois au moins le concept commun selon une quantité universelle (règle B). Si elles sont toutes deux particulières, il faudra qu'un des prédicats soit pris universellement. Il faudra donc qu'une des prémisses soit négative et que le concept commun y serve de prédicat. Mais alors la conclusion doit être également négative, et le grand extrême y sera pris universellement; il devra donc être pris universellement dans la majeure. (...) (Dopp 1972:133)

(107) Tutti gli uomini sono mortali. Ma Socrate è uomo. Dunque Socrate è mortale.

(108) Quand Raymond m'a donné son revolver, le soleil a glissé dessus. Pourtant, nous sommes restés encore immobiles comme si tout s'était refermé autour de nous. Nous nous regardions sans baisser les yeux et tout s'arrêtait ici entre la mer, le sable et le soleil, le double silence de la flûte et de l'eau. J'ai pensé à ce moment qu'on pouvait tirer ou ne pas tirer. Mais brusquement, les Arabes, à reculons, se sont coulés derrière le rocher. (Camus 1957:91)

(109) Il mercante, che non vedeva che per gli occhi di questa figlia, andò subito a cercarle un pappagallo. (...) Così regalò il pappagallo alla figlia, e dopo averle fatto ancora mille raccomandazioni partì per il suo viaggio. Appena il mercante fu partito, il Re cominciò a studiare il modo di raggiungere la ragazza. E messosi d'accordo con una vecchia, la mandò a portarle una lettera. Ma intanto la ragazza aveva preso a discorrere col pappagallo. (Calvino 1993:121)

(In dem verpönten *ma però* ist *ma* wahrscheinlich ursprünglich dieses kontinuative *ma*.)

8. kontinuativ und limitativ:

(110) Vieni, che ti porto da tuo padre, – disse lui, e la fece salire nella barca. Ma la barca era piccola, ed erano in mezzo al mare. Remarono, remarono, e videro lontano un bastimento. Baciccin alzò in cima a un remo la veste della figlia del Re. Dalla nave li videro e li presero a bordo. (Calvino 1993:64)

5. Alternativen

Die Erklärung der Entwicklung von *magis* zu den entsprechenden Wörtern in den romanischen Sprachen mit den Bedeutungen 'sondern' und 'aber', die ich hier geliefert habe, ist mit den Vorschlägen, die sich in der Literatur finden, nicht unbedingt inkompatibel. Es ist vielmehr so, daß man traditionell nur bestimmte Aspekte des komplexen Gesamtprozesses herausgestellt hat. So betonen etwa Ducrot/Vogt (1979), daß das substitutive/korrigierende *magis*, wie es etwa in (61) vorkommt, sowohl vergleichend als auch adversativ ist. Dieses *magis* ist deshalb für sie der Ausgangspunkt für die Entwicklung von *mais* in der Bedeutung 'sondern' und dann von *mais* in der Bedeutung 'aber'. Daß *magis* auch ganz generell die Bedeutung 'potius' hat, spielt in ihrer Darstellung der Entwicklung von *magis* zu *mais* dagegen keine Rolle. Dies ist im übrigen die traditionelle romanistische Erklärung. (Marconi/Bertinetto 1985:475ff, 480)

Auch Melander (1916) betrachtet als Ursprung von *mais* das substitutive/korrigierende *magis*. Er macht jedoch plausibel, daß sich *mais* in der Bedeutung 'sondern' und *mais* in der Bedeutung 'aber' nicht nacheinander, sondern parallel entwickelt haben. Marconi und Bertinetto schließen sich dieser Auffassung an. Die beiden Autoren stellen jedoch den Einfluß von *magis* in der Bedeutung 'plus' bei der Entwicklung von *mais* bzw. *ma* in der Bedeutung 'aber' heraus. (Marconi/Bertinetto 1985:491) Tatsächlich gibt es heute noch in den meisten romanischen Sprachen Resultate von *magis* in der Bedeutung 'plus', wie die Aufstellung in Abschnitt 1 zeigt. Auch im Altfranzösischen war diese Verwendung von *mais* noch sehr gebräuchlich, wobei sogar lautliche Übereinstimmung bestand, wie Beispiel (88) zeigt.

Die erwähnten Ansätze stellen alle auf verschiedene Weise die Relevanz des Vergleichsparameters heraus, auf den sich *magis* bezieht. Ein anderer Ansatz, der eine gewisse Tradition hat und der auf Diez (1882) zurückgeht, ist der des Bedeutungswandels von *magis* durch häufigen Kontakt mit bestimmten Konjunktionen oder Adverbien wie etwa:

(111) ac (ac magis), an (an magis), at (at magis), atque (atque magis), aut (aut magis), autem (magis autem), enim (magis enim), eo (eo magis), et (et magis), etiam (magis etiam), immo (immo magis), inde (inde magis), nam (nam magis), neque (neque magis), seu (seu magis), tum (tum magis), quo (quo magis)

oder *tamen* (*magis tamen*) wie in Beispiel (70), aber vor allem mit *sed* (*sed magis*). Marconi/Bertinetto (1985:490) kritisieren an diesem Vorschlag, es sei nicht einzusehen, warum *magis* die Bedeutung von *sed* angenommen habe, aber nicht die der anderen Wörter. Aber tatsächlich hat *magis* zumindest später auch Bedeutungen der anderen Konjunktionen und Adverbien gehabt, also etwa von *autem* ('aber', 'andererseits', 'dagegen', 'ferner', 'nämlich', 'weiter', 'wiederum'), *et* ('und') oder *tamen* ('dennoch', 'doch', 'gleichwohl'). Hand (1836:563) stellt sogar für das klassische Latein fest, daß *magis* manchmal der Bedeutung von *immo* ('im Gegenteil', 'ja', 'ja sogar', '(ja) vielmehr') nahekommt und nennt als Beispiel u. a. (67). Insofern ist die Hypothese nicht unplausibel. Das Problem ist nur zu erklären, wie dieser Bedeutungswandel stattgefunden hat, denn die bloße Nachbarschaft zu anderen Ausdrücken führt ja nicht zwangsläufig zu einem solchen Wandel.

Nun ist die Kombination von Konjunktionen/konjunktionalen Ausdrücken mit Adverbien/adverbialen Ausdrücken und von Adverbien/adverbialen Ausdrücken untereinander kein ungewöhnliches Phänomen:

(112) Mais en vérité ils ne s'occupaient jamais de moi à ces moments-là. (Camus 1957:110)

(113) De temps en temps, j'avais envie d'interrompre tout le monde et de dire: «Mais tout de même, qui est l'accusé? C'est important d'être l'accusé. Et j'ai quelque chose à dire.» (Camus 1957:152)

(114) mais qui est donc propriétaire de cette maison toujours fermée? (Duras 1966:33)

(115) mais sans pour autant laisser deviner qui il serait à Lahore. (Duras 1966:41)

(116) mais quand même, mais néanmoins, mais pourtant, mais cependant, mais au contraire, mais encore, mais aussi, mais même, mais en outre

(117) Per cercare le origini preistoriche dell'agricoltura e di altri aspetti della vita sociale nella regione dello Yucatan, l'archeologo ha bisogno di molta pazienza, capacità di sopportare il caldo e grande cautela. Si rischia di prendere la malaria e di imbattersi in serpenti velenosi che chiamano Tommy Goff. Ma ci sono anche giaguari e coccodrilli (La Stampa 20.10.1982) (Marconi/Bertinetto 1984:231)

(118) ma già, ma pure, ma soprattutto, ma nemmeno, ma in più, ma per di più, ma ancora, ma allora, ma proprio, ma piuttosto, ma addirittura, ma neanche, ma in particolare, ma ora, ma poi, ma ecco, ma veramente, ma neppure

Die Ausdrücke stehen natürlich nicht immer unmittelbar nebeneinander, wie die Beispiele (114), (115) und (117) zeigen. Es ist nun interessant zu sehen, daß sich die Ausdrücke oft in ihren Bedeutungen überschneiden. Bei *ma piuttosto* ist es z. B. so, daß sowohl *ma* als auch *piuttosto* 'Substitution'/'Korrektur' markieren können. Daß dennoch nicht der Eindruck der Redundanz entsteht, liegt daran, daß beide Ausdrücke relativ zu dieser Bedeutung wenig transparent sind. (Das Konzept der Transparenz von Markern wird in Hölker (1988:146ff) behandelt.) In anderen Fällen sind die beiden Ausdrücke bezüglich einer Bedeutung unterschiedlich transparent, so etwa *ma* und *poi* in *ma poi* in Bezug auf 'Gegensatz', denn 'Gegensatz' wird von *ma* konventionell impliziert und von *poi* konversationell. (Die Semantik von *poi* wird in Hölker (1993, 1994) dargestellt.) Ebenso kann man das Verhältnis zwischen *magis* und den übrigen Ausdrücken unter (111) betrachten. Dies setzt aber voraus, daß *magis* schon im klassischen Latein konversationell 'Gegensatz' implizieren konnte, was natürlich nicht der Annahme entspricht, daß *magis* diese Bedeutung erst nach und nach von den anderen Ausdrücken, etwa *sed*, übernommen hat. Die Beobachtung, daß Konjunktionen sich eng mit *magis* verbanden, ist aber aus syntaktischen Gründen interessant, denn dadurch, daß *magis* neben die Konjunktion rückte, konnte es sich zur Konjunktion entwickeln, als die ursprünglichen Konjunktionen ungebräuchlich wurden.

Die Kontakthypothese müßte also dahingehend ausgearbeitet werden, daß sichtbar wird, wie *magis* seine Bedeutungen von den benachbarten Ausdrücken übernehmen konnte. Nach dieser Hypothese ließe sich annehmen, daß sich *et magis* folgendermaßen zum kontinuativen *magis* entwickelt hat: *et* hat die Bedeutung 'und' mit den folgenden Komponenten: 'Referenzverschiedenheit' und 'Nicht-Inferierbarkeit'. Hinzu kommen weitere Eigenschaften, die auch für die konjunktionalen Resultate von *magis* relevant sind, die ich in der bisherigen Darstellung jedoch der Einfachheit halber vernachlässigt habe: die Sätze im Skopus von *et* müssen beide wahr sein, müssen also beide in der Situation, über die gesprochen wird, Sachverhalte bezeichnen; *et* macht deutlich, daß die beiden Sachverhalte zusammengehören, wodurch impliziert wird, daß der zweite Satz eine Fortsetzung ist. *Magis* bedeutet 'weitere Information'; man muß also annehmen, daß *magis* die Anfangsstadien der in Abschnitt 2 dargestellten Entwicklung durchgemacht hat. *Et magis* bedeutet dann 'Referenzverschiedenheit', 'Nicht-Inferierbarkeit', 'Zusammengehörigkeit' und 'weitere Information'. *Et* entfiel, und *magis* allein trat die Nachfolge des komplexen Ausdrucks an. Aus *magis* in dieser Bedeutung entwickelte sich dann das kontinuative *mais* bzw. *ma*. Entsprechende Entwicklungen könnte man für die übrigen Bedeutungen von *mais* bzw. *ma* annehmen. Vergleichbar sind solche Beschreibungen mit der Beschreibung von Entwicklungen bestimmter fester Verbindungen zu Wörtern, z.B. von *Lyoner Wurst* zu *Lyoner*.

Diese Erklärung des Bedeutungswandels von *magis* berücksichtigt allerdings nicht den besonderen Charakter von Markern. Dieser besteht darin, daß sie normalerweise vielfach mehrdeutig sind und diese Mehrdeutigkeit offenbar keine lexikalische ist, d.h. bei *magis*, *mais* und *ma* wird man intuitiv nicht sagen wollen, sie seien als lexikalische Einheiten mehrdeutig, im Gegensatz zu *Lyoner* ('Lyoner Wurst', 'Einwohner von Lyon'). Oder konkreter: für *Lyoner* lassen sich Umgebungen finden, in denen alle seine Bedeutungsvarianten ihre Gültigkeit behalten (*Sie mag Lyoner.*), was für die genannten Konjunktionen nur bezüglich ihrer Grundbedeutungen möglich ist. (Relevant ist in diesem Zusammenhang die ganze Diskussion um die diversen Spielarten der sogenannten Semantischen Hypothese gegenüber der Konversationalistischen Hypothese, etwa in Walker (1979).) Kurzum, die Kontakthypothese macht eine detaillierte Analyse der Polysemie der Resultate von *magis* in den romanischen Sprachen und eine präzise Rekonstruktion des Wandels von *magis* nicht überflüssig, sondern ist dafür lediglich ein anderer Ausgangspunkt.

Ich denke, daß durch diese Darstellung der Polysemie und Etymologie der Resultate von *magis* in den romanischen Sprachen klargeworden ist, weshalb die Bedeutungskomponente 'Fortführung' auch heute noch eine größere Rolle bei diesen Ausdrücken spielt als bei *but* und *aber*, wenn auch nicht die dominante. Was die systemischen Aspekte der Entwicklung von *magis* betrifft, ist schließlich interessant, daß, betrachtet man die Gesamtheit der Bedeutungen von *magis* als System, dieses System in der Entwicklung zu und dann in den romanischen Sprachen durch die über das Kooperationsprinzip gesteuerte Interaktion mit den jeweiligen Umgebungen in mehreren Schritten grundlegend umstrukturiert worden ist, und zwar auf der Grundlage des erwähnten Parameterbezugs von *magis* als Potential.

Bibliographie

Anscombre J.-C./Ducrot, O. (1977), Deux *mais* en français?. *Lingua* 43: 23–40.

Battaglia, S./Pernicone, V. (1965^2), *La grammatica italiana*. Turin.

Bec, P. (1986^5), *La langue occitane*. Paris.

Bruyne, J. de (1993), *Spanische Grammatik*. Tübingen.

Calvino, I. (1990), *Fiabe italiane*. Mailand.

Camus, A. (1957), *L'étranger*. Paris.

Candinas, Th. (1982), *Romontsch sursilvan*. Chur.

Corti, M./Caffi, C. (1989), *Per filo e per segno*. Mailand.

Diez, F. (1882^5), *Grammatik der romanischen Sprachen* I–II. Bonn.

Dopp, J. (1972), *Notions de logique formelle*. Louvain/Paris.

Ducrot, O./Vogt, C. (1979), De magis à mais: une hypothèse sémantique. *Revue de linguistique romane* 43: 317–341.

Duras, M. (1966), *Le vice-consul*. Paris.

Grevisse, M. (1993^{13}), *Le bon usage*. (neubearbeitet von A. Goosse) Paris.

Grice, H. P. (1975), Logic and Conversation. In: Cole, P./Morgan, J. L. (Hg), *Syntax and Semantics* 3. New York etc.: 41–58 (übersetzt als *Logik und Konversation*. In: Meggle, G. (Hg) (1979), *Handlung, Kommunikation, Bedeutung*. Frankfurt/M: 243–265.

Hand, F. (1836), *Tvrsellinvs sev de particvlis latinis commentarii* III. Leipzig (zit. nach dem Nachdruck von 1969).

Hölker, K. (1988), *Zur Analyse von Markern. Korrektur– und Schlußmarker des Französischen*. Stuttgart.
Hölker, K. (1993), Sul marker *poi* e la sua traduzione in tedesco. *Lingua e stile* 23: 57–85.
Hölker, K. (1994), Zur Semantik von it. *poi* aus übersetzungswissenschaftlicher Sicht. *Orbis* 37: 202–220.
Huber, J. (1929), *Katalanische Grammatik*. Heidelberg.
Kamps, B. S./Lepori, A. (1985), *Sardisch für Mollis & Müslis*. Wuppertal.
Locke, J. (1690), *An Essay Concerning Human Understanding* II. London. (zit. nach der Ausgabe von Yolton, J. W. (1964[2]), London.
Marconi, D./Bertinetto, P. M. (1984), Analisi di *ma*. *Lingua e stile* 19/2: 223–258, 19/3:475–509.
Mazzoleni, M. (1990), *Costrutti concessivi e costrutti avversativi in alcune lingue d'Europa*. Florenz.
Melander, J. (1916), *Etude sur* magis *et les expressions adversatives dans les langues romanes*. Uppsala.
Palazzi, F./Folena, G. (1992), *Dizionario della lingua italiana*. Mailand.
Popinceanu, I. (1972), *Rumänische Elementargrammatik*. Tübingen.
Reymond, J./Bossard, M. (1979), *Le patois vaudois*. Lausanne.
Robert, P. (1982), *Le Petit Robert de la langue française*. Paris.
Robinet, A. (1987[5]), *La philosophie française*. Paris.
Rubenbauer, H./Hofmann, J. B. (1977[10]), *Lateinische Grammatik*. (neubearbeitet von R. Heine), Bamberg/München.
Smith, A. (1755), *A Dictionary of the English Language*, by Samuel Johnson (zit. nach: Lindgren, J. R. (ed) (1969, *The Early Writings of Adam Smith*. o. O.: 5–15).
Tobler, A./Lommatzsch, E. (1963), *Altfranzösisches Wörterbuch* V. Wiesbaden.
Vendryes, J. (1966), L'œuvre linguistique de Charles Bally. In: Sebeok, Th. A. (eds) (1966), *Portraits of Linguists. Bloomington*. London: 188–201.
Vieli, R./Decurtins, A. (1981[2]), *Vocabulari romontsch sursilvan-tudestg*. Chur.
Walker, R. C. S. (1979), Konversations-Implikaturen. In: Meggle, G. (Hg) (1979), *Handlung, Kommunikation, Bedeutung*. Frankfurt/M: 419–479 (Übersetzung von *Conversational Implicatures*. In: Blackburn, S. (ed) (1975), *Meaning, Reference and Necessity*. Cambridge: 133–181).
Weydt, H. (1983), *Aber, mais* und *but*. In: Weydt, H. (Hg) (1983), *Partikeln und Interaktion*. Tübingen: 148–159.

Wolf Peter Klein (Tallinn)

Über Schriftpartikel, oder: Warum man manchmal aus einer Mücke einen Elefanten machen darf

Wissenschaftlich ist es immer gefährlich, manche Dinge für Kleinigkeiten zu halten. So sind wir erst in den letzten Jahrzehnten über die große kommunikative Bedeutung derjenigen Wörter aufgeklärt worden, deren Klassenbezeichnung schon seit eh und je eine abwertende, verniedlichende Konnotation transportierte. Anders als es der Ausdruck "Partikel" ('Teilchen') suggeriert, erfüllen die Sprachpartikel in lebendiger Verständigung durchaus wichtige Funktionen.[1] Diese "Zaunkönige und Läuse im Pelz der Sprache" (Eisenberg 1994:20) sind alles andere als bloßes Beiwerk, deren kommunikative Leistung nicht an die Kraft anderer Wortarten heranreichen würde. Eine Grammatik, die über die Bedeutung der Partikel nicht näher Rechenschaft ablegt, muß zumindest begründen, warum sie es nicht tut.

Was für die Sprachbetrachtung gilt, läßt sich auf die Schriftanalyse übertragen. Demnach gibt es auch in der schriftlichen Form der deutschen Sprache kleine Teilchen, also Schriftpartikel, die man traditionell eher für sprachliche Randphänomene hält, die aber bei näherer Betrachtung durchaus zu bemerkenswerten kommunikativen Faktoren werden. Um eingangs kurz zu charakterisieren, was ich unter dem Ausdruck "Schriftpartikel" verstehe, sei hier erst einmal nur Negatives gesagt: Als Schriftpartikel sollen diejenigen schriftlich-graphischen Elemente bezeichnet werden, die in Texten einer bestimmten Zeit erscheinen, jedoch *keine* Buchstaben- bzw. Alphabetzeichen ("Grapheme") sind. Unter diese Definition fällt nach traditionellen Begriffen natürlich hauptsächlich die Interpunktion.[2] Neben dem (gegenwärtigen) Grundinventar der Interpunktion (Punkt (.), Strichpunkt/Semikolon (;), Doppelpunkt (:), Komma (,), Fragezeichen (?), Ausrufezeichen (!)) gehören dazu aber auch andere Schriftpartikel, die die linguistische Schriftforschung bisher noch weniger beachtete als die genannten Interpunktionszeichen. Berücksichtigt man allein das Zeicheninventar des letzten Rechtschreibdudens (Duden 1996:19ff), so sind – in alphabetischer Reihe – zumindest die folgenden weiteren Schriftpartikel zu identifizieren: Anführungszeichen (Gänsefüßchen)

---

[1] Vgl. die maßgeblichen Arbeiten und Sammlungen von Weydt (1969, 1983, 1989) sowie dazu die Forschungsbibliographie von Weydt/Ehlers (1987). Ich verstehe den Ausdruck "Sprachpartikel" hier "im engeren Sinne", vgl. Hentschel/Weydt (1994:Kap. 8).

[2] Soweit ich sehe, hat sich in der gegenwärtigen linguistischen Landschaft der Ausdruck "Syngraphem", unter dem Gallmann an prominenter Stelle – im jüngst erschienenen Handbuch *Schrift und Schriftlichkeit* – in die Interpunktion einführt, (noch?) nicht durchgesetzt. Freilich ist auch nicht ganz deutlich, in welchem Verhältnis "Graphem" und "Syngraphem" in diesem Handbuch genau besehen stehen. Wie die beiden Wörter rein ausdrucksseitig nahelegen, sieht Gallmann in den Syngraphemen eine "Subklasse von Graphemen" (Gallmann 1996:1456). Dieses Verständnis scheint allerdings nicht mit der diesbezüglichen Begriffsklärung der Herausgeber abgestimmt zu sein. Beide Arten, wie Günther/Ludwig (1994) den Ausdruck "Graphem" definieren, sind meines Erachtens mit dem Gallmannschen Paar "Syngraphem"/"Graphem" ohne nähere Erläuterung nicht kompatibel. Die ganz überwiegend gegenwartsorientierte Sicht von Nerius et al. (1989:Kap. 5.3.1.) verhindert es im übrigen, daß die (historischen) Beziehungen der gegenwärtigen Interpunktionszeichen mit den übrigen Schriftpartikeln nachhaltig ins Blickfeld geraten können.

(“”), Anmerkungszeichen, Apostroph (Auslassungszeichen) (’), Auslassungspunkte (...), Bindestrich (-), Gedankenstrich (–), Klammern (()) und Schrägstrich (/). Damit sind jedoch längst nicht alle Schriftpartikel aufgezählt, die unter obige Definition fallen. Es sei nur daran erinnert, daß man in manchen gegenwärtigen deutschen Texten (und auf deutschen Computertastaturen!) gelegentlich auch Zeichen findet wie die folgenden: ~, *, [],{}, °, ¶, •, ¬, #, ±, $, £, x, @, §, %, &, =, 1, IV. In synchroner, gegenwartsorientierter Sicht umfaßt der Begriff “Schriftpartikel” also hauptsächlich, jedoch nicht ausschließlich die Interpunktionszeichen. Wie aus dem folgenden hervorgehen wird, verwischen sich in diachronischer Perspektive ohnehin die Grenzen zwischen den Interpunktionszeichen und den übrigen Schriftpartikeln. Darin soll jedoch nicht der thematische Kern dieser Skizze liegen. Denn ich möchte hier andeuten, daß man aus der Geschichte der Schriftpartikel einiges über die Wandlungen unserer Sprach- und Schriftkultur ablesen kann. Mittelbar ergeben sich daraus immer wieder Hinweise, inwiefern es sich lohnt, Schriftpartikel genauso wie Sprachpartikel nicht als bloße Marginalien abzutun.

Ein wichtiges, maßgebendes Inventar, an dem die Quellengeschichte der Schriftpartikel spätestens ansetzen muß, wurde von einem Bischof aufgelistet. Isidor von Sevilla (6./7. Jh.) zählte im grammatischen Buch seiner *Etymologien* zwei Typen von Schriftpartikeln auf.[3] Zum einen schrieb er über die sogenannten “positurae”. Mit ihrer Hilfe präparierte man im Mittelalter vor allem liturgische Texte für das Vorlesen innerhalb des religiösen Kults. Zum anderen wurden dort 26 unterschiedliche sogenannte “notae sententiarum” (‘Satzzeichen’) benannt, die laut Isidor bei Liedern und Historien berühmter Autoren zur Schriftdistinktion (“distinctio scripturarum”) herangezogen wurden.

In diesen beiden Übersichten findet man die Wurzeln einiger Schriftpartikel, die noch heute das orthographische Bild der deutschen Sprache bestimmen. Punkt und Komma waren – wenn auch noch nicht in derselben Art und Weise wie heute – die beiden zentralen Themen bei der Diskussion der *positurae*. Isidor reformulierte diesbezüglich die ähnlich lautenden Ausführungen, die in der grammatischen Tradition seit Donatus weit verbreitet waren. Insgesamt ging es darum, daß die drei Schriftpartikel *comma*, *colon* und *periodus* so eingesetzt werden sollten, daß sie das laute Vortragen eines Textes unterstützten. Es waren sozusagen Verkehrsposten für den Stimmverlauf des Vorlesers. Wer einen Text gut vortragen wollte, mußte eine schriftliche Version besitzen und lesen können, die durch *positurae* gegliedert war. Dieser lautorientierte, rhetorische Zweck der Schriftpartikel gewinnt an Brisanz, wenn man weiß, daß die Praxis des leisen, stummen Lesens in unserem Kulturkreis erst mit der Zeit zur Gewohnheit wurde. In Antike und Mittelalter las man in der Regel artikuliert, mit oder ohne Publikum (Saenger 1982, im Zusammenhang der Schriftbetrachtung Raible 1991).

Etwas anders liegt der Fall bei den *Satzzeichen* Isidors. Hier ist zunächst zu konstatieren, daß die Geschichte der Schriftpartikel — wie jede andere Geschichte auch — eine nicht unbeträchtliche Verlustseite besitzt. Für einige dieser Zeichen gibt es im heutigen Inventar nämlich keine wie auch immer gearteten Anknüpfungen mehr. Dazu zählt etwa der sogenannte “Lemniscus”, eine “Virgel zwischen zwei Punkten” (÷). Dieses

[3] Vgl. Isidor von Sevilla, *Etymologiarum sive originum libri* I, XX (“positurae”)/XXI (“notae sententiarum”). Vgl. dazu die entsprechende Abbildung der Wolfenbütteler Isidor-Handschrift aus dem 8. Jahrhundert (Weissenburg MS 64, fol. 13v) in Parkes (1992:172f).

Zeichen wurde an Stellen gesetzt, “die die Bibelübersetzer gleichsinnig, aber mit unterschiedlichen Ausdrücken übertrugen”.[4] Die “Antisimma” – in etwa ein auf der linken Seite geöffnetes o – zeigte an, wenn die Versordnung vertauscht war. Eine “Antisimma” mit Punkt in der Mitte wurde dort postiert, wo zwei Verse mit derselben Bedeutung standen, und zweifelhaft war, welcher von beiden denn nun gelesen werden sollte.[5] Auch für den das Ceraunium und die Anchora gibt es mittlerweile keine Äquivalente mehr.

Anders sieht der Fall bei einigen weiteren Schriftpartikeln Isidors aus. Im Asterisk (*) finden wir ein Zeichen, das funktional gesehen in die Vorgeschichte der Auslassungspunkte gehört und als Fußnotenzeichen oder Asteronym heute gelegentlich noch eine ähnliche Funktion erfüllt wie im Frühmittelalter (Klein/Grund 1997). In der sogenannten diple (>) (grch. diplh` ‘doppelt‘) haben wir zweifellos die Urform unserer heutigen Anführungszeichen. Das Zeichen ist ikonischen Ursprungs. Es war wohl ursprünglich ein Pfeil am Rande eines Textblocks, der auf eine bestimmte Stelle wies und mit der Zeit graphisch abstrahiert wurde (➳ ➝ ➜ ➤ ❯ >). Möglicherweise steht dahinter sogar ursprünglich das Bild eines Zeigefingers (☞). Die Motiviertheit der Form ist in der romanischen Variante des Zeichens, den Guillemets (« », » «), noch relativ deutlich sichtbar. Mit der Diple wurden biblische Zitate markiert.[6]

Diese Beispiele zeigen, daß die Satzzeichen Isidors einem anderen übergeordneten Zweck dienten als die positurae. Erstere gehören zu derjenigen Klasse von Schriftpartikeln, die als technische Hilfsmittel bei der mehr oder weniger philologischen Überlieferung kanonischer Texte dienten. Formal gesehen stehen sie in engem Zusammenhang mit den kritischen Editionszeichen, die bereits in der Antike entwickelt worden waren (Pfeiffer 1978:222ff, 268f). Es sind gleichsam kleine semiotische Werkzeuge, mit denen die Gelehrten und Kopisten an bestimmten problematischen Stellen der Überlieferung klärend eingreifen konnten. Handschriften mit sinnvoll gesetzten Satzzeichen waren eindeutiger und besser verständlich als ihre Gegenstücke, bei denen sie (noch) nicht eingefügt waren. Diese Schriftpartikel hatten bei der mühsamen Kopierarbeit also die Funktion, die Produktion möglichst identischer, verständlicher und historisch authentischer Texte zu sichern.

Das laute Vorlesen schriftlich verfaßter Sprache sowie die traditionsbewußte antike und christliche Textkritik waren also diejenigen kulturellen Praktiken, in deren Kontext die ersten europäischen Schriftpartikel entstanden. Daraus ging ein umfangreiches und differenziertes, im Detail freilich auch wenig standardisiertes mittelalterliches Zeicheninventar hervor (Parkes 1992). Es ist mit dem gegenwärtigen Begriff “Interpunktion” nur sehr grob und unvollkommen umrissen. Auch wenn sich die Herkunft vieler gebräuchlicher Schriftpartikel in diesem Inventar findet, so werden die alten Zeichen heute doch nirgends genauso gebraucht wie früher. Angesichts dieser Divergenz läßt sich fragen, warum denn viele Schriftpartikel verschwanden, manche noch heute gebräuchlich sind, einige andere sogar erst später hinzukamen. Worin also liegt die Ursache für die Wandelbarkeit der Schriftpartikel? Wann verschwinden oder überdauern sie? Warum wur-

---

4 “÷ Lemniscus, id est, virgula inter geminos punctos iacens, opponitur in his locis, quae sacrae Scripturae interpretes eodem sensu, sed diversis sermonibus transtulerunt.” (ebd. XXI).

5 “Antisimma ponitur ad eos versus quorum ordo permutandus est. (...) Antisimma cum puncto ponitur in his locis ubi in eodem sensu duplices versus sunt, et dubitatur qui potius eligendus sit.” (ebd.)

6 “> Diple. Hanc scriptores nostri adponunt in libris ecclesiasticorum virorum ad separanda vel [ad] demonstranda testimonia sanctarum Scripturarum.” (Isid., Etymolog., I, XXI).

den überhaupt neue eingeführt? Auch bei der Beantwortung dieser Fragen muß man in Rechnung stellen, wie sich die kulturellen Praktiken, in die Produktion und Rezeption schriftlicher Sprache jeweils eingebettet waren, mit der Zeit veränderten. Dazu einleitend nur die folgenden Bemerkungen:

Die antike und mittelalterliche Schriftkultur war in vielerlei Hinsicht von großer Exklusivität geprägt: Handschriften waren Raritäten und galten als kostbare Gegenstände. Vorlesen konnten ohnehin nur wenige Auserwählte. Die Lektüre und die Produktion kritisch annotierter, dazu oft fremdsprachlicher Texte war eine noch exklusivere Fertigkeit. Mit der Neuzeit und der Kommerzialisierung der Druckkunst änderte sich das gewaltig. In den entwickelteren Ländern können heute die meisten lesen, sie brauchen keine Vorleser. Bücher und Zeitschriften sind erschwinglich, Amtsformulare und andere schriftliche Mitteilungen flattern von selbst ins Haus. Fast jeder liest mittlerweile in der Regel leise und für sich. Schriftgeschichtlich kann man sicherlich vom neuzeitlichen Kult des Individuums sprechen. Auch ist es kein technisches Problem mehr, sehr viele exakt identische Exemplare eines Textes herzustellen. Schrift ist spätestens seit dem 19. Jahrhundert omnipräsent. Philologisch-kritisch aufbereitete Texte sind dagegen im krassen Gegensatz zu früher heutzutage fast ein Synonym für Unlesbarkeit; sie finden sich nur noch im Reservat gelehrter Philologien. Daß von den 26 Satzzeichen und den drei *positurae* Isidors heute nur noch einige wenige gebräuchlich sind, hängt mit dem skizzierten kulturellen Lauf der Dinge zusammen.

Von den Satzzeichen hat vielleicht insbesondere die Diple, also das spätere Anführungszeichen, eine Karriere hinter sich, aus der sich einiges lernen läßt. Schon im Spannungsfeld zwischen Antike und Mittelalter kam ihr eine vergleichsweise große Bedeutung zu. Schließlich hob sie diejenigen Textstellen hervor, die aus Bibelzitaten, also göttlich legitimierten Wahrheiten, bestanden. Insgesamt spielten Zitate in den harten, oft polemischen Auseinandersetzungen der Kirchenväter mit den überlieferten antiken Bildungsheroen ohnehin eine wesentliche Rolle.[7] Grob gesagt mußte jeder Textbeleg, der einen Pfeiler der antiken Kultur symbolisierte, durch ein entsprechendes Gegenstück der christlichen Überlieferung erschüttert werden. Daß es dabei um einen epochalen Austausch fundamentaler Legitimitäten ging, sieht man auch daran, daß das gesamte Zitatvokabular eng mit dem Rechtswesen verbunden ist (Krause 1958:52). Die Möglichkeit der genauen Zitatidentifikation im Text mußte auf jeden Fall gewahrt bleiben: christliche und heidnische Dikta durften nicht verwechselt werden. Diesen wichtigen Zweck erfüllte die Diple während des gesamten Mittelalters. Ab dem neunten Jahrhundert wurden nicht mehr nur Bibelzitate, sondern auch die Zitate der Kirchenväter selbst damit gekennzeichnet.

Die Stellung der Diple änderte sich dann zu Beginn der Neuzeit (Parkes 1992:57–60). Zunächst gilt es etwas ebenso Triviales wie Fundamentales festzuhalten: Die Diple überlebte den Aufstieg des neuen Mediums. Anders als der Großteil mittelalterlicher Schriftpartikel wurde sie von vielen Druckern in ihr Typeninventar übernommen. Allerdings begann sich nun allmählich ihre moderne Gestalt herauszubilden. Statt > am Rande des gedruckten Textblocks findet man in der frühen Neuzeit als Marginalie immer häufiger ein ". Dieses Zeichen wurde neben sämtlichen Zeilen des jeweiligen Zitats wiederholt. Um die Wende vom 16. zum 17. Jahrhundert gab es die ersten Bewegun-

---

[7] Es ist deshalb kein Wunder, daß eine "Theorie des Zitats" zuerst an diesem Korpus entwickelt wurde, vgl. Krause (1958:51ff).

gen des Schriftpartikels in das Innere des Satzspiegels. Es steht nun nicht mehr am Rand des Textblocks, sondern wird langsam zu seinem integralen Bestandteil. Zumindest in der englischen Tradition markierte man damit nun auch direkte Rede. In dieser Zeit wird das Zeichen zu einem Element, das einem Text nicht mehr von späteren Bearbeitern oder Druckern hinzugefügt wird, sondern das schon die Autoren selber bei der Textkonzeption benutzten.

Im 18. Jahrhundert nehmen die deutschen Grammatiker und Rhetoriker endlich die zitatkennzeichnende Schriftpartikel wahr (Höchli 1981:301f). Auf eine einheitliche Bezeichnung konnte man sich freilich noch nicht einigen. Manche nennen sie lateinisch "signum citationis" ('Zitatzeichen'), manche in Anlehnung an den Sprachgebrauch in den Druckereien "Gänseaugen" oder "Ganstritte". Allmählich sollte sich im grammatischen Kontext derjenige Begriff durchsetzen, der in den einflußreichen Werken Adelungs benutzt wurde: "Anführungszeichen". Ungefähr seit dieser Zeit finden sie sich im deutschen Kontext generell paarig vor und hinter den Zitaten.

Etwa seit dem 18. Jahrhundert werden die Anführungszeichen nicht mehr nur in der Funktion benutzt, Zitate zu markieren. Neben und aus dieser konventionellen Form entwickelte sich ein Gebrauch, der als "modalisierend" bezeichnet und an einem modernen Quellenkorpus ausführlich analysiert wurde (Klockow 1980:Kap. IV).[8] Die paarigen Anführungszeichen wurden zu zwei recht leistungsfähigen Schriftpartikeln, die oft und in vielerlei Hinsicht als Stilmittel benutzt werden. Der Gebrauch hat häufig eine ironische oder auch polemische Note. Wer bestimmte Worte in Anführungszeichen setzt, macht beispielsweise eine Aussage darüber, ob einer Sache oder Person bestimmte Eigenschaften zu Recht, zu Unrecht oder nur zum Teil zugeschrieben werden. Schreibt man über einen Hochschullehrer als "Professor" und setzt gar noch ein "sog." davor, dann ist dies vermutlich kein gutes Zeichen für die Person, auf die der Ausdruck referiert.

Der modalisierende Gebrauch der Anführungszeichen geht allerdings nicht immer in Ironie und Polemik auf. Schreiber scheinen damit seltsamerweise oft anzuzeigen, daß sie sich von den benutzten Worten wieder distanzieren. Für diesen Gebrauch sind beispielsweise studentische Seminararbeiten eine wahre Fundgrube. In bestimmter Hinsicht kann man sagen, daß manche Autoren mit Anführungszeichen kundtun, daß sie ihren eigenen Text als defektiv empfinden. Sie haben, so läßt sich vermuten, in einzelnen Fällen leider nur Worte gefunden, hinter denen sie nicht mit voller Überzeugung

8 Als Illustration zur gegenwärtigen Anwendungsbreite der Anführungszeichen seien hier nur einige bunt gewürfelte Zitate angeführt, die alle zwei Seiten einer Tageszeitung (FAZ v. 12.4.97:35/36) mit einer einheitlichen Textsorte, nämlich Heiratsanzeigen, entstammen. Zur besseren Erkennbarkeit setze ich statt der ursprünglichen Anführungszeichen Guillemets: "»Ihre« Super-Traum-Frau in München (...) jederzeit für »Nonsense« & »Pferdestehlen« aufgelegt (...)"; "Aus Weltunternehmerkreisen — (...) Eine wirkliche »Firstlady« vom Typ à la »Grace Kelly« (...) Nach einer glücklichen Ehe mit einem der »großen Männer Amerikas« privatisierend, mit traumhaftem Anwesen à la »Denverclan«, »2geschossigem Penthouse« über »Parkwipfeln und den Dächern Münchens« regelmäßig in Paris (...)"; "Ende 20/171 (...) in Jeans so sexy wie unwiderstehlich in »großer Aufmachung« (...) verführerisches »Kuschelkätzchen« und trotzdem ist ihr der »Richtige« noch nicht begegnet! (...) und wünscht sich ebensolchen Partner, einen Mann, der es wie sie eigentlich nicht nötig hat, auf »Anzeigen« zu reagieren, aber trotzdem seine »Traumfrau«, die ihm auch imponiert, noch nicht gefunden hat."; "Industrieller (...) Reitet, golft, segelt, der aus zwei »Ichs« für den Rest des Lebens ein »Wir« wachsen lassen will."; "(...) mein Hobby »Fernreisen« (...)"; "»Liebe, Fürsorge, Lebensinhalt« geben und nehmen."

stehen. Gänsefüßchen indizieren insofern sprachliche Unsicherheit. Sie sind sozusagen Schutzpartikel, mit denen sich ein Schreiber von der vollen Verantwortung für seinen Text entlasten will.

Daß in einem solchen Gebrauch ein paradoxer, "uneigentlicher", vielleicht auch beklagenswerter Gehalt liegt, wird in Zeitungsglossen, Satireblättern und anderen öffentlichen Stellungnahmen oft mehr ahnend und mahnend umschrieben (z. B. Dworschak 1996) als begrifflich mit all seinen Voraussetzungen und Implikationen scharf herausgearbeitet. So wurde diesbezüglich auch von der "Gänsefüßchenseuche" (W. E. Süßkind 1969) gesprochen. Und solche Anführungszeichen sollen "sich dummschlau und selbstzufrieden die Lippen lecken" (Adorno, Satzzeichen 1956 (alles zit. nach Garbe 1983:236, 302ff). Derartige Invektiven reduzieren das zu analysierende Phänomen in der einen oder anderen Form auf einen Stildefekt. Damit schaffen sie freilich nur das Phänomen, das sie ebenso groß- wie einspurig sprachpflegerisch brandmarken.

Warum also ging die antike Diple trotz der Veränderungen der Schriftkultur nicht unter und erlebte als neuzeitliches Anführungszeichen in modalisierender Funktion geradezu eine Renaissance?

Es scheint so, daß sie zu den wenigen alten Schriftpartikeln gehört, die von der spezifischen Form des Wandels der Schriftkultur profitierten. Eine Kultur, in der geschriebene Texte nicht mehr durch Exklusivität, sondern durch omnipräsente Verfügbarkeit ausgezeichnet sind, benötigt nur noch diejenigen Zeichen, die unter den neuen Bedingungen ihre alten Funktionen behalten und bestenfalls sogar neue hinzugewinnen können. Genau dies hat sich bei den Anführungszeichen ergeben. In einer Zeit, in der der Umgang mit den erheblich gewachsenen Textmassen und der gesteigerten Textpräsenz sogar durch juristische Gesetze wie Urheberrecht (Bosse 1981) und Zitierfreiheit (Oekonomides 1970) geregelt ist, sind Zeichen zur eindeutigen Markierung von Zitaten ein sinnvolles schriftliches Distinktionsmittel.

Aber auch die modalisierenden Anführungszeichen erfüllen unter den neuzeitlichen Bedingungen offensichtlich einen wichtigen Zweck. Damit lassen sich nämlich sehr gut Verweise plazieren, die ihre Brisanz aus der intertextuellen Anspielung auf die immense moderne Vielfalt an Texten, Textsorten, Sprachregister und Stilformen beziehen. Dazu kommt noch, daß diese Vielfalt nicht nur existiert, sondern aufgrund der neuen Medien den meisten Menschen auch erheblich präsenter und bewußter ist als früher. Positiv gesprochen: wer modalisierende Anführungszeichen setzt, der weiß, daß man es auch anders sagen könnte, müßte oder sollte. Negativ formuliert: wer in der omnipräsenten Textvielfalt der Moderne keinen sprachlich-stilistischen Halt gefunden hat, greift zu den Gänsefüßchen und tut damit zumindest kund, daß er mit dem Ergebnis seiner Suche nach den richtigen Worten nicht ganz zufrieden ist.

Auch die Geschichte einer anderen Schriftpartikel läßt sich in engem Zusammenhang mit den allgemeinen Wandlungen der Textkultur zwischen Antike und Neuzeit interpretieren. Gemeint sind die Klammern, die laut gegenwärtigem DUDEN (R 61) zum Einschub "erklärender Zusätze" benutzt werden sollen. Im Inventar Isidors war noch kein derartiges Zeichen vorhanden. Tatsächlich sind die Klammern als Mittel zur Kennzeichnung von Parenthesen erst seit dem späten 14. Jahrhundert in den Handschriften nachweisbar (Parkes 1992:48ff). Sie wurden von den italienischen Humanisten in das Schrifttum eingeführt und gingen von dort auch in das Zeichenreservoir der deutschen

Orthographie ein.[9] Auch bei der graphischen Form dieses Zeichens kann bis zu einem gewissen Grad ein ikonischer Hintergrund angesetzt werden. Denn die Klammern sind vermutlich (zumindest *gedachte*) Rudimente eines Kreises, mit dem man bestimmte Worte umgab und sie so vom übrigen Text absetzte. Wenn man heutzutage bei der Buchlektüre manche Wörter und Passagen zur Hervorhebung in handschriftliche Kreise setzt, bedient man sich zumindest in rein graphischer Hinsicht eines Verfahrens, aus dem einst die Klammern hervorgegangen sein könnten.

Im Aufkommen dieser Schriftpartikel spiegelt sich der Umstand, daß gegen Ende des Mittelalters das leise Lesen zumindest im gelehrten Kontext mittlerweile zur Gewohnheit geworden war. Damit änderte sich auch das grundlegende syntaktische Organisationsmuster der neu entstehenden Texte. Parenthetische Einschübe unterbrechen die lineare Aufbauform, die für Texte eines zwar über Schrift verfügenden, aber auf "orater" Basis operierenden kulturellen Musters charakteristisch ist (Maas 1992:Kap. 2/7). Ein Zeichen dafür ist die Zunahme hypotaktischer Konstruktionen gegenüber den parataktischen Reihungen, die für orate Texte charakteristisch sind. Die Klammern sind also ebenso sehr ein Ausdruck für die größere syntaktische Komplexität der nun entstehenden Texte als ein Mittel, wodurch sie noch gesteigert werden konnte. Einfacher gesagt: dadurch, daß man Texte seit dem späten Mittelalter leise für sich las, konnte man syntaktisch komplexere Schriften verfassen und rezipieren. Sie waren für den mündlichen Vortrag wesentlich weniger geeignet als die Texte, die in einer laut vorlesenden Schriftkultur entstanden waren. Die paarigen Klammern stellen also ein orthographisches Hilfs- und Ausdrucksmittel dar, das als symptomatisch für die gewachsene Komplexität der gelehrten Textform gelten kann.[10]

Aber auch in anderer Hinsicht könnte sich in der Genese der Klammern etwas spezifisch Neuzeitliches reflektieren. Denn im Gefolge des italienischen Humanismus wurde die europäische Kultur im Zeichen der Renaissance bekanntlich mit einer großen Menge neuer oder neu aufgefundener Texte und Textvarianten bereichert und konfrontiert (z.B. Voigt 1893). In der frühen Neuzeit verlor die mittelalterliche Schriftkultur nicht nur durch die Erfindung der Druckerpresse einiges von ihrer einstigen Exklusivität. In vielerlei Hinsicht fühlten sich die Zeitgenossen dabei als Zwerge auf den Schultern von Riesen. Texthistorisch formuliert: Auf allen Sachgebieten kursierten antike Texte, die als mehr oder weniger autoritative Schriften galten. Angesichts der vorausgesetzten Sachhaltigkeit dieser Texte traute sich das Gros der Zeitgenossen in bestimmter Hinsicht nur zu, Anmerkungen, Marginalien und Zusammenfassungen zu den *auctoritates* zu erarbeiten. Auch der Aufbruch der Renaissance verstand sich zunächst als eine Bewegung, in der man Autoritäten folgte. Daß man zu zentralen Texten eigene Zusätze lediglich *in Klammern* beisteuern konnte, könnte dem Geist der Epoche also nicht nur metaphorisch sehr entsprochen haben. Jedenfalls ist es zu bedauern, daß bis heute noch keine größere quellenorientierte Untersuchung zur Geschichte des Klammerngebrauchs

[9] Im wirkungsmächtigen *Spiegel der waren Rhetoric* von Friedrich Riederer (1493) wurden sie etwa mit den folgenden Worten eingeführt: "Zum vierdten ist ein underscheid genant parenthesis: und wirt gebrucht \ wenn zwüschen die teyl eyner volkomen red \ etlich wort gemischt werden: die nichts in der verfügung sunder alleyn in sinn der red etwas tünd: und wenn sy nit da stönden \ so wer die red dannocht volkomen und verstentlich. Dies zwüschen satzung wirt betzeychnet uff yeder syten \ Namlich \ vor und nach mit eym halben kreis also (Ihesus)." (fol. XLIX^{r}f, zit. nach Müller 1882:292).

[10] Zur gestiegenen Komplexität der wissenschaftlichen Textform, die bereits im Mittelalter einsetzte, vgl. mit anderem Argumentationshintergrund auch Parkes (1976).

existiert. Vielleicht würde sich darin zeigen, daß der oft beschworene Aufstieg des modernen Individualismus schrifthistorisch zunächst in Klammern formuliert wurde.

Eine gewisse Stütze für diese hypothetische Interpretation läßt sich allerdings aus der Art und Weise ableiten, wie die Klammern seit dem 15. Jahrhundert von den Grammatikern, Rhetorikschriftstellern und Philologen behandelt wurden. Dieses Zeichenpaar war diejenige Schriftpartikel, die – besonders in der Frühzeit – am ausführlichsten und eingehendsten theoretisch beschrieben wurde (Höchli 1981:290ff). Dem entspricht der Umstand, daß die Klammern damals oft und gerne benutzt wurden. Schon im 15. Jahrhundert findet man Schachtelungen paariger Klammern auf mehreren Ebenen. Dabei war die Frage, wie diese Schriftpartikel denn eigentlich bezeichnet werden sollten, bei den Theoretikern noch längst nicht einheitlich geklärt. Manchmal hießen sie nach ihrer Form "virgulae convexae" oder "virgula curvata"; Erasmus nannte sie Möndlein ("lunulae") (Parkes 1992:49, Müller 1882:292). Im deutschen Kontext konkurrierten die Begriffe "Zwischensetzung", "Einschliessung", "Einschluß (-zeichen)" und "Einsetzung". Außerdem gab es direkte Anlehnungen an die lateinisch-griechische Wissenschaftssprache der Zeit wie "zaichen perentisiis", "Parenthesis", "interpositio" oder eben "Möndlein" . Erst im 18. Jahrhundert sollten sie diejenige Bezeichnung erhalten, unter der sie noch heute im Duden verzeichnet sind.

Die Klammern machten allerdings keine solche moderne Karriere wie die Anführungszeichen. Aus dem jüngsten Wandel der Schriftkultur ergab sich für sie keine regelrechte neue Funktion. Allenfalls kann in der Aufklärung eine zahlenmäßig große Konjunktur des Klammerngebrauchs vermutet werden. Denn die Grammatiker wandten sich in ihren Schriften nun zum ersten Mal explizit *gegen* deren zu häufige Benutzung.[11] In dieser Linie wurde nun auch verschärft wahrgenommen, daß zur Kennzeichnung von Parenthesen im Deutschen faktisch mehrere Zeichenkombinationen benutzt werden können. Insbesondere sah man die beiden Klammern nun in Konkurrenz zu den zwei Gedankenstrichen, die in ähnlicher Art und Weise syntaktisch entbehrliche Zusätze markieren. Diese Spannung wurde auch von der nicht-linguistischen Sprachpflege bemerkt und in anthropomorphisierender Sprechweise zur Sprache gebracht. Demnach sollten die zwei Gedankenstriche den Klammern vorzuziehen sein. Denn letztere markierten noch entbehrlichere Zusätze als die Gedankenstriche und ständen so für fehlende sprachliche "Integrität". Das sei Kapitulation vor "Banausie".[12] Zumindest letzteres ist pure Spekulation, klingt aber natürlich gut und tiefsinnig.

Auch gegenwärtig zeugt der Gebrauch von Schriftpartikeln von Umbrüchen in unserem Umgang mit Texten. Dazu möchte ich nur einige erste Beobachtungen präsentieren, deren voller Gehalt erst nach weiteren empirischen Erhebungen genauer ausformuliert werden müßte.

Zunächst ist zu bemerken, daß ein gänzlich neues Zeichen vermehrt zu identifizieren ist. Ich meine das @, also der obligatorische Bestandteil einer E-Mail-Adresse. Auch hier ist in der Einführungsphase der neuen Schriftpartikel noch nicht klar, wie dieses Zeichen einheitlich heißen soll. Es reflektiert jedenfalls unmittelbar die Durchsetzung

---

[11] Vgl. z.B.: "Es ist aber überhaupt kein Zierrath, wenn eine Schrift mit vielen Einschiebseln unterbrochen wird." (Gottsched (1748), *Von den orthographischen Unterscheidungszeichen*, zit. nach Garbe 1983:74).

[12] "Mit dem Zugeständnis solcher Entbehrlichkeit geben die Klammern stillschweigend den Anspruch auf die Integrität der sprachlichen Gestalt auf und kapitulieren vor der pedantischen Banausie." (Adorno 1956 *Satzzeichen*, zit. nach Garbe 1983:239).

eines zentralen neuen Mediums, das heutzutage aufs engste mit der Entstehung neuer Texte verbunden ist. Es steht für die Entwicklung des Computers und die dabei zum Tragen kommenden Organisationsspezifika. In diesem technischen System, das mittlerweile auch in weltumspannenden Netzen organisiert ist, werden ja gegenwärtig sehr viele neu entstehende Texte verfaßt. Im Arbeitskontext des Computers erlebt kurioserweise auch ein altes Zeichen eine späte Renaissance. Gemeint ist das mittelalterliche Paragraphenzeichen ¶. Es wird in vergleichbarer Funktion wie früher[13] von vielen Textprogrammen als Formatierungszeichen benutzt. Dabei muß natürlich konstatiert werden, daß dieses Zeichen lediglich bei der *Entstehung* eines Textes sichtbar ist, in der End- bzw. Druckversion dann jedoch nicht mehr erscheint.

In diesem technischen Rahmen bleibt insgesamt auffällig, daß die (vorübergehende) visuelle Präsentationsform von Texten in Computerprogrammen teilweise der formalgraphischen Ausgestaltung mittelalterlicher Handschriften ähnelt. Neben dem Paragraphenzeichen können durchaus noch andere Entsprechungen ausgemacht werden. Ich nenne hier nur den auf mittlerer Zeilenhöhe gesetzten Punkt (•), der als Schriftpartikel für Worttrennung sowohl in modernen Textsystemen als auch in (frühen) Handschriften nicht unüblich ist. Auch für die Ausgestaltung der Textränder bieten sich Parallelen an. Sieht man einmal von allen Ausschmückungen mit ästhetischem Zweck ab, so dürfte sich ergeben, daß einige Elemente der Menüorganisation moderner Textprogramme funktional und/oder visuell mit manchen Randbestandteilen der alten Handschriften vergleichbar sind.

Warum ist das so? Die Frage läßt sich zumindest tastenderweise schnell beantworten. Daß die (Computer-)Textautoren von heute wieder mit Schriftpartikeln arbeiten (müssen), die ursprünglich der handschriften- und drucktechnischen Textproduktion entstammen, reflektiert nur den veränderten Stand unserer Schriftverbreitungstechniken. Insbesondere ist zu vermerken, daß von den diversen Expertengruppen, die früher *nach* dem Autor einen Text zur Publikation aufbereiteten, mittlerweile nicht mehr viele übrig geblieben sind. Regelrechte (Auf-) Schreiber, Sekretäre, Kopisten, Korrektoren, Lektoren oder Setzer sind in der zunehmend digitalisierten Schrift- und Computerwelt faktisch überflüssig geworden. Die Form, die der Autor selbst einem Text dank der neuen Techniken geben kann, ist potentiell so ausgefeilt, daß sie – prinzipiell gesehen – unmittelbar veröffentlicht werden kann. Folglich muß ein Textproduzent heutzutage einige der Techniken und Schriftpartikel beherrschen, die früher in die Domäne der Textverarbeitungsexperten fielen. Die jüngste Technikgeschichte machte alte Arbeitsteilungen im Publikationswesen überflüssig und brachte so einige antiquierte Schriftpartikel – zumindest vorübergehend – in die moderne Textgestalt zurück.

Bibliographie

Bosse, H. (1981), *Autorschaft ist Werkherrschaft. Über die Entstehung des Urheberrechts aus dem Geiste der Goethezeit.* Paderborn.

Duden (1996[21]), *Rechtschreibung der deutschen Sprache.* Mannheim etc.

Dworschak, M., (1996), Komisch? 'Komisch'. In: *Die Zeit* Nr. 38, 13. 9. 1996: 69.

[13] "¢ ¶ // A symbol developed from the letter C (for *capitulum* q.v.) with a vertical stroke, which largely replaced the paragraphus (… [= §, W.P.K.]) to indicate the beginning of a paragraph, proposition, stanza or section." (Parkes 1992:305).

Eisenberg, P. (1994[3]), *Grundriß der deutschen Grammatik* Stuttgart
Gallmann, P. (1996), Art. 128: Interpunktion (Syngrapheme). In: Günther, H./Ludwig, O. (Hg) (1996), *Schrift und Schriftlichkeit. Ein interdisziplinäres Handbuch internationaler Forschung.* Berlin/New York. 2. Halbband: 1456–1467.
Garbe, B. (Hg) (1983), *Texte zur Geschichte der deutschen Interpunktion und ihrer Reform 1462–1983.*
Günther, H./Ludwig, O. (1994), Vorwort. In: Günther, H./Ludwig, O. (Hg) (1994), *Schrift und Schriftlichkeit. Ein interdisziplinäres Handbuch internationaler Forschung.* Berlin/New York. 1. Halbband: V–XXII.
Hentschel, E./Weydt, H. (1994), *Handbuch der deutschen Grammatik.* Berlin/New York.
Höchli, S. (1981), *Zur Geschichte der Interpunktion im Deutschen.* Berlin/New York.
Isidor von Sevilla (Hispalensis): *Etymologiarum sive originum libri* XX. Edited by Lindsay, W. N. (Oxford 1911), (Nachdruck Oxford 1957).
Klein, W. P./Grund, M. (1997), Die Geschichte der Auslassungspunkte. Zu Entstehung, Form und Funktion der deutschen Interpunktion. *Zeitschrift für germanistische Linguistik* 25: 24–44.
Klockow, R. (1980), *Linguistik der Gänsefüßchen.* Frankfurt/M. etc.
Krause, W. (1958), *Die Stellung der frühchristlichen Autoren zur heidnischen Literatur.* Wien.
Maas, U. (1992), *Grundzüge der deutschen Orthographie.* Tübingen.
Müller, J. (1882), *Quellenschriften und Geschichte des deutschsprachlichen Unterrichts bis zur Mitte des 16. Jahrhunderts.* Gotha. (Nachdruck: Darmstadt 1969).
Nerius, D. et. al. (1989[2]), *Deutsche Orthographie.* Leipzig.
Oekonomidis, D. (1970), *Die Zitierfreiheit im Recht Deutschlands, Frankreichs, Großbritanniens und der Vereinigten Staaten.* Berlin.
Parkes, M. B. (1976), The Influence of the Concepts of Ordinatio and Compilatio on the Development of the Book. In: Alexander, J. J. G./Gibson, M. T. (Hg) (1976), *Medieval Learning and Literature. Essays presented to R. W. Hunt.* Oxford: 115–141.
Parkes, M. B. (1992), *Pause and Effect. An Introduction to the History of Punctuation in the West.* Aldershot.
Pfeiffer, R. (1978[2]), *Geschichte der Klassischen Philologie. Von den Anfängen bis zum Ende des Hellenismus.* München.
Raible, W. (1991), *Zur Entwicklung von Alphabetschrift-Systemen. Is fecit cui prodest.* Heidelberg.
Saenger, P. (1982), Silent Reading: its impact on late medieval script and society. *Viator* 13: 367–414.
Voigt, G. (1893[4]), *Die Wiederbelebung des classischen Alterthums oder das erste Jahrhundert des Humanismus* 2 Bd. Berlin. (Nachdruck Berlin 1960).
Weydt, H. (1969), *Abtönungspartikel. Die deutschen Modalwörter und ihre französischen Entsprechungen.* Homburg.
Weydt, H. (Hg.) (1983), *Partikeln und Interaktion.* Tübingen.
Weydt, H. (Hg.) (1989), *Sprechen mit Partikeln.* Berlin/New York.
Weydt, H./Ehlers, K.-H. (1987), *Partikelbibliographie.* Bern etc.

Erwin Koller (Braga)

200 Jahre *Ach*-Laut

"Ach!" sprach ich ...
G. A. Bürger

Da ich mir die gerne wahrgenommene Gelegenheit, als anläßlicher Beiträger Respekt für und Verbundenheit mit dem Jubilar auszudrücken, beiden Herausgeber"inne"n (Hentschel/Weydt 1990:148ff) mit der Nennung eines nur fragmentarischen Arbeitstitels (*Ach*!) erschwindelt habe, ist diese kleine Schwindelei und damit eine Themaverfehlung vorweg einzugestehen: der folgende Beitrag wird nämlich keinen Flurschaden auf dem von Harald Weydt so wohlbestellten Feld der Partikelforschung verursachen und sich nicht (bzw. nur ganz kurz abschließend) mit der Interjektion *ach* (Hentschel/Weydt 1990:295) beschäftigen, zumal dieses "dem Ausdruck von Emotionen oder körperlichen Empfindungen" dienende (Hentschel/Weydt 1990:298) Wörtlein zwar auch als "seufzer der erleichterung, ausdruck der freude, des behagens" dienen kann (*ach! ich athme freier, du hast mir vergeben* Goethe), überwiegend aber doch eher mit unangenehmen, also nicht anlaßkompatiblen Gefühlsregungen assoziiert zu sein scheint: *achott, achott*! (...) *es ist alles so erschütternd*! (Zuckmayer, beide Zitate aus Grimm/Grimm 1981:1344f). Vielmehr soll es hier um die Anfänge der phonetisch-metasprachlichen Verwendung der Lautfolge [ax] zur begrifflichen und terminologischen Erfassung der deutschen /ç, x, X/-Allophonie gehen.

Ach-Laut ist als Terminus und Begriff (genauso wie der komplementäre *Ich*-Laut) in der Phonetik des Deutschen wohlbekannt und wird in phonetischen Beschreibungen unproblematisch verwendet (z. B. Hakkarainen 1995:74, Pompino-Marschall 1995:192, Wängler 1983:45, Jespersen 1904, Index ohne den Terminus: Bremer 1893:68f), auch wenn ihm eine gewisse deutsche Hausbackenheit anhaftet, die ihn für reine oder der allgemeinen Phonetik verpflichtete Lautlehren entbehrlich machen mag (etwa Kohler 1995, Malmberg 1976, Martens/Martens 1965). Wer allerdings versucht, Genaueres über Herkunft und Alter dieses spezifisch deutschen (und gerade wegen seiner prätheoretischen Ikonizität so mundgerechten) Begriffspaars zu erfahren, wird nicht nur von Panconcelli-Calzia (1994) im Stich gelassen, sondern auch von einschlägigen Sachwörterbüchern (Bußmann 1990, Lewandowski 1990, Ulrich 1972), die die Begriffe überhaupt nicht enthalten oder sich auf die phonetisch-phonologische Erklärung beschränken wie das *Grand Dictionary of Phonetics* (Phonetic Society of Japan 1981:11 und 255), Kürschners *Grammatisches Kompendium* (1989:39), das *Sprachwissenschaftliche Wörterbuch*, das "ach-Laut" als "bequeme Bezeichnung des velar-postdorsalen stimmlosen Engelauts (nach der schriftdeutschen stellungsbedingten Aussprache)" bucht (Knobloch 1961:30), oder das *Metzler Lexikon Sprache*, dessen phonetische Beschreibung darüber hinaus zwischen einem uvularen *Ach*-Laut [X] "nach tiefen Hinterzungenvokalen" und einem velaren [x] "nach hohen und mittleren gespannten Hinterzungenvokalen" differenziert (Glück 1993:8). Nirgendwo wird allerdings auf die Geschichte des Terminus eingegangen. Da sogar das *Deutsche Wörterbuch* sowohl in seiner ersten Auflage als auch – unverständlicherweise – noch in der Neubearbeitung (Grimm/Grimm 1854 und 1981) *Achlaut* und *Ichlaut* genausowenig lemmatisiert wie das von Paul (1992), obwohl andere, nicht historische Wörterbücher des Deutschen (Duden 1989:76 und 749, Mackensen 1986:22 und 530, Wahrig 1986:136 und 679) diese Lemmata sehr wohl enthalten, scheint hier eine Informationslücke zu bestehen, die ich im folgenden mit dem zu schließen versuche, was mir zur Entstehung der Begriffe und Termini *Ach-* und *Ich*-Laut bei zwar nicht ganz abseitiger, aber doch eher zufälliger Lektüre untergekommen ist.

Daß im Deutschen <ch> zur Schreibung von zwei recht verschieden artikulierten Lauten verwendet wird, hat bereits Wolfgang von Kempelen (1791) gehört und beschrieben:

> So wie *ch* im Deutschen ausgesprochen wird, glaubten einige, daß es weiter nichts als ein schärferes, mit Gewalt herausgestossenes *H* ist. Allein, wenn ich seine Lage etwas genauer bestimmt, und noch manche andere Nebenumstände angezeigt haben werde, wird man finden, daß es ein eigener, von dem *H* eben so, wie *SCH* von *S* unterschiedener Buchstab ist. Ich setze ihn in die zweyte Klasse der Mitlauter als einen wahren Windmitlauter. Als sonderbar fällt bey demselben gleich dieses auf, daß er zwey Lagen hat. (Kempelen 1791:279).

Kempelen gibt nicht nur eine penibel genaue artikulationsphonetischeBeschreibung dieser beiden "Lagen", die er – nicht ganz in Übereinstimmungmit dem Vokaldreieck aus Hellwags Tübinger Dissertation von 1781 – als "höhere" und "tiefere" unterscheidet, sondern charakterisiert den entsprechenden Laut auch phonotaktisch nach der jeweiligen Umgebung:

> Wenn er vor oder nach einem *E* oder *I* kömt, so ist seine Lage ganz die Lage des Selbstlauters *I*, und er ist auch von dem *I* in nichts anderen unterschieden, als daß statt der Stimme die bloße Luft wirket. (...) Wenn man z. B. *ich* sagt, so läßt man, wenn das *i* aufhören soll, nur die Stimme schweigen, und stößt in die nähmliche Lage stimmlosen Wind, so wird man ein vollkommenes *ich* haben. (Kempelen 1791:279f).

Im Gegensatz zu diesem 'höheren' "Ch in der I-Lage" stehe das 'tiefere', "das immer nach einem a oder u folgt" (Kempelen 1791:282) und dessen Artikulation folgendermaßen beschrieben wird:

> Die Zunge und alles übrige liegt wie bey *K*, nur mit dem kleinen Unterschied, daß sie mit ihrem unteren Theile den Rachen nicht ganz genau, wie bey dem besagten Buchstaben zuschliesset, sondern in der Mitte eine kleine Öffnung läßt, durch welche die Luft durchbraußet. Man versuche *Ach* zu sagen, und ziehe das *Ch* lange aus, so wird man die Zunge in einer ganz anderen Lage finden als bey *ich*; sie wird mit ihrem hinteren Theile aufgerichtet seyn, und mit der Spitze liegen. Um sich noch klärer von dem Unterschied beyder *Ch* zu überzeugen, so spreche man wechselweise bald *ich* bald *ach*, und ziehe immer das *Ch* eine Weile aus. Meines Erachtens sollte wohl Niemand diesen ganz fühlbaren Unterschied verkennen. Ja ich dächte, es soll jedermann, der auch den Selbstlauter nicht gehört hat, wenn er nur noch das *Ch* hört, bestimmt sagen können, ob einer der zwey ersteren *E*, *I*, oder der letzteren *A*, *O*, *U*, vorhergegangen ist. (Kempelen 1791:282f)

Obwohl hier also bereits Kempelen (1791) die Kennwörter *ach* und *ich* zur Charakterisierung der beiden Frikative verwendet und die Bildung der Termini *Ach-Laut* und *Ich-Laut* quasi in der Luft liegt, hat er selbst sie doch nicht vollzogen.

Bevor ich auf den Schöpfer dieser terminologischen Bildung eingehe, möchte ich in einem kurzen Exkurs doch auch noch Kempelens orthoëpische Bemerkungen zu diesen Lauten referieren dürfen, da sie unter wissenschaftsgeschichtlichem Aspekt vielleicht von einer gewissen dialektologischen und soziolinguistischen Kuriosität sind:

Als xenolektaler "Fehler bey dem Ch" (§ 160) wird von Kempelen (1791:286) der erwähnt,

> den die Italiäner begehen, wann sie die deutsche Sprache lernen. Sie setzen anstatt dem *Ch* meist ein *K* hin, und da sie auch dieses immer mit einem *e* begleiten, so sagen sie *ike*, *dike* statt *ich*, *dich*.

Im Wien der Mozartzeit, dem Erscheinungsort von Kempelens *Mechanismus*, war italienisches Deutsch als Fremdsprache wohl häufiger zu hören als das von anderen Akzenten geprägte, etwa französisches, dessen *ch*-Artikulation freilich von Lessing durch den Mund von Monsieur Riccault mit ebendemselben Merkmal karikiert wird: *Ik kan auk mik auf Deutsch explizier* (*Minna von Barnhelm*, IV. Aufzug, 2. Auftritt).

Im gleichen Zusammenhang tadelt Kempelen die artikulatorische Abweichung aus dem Mund von "manchen Deutschen", die den Ach-Laut "zu tief" bilden, sodaß er klingt, "wie wenn sie räusperten, weil sie die Öffnung des Zungenkanals zu groß machen, und dann, um sie auszufüllen eine größere Menge Luft, und mit mehr Gewalt herausstossen müßen" (1791:286); hier wird zweifellos die 'kehlige' Artikulation südbairischer sowie hoch- und höchstalemannischer Dialekte beschrieben.

Bemerkt wird weiter die für das Jiddische charakteristische Überverwendung des *Ach*-Lauts in *Ich*-Laut-Distribution: "Die Juden (...) wenden das tiefere *ch* dort an, wo sie das höhere nehmen sollten, und gehen abwärts durch das *a*. Sie sagen *iach* statt *ich*." (Kempelen 1791:284)

Dies wird von Kempelen als gegenteilige Erscheinung dazu interpretiert, daß "die gemeinen Leute hier zu Lande gewöhnlich dieses höhere *ch* zu dem *u*" nehmen, "aufwärts durch das *i*" gehen und "*Tuich* statt *Tuch*, *Buich* statt *Buch*" sagen (1791:284) – vermutlich die (ätiologisch freilich eigenwillige) Beschreibung des im mittelbairischen Dialekt erhaltenen fallenden Diphthongs (mhd. *uo*).

Eine weitere hübsche phonetische Beobachtung, die durch ihre Genauigkeit erfreut (und übrigens implicite das phonologische Merkmal VOT 'voice onset time' benutzt), macht Kempelen zu dem phonotaktisch bedingten postkonsonantischen Auftreten eines Sproßvokals [I] vor dem Ich-Laut, wie es ebenfalls dialektal gang und gäbe ist:

> Wenn ein *Ch* nach einem Stimmitlauter *L*, *N* oder *R* folgt, so ist es immer das höhere, weil es der Zunge, die diese drey Buchstaben mit ihrer Spitze macht, sehr leicht fällt, sich in die Lage des *i* zu setzen, indem sie nur die Spitze etwas sinken läßt. Nun lassen manche Leute die Stimme nicht frühe genug schweigen, so, daß sie noch tönet, wenn die *I*-lage schon fertig ist. Dadurch entwischt ihnen oft wider Willen ein *i*, und sie sagen *Milich*, *Zwillich*, *Mönich*, *Zwerich* statt *Milch*, *Zwilch*, *Mönch* u.s.f. (1791:286f).

Besonders erheiternd (und instruktiv für Kempelens *stabilitas loci*) ist seine Anmerkung zur regiolektal im West- und Ostmitteldeutschen weitverbreiteten und soziolektal in der Bundesrepublik sogar von höchster Stelle einigermaßen legitimierten Palatalisierung von [ç]:

> Eine einzige Person hab' ich gekannt, die das *Ch* mit *Sch* verwechselte. Sie sagte *isch* statt *ich*, *rescht* statt *recht*, *nischt* statt *nicht*. Sie wollte sich aber keine Mühe geben, ihren Fehler nach meiner Anleitung zu verbessern, weil sie nicht ganz zu überzeugen war, daß ihr Fehler andern merkbar ist. Mancher Hinckender glaubt, er gehe so gerade, wie alle übrige Menschen. (1791:287)

Obwohl also Wolfgang von Kempelen das Begriffspaar *Ach-/Ich*-Laut konzipiert und auch in seiner komplementären Distribution faktisch genau beschrieben hat, sind die Termini doch nicht von ihm geprägt worden. Sie finden sich vielmehr erstmals in einer kurz darauf (1797/98, also vor 200 Jahren) erschienenen reimtheoretischen Abhandlung, die der Tübinger Linguist Karl Moriz Rapp in seiner leider ebenfalls sehr in Vergessenheit geratenen *Physiologie der Sprache* – offensichtlich in Unkenntnis Kempelens – "wohl die erste und zugleich gründlichste über einen Gegenstand der deutschen Sprach-Physiologie" genannt hat und in der er diese Opposition "mit vollkommen sichrem Bewußtsein des deutschen Dualismus (...) als *Ich-Laut* und *Ach-Laut* vortrefflich charakterisirt" findet (Rapp 1836/41, Bd. IV:25). Bei dieser Abhandlung handelt es sich um Gottfried August Bürgers (1747–1794) *Hübnerus redivivus. Das ist: Kurze Theorie der Reimkunst für Dilettanten*, die wohl aus Bürgers Tätigkeit als Dozent (seit1784, ab 1789 als a.o. Prof.) für Stilistik und deutsche Sprache an der Universität Göttingen entstanden, freilich erst posthum in der "Akademie der schönen Redekünste" publiziert worden ist (Häntzschel/Häntzschel [o. J.]:1340); ihr Titel bezieht sich auf Johann Hübners noch im 18. Jh. verlegtes *Praktisches Handbuch, das ist: ein vollständiges Reimregister, nebst einem ausführlichen Unterricht von den deutschen Reimen* (Leipzig1696).

Bürger beschreibt darin, von Kempelen anscheinend unabhängig, allerdings in weitgehender Übereinstimmung mit ihm, die phonetische Zweideutigkeit von <ch>, deren Nichterwähnung er Adelung vorhält:

> Was zuförderst das *ch* betrifft, so nehme ich jetzt zum ersten Mal, da ich genauer nachsehe, mit Verwunderung wahr, daß Herr Adelung zwei auffallend verschiedene Aussprachen desselben auch nicht mit einer Silbe bemerket. Ich meine die Verschiedenheiten nach *a*, *o*, *u* und nach *ä*, *e*, *i*, *ö*, *ü*. Man nehme zum Beispiel die Wörter *Ach* und *Ich*. Dort wird der Laut hinten im Munde durch Erhebung des hintern Teils der Zunge nach dem Gaumen, und durch Herabsenkung und Zurückziehung der Spitze gebildet. Diesen kann man mit Adelung den *stärksten Hauchlaut* nennen, der entweder gelinde und einfach, wie in *sprach* oder scharf und gedoppelt, wie in *Sache*, lautet. Davon ist aber der Laut des *ch* in *Ich* gänzlich verschieden. Diesen weiß ich nicht anders zu bilden, als durch Anlegung der vordern Seitenränder der Zunge halb an die vordern Backenzähne, und halb an die Ränder des Gaumens, dergestalt, daß der Laut über die Zunge, die, wie mir's vorkommt, eine Mittelrinne bildet, nicht mehr gehaucht, sondern vielmehr heraus gepfiffen wird. Auch dieser Laut ist entweder gelinde und einfach, wie in *siech*, *sieche*, oder scharf und gedoppelt, wie in *Stich*, *Stiche*. Von dem *j* unterscheidet sich derselbe durch nichts als durch den stärkern Druck der Organe, die bei Hervorbringung beider Laute eine völlig gleiche Lage annehmen. (Bürger 1797/98:860).

Im Anschluß an ihre Beschreibung vollzieht Bürger dann explizit die terminologische Benennung dieser Laute, wie sie – losgelöst von seinem Namen – bis heute üblich geblieben ist:

> **Jenen beiden verschiedenen Lauten des *ch*, dem *gehauchten* und dem *gepfiffenen*, weiß ich keine schicklicheren Namen zu geben, als wenn ich jenen den *Achlaut*, diesen aber den *Ichlaut* nenne**. (Bürger 1797/98:860) [Hervorhebung E. K.]

Obwohl mit der Beibringung dieses jubilierenden Erstbelegs für die Termini *Ach*- und *Ich*-Laut *in statu nascendi* der vorliegende kleine Beitrag seine Pointe auch schon erreicht hat, möge die Gelegenheit anhangsweise noch ein paar Bemerkungen zum Ko- und Kontext erlauben, in dem sie stehen.

Ähnlich wie Kempelen gibt auch Bürger orthoëpische Kommentare zu diesen beiden Lauten. Sie seien z. B. im Deutsch-als-fremdsprachlichen Erwerb durchaus nicht mit derselben Schwierigkeit verbunden:

> Der Unterschied zeigt sich nie merklicher, als wenn Ausländer unsere Sprache lernen sollen. Den *Achlaut* lernen sie ohne Schwierigkeit; den *Ichlaut* hingegen oft in ihrem ganzen noch so langen Leben nicht mit der den Hochdeutschen eigentümlichen Delikatesse aussprechen. (Bürger 1797/98:860f)

Er klinge in xenolektaler Realisierung "entweder wie ein *k*, oder wie *g*, oder auch wie *ch* in *Ach*" (Bürger 1797/98:861) – offensichtlich hatte Bürger in Göttingen nicht (nur) Italiener 'vor Ohren', sondern auch Ausländer anderer Muttersprache (etwa Engländer?). Als einzige dialektale Aussprachebesonderheit spezifiziert Bürger in diesem Zusammenhang, daß "wenn ich nicht irre, manche Provinzen, z. B. Westfalen" (1797/98:861) statt des *Ich*-Lauts den *Ach*-Laut verwendeten (siehe oben). Daß er seltsamerweise die für das Mitteldeutsche (genauso wie doch wohl – trotz Lessing – für französischen xenolektalen Akzent) typische Palatalisierung von [ç] nicht registriert, über die sich v. Kempelen in Wien so echauffiert hat (siehe oben), könnte auf eben der von Kempelen kritisierten muttersprachlich bedingten Wahrnehmungsschwäche beruhen.

Indem Bürger, der mit Formulierungen wie dem hier im Titel zitierten *"Ach!" sprach ich* (Häntzschel/Häntzschel [o.J.]:410, Z. 119) oder mit einer adverbialen Diminutivbildung *sachtchen* (ebd. 298, *Der Hund aus der Pfennigschenke*, Z.31) die Syntagmatik von *Ach*-Laut und *Ich*-Laut in seiner poetischen Praxis voll auslotet, die phonetische Eigenart der beiden in seiner Reimlehre theoretisch thematisiert, möchte er einerseits erreichen, daß "unser Ohr künftig von den Reimern etwas weniger gequält", anderseits, daß "unsere gesunde Urteilskraft durch falsche Kritiken nicht so sehr geärgert werde" (Bürger 1797/98:855). Genau besehen, reduziert sich sein Hauptanliegen jedoch darauf, "die Richtigkeit angefochtener Reime, wie *Tag*, *sprach*; *Pflug*, *Buch*; *Molch*, *Erfolg*; *braucht*, *taugt*; *zeigt*, *reicht*; *liegt*, *riecht*; (...) u. w. zu retten" (Bürger 1797/98:864), indem er auf seiner – regiolektal geprägten – Forderung, daß unter bestimmten Bedingungen "das *g* den wahren Ach- und Ich-Ton des *ch*" zu haben habe, mit solcher Kompromißlosigkeit insistiert, daß "man mir zwar widersprechen, aber mich schwerlich bekehren dürfte, weil ich die allgemeinste hochdeutsche Aussprache hierin allzu aufmerksam erlauscht zu haben glaube" (Bürger 1797/98:862). Bürgers Bedingungen gehen weit über die Siebssche Regelung hinaus (die heutzutage nur mehr die fakultativ spirantische *ig*-Aussprache als ihren letzten Rest enthält):

> Den Ach-Ton des *ch* hat das *g* am Ende jeder betonten Silbe nach *a*, *o*, *u* und *au*. Man spricht also *Tag* wie *sprach*, *zog* wie *hoch*; *trug*, wie *Fluch* aus (...) Den Ich-Ton des *ch* hat das *g* (...) am Ende jeder betonten und unbetonten Silbe nach *ä*, *e*, *i*, *ö*, *ü*, *ei* und *eu*. Man spricht also *hinweg* und der *Weg*, wie *hinwech* und *Wech* (...) *Teig*, wie *Teich* (...) Der Ich-Ton findet überall Statt am Ende einer Silbe, wenn irgend ein anderer Konsonant als *n* vor dem *g* steht. Z. B. in *Sarg*, wie *Sarch* (...) Das End-*g* in *gültig* klingt, wie *ch* in *lieblich* (Bürger 1797/98:862f).

Der in diesem Zusammenhang kurz auftauchende Argwohn, ('gepfiffenes') *-ig* könnte für den am Ostharz geborenen, in Aschersleben eingeschulten und in Halle und Göttingen studiert habenden Bürger womöglich nicht bloß wie *-ich*, sondern auch ein (*horribile dictu*!) bißchen wie *-isch* geklungen und sich dementsprechend für ihn etwa *wichtig* auf *Mischtisch* gereimt haben, wird zwar bei der flüchtigen Analyse seines poetischen Werks, in dem solche Unreime fehlen, nicht bestätigt. Da er sich jedoch zu ihrer Unreimbarkeit auch theoretisch nicht äußert, bleibt ein Rest von Zweifel über die volle Eigenart der von Bürger postulierten phonetischen 'Delikatesse' des hochdeutschen *Ich*-Lauts.

Bürgers Begründung für sein orthoëpisches Diktat stammt mitten aus dem zeitgenössischen Kampf um das Recht auf sprachliche Normsetzung. Er reklamiert dieses Recht nämlich ausschließlich für das ostmitteldeutsche Bildungsbürgertum, dem er sich selber zurechnet, und will sich negative Urteile über die Reinheit von seiner Feder entsprungenen Reimen des Typs *zog/hoch* (Häntzschel/Häntzschel [o. J.]:261 Z.3), *Aug/Brauch* (ebda 282 Z 50), *schwach/Tag* (78 Z 29), *Nacht/Magd* (207 Z. 135), *Spruch/schlug* (323 Z. 13), *trug/Kindertuch* (334 Z. 8), *leicht/zeigt* (395 Z. 56), *zeichnen/verleugnen* (247 Z. 170), *nicht/besiegt* (325 Z. 71), *durch/Burg* (190 Z. 59), *Tüncherei/Lüge sei* (41 Z. 78) von anderen Sprechern, gleich welcher Herkunft, mit großer Radikalität verbeten haben:

> Bist du ein Hochdeutscher, geboren und erzogen unter den höhern und gebildeten Volks-Klassen derjenigen deutschen Provinzen, in welchen unsere neuere Schrift- und höhere Umgangssprache seit Luthers Zeiten entstanden und fortgebildet worden? Oder bist du ein Franke, ein Schwabe, ein Elsasser, ein Baier, ein Schweizer, ein Östreicher, mit einem Worte, bist du ein Süddeutscher aus einer von denjenigen Provinzen, die noch das für die Schriftsprache längst veraltete Hochdeutsch sprechen? Im ersten Falle bist und bleibst du, Einwendens ungeachtet, entweder der einfältige Tropf, oder der eigensinnige Kopf; im zweiten aber berufst du dich auf ein falsches Ohr, auf eine falsche Aussprache. Nur ein **neu hochdeutsches** Ohr, nur eine **neu hochdeutsche** Aussprache können und dürfen hierin entscheiden; und es steht mit Recht zu behaupten, daß nur die höhern gebildeten Volks- Klassen des nördlichen Deutschlands in dem Besitze dieser Stücke sind. Denn nur sie haben an der Revolution, welche Kultur des Verstandes und des Geschmacks seit Luthers Zeiten erfahren, den nächsten und stärksten Anteil genommen, und sich die dadurch entstandene Sprache mit geringern Ausnahmen am meisten eigen gemacht. Die aus ihrem Schoße entstandenen Schriftsteller haben nicht nur das Gebäude unserer deutschen National-Literatur gegründet, sondern auch den Bau schon größten Teils hinaus geführet, ehe es den übrigen Provinzialen kaum noch eingefallen ist, an diesem Bau gleichfalls Teil zunehmen. Wollen diese nunmehr, daß man ihnen für ihren Beitritt danken soll, so müssen sie alle die Materialien zu Hause lassen, die zu diesem Baue nicht passen. Wie kann und darf ein seit gestern angekommener Fremdling sich

anmaßen, heute schon an der Verfassung des Staates zu meistern? (Bürger 1797/98,:858) [Hervorhebung E. K.].

Auch wenn dieses 'neu hochdeutsche' Definitionsmonopol im weiteren sprachhistorischen Verlauf in dieser Exklusivität gottlob ja nicht zu halten war, muß Bürgers damaliges Beharren darauf auch noch bei späterer Lektüre in 'süddeutschen' Lesern naturgemäß Renitenzreflexe auslösen. Ein prominentes Beispiel dafür bietet etwa Karl Kraus, der sich in seinem Essay "Der Reim" (1927) mit "Bürger, der außer starken Gedichten eine ungereimt philiströse Reimlehre geschrieben hat" (Kraus [o. J.]:170) sehr kritisch auseinandersetzt und ihm vorwirft, "das Gesetz, daß g wie ch auszusprechen sei, als Grundlage der Reimkunst statuiert" zu haben (ebd.:172). Ohne den Niveau-Unterschied im reimtheoretischen Bewußtsein beider Autoren zu vermessen, kann es in diesem Zusammenhang damit sein Bewenden haben, daß Kraus Bürger für "völlig ahnungslos" hält, "in Aussprechschrullen verbohrt (vom 'Achton' und 'Ichton' des *ch*, den das *g* habe) und auf falschen Fährten pedantisch" (Kraus [o. J.]:174).

Für die deutsche Phonetik war Bürgers Pedantismus freilich insofern segensreich, als sie ihm, wo nicht die (wohl auf Wolfgang von Kempelenzurückgehenden) Begriffe, so doch jedenfalls die dazu gehörigen Termini *Ach*-Laut und *Ich*-Laut verdankt, die ihre Brauchbarkeit nun schon seit 200 Jahren unter Beweis stellen. Gewiß hat deren Erfolg nicht zuletztdamit zu tun, daß es sich bei [Iç] und [ax] nicht um bloße Lautfolgen, sondern um oft und gern gebrauchte Wörter handelt. Dies führt zum eingangs thematisierten interjektionalen Charakter von *ach!* zurück und auf die im Handbuch der deutschen Grammatik diskutierten lautlichen Charakteristika (deutscher) Interjektionen (Hentschel/Weydt 1990:297): Zwar ist es für manche "Vollinterjektionen" charakteristisch, daß sie "Lautstrukturen" enthalten (wie *pfu*i) oder (wie *ps*t) aus solchen bestehen, "die nicht dem deutschen Phonemsystem entsprechen" (Hentschel/Weydt 1990:300), doch läßt sich anderseits auch nicht verkennen, daß viele von ihnen ganz elementare phonotaktische Muster repräsentieren und besonders leicht sprechbar sind *(ah! au! ei! he! ha! na? aha! oho! nanu?)*.

Zu diesen quasi 'natürlich-phonetischen' Mustern scheint mir auch die Vokal+Konsonant-Kombination [ax] (oder auch [αX]) zu gehören, die artikulationsphonetisch gewissermaßen 'auf der Zunge liegt'. Es dürfte kaum reiner Zufall sein, daß gerade *ach!* interjektional genutzt wird (neben präpositionalen *ab*, *am*, *an*). Auch *och!* (ebenfalls mit *Ach*-Laut) ist mundgerecht – und dementsprechend umgangssprachliche Variante zur Interjektion *ach!* (Duden 1989:1093; noch mundgerechter ist nur *oh!* pur). Zu guter Letzt erklärt sich so, warum es im Deutschen keine Interjektion *uch* gibt: [x] ist eben (genauso wie [X]) ein *Ach*- und kein *Uch*-Laut! Wirklich homorgan ergänzt sich [U] vielmehr durch den Labialkonsonanten [f], der zu [x] übrigens in einer akustisch-phonetischen Affinität steht, die sich auch in regiolektal und sprachhistorisch bedingten Dubletten wie *sanft – sacht*, *Schaft – Schacht*, *Ruf – Gerücht* u.ä. manifestiert. Die aus Kombination von [U] und [f] entstehende Interjektion wird "seit K. May (...) als Ausdruck von Erstaunen bei Indianern" (Paul 1992:929), bei Nicht-Indianern einfach als "abschließend-bekräftigende Äußerung im Zusammenhang mit einer Anstrengung, Belastung" (Duden 1898:1586) gebraucht und lautet:*Uff*!

Im Ermessen des kritischen Lesers Harald Weydt steht die Entscheidung, in welcher der beiden Funktionen er diese Partikel an hiesiger Stelle der ihm gewidmeten Studie verwenden möchte!

Bibliographie

Bremer, O. (1893), *Deutsche Phonetik.* Leipzig (Neudruck: Wiesbaden 1965).

Bürger, G. A. (1797/98), Hübnerus redivivus. Das ist: Kurze Theorie der Reimkunst für Dilettanten. In: Häntzschel, G./Häntzschel, H. (Hg) (o.J.), *G. A. Bürger, Sämtliche Werke.* Frankfurt/M. etc. (Lizenzausgabe der Ausgabe Wien/München 1987): 855–874.

Bußmann, H. (1990^2), *Lexikon der Sprachwissenschaft.* Stuttgart.

Duden (1989^2), *Deutsches Universalwörterbuch.* Mannheim etc.

Glück, H. (Hg) (1993), *Metzler Lexikon Sprache.* Stuttgart/Weimar.

Grimm, J./Grimm, W. (1854), *Deutsches Wörterbuch.* Bd. 1 Leipzig (Neudruck: München 1984).

Grimm, J./Grimm, W. (1981), *Deutsches Wörterbuch* – Neubearbeitung. Bd.1/Lfg.9. Leipzig.

Häntzschel, G./Häntzschel, H. (Hg) (o.J.), *G. A. Bürger, Sämtliche Werke.* Frankfurt/M. etc. (Lizenzausgabe der Ausgabe Wien/München 1987).

Hakkarainen, H. J. (1995), *Phonetik des Deutschen.* München.

Hentschel, E./Weydt, H. (1990), *Handbuch der deutschen Grammatik.* Berlin.

Jespersen, O. (1904), *Lehrbuch der Phonetik.* Leipzig/Berlin.

Kempelen, W. v. (1791), *Mechanismus der menschlichen Sprache nebst Beschreibung einer sprechenden Maschine.* Wien. (Facsimile-Neudruck mit einer Einleitung von H. E. Brekle und W. Wildgen. Stuttgart/Bad Cannstatt 1970).

Knobloch, J. (Hg) (1961ff), *Sprachwissenschaftliches Wörterbuch.* Heidelberg.

Kohler, K. J. (1995^2), *Einführung in die Phonetik des Deutschen.* Berlin.

Kraus, K. (o. J.), Der Reim. In: Simon, D. (Hg), *Karl Kraus. Ausgewählte Werke.* Bd. 3. Gütersloh etc.: 165–194.

Kürschner, W. (1989): *Grammatisches Kompendium.* Tübingen.

Lewandowski, T. (1990^5), *Linguistisches Wörterbuch.* Heidelberg.

Mackensen, L. (1986^{12}), *Deutsches Wörterbuch.* München.

Malmberg, B. (1976), *Einführung in die Phonetik als Wissenschaft.* München.

Martens, C./Martens, P. (1965^2), *Phonetik der deutschen Sprache.* München.

Panconcelli-Calzia, G. (1994), *Geschichtszahlen der Phonetik. Quellenatlas der Phonetik.* New edition with an English introduction by K. Koerner. Amsterdam/Philadelphia.

Paul, H. (1992^9), *Deutsches Wörterbuch.* Bearb. von H. Henne und G. Objartel. Tübingen.

The Phonetic Society of Japan (1981), *A Grand Dictionary of Phonetics. A comprehensive store of neo-macro-phonetics.* Tokyo.

Pompino-Marschall, B. (1995), *Einführung in die Phonetik.* Berlin/New York.

Rapp, K. M. (1836/1841), *Versuch einer Physiologie der Sprache nebst historischer Entwicklung der abendländischen Idiome nach physiologischen Grundsätzen.* 4 Bände. Stuttgart/Tübingen.

Ulrich, W. (1972), *Wörterbuch Linguistische Grundbegriffe.* Kiel.

Wängler, H.-H. (1983^4), *Grundriß einer Phonetik des Deutschen.* Marburg.

Wahrig, G. (1986), *Deutsches Wörterbuch.* Frankfurt/M.

Maxi Krause (Caen)

Überlegungen zu *hin-/her-* + Präposition

1. Vorbemerkung

Einigkeit besteht darüber, daß es sich bei Präpositionen, Adverbien und Verbalpartikeln um morphologisch unveränderliche Einheiten handelt (einmal abgesehen von den kontrahierten Formen Präposition + Artikel sowie den wenigen komparierbaren Ausnahmen bei den Adverbien wie z. B. *oft – öfter),* also zur großen Gruppe der, je nach Autor, unterschiedlich unterteilten und Unterschiedliches einschließenden Wortklasse der Partikeln. Uneinigkeit herrscht allerdings bei der Frage, welcher Untergruppe von Partikeln nun bestimmte Signifikanten zuzuordnen sind, und sehr unterschiedlich sind auch die Art und die Ausführlichkeit ihrer Beschreibung. Dies trifft auf die Bildungen vom Typ *hin-/her-* + Präp. in besonderem Maße zu, die prinzipiell zwei Fragen aufwerfen, nämlich die nach ihrer möglichen syntaktisch-semantischen Funktion (aus der sich ihre Zuordnung zu einer bestimmten Gruppe von Partikeln ergibt) sowie die nach ihrer Semantik (die wiederum nicht losgelöst von ihrer Funktion betrachtet werden kann).

Die nachstehenden Überlegungen betreffen die Kombinationen von *hin* und *her* mit *ab*, *an*, *ein*, *über*, *um*, *unter* und *vor*[1] sowie mit *auf, durch, nach* und *zu.*[2] Ziel ist eine möglichst umfassende Darstellung der ausgewählten Signifikanten, vor allem auch im Hinblick auf ihre unmittelbare Verwertbarkeit im Bereich Deutsch für Ausländer, denn in Grammatiken fristen sie eher ein Schattendasein; sowohl dort als auch in Wörterbüchern werden sie fast ausschließlich als Adverbien und Verbzusätze behandelt. In größerem Maße als die Darstellung in Wörterbüchern und Grammatiken dies erwarten läßt, treten Kombinationen von *hin-/her-* + Präp. allerdings auch als präpositionale Elemente auf. Zur Begründung dieser Sichtweise sind eingangs einige grundsätzliche Überlegungen zur Semantik der Präpositionen notwendig.

2. Was leisten Präpositionen?

"Präpositionen dienen dazu, das Verhältnis zwischen zwei Größen auszudrücken" (Hentschel/Weydt 1990:249). Nach Marcq (1988:6f) lokalisieren Präpositionen Prozesse (zu denen auch *sein* u. ä. gehört) im Verhältnis zu Bezugsgrößen. Derartige Definitionen allgemeiner Art finden sich überall, wo von Präpositionen die Rede ist, mit mehr oder weniger ausführlichen Hinweisen darauf, welcher Art die (Bezugs) Größen sein können. Allerdings ist damit noch nicht gesagt, wie die Präpositionen diese allgemein definierte Leistung erbringen und *ob* sie wirklich alle Vergleichbares leisten. Dies soll als erstes an ein paar Beispielen aus dem Bereich der "primären" Präpositionen (Helbig/Buscha 1989:402) mit spatialer Verwendung genauer durchleuchtet werden.

---

[1] Vgl. Krause (1994a), auch was die Konstituierung des Korpus betrifft.

[2] Basierend auf einem noch unveröffentlichten Manuskript, dessen Korpus analog dem von Krause (1994a) erstellt wurde.

Es gibt Präpositionen, die – allein – nur einen Raumteil determinieren (können), der entweder Teil der Bezugsgröße ist (*in*) oder im Verhältnis zu einer Bezugsgröße determiniert wird (z. B. *um, unter, über*). Solche Signifikanten können häufig mehrere Relationen tragen, wobei die Art der Relation entweder durch Kausus bestimmt wird wie bei

im Wasser/unter dem Tisch = statische (lokative) Relation[3]

ins Wasser/unter den Tisch = direktive Relation

oder durch das Verb, bzw. bei attributivem Gebrauch der Präpositionalgruppe durch das Basisnomen der Nominalgruppe:

Er legt ihr die Kette um den Hals. = dynamische Relation

Die Kette liegt um ihren Hals. = statische Relation

Die Hecke um den Garten. = statische Relation

Die Flucht unter das Dach. = direktive Relation

Ferner gibt es Präpositionen, die sowohl einen Raumteil determinieren als auch eine Relation tragen und zwar nur eine einzige, z. B.: *durch* determiniert das Innere des Bezugsgegenstandes und trägt die perlative Relation. *aus* determiniert ebenfalls das Innere der Bezugsgröße, trägt jedoch die ablative Relation.[4]

Schließlich gibt es Präpositionen, die einen bestimmten Raumteil determinieren können, dies aber nicht grundsätzlich tun: *auf* **kann** den oberen äußeren Teil eines Bezugsgegenstandes determinieren, tut dies jedoch nur manchmal, wie die folgenden Beispiele zeigen:

Das Buch liegt auf dem Tisch.
(*auf* determiniert einen Raumteil.)

Wir gingen auf die Kirche zu.
(*auf* determiniert keinen Raumteil.)

Unter, das auf zwei verschiedene Signifikanten zurückgeht und deshalb zwei verschiedene Signifikate besitzt, kann unterschiedliche Raumteile determinieren: Den Raumteil zwischen mindestens drei Bezugsgrößen bzw. innerhalb eines Kollektivs (achsenunabhängig):

Er befand sich unter den Anwesenden.

Er mischte sich unters Volk.

Den Raumteil, der von einer zweiten am Prozeß beteiligten Bezugsgröße überdeckt wird (egal in welcher Richtung, also ebenfalls achsenunabhänging):

Unter der Haut pulsieren die Adern.

Den Raumteil, der unter oder unterhalb der Bezugsgröße liegt, und zwar im Sinne einer vertikalen Achse:

der Papierkorb unter dem Tisch

der Schläfer unter der Bettdecke

---

3 Vgl. zur Definition der Relationen bei Krause (1994a:17f).

4 Dann besteht – zumindest trifft dies für *aus* und *durch* zu – keine Kasuswahl.

Nicht zu vergessen ist, daß eine Präposition, sofern sie selbst eine dynamische Relation trägt, automatisch zwei weitere dynamische Relationen impliziert. So denkt man zwar bei *aus* zuallererst an eine ablative Relation, diese impliziert aber zwangsläufig eine ganz präzise zweite, nämlich eine perlative Relation ("Passieren der Grenze zwischen innen und außen") und damit auch eine dritte, nämlich direktive ("vom Innen ins Außen"). Beim Träger der perlativen Relation – *durch* – entscheidet der Kontext über ein weiteres Merkmal wie "grenzüberschreitend"/"nicht grenzüberschreitend":

Der Ball flog durch das Fenster. (grenzüberschreitend)

Wir leiten das Wasser durch Rohre ins Meer. (grenzüberschreitend)

Ich ging durch den Zug in den Packwagen. (Böll 1966:34, nicht grenzüberschreitend)

Er ging durch den Saal und trat ans Fenster. (nicht grenzüberschreitend)

Das Kriterium, nach dem eine dynamische Relation als direktiv, ablativ oder perlativ eingestuft wird, hängt also davon ab, ob die von der Nominalgruppe benannte Bezugsgröße Zielpunkt, Ausgangspunkt oder keines von beiden ist, d. h. eine Größe, bei der sich der lokalisierte Prozeß nicht aufhält, bei der er nicht beginnt und auch nicht zum Ende kommt. Bei der Einstufung handelt es sich jedoch nur um die Aktualisierung bzw. Hervorhebung eines Merkmals von dreien, denn prinzipiell ist jede dynamische Relation zwangsläufig gleichzeitig ablativ, direktiv und perlativ. Die Opposition zwischen dynamischen Relationen untereinander ist also von etwas anderer Qualität als diejenige, welche die drei Relationen gemeinsam der vierten, nämlich statischen/lokativen Relation gegenüberstellt.

Es ließen sich weitere Unterschiede aufzählen, aber das bisher Ausgeführte dürfte in ausreichender Weise klarmachen, daß selbst die Gruppe der sogenannten primären Präpositionen alles andere ist als homogen und dies nicht nur in Bezug auf die jeweilige(n) Kasusforderung(en) und hinsichtlich ihrer Stellungsmöglichkeiten, sondern bereits in ihrem ureigenen semantischen Gehalt.

Wenn nun aber Präpositionen wie *durch* und *aus* nicht nur Raumteile determinieren, sondern gleichzeitig auch eindeutige Relationsträger sind, dann leisten sie prinzipiell dasselbe wie z. B. Kombinationen vom Typ Präp.+ Nominalgruppe + X, wobei X für "nicht flektierbare Einheit" steht.

Er ging **zwischen den Tischen (hin)durch**.

Er war bekannt für schnelle und solide Arbeit, weit **über Berlin hinaus.** (Plenzdorf 1977:21)

Sehr umstritten ist die Frage, womit man es bei X, d.h. hier: *hin-/her-* + Präp., genau zu tun hat. Es handelt sich in den meisten Fällen um Einheiten, die auch isoliert auftreten können und somit zur Klasse der Adverbien gerechnet werden (Helbig/Buscha 1989:407), wie z. B.

Herein! Hinauf! Raus!

Andererseits funktionieren einige dieser Einheiten auch eindeutig als trennbare Verbzusätze:

Es war Schwachsinn von Ihnen, sich das Honorar **herunter**handeln zu lassen. (Böll 1978:113)

Der hat dich schön **herein**gelegt!

Entsprechend dieser beiden möglichen Verwendungsweisen werden *hin-/her-* + Präp. oft unter beiden Etiketten angeführt, vor allem in Wörterbüchern (in Grammatiken werden sie äußerst stiefmütterlich behandelt).

Zum Beispiel *hindurch*: Bei aufmerksamer Lektüre von Klappenbach, Duden und Wahrig stellt sich heraus, daß die Unterscheidung Adverb oder abtrennbarer Teil eines Verbs ausschließlich auf dem Vorhandensein bzw. Nicht-Vorhandensein eines Verbs nach *hindurch* beruht und auf der orthographisch (manchmal) bestehenden Verbindung zwischen *hindurch* und Verb. Alle drei Wörterbücher bringen für *hindurch* ähnliche Beispiele, die einen zweiten unveränderlichen Signifikanten ins Spiel bringen, und zwar

durch	+ Akkusativ	(+ *hindurch-*)
unter	+ Dativ	(+ *hindurch-*)
zwischen	+ Dativ	(+ *hindurch-*)

Duden definiert bei *unter* die Bedeutung von *unter* + Dat. + *durch*; Wahrig definiert sie nicht, sondern gibt nur ein Beispiel, und bei Klappenbach taucht beim Stichwort *unter*/Präposition kein einziges Beispiel mit *hindurch* auf.

Unter dem Stichwort *zwischen* taucht *zwischen* + Dat. + *hindurch* im Duden und bei Klappenbach weder im Kommentar noch in einem Beispiel auf; Wahrig verzeichnet bei der Präposition nur ein Beispiel nach einem Kommentar, der sich allein auf die von *zwischen* geleistete Determination bezieht.

Läßt man bei unseren Beispielen die Wortartenfrage einmal beiseite, kann man Folgendes feststellen: Die Kombinationen mit *unter* und *zwischen* determinieren einen bestimmten Raumteil und sind beide Träger einer perlativen Relation und zwar unabhängig davon, ob sie mit einem Verb auftreten oder nicht.

Sie bilden semantisch eine Einheit, die auf der Ausdrucksebene ein raumdeterminierendes Element enthält, nämlich *unter* bzw. *zwischen*, sowie ein relationsdeterminierendes Element, nämlich *durch* (zu dem fakultativ *hin* treten kann).

Kasuswahl ist nicht gegeben, es steht der Dativ, der im Zusammenspiel mit *unter* und *zwischen* eine statische (lokative) Relation trägt; und damit läßt sich noch genauer präzisieren: Die von *unter* bzw. *zwischen* + Dat. getragene Relation besteht zwischen dem determinierten Raumteil und der von *(hin)durch* getragenen Relation. Dies ist wiederum kein Sonderfall, sondern auch bei manchen einfachen Präpositionen impliziert: Wer *durch die Stadt* geht, muß *in der Stadt* sein. Damit ergibt sich für die Präposition *durch*: Sie determiniert nicht nur das Innere der Bezugsgröße sowie die Art der Relation zwischen lokalisiertem Prozeß und determiniertem Raumteil (nämlich perlativ), sondern impliziert auch, daß das Verhältnis zwischen perlativer Relation (an die man bei *durch* zuerst denkt) und dem Inneren der Bezugsgröße das einer lokativen Relation ist.

Mit anderen Worten: Präpositionen können auch verschiedene Relationen zueinander in Beziehung bringen. Genau betrachtet hat man es bei *durch* + Akk. sowie *unter* + Dat.+ *(hin)durch* mit semantisch vergleichbaren Strukturen zu tun:

Er geht durch das Zimmer.

Er geht unter der Brücke hindurch.

Die drei Informationen, die vorgestelltes *durch* in sich vereint, werden bei *unter* + Dat.+ *hindurch* auf drei verschiedene Träger verteilt: *unter* determiniert den betroffenen Raumteil, *(hin)durch* trägt die perlative Relation, der Dativ zeigt an, daß das zwischen determiniertem Raumteil und perlativer Relation bestehende Verhältnis dem einer lokativen Relation entspricht. Dasselbe gilt für *zwischen* + Dat.+ *hindurch.*

Die enge semantische Zusammengehörigkeit von Präp. A + Kasus + *hin-/her-* + Präp. B zeigt sich auch daran, daß diese Gruppen sich geschlossen ins Vorfeld setzen lassen und – wie bereits erwähnt – ohne Verb auftreten können:

Sie haben sich **unter der Mauer (hin)durch** in die Freiheit gegraben.

Wie sind sie denn da rausgekommen? – **Unter der Mauer (hin)durch**.

Unter der Mauer (hin)durch haben sie sich in die Freiheit gegraben.

Marcq (1972) war unsres Wissens der erste, der die semantische Kohäsion solcher Kombinationen herausgearbeitet hat, wobei er durchaus ursprünglich erst einmal von der traditionellen Wortart **Prä**-position ausgegangen war. Seine historisch ausgerichtete Arbeit führte ihn dann jedoch zur Entwicklung eines Inventars möglicher Verknüpfungen von Determinationen und Relationen, die systematisch darzustellen und zu gliedern sind und die, je nach Einzelsprache bzw. unterschiedlichen Entwicklungsstufen einer bestimmten Sprache, unterschiedlich ausgedrückt werden. Der Vorteil eines solchen Determinations- und Relationsinventars ist, daß sich daraus dann konkrete Hinweise, zum Beispiel für Übersetzungen, erarbeiten lassen. Allerdings – und das dürfte erklären, wieso Einheiten wie Präp A + Kasus + *hin-/her-* + Präp. (oder Präp. alleine) bisher in den Grammatiken vernachlässigt werden – drängen sich, wenn man nach Determinationen und Relationen sucht, zuallererst diejenigen auf, die an Achsen gebunden sind, und ferner diejenigen, die von den traditionell als Präpositionen bekannten Signifikanten (+Kasus) getragen werden. Dazu kommt, daß bestimmte Kombinationen von Determination + Relation bzw. Relation + Relation sich erst über die genaue Analyse einzelner Signifikanten herausschälen, mögen sie nun als Adverb oder als Verbalpartikel firmieren.

In den nächsten Abschnitten sollen nun zusammenfassend – quasi als Zwischenbilanz, aber z. T. auch als Korrektur bzw. Ergänzung zu Marcq (1988) und Krause (1994a) – einige Kombinationen von *hin-/her-* + Präp. genauer beschrieben werden.[5]

3. *hin-/her-* + Präp.

Vorausgeschickt sei, daß derartige Formationen in der gesprochenen Sprache verkürzt werden können, und zwar, wenn das präpositionale Element vokalisch anlautet, zu R + Präp[6]. und dies unabhängig davon, ob das erste Element *hin-* oder *her-* ist:

---

[5] Es würde den Rahmen dieses Beitrags sprengen, das von Marcq entwickelte und von Krause übernommene System der Relationen und Determinationen hier in aller Ausführlichkeit darzustellen. Genaueres läßt sich anhand der zahlreichen Verweise nachlesen (die der schnelleren Orientierung dienen und keineswegs als Ausdruck einer ungezügelten Lust am Zitieren eigener Veröffentlichungen interpretiert werden sollten).

[6] Darauf wird i.a. hingewiesen, allerdings meist unvollständig: So schreibt z. B. Engel (1988:757) die Kurzform *raus* nur dem vollständigen *heraus*, nicht aber dem entsprechenden *hinaus* zu. Auf die Verkürzung durch Weglassen von *hin-/her-* wird nicht eingegangen.

Hinaus!

Heraus!

Raus!

Bei konsonantisch anlautender Präposition als zweiter Konstituente erfolgt die Verkürzung durch Verzicht auf *hin-/her-*:

Sie graben sich unter der Mauer **durch**. (= *hindurch*)

Komm jetzt endlich hinter dem Schrank **vor!** (= *hervor*)

Nicht alle Präpositionen können sich mit *hin-/her-* verbinden, und nicht alle Präpositionen, die sich mit einem der beiden verbinden können, tun dies dann auch mit dem jeweils anderen.
hin-/her + Präp. können auftreten als:

- verstärkende Elemente, die auch weglaßbar sind
- Postpositionen
- zweites Glied von Circumpositionen
- Pro-Formen (od. Substitute)
- trennbare Verbzusätze (od. Verbalpartikeln)[7]

Die reine Existenz von *hin-/her-* + Präp. X bedeutet allerdings nicht, daß diser Signifikant automatisch alle Rollen übernehmen kann. Sie bedeutet auch nicht, daß *hin-/her-* + Präp. X alle Determinationen bzw. Relationen tragen kann, an denen die Präposition X ohne *hin-/her-* beteiligt ist.

Meistens ist es so, daß *hin-/her-* + Präp. nur eine einzige Relation trägt, die entweder dieselbe ist wie die von der entsprechenden Präposition allein (bzw. + Kasus) auch vertretene Relation oder aber dieselbe wie die einer Kombination von Präp. A + *hin-/her-* + Präp. B.[8]

3.1 *hin-/her-* + Präp. sind weglaßbare, nur verstärkende Elemente

Verstärkung liegt dann vor, wenn *hin-/her-* + Präp. A eine Präpositionalgruppe mit gleichem Signifikanten A begleitet.[9] Verstärker finden sich – was die untersuchten Signifikanten betrifft (vgl. Einleitung) – nur im spatialen und im temporalen, nicht jedoch im notionellen Bereich.

3.1.1 Spatialer Bereich

hinauf, herauf, hinein, herein entsprechen alle der direktiven Relation, die von der entsprechenden Präposition + Nominalgruppe getragen wird, d.h. *auf* + Acc. (System I), *in* + Acc. (System II):

Wer zum ersten Mal **in Thieles Mund hinein**schaute, mußte glauben, der habe alle Zähne zweimal (...). (Walser 1976:30)
= Wer zum ersten Mal **in Thieles** Mund schaute, mußte glauben (...).

---

7 So sieht das sinngemäß auch Wunderlich (1984).

8 Das ist ein wesentlicher Unterschied zu Bildungen mit *da-*, die zum Teil – wie die entsprechende Präposition alleine – unterschiedliche Determinationen bzw. Relationen ausdrücken. Wir beschränken uns im Folgenden auf allgemeine Beobachtungen und aus gewählte Beispiele. Einzelheiten finden sich in den entsprechenden Kapiteln bei Krause (1994a).

9 Der Präposition IN steht die "Nicht-Präposition" *ein-* gegnüber (entstanden aus dem Adverb îN)

Er kletterte auf das Dach (hinauf).

hinüber, herüber sowie *hindurch* verstärken die von *über* + Acc. (System I) bzw. *durch* (System II, Subsystem der Annäherung und Subsystem *inter*) ausgedrückte perlative Relation:

Schaffst Du den Sprung **über den Graben herüber**?
= Schaffst Du den Sprung **über den Graben**?

Hin- und *her-* unterstreichen in Zusammensetzung mit *über* das direktive Moment der perlativen Relation. *Hindurch* hebt hervor, daß zumindest einmal die Grenze innen/außen überschritten wird (Subsystem der Annäherung), und verstärkt die perlative Relation des Subsystems II:

"Ihr Männer", sagte er irgendwo im Regen, fast unhörbar **durch die Wasserschleier hindurch**. (Dürrenmatt (1990:59)
= (...) fast unhörbar **durch die Wasserschleier**.

(...) und zwängte mich **durch die Leute** wieder nach draußen. (Böll 1990:8)

Einhundertachtzig Kilometer lang fuhr das Auto **durch irische Schulkinder hindurch** (...). (Böll 1966:52)

Herum verstärkt *um* (System II, Subsystem der Annäherung, statische Relation; System I, perlative Relation)

So standen sie alle **um den Sarg herum** (...) (Dürrenmatt (1990:59) (System II)
= So standen sie alle **um den Sarg** (...)

(...) und schon als ich **um die Ecke** in die Kastanienallee einbog (...) (Böll 1983:32) (System I)

(...) wenn er dann **um die Hausecke herum** in die Dorfstraße einbiegt (...) (Böll (1966:44)

Für alle Formationen *hin-/her-* + Präp. gilt hier: Läßt man die Präpositionalgruppe wegfallen, fungiert *hin-/her-* + Präp. als Pro-Form.

3.1.2 Temporaler Bereich
Hier tritt nur *hinein* als Verstärker auf (System II, direktive Relation).

(...) und saß so mehrere Stunden, **bis in den Nachmittag hinein**. (Marcq 1988:42)

(...) auf den Schlaf warten, der mit der Gewißheit kommt und **bis in den Morgen** *dauert.* (Wolf 1973:25)

Hinein tritt nicht als Pro-Form auf: Entweder man hält eine derartige Information für notwendig, dann steht der ganze Komplex, oder aber nicht – dann bedarf es auch keiner Pro-Form.

3.2 *hin-/her-* + Präp. als Postpositionen

Sie drücken nur spatiale und temporale, nicht aber abstrakte Relationen aus.

3.2.1 Spatialer Bereich

Akk. + *hinab* (selten: *herab*), Akk. + *hinauf/herauf*, Akk. + *hinunter/herunter*.[10]

(...); **die Treppen hinab** müßte er sich kämpfen. (Kafka 1979:138)

(...) wir hörten, wie er unten in den Laden ging, sich Zigaretten zu holen, bevor er **die Treppe heraufkam.** (Böll 1978:46)

Die Wendeltreppe hinunter ging es langsam, da es völlig dunkel war, danach kamen sie schneller vorwärts. (...) sofort raste ich **die Treppe herunter**, er mir nach (...). (Zweig 1989:242)

Bei entsprechendem Kontext kann auf den Akkusativ verzichtet werden. *Hin-/her-* + Präp. bleibt dann als einziger Repräsentant der ganzen Gruppe übrig, ist also in der Lage, als Substitut zu fungieren (in der Sonderform einer Postposition mit Ellipse, vgl.infra). Der Verzicht auf *hin-/her-* + Präp. ist hier nicht möglich:

*(...) bevor er **die Treppe** kam.

Bei genauerem Hinsehen zeigt sich, daß der Akkusativ die Bezugsgröße, *hin-/her-* + Präp. die Richtung angibt und nur die Kombination Akk. + *hin-/her-* + Präp. macht deutlich, daß es sich zwischen aufsteigendem bzw. absteigendem Prozeß und determiniertem Raumteil um eine Relation des "Passierens", also eine perlative Relation handelt.[11] Dies wird deutlich durch die Paraphrase, z. B.:

Über eine verwinkelte Treppe kamen sie ins Dachgeschoß.

(perlative Relation) (direktive Relation)

3.2.2 Temporaler Bereich

Akk. + *hindurch* (System II, perlative Relation); *hin* wird häufig weggelassen.

Man hat nichts gehört als den Motor **die Nacht durch** laufen (...). (Dürrenmatt 1990:16)

Das ganze Leben hindurch konnte man genießen, konnte man schaffen (...). (Hesse 1985:17)

Entweder man hält eine Angabe der Dauer für notwendig – und präzisiert deren Länge – oder aber nicht. Dies erklärt, warum hier entweder eine vollständige Gruppe steht oder nichts; *(hin)durch* allein – als Substitut – taucht also nicht auf. Auf *(hin)durch* kann nur in bestimmten Fällen verzichtet werden, z. B. wenn dem Akkusativ ein *ganz-* oder *halb-* bzw. Numeral beigegeben ist und wenn das eventuell vorhandene Verb intransitiv ist (so daß der Akkusativ nicht mit einem Objektsakkusativ verwechselt werden kann, was z. B. beim letzten Beispiel der Fall wäre: *das ganze Leben genießen...):*

Ich habe den Motor **die ganze Nacht** laufen hören.

---

[10] Dem entspricht in der Horizontalen Akk. + *(ent)lang*.

[11] Der Prozeß des Auf- bzw. Absteigens ist *sui generis* ein direktiver bzw. ablativer Prozeß (und impliziert beides zugleich). Was perlativ ist, ist die Relation zwischen diesem orientierten Prozeß und der Bezugsgröße.

3.3 *Hin-/Her-* + Präp. als zweite Konstituente einer Circumposition[12]

Derartige komplexe Gruppen können spatiale, temporale und notionelle Relationen tragen.

3.3.1 Spatialer Bereich

3.3.1.1 Direktive Relation

an + Akk. + *heran* (besonders im metaphorischen Gebrauch)
in + AKK. + *hinein* (häufig auch metaphorisch)

> (...) nur ein sehr junger Mann (...) blieb stehen (...). Ein Mann mit weißem Haar ging von hinten **an den jungen Mann heran**, flüsterte ihm etwas zu. (Böll 1990:41)

Der Verzicht auf *heran* scheint ausgeschlossen, der auf *an* + Akk. eher möglich, wenn auch nicht unproblematisch:

> ?Ein Mann ging von hinten **heran** (...).
>
> *Ein Mann ging von hinten **an den jungen Mann**.
>
> (...) man lud ihn ein, man beschenkte ihn, schrieb ihm nette Briefe, aber nahe **an ihn heran** kam niemand, (...). (Hesse 1981:53)
>
> (...) da sie nun mal eine von Müller geborene [sic] ist (...) sagte er öfter **in seine eigenen Sätze hinein**. (Walser 1976:29)
>
> Ein Malaie, irgendein ganz einfacher, ganz gutmütiger Mensch, trinkt sein Gebräu **in sich hinein** (...). (Zweig 1989:229)

In + Akk. + *hinein* ist besonders häufig, wenn die Bezugsgröße durch ein Pronomen (besonders Reflexivpronomen) ausgedrückt wird.

3.3.1.2 Ablative Relation

Hinter[13]	
Unter[14]	+ Dat.+ *hervor/heraus* (häufig mit elidiertem *her-*)
Zwischen[15]	
Von	+ Dat. + H (spatial und in der lexikalisierten Metapher *von oben herab)*

> (...) den Stock **unter meinem Bett her**vorzog (...). (H.Mann 1980:51)
>
> Leise, **hinter zusammengebissenen Zähnen hervor**, fragte ich: (Hesse 1981:236)
>
> (...) und weiter hinten im Tal lugten die stattlichen Holzgiebel ihres Dorfes **zwischen blühenden Pflaumenbäumen hervor**. (Bemmann 1983:49)
>
> Unsere Liebe, Ilsebill, was wir alles mit klarer Stimme geflüstert, in Briefen versteckt, **von Türmen herab** oder durchs Telefon trompetet haben: (...) unsere Liebe (...) ist nicht mehr, Ilsebill. (Grass 1985:369)

---

[12] Der Terminus Circumposition wird hier mit einer gewissen "Großzügigkeit" gebraucht, da *hin-/her-* + Präp. nicht immer rechts von Präp. + Nominalgruppe steht. Dazu unter 3.4.

[13] System I, Achse vorn-hinten.

[14] System I, Achse oben-unten.

[15] System II, Subsystem *Inter* (achsenunabhängig).

Der Verzicht auf *von* + Dat. ist ausgeschlossen, der auf *herab* scheint möglich zu sein, allerdings geht damit eine wichtige Information verloren. Beide Teile sind unverzichtbar in der Metapher:

> Sie, die sonst immer so von oben herab tat, jetzt war sie ganz klein. (Klappenbach et al. 1984:25)

Bei *hinter/unter/zwischen* + Dat. + *(her)vor/(he)raus* ist der Verzicht auf Präp. + Nominalgruppe möglich (sofern der Kontext es erlaubt); *(her)vor* bzw. *(her)aus* fungiert dann als Pro-Form.

3.3.1.3 Perlative Relation

Über + Akk. + *hinaus,*[16] *unter* + Dat. *(hin)durch*[17]; *zwischen* + Dat. + *(hin)durch.*[18]

> (...) und als plötzlich ein Stein über die Mauer flog, **zwischen Jan und Thomas hindurch** (...). (Rinser 1987:51)
>
> Ich nahm die Mütze ab, schlich langsam nach vorne **zwischen den Bänken hindurch** (...). (Böll 1990:22)
>
> Er war bekannt für schnelle und solide Arbeit, weit **über Berlin hinaus**. (Plenzdorf 1981:21)
>
> Auf den Markt ging er, **unter den Bogengewölben des Rathauses hindurch**, (...) auf den Marktplatz (...). (Th. Mann 1989b:60)

Die Verbindungen mit *(hin)durch* können, wenn der Kontext es gestattet, als Pro-Formen auftreten; bei *über* + Akk + *hinaus* ist der Verzicht auf Präposition + Nominalgruppe nicht möglich.

	hinab/herab
an + Dat. +	*hinauf/herauf*
	hinunter/herunter

> Jede zweite Nacht ruderte sie über den See. Niemand außer mir wußte das. Sie kletterte **am Spalier hinunter** und **herauf**. (Rinser 1987:32)

An determiniert keinen bestimmten Raumteil wie *in*, *unter* etc., sondern signaliert nur "Kontakt" (manchmal auch "Nähe"). *hin-/her-* + Präp. kann bei entsprechendem Kontext als Pro-Form fungieren.

	hinaus/heraus
zu + Dat.	*hinein/herein*
	hinunter

Zu determiniert – ähnlich wie *an* – keinen bestimmten Raumteil. In Verbindung mit *hin-/her-* ist es jedoch in der Lage (ebenfalls wie *an*) auszudrücken, daß die vom Nomen bezeichnete Bezugsgröße weder Ziel- noch Ausgangspunkt einer dynamischen Relation (direktiv/ablativ) ist, sondern ein Ort des "Passierens". Zwischen Bezugsgröße und dynamischer Relation besteht eine perlative Relation (bei *zu* mit implizierter Grenzüber-

[16] System I, Achse oben-unten.

[17] System I, Achse oben-unten.

[18] System II, Subsystem *Inter* (achsenunabhängig).

schreitung). Der Verzicht auf *zu* ist – falls der Kontext es gestattet – möglich, *hin-/her-* + Präp. bleibt dann als Pro-Form erhalten.

> Eine Weile später steckte Thomas seinen zerzausten Kopf **zur Tür herein**. (Rinser 1987: 20)
>
> (...) und rannte davon, rannte (...) die Seine hinauf nach Osten, **zur Stadt hinaus,** weit weit hinaus bis zur Rue de Charonne (...). (Süskind 1985:25)
>
> (...) schaute ich noch stundenlang heimlich **zum Fenster hinunter**, weil Leni drunten wusch. (Graf 1986:35)

3.3.2 Temporaler Bereich
über + Akk. + *hinaus*[19]
bis (*über* + Akk. + *hinaus*)[20]
Hinaus ist notwendiger Bestandteil der Gruppe, wenn *über* + Akk. durch *darüber* ersetzt wird; bei vollständiger Präpositionalgruppe kann es in seltenen Fällen weggelassen werden (vgl. Krause 1994a:280f).

> Der grüne Rechtsabbiegepfeil bleibt den Verkehrsteilnehmern in den neuen Bundesländern auch **über** das Jahr 1991 **hinaus** erhalten. (Schwäb. Tagblatt 11.6.1991)
>
> Vor der Landespressekonferenz in Stuttgart erklärte Teufel am Dienstag, die Landesregierung halte an ihrem energiepolitischen Kurs fest, wonach bis zum Jahr 2000 "und wohl auch **darüber hinaus**" kein weiteres Kernkraftwerk gebaut werde. (Schwäb. Tagblatt 10.4.1991)
>
> *(...) wonach bis zum Jahr 2000 und **wohl auch darüber** kein weiteres KKW gebaut werde.

Über + Akk. – ohne *hinaus* – ist im temporalen Bereich zweifach vertreten: einmal als Träger der perlativen Relation im System II mit linearem Bezugstermin, zum anderen im System I mit punktueller Bezugsgröße, ebenfalls als Träger der perlativen Relation. Der Zusatz von *hinaus* schafft also Eindeutigkeit, indem er zweierlei signalisiert: Erstens, daß die Bezugsgröße nicht mehr als Segment zu betrachten ist, sondern als punktuell,[21] zweitens, daß der lokalisierte Prozeß eine zeitliche Grenze (Bezugsgröße) überschreitet.

Bei *bis* (*über* + Akk. + *hinaus*) haben wir es mit einer Kombination von direktiver (*bis*) und perlativer Relation zu tun, wobei letztere selbst wieder als (sehr vage) Bezugsgröße für *bis* fungiert, indem sie das mögliche Ende eines Prozesses eindeutig rechts des vom Akkusativ bezeichneten Punktes lokalisiert.

3.3.3 Notioneller Bereich
an + Akk. + *heran*
über + Akk. + *hinaus*
Wie im temporalen Bereich kann *über* zum Teil alleine stehen (vgl. Krause 1994a:287), in den meisten Fällen ist *hinaus* jedoch notwendiger Bestandteil der Gruppe, wenn eine Grenzüberschreitung ausgedrückt werden soll.

---

[19] System I, perlative Relation.
[20] System I, direktive Relation.
[21] Vgl. Krause (1994a:32).

Das (...) gemeinschaftliche Gespräch kam, all die Zeit über, **über ein unruhiges Hin und Her** nicht **hinaus**, bis (...). (Fontane 1976:37)

Die Debatte führt schnell **über den eigentlichenAnlaß hinaus.**

Seine geistigen Fähigkeiten gingen nicht **über** eine angeborene, streng abgegrenzte Schlauheit und Rechenkunst **hinaus**. (Hesse 1979:7)

An + Akk. + *heran* bleibt stark der spatialen Metaphorik verbunden:

Er öffnete das Skizzenbuch (...). Da war der Bergkegel mit den tiefen Felsenschatten; er hatte ihn ganz nahe **an ein Fratzengesicht heran** modelliert, er schien zu schreien, der Berg (...).(Hesse 1985:14)

(*heran* erscheint getrennt vom Verb)

3.4 Fazit

Als Postpositionen und Bestandteile von Circumpositionen treten *hin-/her-* + Präp. vorwiegend dann auf, wenn bei dynamischen Relationen die Perlativität hervorgehoben werden soll. Ihre Etikettierung als Konstituente von Präpositionalgruppen läßt sich damit rechtfertigen, daß sie zumeist nicht weglaßbar und keineswegs auf die Präsenz eines Verbs angewiesen sind.

Allerdings unterscheiden sie sich von Präpositionalgruppen ohne *hin-/her-*Teil (d.h. von Präpositionen, Postpositionen und Circumpositionen vom Typ *von...aus*, *von...ab/an/auf*) in einem Punkt: *hin-/her-* + Präp. tritt zum Teil durch gruppenfremde Elemente von den übrigen Bestandteilen (Präp. + Kasus) getrennt auf, was dann zu der – unserer Ansicht nach fragwürdigen – Zuordnung zum Verb führt.[22] Durch diese Trennung kann *hin-/her-* + Präp. entweder weiter vorne im Satz oder auch weiter hinten stehen:

Ich zog zitternd **unter dem Gürtel** den Band **heraus**. (Zweig 1983:61)

Man mußte sich **durch**quetschen **zwischen Juden, Christen und Sirenen**! (Wedekind 1986:125)

Der Schneider spuckte **zum offenen Fenster** in die Tiefe **hinunter**. (Hesse 1988:33)

In wie tiefe Vereinsamung er sich auf Grund seiner Anlage und seines Schicksals **hinein**gelebt hatte und (...). (Hesse 1981:7)

Blickte man **hinein in diese erzählte Welt**, sah man: die elegante Selbstbeherrschung, die (...). (Th. Mann 1989a:209)

Besteht nun auf semantischer Ebene eine unleugbare Einheit (oder Kohäsion) Präp. + Nomen + *hin-/her-* + Präp., so ist auf syntaktischer Ebene eine relativ starke Bindung zwischen *hin-/her* + Präp. und Verb zu beobachten. Man könnte nun einwenden, gerade die Tatsache, daß zwischen Präp. + Nomen und *hin-/her* + Präp. gruppenfremde Elemente treten können, beweise doch, daß *hin-/her-* + Präp. zum Verb gehöre (als "Verbzusatz", "Präfixoid" etc.)[23]. Dagegen läßt sich vorbringen, daß solche Trennungen auch anderswo auftauchen, man vergleiche nur einmal

Wohin gehst du? **Wo** gehst du **hin**?

[22] Das gilt auch für *auf* + Akk. + *zu*, Dat. + *zu*, Akk. + *entlang*, *an* + Dat. *entlang*.

[23] Zumal in manchen Fällen eine Erststellung der gesamten Gruppe problematisch ist. ***In wie tiefe Vereinsamung hinein*** *hatte er sich gelebt (...)?*

Wohin? – Dahin!	**Da** geh ich nicht **hin**!
Was für ein Auto hast du denn?	**Was** hast du denn **für** ein Auto?
Er **schläft** abends nur schlecht **ein.**	
Etc.	

Hin-/her- sind direktive Elemente[24]; direktive Präpositionalgruppen stehen im Prinzip am weitesten rechts im Mittelfeld. Man kann nun die Position von *hin-/her-* + Präp. im Aussagesatz direkt vor den nicht-finiten Konstituenten des Prädikats dahingehend interpretieren, daß sie damit die semantisch-syntaktische Regelmäßigkeit der Stellung einer direktiven Gruppe sichern – so daß die übrigen am Ausdruck eines komplexen Relationsbündels Beteiligten relativ frei sind und alleine (d.h. getrennt von *hin-/her* + Präp.) weiter links im Mittelfeld bzw. auch alleine im Vorfeld oder Nachfeld stehen können. *hin-/her* + Präp. (als Konstituente einer Circumposition) markiert also damit prinzipiell auch den Platz des infiniten Prädikatsteils, genau wie eine trennbare Verbpartikel, wie Nomen bzw. die Präpositionalgruppe eines Funktionsverbgefüges oder eine einfache direktive Präpositionalgruppe es tun. Das heißt mit anderen Worten: Nicht *hin-/her-* + Präp. ist syntaktisch relativ mobil[25], sondern die dazugehörige Gruppe Präp. + Nomen – und diese ist es nur deshalb, weil *hin-/her* + Präp. "die Stellung hält".

3.5 *hin-/her* + Präp. als Pro-Formen (Substitute)

Grundsätzlich lassen sich für *hin-/her-* + Präp. drei Typen von Pro-Formen unterscheiden:

hin-/her- + Präp. A vertritt eine Präpositionalgruppe Präp. A + Nomen.

Er klettert auf das Dach	Er klettert hinauf.
Er blickt durch das Fernrohr	Er blickt (hin)durch.

Hin-/her- + Präp. A vertritt eine Präpositionalgruppe Präp. B + Nomen (bzw. Adverb).

Er geht **in den Keller**.	Er geht **hinunter**.
Wir gehen **in den 3. Stock**.	Wir gingen **hinauf**.
Er geht **nach oben**.	Er geht **hinauf**.

Hin-/her + Präp. A ist Teil einer komplexen Gruppe (Circumposition) und fungiert als Pro-Form dieser Gruppe, wenn Präp. + Nomen weggelassen werden:

Er zwängte sich zwischen den Leuten (hin)durch.

Er zwängte sich (hin)durch.

Er zog den Koffer unter dem Bett (her)vor/(he)raus.

Er zog den Koffer (her)vor/(he)raus.

In diesem Fall ist *hin-/her-* + Präp. A einer Präposition mit Ellipse gleichzustellen (die *per definitionem* zu den Pro-Formen gehört), genau wie echte Prä-Positionen mit Ellipse.[26]

---

[24] Mit – vgl. supra – ablativer Komponente.

[25] Wie in Krause (1994a) ursprünglich angenommen.

[26] Z. B.: *Er kam bei einem Unfall um(s Leben). Er hat einen Hut auf (dem Kopf). Sie bindet sich eine Schürze vor (den Bauch). Das Eiweiß unter (den Teig) ziehen.*

Daß es sich in allen Fällen um Substitute handelt und nicht um trennbare Verbzusätze, zeigt sich beim Spitzenstellungstest: *hin-/her-* + Präp. kann alleine im Vorfeld stehen (was bei Verbalpartikeln i. a. unmöglich ist) und erscheint dann getrennt vom Verb (obwohl eine orthographisch begründete Argumentation nur von begrenztem Wert ist, vgl. Rechtschreibereform!):

Hinauf kletterte er.

Hervor zog er den Koffer.

Vollständige Gruppen Präp. + Nomen können im Vorfeld stehen. Für **Prä**positionen mit Ellipse scheint dies ausgeschlossen zu sein.

*__Um__ ist er gekommen bei einem Unfall.

*__Unter__ stellt er einen Eimer.

Genausowenig scheint eine **Prä**position mit Ellipse satzwertig zu sein:

*Wo stellt er den Eimer hin? – **Unter**.

Hin-/her- + Präp. mit Ellipse von Präp. + Nomen unterscheiden sich von einfachen Präpositionen mit Ellipse dadurch, daß sowohl Spitzenstellung prinzipiell möglich ist (vgl. supra) als auch ihre Verwendung als selbständige Äußerung:

(Hin)durch!

Durch wollen wir!

Einfache Postpositionen vom Typ Akk. + *durch/über* lassen keine Ellipse des Nomens zu. Bei *hin-/her-* + Präp. als Postposition ist sie möglich[27]:

Die Treppe hinauf ging es langsam.

Hinauf ging es langsam.

Als Pro-Formen treten *hin-/her-* + Präp. wohl nur als Repräsentanten spatial verwendeter Gruppen auf.
Hin-/her- + Präp. A als Substitut von Präp. A + Nomen:

hinauf, herauf, heran, hindurch, hinein, herein, hinüber, herüber, hervor, hinzu.

Hin-/her- + Präp. A als Substitut von Präp. B + Nomen (bzw. Adverb):

hinab (= *nach unten; von* + Dat. IN + Akk. und andere Präpositionen)[28]

hinauf (= *nach oben;* IN + Akk.; *ZU* + Dat. u.a.)

herauf (wie HINAUF)

hinunter (= *nach unten;* IN + Akk.; *ZU* + Dat. u. möglicherweise andere)

hervor (= AUS + Dat.)

---

27 Allerdings nur bei spatialen Relationen.
28 Vgl. Krause (1994a).

Hin-/her- + Präp. als Postposition mit Ellipse:[29]

hinab, herab

hinauf, herauf

hinunter, herunter

Hin-/her- + Präp. als Circumposition mit Ellipse:[30]

hervor, hindurch, heraus

3.6 *hin-/her-* + Präp. als Verbalpartikeln

Nach Ausgrenzung aller bisher erwähnten Erscheinungsformen von *hin-/her-* + Präp. ergibt sich für den Begriff der Verbalartikel fast automatisch die Beschränkung auf morphologisch unveränderliche Signifikanten[31], welche zusammen mit einem Verb eine semantische Einheit bilden, die synchronisch nicht unmittelbar auf eine Paraphrase Präp. + Nomen (bzw. mehrere Präpositionalgruppen) zurückzuführen ist und somit nicht einer einfachen Addition der Bedeutung von *hin-/her-* + Präp. und der Bedeutung des Verbs entspricht[32].

Derartige *hin-/her-* + Präp.-Verben drücken in den allermeisten Fällen Prozesse aus, die – obwohl auf spatialer Metaphorik beruhend – als nicht-spatial oder abstrakt oder notionell bezeichnet werden können. Als Verbalpartikeln funtionieren folgende Kombinationen:

herab-, hinauf-, herauf-, heran-, hinein-, herein-, herum- (und umher-), hinunter-, herunter-, hervor-, hinzu-.

Fraglich ist der Status als Verbalpartikel für *hinüber, herüber.*

3.6.1 *Hinauf-/Herauf-*

In Verbindung mit einem Verb bezeichnen sie:

- den sozialen Auf- oder Abstieg (*hin-* in mehr Verbindungen als *her-*)
- das Steigen bzw. Sinken (bzw. Anheben und Senken) von Normen, Preisen u.ä. (*hin-* in mehr Verbindungen als *her-*), ein Erscheinen, Auftauchen (nur *her-*).

Er hatte sich vom Schweinehirten zum kaiserlichen Mathematikus **hinauf**gedient.

(...) während die Bezüge der Senatoren (...) auf 3366 D-Mark im Monat **hinauf**geschraubt wurden.

Hinauf- und *herauf-* kann nur den Platz einnehmen, der einer trennbaren Verbalpartikel zukommt und nur **mit** dem Verb den Platz wechseln:

*während die Bezüge der Senatoren (...) **hinauf** auf 3366 D-Mark im Monat geschraubt wurden.

---

[29] Beispiele siehe unter 3.2.1.

[30] Beispiele siehe unter 3.3.1,2 und 3.3.1.3. *heraus* wird hier nur erwähnt als 2. Konstituente von *unter/hinter* + Dat + *heraus*. Außerhalb dieser Konstellation gehört es nicht zu den bereits untersuchten Signifikanten, Vgl. Vorbemerkung.

[31] Abgesehen von der möglichen Verkürzung durch Verzicht auf *hin-/her-* bzw. durch die Ersatzform R-.

[32] Das deckt sich mit Hinderling (1982:82f).

Dagegen:

während die Bezüge der Senatoren (...) **hinauf**geschraubt wurden auf 3366 D-Mark (...).

Nein doch, an stillen Begegnungen, deren eine ich nicht ohne Bewegung **herauf**rief, fehlte es nicht durchaus. (Th. Mann 1989b:86)

Und für Sekunden stieg die alte Zeit **herauf**. (Hesse 1979:62)

Verben:[33]

sich heraufarbeiten, sich hinaufarbeiten, sich hinaufbringen, sich hinaufdienen, hinaufkommen, sich/jdn./etw. hinaufsteigern. etw. heraufsetzen, hinaufgehen, hinaufklettern, hinaufschnellen, etw. hinaufschrauben, etw. hinauftreiben etw. heraufbeschwören, etw. heraufrufen, etw. heraufführen, heraufkommen, heraufsteigen, heraufziehen, (heraufkommen und *heraufziehen* konkurrieren mit *aufkommen* und *aufziehen).*

3.6.2 *herab-/(hinab-)*

Hinab- ist ein Grenzfall insofern, als es nur in okkasionellen Bildungen auftaucht:

Aber da sein Herz tot und ohne Liebe war, so geriet er in Abenteuer des Fleisches, stieg tief **hinab** in Wollust und heiße Schuld und litt unsäglich dabei. (Th. Mann 1989b:38)

Würde *hinab-* nicht als Verbalpartikel behandelt und stünde – wie in der untenstehenden *daß*-Transformation – vom Verb getrennt, erhielte *steigen* seinen rein spatialen Sinn, und das Bild würde lächerlich:

(...) daß er tief hinab in Wollust und heiße Schuld stieg *und* (...).

Herab- + Verb dagegen darf in einigen Fällen als lexikalisierte Verbindung angesehen werden:

sich herablassen, etw./jdn. herabmindern, (die Geschwindigkeit/den Preis/jdn. oder dessen Leistung) herabsetzen, jdn. herabstimmen (= 'deprimieren') *etw./jdn. herabwürdigen, etw./jdn. herabziehen (auf ein niedrigeres Niveau); herabsehen (auf +* Akk.*)*

Hinab- und *herab-* drücken immer ein "Abwärts", Schlechter-Werden bzw. Verachtung aus. Bei *sehnen, setzen, ziehen* und *lassen* kann *herab-* durch *herunter-* ersetzt werden.

(...) und dann gingen sie in die Politik, sanken **herab** zu Grundstücksmaklern. (Böll 1990:19)

3.6.3 *heran-*

Heran- als Verbalpartikel läßt sich vier semantischen Gruppen zuordnen. Zum einen drückt es spatiale Annäherung aus, wobei häufig *heran-* + Simplex einer Kombination von *komm-* + *an* + Partizip II entspricht,[34] *heran-* kann sich mit vielen Verben verbinden, wobei es sich allerdings um okkasionelle Bildungen zu handeln scheint:

---

[33] Zusammengestellt anhand von Klappenbach; teilweise ergänzt aufgrund des ausgewerteten Korpus.

[34] Vgl. Krause (1994b:174f).

Schon zischen wie Kesselventile die folgenden Granaten **heran**.

Schon kommen wie Kesselventile die folgenden Granaten **an**gezischt.

Ferner drückt es zeitliche Annäherung aus (nur mit *kommen*):

Der Tag des Konzertes war **heran**gekommen (Klappenbach et al. 1984, sub verb. *herankommen*)

Heran- + Verb bezeichnet eine Entwicklung, ein Wachsen:

War eine Gelegenheit vertan, so währte es Jahrzehnte, Jahrhunderte und länger, bis die nächste anfing, sich langsam **heran**zubilden.

Von diesem Barbaren und Tölpel spreche ich. (...). Etwas Schönes haben Sie sich da **heran**gezogen.

Verben:

heranblühen, heranreifen, heranwachsen; heranbilden, heranpäppeln, heranziehen, heranzüchten.

Heran- + Verb drückt schließlich aus, daß jemand von einer Sache/Person einen irgendwie gearteten Beitrag erwartet (was Annäherung im weitesten Sinne voraussetzt!):

Auch die antiken Mysterien (...) wären hier zum Vergleich **heran**zuziehen. (Kaschnitz, zitiert nach Klappenbach et al. 1994, sub verb. *heran*)

Er hatte mich sehr gründlich (...) im mündlichen Examen **heran**genommen. (Brugsch, zitiert nach ebd.)

Verben:

herannehmen, heranziehen

3.6.4 *herein-/hinein-*

Hinein- scheint nicht als Verbalpartikel zu funktionieren (vgl. zu dieser Frage Krause 1994a:214).
Herein- + Verb kann dreierlei ausdrücken:
Eine direktive Relation (A geht in B), entsprechend *in* + Akk.:

Hoffentlich kommt bald mal wieder Geld (**he**)**rein**!

Verben:

(Ware/Geld) hereinbekommen, (den Zeitungsausfall/Lohnabzug) hereinbringen, hereinkommen (Geld/Ware), hereinkriegen (Ware), hereinnehmen (= 'etw. ins Sortiment aufnehmen'), *hereinplatzen (bei jdm.), hereinriechen, hereinschnuppern, hereinschneien, hereinziehen (Luft).*

Eine direktive Relation (wie oben), allerdings im übertragenen Sinne: Jemand gerät in eine unangenehme Situation. Klappenbach qualifiziert diese Verben als umgangssprachlich oder salopp:

Das habe ich befürchtet. Du reißt auch Mutter **herein**.

Wie dem Teufel im Märchen ging's ihr, der immer hochklug ist und dabei **herein**fällt.

Verben:

> *hereinfallen, hereinfliegen, hereinrasseln; jdn. hereinkriegen, jdn. hereinlegen, jdn. hereinreißen, jdn. hereinreiten.*

3.6.5 *hinüber-/herüber-*

über steht für "perlative Relation", *hin-/her-* für direktive (bzw. ablative) Relation. Beide bleiben ganz dem spatialen Bereich verhaftet. Es ist fraglich, ob man sie als Verbalpartikeln – im oben definierten Sinne – ansehen kann (vgl. zur Problematik Krause 1994a:291ff). Ähnlich wie *heran-* lassen sie sich mit sehr vielen Verben verbinden, sind frei verfügbar, aber schwer weglaßbar. Allein *hinübergehen* kann als lexikalisierte Einheit (=*sterben*) angesehen werden.[35]

3.6.6 *herum-/umher-*

Herum- als Verbalpartikel entspricht der spatialen Präposition mit zentrifugalem Wert (vgl. Krause 1994a:323ff). Es kann zweierlei ausdrücken: Eine spatiale (bzw. metaphorisch gebrauchte) Richtungsänderung um 180 Grad (A) und einen orientierten Prozeß, dessen Richtung explizit nicht festgelegt wird (B) sowie – davon abgeleitet – einen abstrakten Prozeß ohne bestimmtes Ziel (C).

Im Sinne von (B) ist es prinzipiell ersetzbar durch *umher*; Unterschiede bestehen nicht in der Art der Relation, sondern auf stilistischer und Konnotationsebene.[36]

Beispiele zu (A):

> Heinrich mußte sich/in seinem Bett/**herumdrehen**, wenn Karl mit seiner Mutter bei gedämpften Licht am Radioapparat saß. (Böll o. J.:22)
>
> Sie warf das Steuer **herum**.
>
> Sie hieß Silvia. Sie war ungefähr drei Jahre älter als ich. Ich brauchte knapp 60 Minuten, um sie **rum**zukriegen. (Plenzdorf 1977:10)

Verben:

> *herumfahren, herumschnellen, sich herumdrehen (von einer Seite auf die andere), etw./jdn. herumkriegen, sich herumwerfen.*

Beispiele zu (B):

> Diese kleinen Äpfel rollten wie elektrisiert auf dem Boden **herum** und stießen aneinander. (Kafka 1991:42)
>
> (...), mein Dienstmädchen lief jetzt im Dorf **umher**, um ein Pferd geliehen zu bekommen. (Kafka 1979:124)

Es wäre nun einzuwenden, daß *herum-* und *umher-* einer Kombination von spatialen Relationen entspricht, etwa *von* + Dat. und *zu* + Dat. und somit als Substitut zu betrachten ist. Das stimmt insofern, als der Ersatz durch Präpositionalgruppen häufig möglich ist, z. B.

> Mein Dienstmädchen lief jetzt im Dorf **von Hinz zu Kunz**, um (...)

---

[35] Mit sehr spatialem Hintergrund: *über die Grenze zwischen Leben und Tod* (z. B.: *Styx!*), ein Bild, das auch in anderen Sprachen existiert, vgl. frz. *trépasser*.

[36] Vgl. Krause (1994a:358f).

Andererseits aber ist *herum* (*umher*) nicht satzwertig und kann damit auch nicht als Antwort auf Fragen verwandt werden:

Wo läuft sie im Dorf? *Herum./*Umher.

Wie läuft sie im Dorf? *Herum./*Umher.

herum-/umher- kann sich mit vielen Verben verbinden, ist also frei verfügbar.
Beispiele zu (C):

Wo ist mein Hut? Wer hat auf ihm **herum**getrampelt? (Brecht 1966:38)

Franz wütete in der Familie **herum** (...). (Böll 1983:20)

Häufig verbindet sich mit *herum-* (im Sinne von C) eine Konnotation wie "blindlings", "unkontrolliert" bzw. "gleichgültig", "beliebig". Abgesehen von den Hilfsverben aller Art scheint *herum-* (C) mit fast jedem beliebigen Verb kombinierbar zu sein.

Aus den beiden Grundbedeutungen der Verbalpartikel *herum-* ergeben sich Konsequenzen für das weitere Umfeld dieser Verben (und damit auch eine formale Unterscheidungsmöglichkeit für Nicht-Muttersprachler): *herum-* (A) + Verb toleriert zusätzliche Angaben mittels direktiver Präpositionalgruppen; bei *herum-* (B/C) scheinen sie ausgeschlossen, dafür treten häufig lokative Präpositionalgruppen auf.

3.6.7 *herunter-/hinunter-*[37]

Hinunter- bleibt konkreten Prozessen vorbehalten, *herunter-* greift über in den notionellen Bereich. Austauschbar sind beide Signifikanten, wenn sie – zusammen mit dem Verb – ein "Schlucken" ausdrücken:

(...), saß den ganzen Tag murrend im Kanapee und goß langsam Glas um Glas **hinunter**. (Graf 1968:18)

(...) und schlang das dritte/Kuchenstück/**herunter** mit genußvoll geschlossenen Augen. (H. Mann 1980:55)

Verben (nach dem Korpus):

hinuntergießen, hinunterkippen, hinunterschlingen, hinunterschlucken, hinunterspülen, hinunterstürzen herunterschlingen, herunterschlucken, herunterwürgen.

Alle Verben sind transitiv.

Abgesehen davon scheint nur *herunter-* als Verbalpartikel zu funktionieren.
herunter- + Verb drückt einen "Abwärts"-Prozeß aus, der metaphorisch gebraucht, eine negative Konnotation erhält.[38]

(...) stieg irgendwo in eine offene Tür, drehte von innen das Fenster **herunter** und (...). (Böll 1968:5)

Es war Schwachsinn von Ihnen, sich das Honorar **herunter**handeln zu lassen. (Böll 1978:113)

Und es war Ludwig, der sich **herunter**ließ, mir und allen Gästen aufzuwarten. (Walser 1976:547)

---

[37] Krause (1994a) ist unvollständig, was *herunter-* betrifft. Deshalb wird ihm hier etwas mehr Platz eingeräumt als den anderen Signifikanten.

[38] Nach Lakoff/Johnson (1985) ist das Negative, Böse, Schlechte immer "unten" angesiedelt.

Verben:

herunterbrennen (Kerze), etw. herunterdrehen, etw. herunterkurbeln, herunterlassen (Löhne/jdn. zur Nebenfigur), herunterdrücken, etw. herunterhandeln, etw. herunterkühlen, sich herunterlassen (= 'herablassen'), *Preise/Anforderungen) herunterschrauben, (Preise/Normen) heruntersetzen, (auf jdn.) heruntersehen.*

Die negative Konnotation wiegt dann vor, wenn der von *herunter-* + X + *-en*[39] ausgedrückte Prozeß anstelle des Sinkens oder Senkens von Preisen/Normen etc. dem Verlust eines nicht mehr in Zahlen meßbaren Wertes entspricht; es handelt sich dabei um Verben des Sagens (im weitesten Sinne):

Der hat mich vor allen Leuten (**he**)**runter**gemacht!

Verben:

jdn. herunterkanzeln (vgl. abkanzeln), jdn./etw. heruntermachen, jdn. herunterputzen, jdn./etw. herunterreißen, jdn./etw. herunterziehen.

Die beiden Verben *herunterkommen* und *herunterwirtschaften* drücken eine sich materiell manifestierende Verschlechterung aus:

Franz soll sehr **herunter**gekommen sein. (Böll 1983:31)

Wer hat den Betrieb **runter**gewirtschaftet? Du!

Herunter- + Verb drückt die vollständige Realisierung eines Prozesses (von A bis Z, vgl. *ab-* u. a. Verbalpartikeln) aus. Wenn eine Kerze herunterbrennt, ist der Zeitpunkt abzusehen, an dem sie nicht mehr brennt, d. h. an dem der Prozeß *brennen* vollendet ist. Zu dem spatialen Bild der reduzierten Höhe kommt hier also noch die Nuance "von A bis Z", "ganz". Diese tritt in den Vordergrund bei Verben, die in der Kombination mit *herunter-* zu Verben des Sagens werden können, und bei einigen anderen. Allen ist zusätzlich gemeinsam, daß dem Agens die vollständige Realisierung des Prozesses wichtiger ist als seine qualitativ hochwertige Durchführung. Mit anderen Worten: es wünscht diesen so schnell wie möglich zu beenden.

Wie aus der Pistole geschossen rasselte er die Namen sämtlicher Automarken **herunter**.

Er (...) ist wieder der junge Ofenmaurer, der seine Schicht in der Hütte **herunter**reißt.

Verben:

etw. herunterbeten, etw. herunterhaspeln, etw. herunterhauen, etw. herunterleiern, etw. herunterrasseln, (seine Dienstzeit) herunterreißen, etw. herunterschnurren, etw. heruntersingen, etw. herunterspielen.

3.6.8 *hervor-*

hervor- + Verb drückt spatiales Hervortreten, sich von einem Hintergrund Abheben aus (in intransitiven Verbindungen) sowie – in nicht mehr rein spatialer Bedeutung – ein Hervorheben, Erscheinen, Sichtbarwerden oder -machen:

---

[39] Es treten hier Kombinationen auf, die nicht als einfache Addition von *herunter* und einem selbständig existierenden Verb zu betrachten sind.

Ein **hervor**springender Sims.

Er rief damit große Heiterkeit **hervor**.

Verben:

hervorbrechen, hervorragen, hervorspringen, hervorstechen, hervorstehen, hervortreten (alle intransitiv), *etw./jdn. hervorbringen, etw./jdn. hervorheben, etw./jdn. hervorkehren, etw. hervorrufen, etw. hervorsprudeln, etw. hervorstoßen, sich hervortun* (belebtes Subjekt), *etw. hervorwürgen, etw. hervorzaubern.*

3.6.9 *hinzu-*

Hinzu- drückt als Verbalartikel immer ein Hinzufügen aus, allerdings beschränkt auf wenige Verben:

"Hierher kommst du!" setzte sie noch lauter **hinzu**. (Hauptmann 1989:27)

Hinzu- ist nicht weglaßbar, auch dann nicht, wenn das bereits Vorhandene durch *zu* + Dat. explizit gemacht wird:

*(...) setzte sie noch lauter.

*(...) setzte sie noch lauter zu dem Gesagten.

Aber:

(...) setzte sie noch lauter zu dem Gesagten **hinzu.**

(stilistisch angreifbar, aber grammatikalisch korrekt)
Die Verben *fügen* und *setzen* werden in der Kombination mit *hinzu-* zu Verben des Sagens (oder Schreibens).
Auch *kommen, treten* und *ziehen* verlieren mit *hinzu-* ihre rein spatiale Bedeutung:

Er war schon immer kränklich, nun aber traten Atembeschwerden **hinzu**.

Mehrere Ärzte, Experten waren **hinzu**gezogen worden.

In der Tombola ist zu dem Fernsehapparat noch eine Waschmaschine **hinzu**gekommen.

Klappenbach zählt noch eine ganze Reihe anderer Verben auf, die *hinzu-* als Verbzusatz zu sich nehmen können, wobei allerdings der Sinn des Verbs (Simplex oder bereits präfigiert) erhalten bleibt und *hinzu-* mit *dazu-* konkurriert. In den meisten Fällen handelt es sich um ein rein verstärkendes *hinzu* bzw. um eine Pro-Form.

Er besaß bereits ein Haus. Nun wollte er **zu dem Haus** auch noch einen Garten kaufen.

Nun wollte er noch einen Garten **hinzu**kaufen (Pro-Form)

Nun wollte er **zu dem Haus** noch einen Garten **hinzu**kaufen. (Verstärker)

3.7 Fazit

Es ist fast unmöglich, allgemein gültige Aussagen zu den Verbalpartikeln *hin-/her-* + Präp. zu machen: Sie sind in sehr unterschiedlichem Maße verfügbar und in unterschiedlichem Maße produktiv. *herum-* kann mit einer riesigen Anzahl von Verben kombiniert werden, *hinzu-* wohl nur mit fünf; die anderen liegen irgendwo dazwischen.

Für manche Signifikanten gilt, daß *hin-* + Präp. + Verb eher konkrete Prozesse ausdrückt, *her-* + Präp. + Verb eher abstrakte. Das stimmt z. B. für *hinunter-* und *herunter-*, nicht aber für *hinauf-* und *herauf-*. Nur *hinzu-* fungiert als Verbalpartikel, nicht aber *herzu-* etc.

Da *hin-/her-* + Präp. als Pro-Formen auch grundsätzlich alleine auftreten können – was bei einfachen Signifikanten wie *an-*, *ab-* etc. seltener gegeben ist –, stellt sich bei ihnen häufiger und drängender die Frage nach ihrer Weglaßbarkeit, wodurch deutlich wird, daß diese Frage auch bei "traditionellen" Verbalpartikeln häufiger zu stellen wäre. Denn auch diese können teilweise weggelassen werden:

Er band das Pferd an den Baum **an**.

Er band das Pferd an den Baum.

Er stieg in den Zug (**ein**).

4. Schlußbemerkung

hin-/her- + Präp. sind – verglichen mit einfachen Signifikanten wie *an*, *ab* etc. – relativ jung. Dies dürfte erklären, daß es neben Fällen, wo sie eindeutig als präpositionales Element, Adverb oder als Verbalpartikel betrachtet werden können, zahlreiche andere gibt, die sich einer eindeutigen Zuordnung (noch?) entziehen.

Bibliographie

Duden (1982[2]), *Duden, Deutsches Universal Wörterbuch A-Z.* Mannheim etc.

Engel, U. (1988), *Deutsche Grammatik.* Heidelberg.

Helbig, G./Buscha, J. (1989[12]), *Deutsche Grammatik. Ein Handbuch für den Ausländerunterricht.* Leipzig.

Hentschel, E./Weydt, H. (1990), *Handbuch der deutschen Grammatik.* Berlin etc.

Hinderling, R. (1982), Konkurrenz und Opposition in der verbalen Wortbildung. In: Eichinger, L. M. (Hg) (1982), *Tendenzen verbaler Wortbildung in der deutschen Gegenwartssprache.* Hamburg: 81-106

Klappenbach, R. et al. (1984[6]), *Wörterbuch der deutschen Gegenwartssprache.* Berlin.

Krause, M. (1994a), *Eléments pour une grammaire des prépositions, substituts et particules verbales de l'allemand (ab, an, in/ein-, über, um, unter, vor).* Stuttgart.

Krause, M. (1994b), Bemerkungen zu *komm-* + Partizip II im heutigen Deutsch. In: Bresson, D./Dalmas, M. (Hg) (1994), *Partizip und Partizipialgruppen im Deutschen.* Tübingen.

Lakoff, G./Johnson, M. (1985), *Les métaphores dans la vie quotidienne.* Paris.

Marcq, Ph. (1972), *Le système des prépositions spatiales en allemand ancien.* Lille.

Marcq, Ph. (1988), *Spatiale und temporale Präpositionen im heutigen Deutsch und Französisch.* Stuttgart.

Wahrig, G. et al. (1975), *Deutsches Wörterbuch.* Gütersloh etc.

Wunderlich, D. (1984), Zur Syntax der Präpositionalphrasen im Deutschen. *Zeitschrift für Sprachwissenschaft* 3/1: 65-99

Quellenverzeichnis

Bemmann, H. (1983), *Stein und Flöte und das ist noch nicht alles.* Stuttgart etc.
Böll, H. (1966[9]), *Irisches Tagebuch.* München.
Böll, H. (1968), *Der Zug war pünktlich.* München.
Böll, H. (1978[24]), *Ansichten eines Clowns.* München.
Böll, H. (1983[27]), *Nicht nur zur Weihnachtszeit.* München.
Böll, H. (1990[11]), *Und sagte kein einziges Wort.* München.
Böll, H. (o. J.), *Haus ohne Hüter.* Hamburg.
Brecht, B. (1966), *Mutter Courage und ihre Kinder.* Frankfurt/M.
Dürrenmatt, F. (1990), *Der Richter und sein Henker.*
Fontane, Th. (1976), *Der Stechlin.* Frankfurt/M. etc.
Graf, O. M. (1986[5]), *Wir sind Gefangene.* München.
Grass, G. (1985), *Der Butt.* Frankfurt/M.
Hauptmann, G. (1989) *Bahnwärter Thiel.* Stuttgart.
Hesse, H. (1985), *Klingsors letzter Sommer.* Frankfurt/M.
Hesse, H. (1988), *Knulp.* Frankfurt/M.
Hesse, H. (1981[15]), *Der Steppenwolf.* Frankfurt/M.
Hesse, H. (1979[12]), *Unterm Rad.* Frankfurt/M.
Kafka, F. (1979), *Sämtliche Erzählungen.* Frankfurt/M.
Kafka, F. (1991), *Die Verwandlung.* Frankfurt/M.
Mann, H. (1980[20]), *Der Untertan.* München.
Mann, Th. (1989a), *Der Tod in Venedig.* In: Mann, Th., *Schwere Stunde und andere Erzählungen.* Frankfurt/M.
Mann, Th. (1989b), *Tonio Kröger.* In: Mann, Th., *Schwere Stunde und anderen Erzählungen.* Frankfurt/M.
Plenzdorf, U. (1981), *Legende vom Glück ohne Ende.* Frankfurt/M.
Plenzdorf, U. (1977[6]), *Die neuen Leiden des jungen Werther.* Frankfurt/M.
Rinser, L. (1987), *Jan Lobel aus Warschau.* Stuttgart.
Süskind, P. (1985), *Das Parfüm.* Zürich.
Walser, M. (1976), *Jenseits der Liebe.* Frankfurt/M.
Wedekind, F. (1986), *Die Büchse der Pandora.* In: Wedekind, F. (1986), *Frank, Erdgeist, Die Büchse der Pandora.* München.
Wolf, Ch. (1973), *Der geteilte Himmel.* München.
Zweig, S. (1989), *Der Amokläufer.* In: Zweig, S. (1989), *Die Mondscheingasse – Gesammelte Erzählungen.* Frankfurt/M.
Zweig, S. (1983), *Schachnovelle.* Frankfurt/M.

Christoph Küper (Vechta)

Thema und Rhema als ein zentrales linguistisches Konzept. Am Beispiel des Deutschen und Englischen

1. Formale versus funktionale Linguistik

Die gegenwärtige Situation in der Linguistik ist geprägt durch eine tiefe Konfrontation, die zwei Gruppen von Linguisten voneinander trennt. Auf der einen Seite haben wir jene Linguisten, die sich vorzugsweise – wenn nicht sogar ausschließlich – mit formalen Eigenschaften der menschlichen Sprache befassen, also beispielsweise die Anhänger der Transformationsgrammatik, und auf der anderen Seite die Linguisten, die ihr Augenmerk eher auf die funktionalen, textuellen oder kommunikativen Aspekte der Sprache richten. Besonders augen- und ohrenfällig wurde diese Konfrontation auf der Tagung der Deutschen Gesellschaft für Sprachwissenschaft in Jena 1993; im Organ der DGfS, der *Zeitschrift für Sprachwissenschaft*, ist sie in den teilweise recht polemischen Beiträgen von Ludwig Jäger auf der einen Seite und Manfred Bierwisch und Günther Grewendorf auf der anderen Seite dokumentiert.

Mit vielen anderen Linguisten, die in Jena diese Konfrontation mit Spannung verfolgt haben, halte ich diese Situation gleichwohl für unbefriedigend und der Linguistik insgesamt nicht zuträglich, und dies nicht, weil eine Linguistik im Sinne einer "unified science" schon in sich etwas Positives darstellte, sondern weil diese Spaltung unproduktiv ist – insbesondere dort, wo man der anderen Seite vorwirft, sie biete "keine Gesprächsgrundlage" (so Grewendorf 1993:121). Überdies ist diese Konfrontation zwischen beiden Gruppen von Linguisten unnötig. Warum, das möchte ich im folgenden erläutern.

Zuvor aber sei mein eigener wissenschaftlicher Ansatz kurz skizziert. Ich vertrete die Hypothese, daß Sprachen in erster Linie nicht formale Systeme sind, die für die Kommunikation genutzt werden, sondern daß sie vielmehr funktionale Systeme sind, die sich über Tausende von Generationen in der Kommunikation und für die Kommunikation entwickelt haben und diese kommunikative Funktion auch durchaus in ihrer Struktur erkennen lassen. In dieser Beziehung stehe ich also klar auf Seiten der Funktionalisten. Natürlich ist mir bewußt, daß diese Entscheidung für diese Seite nur Sinn macht, wenn sich meine Hypothese verteidigen läßt. Sie ließe sich zum Beispiel dann verteidigen, wenn es sprachliche Strukturen gibt, die diese kommunikativen 'Design Features' der Sprache reflektieren. Genauer gesagt, müßte es sich dabei um sprachliche Phänomene handeln, die für beide Seiten in dieser Konfrontation relevant sind, indem beide sie zu beschreiben bzw., noch besser, zu erklären hätten.[1] Wenn sich also solche

[1] Natürlich will ich damit nicht sagen, daß jedes sprachliche Phänomen, jede sprachliche Struktur funktional im Sinne eines kommunikativen Ansatzes erklärbar sein müßte, wie dies manche Generativisten von einer Funktionalen Grammatik zu verlangen scheinen. Bekanntlich zeichnen sich Sprachen durch einen beständigen Wandel von motivierten Strukturen zu weniger motivierten und von unmotivierten zu motivierteren aus. Derartige Entwicklungen basieren häufig auf einem Konflikt zwischen

sprachlichen Phänomene als existent erweisen sollten, die sowohl in einer formalen wie in einer funktionalen Grammatik eine wichtige Rolle spielen, wären sie meines Erachtens ernst zu nehmende Kandidaten für zentrale linguistische Konzepte.

2. Das Thema-Rhema-Konzept

Ich möchte im folgenden darlegen, daß es sich bei dem Thema-Rhema-Konzept um ein solches Konzept handelt. Als ein geeigneter Kandidat kommt es aus verschiedenen Gründen in Frage. Erstens – und das ist insbesondere für die Transformationsgrammatik in allen ihren Spielarten nicht ganz unwichtig – ist die Bezugsdomäne dieses Konzepts der Satz, d. h. also, es ist innerhalb des generativen Ansatzes beschreibbar. Zweitens haben sich bereits – wenn auch teilweise unter verschiedenen Bezeichnungen und mit unterschiedlichem Aufwand – beide Grammatiktypen damit befaßt. Drittens schließlich – und dies ist meines Erachtens das stärkste Argument – gibt es eine Reihe von unterschiedlichen sprachlichen Phänomenen, die ohnehin in jeder Art von Grammatik zu berücksichtigen wären, die unter dem Thema-Rhema-Blickwinkel aber keine singulären Phänomene darstellen, sondern kohärent beschrieben werden können. Ihnen soll mein Hauptaugenmerk gelten.

Zunächst aber einige Bemerkungen zu den Begriffen Thema und Rhema. Nach ihrer Einführung in die linguistische Terminologie durch Ammann (1928) wurde die kommunikativ-pragmatische Gliederung des Satzes in ein weniger informatives Thema und ein stärker informatives Rhema vor allem von der Prager Schule propagiert. In dieser Sicht handelt es sich bei Thema und Rhema "um zwei unterschiedliche komplementäre Kommunikationsfunktionen von verschiedenen semantischen Bestandteilen einer Äußerung" (Daneš 1976:34), die sich vor allem in der Satzgliedfolge manifestieren: Das Thema steht meist am Anfang des Satzes, das Rhema am Ende. Interessant ist nun, daß die Reihenfolge der Satzglieder nicht als Kriterium für die Bestimmung von Thema und Rhema diente, sondern lediglich als das Resultat der Thema-Rhema-Gliederung betrachtet wurde. Folglich mußten andere Kriterien zu ihrer Bestimmung herangezogen werden, und zwar wird in der Literatur meistens einer der beiden folgenden Ausgangspunkte gewählt:

a) Das Thema ist das, worüber etwas mitgeteilt wird; das Rhema hingegen das, was darüber mitgeteilt wird oder, in den Worten Hallidays: "The theme is (...) what the message is concerned with: the point of departure for what the speaker is going to say" (Halliday 1985:36).[2]

b) Das Thema ist das Alte, Bekannte, Vorerwähnte, Präsupponierte oder kontextuell Erschließbare (Given); das Rhema hingegen das Neue, Unbekannte, nicht Vorerwähnte, nicht Präsupponierte oder nicht Erschließbare (New).

Es ist zu beachten, daß die unter (b) vorgestellten Kriterien nicht identisch miteinander sind, sondern höchstens ähnliche Aspekte aufweisen; aus Gründen der Vereinfachung sei mir dennoch hier diese Zusammengruppierung gestattet. Einige Linguisten (wie zum Beispiel Daneš 1976 oder Sgall et al. 1973) haben versucht, diese Kriterien zu

verschiedenen Motiviertheitsprinzipien auf verschiedenen sprachlichen Ebenen und sind kein Argument gegen einen funktionalen Ansatz.

2 Sehr bildhaft ist die folgende 'Definition' von Halliday (1970:161): "The theme is [...] as it were the peg on which the message is hung (...)."

operationalisieren, indem die Klassifizierung der Satzglieder von einem Frage-Antwort-Test abhängig gemacht wurde. Wird bei Daneš (ebd.) das Rhema noch schlicht als "die 'Ergänzung' der betreffenden Frage" aufgefaßt, so sehen Sgall et al. (1973) zu jedem längeren Satz mehrere mögliche Fragen; Satzglieder, die in der Frage vorkommen, sind thematisch, solche, die nicht darin vorkommen, sind rhematisch. Bei mehreren möglichen Fragen kann nun jedes Satzglied einmal, mehrere Male oder sogar immer vorkommen. Angesichts solcher Fälle wurde das binäre Thema-Rhema-Schema zugunsten einer Skala von kommunikativer Dynamik (so auch schon bei Firbas 1964) aufgegeben: Hier liegt zwischen dem Thema, dem Element mit dem geringsten Grad an kommunikativer Dynamik, und dem Rhema, dem Element mit dem höchsten Grad an kommunikativer Dynamik, ein wiederum in sich abgestuftes Übergangsfeld (rest of theme, transition, rest of rheme), so daß der Satz aus einer Folge von Satzgliedern mit ansteigender kommunikativer Dynamik besteht.

Diese Auffassung, die sich auch in den *Grundzügen* (1981) findet, möchte ich vor allem aus zwei Gründen kritisieren und gleichzeitig meine eigene Auffassung des Thema-Rhema-Konzepts präzisieren: Erstens gehe ich davon aus, daß dieses Konzept als ein funktionales Konzept universal, also unabhängig von einer Einzelsprache, gültig ist. Die Reihenfolge der Satzglieder ist folglich eine mögliche, aber nicht eine notwendige Manifestationsweise der Thema-Rhema-Gliederung (so benutzt zum Beispiel das Japanische die Postposition *-wa,* also ein morphologisches Mittel, zur Kennzeichnung des Themas). Zweitens ist aber auch in bezug auf die Einzelsprache Deutsch die Behauptung, die kommunikative Dynamik steige kontinuierlich von links nach rechts an, falsch, wie Judith Macheiner (bzw. ihr alter ego Monika Doherty) in ihrem *Grammatischen Varieté* (1991) und in ihrem Vademecum zur *Übersetzung* (1995) gezeigt hat. Zwar gilt für das Deutsche, daß der informationelle Schwerpunkt rechtsperipher ist, aber daneben scheint es so etwas wie ein Prinzip der ausgewogenen Informationsverteilung im Satz zu geben, das eine lineare Häufung rhematischer Satzglieder zu vermeiden sucht. Ganz offensichtlich ist dies ein Bereich, in dem gleichermaßen grammatische wie stilistische Prinzipien relevant sind, und es liegt die Vermutung nahe, daß beide letztendlich kognitiv begründet sind, d. h. also, daß es – von besonders motivierten Satzgliedanordnungen einmal abgesehen – das Ziel beider Prinzipien ist, eine möglichst reibungslose Verarbeitung im Gehirn des Hörer-Lesers zu gewährleisten.

Die Thema-Rhema-Problematik ist gekennzeichnet durch terminologische Unklarheiten, Begriffsverwirrungen und sogar Widersprüche. Stellvertretend greife ich den – ansonsten recht informativen – Artikel aus dem *Lexikon der Sprachwissenschaft* von Hadumod Bußmann (1990) heraus. Dort kritisiert sie die Zuordnung von bekannter Information zum Thema mit folgendem Dialogbeispiel (784):

(1) A: Wen hast du getroffen? – B: Deine Mutter (habe ich getroffen).

Die Unstimmigkeit besteht laut Bußmann darin, "daß die Mutter beiden Gesprächspartnern zwar bekannt ist, aber als R. der Antwort fungiert." Hier liegt natürlich eine Ebenenvermischung vor: Die Mutter, die den Gesprächspartnern bekannt ist, ist außersprachlicher Referent des Ausdrucks *Deine Mutter*, Rhema des entsprechenden Satzes ist jedoch nicht die Mutter, sondern der Ausdruck *Deine Mutter*. Rhema eines Satzes können nur sprachliche Ausdrücke, jedoch nicht Individuen, Entitäten, Prozesse, Eigenschaften etc. sein.

Neben den Begriffen *Thema* und *Rhema* findet sich in der Literatur auch häufig das von Hockett (1958:201) eingeführte Begriffspaar *topic* und *comment* bzw. (im Deutschen) *Topik* und *Prädikation*. Zusätzlich erscheint vor allem im Rahmen der Transformationsgrammatik das Morphem {topik} in der Ableitung *Topikalisierung*. Verwirrend ist nun, daß das Begriffspaar *topic - comment* von manchen Linguisten mit gleicher Extension wie *Thema - Rhema* verwendet wird (so etwa im *Linguistischen Wörterbuch* (1994) von Lewandowski, der unter *topic - comment* einfach auf *Thema - Rhema* verweist), während andere Linguisten hierfür eine der spezifischen Bedeutungsvarianten von *Thema - Rhema*, und zwar meist die unter (a) dargestellte, reservieren (so Hockett) oder diesem Begriffspaar eine weitere Bedeutung zuordnen. Auch der Begriff *Topikalisierung* kommt in zweierlei Bedeutung vor: Generell bezeichnet er die Erststellung (im Deutschen also die Vorfeldbesetzung) eines Satzgliedes, das nicht Subjekt des Satzes ist. In der ersten Bedeutungsvariante besteht die kommunikative Funktion dieser Satzgliedstellung darin, daß das topikalisierte Element Topik oder Thema des betreffenden Satzes ist, in der zweiten Bedeutungsvariante dient die Voranstellung hingegen der Kontrastierung, also der Hervorhebung des betreffenden Elements. Da die Epitheta "echte" bzw. "falsche" Topikalisierung, die Bußmann beiden Varianten zuordnet, in der Literatur meistens nicht verwandt werden, kann der Terminus *Topikalisierung* in seiner zweiten Bedeutung ausgesprochen irreführend sein.

Ich komme zurück auf die unter (a) und (b) angesprochenen Differenzierungen, die, wie ich angemerkt habe, häufig miteinander vermengt werden. In seiner *Introduction to Functional Grammar* differenziert Halliday klar zwischen beiden Bedeutungsvarianten, indem er sie zwei verschiedenen Blickwinkeln zuweist:Variante (a), die Unterscheidung zwischen dem Redegegenstand ("point of departure of the message", 1985:38) und dem, was darüber ausgesagt wird ("the part in which the Theme is developed") stellt für ihn den sprecherbezogenen Aspekt dar, den er unter dem Begriffspaar "Theme and Rheme" behandelt, während er die Variante (b), die Unterscheidung zwischen dem, was Gegeben (Given) und dem, was Neu (New) ist, eher der Hörerperspektive zuordnet. Der Vorteil dieser begrifflichen Trennung besteht darin, daß man unmarkierte Fälle von markierten unterscheiden kann, wobei der unmarkierte Fall in der Übereinstimmung von Theme und Given sowie Rheme und New besteht und der markierte in der Abweichung von dieser Distribution.

3. Thema-Rhema: der sprecherbezogene Aspekt

Wenden wir uns dem sprecherbezogenen Aspekt zu. Das Thema in diesem Sinne ist das, was der Sprecher zu seinem Ausgangspunkt nimmt und was er daher (insbesondere im Englischen) an den Anfang seiner Äußerung setzt. Die Erststellung des thematischen Elements ist somit nicht das Definiens des Themas, sondern vielmehr (im Englischen) **das** Mittel bzw. (im Deutschen) **ein** wichtiges Mittel, dem Rezipienten die thematische Funktion der betreffenden Konstituente zu signalisieren. Die Manifestationsweise dieses Konzepts ist also in den beiden genannten Sprachen syntaktisch – auf den damit verbundenen intonatorischen Aspekt werde ich noch zu sprechen kommen.

Nun hat sich die generative Syntax in der Tat seit längerem mit Problemen der Satzgliedstellung, die etwas mit der Thema-Rhema-Struktur zu tun haben, beschäftigt. Einige dieser Phänomene sind Spalt- und Pseudospaltsätze (clefts und pseudo-clefts), (echte) Topikalisierungen und Linksverschiebungen. Die Forschungsresultate sind jedoch alles andere als überzeugend. Wie Radford (1988:493), selbst ein überzeugter Transformationalist, zugeben muß, ist vor allem die Syntax der Spalt- und Pseudospaltsätze "shrouded in mystery". Vom funktionalen Standpunkt aus betrachtet sieht das jedoch anders aus. Bei einer Sprache mit einer relativ festen Satzgliedstellung wie im Englischen, wo im Aussagesatz das Subjekt dem finiten Verb vorausgehen muß, ist es unter dem Aspekt der Sprecherbedürfnisse absolut notwendig, in Ermangelung morphologischer Möglichkeiten – wie etwa im Japanischen – eine Menge syntaktischer Optionen zur Verfügung haben, mit Hilfe derer dem Hörer signalisiert werden kann, was eigentlich der Ausgangspunkt des Sprechers ist, wenn nicht die einzige grammatische Konstituente, die das Thema aufnehmen kann, das Subjekt sein soll. Im Deutschen ist dies wesentlich unproblematischer, da das Vorfeld auch von anderen Satzgliedern als dem Subjekt besetzt werden kann.

Betrachten wir nun die folgende Menge von englischen Beispielen, die für die Thema-Rhema-Problematik einschlägig sind: Das Thema (dessen Ende durch den Schrägstrich markiert ist) steht immer an der ersten Stelle und wird entweder durch das Subjekt (bzw. einen Nebensatz mit Subjektfunktion) repräsentiert oder es geht dem Subjekt direkt voraus (Beispiel (5)):

(2) Peter / gave Mary this precious pearl

(3) Mary / was given this precious pearl by Peter

(4) This precious pearl / was given to Mary by Peter

(5) This precious pearl / Peter gave to Mary

(6) This precious pearl / was what Peter gave to Mary

(7) What Peter gave to Mary / was this precious pearl

(8) What Peter did to this precious pearl / was give it to Mary

(9) How Mary came by this precious pearl / was she was given it by Peter[3]

Offensichtlich ist die Betrachtungsweise der Transformationsgrammatik, die derartige Satzstrukturen beschreibt, indem sie Regeln wie "move α" formuliert und geeignete Landeplätze für die bewegten Elemente definiert, ohne nach der Funktion dieser Verschiebungen zu fragen, verkürzt. In funktionaler Sichtweise stellen diese syntaktischen Strukturen grammatikalisierte Optionen für den Textproduzenten dar, seine kommunikativen Ziele adäquat zum Ausdruck zu bringen, und für den Textrezipienten sind es wichtige Indizien oder sogar Instruktionen, die Nachricht richtig zu entschlüsseln.

Bei Fragesätzen gilt übrigens das gleiche Prinzip wie bei Aussagesätzen: Auch hier ist es der Anfang des Satzes, der Aufschluß über den Ausgangspunkt des Sprechers gibt, etwas erfahren zu wollen. Und in diesem Punkt stimmen das Deutsche und das Englische, trotz der weiteren Unterschiede in der Fragesatzkonstruktion, überein: Die Frage wird entweder durch die Spitzenstellung des finiten Verbs oder durch ein Fragewort (*w*-Element bzw. *wh*-Element) in Spitzenposition signalisiert:

(10) **Wann** gehen wir morgen essen?

(11) **Sollen** wir morgen abend essen gehen?

---

3 Beispiele in Anlehnung an Halliday (1985).

Kehren wir zu den Aussagesätzen zurück. Eine Untergruppe dieses Satztyps besteht in identifizierenden Sätzen, wie sie sich in den Beispielen (12) und (13) finden:

(12a) Mary is the boss

(12b) The boss is Mary

(13a) Peter ist der Boss

(13b) Der Boss ist Peter

Syntaktisch sind beide Varianten möglich, und logisch scheint eine Äquivalenz zwischen dem Identifizierenden und dem Identifizierten zu bestehen. Funktional hingegen gibt es keine Äquivalenz. Denn die (a)-Versionen sind Aussagen über ein Individuum, einen Rollenteilnehmer, während die (b)-Versionen Aussagen über eine Rolle oder eine Funktion in einem sozialen System sind. Die (a)-Versionen sind unmarkiert und können einen Text beginnen; die (b)-Versionen sind demgegenüber markiert und können nicht als Textanfangssätze fungieren. Dies wird noch deutlicher, wenn wir attributive Sätze wie die folgenden Beispiele betrachten, bei denen die NP, die die Funktion bezeichnet, im Englischen den unbestimmten Artikel und im Deutschen keinen Artikel verlangt:

(14a) Mary is a teacher

(14b) *A teacher is Mary

(15a) Peter ist Lehrer

(15b) *Lehrer ist Peter

Auch ein Spaltsatz, in dem die NP *Lehrer* der NP *Peter* voraufgeht, ist nicht möglich, wie (15c) zeigt:

(15c) *Es ist Lehrer, das/was Peter ist

Die Tatsache, daß es wesentlich natürlicher ist, Individuen zum Ausgangspunkt unserer Rede zu machen als deren Eigenschaften, Rollen oder Funktionen, manifestiert sich also deutlich in den aufgezeigten grammatischen Restriktionen. Demnach scheint es eine enge Korrelation zwischen Thema und Referenz zu geben.[4]

Für das Englische haben Linguisten wie Halliday (1985:45) und Givon (1985:196) versucht, eine Skala für die grammatische Besetzung des Themas unter den Aspekten der Markiertheit, Natürlichkeit, Vorhersagbarkeit und Verarbeitungsleichtigkeit zu erstellen. Obwohl ihre Kriterien nicht ganz dieselben sind, stimmen ihre Ergebnisse weitgehend überein. Demnach stellen Personalpronomina in Subjektfunktion (besonders das der ersten Person Singular) das unmarkierteste Thema dar, gefolgt von NP-Subjekten. Alle Konstituenten, die nicht Subjekt sind, werden im Englischen als markiert eingestuft, wobei Adverbiale weniger markiert sind als NP-Komplemente, die als markierteste Realisierung des Themas gelten. Dies sei an den obigen Beispielen verdeutlicht: Die Sätze (2) bis (4) sind unmarkiert, Satz (5) mit *this precious pearl* als Objekt ist markiert.

Gerade unter diesem Aspekt ist es interessant, daß das Englische eine Reihe von Strategien entwickelt hat, mit denen ein funktionaler Ausgleich für diese starken Restriktionen hinsichtlich der grammatischen Themenbesetzung geschaffen wird. Einige dieser Strategien seien im folgenden kurz skizziert.

---

[4] Weitere Überlegungen hierzu finden sich z. B. in Brömser (1982:41ff).

1. Vor allem in der gesprochenen (aber mittlerweile auch in der geschriebenen) Sprache ist eine wachsende Tendenz zu beobachten, die Restriktionen zu unterlaufen, daß bestimmte Präpositionalphrasen – wie in (16a) – nicht als Thema verwendbar sind:

(16a) *At Mary was frowned by her neighbours

Hier rückt nun die in der PP enthaltene NP als Thema an die erste Position, und die Präposition "strandet" hinter dem Verb:

(16b) Mary was frowned at by her neighbours

Auf diese Weise ist es möglich, auch die Rolle des PATIENS zum Thema zu machen, selbst wenn es im Aktivsatz nicht das direkte Objekt besetzt (bei direkten Objekten steht einer Passivierung ja nichts im Wege – s. Beispiel (4)). Im Grunde ist es nicht überraschend, daß dieser Weg im Englischen so häufig beschritten wird, denn immer, wenn im vorangehenden Satz das PATIENS Thema ist, stellt die Weiterführung des Themas eine präferierte Option dar. Vermutlich ist sogar das sowohl für den Sprachproduktionsprozeß als auch den Rezeptionsprozeß gut belegte Phänomen der Tendenz zur Subjektkontinuität letztlich als Tendenz zur thematischen Kontinuität zu reanalysieren.

2. Auch in anderer Hinsicht spielen die thematischen Rollen in diesem Zusammenhang eine wichtige Rolle: Da im englischen Deklarativsatz das Subjekt außer in den stark restringierten Fällen der Inversion immer vor dem finiten Verb stehen muß, hat sich hier offensichtlich eine Ausgleichsstrategie entwickelt, die es gestattet, dem Subjekt wesentlich mehr semantische Rollen zuzuweisen, als dies beispielsweise im Deutschen möglich ist. Das heißt natürlich nicht, daß es im Englischen mehr thematische Rollen gäbe oder daß das Englische strukturell flexibler in seinen Möglichkeiten wäre, verschiedene thematische Rollen zu übernehmen. Vielmehr ist es so, wie Macheiner (1995) bemerkt, daß das Lexikon des Englischen einfach mehr Verben enthält, die verschiedene Rollen übernehmen können – vgl. (17a–c), wo alle vorkommenden thematischen Rollen sukzessive als Subjekt erscheinen:

(17a) **Peter's shirt** tore on a nail

(17b) **Peter** tore his shirt on a nail

(17c) **A nail** tore Peter's shirt

Man kann sich leicht überzeugen, daß eine analoge Übersetzung ins Deutsche nicht möglich wäre.

3. Eine weitere Strategie, die enge Verbindung von Subjekt und Thema im Englischen funktional zu erweitern, besteht darin, eine grammatische Metapher zu verwenden. Als Beispiel wähle ich einen Vers aus einem Lied von Ralph McTell:

(18) Friday evening found me in a favourite bar of mine

Obwohl der Vers aus einem Lied stammt, ist er keineswegs besonders 'poetisch'. Für den englischen Sprachgebrauch kann er sogar als typisch bezeichnet werden – so enthält er keine Personifizierung des Freitagabends, wie die deutsche Analogübersetzung

(18') Der Freitagabend fand mich in meiner Stammkneipe

dies in stilistisch unschöner Weise tut. Daher nenne ich dies Verfahren auch **grammatische** Metapher. Hier liegt keine Metapher im klassischen Wortsinn, also ein semantischer Prozeß, vor, sondern vielmehr ein syntaktischer: Es geht nicht um die Bedeutung von *Friday evening* oder *found*, sondern um die gesamte Konstruktion. Offensichtlich toleriert das Englische in einem weitaus größeren Ausmaß als das Deutsche als thematisches Subjekt Elemente, die in einer nicht-metaphorischen Konstruktion Adverbialphrasen wären, ohne ihnen jedoch den Status einer "echten" Metapher, die semantisch markiert wäre, zuzuordnen.

4. Thema – Rhema: der hörerbezogene Aspekt

Ich komme nun zum hörerbezogenen Aspekt des Thema-Rhema-Konzepts, nämlich der Verteilung der Gegebenen und der Neuen Information. Hier geht es nun nicht nur um die syntaktische, sondern auch um die phonologische (genauer: prosodische), die semantische und die pragmatische Ebene der Sprache. Im Mittelpunkt der folgenden Überlegungen steht die phonologische Ebene; bei den übrigen Ebenen werde ich mich auf einige wenige Bemerkungen beschränken.

1. Es ist seit langem bekannt, daß der Satz- oder Phrasenakzent den Fokus des Satzes nicht eindeutig zum Ausdruck bringen kann. Darin stimmen die lineare Phonologie vom Typ SPE-Modell (Chomsky/Halle 1968) und die neueren nicht-linearen Modelle überein. Das bedeutet, daß es in vielen Fällen nicht möglich ist, aus einer gegebenen "normal stress contour", d. h. einem sog. "neutralen" Satzakzent, den Fokus exakt zu bestimmen, außer man rekurriert auf den Kontext. Worin besteht dann aber die Leistung des Phrasenakzents? Um die Sache nicht unnötig zu verkomplizieren, werde ich im folgenden von der Endstellung des finiten Verbs im Deutschen absehen und nur Hauptsätze mit Zweitstellung berücksichtigen, bei denen der Phrasenakzent ähnlich wie im Englischen operiert. Unter dieser Einschränkung besteht die Funktion des Phrasenakzents darin, das Ende des Neuen Elements dadurch anzuzeigen, daß das in einer Tongruppe am weitesten rechts stehende lexikalische Element akzentuell besonders hervorgehoben wird (Phonologen mögen mir diese etwas vereinfachte Ausdrucksweise nachsehen). Was der Phrasenakzent jedoch nicht leistet, ist, anzuzeigen, wo das Neue Element beginnt. Folglich kann der Fokus in (19)

(19) Peter liest ein Buch über Linguistik

auf der VP liegen:

(19a) Peter [liest ein Buch über **LINGUISTIK**][5],

auf dem direkten Objekt:

(19b) Peter liest [ein Buch über **LINGUISTIK**],

oder auf der PP, die als NP-Komplement fungiert:

(19c) Peter liest ein Buch [über **LINGUISTIK**].

Das gleiche gilt für den englischen Satz (20):

(20) Peter's $_{VP}$[reading $_{NP}$[a book $_{PP}$[on **LINGUISTICS**]]]

Fällt jedoch der Akzent auf ein Element vor dem letzten lexikalischen Element der Tongruppe, wird dieses Element als Neu markiert, und das, was darauf folgt, wird als ge-

[5] Das den Phrasen- bzw. Satzakzent tragende Wort ist (als ganzes) durch Großbuchstaben und Fettdruck hervorgehoben, auch wenn der Akzent phonetisch nur auf die Silbe fällt, die den Wortakzent trägt.

geben ausgewiesen; in den folgenden Beispielsätzen (21) und (22) liegt der Fokus also nur auf *book* bzw. *Buch*:

(21) Peter's reading a **BOOK** on linguistics (and not just a paper)

(22) Peter liest ein **BUCH** über Linguistik (und nicht bloß einen Aufsatz)

Auf diese Weise kann sogar das erste Element in einem Satz betont sein, was bedeutet, daß das Neue Element auf das Thema projiziert wird. Dies ergibt natürlich eine markierte Struktur:

(23) **PETER**'s reading a book on linguistics

(24) **PETER** liest ein Buch über Linguistik

Diese Sätze sind im Grunde nur möglich als Antwort auf die Frage, wer ein Buch über Linguistik liest, oder als Einspruch auf die Behauptung, jemand anders lese ein Buch über Linguistik; zum Beispiel

(25) Mary's reading a book on **LINGUISTICS**

Aber neben (23) und (24) existieren ja auch die Spaltsatzvarianten (26) und (27):

(26) [It's **PETER**] who's reading a book on linguistics

(27) [Es ist **PETER**], der ein Buch über Linguistik liest

Was ist nun der Unterschied zwischen den beiden Versionen? Abgesehen von der zusätzlichen Bedeutungsnuance der Exklusivität, die die beiden Spaltsatzvarianten auszeichnet ('Es ist Peter und niemand sonst, der ein Buch über Linguistik liest'), sind sie dadurch charakterisiert, daß es eine minimale lokale Struktur (begrenzt durch die eckigen Klammern) gibt, in der das Neue Element, und das heißt auch, der Phrasenakzent, an letzter Stelle steht (vgl. Halliday 1985:60). Genau dies ist aber die unmarkierte Form der Given-New-Verteilung. So gesehen wird deutlich, daß die Spaltsätze eine wichtige Funktion im Diskurs übernehmen: Sie gestatten es dem Sprecher, das Neue und informativ wichtige Element an den Satzbeginn zu stellen, ohne eine extrem markierte Konstruktion wählen zu müssen. Natürlich muß er dafür einen Preis zahlen, und zwar muß er eine (relativ wenig komplexe) Hypotaxe wählen. Aber offensichtlich ist der Gewinn, nämlich mehr Flexibilität im Aufbau seines Diskurses, diesen Preis wert.

Ich möchte nun kurz auf einen Aspekt eingehen, der zwar im Grunde den Horizont der Transformationsgrammatik überschreitet, der aber im Rahmen der Thema-Rhema-Diskussion dennoch wichtig ist, und zwar meine ich die Unterscheidung von kategorischen und thetischen Sätzen.[6] Meine bisherigen Ausführungen bezogen sich sämtlich auf kategorische Sätze, in denen eine Differenzierung in Thema und Rhema überhaupt möglich ist. Daneben aber gibt es Sätze, in denen gar kein Thema vorhanden ist. Typischerweise handelt es sich dabei um Textanfangsätze, bei denen der Sprecher an nichts Bekanntes, Gegebenes anknüpfen kann. Einschlägige und darüber hinaus sogar textsortenspezifische Beispiele hierfür sind etwa Sätze, mit denen Märchen beginnen:

(28) Es war einmal ein **KÖNIG**

oder Witze:

(29) Kommt ein **MANN**/eine **FRAU** zum Arzt,

---

[6] Ausführlich hierzu Marty (1918) und Ulrich (1988).

wo die – für Aussagesätze sehr ungewöhnliche – Spitzenstellung des Verbs diesen thetischen Charakter signalisiert.

Aber auch in der gesprochenen Alltagssprache kommen thetische Sätze vor, und auch dort zeigen sie ihre Funktion an. In der generativen Phonologie rätselte man lange Zeit an der seltsamen Akzentverteilung von Sätzen wie

(30) **JOHNSON** died

(31) The **KETTLE**'s boiling

herum, da sie der 'nuclear stress rule', derzufolge das letzte lexikalische Element in einer Phrase bzw. im Satz den Hauptakzent trägt, klar zuwiderläuft. Die meisten Lösungsversuche dieses Problems konzentrierten sich auf eine Analyse des Prädikats. Demgegenüber suchte Oakeshott-Taylor (1984:14f) die Lösung in der jeweiligen Subjekt-NP, und zwar erkannte er richtig, daß sie bei dieser Akzentkonfiguration unter informationellem Blickwinkel ein Neues Element darstellt. Allerdings greift dieser Erklärungsversuch noch zu kurz, denn er erklärt nicht, wieso der nuclear stress in (30a) auf *letter* liegt, selbst wenn der Satz in einem Zusammenhang geäußert wird, wo von Johnson nicht die Rede war:[7]

(30a) Johnson sent me a **LETTER**

Unter dem Aspekt thetisch-kategorisch ist die Erklärung jedoch ganz einfach: Im Gegensatz zum kategorischen Satz (30a), der, auch wenn er insgesamt eine Neue Information übermittelt, ein (nicht völlig unbetontes) Thema (*Johnson*) und ein Rhema (die VP) enthält, verdeutlicht in den Sätzen (30) und (31) der Akzent auf der Subjekt-NP, daß diese Sätze als thetisch aufzufassen sind, also als ganze etwas Neues darbieten und insofern rhematisch sind, d. h., daß sie von keiner Gegebenen Information ausgehen und kein eigenes Thema enthalten. Es sind typische Einleitungssätze, die entweder einen ganzen Text (z. B. Nachrichten) oder ein ganzes Gespräch einleiten oder doch zumindest einen relativ eigenständigen Text-/Gesprächsteil. Syntaktisch sind solche Sätze durch eine starke Restriktion der VP gekennzeichnet: intransitive Verben wie (30) und (31) sind offenbar problemlos möglich, eventuell auch noch kürzere adverbiale Ergänzungen (***JOHNSON** died yesterday, The **KETTLE**'s boiling right now*), aber es scheint so, daß kein weiterer Referent eingeführt werden darf.[8] Der Akzent ist hier also das einzige Mittel, den kommunikativen und textuellen Status solcher Sätze vom Typ NP+V deutlich zu machen. Dies sei noch einmal an (32) verdeutlicht:

(32) Mama schläft.

Als Antwort auf die Frage *Was macht Mama?* Ist der Satz kategorisch; in diesem Fall ist die NP *Mama* sowohl Thema als auch Gegeben und bleibt unbetont, während das Verb Rhema ist und den Akzent erhält. Dient dieser Satz jedoch als Antwort auf die Frage *Was ist los?* oder sogar als Texteinleitungssatz, indem der Sprecher etwa das aus dem Garten ins Haus kommende Kind warnt, leise zu sein, ist der Satz thetisch, d. h. insgesamt rhematisch, und der Akzent fällt auf die NP *Mama.*

---

7 Natürlich ist auch die folgende Akzentverteilung möglich: ***JOHNSON** sent me a letter*, doch so kann dieser Satz nur so verstanden werden, daß der Akzent auf *Johnson* ein Kontrastakzent ist und daß die vom Prädikat ausgedrückte Information als Gegeben betrachtet wird – analog den Beispielsätzen (23) und (24).

8 So gesehen ist (29) mit der referierenden NP *Arzt* eine textsortenspezifische Ausnahme, die in der Alltagskommunikation vermutlich nicht vorkommen würde.

2. Der semantische Aspekt des Thema-Rhema-Konzepts, den ich hier ansprechen will, betrifft die lexikalische Kohäsion in Texten. Aus Raumgründen kann ich hier nicht ins Detail gehen, aber da Thema-Rhema-Struktur und lexikalische Kohäsion auf den ersten Blick nichts miteinander zu tun haben, will ich diesen Aspekt doch wenigstens kurz erwähnen. In der klassischen Textlinguistik ist das Phänomen der lexikalischen Kohäsion, soweit ich sehe, stets nur für den Text als ganzen postuliert worden. Bei näherer Betrachtung stellt sich jedoch heraus, daß diese Relation vor allem zwischen dem Thema eines Satzes und dem Vor-Text besteht. Dies schließt selbstverständlich nicht aus, daß auch Elemente des Rhemas an dieser Konfiguration beteiligt sind, aber klar ist, daß das lexikalische Material des Themas stärkeren Restriktionen unterliegt als das des Rhemas. Das gilt zwar nicht für alle Arten thematischer Progression in gleichem Maße, aber die Haupttypen wie die einfache lineare Progression, das durchlaufende Thema, die Progression mit abgeleiteten Themen und die Entwicklung eines gespaltenen Themas sind hiervon betroffen.

Das Thema steht also im Schnittpunkt von zwei semantisch nicht arbiträren Relationen: erstens in der Relation mit dem Vor-Text (zum Beispiel Thema-Kontinuität; topic continuity) und zweitens in der Relation mit dem Rhema.

3. Abschließend möchte ich auf den pragmatischen Aspekt eingehen. Wie ich anderswo gezeigt habe (vgl. Küper 1991), gibt es eine starke Interrelation zwischen der Thema-Rhema-Struktur eines Satzes und seiner illokutiven Kraft. Durch die Äußerung von

(33) I want you to stay

(34) Ich möchte, daß du bleibst

vollzieht der Sprecher normalerweise eine kommunikative Handlung, einen Sprechakt, nämlich, den Hörer zu bitten, zu bleiben, wie etwa in

(33a) I want you to **STAY**, because I'm so **MISERABLE**

(34a) Ich möchte, daß du **BLEIBST**, weil es mir so **SCHLECHT** geht

Dies gilt jedoch nicht, wenn der Hauptsatz in (33) bzw. (34) insgesamt thematisch ist wie etwa in

(33b) I want you to stay because I'm so **MISERABLE**

(34b) Ich möchte, daß du bleibst, weil es mir so **SCHLECHT** geht

Während der Sprecher mit (33a) bzw. (34a) zwei Handlungen vollzieht, nämlich eine Bitte zu äußern und eine Begründung dafür zu geben, vollzieht er mit (33b) bzw. (34b) nur eine: Er liefert eine Begründung für eine Handlung, die er bereits im Vor-Text vollzogen hat. Dieser Unterschied zwischen den (a)- und (b)-Versionen manifestiert sich nun interessanterweise gleich auf mehreren sprachlichen Ebenen. Pragmatisch gesehen vollzieht ein Sprecher mit beiden Versionen zwei verschiedene illokutive Akte; semantisch gesehen haben beide Versionen unterschiedliche Bedeutungen; syntaktisch gesehen ist der Hauptsatz in (33a) und (34a) unabhängig und könnte für sich stehen, während er in (33b) und (34b) den Nebensatz als Ergänzung braucht, um vollständig zu sein; phonologisch gesehen hat dieser syntaktische Unterschied ein prosodisches Korrelat insofern, als (33a) und (34a) aus zwei Tongruppen, (33b) und (34b) jedoch nur aus einer Tongruppe bestehen; und orthographisch schließlich hat dieser syntaktische und prosodische Unterschied wiederum – zumindest im Englischen – ein Korrelat auf der Ebene der Interpunktion, das sich in der An- bzw. Abwesenheit des Kommas vor dem Nebensatz ausdrückt. Alle diese Distinktionen auf den verschiedenen sprachlichen Ebenen lassen sich in kohärenter Weise auf die unterschiedliche Thema-Rhema-Struktur der beiden Sätze zurückführen.

Ich komme zum Ausgangspunkt meiner Überlegungen zurück. Was ich darlegen wollte, war folgendes: Es läßt sich zeigen, daß eine Reihe verschiedener sprachlicher Phänomene, die von einigen linguistischen Theorien in verschiedenen Teildisziplinen behandelt werden, die im speziellen Fall der generativen Transformationsgrammatik sogar als autonom deklariert werden, bei näherer Betrachtung in enger Interrelation mit der Thema-Rhema-Struktur der betreffenden Sätze stehen, in denen sie vorkommen. Damit erweist sich das Thema-Rhema-Konzept in der Tat als ein zentrales linguistisches Konzept, ohne das die jeweilige linguistische Theorie nicht den Status explanativer Adäquatheit beanspruchen kann.

Bibliographie

Ammann, H. (1928), *Die menschliche Rede.* Teil 2. Lahr.

Bierwisch, M. (1993), Ludwig Jägers Kampf mit den Windmühlen. Anmerkungen zu einer merkwürdigen Sprach(wissenschafts)verwirrung. *Zeitschrift für Sprachwissenschaft* 12: 107–112.

Brömser, Bernd (1982), *Funktionale Satzperspektive im Englischen.* Tübingen.

Bußmann, H. (1990²), *Lexikon der Sprachwissenschaft.* Stuttgart.

Chomsky, N./Halle M. (1968), *The Sound Pattern of English.* New York.

Daneš, F. (1976), Zur semantischen und thematischen Struktur des Kommunikats. In: Daneš, F./Viehweger, D. (Hg) (1976), *Probleme der Textgrammatik.* Berlin: 29–40.

Firbas, J. (1964), On Defining the Theme in Functional Sentence Analysis. *Travaux linguistiques de Prague* 1: 267–280.

Givón, T. (1985): *Syntax. A functional-typological introduction.* Dordrecht.

Grewendorf, G. (1993), Der Sprache auf der Spur: Anmerkungen zu einer Linguistik nach Jäger Art. *Zeitschrift für Sprachwissenschaft* 12: 113–132.

Halliday, M. A. K. (1970), Language Structure and Language Function. In: Lyons, J. (ed) (1970), *New Horizons in Linguistics.* Harmondsworth: 140–165.

Halliday, M. A. K. (1985), *An Introduction to Functional Grammar.* London.

Heidolph, K. E./Flämig W./Motsch W. (1981), *Grundzüge einer deutschen Grammatik.* Berlin.

Hockett, C. F. (1958), *A Course in Modern Linguistics.* New York.

Jäger, L. (1993), 'Language, what ever that may be.' Die Geschichte der Sprachwissenschaft als Erosionsgeschichte ihres Gegenstandes. *Zeitschrift für Sprachwissenschaft* 12: 77–106.

Küper, C. (1991), Geht die Nebensatzstellung im Deutschen verloren? Zur pragmatischen Funktion der Wortstellung in Haupt- und Nebensätzen. *Deutsche Sprache* 19: 133–158.

Lewandowski, T. (1994⁶), *Linguistisches Wörterbuch.* 3 Bde. Heidelberg/Wiesbaden.

Macheiner, J. [d. i. Monika Doherty] (1991), *Das grammatische Varieté oder Die Kunst und das Vergnügen, deutsche Sätze zu bilden.* Frankfurt/M.

Macheiner, J. (1995), *Übersetzung. Ein Vademecum.* Frankfurt/M.

Marty, A. (1918), Über subjektlose Sätze und das Verhältnis der Grammatik zur Logik und Psychologie. In: Marty, A. (1918), *Gesammelte Schriften.* Bd. II: 3–307. Halle/Saale.

Oakeshott-Taylor, J. (1984), On the Location of 'Tonic Prominence' in English. *Linguistische Berichte* 91: 3–24.
Radford, A. (1988), *Transformational Grammar. A First Course*. Cambridge.
Sgall, P. et al. (1973), *Topic, Focus and Generative Semantics*. Kronberg/Ts.
Ulrich, M. (1988), Thetisch vs. kategorisch und Informationsstruktur. In: *Energeia und Ergon. Sprachliche Variation – Sprachgeschichte – Sprachtypologie*. Bd. II: 387–399. Tübingen.

Brenda Laca (Paris)

Morphologie lexicale, morpho-syntaxe et le problème des bases supra-lexématiques: le cas de l'espagnol.[1]

Dans cette contribution, je voudrais examiner, pour une langue particulière, les faits qui semblent aller à l'encontre du principe de la base lexématique de la morphologie lexicale. Dans sa formulation la plus simple, ce principe stipule que les procédés de formation des mots opèrent sur des mots[2], et non pas sur des constructions syntaxiques ou sur des formes infléchies. Il implique aussi une décision en ce qui concerne la place de la formation des mots dans l'architecture idéelle de la grammaire: les procédés de formation des mots correspondent à une morphologie propre au lexique, qui est idéellement antérieure à la morphologie flexionnelle et à la syntaxe. Cette division du domaine de la morphologie dans une morphologie au service de la création lexicale, sans accès à la syntaxe, et une morphologie au service de la syntaxe, qui peut et doit manipuler des objects syntaxiques, a été récemment proposée par Anderson (1992). Elle me semble entièrement compatible avec la conception de la formation de mots comme une grammaire du lexique (Laca 1986), que j'ai essayée de développer sur la base de la théorie de Coseriu (1977).

La rareté de la flexion interne par rapport à la dérivation ou à la composition et des syntagmes internes par rapport au mot est un fait bien connu. Cette rareté est mesurée relativement à la possibilité inverse respective (flexion externe par rapport à la dérivation et à la composition etc.) et peut être constatée aussi bien du point de vue intra-linguistique que dans la comparaison typologique (cf. Dressler 1988). Mais la possibilité même d'élever ces "régularités négatives" au statut d'un principe qui devrait restreindre le format possible des règles de formation des mots, ainsi que d'en tirer des arguments pour la division de la morphologie, oblige à examiner avec le plus grand souci des éventuels contre-exemples. C'est la tâche que j'ai entreprise pour l'espagnol, et dont je voudrais exposer les résultats dans ce qui suit. Je peux d'ores et déjà avancer que, même si j'ai pu m'appuyer aussi sur les résultats de Rainer (1993, 1996) et de Rainer/Varela (1992), qui se sont récemment posé les mêmes questions pour la même langue, la récolte reste à mon avis tout autre que spectaculaire. Il me semble que les cas répertoriés n'ont pas le poids requis pour mettre en doute la solidité de la contrainte sur les bases supra-lexématiques. Plus encore, l'examen de ce qui se passe dans certains de ces cas exceptionnels

---

[1] Une version préliminaire de cet article est parue dans les matériaux du *Forum de morphologie, premières rencontres, Mots possibles et mots existants*, Université de Lille III, SILEX, sous le titre "Bases non-lexicales, mots existants et mots possibles". Je tiens à remercier les organisateurs de ces rencontres pour leur intérêt et leur suggestions critiques. Je remercie aussi mes collègues Catherine Dauer et Anne Longuet-Marx pour leur aide dans la rédaction de ce texte.

[2] J'emploie ici "mot" dans un sens restreint, qui s'oppose aussi bien aux "formes infléchies d'un mot" qu'aux unités lexicales complexes. Il s'agit, du point de vue du contenu, de lexèmes, dont les expressions sont – dans la langue en question – des thèmes (voir aussi Matthews 1991 : 63 ss.). La formation des mots est, à la fois, formation des lexèmes et formation des thèmes qui constituent leur expression. Par commodité, j'emploie l'expression "bases supra-lexématiques" pour faire référence aux bases "plus grandes" que le mot, qu'il s'agisse de formes fléchies ou de syntagmes.

amène à supposer qu'elle est suffisamment robuste comme pour pouvoir résorber les anomalies.

L'exposition est organisée de la façon suivante: je donnerai d'emblée la liste des types de cas répertoriés avec quelques explications sommaires sur la classification proposée, pour résumer ensuite les résultats principaux qui se dégagent de l'examen de ces cas, et je reprendrai dans la section finale le problème général des principes restrictifs en morphologie lexicale et de l'évaluation de leurs contre-exemples.

On peut classifier les cas des bases supra-lexématiques dans le lexique espagnol dans les neuf types suivants, dont je donne une analyse schématique et/ou une traduction littérale).[3]

(1) Flexion + Dérivation

(1a) [V+Infinitif]+ Suffixe: baila+r+ín "danseur", !mete+r+ete "indiscret"; [V+Gérondif] +Suffixe: !chupa+ndí+n "ivrogne", quere+nd+ón "affectueux"

(1b) Préfixe+[N+Plural]: anti+balas "pare-balles", multi+usos "multi-usage"

(2) Flexion + Composition

(2a) [V+[N+Plural]] espanta+pájaros "épouvantail", lit. "épouvante-oiseaux"

(2b) [N+ [N+Plural]] horno microondas lit. "four micro-ondes"

(3) Eléments fonctionnels

(3a) [V+clitique+todo] !cura+lo+todo lit. "guéris-le-tout", !rompe+lo+todo lit. "casse-le-tout", sabe+lo+todo lit. "sache-le-tout"

(3b) [V+article+N] caga+la+olla "chienlit", espera+la+última, guarda+l+agua (Bustos 1986)

(3c) diostedé lit. "Dieu-te-donne" , hazmerreír lit. "fais-moi-rire", metomentodo lit. "(je) me-mêle-de-tout", nomeolvides lit. "ne-m'oublie-pas", mátalascallando lit. "tue-les-(en-te-)taisant", pontentodo lit. "mets-toi-dans-tout", tentenelaire lit. "tiens-toi-en-l'air", tentempié lit. "tiens-toi-debout", tentetieso lit. "tiens-toi-ferme" (Bustos 1986)

(4) Syntagme libre + Dérivation

(agua fresca "eau fraîche">) aguafresqu+era "vendeuse d'eau fraîche" (Bustos 1986), (agua agria "eau acide">) aguagri+ero "curiste" (Bustos 1986), (ropa vieja "vieux habits">) ropavej+ero "fripier", (siete meses "sept mois">) sietemes+ino "prématuré", (veinte años "vingt ans">) veinteañ+ero

(5) Syntagme lexicalisé + Dérivation

(5a) (agua bendita "eau bénite">) aguabendit+era "bénitier", (dieciocho "dix-huit">) diecioch+esco "du XVIIIe", (mil y una noches "Mille et Une Nuits>) miliuna-noch+esco, (nueva ola "nouvelle vague">) nuevaol+ero, (tercer mundo "Tiers Monde">) tercermund+ista, (pan y agua "pain et-eau" >) paniagu+ado, (por Dios "pour l'amour de Dieu">) pordios+ero "mendiant"

[3] La plupart des exemples sans indication de source ont été tirés de Rainer (1993), qui a été le premier à explorer de façon systématique l'existence de bases syntagmatiques dans la dérivation espagnole (cf. aussi Rainer/Varela (1992)), et qui a exploré aussi récemment le problème de la flexion interne (Rainer 1996). J'indique avec un point d'exclamation anteposé les exemples qui me sont familiers, mais ne figurent pas dans les dictionnaires usuels.

(5b) (Alto Aragón>) altoaragon+és, (Baja California >) bajacaliforni+ano, (Extremo Oriente>) extremo-orient+al

(6) Mots transcatégorisés + Dérivation

(cara dura "visage dur" > [caradura]$_{N,A}$ "culotté">) caraduri+smo, (corre, ve y dile "cours, va et dis-(le)-lui" > [correveidile]$_{N}$ "cancanier">) correveidil+esco, (por menor lit."par mineur" > [pormenor]$_{N}$ "détail" >)pormenor+izar, (sin vergüenza "sans honte" > [sinvergüenza]$_{N,A}$ "fripon">) sinvergüenc+ería, sinvergüenc+ismo, sinvergüenz+ada, sinvergüenc+ear

(7) Composition + Dérivation

(7a) V–N: [[para]$_{V}$ [caídas]$_{N}$]$_{N}$ > paracaid+ista, paracaid+ismo ; [[papa]$_{V}$ [natas]$_{N}$]$_{N}$ > papanat+ería ; [[para]$_{V}$ [aguas]$_{N}$]$_{N}$ > paragü+ero, paragu+azo

(7b) A–A: sordomud+ez "surdi-mutité"

(7c) N–N: [[balón]$_{N}$ [cesto]$_{N}$]$_{N}$ > baloncest+ista ; [[mani]$_{N}$ [obra]$_{N}$]$_{N}$ > maniobrar, maniobr+ero, [[manu]$_{N}$ [factura]$_{N}$]$_{N}$ manufactur+ar, manufactur+ación, manufactur+ero

(7d) V–N = V–N–Suff. [[pica]$_{V}$ [piedras]$_{N}$]$_{N}$ = picapedr+ero, [[saca]$_{V}$ [muelas]$_{N}$]$_{N}$ = sacamol+ero

(7e) N–N = N–N–Suff. [[agua]N [manos]N]N = aguamanil (Bustos 1986: 409)

(8) Syntagme libre + Composition

[N + [SN]] chica todo servicio lit. "bonne tout service"

coche todo terreno "voiture tout-terrain"

apartamento tiempo compartido lit. "appartement temps partagé"

(9) Bases syntagmatiques potentielles

(9a) Préfixation

sistema anti+bloqueo de frenos, contra+rreforma agraria, ex + sala de baile, mini+rrevolución cultural, pos+guerra fría, pre+campaña electoral, pseudo+secretos de Estado, sub+condición humana

(9b) Constellations syntagme – syntagme

físic+o nuclear – físic+a nuclear

traduc+tor simultáneo – traduc+ción simultánea

lingü+ista textual – lingü+ística textual

(9c) Structures de motivation complexes associées à des bases morphologiques non-syntagmatiques:

(luna de miel "lune de miel" >) miel+ero , (derecho criminal "droit criminel" >) criminal+ista, (escuela normal "école normal" >) normal+ista, (renta vitalicia "rente viagère">) vitalic+ista, (ciencias ocultas "sciences occultes" >) oculti+sta (Laca 1986:473f)

La classification ci-dessus présuppose une conception très restrictive de la composition en espagnol, qui se fonde essentiellement sur les réflexions de Sechehaye (1921) au sujet de la distinction entre locutions et composés. Cette conception restrictive est loin d'être dominante dans la tradition romane, mais elle coïncide dans ses grandes lignes avec celle préconisée par Coseriu (1977), Corbin (1991, 1992), Lang (1987) et Rainer/Varela (1992). Les composés, en tant que mots complexes d'origine morphologique, peuvent être distingués des mots complexes d'origine syntaxique (locutions lexicalisées) sur la base de la spécificité du modèle de formation du composé par rapport aux modèles syntaxiques, ainsi que de la possibilité de création lexicale immédiate à partir de ce modèle. Tandis que la formation d'un composé met en œuvre un procédé synchronique de création de lexèmes, la lexicalisation d'une locution est le résultat d'un processus diachronique de figement à la fois formel et sémantique, dont le résultat final peut être un lexème unique. Parmi les locutions, je distingue les syntagmes lexicalisés (5a–b) des mots transcatégorisés (6). Ce dernier terme, que j'emprunte à Corbin (1991), désigne les lexèmes appartenant à une classe de mots donnée qui proviennent de la monolexématisation d'une construction syntaxique. Dans la grande majorité des cas, il s'agit de syntagmes qui acquièrent le statut de substantifs ou de substantifs et d'adjectifs à la fois. Les syntagmes lexicalisés sont des combinaisons usuelles, qui présentent le figement typique des unités phraséologiques: leurs composantes ne peuvent pas être commutées par des synonymes ou modifiées sans que cela amène à la perte de la dénotation spécifique de l'expression en question. La plupart des syntagmes lexicalisés qui jouent un rôle comme bases de dérivation semblent correspondre à ce que Burger et al. (1982) appellent des "termes phraséologiques": ce sont des combinaisons qui prennent une valeur spécifique dans une taxinomie particulière (comme p. ex. *tercer mundo*) ou qui dénotent une entité singulière (comme p. ex. *Mil y Una Noches* ou *Baja California*). Mais je classifie aussi comme syntagmes lexicalisés les bases qui acquièrent une signification spécifique en tant qu'éléments d'une ou plusieurs locutions verbales, comme c'est le cas de *pan y agua* , qui désigne le minimum nécessaire pour la subsistance dans p.ex. *tener a pan y agua,* ou *por Dios,* fréquent en collocation avec *pedir* "demander"/*rogar* "prier" etc.

La différence entre mots d'origine morphologique (composés) et unités lexicales d'origine syntaxique et phraséologique (syntagmes lexicalisés, mots transcatégorisés) est particulièrement pertinente ici, car il est clair que seuls les mots d'origine morphologique peuvent être des contre-exemples légitimes à la contrainte sur les bases supra-lexématiques.

Il est nécessaire de séparer très nettement le cas des contre-exemples "forts", qui sont ceux traités dans cette contribution, des cas que j'ai appelés des "bases syntagmatiques potentielles" (ex. sous (9)). Ces derniers ne constituent des contre-exemples à la contrainte sur les bases supra-lexématiques que sous <u>une</u> analyse possible, celle qui voudrait faire coïncider la base morphologique avec la base de motivation et le lieu d'opération d'un procédé morphologique avec ce qui semble être la portée de l'opération sémantique correspondante. Il est vrai que les paraphrases explicatives les plus naturelles semblent présupposer ici des bases de motivation complexes, comme illustré dans (10a–c):

(10a) condición – subcondición

subcondición humana – "*condition au-dessous de la* condición humana"

(10b) traducir – traductor; traducir – traducción

traductor simultáneo – "*celui qui pratique la* traducción simultánea"

(10c) normal – normalista

normalista – "*élève d'une* escuela normal"

Cependant, étant donné que les analyses en question reposent sur un bon nombre de présupposés qui ne vont pas de soi, et qu'elles admettent des analyses alternatives, les cas énumérés sous (9) ne peuvent être considérés des contre-exemples "forts". Il est même possible de considérer que ce qui se passe dans (9c/10c) confirme l'existence d'une contrainte sur les bases supra-lexématiques, au lieu de l'infirmer. En effet, dans ces cas seul l'un des éléments lexicaux de la dénomination syntagmatique qui constitue la base de motivation est pris en compte par le procédé morphologique.

Je passerai très brièvement en revue les résultats principaux qui se dégagent de l'examen des types (1)–(7), en traitant d'abord la présence d'éléments d'origine morpho-syntaxique dans les unités lexicales et ensuite le problème de la dérivation à partir d'unités polylexicales (syntagmes ou composés).

La présence d'éléments fonctionnels, comme des articles, des clitiques et des prépositions internes à un mot, ne peut être constatée que dans des mots contenant un élément verbal, qui appartiennent à la périphérie de la composition verbo-nominale (exemples sous 3).

Il serait abusif de considérer les exemples sous (3c) comme des contre-exemples à un principe portant sur la morphologie lexicale, car leur origine syntaxique est évidente. Il s'agit de phrases figées, transcatégorisées et mono-lexématisés, qui exhibent des structures syntaxiques internes très hétérogènes. C'est précisement cette hétérogénéité des structures internes, exemplifiées à chaque fois par une seule unité, qui rend peu plausible et peu économique un traitement en terme de "règles" de formation. Il est néanmoins intéressant de constater l'existence d'une sorte de "gabarit" global pour la mono-lexématisation de ces phrases. En effet, les mots attestés de cette forme et de cette origine comprennent tout au plus deux unités lexicales fléchies et deux accents non-adjacents. Il existe dans la phraséologie de l'espagnol bien des phrases figées et transcatégorisées qui, s'éloignant trop du gabarit en question, n'arrivent pas à la mono-lexématisation, comme p.ex. celles exemplifiées en (11):

(11) un sálvese quien pueda lit. "un sauve-soi qui peut"

un quítame allá esas pajas lit. "un ôte-moi là ces (brins de) paille"

Les cas illustrés par (3a) et (3b) correspondent, en revanche, au modèle de la composition verbo-nominale, dont je suppose – à la différence de Di Sciullo/Williams (1987) et de Zwanenburg (1992) – qu'il s'agit d'un authentique procédé de composition, appartenant à la morphologie lexicale.[4] En effet, le modèle V–N constitue un modèle pour la création lexicale analogique dont la structure interne ne coïncide que partiellement avec la syntaxe régulière du syntagme verbal et remplit ainsi les deux conditions évoquées ci-dessus pour le statut de composés.

---

[4] L'analyse "hors morphologie" des composés V–N préconisée par ces auteurs, qui les traitent comme des structures de conversion générées par une règle de réécriture N—>VP, a un coût très élevé en termes du rapport entre formes prévues par la règle et formes attestées. Au problème posé par tous les VP qui ne donnent pas lieu à des conversions acceptables s'ajoute ici le problème des composés V–N auxquels ne correspond aucun VP bien formé (particulièrement nombreux en français, qui en syntaxe n'admet qu'exceptionnellement des arguments sans déterminant). Cependant, il ne fait pas de doute que les composés V–N sont un exemple des origines syntaxiques de la composition (en diachronie), ce qui contribue à expliquer les faits illustrés dans (2a) et (3a–b).

Les exemples du type (3b), avec inclusion de l'article, sont, d'après les données dont je dispose, entièrement marginaux, et je ne les évoque ici que par souci d'exhaustivité. Les exemples du type (3a), qui constituent une série ouverte du moins dans ma propre variété d'espagnol, sont en ceci intéressants, qu'ils témoignent à la fois de l'indépendance de la composition verbo-nominale par rapport à la syntaxe du groupe verbal et de la "morphologisation" d'un modèle d'origine syntaxique. Il existe un modèle morphologique régulier qui exige la présence du clitique neutre *lo* quand l'élément nominal du composé est le quantificateur neutre *todo*, dont rend compte la règle (12). Or, il est vrai que la présence du clitique semble refléter une règle syntaxique qui exige le redoublement clitique de *todo* en position d'objet. Mais cette dépendance n'est qu'apparente. En effet, le modèle morphologique illustré dans (12) existe même dans les variétés qui excluent la règle syntaxique correspondante de redoublement clitique, c.-à-d. non seulement dans les variétés qui manifestent la syntaxe illustrée dans (12b), mais aussi dans celles du type (12a):

(12) [V + N]$_N$ —> [V + lo + N]$_N$ *ssi* N = todo

(12a) [[rompe]$_V$ [todo]$_{NP}$]$_{VP}$ vs. [[lo – rompe]$_V$ [todo]$_Q$]$_{VP}$, [[la – rompe]$_V$ [toda]$_Q$]$_{VP}$ etc.

(12b) [[lo – rompe]$_V$ [todo]$_{NP}$]$_{VP}$

Dans les variétés du type syntaxique (12a), celles où p.ex. celui qui veut tout et n'importe quoi est appelé un *quierelotodo*, tandis que la séquence syntaxique correspondante est *quiere todo*, la présence du clitique associé à *todo* répond à une règle qui n'existe que pour les composés V–N, en morphologie lexicale, et qui n'a pas de pendant en syntaxe pour le syntagme verbal. Bien que son origine syntaxique ne fasse pas de doute, le modèle *V+lo+todo* est devenu ici un modèle exclusivement morphologique.

En ce qui concerne la présence d'éléments flexionnels "internes" à une formation, les principales observations qui se dégagent de l'examen des faits répertoriés rejoignent des observations déjà faites pour d'autres langues (pour l'anglais, l'allemand et le néerlandais, cf. Dressler 1988, Booij 1992, 1996, van Marle 1996). Ce sont en particulier la marque du pluriel des substantifs et les affixes verbaux transcatégorisateurs (gérondif, infinitif) [5] qui apparaissent, de façon plus ou moins restreinte, dans la composition, et de façon sporadique dans la dérivation. Notons que nous parlons ici d'éléments flexionnels "structurellement internes" ou "encapsulés", et non nécessairement intérieurs au mot. Ainsi, la marque du pluriel dans *espantapájaros*, *antibalas* est structurellement interne, bien que située en marge du mot, car elle n'affecte pas le composé entier, mais seule sa composante nominale.

Il existe un ordre d'importance décroissante des éléments flexionnels internes, qui va des mots transcatégorisés, d'origine syntaxique, à la suffixation, et dans lequel composition et préfixation occupent des positions intermédiaires. En effet, seulement la composition, et en premier lieu la composition verbo-nominale, présente fréquemment une flexion encapsulée (2a–b):

(2a) espantapájaros "épouvantail", lit. "épouvante-oiseaux"

[5] Je laisse de côté le problème des participes passés comme bases de dérivation. Ils semblent se comporter en grandes lignes comme des adjectifs et/ou des substantifs, mais assez souvent la place du dérivé abstrait correspondant est occupée par une formation déverbale (cf. *osado – osadía* vs *atrevido – atrevimiento*, *honrado – honradez* vs *educado – educación*).

(2b) horno microondas lit. "four micro-ondes"

Celle-ci reapparaît occasionnellement dans certaines formations préfixales qui ont des caractéristiques particulières: les préfixes en question s'attachent à des bases substantivales pour donner des adjectifs, ils coïncident sémantiquement (et parfois aussi dans leur forme) avec des prépositions "pleines" (constituant des prédicats sémantiques) ou avec des prédicats de cardinalité (*bi-*, *multi-*) , et ils sont séparables (13b). Ces caractéristiques rapprochent le type en question de la composition. On trouve rarement dans les dictionnaires des exemples comme ceux recueillis par Rainer (1996), ce qui permet de supposer que le type en question est relativement nouveau.[6]

(13a) (chaleco) antibalas "pare-balles", (aparato) multiusos "multi-usage"

(13b) viviendas bi- y multiplantas, candidaturas extra- o interpartidos

Il faut souligner le rôle tout à fait particulier qui revient à la marque du pluriel des substantifs et à la catégorie sémantique correspondante dans la composition. Le fait que c'est la seule catégorie flexionnelle à apparaître de façon assez régulière dans les produits de la morphologie lexicale oblige à repenser la question du statut morpho-sémantique de cette catégorie et rend plausible la distinction proposée par van Marle (1996) entre une flexion contextuelle (ou flexion d'accord), qui ne serait jamais interne à la formation des mots, et une flexion "inhérente", qui pourrait l'être. De toute évidence, la flexion inhérente qui correspond au pluriel des substantifs produit des changements dans les possibilités dénotationnelles du lexème de base qui ne semblent pas de nature essentiellemment différente aux changements produits par certains procédés dérivationnels.

On peut enfin constater l'existence de tendances à la morphologisation ou à la régularisation des modèles qui impliquent une catégorie flexionnelle encapsulée. Pour ce qui est du pluriel encapsulé dans la composition verbo-nominale, Rainer/Varela (1992:130) supposent pour l'espagnol péninsulaire une nette tendance à généraliser la marque du pluriel dans le type V–N, qui pourrait aboutir à ce que le s final devienne "an empty morpheme constituitive for the type as such" (cf. 14a). Pour ma part, j'ai pu constater pour certaines variétés du Río de la Plata la tendance inverse à la perte de l'exponent du pluriel, qui aboutirait à une régularisation du type esquissé dans (14b).[7]

(14a) $[\text{V–N(e)s}]_{\text{N Sg/Pl}}$ guardabarros lit. "garde-boues"

(14b) $[\text{V–N}]_{\text{N Sg}}$ vs. $[\text{V–N(e)s}]_{\text{N Pl}}$ espantapájaro$_{\text{Sg}}$ vs. espantapájaros $_{\text{Pl}}$

J'interprète aussi comme le résultat d'une tendance à la morphologisation le fait que les exposants des affixes verbaux transcatégorisateurs (infinitif et gérondif), qui sont encapsulés sporadiquement dans la dérivation de noms d'agent à l'aide de suffixes modificateurs, se rangent dans le système des interfixes pré-suffixaux, comme illustré dans (1a), (15a–b):

6 En effet, la plupart des formations préfixales lexicalisées ne présentent pas de pluriel (cf. *antitanque, bicolor, bimotor, biplano, multicolor*) et elles contiennent souvent un suffixe dérivationnel qui empêche l'apparition de l'exponent flexionnel (*anticanónico, bicornio, bidimensional, extrapartidario, intersindical, multicultural*). Pour une analyse des adjectifs correspondants du français (types *antitabac, antituberculeux*), cf. Corbin (1987).

7 Cependant, les résultats préliminaires d'une enquête indiquent que la régularisation par élimination n'est pas indifférente à la sémantique (en effet, le pluriel "interne" semble se maintenir beaucoup mieux quand l'élément verbal exige un argument pluriel, comme dans *junta+palabras*, ou quand l'élément nominal désigne des objets allant normalement par paires, comme dans *lustra+botas*).

(1a) [V+Infinitif]+ Suffixe: baila+r+ín “danseur”, !mete+r+ete “indiscret”; +Gérondif]+Suffixe: !chupa+ndí+n “ivrogne”, quere+nd+ón “affectueux”

(15a) bail-a-r-ín, chup-a-nd-ín, parl-a-nch-ín, cag-a-ch-ín

(15b) met-e-r-ete, volt-er-eta ; quer-e-nd-ón, dorm-i-l-ón, ped-i-g-ón

C’est un type de cas parallèle à celui de la généralisation de l’affixe du pluriel: des éléments flexionnels internes se voient réinterprétés comme des éléments morphologiques sémantiquement vides, de façon analogue au cas mieux connu des *Fugenelemente* dans la composition allemande.

Il est clair que ces résultats, qui confirment la rareté de la flexion encapsulée ou interne, sont une fonction de la conception très restrictive de la composition adoptée ici. En effet, si l’on inclut parmi les composés de l’espagnol les locutions monolexématisées qui sont en origine des dénominations syntagmatiques comportant un substantif et un adjectif, on constate évidemment des morphèmes d’accord en genre encapsulés, p. ex. dans (16a–c):

(16a) $[[\text{baj-o}]_A\ [\text{relieve}]_N]_N$, $[[\text{baj-a}]_A\ [\text{mar}]_N]_N$, $[[\text{medi-o}]_A\ [\text{día}]_N]_N$, $[[\text{medi-a}]_A\ [\text{noche}]_N]_N$

(16b) $[[\text{campo}]_N\ [\text{sant-o}]_A]_N$, $[[\text{hierba}]_N\ [\text{buen-a}]_A]_N$

(16c) $[[\text{cara}]_N\ [\text{dur-a}]_A]_{N,A}$, $[[\text{boca}]_N\ [\text{abiert-a}]_A]_{N,A}$

Or, il me semble qu’il y a de bonnes raisons pour ne pas attribuer à ces types le statut de composés: leur structure interne correspond entièrement à celle d’un syntagme nominal, et ils ne constituent pas de modèles pour la création lexicale analogique. Cette dernière affirmation doit pourtant être nuancée pour le type (16c). Ce type produit des “noms qualifiants” métonymiques (et de ce fait exocentriques), qui présentent très souvent une syntaxe adjectivale, et semble être un modèle productif. Dans certaines variétés américaines et dans un registre familier, il y a ici un procédé de composition en voie de constitution, qui semble faire concurrence au type morphologique N-i-A pour la formation d’adjectifs métonymiques (cf. *man+i+rroto* vs. *mano abierta*).

La dérivation suffixale à partir de composés et de bases syntagmatiques soulève toute une série de questions assez délicates, auxquelles l’examen des données dont je dispose ne permet pas de donner de réponses définitives. [8] Il s’agit de savoir, par exemple, si la contrainte sur les bases supra-lexématiques est valable exclusivement pour les bases syntagmatiques ou – comme le suggérent les modèles de morphologie ordonnée pour lesquels la dérivation est idéellement antérieure à la composition (Scalise 1994:92) – pour les bases syntagmatiques et pour les bases composées. Il s’agit aussi de déterminer quel est le rôle exacte de la lexicalisation et d’éventuelles contraintes globales sur la

[8] Notons que la liste des dérivés à partir de bases syntagmatiques pourrait être considérablement élargie si on considérait aussi les formations avec des préfixes qui coïncident formellement et sémantiquement avec des prépositions comme des dérivés à partir de syntagmes, une démarche sugggérée dans Coseriu (1977). Il s’agit des cas du type *embotellar, ensombrecer, entronizar, entrecomillar, entrevigar, sobrehilar, sobresolar*. Des analyses de ce type ont été developpées par Weidenbusch (1993) pour le français. Zwanenburg (1992) adopte une analyse parallèle pour le type *enchaîner*, qui d´après lui n’est pas le résultat d’un processus morphologique mais de la conversion d’un syntagme. Mais il y a ici des difficultés qui concernent (a) le rapport entre les formations dénominales en *en–* et les formations déadjectivales (esp. *embellecer*, fr. *embellir*) et (b) les cas dans lesquels le N correpond sémantiquement à l’entité localisée et non pas au localisateur (esp. *empedrar*, fr. *empoisonner*), car ici le syntagme prépositionnel qui pourrait fournir la base ne correspond pas à la structure de motivation.

complexité morphologique ou sur la simple longueur des bases et/ou des dérivés. Je ne crois pas qu'on puisse se passer ici d'enquêtes sur l'acceptabilité et l'interprétabilité des formations, ni de dépouillements permettant de recueillir davantage de formations *ad-hoc* . Cependant, le petit nombre de dérivés attestés à partir de ces bases permet un certain nombre de conclusions.

La dérivation à partir de bases complexes, qu'elles soient en origine des composés ou des syntagmes, semble être soumise à une condition d'opacité: moins leur statut de mots complexes est transparent, plus elles semblent disponibles pour la dérivation. C'est ainsi que, parmi les composés, ce sont en particulier les composés sémantiquement opaques (17a) ainsi que ceux formés sur des modèles non-productifs (17b) qui donnent lieu à des dérivés suffixaux:

(17a) V–N: [[para]$_V$ [caídas]$_N$]$_N$ > paracaidista, paracaidismo; [[papa]$_V$ [natas]$_N$]$_N$ > papanatería ; [[para]$_V$ [aguas]$_N$]$_N$ > paragüero, paraguazo

(17b) N–N: [[balón]$_N$ [cesto]$_N$]$_N$ > baloncestista ; [[mani]$_N$ [obra]$_N$]$_N$ > maniobrar, maniobrero, [[manu]$_N$ [factura]$_N$]$_N$ manufacturar, manufacturación, manufacturero

Cette liste n'est certes pas exhaustive, mais il faut souligner que le nombre de dérivés attestés à partir de composés s'avère être très petit par rapport, p.ex. au nombre des composés verbo-nominaux. Ceux-ci désignent en général des objets ou des personnes et remplissent ainsi les conditions sémantiques pour constituer la base de nombreux procédés dérivationnels. Mais ils sont rares comme bases de dérivation.

Pour ce qui est des syntagmes lexicalisés et/ou des mots transcatégorisés, il est intéressant de constater que des suffixes autres que ceux identifiés par Rainer/Varela (1992:138) comme disponibles pour la dérivation à partir de bases polylexicales[9] sont occasionnellement appliqués à ce genre de bases, sous condition qu'elles soient sémantiquement opaques et qu'elles présentent, le cas échéant, des phénomènes de *soudure* (externalisation de la flexion, réductions vocaliques), comme p.ex dans (18a–b).

(18a) aguardent+oso < aguardiente "eau-de-vie" , pl. aguardientes < agua ardiente "eau brûlante"

(18b) por menor lit."par mineur" > [pormenor]$_N$ "détail" >pormenorizar; sin vergüenza "sans honte" > [sinvergüenza]$_{N,A}$ "fripon"> sinvergüencería, sinvergüencismo, sinvergüenzada, sinvergüencear

Parmi les suffixes qui s'appliquent à des bases polylexicales, il y a deux suffixes apparentés, *-ista* e *-ismo,* qui présentent dans la langue contemporaine une disponibilité particulière pour la combinaison avec ce type de base. J'ai l'impression que la plupart des néologismes occasionnels répondent à ce modèle, et des observations semblables ont été formulés pour l'italien et pour le français par Scalise (1992) et par Fradin (1995), respectivement. Ce comportement particulier semble aller de paire avec le fait qu'il s'agit de deux suffixes extrémement productifs qui développent, dans l'un des modèles de lexicalisation dominants, un sens presque lexématique, à savoir "partisan/adhérent de" pour *-ista* et "courant d'opinion, position" pour *-ismo.*

9 D'après ces auteurs, il s'agit des suffixes *-ista*, *-ismo*, *-ero*, *-esco*, *-ar* verbal, *-ería*, *-ez,* ainsi que des suffixes ethniques. Il va sans dire que cette restriction vaut pour la suffixation globale du syntagme, et non pour celle qui se sert d'un dérivé préexistant de l'une des composantes du syntagme, comme dans (5b) ci-dessus.

L'opacité des bases complexes est de nature graduelle, et elle caractérise aussi les syntagmes lexicalisés. En effet, ces constructions sont caractérisées par le fait d'être des combinaisons usuelles qui véhiculent une signification non-compositionnelle, obtenue, comme l'explique Fradin (1995), de façon externe. Rien n'empêche, comme le suggère Fradin, de supposer qu'il s'agit d'unités lexicales qui méritent une entrée lexicale propre d'un format donné, et qu'elles peuvent de ce fait être soumises aux règles dérivationnelles. Cette solution technique possède un contenu explicatif non-négligeable, puisqu'elle fait du statut d'entrée lexicale la condition nécessaire pour l'opération des règles de la morphologie lexicale.[10] Cependant, je voudrais attirer l'attention sur deux difficultés, les deux d'ordre méthodologique. Tout d'abord, il y a danger de circularité dans l'explication chaque fois que la base polylexicale en question n'est attestée dans sa signification non-compositionnelle, idiomatique ou terminologique que dans le dérivé suffixal dont la possibilité même nous voulons justifier par cette signification non-compositionnelle de la base. Les exemples (4), repris ici par commodité, illustrent cette difficulté:

(4) Syntagme libre + Dérivation

> (agua fresca "eau fraîche">) aguafresquera "vendeuse d'eau fraîche"(Bustos 1986), (agua agria "eau acide">) aguagriero "curiste" (Bustos 1986), (ropa vieja "vieux habits">) ropavejero "fripier", (siete meses "sept mois">) sietemesino "prématuré", (veinte años "vingt ans">) veinteañero

Etant donné que *siete meses* n'acquiert le sens idiomatique de "sept mois de gestation" que dans le dérivé *sietemesino*, et que *veinte años* ne désigne la tranche d'âge comprise entre les 20 et les 30 ans pour les êtres humains que dans *veinteañero,* il est difficile de faire dépendre la possibilité de la dérivation de l'existence de ce sens idiomatique.

D'autre part, et cela me semble l'objection la plus sérieuse, je ne crois pas exagérer en supposant qu'il y a, en espagnol, des milliers d'unités polylexicales ainsi définissables. Or, par rapport à ces bases potentielles, il faut avouer que la dérivation suffixale reste exceptionnelle. Si l'on conçoit le "coût" des règles de formation de mots en termes de quotient entre ce qu'elles prédisent comme possible et ce qui est effectivement attesté ou attestable, il est clair que le fait d'admettre des unités polylexicales dans le domaine d'application des règles de dérivation élève considérablement le coût de ces règles.

Tant la rareté des dérivés à partir de bases polylexicales que la condition d'opacité à laquelle elles semblent soumises indiquent qu'il existe une préférence pour les bases mono-lexicales dans la dérivation. Il n'en va pas autrement des stratégies d'adaptation constatées par Rainer/Varela (1992:138), c.-à-d. des différents suppresions ou substitutions qui ont pour effet une simplification partielle des bases complexes, comme dans *Río de la Plata > rioplatense/ platense*, *Buenos Aires > bonaerense*, *media pensión > mediopensionista*. La même tendance est à l'œuvre dans les exemples du type (9c), où seul un élément d'une base de motivation complexe fournit la base morphologique. De toute évidence, les locuteurs s'orientent – dans l'actualisation et dans l'adoption des mots dérivés – tendentiellement par une contrainte qui vise à exclure les bases polylexicales. Les questions générales que je voudrais poser pour conclure tournent autour de la

[10] Dans le même esprit, Corbin (1991) et Scalise (1992) admettent que la lexicalisation des unités complexes (des mots transcatégorisés dans le premier cas, des composés "étroits" dans le second) en fait des bases potentielles pour la dérivation.

nature de cette contrainte et du rôle qu'elle peut ou doit jouer dans l'analyse et la description morphologique.

La nature de la contrainte sur les bases supra-lexématiques ne semble pas essentiellement différente de celle d'autres principes restrictifs qui font l'objet de discussion en morphologie lexicale, comme le principe de l'unicité catégorielle des bases de la dérivation, le principe de l'orientation ou de la directionnalité de la dérivation, ainsi que d'autres moins universellement admis, comme celui du lien bi-univoque entre expression et contenu et celui, plus discutable, de la tête-à-droite dans les composés (Di Sciullo/Williams 1987). Ces principes ont été formulés pour rendre compte d'observations empiriques. Ils offrent tous une perspective analytique ou heuristique, c.-à-d. ils permettent de formuler des questions et de mettre en évidence des régularités qui resteraient autrement cachées. Par exemple, le rôle tout à fait particulier du pluriel dans la formation des mots, qui amène à se poser des questions sur le statut morpho-sémantique de cette catégorie, ne peut être découvert qu'à partir d'une perspective analytique dans laquelle les éléments flexionnels structurellement internes posent un problème. D'autre part, l'hypothèse de la tête-à-droite – même si on ne l'accepte pas – contribue de façon indirecte à expliquer quels sont les facteurs qui conspirent contre le développement d'une composition nominale au sens stricte dans des langues comme les langues romanes, qui présentent à la fois l'ordre Déterminé – Déterminant et la flexion à la marge droite du mot.[11] La valeur heuristique de ces principes semble donc indubitable, et le fait de constater qu'ils ont une validité tendencielle et non absolue n'infirme pas cette valeur.

Il est plus difficile de décider si des principes restrictifs dont la validité est tendencielle peuvent remplir une autre tâche, qui semble plus urgente dans l'etat actuel des études sur la formation des mots, à savoir, celle de fournir des éléments pour le choix entre des analyses concurrentes d'un même phénomène. On constate, en effet, une prolifération considérable d'analyses alternatives qui rendent nécessaires des critères d'évaluation généraux et réalistes. Or, les faits que nous venons de voir ne me semblent pas infirmer la possibilité de se servir de la contrainte sur les bases supra-lexématiques comme un critère de choix, qui devrait nous faire préférer – toutes autres choses pareilles –, de deux analyses possibles, celle qui ne fait pas appel à des syntagmes ou à des formes fléchies comme bases.

Bibliographie

Anderson, S. R. (1992), *A-Morphous Morphology*. Cambridge.

Booij, G. E. (1992), Compounding in Dutch. *Rivista di Linguistica* 4/1: 97–116.

Booij, G. E. (1996), Inherent versus contextual inflection and the split morphology hypothesis. In: Booij, G. M./Marle, J. van (eds) (1996), *Yearbook of Morphology* 1995. Dordrecht: 1–16.

Burger, H. et al. (1982), *Handbuch der Phraseologie*. Berlin.

[11] En effet, pour des langues qui présentent ces deux caractéristiques, il n'y a que des solutions non-optimales pour le problème de la flexion des composés: ou bien elles adoptent la flexion à droite, en marge de mot, et dans ce cas le déterminé ou tête du composé ne coïncide pas avec le site des marques morphologiques qui affectent globalement le composé (comme p. ex. dans *telaraña*, pluriel *telarañas*), ou bien elles maintiennent le déterminé comme site des marques morphologiques, et dans ce cas la flexion interne à la construction empêche la soudure des éléments (comme p. ex. dans *hombre rana*, pluriel *hombres rana*), ou, troisième solution, elles n'infléchissent pas les composés (comme p. ex. dans *verde esmeralda*, pluriel *verde esmeralda*).

Bustos Gisbert, E. (1986), *La composición nominal en español*. Salamanca.
Corbin, D. (1987), *Morphologie dérivationnelle et structuration du lexique*. Tübingen.
Corbin, D. (1991), Introduction. La formation des mots: structure et interprétations. *Lexique* 10: 7–30.
Corbin, D. (1992), Hypothèses sur les frontières de la composition nominale. *Cahiers de Grammaire* 17: 25–55.
Coseriu, E. (1977), In: Brekle, H. E./Kastovsky, D. (Hg) (1977), *Perspektiven der Wortbildungsforschung*. Bonn: 48–61.
Di Sciullo, A. M./Williams, E. (1987), *On the Definition of Word*. Cambridge MA.
Dressler, W. (1988), Preferences vs strict universals in morphology: word-based rules. In: Hammond, M./Noonan, M. (eds) (1988), *Theoretical Morphology*. San Diego: 143–153.
Fradin, B. (1995), La dérivation à partir d'unités polylexicales. *XXI Congresso internazionale di linguistica e filologia romanza*. Palermo.
Haspelmath, M. (1993), The diachronic externalization of inflection. *Linguistics* 31: 279–309.
Laca, B. (1986), *Die Wortbildung als Grammatik des Wortschatzes*. Tübingen.
Lang, J. (1987), Wortbildung und wiederholte Rede. In: Dietrich, W. et al. (Hg) (1987), *Grammatik und Wortbildung romanischer Sprachen*. Tübingen: 171–186.
Marle, J. v. (1996), The unity of morphology: on the interwovennes of the derivational and inflectional dimension of the word. In: Booij, G. E../Marle, J. van (eds) (1996), *Yearbook of Morphology 1995*. Dordrecht: 67–82.
Matthews, P. H. (1991²), *Morphology*. Cambridge.
Rainer, F. (1993), *Spanische Wortbildungslehre*. Tübingen.
Rainer, F. (1996), Inflection inside derivation: evidence from Spanish and Portuguese. In: Booij, G. E../Marle, J. van (eds) (1996), *Yearbook of Morphology 1995*. Dordrecht: 83–92.
Rainer, F./Varela, S. (1992), Compounding in Spanish. *Rivista di Linguistica* 4/1: 117–142.
Scalise, S. (1992), Compounding in Italian. *Rivista di Linguistica* 4/1: 175–199.
Scalise, S. (1994), *Morfologia*. Bologna.
Sechehaye, A. (1921), Locutions et composés. *Journal de Psychologie Normale et Pathologique* 18: 654–675.
Spencer, A. (1991), *Morphological Theory: An Introduction to Word Structure in Generative Grammar*. Oxford/Cambridge.
Weidenbusch, W. (1993), *Funktionen der Präfigierung. Präpositionale Elemente in der Wortbildung des Französischen*. Tübingen.
Zwanenburg, W. (1992), Compounding in French. *Rivista di Linguistica* 4/1: 221–240.

Marek Nekula (Brno)

Diminutive bei Franz Kafka

In den Werken Franz Kafkas – insbesondere im *Schloß*[1] – fällt eine hohe Frequenz der (synthetischen) Diminutive auf, die im Vergleich z. B. mit dem Italienischen oder – was ja im Zusammenhang mit Franz Kafka berechtigt ist – mit dem Tschechischen nicht gerade das Wesensmerkmal des Deutschen sind;[2] ich denke dabei besonders an solche pragmatisch aktiven Verwendungen von Diminutiven, die in der Äußerung keine Darstellungs-, sondern eine Ausdruck- bzw. Appellfunktion haben. Noch auffallender scheint aber, daß Franz Kafka in seinem Manuskript die Anzahl der Diminutive bewußt reduzierte. So stellt sich die Frage, wie die hohe Anzahl der Diminutive bei Franz Kafka zu erklären ist und wodurch ihre Reduktion motiviert wurde.

Sucht man nach einem gemeinsamen Nenner der Diminutive in Kafkas *Schloß,* wird man bald fündig. Die meisten Diminutive, die Kafka verwendet, hängen mehr oder weniger direkt mit den Frauenpersonen seines Romans zusammen. Sie werden also als Charakterisierungsmittel verwendet, durch das diese Personen stilisiert werden.

So werden z. B. *Pep-i* und *Mizz-i,* aber auch *Frieda, Wirtin* oder *Dienstmädchen* sowie Gegenstände und Sachverhalte, die mit ihnen zusammenhängen, im ganzen Roman durch Diminutive gekennzeichnet: *sie springt wie ein Lämmchen* (Kafka 1994:53), *in (ihrem) Zimmerchen* (Kafka 1994:57), *Schiffchen* (Kafka 1994:93), *Nachthäubchen* (Kafka 1994:96), *(sie) saß in unserem Vorgärtchen* (Kafka 1994:102), *Ledertäschchen* (Kafka 1994:125), *an einem Tischchen* (Kafka 1994:134), *wurde von Frieda Mütterchen (genannt)* (Kafka 1983b:186), *Mizziken/Mizzerl/Mizzi* (Kafka 1983b:186), *Dachzimmerchen* (Kafka 1994:201), *kleine Peppi (...) ihre eigenen dicken Beinchen* (Kafka 1994:244), *Öffnen Sie nur, Kleine* (Kafka 1983b:270), *Kindchen* (Kafka 1994:287), *Zimmerchen* (Kafka 1994:294), *Mizzi/Mieze* (Kafka 1983b:300), *mit einem feinen Tüchelchen* (Kafka 1994:344), *ein Kettchen (um den Hals)* (Kafka 1994:348, 362), *jedes Papierchen* (Kafka 1994:351), *in ihrem Zimmerchen* (Kafka 1994:353) und viele andere mehr. Oft verwendet Kafka in diesem Kontext auch idiomatisierte Attribute, deren Konnotationen mit den Effekten einer Diminution vergleichbar sind: *ein Nachthäubchen aus* ***zartem*** *Spitzengewebe, in ihrer* ***winzigen*** *dunklen Kammer* (Kafka 1994:349, Hervorhebung M. N.) usw.

Die Verwendung von Diminutiven zur Charakterisierung von Frauen ist auch in der tschechischen Belletristik üblich.[3] Die so "ausgeschmückte" Frau hat dann, kraß formuliert, etwas Zuckerkandelartiges in sich. Es wäre aber zu einfach, wenn man diese Verwendung der Diminutive – nur weil man sie sonst besonders in den Genres mit "unvollkommenen Menschen" findet[4] – bei Kafka als frauenfeindlich interpretieren würde. Die Diminutive im *Schloß* kommen nämlich nicht nur in der Rede des Erzählers

[1] Geschrieben 1922, erschienen 1926.

[2] Zur Frequenz der Diminutive im Deutschen und Polnischen vgl. Koecke (1994:130-254).

[3] Für die Romane Bohumil Hrabals vgl. Rusínová (1995:190).

[4] Nach Jung (1980), Scheidweiler (1984/1985) u. a. m. sind sie für Märchen typisch, so daß sie gar als Signal dieser Textsorte verstanden werden können.

vor (die ersten drei Kapitel wurden allerdings ursprünglich in der *ich*-Form geschrieben), sondern auch in der Rede und Anrede der Personen, so daß ihre Verwendung eine Widerspiegelung der üblichen Redeweise darstellt.[5]

Außerdem werden die Diminutive bei Kafka auch strategisch, als ein Ausdrucksmittel der sog. Minimalisierungsstrategie verwendet: Bei der Minimalisierungsstrategie wird beispielsweise der Anspruch, den man z. B. durch eine direkte oder indirekte Aufforderung auf den Adressaten stellt, höflich minimalisiert. Statt *Warte (bitte) zwanzig Minuten!* wird höflicher, wenn auch nicht wahrer gesagt: *Könntest du ein Momentchen/Weilchen warten?* Und eben diese Strategie kennt Kafka offensichtlich außerordentlich gut, weil er das Wort *(eine) Weile* fast ausschließlich in der Form *(ein) Weilchen* verwendet, und zwar sogar auch in der Rede des Autors; vgl. z. B. Kafka (1994:52, 117, 126, 128, 168, 181, 334 u. a. m.), Kafka (1983b:146, 455, 465 u. a. m.). Kafka benutzt auch die Variante dieser Redeweise mit dem Wort *Augenblick*. Dieses Wort läßt sich dann mit dem Restriktor *nur* kombinieren (*(...) wartet **nur einen** Augenblick, ich bin sehr müde (...)*; Kafka 1983b:137, ähnlich auch Kafka 1994:128 u.a.), oder es wird analytisch diminuiert: *einen **klein**en Augenblick (bitte)*; vgl. auch *nur ein kleine Frage* (Kafka 1983b:487).

Die Diminutive werden traditionell für eines der wichtigsten Mittel der Expressivität gehalten.[6] Und tatsächlich lösen sich die Sprecher bei und in der Verwendung der Diminutive spontan von den Regeln ihrer (regional gebundenen) Sprache und wechseln halbbewußt zu anderen Kodes. So wurden z. B. in der Familie Karl Wittgensteins bei der Anrede seiner Kinder Vornamen *Miming* (norddt.), *Gretl* (süddt.) und *Lenka*[7] mit drei regional und sprachlich spezifischen Diminutivsuffixen verwendet, die offensichtlich mit der Geschichte der Familie zusammenhängen.[8] Auch der Prager Franz Kafka (1983:186) schwankt vom norddeutschen *Mizziken* zum wienerischen *Mizzerl*, bis er schließlich zum vertraulichen und regional relativ neutralen *Mizzi* findet.

Ähnlich spontan dürften in seine Texte auch Diminutive einschleichen, die im "endgültigen" Text gestrichen werden, obwohl Kafka sonst im *Schloß* sehr wenig ändert und möglichst jedes einmal gestrichene Wort in den "endgültigen" Text wieder einbindet: *ein kleines Dachzimmerchen >>> ein kleines Dachzimmer* (Kafka 1983b:154), *zwischen Gärtchen >>> zwischen Gärten* (Kafka 1983b:333) u.a.m. In diesem zweiten Fall handelt es sich zwar um kein regional spezifisches Suffix, regional bedingt dürfte aber ihre hohe Frequenz sein, die Kafka bei späterer Lektüre bewußt wird und stilistisch als verbesserungsbedürftig erscheint. Das für Böhmen dieser Zeit bedeutende Tschechische (sowie das für Kafkas soziales Umfeld bedeutende Jiddische) zeichnet sich nämlich durch eine hohe Frequenz der synthetischen Diminutive aus. Eine automatische Anwendung isolierter Regeln des Tschechischen im deutschen Text ist im "sprachlich utraquistischen" (bilingualen) Prag besonders im Bereich der rational schwer reflektierbaren Expressivität nicht ausgeschlossen. Ein vergleichbarer Prozeß

[5] Zur prototypischen Verwendung der Diminutive vgl. Dressler/Barbaresi (1994).

[6] Vgl. z. B. Volek (1987).

[7] Der Name *Lenka* ist nicht nur im Tschechischen und Slovakischen, sondern auch im Deutschen bzw. Österreichischen und Ungarischen (*Lenki*) belegt; dazu vgl. Knappová (1978:243). Das diminutive *k*-Suffix ist slawischen Ursprungs.

[8] Zur Geschichte dieser Familie vgl. McGuinness (1988), wo auch die Namen (ebd.:24f) angeführt werden.

läßt sich nämlich im Bereich der Diminutive auch in tschechischen Dialekten in sprachlich gemischten Gebieten Südböhmens beobachten, wo sich das diminutive *i*-Suffix in der Anrede *mami*, *tati* usw. offensichtlich unter dem Einfluß des Deutschen verbreitete.[9]

Dies wäre auch eine Erklärung für die hohe Frequenz des Wortes *Weilchen*. Die weiter oben erwähnte Minimalisierungsstrategie, in der dieses Diminutiv eine wichtige Rolle spielt, ist natürlich auch im Deutschen üblich. Bei ihrem Ausdruck verwendet man im Deutschen verschiedene Mittel: Restriktoren wie *nur*, Abtönungspartikel *mal*[10] sowie Diminutive; eine Rolle spielt auch der unbestimmte Artikel usw. Im Vergleich mit dem Tschechischen ist aber auffällig, daß die Diminutive beim Ausdruck dieser Strategie im Deutschen eine weitaus weniger wichtige Rolle spielen als andere Mittel. Die hohe Frequenz der Diminutive beim Ausdruck dieser Strategie im Tschechischen hat mehrere Gründe, einer davon ist die Absenz einer mit *mal* vergleichbaren Partikel im Tschechischen – ihre Effekte können im Tschechischen eben durch Diminutive oder durch den Aspekt supplementiert werden.[11]

Unter dem Einfluß der tschechischen Kommunikationspraktiken dürften dann beim Ausdruck dieser Strategie die *Weilchen*-Diminutive von Kafka bevorzugt werden. Dafür spricht auch die Tatsache, daß Kafka in diesem Falle nicht die analytische, sondern die synthetische Form wählt, obwohl das Deutsche im Vergleich mit dem Tschechischen weitaus mehr Gewicht auf die analytische Diminution legt,[12] was sich auch in der Übersetzung der deutschen analytischen Diminution durch die tschechische synthetische Diminution widerspiegelt (äquivalent auch umgekehrt): *(...) durch seine* ***kleine*** *Gittertür (...)* (Kafka 1994:40) >>> *(...) jeho zam řížovanymi vrát****ky*** *(...)* (Kafka 1989:38).

Die Plausibilität dieser Erklärung steigt, sobald man die Existenz weiterer Regionalismen bei Kafka in Betracht zieht, die den Verhältnissen im Tschechischen entsprechen und die Kafka bei späterer Lektüre korrigiert, vgl. *eine Mädchen >>> ein Mädchen* (Kafka 1983b:165), *die Weg >>> der Weg* (Kafka 1983b:332), *Tier >>> Tür* (Kafka 1983b:449)[13], *der Gehalt* ('Lohn') >>> *das Gehalt* (Kafka 1983b:487) usw.;[14] weitere interessante Belege finden sich auch in Čermák (1997).

Im Falle Franz Kafkas geht es dabei mehr als um einen äußeren bilingualen Rahmenkontext. Obwohl Franz Kafka sicher nicht bilingual war und obwohl seine aktiven Kenntnisse des Tschechischen bescheidener sein dürften, als von Klaus Wagenbach angenommen, spielte das Tschechische in seinem Leben und im Leben seiner Familie eine wichtige Rolle. So war die Muttersprache seines Vaters Tschechisch, und seine Schwester Ottla heiratete einen Tschechen, so daß in diesem Zweig der Familie auch im privaten Bereich Tschechisch gesprochen wurde. Selbst Kafka lernte als Kind nicht nur das tschechische *škatule, škatule, hejbejte se* (Kinderspiel), sondern er konnte auch tschechische Bücher und Zeitschriften lesen sowie tschechische Übersetzungen seiner Werke mit Verständnis kommentieren.

[9] Vgl. auch Balhar/Jančák (1992:72–80).

[10] Vgl. Hentschel (1991).

[11] Vgl. z. B. Nekula (1994).

[12] Zur Frequenz vgl. Koecke (1994), eine typologische Erklärung dafür in Nekula (1997).

[13] Zur Aussprache des Deutschen in Böhmen z. B. Trost (1965:27).

[14] Im Tschechischen: *dívka* (fem.), *cesta* (fem.), *plat* (masc.).

Erhalten geblieben sind auch seine privaten[15] und amtlichen tschechisch geschriebenen Briefe und Notizen, die zwar einige stilistische und andere Unzulänglichkeiten aufweisen, die aber formal mehr oder weniger korrekt und inhaltlich vollkommen verständlich sind.[16]

So komme ich am Ende auf die Frage zurück, wie die hohe Anzahl der Diminutive in Kafkas *Schloß* zu erklären ist. Sie ist meines Erachtens einerseits auf die bewußt gewählte Stilisierung der Frauenpersonen zurückzuführen, andererseits läßt sie sich aus der regionalen Gebundenheit seiner Sprache erklären, in der einige Praktiken – vielleicht unter dem Einfluß des Tschechischen (Slavischen) – im Vergleich mit der Hochsprache stärker betont werden. Die Diminutive, die sich auf diese Weise in den Text eingeschlichen haben, werden als stilistisch unpassend empfunden und bei späterer Lektüre – oder gleich – wenigstens zum Teil wegkorrigiert.

Bibliographie

Balhar, J./Jančák, P. et al. (1992), *Česky jazykovy atlas.* Bd. 1. Praha.

Čermák, J. (1994), Franz Kafkas Sorgen mit der tschechischen Sprache. – In: K. Krolop/ Zimmermann, H. D. (Hg.), *Kafka und Prag.* Berlin/New York: 59–66.

Čermák, J. (1997), Ediční poznámka. In: F. Kafka, *Proces.* Praha: (im Druck). (= Dílo Franze Kafky).

Dressler, W. U./Barbaresi, L. M. (1994), *Morphopragmatics. Diminutives and intensifiers in Italian, German, and other languages.* Berlin/New York.

Hentschel, E. (1991), Aspect versus particle: Contrasting German and Serbo-Croatian. *Multilingua* 10: 139–149.

Jung, W. (1980[6]), *Grammatik der deutschen Sprache.* (Bearb. v. G. Starke.) Leipzig.

Kafka, F. (1983[2]a), *Das Schloß.* Hg. v. M. Pasley. Frankfurt/M.

Kafka, F. (1983[2]b), *Das Schloß. Apparatband.* Hg. v. M. Pasley. Frankfurt/M.

Kafka, F. (1989[4]), *Zámek. Román.* Übersetzt v. V. Kafka. Praha.

Kafka, F. (1994), *Das Schloß. Roman in der Fassung der Handschrift.* Hg. v. H.-G. Koch. Frankfurt/M.

Knappová, M. (1978), *Jak se bude jmenovat?* Praha.

Koecke, B. (1994), *Diminutive im polnisch-deutschen Übersetzungsvergleich: eine Studie zu Divergenzen und Konvergenzen im Gebrauch einer variierenden Bildung.* München.

McGuinness, B. (1988), *Wittgensteins frühe Jahre.* Übersetzt v. J. Schulte. Frankfurt/M.

Nekula, M. (1994), *Mal* und seine funktionalen Äquivalente im Tschechischen. *Germanistica Pragensia* 12: 99–108.

Nekula, M. (1997), *Text und Kontext am Beispiel der Konjunktionen.* Brno. (Habilitationsschrift).

Northey, A. (1988), *Kafkas Mischpoche.* Berlin.

Rusínová, Z. (1995), Deminutivní modifikace z hlediska pragmalingvistického. In: P. Karlík, P./Pleskalová, J./Rusínová, Z. (eds), *Pocta Dušanu Šlosarovi.* Brno: 187–193.

Scheidweiler, G. (1984/1985), Zur Konnotation der Diminutivsuffixe *-chen* und *-lein* – prosaisch oder poetisch? *Muttersprache* 95: 69–79.

Trost, P. (1964), Franz Kafka und das Prager Deutsch. *Germanistica Pragensia* 3: 29-37.

Trost, P. (1965), Deutsch-tschechische Zweisprachigkeit. In: Havránek. B./Fischer, R. (Hg) (1965), *Deutsch-tschechische Beziehungen im Bereich der Sprache und Kultur.* Berlin: 21–28.

---

[15] An den Schwager Josef David.

[16] Vgl. *Quellen.*

Trost, P. (1995), *Studie o jazycích a literatuře*. Praha.
Volek, B. (1987), *Emotive signs in language and semantic functioning of derived nouns in Russian*. Amsterdam.
Wagenbach, K. (1964/1991), *Kafka*. Reinbek bei Hamburg.

Quellen

1) *Památník národního písemnictví. Literární archiv*. Pozůstalost Franze Kafky.
2) *Státní ústřední archiv v Praze*. (a) Úrazová pojišťovna dělnická pro Čechy v Praze. (b) Zemsky úřad. Oddíl sociální, zdravotní, veterinární.
3) *Státní ústřední archiv v Praze*. Policejní ředitelství v Praze.
4) *Archiv města Prahy*. (a) Školní katalogy. (b) Deutsches Staats-Gymnasium zu Prag-Altstadt

(Die Kopien der Archivmaterialien wurden mir von der *Společnost Franze Kafky* (Praha) zur Verfügung gestellt, für die sie Frau Marie Stupková sammelte.)

Dietmar Rösler (Gießen)

Die Form zum Sprechen bringen? Universitäre Grammatikarbeit mit Übungsbüchern für Fortgeschrittene

Eine der Illusionen des institutionell gesteuerten Fremdsprachenlernens besteht in der Annahme, daß Lernende, die einen bestimmten Sprachlehrgang durchlaufen und eine entsprechende Prüfung abgelegt haben, die also z. B. das Zertifikat Deutsch als Fremdsprache oder einen abiturähnlichen Schulabschluß in der Fremdsprache haben, die in dem Lehrgang behandelten Strukturen auch dann beherrschen, wenn diese nicht lediglich in einem speziell auf das jeweilige Grammatikphänomen hin entworfenen Test, sondern in "freier Wildbahn" verwendet werden sollen.[1] Während letzteres bei einem Teil der Lernenden durchaus der Fall ist, sind bei anderen beträchtliche Diskrepanzen zwischen dem angeblich Gelernten und dem tatsächlich Beherrschten anzutreffen. Für diese kann es die unterschiedlichsten Gründe geben: sie reichen von individuell erklärbaren Unterschieden bis hin zu der Tatsache, daß in einem Land Curricula, die angeblich zu einem gleichartigen Sprachstand führen sollen, in Wirklichkeit aufgrund der unterschiedlichen Umsetzung der Rahmenanforderungen zu höchst unterschiedlichen Fertigkeitsprofilen führen können.

Arbeitet ein Deutschlernender, der nach einer stärker kommunikativ ausgerichteten Interpretation des Curriculums vielleicht mit größeren Schwächen im Bereich des korrekten Schreibens versehen ist, nach dem Spracherwerb mit der deutschen Sprache als *face-to-face* oder telefonisch agierender Berater oder Verkäufer, so werden die bei ihm vielleicht weiter entwickelten kommunikativen Fähigkeiten seine schriftsprachlichen Korrektheitsdefizite leicht vergessen lassen. Studiert die gleiche Person hingegen nach ihrem Deutschkurs Germanistik, wird sie, zumindest wenn sie dies in einer Institution tut, die von der kommunikativen Welle nicht so überrannt wurde, daß sie von Studierenden einer Sprache noch ein gewisses Minimum an Sprachreflexion und korrekter Strukturbeherrschung erwartet,[2] mit dem gleichen Profil als Lernender mit einem Defizit wahrgenommen.

Die aufnehmenden Institutionen müssen sich in diesem Fall mit der Frage auseinandersetzen, wie sie mit Lernenden umgehen, deren erreichter Sprachstand im Hinblick auf Wortschatz, kommunikative Strategien usw. einerseits und sprachliche Strukturen andererseits sich am besten mit einer weit geöffneten Schere verbildlichen läßt.

Unterstellen wir (vielleicht etwas optimistisch) einmal, daß es sich bei diesen Institutionen um aufgeklärte handelt, deren Tun nicht angeleitet ist durch die Vorstellung des Sprachsystemerwerbs als Selbstzweck,[3] sondern die sich um den Grad der Strukturbeherrschung ihrer Lernenden Sorgen machen, da dieser es ihnen nicht erlaubt, sich nuan-

---

[1] Vgl. Weydt (1993) als Versuch, anhand 'metaphorischer' statistischer Darstellungen den Grammatikanteil am Lernaufwand für verschiedene Lernphasen im Hinblick auf Faktoren wie Alter, Systemdistanz von Ausgangs- und Zielsprache, Lernerpersönlichkeit usw. zu veranschaulichen.

[2] Vgl. als konkretes Beispiel für universitäre Reaktionen auf schulische Verselbständigungen des Kommunikativen einige der Beiträge in Harden/Marsh (1993).

[3] Und die nicht unbeträchtliche Energien darauf verwenden, für die Abschlußprüfung möglichst spitzfindige Aufgaben zu entwickeln wie z. B. einen Lückentext, mit dem man möglichst archaische Konjunktivformen für die Wiedergabe einer Aussage in indirekter Rede elizitieren kann.

ciert auszudrücken oder komplexere Texte fachlicher oder ästhetischer Art angemessen zu verstehen oder gar zu produzieren. Für diese Institutionen stellt sich die Frage: Kann man die Formen funktional zum Sprechen und Schreiben bringen, ohne daß sie sich dabei verselbständigen, und möglichst auch ohne den drohenden Unterton, den ein "wir werden Euch schon zum Sprechen bringen" hat? Mein etwas pessimistischer Eindruck nach dreizehn Jahren universitärer Deutschlernorganisationserfahrung im englischsprachigen Raum ist, daß dies wohl nur eher eingeschränkt möglich ist.

Wenn man sich die sprachwissenschaftlichen Grammatiken des Deutschen ansieht, stellt man fest, daß deren Verfasser offenbar alle Hände voll damit zu tun gehabt haben, den Formenreichtum der Sprache selbst systematisiert angemessen zu Papier zu bringen. Welche Chance haben dann Fremdsprachenlehrer, die ja Form zusammen mit ihren Verwendungsweisen nicht nur darstellen, sondern sie auch so vermitteln müßten, daß die Lernenden sie text- und kontext angemessen verwenden? Keine? Oder vielleicht doch eine etwas größere, als es unsere Lehr- und Lernpraxis uns manchmal glauben macht?

Die Grammatikvermittlung an der Universität verläuft je nach Lernergruppe und Lernzielen unterschiedlich. Bei Anfängern[4] ist eine ausgearbeitete Grammatikprogression und vor allem eine klare Vorentscheidung über Steilheit oder Flachheit der Progression notwendig.

Einer besonderen Progression[5] gehorcht das Grammatiklernen, wenn man es nicht mit dem Lernziel Gemeinsprache, sondern mit einer Fach- und Fertigkeitsspezifik zu tun hat, zum Beispiel mit einem reinen Leseverständniskurs für Fachwissenschaftler, bei dem die Grammatik eine besonders intensive Rolle zu spielen hat.

Ein Gegenstand wie das erweiterte Partizipialattribut z. B., im gemeinsprachlichen Unterricht für den produktiven Bereich ein Kandidat für einen sehr späten Progressionsort, wird im fachsprachlichen Unterricht relativ früh eine Behandlung benötigen, eine "Knackanweisung" für diese für die Leser doch recht komplexe Konstruktion. Abb. 1 (S. 259) zeigt so eine Lesehilfe aus einem Fachsprachenlehrwerk für den Bereich Wirtschaft.

Bestimmte Aspekte, die beim gemeinsprachlichen Unterricht eine Rolle spielen, wird man jedoch weglassen können. Für das Leseverständnis ist es z. B. unerheblich, daß man einen grammatischen Unterschied zwischen *ausgelassenes Kind* und *ausgelassene Butter* zeigen kann, die Bedeutungsunterschiede werden durch die Arbeit mit dem Wörterbuch erfaßt, darüber Hinausgehendes ist zwar evtl. für die Lernenden interessant und als Sprachreflexion auch motivierend, unter dem reinen Rezeptionsgesichtspunkt jedoch überflüssig. Im produktiven Bereich jedoch muß ein Lerner noch eine zusätzli-

---

4 In Anfängerkursen kann entweder die Grammatikdarstellung komplett zusammenhängend am Ende des Lehrbuchs erscheinen (wobei man in den Lektionen auf eine bestimmte Stelle verweisen kann wie zum Beispiel mit der ausgestreckten Hand im Lehrwerk *Themen*) oder im Lehrwerk in den Lektionen selbst vorkommen, wie das in den meisten gängigen Deutsch als Fremdsprache Lehrwerken der Fall ist, wobei sich weitgehend das Konzept der konzentrischen Grammatikdarstellung durchgesetzt hat, bei der die Systemhaftigkeit von Sprache durch Leerstellen angedeutet werden kann. D. h. der noch zum Paradigma gehörende Teil, der zu einem bestimmten Zeitpunkt noch nicht eingeführt ist, wird zumindest per Platzhalter angedeutet.

5 Rezeptiv ausgerichtete Grammatikdarstellungen wie die von Bernstein (1990) haben auf die Unterschiede hingewiesen: so findet man in fachspezifischen Lesekursen z. B. die gleichzeitige Behandlung aller Varianten von Verben, eine frühe Beschäftigung mit dem Passiv, ein besonderes Augenmerk auf Konjunktionen und Präpositionen usw.

che Information speichern, um Sätze wie *ich habe das Kind ausgelassen*, parallel zu *ich habe die Butter ausgelassen* zu vermeiden.

Im Gegensatz zu den gemein- und fachsprachlichen Anfängern ist für die Gruppe der fortgeschrittenen Lernenden mit ihren jeweils individuellen Defiziten im grammatischen Bereich die Frage nach der Grammatikdarstellung in Lehrwerken weniger wichtig als die nach speziellen Übungsmöglichkeiten für ihre jeweiligen Problembereiche, die man vorwiegend noch in gesonderten Grammatikübungsbüchern findet. Im folgenden sollen zwei dieser Übungsbücher[6] einer genaueren Analyse unterzogen werden; ausgewählt wurden zwei Extreme, das sehr erfolgreiche, sich auf die Übung von Formen konzentrierende *Lehr- und Übungsbuch der deutschen Grammatik* (Dreyer/Schmitt 1985) und *Grammatik mit Sinn und Verstand* (Rug/Tomaszewski 1993), ein Übungsbuch, das versucht, die Vermittlung von Formen und Funktionen zu verbinden. Im Detail geschehen soll dies anhand der Betrachtung der produktiven und rezeptiven Vermittlung des erweiterten Partizipialattributs, die, wie soeben am Beispiel Leseverständnis für Fachsprachler gezeigt, rein rezeptiv relativ einfach mit einer Strategie zum Knacken der Norminalphrase möglich ist.

In Dreyer/Schmitt 1985 finden sich zunächst Beispiele und Regeln über die Erweiterungen der Partizipien und erweiterte Partizipien als Adjektivattribute (vgl. ebd.:212f), danach genauere Regeln zur Partizipialkonstruktion mit transitiven und intransitiven Verben und zur Partizipialkonstruktion mit Zustandspassiv (vgl. ebd.:213ff). Die Regelformulierung erfolgt auf einer Ebene, die bei den Lernenden einen fortgeschrittenen metasprachlichen Sprachstand (und eine Vorstellung von Partizipialkonstruktionen als Phänomen, das in Relativsätzen ausgedrückt werden kann) voraussetzt:

> Die Partizipialkonstruktion mit dem Partizip Perfekt bezeichnet passive Handlungen, Zustände oder Vorgänge. Die erkennt man aus dem Relativsatz im Passiv. Die für den Relativsatz notwendige Zeit ist gleichzeitig, wenn es sich um Regeln oder Gesetze handelt. In den meisten Fällen ist aber das Geschehen in der Partizipialkonstruktion schon vergangen, so daß im Relativsatz der Zeitenwechsel (Perfekt oder Plusquamperfekt) stehen muß (ebd.:214).

Auf diese insgesamt drei Seiten mit Beispielen und Regeln folgen zwei Seiten mit fünf Übungen. Als erstes eine Übung mit der Anweisung: "Bilden Sie aus dem Relativsatz eine Partizipialkonstruktion mit dem Partizip I" (ebd.:215). Der Anweisung folgt ein Beispielstimulus mit Beispielantwort: "die Banditen, die auf die Polizei schießen – die auf die Polizei *schießenden* Banditen". Danach gibt es zehn Übungssätze, alle aus dem Kontext Gangster, Gefangene, Wächter, Häftlinge. Die zweite Übung lautet: "Bilden Sie aus dem Relativsatz eine Partizipialkonstruktion mit dem Partizip II" (ebd.:216). Hier finden wir zehn Umformungssätze aus dem Themenkontext Museum.

Übung 3 fordert von den Lernenden: "Bilden Sie aus den Relativsätzen Partizipialkonstruktionen" (ebd.). Diesmal geht es thematisch ums Wetter – "ein Tiefdruckgebiet, das von den Küsten Südenglands nach Südosten zieht, wird morgen Deutschland erreichen" (ebd.). In dieser Übung müssen die Lernenden entscheiden, ob sie das Partizip I oder II verwenden, auf jeden Fall aber müssen sie aus Relativsätzen Partizipialkonstruktionen bilden. Die vierte Übung behandelt die Umkehrung, die Produktion von Relativsätzen: "Bilden Sie aus den Partizipialkonstruktionen Relativsätze" (ebd.:217).

[6] Vgl. als Überblick über vorhandene Übungsbücher Goethe-Institut (1996), eine jährlich aktualisierte Bibliographie von DaF–Lehrmaterial.

Hier geht es um eine Gasleitung und Schäden bei einer Explosion. Als krönender Abschluß die fünfte Übung: "Bilden Sie Partizipialkonstruktionen" (ebd.), acht Übungssätze aus dem Kontext Zoo und Zirkus: "Im Zoo von San Francisco lebte ein Löwe, der mit beiden Augen in jeweils verschiedene Richtungen schielte" (ebd.) .

Viermal sollen also Partizipialkonstruktionen gebildet werden, einmal sollen sie in einen Relativsatz umgewandelt werden, letzteres wird aber nicht speziell als Verstehenshilfe deklariert, sondern steht recht unmotiviert inmitten der Produktionsübungen.

Als Lernender muß man den Eindruck erhalten, erweiterte Partizipien und Relativsätze seien beliebig austauschbar: weder die Kontexte noch die Themen geben einem auch nur den geringsten Hinweis darauf, wann welche Form verwendet werden sollte. Man könnte als Lernender zu dem Schluß kommen, daß man auf die erweiterten Partizipialkonstruktionen eigentlich auch verzichten könne, da der schon gelernte oder einem als leichter lernbar erscheinende Relativsatz einen ohnehin alles ausdrücken lasse. Anders die Behandlung von erweiterten Partizipien in *Grammatik mit Sinn und Verstand*, das mit einem hohen Anspruch ans Werk geht:

> Man hört oft, Grammatik, besonders die deutsche, sei pedantisch und langweilig. Wir meinen, Beschäftigung mit Grammatik ist intelligent und klug, sie erschließt die Schönheit der Sprache, und, last not least, sie macht Spaß. Das Buch möchte Verständnis für sprachliche Formen und Regeln schaffen, und es soll sensibel machen für die Verwendung der deutschen Sprache beim Schreiben und beim Sprechen. (Rug/Tomaszewski 1993:4)

heißt es im Vorwort.

In jedem der insgesamt zwanzig Grammatikkapitel[7] dieses Buches gibt es einen Überblick über die wichtigsten Regeln,[8] *Grammatik im Kasten* genannt, gefolgt von weiteren Erklärungen und Übungen.[9]

Die erweiterten Partizipialattribute findet man in diesem Buch in Kapitel 16, das den Titel trägt *Genauer gesagt. Attribution.* Schlägt man diese Lektion auf, trifft man als erstes auf einen Text von Karl Valentin – *Im Hutladen.* Dem folgen Texte von Thomas Bernhard, Robert Gernhardt, ein Auszug aus Franz Schuberts Schwanengesang, ein Kurztext über die alemannische Fastnacht, ein Gedicht und ein kurzer Text von Walter Jens über Rosa Luxemburg. In der Lektion wird versucht, die grammatischen Formen möglichst im Zusammenhang mit Informationen zu ihrer stilistischen Wirkung und ihren Funktionen in Texten zu vermitteln. Es geht in diesem Kapitel daher nicht einfach um Partizipialkonstruktionen oder um Relativsätze oder um Genitivattribute, sondern um die verschiedenen sprachlichen Mittel, die einem Sprecher/Schreiber zur Verfügung stehen, um etwas Bestimmtes auszudrücken. In *Grammatik im Kasten* erfahren die Ler-

---

[7] Die zwanzig Kapitel des Buches beziehen sich auf: Grundverben, Konjunktiv II, Verbformen, Zeit und Tempus, Aktiv und Passiv, Negation, Satzbau, Konjunktionen, es-man-sich-da-so-zu, Indirekte Rede und Konjunktiv I, Aufforderungen, Präpositionen, Nominalisierung, Artikelwörter, Adjektive und Adverbien, Attribution, Nomen-Verb-Verbindungen, Orthographie und Zeichensetzung, Redepartikel und Gesprochene Umgangssprache, wobei die bunte Terminologie-Mischung schon zeigt, daß hier keine Puristen am Werk waren.

[8] In manchen Kapiteln gibt es lange Listen mit sprachlichem Material, z. B. zu Verben mit trennbaren Vorsilben (53f), Konjunktionen (128f), Präpositionen (170–175), Funktionsverbgefügen (255–259) oder Modalpartikeln, hier Redepartikeln genannt (284–291).

[9] Wobei die Übungen in sechs Schwierigkeitsstufen unterteilt werden, von "sehr leichte Aufgabe" bis zu "Übungen zum Stil: Hier gibt es kaum 'klare' Regeln; man sollte am besten mit Deutschen diskutieren" und "Übungen zum Stil für absolute Könner, für Stilisten und Sprachspieler".

nenden zuerst: "Attribution ist ein Mittel zur Genauigkeit. Durch Attribution wird etwas genauer beschrieben, z. B. ein Gegenstand: nicht mehr irgendein unbestimmter, sondern ein besonderer Gegenstand" (ebd.:242). Danach werden acht verschiedene Möglichkeiten der Attribution vorgeführt, wobei geschickterweise durch die Erklärung dieser Möglichkeiten gleich ein Beispiel mitgeliefert wird:

> 1. durch verschiedene Adjektive (...)
> 2. durch mit Adjektivendungen versehene und meist mit zusätzlichen Informationen erweiterte Partizipien (PI/PII) (...)
> 3. durch Relativsätze, die sich nach einem Komma an das Nomen anschließen (...)
> 4. durch verkürzte Sätze, nach einem Komma hinter dem Nomen stehend (...)
> 5. durch Attribution hinter dem Nomen (Genitiv, Ausdruck mit Präposition, Adverb) (...)
> 6. durch Wortzusammensetzungen (...)
> 7. durch Begriffe; sie enthalten bereits eine Reihe von Attributionen zur genaueren Bestimmung 'in sich'(...)
> 8. Wir sagen: Alle Sätze sind eine Art Attribution. Über ein Thema wird etwas Genaueres gesagt. (ebd.:242f)

Nun ließe sich unter didaktischen Gesichtspunkten sicher darüber streiten, wie hilfreich 7 und 8 für die Lernenden sind und ob sie nicht besser durch (die hier fehlenden) Appositionen ersetzt werden könnten. Wichtiger ist es jedoch festzuhalten: als erstes erfahren die Lernenden, daß man verschiedene sprachliche Mittel zur Verfügung hat, um etwas auszudrücken.[10] Der nächste Schritt: Beispiele, die zeigen, daß es nicht immer möglich ist, "einen bestimmten Inhalt in allen acht Varianten zu formulieren" (243) und daß "verschiedene Varianten nicht immer unbedingt bedeutungsgleich" (ebd.) sind. Danach eine halbe Seite Informationen zur Form von Relativsätzen und eine halbe Seite, auf der zu den verschiedenen Varianten Stilinformationen gegeben werden:

> Die Attributionen (2) und (4) sind besondere Stilmittel der Schriftsprache. Mit (2) kann eine große Menge von Informationen konzentriert werden; dadurch können die Ausagen einerseits komplexer werden, andererseits schwerer verständlich, denn alle Informationen stehen vor dem Nomen (...) (4) kann verwendet werden, um eine rhetorische Wirkung zu erzielen (...) Wortzusammensetzung (6) ist eine besonders produktive Attributionsform der deutschen Sprache. Praktisch alles kann auf diese Weise in Wörter gefaßt werden (ebd.: 244)

Danach erst, nach den literarischen Texten, die mehr oder weniger genau zur Thematik passen, den Regeln und den Stilbemerkungen beginnt ein Übungsteil, der zwanzig Übungen umfaßt. Als erstes sollen die stilistischen Besonderheiten der Varianten der Attribution diskutiert werden. Die Übungen 3 bis 5 fordern zur Bildung von Relativsätzen auf. Bei der sechsten Übung trifft man auf die Anweisung:

> Verbessern Sie bitte die Fehler in den nächsten Sätzen (auch die kleinen Fehler). Kommen Ihnen einige dieser Fehler bekannt vor? Übersetzen Sie die korrigierten

[10] Es folgt eine erste Aufgabe: die Lernenden sollen an einem Beispiel – *ein Hut der hellgelb ist* – zeigen, wie diese Tatsache in den acht verschiedenen Varianten ausgedrückt werden kann: *dieser Hut ist hellgelb, ein hellgelber Hut, ein hellgelb gefärbter Hut, ein Hut, der hellgelb gefärbt ist, ein Hut, hellgelb gefärbt, ein Hut von hellgelber Farbe, ein Strohhut* und evtl. auch *ein Sombrero.*

Sätze in Ihre Muttersprache, und vergleichen Sie die Unterschiede zwischen Ihrer Sprache und dem Deutschen. (ebd.:246)

Diese Auseinandersetzung mit Fehlern, generell nicht unumstritten, ist hier besonders problematisch, da dieses Buch einsprachig ist und so natürlich nicht auf eine kontrastive Fehleranalyse als Basis für die Auswahl dieser Fehler als frequenter Fehler zurückgreifen kann, sondern lediglich auf den Erfahrungsschatz der Autoren. In den Aufgaben 7 – 11 werden wieder spezielle Aspekte des Relativsatzes geübt, in den Aufgaben 12 bis 16 findet sich das Verhältnis von Relativsatz und Partizip angesprochen. Aus Relativsätzen sollen Attributionen gebildet werden, in den Aufgaben 12 und 15 mit dem Partizip I, in den Aufgaben 13 und 14 mit dem Partizip II. Aufgabe 16 schließlich erlaubt den Lernenden die freie Auswahl: "Formulieren Sie Attributionen vor dem Nomen. Achten Sie darauf, ob man P1 oder P2 verwenden muß" (ebd.:249).

Es folgt ein letzter Block: Übungen mit Stil. Aufgabe 17 fordert dazu auf, schlecht formulierte Ausdrücke zu korrigieren, in Aufgabe 18 soll man sich mit der Amtssprache auseinandersetzen, Aufgabe 19 und 20 schließlich nehmen Texte aus der Literatursammlung des Anfangs auf:

> Der Text (...) aus Schuberts Schwanengesang wirkt mit seinen vielen PI-Formen möglicherweise eigenartig auf Sie. Besorgen Sie sich einmal die Musik dazu. Sprachliche Form und musikalische Gestaltung harmonieren miteinander (natürlich in romantischer Gestalt). Wie wirken die PI-Formen mit der Musik? (ebd.:249)

und

> Der Text von Walter Jens über Rosa Luxemburg bringt eine Kette von Attributionen der Variante 4. Lesen Sie diese Aussagen hintereinander. Was erfahren Sie in jeder Aussage über das Leben der Rosa Luxemburg? Wie wirkt diese Stilform auf Sie? Wie empfinden Sie den Text? (ebd.)

Setzt man diesen Übungsteil dem im Vorwort formulierten Anspruch aus und mißt ihn an den durch die ästhetischen Texte und durch die differenzierten Erklärungen geweckten Hoffnungen, so stellt sich ein größeres Unbehagen ein.

Die literarischen Texte bleiben Ornament, Stichwortlieferanten für Übungssätze. Nur in den letzten beiden Übungen findet sich ein Bezug auf sie als Texte, diese sind allerdings so offen formuliert – und beim Vergleich von Text und Musik auch nur für wenige Lernende realistisch –, daß man sie eher als Sprechanlässe als als strukturierte Übungen betrachten muß. Die meisten Übungen sind Übungen zur Sicherung der Beherrschung der Form. Acht Übungen konzentrieren sich auf die Form der Relativsätze, fünf (mehr als in Dreyer/Schmitt) auf die der Partizipialkonstruktionen. Da durch den großen Anspruch, die Redemittel für einen bestimmten Bereich, den des Genauersagens, einführen und differenzieren zu wollen, unterschiedliche grammatische Elemente eingeführt werden, müssen auch vermehrt Übungen zur Sicherung all dieser Formen angeboten werden.

Beide Lehrwerke schaffen es nicht, zwei Anforderungen an die Verwendung von Grammatikübungen gerecht zu werden: weder entsprechen die angebotenen Textsorten der Häufung des entsprechenden grammatischen Phänomens in der Sprachwirklichkeit,[11] noch schafft es eines der beiden Übungsbücher, produktive und rezeptive

[11] Die Häufigkeit von erweiterten Partizipialattributen in erzählender Prosa ist, verglichen mit wissenschaftlichen Texten oder Pressetexten, relativ gering (vgl. Weber 1971).

Sprachbeherrschung zu unterscheiden und entsprechende Übungen einzuführen. Das inhaltlich anspruchsvollere Konzept von *Grammatik von Sinn und Verstand*, der Versuch auf Stil und Textebenen einzugehen und letztendlich eine kommunikative Grammatik bereitzustellen, leidet unter der Größe der gewählten Ausschnitte und zum Teil auch unter einer nur bedingt funktionalen Literarisierung des einführenden Textmaterials. So sehr der Versuch, Form und Funktion in einem Übungsbuch zusammenzubringen, zu begrüßen ist, so problematisch ist die Realisierung.

Gerade bei Lernenden, deren Grammatikerwerb auf der Anfängerebene nicht erfolgreich war, werden Übungsbücher, die entweder stur die Formen des Deutschen 'pauken' oder sie mit ihrem Variantenreichtum überfordern, nur bedingt einsetzbar sein. In letzter Zeit ist als Alternative zum material- und lehrergeleiteten Lernen daher des öfteren das Konzept des entdeckenden Lernens diskutiert worden. Dabei wird von der Annahme ausgegangen, daß es für den langfristigen Lernerfolg nicht gleichgültig ist, in welcher Form und mit wem gemeinsam eine Struktur erworben wird, und daß der kommunikative Prozeß der Regelaneignung nicht von den emotionalen und sozialen Faktoren des gesamten Lernprozesses losgelöst betrachtet werden kann. Deshalb müßten Lerntechniken trainiert werden, Lehrmaterial müßte Hilfen zur Unterstützung des Lernwegs anbieten. In Funk (1993:143f) findet man dazu[12] ausgeführt:

> Belegbeispiele für eine bestimmte Form aus Texten entnehmen (unterstreichen, markieren, herausschreiben) – Analogien erkennen,
> Belegbeispiele nach vorgegebenen oder im Kurs erarbeiteten Kriterien ordnen, Zusammenstellung von Beispielen in Listen,
> Ordnungskriterien zu vorgegebenen Beispielen durch Analogiebildung und Differenzierung entwickeln,
> Formulierung von Hypothesen über mögliche Regelhaftigkeit von analysierten Beispielen (muttersprachlich),
> Besprechung von Hypothesen mit anderen Lernenden und im Kurs insgesamt – schriftliches Festhalten von Hypothesen zur späteren Überprüfung des Lernwegs,
> Aussagen zu Bedeutung und Funktion von Strukturen auf der Grundlage von Beispielen und Formulierungshilfen machen (muttersprachlich).

Sammeln, Ordnen, Systematisieren, Regeln finden, Regeln formulieren, könnte man diese Prinzipien beim entdeckenden Lernen überschreiben. Zwar ist zu hoffen, daß durch derartige Aktivitäten Grammatikerwerb besser befördert wird als beim bloßen Abarbeiten von Übungsfolgen, doch gibt es zumindest zwei Einwände gegen ein entdeckendes Lernen, wenn es den Grammatikunterricht dominiert und nicht nur punktuell zum Einsatz kommt. Zum einen ist entdeckendes Lernen gemeinhin zeitaufwendiger, im Bereich des universitären Fremdsprachenlernens mit hochgesteckten Prüfungszielen und geringer Vermittlungszeit für die Spracharbeit ein nicht ganz unwichtiger Einwand, und zum anderen besteht die Gefahr der Frustration: "Warum haben Sie das nicht gleich gesagt?" könnte eine Reaktion von Lernenden sein, die sich längere Zeit mit der Formu-

[12] Funk zeigt außerdem noch Lerntechniken in der Arbeit mit Grammatiktabellen in Lehrwerken – z. B. das Zuordnen von Textbeispielen zu Tabellenerträgen, das Ordnen und Zusammenstellen von Beispielgruppen zu Tabellen, das Ergänzen unvollständiger Tabellen, und das eigenständige Produzieren von Tabellen analog zu solchen im Lehrwerk, Lerntechniken in der Arbeiten mit Regelformulierungen in Lehrwerken und Nachschlagewerken und schließlich Lerntechniken in der Arbeit mit grammatischen Nachschlagewerken, wobei es um die Überprüfung einer gefundenen Regel, um die Fehlerkontrolle in eigenen Texten, um die Zuordnung von Belegbeispielen zu erkannten Regeln und auch um die Wiederholung früher erarbeiteter Grammatikkapitel geht (vgl. ebd.: 144).

lierung einer Regel beschäftigt haben, die ihrer Meinung nach vom Dozenten auch ohne Schwierigkeiten sofort hätte gegeben werden können.

Will man entdeckendes Lernen in ungewohnte Kontexte einführen, so kann man sich nicht auf eine psycholinguistische Überlegenheit dieser Vorgehensweise berufen, man wird sie vor Ort für bestimmte Zielgruppen und bestimmte Lernziele nachweisen müssen. Meiner Meinung nach ist es wichtig, die Grammatikarbeit mit entdeckendem Lernen in andere Arten von Grammatiklernen zu integrieren und entdeckendes Lernen immer dann sinnvoll einzusetzen, wenn der Gegenstand so komplex ist, daß eine Regelformulierung entweder sprachlich nicht oder nur unangemessen möglich ist und zu inadäquaten Sprachpraxen der Lernenden führt. Ein Beispiel für entdeckendes Lernen bei einem komplexen Phänomen ist der in Abb. 2 (S. 260) wiedergegebene Versuch, die Regeln der Verwendung von Indikativ und Konjunktiv in der indirekten Rede durch eine Zuordnung von Bild und Text und eine teilweise Formulierung durch die Lernenden zu vermitteln. Statt von markierten und unmarkierten Varianten im gesprochenen und geschriebenen Deutsch zu reden, wird hier versucht, über das 'Schreiben plus' und 'Sprechen plus' eine an der Alltagssprache der Lernenden orientierte Annäherung an die komplexen Regeln zu finden.

Entdeckendes Lernen kann eine Möglichkeit sein, den reinen Formübungen vieler Übungsbücher eine Auseinandersetzung mit der Funktion gegenüberzustellen. Die Verwendung von Teilen von anderen Übungsbüchern eine andere. Größere arbeitsteilige Projekte können aufgrund ihrer selbstregulierenden Momente – Herstellung eines Textes für die Welt außerhalb des Klassenzimmers, der eine bestimmte Korrektheitssebene verlangt, und sozialer Druck, für die Öffentlichkeit zu schreiben, der bestimmte Anforderungen im Hinblick auf die Korrektheit von Orthographie, Struktur und Textsorte produziert – die Lernenden dazu bringen, eine bestimmte Ebene sprachlicher Korrektheit als funktional für ihr Tun erfahren zu lassen. Wer ein Programmheft für die Aufführung der Theatergruppe schreibt oder diese bespricht und öffentlich macht, wird auf die Textsorte und die in ihr dominierenden grammatischen Elemente besonders achten. Solange aber in Prüfungen stärker auf die korrekte Produktion isolierter Formen und nicht gleichwertig auch auf deren funktionale Verwendung geachtet wird, wird die Form im institutionellen Lernen nicht immer angemessen zum Sprechen gebracht werden.

Bibliographie

Bernstein, W. (1990), *Leseverständnis als Unterrichtsziel.* Heidelberg.

Cox, S. et al. (1990) *Business – auf deutsch.* München.

Dreyer, H./Schmitt, R. (1985), *Lehr- und Übungsbuch der deutschen Grammatik.* München. (Neubearbeitung 1991).

Funk, H. (1993), Grammatik lernen lernen. In: Harden, Th./Marsh, C. (Hg) (1993): 138–157.

Goethe-Institut (1996[31]), *Arbeitsmittel für den Deutschunterricht an Ausländer – erschienen in der Bundesrepublik Deutschland.* München.

Harden, Th./Marsh, C. (Hg) (1993), *Wieviel Grammatik braucht der Mensch?* München.

Mebus, G. et al. (1989), *Sprachbrücke.* Bd. 2. München.

Rug, W./Tomaszewski, A. (1993), *Grammatik mit Sinn und Verstand. 20 Kapitel deutsche Grammatik für Fortgeschrittene.* München.

Weber, H. (1971), *Das erweiterte Adjektiv und Partizipialattribut im Deutschen.* München.

Weydt, H. (1993), Was soll der Lerner von der Grammatik wissen? In: Harden, Th./Marsh, C. (Hg) (1993): 119:137.

Erweiterte Partizipialattribute

[Die durch Sonderabgaben verteuerten Getränke] sind keine Konkurrenz für einheimische Produkte.
1. [„ „ „ „]
2. Artikel Bezugswort
3. Partizip
4. Erweiterung

Analyseschritte:

1. Identifizieren Sie die ganze Nominalgruppe *(Die ... Getränke)*
2. Identifizieren Sie den Kern: Artikel (falls vorhanden) plus Bezugswort *(die/Getränke)*
3. Identifizieren Sie das Attribut links vom Bezugswort (Partizip: *verteuert)*
4. Identifizieren Sie die Erweiterungen (wann, wo, wie, wozu?: *durch Sonderabgaben)*

Analysieren Sie bitte:

a) Er besuchte einen in einer Datenverarbeitungsfirma arbeitenden Informatiker.
b) Ein von dem neuen Mitarbeiter entwickelter Plan wurde kritisiert.
c) In der Datei fehlen noch die auf der letzten Messe gewonnenen Geschäftskontakte.
d) In diesem Buch finden Sie zu diesem Zweck konstruierte Übungen.
e) Die vom Statistischen Bundesamt ermittelten Zahlen sind sehr wichtig für die Wirtschaft.

Formen Sie bitte die Sätze so um, daß die Partizipialkonstruktionen in Relativsätze aufgelöst werden.

Beispiel:
Die durch Sonderabgaben verteuerten Getränke sind keine Konkurrenz für einheimische Produkte.
Die Getränke, die durch Sonderabgaben verteuert worden sind, sind keine Konkurrenz für einheimische Produkte.

Abb. 1: Übung zum Verstehen erweiterter Partizipialattribute aus Cox et al. (1990:84)

Liebe und Geld

Indirekte Rede (2): Signale

Er sagt, daß er das Problem sehe.

Unterstreichen Sie bitte alle Signale für indirekte Rede!

Er sagte, daß er sie sehr nett findet.
Er sagte, daß er sie immer lieben würde.
Er sagte, er sei immer für sie da.
Außerdem wäre er sehr reich.
Sie nickte. Warum er das nicht gleich gesagt habe?

Ein neuer Anfang?

Formen Sie bitte die folgenden Sätze in direkte Rede um! Achten Sie dabei besonders auf die Personalpronomen!

Beispiel:
Er sagt, er habe Hunger. Er sagt: „Ich habe Hunger."

1. Sie sagte, sie habe keine Lust.
2. Er anwortete, das sei gut, er habe nämlich auch keine Lust mehr. Sie sagten lange nichts.
3. Sie beginne ein neues Leben ohne ihn, sagte sie nach einiger Zeit. Sie gehe an die Universität und fange an zu studieren.
4. Er habe schon lange vor, weniger zu arbeiten, antwortete er. Sie ging.

Welche Form steht in welchem Text?

1. Ordnen Sie bitte die Texte den Bildern zu!

A B C D

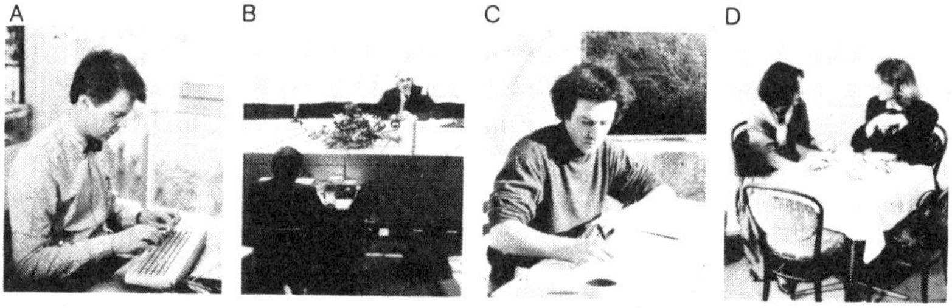

1 In einer Untersuchung wurde behauptet, daß es in der Bundesrepublik mehr als eine Million Arbeitslose gäbe. Andere Wissenschaftler haben aber darauf hingewiesen, daß diese Untersuchung problematisch sei.

Lösung: A → ______
B → ______
C → ______
D → ______

2 und dann habe ich von Helmut gehört, daß sein neuer Nachbar noch nicht einmal ein Formular ausfüllen kann

3 Es wurde aber darauf hingewiesen, daß man funktionales Analphabetentum nicht mit natürlichem Analphabetentum gleichsetzen könne ...

4 ...und weißt du, was mir die Gerda erzählt hat? Die hat gesagt, daß der neue Nachbar noch nicht einmal seinen Namen schreiben kann. Kaum zu glauben. Und ...

2. Ergänzen Sie bitte!

Sprechen	Form: ______
Schreiben	Form: ______
Gebildetes Sprechen	Form: ______
Umgangssprachliches Schreiben	Form: ______

3. Was für Stilunterschiede beobachten Sie? Welche Formen passen zu welchen Texten?

4. Welche Formen der indirekten Rede würden Sie in den folgenden Situationen verwenden?

a) Sie halten einen Vortrag über die Erziehung der Deutschen. Sie fassen dabei einen Artikel aus einer Fachzeitschrift zusammen.

b) Sie haben mit der Mutter eines Freundes telefoniert. Jetzt berichten Sie ihm, was sie gesagt hat.

Abb. 2: Entdeckendes Lernen im Bereich indirekte Rede aus Mebus et al. (1989:61f)

Peter Rosenberg (Frankfurt/Oder)

Deutsche Minderheiten in Lateinamerika

1. Einleitung: Deutsch als Minderheitensprache

Deutschsprachige Minderheiten leben in zahlreichen Ländern der Welt auf allen fünf Kontinenten: u. a. in der ehemaligen Sowjetunion, in Polen, in Rumänen, Ungarn und Tschechien; in Dänemark und Belgien; in den USA; in Lateinamerika; in Namibia und in Australien. Diese deutschen Minderheiten weisen in ihrer ethnisch-kulturellen Vitalität eine außerordentlich große Heterogenität auf: Unterschiede betreffen die Demographie dieser Gruppen, ihren Status in der Mehrheitsgesellschaft, ihre institutionelle Unterstützung sowie die tragenden Faktoren ihrer Minderheitenidentität.

Unter ihnen sind *kleine* Gruppen (wie in Namibia) und zahlenmäßig sehr *große* Gruppen zu finden (wie die noch etwa 1 Million nicht ausgesiedelter Deutscher in Rußland und Kasachstan oder die ca. 500.000 Deutschen in Brasilien), Gruppen, die stark "folklorisiert" und sprachlich fast völlig *assimiliert* sind (wie die meisten Deutschen in den USA oder in Australien), und solche, die als wirkliche *Sprachminderheiten* anzusehen sind (wie einige deutsche Minderheitengruppen in Argentinien und Brasilien, in Westsibirien oder in Rumänien und Ungarn); Gruppen, die weniger als ethnisch konstituierte Minderheiten, sondern eher als *religiös-kulturelle* Sondergruppen anzusehen sind (wie die Ostniederdeutsch sprechenden Mennoniten in Paraguay, Mexiko, Belize oder in der Altai-Region Sibiriens) sowie Gruppen, die ihre Identität neben ethnisch-kulturellen Aspekten auch aus einem starken *Regionalismus* ziehen (wie im polnischen Oberschlesien oder im dänischen Südjütland).

Gegenstand soziolinguistischer Forschung wurden die deutschen Minderheiten erst in den 1980er Jahren in größerem Umfang, vor allem die deutschsprachigen Gruppen in Europa (z.B. in Belgien, dem Elsaß, in Südtirol, im deutsch-dänischen Grenzgebiet, in Ungarn) sowie in Nordamerika und Australien. Gegenstand volkskundlicher und auch dialektologischer Arbeiten waren sie schon früh, auch in Rußland und in einigen Ländern Lateinamerikas. Die Wiederbeschäftigung mit den "Auslandsdeutschen" mußte sich erst von "nationalistischem Geruch" befreien, um einen ungetrübten Blick auf den Gegenstand zu erhalten. Insofern sah sich die Forschung mit den gleichen Vorbehalten konfrontiert wie die deutschen Minderheitengruppen selbst. Diese zu überwinden, gelingt um so leichter, je erfolgreicher bundesdeutsche Sprachwissenschaftler die Kooperation mit einheimischen Linguisten pflegen, ja den "Perspektiventausch" zum kontaktlinguistischen Arbeitsprinzip erheben. Ähnlich wie im Falle der Rußlanddeutschen, deren Erforschung den Beginn der "Arbeitsstelle *Deutsch als Minderheitensprache*" darstellte,[1] ist auch für die deutschsprachigen Minderheiten in Lateinamerika beabsichtigt,

[1] Die "Arbeitsstelle *Deutsch als Minderheitensprache*" an der Europa-Universität Frankfurt/Oder, die anfangs vor allem über die Deutschen in Osteuropa (Polen, ehemalige Sowjetunion) gearbeitet hat, hat ihre Tätigkeit 1996 auf Lateinamerika ausgedehnt. Eine Reihe der folgenden Ausführungen gehen auf eine Forschungsreise zurück, die der Autor 1996 mit Harald Weydt nach Südamerika unternommen hat: ein "Forschungsabenteuer" im brasilianischen Urwald und im paraguayanischen Chaco, in

das Interesse für dieses soziolinguistische und dialektologische Arbeitsfeld in Deutschland und außerhalb zu fördern und ein Kontaktnetz auszubauen, das lateinamerikanische Linguisten, die zum Teil hochinteressante Arbeiten vorgelegt haben, mit westeuropäischen und nordamerikanischen Forschern in Verbindung bringt.[2]

2. Deutsche Minderheiten in Lateinamerika: ein Überblick

Im folgenden soll ein Überblick über deutsche Minderheiten in Lateinamerika gegeben werden, der die Entwicklung und die gegenwärtige Situation deutschsprachiger Gruppen skizzieren, den Forschungsstand – soweit zugänglich – sichten sowie eine erste Orientierung für eigene soziolinguistische Untersuchungen vornehmen soll. Da wir damit ein neues Forschungsgebiet aufnehmen wollen, scheint es sinnvoll, zunächst die Geschichte dieser Sprachinseln in den Mittelpunkt zu stellen und von hieraus ihren aktuellen Zustand zu betrachten. Natürlich erheben die Ausführungen keinen Anspruch auf Vollständigkeit. Die deutschsprachigen Gruppen in anderen Teilen der Welt, vor allem in Osteuropa, werden dabei gelegentlich als Vergleich herangezogen, um die Entwicklungsbedingungen der deutschen Minderheitengruppen in Lateinamerika schärfer zu akzentuieren.

Mindestens 1 Million Deutschsprachige leben nach verschiedenen Angaben in Lateinamerika (vgl. hierzu die Karte "Deutsche Minderheiten in Lateinamerika: Länderüberblick" am Ende). Deutschsprachige Minderheiten gibt es in fast allen südamerikanischen und einigen mittelamerikanischen Staaten: in Argentinien, Belize, Bolivien, Brasilien, Chile, Ecuador, Kolumbien, Mexiko, Paraguay, Peru, Uruguay, Venezuela.

Nachdem es in den vergangenen Jahrhunderten nur einzelne oder kleine Gruppen von deutschen Auswanderern nach Lateinamerika zog, setzt im ersten Drittel des 19. Jahrhunderts eine stärkere Auswanderungsbewegung ein. Die deutsche Amerika-Auswanderung schätzt man für das gesamte 18. Jahrhundert auf etwa 200.000 Menschen. Soviel emigrierten auf dem Auswanderungshöhepunkt der 1880er Jahre in einem Jahr. *Das Handbuch des Deutschtums im Ausland geht* 1906 von ca. 11 Millionen Menschen in Nord- und Südamerika aus, die noch über deutsche Sprachkenntnisse verfügten, davon etwa 9 Millionen in den USA. Wenn auch über das ganze 19. Jahrhundert die USA das Hauptziel deutscher Emigranten bleiben, gewinnt die Südamerika-Auswanderung jedoch zunehmend an Bedeutung, aus sehr verschiedenen – wirtschaftlichen und politischen – Motiven heraus.

90% der deutschen Lateinamerika-Immigranten des 19. Jahrhunderts gehen in den "Cono Sur", in die fünf Staaten Brasilien (Südbrasilien), Argentinien (Nordwestargentinien), Paraguay, Uruguay und Chile (Südchile). Brasilien hat zunächst eine Vorreiterrolle. Im letzten Drittel des Jahrhunderts, nachdem von seiten der preußischen Regierung mit dem *Heydtschen Reskript* (1859) die Brasilien-Auswanderung erschwert

wolgadeutschen Kolonien Argentiniens und im südchilenischen "Allgäu" bei Llanquihue. Hart ist das Linguistenleben!

2 Dabei kann sich die Forschung auf eine Reihe schon existierender Arbeiten stützen, die in Deutschland, Österreich und den USA in den letzten Jahren entstanden sind. Unter ihnen sind die wichtigsten die von Harald Thun, Arnd Schmidt und Clemens Scharf vorgelegten Untersuchungen in Uruguay und Argentinien, die Arbeiten von Wolfgang Moelleken und Kelly Hedges in Mexiko, von Ute Bärnert-Fürst und Joachim Born in Brasilien, von Wilfried Schabus in Peru, von Arnold Thielmann in Paraguay und einige andere.

wurde, tritt auch Argentinien verstärkt hinzu. In den 1880er und 1890er Jahren wächst die deutsche Emigration nach Lateinamerika und beträgt in einzelnen Jahren bis zu 30% der gesamten deutschen Auswanderung. Umgekehrt proportional zur Entwicklung der Nordamerika-Auswanderung, die seit 1893 mit dem Ende der freien Landnahme etwas zurückgeht und während des Ersten Weltkriegs starken Restriktionen unterliegt, erreicht die deutsche Lateinamerika-Emigration ihren Höhepunkt in der Zeit der Weimarer Republik. Zugleich läßt sich eine Diversifizierung der Auswanderungsziele feststellen.

Während des Nationalsozialismus gelangen – bis zum Auswanderungsverbot 1941 – etwa 100.000 Juden aus Mitteleuropa nach Lateinamerika, unter ihnen ein großer Teil Deutschsprachiger, die sich zu 90% im "Cono Sur" ansiedeln. Während noch zu Beginn des 20. Jahrhunderts ca. 80% der Juden in Europa lebten, hatte bis 1946 – nach Angaben des "Hilfsvereins deutschsprechender Juden" (später "Asociación Filantrópica Israelita") in Buenos Aires – deren Zahl auf etwa 25% abgenommen, der Anteil Nord- und Südamerikas war im gleichen Zeitraum auf über 50% gestiegen.

Da andererseits einige südamerikanische Länder, vor allem Argentinien und Chile, nach dem Zweiten Weltkrieg führenden Nationalsozialisten Unterschlupf gewährten, kam es in der Nachkriegszeit zu Konfrontationen dieser beiden Gruppen innerhalb der deutschsprechenden Einwanderer.

Die soziale Zusammensetzung der deutschen Einwanderer verschob sich im Laufe der Zeit: Die ursprünglich stark vertretene "Elitenwanderung" in die Städte, darunter nicht zuletzt die sogenannten "1848er", geht in die "Siedlungswanderung" und schließlich in die "Arbeitswanderung" über (vgl. Bernecker/Fischer 1992: 207ff). Hier sind jedoch regionale Unterschiede festzustellen: In Brasilien dominiert frühzeitig die Siedlungswanderung, Argentinien wird stärker als andere Staaten von der Arbeitswanderung erfaßt. Die Elitenwanderung spielte eine große Rolle in Chile, in Argentinien umfaßt sie auch die Auswanderung jüdischer Flüchtlinge und politischer Asylanten während der NS-Diktatur.

Die meisten deutschen Minderheiten Lateinamerikas verzeichnen – wie nahezu überall auf der Welt – einen Rückgang der deutschen Sprache. Ursache dieses Rückgangs ist meist die Integration der – ehemals oft abgeschieden lebenden – Gruppen in die Mehrheitsgesellschaft, eine der Modernisierung des Landes folgende Assimilation, mit der sich alle Einwanderergruppen konfrontiert sahen.

Spezifische Gründe für den Sprachwechsel der Deutschen zur Mehrheitssprache lagen bei den meisten Gruppen im Statusverlust des Deutschen in der Folge des Zweiten Weltkrieges. Dies vereint die deutschen Minderheiten in Lateinamerika mit denen in Ost- und Ostmitteleuropa: Die meisten Staaten, in denen Deutsche leben, sind Kriegsgegner Deutschlands gewesen – oder zumindest kurz vor Kriegsende noch geworden. Damit verbunden wurden die deutschen Minderheitenangehörigen von einer oft statushohen und prestigereichen Gruppe zu einer – zumindest phasenweise – subalternen Minderheit. Für viele deutsche Minderheiten stellte dies die entscheidende Zäsur ihrer Entwicklung dar. In einigen südamerikanischen Ländern war überdies die Kriegs- und Nachkriegszeit eine Zeit der "Nationalisierung" (etwa unter Getúlio Vargas in Brasilien). Dies führte oft zu einem beträchtlichen Assimilationsdruck auf die Minderheiten. In anderen Ländern setzte während der Kriegszeit ein "Boom" deutscher Vereine und Organisationen ein, der das Zugehörigkeitsbewußtsein zur deutschen Sprachgemeinschaft erhöhte und den Sprachwechsel vorübergehend noch einmal hinausschob. Die "Abrechnung" mit dem Kriegsgegner Deutschland in der Nachkriegszeit, mit dem die

Auslandsdeutschen berechtigt oder unberechtigt identifiziert wurden und die auch gelegentliche "Sprachverbote" nach sich zog, leitete einen Niedergang deutscher Sprache und Kultur ein. Dies gilt für die Deutschen in Chile, in Argentinien, zum Teil auch in Brasilien. Hiervon ausgenommen blieben lediglich die abgeschieden siedelnden Gruppen im Süden Brasiliens, die noch für eine längere Zeit fast homogen unter sich lebten, etwa vergleichbar den rußlanddeutschen Siedlungen in Westsibirien. Weitgehend "resistent" gegen den äußeren sprachlichen Einfluß der Mehrheitssprache blieben auch die Mennonitenkolonien in Paraguay, in Mexiko und Belize. Die Grundlage ihrer Gruppenidentität war stets weniger die ethnische Zugehörigkeit als die religiös und kulturell bedingte Eigenständigkeit, die sich in lokaler Selbstverwaltung, eigenen Kirchengemeinden, eigenen Schulen zeigte. So wenig diese Glaubensgemeinschaften "von dieser Welt" sind, so wenig berührte sie die Statuspolitik des Staats.

Ein Kennzeichen der Lage deutschsprachiger Gruppen in Lateinamerika ist – im krassen Gegensatz zu den meisten Minderheitengruppen in Osteuropa – die ständig aufrechterhaltene wirtschaftliche und sonstige Verbindung nach Deutschland. Diese beinhaltet eine stetige Konfrontation mit bundesdeutschen Arbeitsmigranten und führt auch umgekehrt Deutsche aus Brasilien oder Chile für einige Jahre zur Ausbildung nach Deutschland. Wenn dabei unterschiedliche "Deutschlandbilder" sichtbar werden und miteinander in Konflikt geraten, so gehört dies dennoch zu einem "natürlichen" Kontakt zwischen deutschen Minderheiten und der ehemaligen "Heimat". Auch dies ist ein bedeutender Unterschied zu der langjährigen Situation rußlanddeutscher Aussiedler, die sich erst nach der Fremdheitserfahrung in Deutschland ihrer deutsch-russischen "multiplen Identität" in der vollen Tragweite bewußt werden.

3. Historische Entwicklung und aktuelle Sprachsituation deutscher Minderheiten

Argentinien, Brasilien, Chile und Paraguay zeigen einige deutliche demographische Unterschiede, die auch die Minderheitensituation der Deutschsprachigen nicht unberührt lassen: Brasilien und Argentinien sind große Flächenstaaten, die der Besiedlung der Immigranten weite Flächen boten. Die Bevölkerungsdichte ist in allen genannten Ländern zwar landesweit ähnlich gering (Brasilien mit 47 Einwohnern/km^2, Chile mit 45, Argentinien und Paraguay mit 31, Angaben von 1993), aber die regionalen Werte der deutsche Siedlungsgebiete unterscheiden sich stark: Die von Wolgadeutschen besiedelte Provinz Buenos Aires zum Beispiel ist weitaus dichter besiedelt als etwa der Chaco im Norden Paraguays (mit unter 10 Einwohnern/km^2). Argentinien und Chile weisen einen erheblichen höheren Anteil von Stadtbewohnern an der Einwohnerzahl auf (mit 86 und 84% 1993), während Brasilien eine Verstädterung von 75% hat, Paraguay jedoch nur 47%. Hinsichtlich der Bevölkerungsstruktur versteht sich Argentinien als ein "weißes Land" (mit einer "europäischen" Bevölkerung von 85%, darunter ein hoher Anteil Italiener). Brasilien ist ein multiethnisches Land und sieht sich auch als solches. Es zählt nach Baranow (1988:1266) 120 Sprachen. Mit einem Bevölkerungsanteil der "Weißen" und "Mestizen" (die von europäischen Einwanderern und indigenen Bevölkerungsgruppen abstammen) von zusammen nur 65% unterscheidet es sich fundamental von den anderen hier behandelten Staaten, wenngleich sich dies weniger auf den brasilianischen Süden bezieht. In Chile und Paraguay beträgt der Anteil von "Mestizen" 92 bzw. 91%, jedoch ist landesweit das indigene Element in Paraguay sehr viel bedeutender, was sich auch im Status des Guaraní als zweiter Landessprache ausdrückt, während sich in Chile die indigene Bevölkerung (zum Beispiel der Mapuche) vor allem im Süden konzentrierte, der lange aufgrund der gewaltigen Nord-Süd-Erstreckung des Landes vom Norden abgeschnitten war und dessen "Aufsiedelung" auch eine Folge der europäischen Immigration war.

3.1 Argentinien

In Argentinien leben nach Schätzungen etwa 300.000 Deutschsprachige (1% der Landesbevölkerung von 1993 etwa 33 Millionen) unter etwa einer Million Deutschstämmigen, davon 200.000 deutsche Staatsangehörige (vgl. Born/Dickgießer 1990:19). Damit ist Argentinien eines der Länder mit der größten Anzahl von Deutschsprachigen, in Lateinamerika an zweiter Stelle hinter Brasilien.

Regionale Siedlungsschwerpunkte sind die Provinzen Entre Ríos und Buenos Aires (mit jeweils etwa 50.000–60.000) sowie Misiones und in geringerer Anzahl der Chaco und die Pampa. In der Stadt Buenos Aires, die vor dem Krieg noch ca. 45.000 Deutschsprachige zählte, haben sich die Deutschen inzwischen sprachlich weitgehend assimiliert. Die Zuwanderung von etwa 35.000 bis 45.000 deutschsprachigen Juden führte ebenfalls zum großen Teil nach Buenos Aires.

Rußlanddeutsche aus dem Wolga- und Schwarzmeergebiet wanderten seit 1877/78 ein, in einer Zeit, in der in Rußland die Stellung der ausländischen Kolonisten zunehmend schwieriger wird: Die "Großen Reformen" Alexanders II. haben die Modernisierung und Vereinheitlichung der Wirtschaft und Verwaltung des Russischen Reiches zum Ziel. Die Kolonisten stellen dabei einen "Fremdkörper" dar und gehen seit 1871 ihrer Sonderrechte zum Teil verlustig. Dies veranlaßt eine größere Anzahl zur Auswanderung nach Nord- und Südamerika. Die Aufrechterhaltung ihrer kulturellen (und sprachlichen) Eigenständigkeit gehört zu den Motiven ihrer Auswanderung nach Südamerika.

Die Sprachvarietäten, die sie – abgesehen von gewissen Russischkenntnissen – in die neue Heimat mitnehmen, sind wolgadeutsche Varietäten, die zum Großteil westmitteldeutsche (rheinfränkische und zentralhessische) dialektale Merkmale tragen, sowie schwarzmeerdeutsche Varietäten, unter denen süd- und rheinfränkische Merkmale dominieren. Kennzeichen der Sprachentwicklung in Rußland ist aber zu diesem Zeitpunkt noch eine außerordentliche Vielfalt dialektaler Varietäten, die die dörfliche Alltagssprache der Kolonisten darstellen. In den ersten hundert Jahren der Besiedlung hatten sich die dörflichen Varietäten zwar meist zu mehr oder weniger einheitlichen Ortsdialekten ausgeglichen, jedoch war es weder zu überörtlichen Verkehrsvarietäten noch gar zur Herausbildung eines einheitlichen "Rußlanddeutschs" gekommen. Auch die hochdeutsche Standardsprache war nur bei den höheren sozialen Schichten verbreitet.

Arnd Schmidt (1996) berichtet anschaulich über die ersten wolgadeutschen Einwanderer, die zu einem Teil direkt aus Rußland nach Argentinien kamen, zu einem anderen Teil jedoch ursprünglich nach Brasilien zu übersiedeln gedachten. Manche wurden von den Schiffsreedereien und den argentinischen Einwanderungsbehörden getäuscht und in Argentinien festgehalten, andere wanderten freiwillig aus wirtschaftlichen Gründen in die für den Getreideanbau fruchtbareren Gebiete der Provinz Buenos Aires weiter. Sie stellen eine überwiegend ländliche Bevölkerung dar, die – zu dieser Zeit noch abgeschiedene – Kolonien anlegt. Anfangs ist reichlich Land vorhanden, erst später müssen sich wolgadeutsche Einwanderer als Arbeitskräfte bei anderen Deutschen verdingen, wodurch soziale Kontraste entstehen, die sich noch heute im Straßenbild der Kolonien bei Coronel Suárez widerspiegeln: In der "Vordergasse" stehen teilweise prächtige Häuser, im "Mandschurei-Gäßchen" strohgedeckte Lehmsteinhäuser.

Deutschsprachige Auswanderer sind in den südamerikanischen Einwanderungsländern geschätzt, die eine aktive Bevölkerungspolitik zum Aufbau des Landes nach der frisch errungenen Unabhängigkeit betreiben: Die meisten lateinamerikanischen Länder erlangten in den ersten drei Jahrzehnten des 19. Jahrhunderts ihre staatliche Unabhängigkeit (Chile 1810, Paraguay 1811, Argentinien 1816, Brasilien 1822). Der Landesaufbau stützte sich in Argentinien und Brasilien auch auf eine aktive staatliche Werbungs- und Ansiedlungspolitik: "gobernar es poblar", so der argentinische Politiker Juan B. Alberdi. Ähnlich wie in Brasilien bot auch Argentinien den Einwanderern die Möglichkeit einer geschlossenen Ansiedlung. Damit wurden insbesondere solche Gruppen angezogen, die ein Motiv ihrer Einwanderung in der Bewahrung der deutschen Kultur und Sprache sahen. Eben dies traf auf die rußlanddeutschen Immigranten zu. Hierin liegt ein bedeutender Unterschied etwa zur USA-Einwanderung, deren "Einschmelzung" wesentlich rascher vonstatten ging.

Unter den Deutschen in Argentinien war – gegenüber den mehr landwirtschaftlich geprägten deutschen Kolonien in Brasilien etwa – ein höherer Anteil von Einwanderern mit kaufmännischen und gewerblichen Berufen feststellen, die sich in Buenos Aires und in Landstädten der Provinz niederließen. Die spätere sprachliche Assimilierung erfaßte zunächst eben diese Mittelschicht, die an dem steilen wirtschaftlichen Aufstieg Argentiniens in der Zwischenkriegszeit partizipierte. Die in den eigenständigen kompakten Kolonien gesprochenen deutschen dialektalen Varietäten bleiben davon jedoch weitgehend unberührt.

Der Zustrom weiterer Einwanderer ließ auch in der Folge des Ersten Weltkriegs nicht nach. Im Gegensatz zu Brasilien, das Deutschland 1917 den Krieg erklärte, und zu Ecuador, Peru, Bolivien und Uruguay, die die diplomatischen Beziehungen zu Deutschland abbrachen, wuchs die Zahl deutscher Immigranten kontinuierlich weiter. Ein Einbruch in der Bewertung des Sprachprestiges des Deutschen, der für die USA wie auch für Brasilien festzustellen ist, ist in Argentinien zunächst nicht zu beobachten. Das Deutsche bleibt eine prestigereiche, statushohe Einwanderersprache.

In den 1930er Jahren ändern sich die Bedingungen: Bereits vor der Machtergreifung Hitlers war es zur Gründung von NS-Gruppen in mehreren lateinamerikanischen Ländern gekommen, so u. a. 1929 in Paraguay, 1931 in Brasilien, Chile, Mexiko und Argentinien. Ihre unverhohlene Propaganda für die Ziele des Nationalsozialismus führte innerhalb der deutschsprachigen Bevölkerung Argentiniens zu einer tiefgehenden Spaltung. Das *Argentinische Tageblatt* bezog für die Weimarer Republik Stellung, während sich Konservative und Monarchisten um die *Deutsche La-Plata-Zeitung* sammelten, die – wie die meisten deutschen Vereine – im Rahmen der NS-Gleichschaltungspolitik von der NSDAP-Auslandsorganisation vereinnahmt wurde. Nach Boykottaufforderungen von seiten der deutschen Gesandtschaft Buenos Aires wurde das *Argentinische Tageblatt* 1933 von der NS-Reichsregierung für Deutschland verboten. Die Verlegerfamilie Alemann erhielt 1939 zum fünfzigjährigen Jubiläum der Zeitung zahlreiche Glückwünsche aus deutschen Exilkreisen, z.B. von Sigmund Freud, Lion Feuchtwanger, Thomas Mann und Stefan Zweig. Mit Unterstützung der Verleger wurde 1934 die Pestalozzi-Schule als Gegenpol zu der zunehmend unter NS-Einfluß geratenen Goethe-Schule gegründet. Die Aktivitäten der NS-Auslandsorganisation stießen auf heftige Kritik seitens der argentinischen Regierung und führten 1939 zu einem Dekret, demzufolge es allen ausländischen Vereinigungen untersagt war, sich politisch zu betätigen. Dies rief selbst beim deutschen Auswärtigen Amt Beunruhigung hervor, legte man doch großen Wert darauf, daß Argentinien "dem Druck Nordamerikas und Englands nicht nachgeben, also im Ernstfall nicht auf der Seite unserer Gegner stehen" dürfe (aus einer Rede Ribbentropps 1939; vgl. Bergmann 1994:52). Dies war um so bedeutender, als Brasilien im Verlauf der Politik des "Estado Novo" unter Getúlio Vargas bereits in Gegensatz zur NS-Politik gerückt war. Ein Aufruf zur Mäßigung an die NS-Landesgruppe in Argentinien und eine Umstrukturierung der Auslandsorganisation waren die Folge. Der Anteil von NSDAP-Parteimitgliedern an der Zahl deutscher Staatsbürger betrug 1939 2,4% in Argentinien, 3,3% in Brasilien, in Chile allerdings 11,1%.

In der Zeit des Nationalsozialismus sind zwischen 35.000 und 45.000 deutschsprachige Juden und andere (politische) Flüchtlinge nach Argentinien emigriert, bis – ähnlich wie in Brasilien – 1938 zunehmende Restriktionen die Einwanderung erschwerten. Bis heute existieren große jüdische Gemeinden in Argentinien und Brasilien (sowie kleinere in Uruguay, Chile und Paraguay), die zunächst sehr viel stärker am Deutschen festhielten als etwa die jüdischen Emigranten in den USA. Auch im Süden Brasiliens, etwa in Porto Alegre, Rio Grande do Sul, wurde unter der jüdischen Bevölkerung bis in die 1960er Jahre noch Deutsch und Jiddisch gesprochen. Es gab jüdische Tanzgruppen, ein jüdisches Theater, eine jüdische Schule, die noch lange deutschen Sprachunterricht erteilte. Im *Instituto Cultural Judaico 'Marc Chagall'* liegen zahlreiche noch unbearbeitete Sprachaufnahmen vor. Im Laufe der Zeit aber gingen die jüdischen Immigranten großenteils zum Spanischen (bzw. Portugiesischen) über. Heute läßt sich in Buenos Aïres eine Spaltung zwischen "orthodoxen" Gemeinden, die in ihren zweisprachigen Schulen im Laufe der Zeit zum Hebräischen gewechselt sind, und anderen Gemeinden, in denen Spanisch gesprochen wird, beobachten.

In der Nachkriegszeit bot Argentinien führenden Nationalsozialisten Unterschlupf, unter ihnen Eichmann, Mengele, Schwammberger. Argentinien, ähnlich wie auch Chile, wurden in der Kriegs- und Nachkriegszeit Schauplatz einer gespenstischen Konfrontation zwischen Opfern und Tätern innerhalb der gleichen deutschsprachigen "Gemeinschaft", an den gleichen Orten, in den gleichen Institutionen, zum Teil in den gleichen Zeitungen. In Buenos Aires etwa mußte noch nach Kriegsende die Deutsche Botschaft einschreiten, nachdem auf einer Veranstaltung der Goethe-Schule von NS-Anhängern das "Horst-Wessel-Lied" erklang – vor jüdischem Publikum!

Argentinien hatte noch im März 1945 – auf Druck der USA – Deutschland den Krieg erklärt, Paraguay im Februar 1945, Brasilien bereits 1942 (Chile hatte 1943 die Beziehungen zu Deutschland abgebrochen). Damit verbunden war die Konfiszierung deutschen Eigentums, einschließlich des Vermögens der deutschen Vereine. So blieben von ehemals 22 Schulen mit deutscher Unterrichtssprache oder deutschem Sprachunterricht nur noch drei bestehen. Während seiner ersten Amtszeit verfolgte Juan Perón (1946–55) eine deutliche Politik der "Nationalisierung", die auch eine sprachliche "Hispanisierung" der Minderheiten nach sich zog.

Erst ab den 1950er Jahren beginnt der Wiederaufbau von Bildungseinrichtungen und Kulturvereinigungen. Heute bestehen in Argentinien 24 "deutsche Schulen", 15 davon führen zum argentinischen Abitur ("Bachillerato"), auf der Goethe-Schule kann das deutsche Abitur abgelegt werden. Daneben existieren Lehrerverbände, Lehrerbildungseinrichtungen und ein Berufsbildungszentrum sowie eine Anzahl von kirchlichen Schulen mit Deutschunterricht. Die Schülerzahl betrug an den geförderten Schulen 1987 15.680 Schüler (vgl. Born/Dickgießer 1990:22), darunter aber nur wenige deutsche Muttersprachler. Eine stetige Unterstützung des deutschsprachigen Elements erhalten die Schulen jedoch durch die Kinder bundesdeutscher Arbeitsmigranten, die sich in größerer Zahl zeitweise in Argentinien aufhalten. Es werden eine deutschsprachige Tageszeitung (*Freie Presse*) und eine Wochenzeitung (*Argentinisches Tageblatt*) herausgegeben. Neben einigen katholischen deutschsprachigen Gemeinden vereint die deutsche "Evangelische Kirche am Rio de la Plata" 70 Gemeindezentren in Argentinien, Uruguay und Paraguay.

Die Deutschsprachigen sind heute zu fast 100% bilingual. Während die Assimilation in den Städten weitgehend vollzogen ist, wird auf dem Lande jedoch häufig noch eine deutsche dialektale (z.B. wolgadeutsche) Varietät gesprochen, insbesondere in den nicht-öffentlichen Sprachdomänen.

Deutschkenntnisse sind jedoch heute auch in den ländlichen Kolonien bei der jüngeren Generation rapide zurückgegangen. Da andererseits die hochdeutsche Standardsprache primärsprachlich nicht vorhanden ist, richten sich Bemühungen darauf, den Wiedererwerb des Deutschen auf die wolgadeutsche Varietät zu stützen.

Diese hat sich im Laufe der einhundertjährigen Geschichte der Sprachinseln in Argentinien zu einer spezifischen argentiniendeutschen Varietät entwickelt, die zahlreiche spanische (und alte russische) Entlehnungen umfaßt. Sie ist zumindest bei der mittleren und älteren Generation Trägerin einer einzigartigen ethnisch-kulturellen Identität der Siedler und Ausdruck ihrer "doppelten Emigration vom Rhein zur Wolga und von der Wolga zum Río de la Plata" (Schmidt 1996:5f). Wie die Sprache, so ist auch die Kultur dieser Gruppe deutsch-argentinisch-russisch, wie sich in Formen des Hausbaus, in Speisen und Liedern und vielem anderen zeigt.

In den drei Kolonien Pueblo Santa Trinidad, Pueblo San José und Pueblo Santa María bei Coronel Suárez (Provinz Buenos Aires), die 1887 von wolgadeutschen Einwanderern gegründet worden sind, wurde 1994 ein hochinteressantes Modellprojekt "Deutscher Schulunterricht im Dialekt" von Arnd Schmidt (Universität Mainz) initiiert, das nach zweijähriger Anlaufzeit selbständig weitergeführt wird:

Da die deutsche Sprache fast ausschließlich durch die wolgadeutsche Varietät vertreten wird, diese aber primärsprachlich bei der jüngsten Generation zurückgeht, wird in fünf Grundschulen vom letzten Kindergartenjahr bis zum 9. Schuljahr ein- oder zweimal in der Woche durch vier wolgadeutsche Lehrerinnen dialektaler Deutschunterricht erteilt. Ab dem 6. Schuljahr wird zusätzlich die hochdeutsche Standardsprache unterrichtet. Hierfür werden eigens Unterrichtsmaterialien erstellt. Die Initiative wird finanziell und organisatorisch getragen von einer privaten Stiftung "Fundación Konie 2000" ("Stiftung Kolonie 2000"). Honoratioren der Kolonie gehören zum Trägerkreis. Die Stiftung ist darüber hinaus auch damit befaßt, über die Geschichte, Architektur, Musik und die kulturellen Gebräuche zu arbeiten, Dokumentationen zu publizieren und die Präsenz der wolgadeutschen Kultur in der Region zu fördern. Dabei kommt ihr der Umstand zugute, daß die Deutschsprachigen in der Region ein hohes Prestige haben und zum Teil in leitenden beruflichen Stellungen in der Industrie tätig sind.

Die wolgadeutsche Varietät wird verschriftet, um den Kindern, die dem Unterricht mit großer Begeisterung folgen, eine visuelle Stütze zu geben und um der unterrichteten Sprache das "gleiche Prestige" wie dem Spanischen zu verleihen (Schmidt 1996:5). Dabei wird die Varietät im wesentlichen als mündliche Sprachbasis erhalten und keine aktive Schriftlichkeit im Dialekt angestrebt, auch um Konfusion mit der Standardsprache zu vermeiden. Die Verschriftung geschieht – konsequent – nach spanischen Orthographienormen: "Trink, trink, priderlain trink. Lass doj di Sorguen tzú Haus."

Angesichts des fragilen Zustands der Sprachinsel scheint es eine sinnvolle Überlegung zu sein, die einzig vorhandene Varietät des Deutschen zu nutzen, "um der Gefahr einer folgerichtigen Entwicklung von aktueller Zweisprachigkeit und Bi-Kultur zu erneuter, dann aber spanischer Einsprachigkeit, dem Verlust der wolgadeutschen Mundart und der damit verbundenen Auflösung der Sprachinsel entgegenzuwirken" (Schmidt 1996:4f) Bereits in den drei Kolonien, die als "Erst-, Zweit- und Drittkolonie" bezeichnet werden und in einem Abstand von 3,6 bis 15 km vom Zentrum Coronel Suárez entfernt hintereinander liegen, macht sich die sprachliche Fragilität deutlich: Die am weitesten von der Stadt entfernte "Drittkolonie" scheint am wenigsten von sprachlicher Assimilation geprägt zu sein, die "Erstkolonie" am stärksten (hinzu kommt offenbar ein soziales Gefälle zwischen den Kolonien) – Grund genug, über wirkungsvolle Maßnahmen nachzudenken.

3.2 Brasilien

Zum Zeitpunkt der letzten offiziellen Volkszählung (1950) lebten etwa 500.000 Deutschsprachige in Brasilien; das heute 161 Millionen Einwohner hat (1993). Erhebungen aus dem Jahr 1990 gehen jedoch von 1,4 Mill. Sprechern einer deutschen Varietät aus (vgl. Altenhofen 1996:56). Es wird von 3,6 Mill. Deutschstämmigen gesprochen, die jedoch zum großen Teil das Deutsche aufgegeben haben. Regionale Siedlungsschwerpunkte der deutschen Bevölkerung in Brasilien liegen in den südlichen Bundesstaaten Rio Grande do Sul, Santa Catarina, Paraná, sowie weiter nördlich in Espírito Santo.

Die deutsche Einwanderung beginnt in Brasilien im Jahre 1818 mit der Gründung der Kolonie Leopoldina, die von Deutschen und Schweizern südlich von Bahía angelegt und nach der Kaiserin Leopoldine aus dem Hause Habsburg benannt wurde. 1819 wird Nova Friburgo (im Staat Rio de Janeiro) von Schweizern u.a. aus den Kantonen Freiburg/Fribourg und Bern gegründet. 1824 setzt die erste große Einwanderungswelle in Rio Grande do Sul ein (São Leopoldo), 1828/29 in Santa Catarina (São Pedro de Alcântara). Siedler kommen aus zahlreichen Regionen Deutschlands, vor allem aus dem Hunsrück, aus Pommern und Westfalen, aber auch aus dem übrigen niederdeutschen Raum, dem alemannisch-schwäbischen, dem bairisch-österreichischen und weiteren Gebieten.

Der Süden Brasiliens ist zu dieser Zeit außerordentlich schwach besiedelt. Motive der Ansiedlung von Immigranten sind anfangs die wirtschaftliche Erschließung und militärische Sicherung des südlichen Grenzgebiets sowie die Aufstellung von Fremdenregimentern, die die Unabhängigkeit Brasiliens (1822) vor den portugiesischen Machtansprüchen schützen sollten. Später tritt als ein weiteres Ziel hinzu, Brasilien, das zu dieser Zeit zu zwei Dritteln aus farbiger Bevölkerung bestand und wegen seiner Sklaverei vor allem nach der englischen "Bill Aberdeen" (1845) unter internationalem Druck stand, mit "Weißen" zu bevölkern: "para brancear la raza". Während sich die bäuerliche Besiedlung als sehr erfolgreich erweisen sollte, gilt dies für die "Kolonien mit agro-militärischem Charakter" kaum, für die 1824 bis 1826 Insassen von Hamburger und

Mecklenburger Arbeitshäusern und Gefängnissen verpflichtet werden (vgl. da Cunha 1995:33).

Ländliche Siedlungen werden in den Folgejahren in großer Zahl angelegt, vor allem in Rio Grande do Sul und Santa Catarina. Die deutschen Siedler erhalten sogenannte "Schneisen", einige Kilometer Land, die ausgehend von einem Weg oder einem Fluß in den Wald führen und gerodet werden müssen. Diese "Schneisen" oder "Pikadensiedlungen" (port. *picada* 'Stichweg, Schneise') ziehen sich mit einzelnen Gehöften im Abstand von etwa 200 Metern entlang einer Rodungslinie in den Urwald. Sie bilden keine geschlossene Ortschaft im mitteleuropäischen Sinne, sondern bestehen aus Gehöften ("Kolonien") von Großfamilien.

Die "Schneisen" stellen gleichwohl eine organisatorische Einheit und einen Kommunikationszusammenhang dar, der angesichts der schwierigen Kolonisationsbedingungen Schutz und Hilfe bietet. Die Siedlungen bleiben aufgrund ihrer Abgeschiedenheit über lange Zeit weitgehend autark. Wegen der kaum vorhandenen Infrastruktur mußten sich die Siedlungen in vielen Bereichen selbst versorgen und richteten eine vollständige Selbstversorgung ein, die vom Lebensmittelhandel bis zur Ziegelei viele notwendige Produkte selbst herstellte. Ihr wirtschaftlicher Erfolg unterstützte diese Autarkie erheblich und machte den Kontakt zur anderssprachigen Bevölkerung oft unnötig. Sie blieben viele Jahrzehnte lang relativ geschlossen und bewahrten die deutsche Sprache und Kultur. Eine Statistik weist anhand der Eintragungen in den Kirchenbüchern zwischen 1824 und 1937 Einwanderer in São Leopoldo, dem ersten Besiedlungsraum in Rio Grande do Sul, aus 1.090 Orten nach (vgl. Altenhofen 1996:57). Die Kolonien der Deutschen in Brasilien sind überwiegend Streusiedlungen: Diese "Familiendörfer" stellen die Grundlage von "Familiolekten" ("familetos") dar, die nach Cléo Altenhofen (1996:345) der Ort des sprachlichen Ausgleichs sind. Allerdings ist die ursprünglich vorhandene Heterogenität der Ausgangsvarietäten bei weitem nicht so kraß wie in etwa Rußland, wo mitunter in einzelnen Orten Sprecher mehrerer Dutzend verschiedener Varietäten zusammentrafen. Dies mag mit der (späteren) Auswanderungszeit der Deutschen Übersee-Auswanderer, als sich das Hochdeutsche über die Schulpflicht schon stärker durchgesetzt hatte, sowie mit der organisierter vonstatten gehenden Übersiedlung zusammenhängen, womit auch eine größere landsmannschaftlichen Geschlossenheit verbunden war. Die Übersiedlung verlief meist über staatliche Beauftragte und später über Kolonisationsgesellschaften wie den "Colonisations-Verein von 1849 in Hamburg", der u.a. für die Gründung von Blumenau und Joinville 1850/1851 verantwortlich war (vgl. da Cunha 1995). In Deutschland wurde die Kolonisation auch durch die "Gesellschaft zum Schutze der deutschen Einwanderer in Südbrasilien" (seit 1846) beobachtet, von der Dr. Blumenau entsandt worden war. Unter den ersten Siedlern in Rio Grande do Sul waren zunächst viele Norddeutsche (s. o.). Auch die Einwanderung ab der Jahrhundertmitte nach Blumenau und Joinville (Santa Catarina) zählte anfangs viele Siedler aus Preußen, Holstein, später aus Pommern. Die große Gruppe der "Pomeranos" ist heute noch erkennbar an Ortsnamen wie "Pomerode" und Familiennamen wie "Anklam". Jedoch dominiert in Rio Grande do Sul bald die Einwanderung aus dem westmitteldeutschen Raum, darunter vor allem Siedler aus dem Hunsrück. Der Hunsrück und angrenzende Gebiete stellten etwa 50% der Einwanderer in São Leopoldo (Rio Grande do Sul) und auch einen großen Teil der Kolonisten, die von São Pedro de Alcântara (Santa Catarina) aus ins Innere vordrangen (vgl. Klug 1994:34).

Die Besiedlung Rio Grande do Suls mit deutschsprachigen Immigranten war langfristig außerordentlich erfolgreich und verhalf dem südlichsten Staat Brasiliens zu einem überdurchschnittlichen Wohlstand: Ein Grund dafür liegt in der gesellschaftlichen Modernisierung, die vor allem in der Herausbildung einer kleinbäuerlichen sozialen Mittelschicht bestand, und in der Einführung neuer Arbeitsmethoden, die ohne Sklaveneinsatz, aber mit staatlicher Unterstützung und auf guten Böden Überschüsse erzielte, vermarktete sowie in Infrastrukturmaßnahmen investierte. Bereits vier Jahre, nachdem die Einwanderungswelle einsetzte, wurde die erste (evangelische) Schule 1828 in Campo Bom gebaut (vgl. Müller 1996:40).

Der "Abstand" dieser Kolonisten zur Aufnahmegesellschaft war entsprechend groß: Kulturelle, wirtschaftliche, soziale und auch konfessionelle Unterschiede begrenzten eine Vermischung von vornherein, wobei der Ansiedlungsraum außerhalb der Städte ohnehin nur schwach oder gar nicht besiedelt war. Eine Öffnung gegenüber der Kontaktsprache und -kultur soll zunächst auch stärker bei den Deutschen katholischer Konfession erfolgt sein, während die Angehörigen der evangelischen Konfession (ca. 60%) sich demgegenüber resistenter zeigten, unter anderem durch die in "Bethäusern" untergebrachten eigenständigen Schulen, über die sich die hochdeutsche Standardsprache stärker verbreitete. Umgekehrt wird berichtet, daß lange Zeit Protestanten von öffentlichen Funktionen ausgeschlossen worden seien, z. B. keine Kirchen bauen durften, ein Missionsverbot erhielten und bis zur Ausrufung der Republik 1889 nicht wählen und nicht gewählt werden durften.

Gegen Ende des Jahrhunderts beginnt eine verstärkte Binnenwanderung: Überwog bis dahin die Binnenkolonisation – oft entlang von Flüssen – ins Landesinnere (in Rio Grande do Sul von São Leopoldo aus, in Santa Catarina von Blumenau bzw. Joinville und Florianópolis aus ins Hinterland), kommt nun eine Migration hinzu, die von den "Alten Kolonien" um São Leopoldo aus in den Nordwesten Rio Grande do Suls sowie nach Santa Catarina geht und die auch dialektal unterschiedliche Kolonien in Kontakt bringt. Das in sich selbst keineswegs einheitliche Hunsrückisch, wie es sich im Zuge des Sprachausgleichsprozesses in den "Alten Kolonien" herausgebildet hat, trifft in den "Neuen Kolonien" auf pommerische, westfälische, schwäbische und wolgadeutsche Varietäten. Der sprachliche Ausgleich ist in diesen Siedlungen zum Teil bis heute nicht abgeschlossen (s. u.). Die erneute dialektale Mischung in den "Tochterkolonien" findet überdies unter den Bedingungen einer Entwicklung zum deutsch-portugiesischen Bilingualismus statt. Darüber hinaus hat die Binnenmigration auch zu einer näheren oder weiteren Nachbarschaft mit italienischen und polnischen Einwanderersiedlungen geführt. Andere Immigrantensprachen (wie Arabisch, Japanisch, Jiddisch, Niederländisch, Spanisch, Roma) und in Reservaten auch Tupí-Guaraní tragen zur sprachlichen Vielfalt der Region bei (vgl. Altenhofen 1996:52).

Im Unterschied zu den anderen südamerikanischen Ländern löst der Erste Weltkrieg in Brasilien bereits politische Restriktionen gegenüber den Deutschbrasilianern aus. 1917 erklärte Brasilien Deutschland den Krieg. Bis zum Ende des Krieges wurden deutschsprachige Publikationen, Vereine und schulischer Deutschunterricht verboten. Auch wenn nach Kriegsende Vereine und Organisationen der Deutschen nach und nach wieder die Arbeit aufnahmen, löste diese Veränderung des öffentlichen Ansehens des Deutschen einen ersten Assimilationsschub aus. Die wirtschaftliche Modernisierung und die Immigration weiterer europäischer Siedler, etwa der Italiener (ab 1874) und Polen (ab 1891), bewirkten zudem eine stärkere Verwendung des Portugiesischen, die sich vor allem in den Städten auswirkte: Für Blumenau gibt Willems (1940:146) einen Rückgang der Verwendung der deutschen Sprache zwischen 1882 und 1927 von 71% auf 40% an. In der Stadt leben nun neben den 75% Deutschen, Rußlanddeutschen und Österreichern auch zahlreiche Italiener, Ungarn, Polen, Belgier und andere Immigranten. Auch orientierte die staatliche Ansiedlungspolitik nach 1890 auf gemischte Siedlung statt der ethnisch homogenen der Frühzeit.

Wesentlich weiter reichende politische Restriktionen setzen unter der Diktatur Getúlio Vargas' ein, der 1930 bis 1954 an der Macht ist. 1937 proklamiert er die Politik des "Estado Novo": Im Zuge einer radikalen Nationalisierungspolitik wird ein Verbot aller politischen Parteien, "ausländischer" Publikationen und jeglicher politischer Betätigung von Immigranten verfügt. 1938 werden alle "ausländischen" Schulen verboten und das Portugiesische zur alleinigen Schulsprache erhoben, das bis dahin vielerorts nur fakultativ unterrichtet worden war: "A instrução primária será ministrada exclusivamente em portugues" (nach Rohde 1996:201). 1939 wird ein Kanzelverbot für "Fremdsprachen" ausgesprochen, 1940 der Unterricht sämtlicher "Fremdsprachen" untersagt. 1942, mit der Kriegserklärung Brasiliens an Deutschland, wird der mündliche wie schriftliche Gebrauch der deutschen Sprache bei Gefängnisstrafe verboten: "Überall, in Mühlen, Geschäften, Ämtern, gab es Plakate, wo man las: 'Proibido falar Alemão' (Verboten, Deutsch zu sprechen), 'Proibido falar Italiano' (Verboten, Italienisch zu sprechen)" (Beitrag zur Geschichte von Nova Petrópolis 1988:282). Die drei Kriegsgegner sind in Brasilien mit den drei größten Immigrantengruppen, den Deutschen, Italienern, Japanern, vertreten. Die Volkszählung von 1940 (vgl. Born 1995:136) gibt als am häufigsten vertretene nicht-portugiesische "Haussprache" Deutsch an (etwa 650.000 Sprecher), danach Italienisch (gut 450.000) und an dritter Stelle Japanisch (knapp 200.000). Die italienische Bevölkerung war – auch aufgrund der größeren sprachlichen und konfessionellen "Nähe" – frühzeitig zweisprachig (meist mit Portugiesisch und einer dialektalen italienischen – oft venetischen – Ausgleichsvarietät) oder assimiliert. Sie konnte sich leichter arrangieren und wurde in der Umsetzung der Verbote nicht mit gleicher Härte getroffen. Die japanische Bevölkerung, seit 1908 immigriert, lebt überwiegend in der Stadt oder stadtnahen Siedlungen im Staat São Paulo und bildet dort einen beträchtlichen Teil der städtischen Mittelschicht. Sie ist durchgehend zweisprachig (vgl. Born 1995:138). Vergleichende Untersuchungen zur Sprachenpolitik und Soziolinguistik dieser drei Gruppen stehen noch aus.

Für die deutschbrasilianische Bevölkerung stellen die Restriktionen unter Getúlio Vargas einen tiefen Einschnitt dar. Sie wird als "5. Kolonne" verdächtigt (vgl. Rohde 1996:210ff). Denunziationen, Verfolgungen und Verhaftungen – vor allem von Lehrern und Pfarrern – treffen die bis dahin auf dem Lande dominant deutschsprachige Bevölkerung in einer Weise, die bis heute zu spüren ist: Bücher, Gemeindechroniken, deutsches Schrifttum jeder Art hatten zu "verschwinden", wurden verbrannt oder vergraben, und noch heute sind Chronisten und Heimatforscher (wie Nelson Weingärtner in Timbõ bei Blumenau) damit beschäftigt, über die Dörfer zu reisen und Fundstücke zu sammeln.

Die Ausschaltung von Deutschbrasilianern aus dem öffentlichen Leben hatte ebenfalls erhebliche Konsequenzen. Bis dahin hatten viele Deutsche, ähnlich wie etwa in Chile, bedeutende politische Stellungen erlangt, wie etwa Lauro Müller, der um die Jahrhundertwende dreimal zum Präsidenten des Bundesstaats Santa Catarina gewählt und 1912 sogar brasilianischer Außenminister geworden war. Folgenreiche Restriktionen trafen vor allem das deutschsprachige Bildungswesen: Das Verbot der besonders in den 1920ern gegründeten 2.000 deutschen Vereine und die Beschlagnahme ihres Vermögens, das Verbot der 70 deutschen Zeitungen und Zeitschriften, der Ausfall der 1.300 Privatschulen als Stätten der Vermittlung deutscher Sprachkenntnisse stellten einen gravierenden Einschnitt dar. Die Folge ist, daß die deutsche Sprache nur noch mündlich und in dialektaler Form weitergegeben werden kann. Vor allem aber leiteten diese Maßnahmen einen Prestigeverlust des Deutschen ein, ließen sie doch die bis dahin weitgehend konfliktfreie Verbindung einer deutsch-brasilianischen Identität unvereinbar erscheinen. Wenn auch die Restriktionen bei weitem nicht das Ausmaß der Verfolgungen in der ehemaligen Sowjetunion erreichten, so bedeuteten sie doch auch hier eine entscheidende Zäsur in der sprachlichen und kulturellen Entwicklung der deutschen Bevölkerung. In der Folgezeit sahen sich die Angehörigen der deutschen Minderheit einem starken Assimilationsdruck ausgesetzt, insbesondere in der Stadt.

Altenhofen (1996:58) geht für die Frühzeit der Besiedlung (1824–1850) von einsprachig deutschen Verhältnissen aus (Einwanderer- und erste in Brasilien geborene Generation), sieht in der Zeit bis zum Ersten Weltkrieg eine Differenzierung zwischen einsprachig deutschen Landbewohnern und zweisprachigen Stadtbewohnern (zweite und dritte Generation), die – nach einer Übergangsphase bis zum Ende des Zweiten Weltkriegs (vierte Generation) – auf dem Lande zu bilingualen, in der Stadt zu monolingual portugiesischen sprachlichen Verhältnissen führt (fünfte und sechste Generation).

Erst nach der Wiederaufnahme der diplomatischen Beziehungen zwischen Brasilien und Deutschland Mitte der 1950er Jahre und dem Abschluß eines Abkommens über die Rückgabe des deutschen Vermögens konnte an einen Wiederaufbau von Vereinen und Schulen gegangen werden. Erst 1961 wurde das Deutsche wieder – als Fremdsprache – in den Schulen zugelassen. Die südlichen Bundesstaaten Brasiliens kehrten damit schrittweise wieder zu dem zurück, was die aus zahlreichen Einwandererkulturen geformte Kultur des Südens ausgemacht hatte. Die Bezeichnung "Gaúcho" etwa, ursprünglich für den "Viehzüchter", umschließt alle in Rio Grande do Sul Geborenen, gleich welcher Herkunft; sie ist integrativ, drückt aber zugleich die Akzeptanz der ethnischen Vielfalt aus. Dies macht ein gutes Stück der facettenreichen kulturellen Identität des brasilianischen Südens aus: Aus einer früheren Volkszählung (von 1940) ging hervor, daß fast die Hälfte der Brasilianer, die sich zu Hause einer "Fremdsprache" bedienten, aus Rio Grande do Sul kamen. Nach einer in den späten 1980er Jahren durchgeführten Erhebung des von Walter Koch geleiteten Projekts "Bilingüismo no Rio Grande do Sul (*BIRS*)" gab ein gutes Viertel aller 75.000 (ausschließlich männlichen) Befragten im Alter von 18 Jahren an, bilingual zu sein, davon 57% mit einer Varietät des Deutschen, 34% mit Italienisch. Allerdings war die Zweisprachigkeit der Deutschen seit dem Kriege von etwa 30 auf etwa 20% zurückgegangen, die der Italobrasilianer allerdings noch stärker (vgl. Altenhofen 1996:56).

Heute existieren in den südlichen Bundesstaaten wieder etwa 100 Schulen, in denen deutscher Fremdsprachunterricht als Wahlpflichtfach gegeben wird. Es existieren zwei deutschsprachige Wochenzeitungen, die *Brasil Post* und die *Deutsche Zeitung*, sowie verschiedene Gemeindeblätter der überwiegend evangelischen Kirchengemeinden und sieben Blätter zu wirtschaftlichen Themen. In einer größeren Anzahl von Pfarrbezirken werden heute noch ganz oder teilweise deutschsprachige Gottesdienste abgehalten (vgl. Born/Dickgießer 1989:58). Ein nicht zu unterschätzender Faktor, der die Wertschätzung deutscher Kultur unterstützt, ist der Tourismus: In Blumenau, das viele deutschbrasilianische Bewohner zählt, wird die deutsche "Tradition" mit ihren zahlreichen deutschen Elementen im Straßenbild (Fachwerk, deutsche Aufschriften an Geschäften) touristisch vermarktet. Das Oktoberfest von Blumenau ist mit alljährlich 1 Million Besuchern nach München das zweitgrößte der Welt und liegt hinter dem Carneval von Rio auf dem zweiten Platz aller Volksfeste in Brasilien. Natürlich hat der Blumenauer "Rummel" nicht viel originär Deutsches. Jedoch unterstützt er die Identifikation mit deutscher Kultur und Sprache.

Die deutsche Sprache ist in dialektaler Form im wesentlichen auf dem Lande in den informellen sprachlichen Domänen, vor allem der Familie, erhalten geblieben. Unter dem Druck der "Brasilianisierung" waren Schulen mit deutscher Unterrichtssprache in großer Zahl geschlossen worden, ohne daß staatliche Schulen mit portugiesischer Unterrichtssprache eröffnet worden wären. Entsprechend machten sich in der Folgezeit ein Fehlen hochsprachlicher Kenntnisse und ein generelles Bildungsdefizit bemerkbar. Die lange Zeit des Ausschlusses von hochsprachlicher Bildung hat nach Altenhofen (1996: 69) zu einem "Ausweichen in den Dialekt" geführt. Daran kann auch der wieder zugelassene Fremdsprachunterricht der hochdeutschen Standardsprache oft nicht mehr viel ändern, zumal zwischen Standard und dialektaler Varietät der Schüler "ein tiefer Abgrund klafft" (Altenhofen 1996:74).

Die Hauptvarietät im Süden, das Riograndenser Hunsrückisch hat sich durch 170jährigen dialektalen Ausgleich, durch Varietätenkontakt mit anderen deutschen Varietäten sowie durch den Sprachkontakt mit dem Portugiesischen und anderen Einwanderersprachen zu einer neuen, eigenständigen Varietät entwickelt, deren "Diffusion" über die Kolonien von Rio Grande do Sul Cléo Altenhofen (1996) beschreibt. Das Hunsrückische hat im Zuge dieser "Diffusion" andere Varietäten verdrängt oder gelegentlich sogar "überdacht", nicht ohne selbst Merkmale dieser Varietäten aufgenommen zu haben. Altenhofen versteht das Hunsrückische als ein dialektales Kontinuum mosel- und rheinfränkischer Merkmale, das dem Dialekt- und Sprachkontakt innerhalb eines Varietätennetzwerks ausgesetzt ist. Anhand von Erhebungen in zehn Belegorten beschreibt Altenhofen die dialektale Variation des Hunsrückischen als "intralinguale" Variation zwischen Merkmalen des in sich keineswegs einheitlichen Hunsrückischen, der hochdeutschen Standardsprache, verschiedener Familiolekte und der anderen dialektalen Varietäten (Pommerisch, Westfälisch etc.) sowie als "interlinguale" Variation zwischen portugiesischen Entlehnungen, italienischen Einflüssen (und französischen Altentlehnungen). Die Siedlungs- und Familiengeschichte, soziale und altersmäßige Faktoren beeinflussen diese Variation. Inwieweit sich die Kategorie des "Familiolekts" angesichts der zu beobachtenden Lusitanisierung der jüngeren Generation auflöst, wird zu beobachten sein. Aufschlußreich wäre auch, dialektale Kontaktergebnisse in Siedlungen zu verfolgen, in denen kompakte Gruppen von Hunsrückisch und Pommerisch oder Westfälisch Sprechenden aufeinandertrafen. Im Unterschied zur sprachlichen Entwicklung unter den Rußlanddeutschen führte in den brasilianischen Sprachinseln die dialektale Heterogenität, die durch migrationsbedingten Dialektkontakt zwischen verschiedenen deutschen Varietäten erzeugt wurde, offenbar nicht oder noch nicht zum "Umkippen", das heißt zum Sprachwechsel.

Allerdings sind die Anzeichen der sprachlichen Assimilierung heute vermehrt zu beobachten: Während die frühere gewaltsame "Brasilianisierungspolitik" zu keiner völligen Assimilation geführt hatte, ist es heute die Modernisierung des Landes, die durch wachsende Verstädterung und Industrialisierung, durch die damit verbundene Herausbildung sozialer Schichten auch unter den Deutschbrasilianern sowie durch eine gestiegene Mobilität und eine wachsende Zahl von Mischehen das Portugiesische eindringen läßt. Mischehen werden jedoch bis heute in der Elterngeneration häufig abgelehnt, da sie die sprachliche und kulturelle Eigenständigkeit der deutschen Familien aufzulösen drohen (vgl. Tornquist 1997:98).

Das brasilianische Portugiesisch unterliegt selbst einer erheblichen Variation, wie gegenwärtig durch Paulino Vandresen und andere im Rahmen des Projekts "Variação Lingüistica Urbana no Sul do País (*VARSUL*)" in südbrasilianischen Städten mit soziolinguistischen Methoden untersucht wird. Dabei haben die Immigrantensprachen im Portugiesischen ihre Spuren hinterlassen. Helga Guttenkunst Prade (1996) beschreibt etwa die vielfältigen Interferenzen im Portugiesischen, die zum Teil aus dem im Untersuchungsort gesprochenen Hunsrückischen resultieren: stimmlose Konsonanten (bzw. Fortes) anstelle von stimmhaften (z.B. *vertate* statt *verdade* "Wahrheit"), fehlende Vokalisierung des *l* (z.B. in *papel* "Papier", "Rolle), fehlende Nasalierung (z.B. in *Alemanha*), doppelte Verneinung, Verschiebungen des Wortakzents und zahlreiche weitere.

Elke Cybulla (1993) hat die Ethnographie des Sprachverhaltens in drei Generationen in Alto Bella Vista (Santa Catarina) untersucht. Sie kommt zu dem Ergebnis eines in der jüngeren Generation beschleunigten Sprachwechsels, der in einem weitgehenden Übergang zum Portugiesischen in den öffentlichen Sprachdomänen besteht. Der Einschnitt der Stigmatisierung des Deutschen unter der Vargas-Diktatur stellte den Wendepunkt in diesem Prozeß dar: Heute zeigt sich eine diglossisches Sprachverhalten in der Elterngeneration und ein Übergang zum Portugiesischen in der Kindergeneration. In der Familie wird überwiegend zweisprachig oder portugiesisch gesprochen, nur mit den Großeltern spricht noch ein Fünftel ausschließlich deutsch. In öffentlichen Sprachdomänen dominiert das Portugiesische, aber immerhin ein Viertel der Informanten gebraucht teilweise Deutsch. Das verwendete Deutsch ist selbstverständlich lusitanisiert, wie etwa die dem Portugiesischen nachgebildete Begrüßungsformel *Alles gut*? (port. *Tudo bem*?) zeigt.

Lourdes Claudete Schwade Sufredini (1993) hat die Zweisprachigkeit in Lageado Antunes, einer ländlichen Gemeinde im westlichen Santa Catarina, untersucht. In einer Befragung von 24 Schülern der 5. bis 8. Klasse bestätigt sich der Rückzug der deutschen Varietäten in die familiären Sprachdomänen. Mit Eltern und Großeltern wird von drei Vierteln der Befragten "fast immer" ("quase sempre": 50–66%) oder "gelegentlich" ("às vezes": 8–25%) Deutsch gesprochen. In öffentlichen Kommunikationskontexten (zum Beispiel im Geschäft oder in der Kirche) wird nur "gelegentlich" von einem Drittel bis zur Hälfte der Befragten Deutsch verwendet. Interessant ist jedoch, daß auch in der jugendlichen Peergroup die deutsche Varietät durchaus noch präsent ist: Mit Klassenkameraden, unter Freunden und unter den Geschwistern wird noch relativ häufig Deutsch gesprochen (Schwade Sufredini 1993:77ff). Es fragt sich natürlich, wie "deutsch" dieses Deutsch ist. Schwade Sufredini (1993: 199f.) hat in einer genaueren Studie dreier Generationen (in sechs Familien) portugiesische Entlehnungen in großer Zahl festgestellt, allerdings zeigen diese nahezu keinerlei Signifikanz in der Generationenabfolge: Sie sind bei den Jüngeren nicht häufiger als bei der mittleren und älteren Generation. Eine Netzwerkanalyse ergibt schließlich, daß die Kommunikation in der Familie und der engen Nachbarschaft weitgehend auf Deutsch vonstatten geht. Die Tatsache, daß Familie und engere Nachbarschaft die "Knotenpunkte" der Verwendung des Deutschen sind, bestätigt Altenhofens Annahme einer "familiolektalen" Basis der deutschen Varietäten (s. o.). Außerhalb der Gemeinde (beim Arzt, in Geschäften, mit dem

Pfarrer) wird in allen Generationen nahezu ausschließlich portugiesisch gesprochen (Schwade Sufredini 1993:106ff).

Maria Elaine Estivalét Steiner (1988) führt eine ähnliche Untersuchung in Jaraguá do Sul bei Joinville (Santa Catarina) durch: Der Ort liegt in einer städtisch geprägten, dicht besiedelten und industriell entwickelten Region. Die Befragung unter 292 Schülern kommt zu dem Ergebnis, daß in der überwiegenden Anzahl der Familien nur noch "gelegentlich" Deutsch gesprochen wird, wie auch in der Peergroup und in der Nachbarschaft. Beim Einkauf und in der Kirche wird zu fast 90% ausschließlich Portugiesisch gesprochen. Eine Verwendung des Deutschen ist gegenüber älteren Gesprächspartner und Bekannten höher und auch von der Konfession abhängig: Protestanten sprechen innerhalb und außerhalb der Familie mehr Deutsch als Katholiken (Estivalét Steiner 1988:83ff).

Ute Bärnert-Fürst (1994) untersucht Sprachbewahrung und Sprachwechsel in einer Studie des Sprachverhaltens in drei Generationen in Panambí (Neu-Württemberg), einer schwäbischen Kolonie, die zwischen 1921 und 1926 im Nordwesten von Rio Grande do Sul gegründet wurde. Auch hier zeigt sich, daß in der Folge der Stigmatisierung des Deutschen es die mittlere Generation war, die den Sprachwechsel innerhalb der Familie einleitete. Während in der Gründungszeit die Verwendung des Portugiesischen auf die äußeren Kontakte des wirtschaftlichen und institutionellen Verkehrs beschränkt blieb, dringt die Kontaktsprache seit den späten 1930er Jahren über die Schule und Kirche ein, während die Arbeitssphäre auf dem Lande noch deutsch bleibt, in der Stadt jedoch partiell zum Portugiesischen übergeht. Heute (1985) wird die deutsche Varietät auf dem Lande partiell auch wieder in der Kirche und bei der Arbeit verwendet, während jedoch die familiäre Kommunikation bilingual geworden ist: in der Stadt mit Dominanz des Portugiesischen, auf dem Lande des Deutschen. Ute Bärnert-Fürst deutet dies als Stadien eines langfristigen Prozesses, der mit einer Verschiebung der Sprachdomänen begann und zu einem generationenspezifischen Sprachgebrauch, insbesondere zu Veränderungen in der sprachlichen Sozialisation der Kinder, führt. Negative Spracheinstellungen gegenüber der Minderheit und ihrer Sprache seien jedoch kaum zu beobachten: "German still fulfills important social functions, particularly in the realms of identification and reproduction of ethnic identity" (Bärnert-Fürst 1994:284). Dies wird von Ingrid Margaretha Tornquist (1997) nach qualitativen Interviews unter 15 Informantinnen (zwischen 21 und 95 Jahren) anders gesehen: Zwar sei eine "deutliche Loyalität gegenüber der heimatlichen Sprache zu verzeichnen", die auf dem "Zusammengehörigkeitsgefühl der ethnischen Gruppe" basiere. Jedoch schämten sich viele ihrer deutschen dialektalen Varietät, zumal sie im Deutschen überdies meist Analphabeten seien: "das wor werklich eeklich, was mer gesproch hon, iwereeklich, ich sprech jetz noch eeklich, porque [weil] ich kann keen Hochdeitsch" (Tornquist 1997:85, 79).

> Das Portugiesische wurde zum Symbol der Stadt, der höheren Schicht, des Wissens, der Schule, der Nationalität und der jüngeren Generation. Das Hunsrückische wird im Gegensatz dazu wachsend mit der Sprache der ländlichen Gegenden, der Herkunft, der Familie, der Gruppensolidarität und der älteren Generation assoziiert. (Altenhofen 1996:73)

3.3 Chile

In Chile (mit einer Bevölkerung von 1993 12,5 Millionen) leben nach Schätzungen etwa 20.000 Deutschsprachige (unter ca. 150.000 – 200.000 Nachfahren deutscher Einwanderer). Diese waren in größerer Zahl seit 1846 aus verschiedenen Regionen Deutschlands nach Chile gekommen, zunächst aus Hessen und Brandenburg, dann aus Württemberg und der Oberlausitz, später aus Schlesien, Westfalen und schließlich aus Böhmen. Deutsche Kolonien wurden in der ersten Einwanderungszeit (zwischen 1846 und 1875) vor allem in der "Frontera"-Region, im südlichen Grenzgebiet, angelegt, in der Region um die Orte Valdívia und Osorno und seit 1853 am Llanquihue-See. In einer zweiten Immigration wanderten zwischen 1882 und 1914 Industrie- und Landarbeiter, vor allem aus Ostdeutschland ein; die dritte Einwanderung nach 1918 führte zumeist in die Städte.

Unter den ersten deutschen Siedlern sind sämtliche Berufsgruppen vertreten, einschließlich Gebildeter, unter ihnen eine größere Zahl von sogenannten "1848ern": Chile war zu dieser Zeit das einzige lateinamerikanische Land, das die von ihnen geforderten Freiheitsrechte garantierte. Die Einwanderer in den bäuerlichen Kolonien am Llanquihue-See sprachen in der Anfangszeit in erster Linie ober- und mitteldeutsche Varietäten, die städtischen Deutschen bedienten sich offenbar bald einer hochdeutschnahen Varietät (vgl. Born/Dickgießer 1989:68). Der frühzeitige Aufbau von Schulen, der vergleichsweise höhere Anteil von Intellektuellen und die relativ bald erreichte wirtschaftlich wohlhabende Stellung der Deutschsprachigen mögen dazu beigetragen haben. Unter den Immigranten sollen kaum Analphabeten gewesen sein (vgl. Burdach/Vega 1994:15).

Die Einwanderung wurde von Beginn an durch die chilenische Regierung unter den Präsidenten Bulnes und Montt staatlich gefördert. Unter den ersten Beauftragten ist Bernhard Eunom Philippi, der als Beauftragter des Kgl. Museums in Berlin den Süden Chiles erforscht und später zum Kolonisationsagenten für die Werbung deutscher Auswanderer ernannt wird. Philippi und später Vicente Pérez Rosales betreiben die Kolonistenwerbung mit dem erklärten Auftrag, (katholische) Handwerker, Bauern und Gewerbetreibende für Besiedlung und Sicherung der *Frontera*, der südlichen Grenzregion Chiles, gegenüber der indigenen Bevölkerung, zu gewinnen. Das wirtschaftlich äußerst rückständige Land hat zu diesem Zeitpunkt 1,8 Mill. Einwohner, Santiago zählt etwa 100.000 Bewohner, Concepción im Süden nicht mehr als 10.000. Im gleichen Zeitraum, in dem sich zwischen 1846 und 1876 4.532 Deutsche in Chile ansiedeln (vgl. Jünemann Gazmuri 1994:12), steigt die Verstädterung in Chile von 20% auf 30% (und bis 1891 auf 45%). Parallel zur "Landerschließung" wird die Eisenbahn weiter nach Süden ausgebaut, erreicht aber erst 1890 Temuco.

Die chilenische Regierung hatte ursprünglich ausschließlich katholische Einwanderer zulassen wollen, zeigte sich aber bald kompromißbereit. Die sogenannten "1848er", die die Verwirklichung ihrer freiheitlichen politischen Vorstellungen in der neuen Heimat anstrebten, forderten für die deutschen Einwanderer unter anderem Religionsfreiheit und Landeigentumstitel. Einer dieser Auswanderer, der preußische Landtagsabgeordnete Karl Anwandter, der 1850 in Valdívia ankam, führte die Verhandlungen. Im Gegenzug sicherte er unbedingte Loyalität zu, "unser Aufnahmeland gegen jede ausländische Aggression zu verteidigen, mit der Entschiedenheit und Beharrlichkeit des Mannes, der sein Vaterland, seine Familie und seine Rechte verteidigt" – ein Zitat, das sich heute auf dem Gedenkstein für die deutsche Einwanderung in Valdívia wiederfindet und einen Bestandteil der deutsch-chilenischen Identität ausmacht:

> Seremos chilenos honrados y laboriosos como el que más lo fuere. Unidos a las filas de nuestros compatriotas, defenderemos nuestro país adoptivo contra toda agresión extranjera, con la dicisión y firmeza del hombre que defiende su patria, su familia y sus intereses. (Anwandter nach Jünemann Gazmuri 1994:20)

1852 begann die Besiedlung am Llanquihue-See, in einem bis dahin dicht bewaldeten und unwegsamen, völlig unerschlossenen Gebiet am Fuße des Vulkans Osorno. Den Siedlern wurden von der Regierung eine Reihe von "Zusicherungen" gegeben, die jedoch nur zum Teil eingehalten wurden: Land, Steuer- und Abgabenfreiheit für 15 Jahre, eine Kuh, Saatgut, Geld für den Unterhalt während des ersten Jahres (als Darlehen), medizinische Versorgung, Hausbaumaterialien und die chilenische Staatsbürgerschaft für die, die sie beantragten (Jünemann Gazmuri 1994:26). In den folgenden Jahren setzte sich die Besiedlung der Llanquihue-Region mit der Gründung weiterer Kolonien (Puerto Varas, Frutillar etc.) in großem Stile fort und hielt bis 1880 an. Neue Ansiedlungen wurden meist von geschlossenen Gruppen aus einem bestimmten Herkunftsgebiet gegründet, zum Beispiel Hessen, Sachsen, Schwaben, später auch Schlesiern und Böhmern. Anfang der 1860er Jahre wurden in der sogenannten "Colonia", dem "Territorio de Colonización de Llanquihue" 1.491 Deutsche gezählt, von denen 551 in Chile geboren waren (vgl. Reiter 1993:59). 1863 kamen katholische Auswanderer, hauptsächlich Westfalen, nach 1875 bildeten Österreicher die Hauptmasse der Siedler.

Ursprünglich "Seehufen" (von etwa 75 bis 100 ha Größe), die vom Seeufer aus in den Wald gingen, waren die einzelnen Ansiedlungen durch Waldgebiete getrennt und besaßen auch kein Siedlungszentrum, sondern hatten die Struktur von weit auseinander Gehöften. "Durch diese Streusiedlung mit großen Entfernungen zwischen den Höfen übertrug sich die Isolation der ganzen Region auch auf die einzelnen Familien" (Reiter 1993:62). So blieben für einige Zeit landsmannschaftliche Siedlungen erhalten (z. B. schwäbische, hessische, böhmische Kolonien), die anfangs auch über dialektale Varietäten verfügten. Jedoch wurde im Laufe der Zeit das gesamte Seeufer besiedelt; entlang von Wegen wurden neue Siedlungen ("Líneas") eingerichtet. Aufgrund der Beschränkung der Genehmigung für den Zukauf von Landflächen wurde Kapital eher in verbesserte Anbaumethoden, Saatgut, Maschinen investiert, und es entstand eine für Chile völlig neue mittelbäuerliche Besitzstruktur. Dennoch waren bis 1917 38,5% und bis 1961 mehr als 50% der landwirtschaftlich nutzbaren Fläche in Händen von Deutschchilenen (vgl. Reiter 1993:63). Puerto Varas und Frutillar entwickelten sich im Laufe der Zeit zu Mittelpunktorten, in denen sich der Handel konzentrierte. In Frutillar bestand das erste Handelshaus der Colonia, es bildete sich ein deutscher Verein, eine deutsche Schule und eine protestantische Pfarre, die bis heute für das Seengebiet zuständig war. Puerto Montt wuchs bis 1920 auf fast 10.000 Einwohner, die Verwaltung lag in iberochilenischen, Handel und Gewerbe in deutschen Händen, die Bevölkerungsmehrheit waren indigene "Chiloten" (von der Insel Chiloé), die selbst wenig Spanisch sprachen. Heute ist Puerto Montt (mit 1996 ca. 120.000 Einwohnern) Hauptstadt der "Región de los Lagos".

Jünemann Gazmuri (1994:30f) stellt für die deutsche Einwanderung rückblickend fest, daß aufgrund fehlender staatlicher Unterstützung, nicht eingehaltener Versprechungen, administrativer Fehlplanung, Bodenspekulation, klimatischer und geographischer Extrembedingungen und Kommunikationsproblemen die Kolonisierung in der Anfangszeit ein Fehlschlag war. Auch quantitativ war die deutsche Einwanderung wesentlich weniger bedeutsam als etwa in Brasilien, das seinen Süden mit Immigranten besiedelte, und Argentinien, das im gleichen Zeitraum seine Bevölkerung verdoppelte. Dennoch gelang es, mit Verspätung auch in der Colonia Llanquihue, die Siedlungsgebiete wirtschaftlich und naturräumlich "substantiell umzugestalten": Es wurden weite Landstriche gerodet, trocken gelegt und bebaut, es wurden Häfen (am Llanquihue-See) angelegt, eine regelmäßige Schiffsverbindung eingerichtet, Straßen gebaut, Betriebe gegründet, die Valdívia in eine Industrieregion verwandelten: 1882 waren 56% der Deutschen in Valdívia Gewerbetreibende gegenüber 2% der Einheimischen. Bereits 1864 wird berichtet, daß die Deutschen eine relativ hochdeutschnahe Varietät verwendet hätten (vgl. Blancpain 1985:191). Dies dürfte sich vor allem auf die städtischen Siedler beziehen und verdankt sich sicherlich auch dem frühzeitig entwickelten deutschen Schulwesen, das in ganz Chile als vorbildlich galt. Während sich in und um Valdívia und Osorno vorwiegend Handwerker und Kaufleute niederließen, fand am Llanquihue-See vor allem bäuerliche Besiedlung im Sinne einer Neulandkolonisation statt. Die Colonia Llanquihue verblieb lange in abgeschiedener Lage. Eine engere Anbindung der Colonia, zum Beispiel durch die Einrichtung von Zweigstellen staatlicher Einrichtungen, wurde von seiten der chilenischen Regierung abgelehnt (Reiter 1993:66). Auch die Verwaltungsumstrukturierung, die 1861 mit der Erhebung der Region zur "provincia" verbunden war, die aus drei "departamentos" (mit jeweils drei "distritos") bestand, sollte nicht zu einer Integration der Deutschen führen: Sie übten weiterhin sämtliche administrativen Aufgaben aus und behielten die Selbstverwaltung. Die "Autarkie" der Siedlungen am Llanquihue, das heißt die Notwendigkeit, sämtliche wirtschaftlichen, sozialen, administrativen und schulischen Einrichtungen selbst zu schaffen, stellte die Voraussetzung für die künftige Entwicklung dieser deutschen "Musterkolonien" dar.

Über die Notwendigkeit, Spanisch zu sprechen, gehen die Auffassungen auseinander: Reiter (1992:110f) geht von kaum vorhandenen Sprachkontakten aus, Blancpain (1985:94) und Burdach/Vega (1994:17) betonen die frühe Zweisprachigkeit: Die Deutschen seien von Beginn der Besiedlung an von einem kontinuierlichen Strom chilenischer Binnenwanderer begleitet worden und hätten nie mehr als 5,5% der Bevölkerung ausgemacht. Die kulturellen, sozialen und konfessionellen Unterschiede hätten aber einen asymmetrischen Sprachkontakt bewirkt: den Kontakt zwischen Herren und Arbeitern, "de patrones a obreros" (ebd.).

Dies änderte sich erst zur Jahrhundertwende mit dem Anschluß der Region durch den Eisenbahnbau, vor allem durch das aufblühende Wirtschaftsleben und die massive Zuwanderung spanisch sprechender Bevölkerung. In den Städten entsteht eine breite chilenische Mittelschicht. Damit wird der Sprachkontakt unabdingbar. Mit der Anbindung der Region wächst der Zuzug von Iberochilenen auch nach Llanquihue. Jedoch erreicht die Sprachbeherrschung des Spanischen in den ländlichen Kolonien lange Zeit nicht das Niveau der deutschen Stadtbewohner. Die deutschen Schulen, die (evangelischen) Kirchen und die deutschen Vereine stützten nach wie vor die deutsche Sprache. Am Llanquihue entwickelt sich eine von spanischen Lexemen interferierte Ausgleichsvarietät, das sogenannte "Launa-Deutsch" (Lagunen-Deutsch, span. *laguna* "See"). Bieregel/Müschen (1983:26) und Reiter (1993:125) nennen zahlreiche Hispanismen (*die vakken geletschert* "die Kühe gemolken", span. *lechar las vacas*) und "falsche Freunde" (*Examen* für "ärztliche Untersuchung").

Wachsender Wohlstand und eine zunehmende Mobilität prägen die ersten Jahrzehnte dieses Jahrhunderts. 1896 immatrikulieren sich die ersten deutschen Studenten an der Universität in Santiago, im gleichen Jahr wird die deutsche Burschenschaft gegründet.

Wachsende Mobilität kennzeichnet die Deutschen, aber auch umgekehrt die Iberochilenen. Mit dem Schwinden der sozialen Kontraste fallen auch die ethnisch-kulturellen Unterschiede immer weniger ins Gewicht. Ebenso verlieren die konfessionellen Schranken in einer Zeit allgemeiner Säkularisierung an Bedeutung. Die Öffnung der deutschen Kolonien und eine zunehmende Anzahl von Mischehen führen schließlich zu einem spanisch dominierten Bilingualismus.

Die sprachliche Assimilation setzte bereits vor dem Zweiten Weltkrieg ein. In der NS-Zeit führt die "völkische" Propaganda auch in Chile zu einer Rückbesinnung auf die Zugehörigkeit zur deutschen Minderheit, vermittelt durch eine große Zahl von Vereinen. Die NS-Auslandsorganisationen versuchen, diese Vereine – ähnlich wie in Argentinien und Paraguay – gleichzuschalten und als ideologischen Vorposten zu instrumentalisieren (s. o.). Aus der Perspektive der Deutschchilenen nimmt sich diese Zeit bis heute anders aus als aus bundesdeutscher Sicht: Sie ist mit einem Aufleben deutscher Traditionen, deutscher Kultur und deutschen Vereinslebens verbunden. Eine nostalgische Verklärung dieser Periode ist nicht gleichzusetzen mit einer NS-Anhängerschaft oder gar einer Heim-ins-Reich-Mentalität der Deutschchilenen. Schätzungen seitens des "Rassenpolitischen Amtes der NSDAP" hatten bereits 1939 den Rückwanderungswillen der Deutschen in Brasilien, Argentinien und Chile als gering eingeschätzt (im Unterschied zu Uruguay und Paraguay; vgl. Bergmann 1994:64).

Sprachlich gesehen hat diese Phase die Assimilation, die bereits begonnen hatte, noch einmal verzögert. Nach dem Kriege setzte sie sich fort: Spätestens in den 1960er Jahren war das Potential der Renaissance der deutsch-chilenischen Kultur aufgezehrt. In einer von Grandjot und Schmidt 1960 veröffentlichten Studie unter mehr als 6.500 Befragten bezeichnen sich noch rund 70% als ausgewogen zweisprachig, jedoch geht diese Zahl in den folgenden Jahren rapide zurück, besonders unter den jüngeren. In Chile wie in anderen Ländern bestätigt sich überdies die stärkere Assimilation der katholischen Minderheitenangehörigen.

Heute existieren nach wie vor eine große Anzahl von Vereinen und Einrichtungen (Sportvereine, Chöre, Frauenvereine, sogar Burschenschaften). 1981 wurden 39 Organisationen mit 8.000 bis 9.000 Mitgliedern gezählt (vgl. Born/Dickgiesser 1990:72). Diese sind jedoch oft spanischsprachig. Evangelische Gottesdienste werden in den sieben Kirchen der "Seengemeinde" am Llanquihue immer noch mehrere Male im Monat auf Deutsch abgehalten, jedoch stoßen diese auf Sprachprobleme unter der Jugend. Deutschsprachige Radioprogramme, die deutsche Zeitung *Condor* unterstützen diese Bemühungen um die Aufrechterhaltung der deutschen Sprache. Die *Liga Chileno-Alemana* versteht sich als Dachorganisation der Deutschchilenen, das *Emil-Held-Archiv* in Santiago betreibt historische Forschungen zur Geschichte der Deutschen. Die 26 "deutschen Schulen" (1989), davon allein acht in Santiago, erteilen Deutschunterricht heute – bis auf wenige Muttersprachler-Klassen (z. B. in Santiago, Valparaíso) – als intensivierten Fremdsprachunterricht. Von ihren 12.000 Schülern sind nur wenige noch deutsche Muttersprachler. Die deutschen Schulen und Kindergärten werden wegen ihrer besseren Sprachausbildung im Lande geschätzt. Die Schulen finden einen Teil ihrer Schülerschaft auch unter nicht der Minderheit angehörenden Chilenen, die Stipendien erhalten. Allerdings beginnen sich neue Lehrpläne, in Chile nur noch eine statt zweier Fremdsprachen zu unterrichten, für das Deutsche negativ auszuwirken: Deutsch hat gegenüber Englisch einen zunehmend schwereren Stand. Eine Umfrage in der Deutschen Schule Santiago 1987 (1000 befragte Familien) ergab, daß knapp die Hälfte der Schüler zu Hause noch teilweise, nur ein Sechstel regelmäßig Deutsch spricht, darunter sicher viele Kinder von bundesdeutschen Diplomaten, Firmenvertretern etc. Der Rückgang an deutschen Muttersprachlern wird zumindest in der Hauptstadt immer wieder durch Kinder von bundesdeutschen "Arbeitsmigranten" gemildert, ebenso wie ein Teil der Lehrerschaft aus Deutschland kommt und von der Bundesregierung finanziert wird. Mit den bundesdeutschen Lehrkräften, Schülern und Eltern entstehen allerdings häufig Konflikte, die der Schwierigkeit entspringen, die Innen- und Außensicht Deutschlands und deutscher Kultur miteinander zu vermitteln. Von Deutschchilenen wird daher der Einfluß bundesdeutscher "Immigranten auf Zeit" nicht unkritisch gesehen. Allerdings ist die Verbindung mit Deutschland durchaus nicht einseitig: Es bestehen zahlreiche Kontakte nach Deutschland, viele Schüler der deutschen Schulen gehen im Rahmen des Schüleraustauschs oder zum Studium nach Deutschland.

Wenn auch das Deutsche sich in permanentem Rückgang befindet, genießt es in Chile durchaus nach wie vor ein hohes Prestige. In der Llanquihue-Region ist "deutsch" ein touristisches Markenzeichen geworden: Schilderaufschriften wie *Kuchen*, *Bierstube*, *Café 'Oma'* usw. werden schlicht als Gütezeichen verwendet und haben keinen aktuellen deutschsprachigen Hintergrund mehr.

Der Rückgang des Deutschen wird in einer Befragung von Ana María Burdach und Olly Vega (1994) unter 39 Deutschchilenen dreier Generationen in der Llanquihue-Region deutlich: Das Deutsche wird von den Informanten immer weniger verwendet, insbesondere herrscht bei den Jüngeren eine deutliche Tendenz des Sprachwechsels vor. Alle drei Generationen geben noch an, beide Sprachen zu verwenden, die jüngeren aber nur noch zur Hälfte, die mittlere und ältere Generation zu drei Vierteln. Die Sprachwahl hängt ab vom Gesprächspartner und der Gesprächssituation: Die Großelterngeneration spricht untereinander und mit der Elterngeneration Deutsch, die Elterngeneration mit der Großelterngeneration Deutsch, aber untereinander beide Sprachen oder Spanisch, die Kindergeneration spricht außer mit den Großeltern mit allen Spanisch. Es gibt keine einzige Sprachdomäne, in der das Deutsche noch dominieren würde. In informellen Situationen verwenden Großeltern- und Elterngeneration beide Sprachen oder Spanisch, die Kindergeneration überwiegend Spanisch. In formellen und öffentlichen Situationen wird fast ausschließlich Spanisch gesprochen. Die Sprache in der (evangelischen) Kirche, in der Schule und im Kulturleben ist noch am ehesten deutsch, bei den jüngeren Informanten zweisprachig. Die katholischen Probanden dagegen haben das Deutsche in allen drei Generationen fast völlig aufgegeben. Die Studie erhärtet den Eindruck, daß das Deutsche heute nur noch institutionell gestützt wird, während in alle anderen Bereiche das Spanische rasch eindringt (vgl. Burdach/Vega 1994:36ff).

Ulrike Ziebur (in Vorbereitung) hat in einer Fragebogenerhebung mit 270 Informanten in der Llanquihue-Region, besonders an der deutschen Schule Puerto Varas, sowie in 36 Interviews die Sprachverwendung des Deutschen und Spanischen untersucht. 75% der Befragten geben an, zu Hause mit ihrer Familie nur noch Spanisch zu sprechen. Die Ergebnisse zeigen, daß die Verwendung des Deutschen – neben der Sprachkompetenz, die meist nicht mehr primärsprachlich erworben wurde – vom Alter, der Konfession und der Mitgliedschaft in deutschen Institutionen beeinflußt wird. Interessanterweise definieren sich jeweils 40% als "Chilene deutscher Abstammung" bzw. als "Chilene" und nur 7% als "Deutschchilene".

3.4 Paraguay

In Paraguay leben mindestens 60.000 Deutschsprachige, darunter über 20.000 deutschsprachige Mennoniten (1987). Insgesamt wird Deutsch von ca. 125.000 Deutschstämmigen gesprochen, die 3,3% der gut 4 Millionen (1993) zählenden Bevölkerung Paraguays ausmachen. Wahrscheinlich muß jedoch eine deutlich höhere Zahl angenommen werden, da seit einigen Jahren ein starker Zuzug in das paraguayanisch-brasilianische Grenzgebiet eingesetzt hat, darunter auch viele Deutschbrasilianer.

Paraguay war lange Zeit nach der Unabhängigkeit 1811 unter dem Diktator Francia völlig von der Außenwelt abgeschnitten, erlebte dann unter dem Präsidenten C. A. López eine bedeutende Modernisierung und erlangte einen beträchtlichen Wohlstand. Sein Sohn F. S. López trieb das Land in den ungemein verlustreichen "Tripelallianzkrieg" mit Argentinien, Uruguay und Brasilien 1865 bis 1870. Von 1,3 Millionen Einwohner überlebten nur 200.000, davon 90% Frauen und Kinder. Erst nach diesem Desaster konnte das Land wieder aufgebaut werden. 1870 wurde eine neue demokratische Verfassung verabschiedet, eine vorsichtige Öffnung setzte ein, die sich schließlich auch in Zuwanderungen von Immigranten niederschlug (vgl. Klassen 1991:79ff).

Unter den Zuwanderern nahmen die deutschsprachigen Siedler einen hohen Anteil ein. Bereits 1871 begannen erste Siedlungsversuche, die jedoch aufgrund wirtschaftlicher und klimatischer Schwierigkeiten zumeist fehlschlugen und wieder aufgegeben werden mußten. Seit 1881 (San Bernardino) wurden bis zur Jahrhundertwende vier Siedlungen gegründet, zumeist von Siedlern, die direkt aus Deutschland einwanderten. Nahezu alle Siedlungen der ersten Kolonisierungszeit befanden sich in der Nähe von Asunción, etliche Immigranten ließen sich auch in der Hauptstadt selbst nieder (vgl. Ratzlaff 1990:114ff). Bis 1893 lebten aber erst 300 Deutsche in Paraguay. Zur Gruppe der von Siedlern aus Deutschland, Österreich und der Schweiz angelegten Kolonien gehören auch die später gegründeten Orte Independencia (1920, schwäbisch und badische Varietäten) Carlos Pfannl (1931, bairisch-österreichische) und Sudetia (1933).

1900 wurde mit Hohenau die erste Kolonie von Deutschbrasilianern im südöstlichen Grenzgebiet zu Argentinien gebildet (Itapuá). Ihnen war Steuerfreiheit (auf 15 Jahre), lokale Selbstverwaltung, freie Wahl der Richter und das Recht auf deutschsprachigen Schulunterricht (außer in Geschichte, Geographie und Spanisch) gesetzlich zugesichert worden (vgl. von Fischer-Treuenfels 1989). Zu dieser Gruppe gehören noch zwei weitere Siedlungen. Der Zustrom von Deutschbrasilianern setzte aber in großem Umfange erst nach dem Zweiten Weltkrieg ein, er hält ungebrochen an und führt auch deutschsprachige Siedler nach Itapuá und – seit dem Bau des Staudamms Itaipú in den 1970er Jahren – besonders ins östliche Grenzgebiet zu Brasilien (Alto Paraná). Unter ihnen dominiert das Hunsrückische. Von Alto Paraná aus ziehen sie oft weiter in andere Gebiete Paraguays (vgl. Bergmann 1994:178). Die Zahl der Deutschsprechenden wurde bisher auf rund 40.000 geschätzt (vgl. Born/Dickgießer 1990:151). Bergmann (1994:183) spricht von 112.500 bis 150.000 deutschstämmigen Brasilianern angesichts einer Einwanderung aus Brasilien von 450.000 bis 500.000 Immigranten, die vor allem aus dem Süden kommen.

1921 hatte die paraguayanische Regierung das Gesetz Nr. 514 erlassen, das Einwanderern Religions- und Schwurfreiheit, Befreiung vom Militärdienst, das Recht auf eigene Schulen sowie ein freies Erbrecht zusicherte. Dies war die Grundlage für die große Zuwanderung von Mennoniten aus Kanada und der (späteren) Sowjetunion:

Die erste Gruppe kam aus Kanada und gründete zunächst 1927 die Kolonie Menno in der Wildnis des Chaco. Kanada hatte nach dem Ende des Ersten Weltkrieges ein Gesetz beschlossen, das die englische Sprache als alleinige Unterrichtssprache vorsah, womit die Schul- und Sakralsprache der Mennoniten, das Hochdeutsche, verdrängt worden wäre. Mit der Schließung der mennonitischen Privatschulen war auch ein eigenständiger Religionsunterricht nicht mehr möglich. Darauf entschlossen sich ca. 1.700 Mennoniten aus Westkanada zur Auswanderung nach Paraguay (und 6.000 nach Mexiko).

In der Hauptsache handelte es sich um sogenannte "Bergthaler", die ursprünglich aus der Chortitza-Gemeinde Bergthal im Schwarzmeergebiet stammten und von dort ab 1874 nach Kanada emigriert waren, nachdem die russische Regierung 1871 den obligatorischen Russischunterricht in den Schulen und den Wehrdienst (oder einen Ersatzdienst) einführen wollte. Kurze Zeit nach der ersten Gruppe wanderten zwischen 1930 und 1932 2.000 "Rußlandmennoniten" aus der Ukraine, von der Krim und aus Sibirien ein und gründeten die Kolonie Fernheim. Sie waren angesichts der zunehmenden religiösen Verfolgungen und der Landenteignung im Rahmen der "Entkulakisierung" während der Stalin-Zeit emigriert und teils direkt aus der Ukraine, teils über Ostsibirien und Charbin, China, geflohen. Mit Unterstützung durch den Reichspräsidenten Hindenburg erhielten sie schließlich die Genehmigung zur Abreise nach Paraguay.

Die Zuwanderung setzt sich auch nach dem Zweiten Weltkrieg fort: Mennoniten aus der Westukraine, die mit den deutschen Truppen über den sogenannten "Warthegau" nach Deutschland gezogen waren und in die Sowjetunion repatriiert werden sollten, wanderten nach Südamerika aus und gründeten 1947 die Kolonien Neuland im Chaco und Volendam nördlich von Asunción. 1967 bis 1969 kamen sehr konservative Mennoniten (und Amische) aus den USA hinzu und gründeten drei Kolonien in Ostparaguay. Es handelt sich bei ihnen um zu Beginn des 18. Jahrhunderts aus der Schweiz und dem Elsaß in die USA ausgewanderte Englischsprachige (vgl. Ratzlaff 1989:13). Bis in die 1980er Jahre sind weitere Gruppen von Mennoniten aus den USA, aus Mexiko und Belize und einzelne aus Brasilien eingewandert. Auch in der Hauptstadt haben sich zahlreiche Mennoniten niedergelassen.

Siedlungsschwerpunkte sind jedoch vor allem der Chaco, in dem etwa die Hälfte der Mennoniten in 118 Dörfern leben, sowie Ostparaguay (die andere Hälfte der Mennoniten). Die Mennoniten haben die Kolonien, besonders im Chaco, zu einer erstaunlichen wirtschaftlichen und kulturellen Prosperität geführt. Die Mehrzahl der Mennoniten Paraguays (57%) gehört heute zu den sogenannten "fortschrittlichen" Mennoniten. Sie verfügen über ein ausgebautes Bildungswesen, das Primar- und Sekundarschulen und ein zweisprachiges Lehrerbildungsseminar, eine Landwirtschaftsschule sowie eine Behindertenwerkstätte und Kindergärten einschließt. Die Kolonien besitzen Krankenhäuser, Altenheime, Sozialstationen, Gästehäuser und Supermärkte. Die Kooperativen sind wirtschaftlich sehr erfolgreich und durch ein Vermarktungsnetz mit Filialbetrieben in Asunción verbunden: 50% aller Milchprodukte Paraguays werden von den Molkereien der Kolonien produziert (vgl. Ratzlaff 1996:2ff). In den Kolonien existiert ein Wegenetz von 2.500 km Sandpisten. Es wird die Zeitung *Menno-Blatt* herausgegeben und der Sender *La Voz del Chaco Paraguayo* in Filadelfia betrieben, der in neun Sprachen sendet (1996: 22% der wöchentlichen Sendezeit auf Deutsch, 65% auf Spanisch, 13% in mehreren Indianersprachen sowie auf Englisch). Bereits 1935 begannen die Mennoniten mit der Missionierung der Indianer. In der Umgebung leben zahlreiche indigene Gruppen, die neben Guaraní verschiedene Indianersprachen sprechen, darunter am häufigsten Lengua, Chulupí (Nivaclé) und Ayoreo. Guaraní ist heute zweite Landessprache in Paraguay und wird auch in der Schule, zumindest mit zwei Stunden in den ersten drei Klassen unterrichtet. Die Mennoniten haben die indigene Bevölkerung in ihren Kooperativen angestellt; damit war zugleich ein Seßhaftwerdungsprozeß verbunden. Nachdem die Lager der Arbeiter sich in den 1970er Jahren zu regelrechten "Slums" entwickelt hatten, wurde beschlossen, Land für die Indianer anzukaufen: 1995 lebten etwa 10.000 Indianer in 12 Siedlungen auf etwa 150.000 ha Land mit rund 1.400 eigenen Höfen (vgl. Klassen 1991:187, 190). Heute gibt es 7.000 indigene und 4.000 "latein-paraguayanische" Mennoniten. Unter den Indianern, die bei Mennoniten gearbeitet oder gelebt haben, gibt es mitunter "Plautdietsch"-Sprecher (vgl. Thiessen 1984).

Der nahezu siedlungsleere Chaco (mit knapp zwei Dritteln der Landesfläche, aber nur 2% der Einwohner) bot den Mennoniten ideale Bedingungen eines abgeschiedenen Lebens. Auch die Stationierung von Soldaten während des Chaco-Krieges 1932–1935 tangierte die Autarkie der Kolonien nur vorübergehend. Allerdings brachte die Fertigstellung der Ruta Trans Chaco in den 1960er Jahren bzw. ihre Asphaltierung 1987 den Anschluß des Chaco an die Landesentwicklung. Die Öffnung der Kolonien gegenüber der paraguayanischen Gesellschaft führte zu weitgehender Zweisprachigkeit, aber keineswegs zur Assimilierung.

Spanisch wird von den meisten gesprochen, hinzu kommt Portugiesisch bei den aus Brasilien Eingewanderten. Allerdings bleibt das Deutsche in den Chaco-Kolonien nach wie vor die dominante Sprache, die sämtliche Bereiche des Kolonielebens prägt, während in Itapuá das Spanische vordringt. In der Deutschen Schule *Concordia* in Asunción wird die eine Hälfte der Fächer auf Deutsch, die andere (Mathematik, Musik, Kunst, Sport) auf Spanisch unterrichtet. Unter 356 Schülern werden 65% mennonitische Deutschparaguayer, 10% andere Deutschparaguayer und 25% Spanischsprachige von der Schulleitung gezählt. Die Mennoniten in der Hauptstadt Asunción sind selbstverständlich dem Spanischen sehr viel stärker ausgesetzt als im Chaco.

Clemens Scharf (1996) hat für die Mennoniten in Uruguay die Auswirkungen des Lebens in der Hauptstadt (Montevideo), in einer Kleinstadt (Colonia del Sacramento) oder in den Kolonien (Gartental, El Ombú, Delta) in einer interessanten Studie zur sprachlichen "Akkulturation" untersucht. Dabei fließen weitere Basisfaktoren (Alter, Geschlecht) sowie eine ganze Reihe von Kofaktoren (Bildung, Mobilität, berufsbedingte Sprachkontakte, Exogamie usw.) ein. Gegenstand sind deutsche Merkmale in der spanischen Rede der Probanden auf lexikalischem, grammatischem und phonetisch-phonologischem Gebiet. Im Ergebnis zeigt sich, daß die "Akkulturation" hierarchisch von den Basisfaktoren Raum, Alter und Geschlecht abhängig ist, jedoch von einigen Kofaktoren (z. B. Bildung, Mobilität) modifiziert wird.

In den Chaco-Kolonien ist die Alltagssprache in der Regel die ostniederdeutsche Varietät. Bei den aus Kanada eingewanderten Mennoniten überwiegt die "Chortitza"-Varietät der sogenannten Altkolonien im Schwarzmeergebiet, bei den aus der Sowjetunion zugewanderten die "Molotschna-Varietät", eine etwas jüngere, jedoch prestigereichere Dialektvarietät, die sich auch bei den Kanada-Auswanderern ausbreitet. Allerdings liegen beide Varietäten nicht in völlig getrennter Form vor, sondern zeigen verschiedene Ausgleichserscheinungen. Das Hochdeutsche wird heute immer häufiger auch im familiären Kontext verwendet. Kenntnisse einer standardnahen Varietät sind aufgrund des Schulunterrichts und der Verwendung als Sprache des Gottesdiensts in der Regel vorhanden, in Asunción sogar offenbar stärker als die des "Plautdietschen". Der Vorschule wird die Aufgabe zugewiesen, die Kinder vom "Plautdietschen" zum Hochdeutschen zu führen. Dazu wird in den ersten drei Primarschulklassen auch gelegentlich heute das "Plautdietsche" toleriert. Das "Plautdietsche" hat jedoch in förmlichen Kontexten den Stempel des "Unernsthaften"; es war früher in den Schulen untersagt, "Plautdietsch" auch nur auf dem Pausenhof zu sprechen. In einem Schulbuch *'Wie sag ich's richtig?' Kleiner plattdeutsch-hochdeutscher Sprachkurs* wird als Problembefund festgestellt: "Die meisten Fehler rühren von der Direktübersetzung des plattdeutschen Dialekts und der Übertragung seiner grammatischen Strukturen auf das Hochdeutsche her" (Schnitzspahn/Rudolph 1995:81). Außerdem wird auf englische und spanische Interferenzen hingewiesen, wie etwa *der Permiso* – "die Erlaubnis" bzw. *phonen* – "telephonieren" (ebd.:51).

Von den deutschsprachigen Einwanderern aus Brasilien wird zumeist Hunsrückisch gesprochen. Sie sind mittlerweile in großer Zahl als Arbeitskräfte in den Chaco-Kolonien tätig. Es wird interessant sein zu beobachten, wie sich dieser intensive Varietätenkontakt auswirkt. Eine Verständigung ist jederzeit möglich, wenn Mennoniten Hochdeutsch und Deutschbrasilianer Hunsrückisch sprechen. Das Hochdeutsche bekommt allerdings damit eine weiter "säkularisierte" Funktion, die es früher nicht zu erfüllen hatte. Ob dies das klar strukturierte Sprachgebrauchssystem der Kolonien destabilisieren wird, bleibt abzuwarten.

Ähnliche Erscheinungen hat Kelly Hedges (1996) bei Old Colony Mennoniten in Chihuahua, Mexiko, untersucht. Hier beginnt die "Sprachideologie" der Gemeinschaft ins Schwanken zu geraten, da sich die Verwendungsbereiche des Hochdeutschen und des "Plautdietschen" aus beiden Richtungen gegeneinander zu verschieben beginnen: Kommentare von Predigern im Gottesdienst werden zunehmend auch auf "Plautdietsch" formuliert. Umgekehrt dient hochdeutscher Schriftgebrauch immer mehr auch profanen Alltagszwecken: "A sense of 'sacredness' could spill into the everyday (...), and the boundaries between the 'sacred' and 'everyday' realms could become blurred" (Hedges 1996:327). Ähnliches trifft auch auf die Mennoniten in Paraguay zu.

Auch Frank Albers (1997) beschäftigt sich in einer Vergleichsstudie zwischen einer traditionellen und einer "liberalen" Gemeinde unter den Mennoniten in Belize mit den Verwendungsbereichen der vorhandenen Varietäten: Auch hier breiten sich die Funktionsbereiche der verwendeten Varietäten aus. In der konservativen Gemeinde Upper Barton Creek dient das Hochdeutsche mittlerweile als Verkehrsvarietät. Es dominiert in allen Sprachverwendungsbereichen und wird durchaus nicht nur im Gottesdienst oder in der Schule gebraucht. Dies hängt mit dem Zuzug von Amischen aus den USA zusammen. Obwohl den Einheimischen wie den Zugezogenen das Englische als Kontaktvarietät zur Verfügung stünde und viele auch Pennsylvania-Deutsch verstehen, wird hierfür doch die (ehemalige) Sakralsprache gewählt. Umgekehrt breitet sich in der "liberalen" Gemeinde Spanish Lookout das "Plautdietsch" auch in den Sakralbereich aus, z. B. als "Gebetssprache" (vgl. Albers 1997:80). Ob sich damit eine Wandlung des sprachlichen Variationssystems andeutet, die von symbolischem oder gar rituellem Wert ist, wird zu untersuchen sein.

In Paraguay ist die Assimilation im Chaco vergleichsweise gering, was auf verschiedene Faktoren zurückzuführen ist: die periphere geographische Lage, die geringe Urbanisierung und Industrialisierung, eine deutschsprachige Mehrheit in den ländlichen Siedlungen, ein fest etabliertes mennonitisches Netzwerk, in das sich die deutsch-brasilianischen Zuwanderer – vorerst noch – einpassen und auf dessen gesicherter Basis auch die Öffnung gegenüber der Mehrheitsgesellschaft und -sprache stattfinden kann.

4. Fazit: Einige Forschungsfragen aus der Vergleichsperspektive

Die deutschen Minderheitengruppen in den vier südamerikanischen Ländern Argentinien, Brasilien, Chile und Paraguay könnten unterschiedlicher nicht sein. Sie sind bis zu einem gewissen Grade ebenso verschieden wie ihre Mehrheitsgesellschaften:

Brasilien hat den Deutschen lange Zeit Rückzugsmöglichkeiten geboten, die Eigenheiten ihrer Sprachinseln zu bewahren. In dieser Hinsicht ist die Entwicklung der Deutschen in der multiethnischen Gesellschaft Brasiliens durchaus vergleichbar mit der der rußlanddeutschen Sprachinseln: Auch die lange Dauer des Assimilationsprozesses von immerhin sechs Generationen, die deutliche Differenzierung zwischen Land- und Stadtbewohnern, die spracherhaltende Funktion der geschlossenen ländlich-abgeschiedenen Siedlerkolonien, die Dominanz und Binnenmischung dialektaler Ortsvarietäten und die Stigmatisierung infolge der Zäsur des Zweiten Weltkriegs zeigen eine Reihe von Parallelen auf. Das starke Überwiegen der aus dem Hunsrück stammenden Einwanderer, die das sprachliche Varietätenspektrum prägten, das Fehlen jeglicher Deportation (wie in der Sowjetunion der Stalin-Zeit), die immer vorhandene Option einer über-ethnischen Kategorie des "Brasileiro" und die nie abgebrochenen Verbindungen nach Deutschland setzen dieser Vergleichbarkeit andererseits deutliche Grenzen. Auch sind die deutschbrasilianischen Urwald-"Schneisen" durch ihre "zellenförmige" Struktur von "Familiendörfern", die die Basis des sprachlichen Ausgleichs darstellten, gänzlich anders strukturiert: Der tiefe Einschnitt, den die Politik des "Estado Novo" bedeutete, führte zur künstlichen "Fossilisierung" der Sprachinseln im Dialekt. Jedoch stellt die "Diffusion" des Hunsrückischen, das andere Varietäten verdrängt oder zum Teil sogar überdacht, unter diesen Umständen eine erstaunliche und hochinteressante Entwicklung dar. Die sprachlichen Ausgleichsmechanismen, die diesem Prozeß zugrunde liegen, sind in den "Neuen Kolonien" ein ebenso ergiebiger Untersuchungsgegenstand, wie sie es in den rußlanddeutschen Tochterkolonien in Sibirien und Mittelasien waren – mit einem entscheidenden Unterschied: Dialektale Ausgleichsprozesse sind in Rußland bzw. der Sowjetunion immer wieder abgebrochen worden. Zur Herausbildung einer echten Koine bzw. eines Ausgleichsdialekts konnte es nicht kommen. Heute sind die rußlanddeutschen Sprachinseln so labil, daß dialektale Heterogenität zum Sprachwechsel führt, da keine (deutsche) Überdachung und auch keine Verkehrsvarietät existiert. Was die deutschbrasilianischen Sprachinseln überdies spannend macht, ist die Tatsache, daß die Verbreitung des Hunsrückischen nach wie vor anhält, z. B. im brasilianisch-paraguayanischen Grenzgebiet. Die Ausgleichsvorgänge laufen unter unseren Augen ab. Nach welchen Regularitäten vollziehen sie sich? Es wird von besonderem Interesse sein, zu verfolgen, welche Mischungsprozesse, aber auch welche koexistierenden Formen aus dem Zusammentreffen kompakter Sprechergemeinschaften resultieren: Dabei treten Prozesse der dialektalen Variation, des dialektalen Ausgleichs, des Dialektwandels und der sprachlichen Interferenz (mit dem Portugiesischen) auf, die analytisch voneinander zu unterscheiden sind. Für die Untersuchung des Sprachkontakts mit dem (brasilianischen) Portugiesisch bestehen mit den von *VARSUL* bereitgestellten Daten, aber auch den dialektgeographischen Ergebnissen von Walter Koch und Cléo Altenhofen (*ALERS*,

BIRS) ausgezeichnete Voraussetzungen. Ein Forschungsdesiderat liegt in einem soziolinguistischen Vergleich der Entwicklung der drei wichtigsten Immigrantensprachen: des Deutschen, des Italienischen und des Japanischen.

Argentinien hat seine Immigrantensprachen stärker assimiliert, vor allem im Zuge des wirtschaftlichen Aufschwungs seit der Zwischenkriegszeit. Die Verstädterung des Landes ist früher vorangeschritten als in allen anderen hier behandelten Staaten. Dies gilt besonders für das Gebiet am Rio de la Plata.

Die erhaltenen wolgadeutschen Kolonien stellen ein besonders interessantes Untersuchungsfeld dar. Die eigenständige Weiterentwicklung der aus Rußland mitgebrachten Varietäten und ihr rußlanddeutsches "Pendant" bieten sich zum Vergleich an. Das Projekt eines dialektorientierten Deutschunterrichts in den Kolonien bei Coronel Suárez könnte ein "Schule machendes" Beispiel dafür sein, wie eine "dachlose Außenmundart" unter starkem Assimilationsdruck stabilisiert werden kann.

Chile hat den Süden des Landes lange Zeit sich selbst überlassen. Die Anbindung der ehemaligen "wilden Südens" hat die Bedingungen der deutschen Sprachinseln fundamental gewandelt: Migration und Mobilität brachten die Sprachgruppen in intensiven Kontakt, Modernisierung und soziale Entwicklung ließen die ethnisch-kulturellen Schranken unbedeutend werden. Die "Chilenen deutscher Abstammung" sind noch keine "Folklore"-Minderheit. Dazu ist ihre soziale und ökonomische Stellung zu hoch und das Prestige des Deutschen zu ausgeprägt. Die Deutschen in Chile, Brasilien und Paraguay wurden zu Beginn der Kolonisation bewußt als "Fremdkörper" im Lande angesiedelt. Die Zeit ist absehbar, zu der diese Rolle in Chile reine Historie ist. Die Angehörigen der jungen und mittleren Generation wachsen als Chilenen unter Chilenen auf – mit einem gewissen Bewußtsein deutscher Wurzeln, das jedoch kaum mit deutscher Sprache zusammenhängt. Alle hier behandelten deutschen Gruppen sehen sich heute in erster Linie als Bürger ihres Landes, in weiterer Linie auch als "deutsch" (nicht: "bundesdeutsch"). Dies ist auch eines der Ergebnisse der NS-Zeit und der Rolle, zu der sich das lateinamerikanische Auslandsdeutschtum seitdem verstanden hat.

Die Mennoniten in Paraguay sind wie in Rußland die stabilste deutschsprachige Gruppe. Auf der Grundlage ihrer religiösen und ethnisch-kulturellen "Exterritorialität" haben sie die Herausforderung annehmen können, die die Öffnung des Chaco gestellt hat. Wirtschaftskontakte zur Mehrheitsgesellschaft, Zweisprachigkeit, Mobilität werden in den Dienst gestellt, nicht erlitten. Gleichwohl verändert sich das soziale und kulturelle Gefüge in den Kolonien: Die massive Zuwanderung Hunsrückisch (oder Portugiesisch) sprechender Deutschbrasilianer wird die Kolonien verändern. Die Trennung von Sakralbereich und "Welt", die auch sprachlich symbolisiert sind, beginnt durchlässig zu werden. Es wird sich zeigen, ob die Sprachvarietäten des "Plautdietschen" und des hochdeutschen Standards ihre Verwendungsbereiche langfristig beibehalten können oder neue – soziale – Funktionen erhalten.

Bibliographie

Albers, F. (1997), *Die soziolinguistische Situation der Mennoniten in Belize*. Ms. Diplomarbeit Europa-Universität Frankfurt/O. ersch. demn. Frankfurt/Oder.

Altenhofen, C. V. (1996), *Hunsrückisch in Rio Grande do Sul. Ein Beitrag zur Beschreibung einer deutschbrasilianischen Dialektvarietät im Kontakt mit dem Portugiesischen*. Stuttgart.

Baranow, U. G. (1988), Brazil. In: Ammon, U./Dittmar, N./Mattheier, K. (Hg) (1988), *Soziolinguistik. Ein internationales Handbuch zur Wissenschaft von Sprache und Gesellschaft. (Sociolinguistics. An international handbook of the science of language and society.)* 2. Halbbd. Berlin/New York: 1263–1274.

Bärnert-Fürst, U. (1994), Conservation and displacement processes of the German language in the speech community of Panambí, Rio Grande do Sul, Brazil. In: Mattheier, K./Berend, N. (Hg) (1994), *Sprachinselforschung. Eine Gedenkschrift für Hugo Jedig.* Frankfurt/M.: 273–287.

Beitrag zur Geschichte von Nova Petrópolis. Berichte. Contribuição para a história de Nova Petrópolis. Depoimentos. Arbeitsgruppe unter Leitung von Gessy Deppe. Hg. v. d. Prefeitura Municipal de Nova Petrópolis. Caxias do Sul 1988.

Bergmann, G. J. (1994), *Auslandsdeutsche in Paraguay, Brasilien, Argentinien.* Bad Münstereifel.

Bernecker, W. L./Fischer, Th. (1992), Deutsche in Lateinamerika. In: Bade, K. J. (Hg) (1992), *Deutsche im Ausland – Fremde in Deutschland. Migration in Geschichte und Gegenwart.* München: 197–214.

Bieregel, Y./Müschen, R. (1983), Presencia de la cultura y lengua alemanas en Chile. *Revista Chilena de Humanidades* 4: 11–31.

Blancpain, J.-P. (1985), *Los alemanes en Chile (1816–1945).* Santiago de Chile.

Born, J. (1995), Minderheiten, Sprachkontakt und Spracherhalt in Brasilien. In: Kattenbusch, D. (Hg) (1995), *Minderheiten in der Romania.* Wilhelmsfeld: 129–158.

Born, J./Dickgießer, S. (1990), *Deutschsprachige Minderheiten. Ein Überblick über den Stand der Forschung für 27 Länder.* Mannheim.

Burdach, A. M./Vega, O. (1994), *Uso actual del alemán en situación de coexistencia con el español, en tres grupos generacionales, en el Sur de Chile.* Ms. Diss. Pontificia Universidad Católica Santiago de Chile.

Cunha, J. L. da (1995), *Rio Grande do Sul und die deutsche Kolonisation. Ein Beitrag zur Geschichte der deutsch-brasilianischen Auswanderung und der deutschen Siedlung in Südbrasilien zwischen 1824 und 1914.* Santa Cruz do Sul.

Cybulla, E. (1993), *Ethnographie des Sprachverhaltens in Alto Bela Vista, Santa Catarina, Brasilien.* Ms. Magisterarbeit Freie Universität Berlin.

Estivalét Steiner, M. E. (1988), *O bilingüalismo em áreas urbanas de colonização alemã: um estudo em Jaraguá do Sul.* Ms. Magisterarbeit Universidade Federal de Santa Catarina Florianópolis.

Fausel, E. (1959), *Die deutschbrasilianische Sprachmischung. Probleme, Vorgang und Wortbestand.* Berlin.

Fischer-Treuenfels, R. von (1989), Kolonie Hohenau in Paraguay. In: Ratzlaff, G. (Hg) (1989), *Deutsches Jahrbuch für Paraguay 1989.* Asunción: 22–28.

Grandjot, C./Schmidt, E. (1960), *Die beiden Heimatsprachen der Chilenen deutscher Abstammung. Ergebnisse einer statistischen Umfrage. El biligüalismo de los Chilenos de ascendencia alemana. Resultado de una encuesta estadística.* Santiago de Chile.

Guttenkunst Prade, H. (1996), *Interferências lingüisticas no Português falado no RS, em regiões de colonização alemã.* Ms. Projektpapier Universidade Federal de Santa Maria.

Handbuch des Deutschtums im Auslande (1906^2). Berlin.

Hedges, K.L. (1996), *Plautdietsch and Huuchdietsch in Chihuahua: Language, Literacy, and Identity among the Old Colony Mennonites in Northern Mexico.* Ms. Diss. University of Yale, New Haven/CT.

Heye, J. (1978), Bilingualism and language maintenance among German speaking immigrants in Brazil. In: *Sociolinguistics* 1978: 93–106.

Ilg, K. (1982), *Das Deutschtum in Chile und Argentinien.* Wien.

Jünemann Gazmuri, A. (1994), *La inmigración alemana. ¿Una experiencia exitosa o frustrada?* Santiago de Chile.

Klassen, P. P. (1988), *Die Mennoniten in Paraguay.* Bd. 1: *Reich Gottes und Reich dieser Welt.* Bolanden-Weierhof, Mennonitischer Geschichtsverein.

Klassen, P. P. (1991), *Die Mennoniten in Paraguay*. Bd. 2: *Begegnung mit Indianern und Paraguayern*. Bolanden-Weierhof. Mennonitischer Geschichtsverein.

Klug, J. (1994[2]), *Imigração e luteranismo em Santa Catarina: a comunidade alemã de Desterro-Florianópolis*. (1. Aufl. 1955). Florianópolis.

Koch, W. (1974), Gegenwärtiger Stand der deutschen Sprache im brasilianischen Gliedstaat Rio Grande do Sul. In: Engel, U./Vogel, I. (Hg) (1974), *Deutsch in der Begegnung mit anderen Sprachen: im Fremdsprachen-Wettbewerb, als Muttersprache in Übersee, als Bildungsbarriere für Gastarbeiter. Beiträge zur Soziologie der Sprachen*. Tübingen: 79–118.

Moelleken, W. W. (1987), Die rußlanddeutschen Mennoniten in Kanada und Mexiko: Sprachliche Entwicklung und diglossische Situation. *Zeitschrift für Dialektologie und Linguistik* 1987/2: 145–183.

Müller, T. L. (1996), *História da imigração alemã para crianças. Einwanderungsgeschichte für Kinder*. Porto Alegre.

Müschen, R. (1989), *Notas sobre el idioma aleman en Chile*. Ms. Santiago de Chile.

Oberacker, J./Karl, H./Ilg, K. (1979), Die Deutschen in Brasilien. In: Fröschle, H. (Hg) (1979), *Die Deutschen in Lateinamerika. Schicksal und Leistung*. Tübingen/Basel: 169–300.

Potthast-Hubold, E. (1982), *Zum Mundartgebrauch in Siedlungen pommerscher Auswanderer des 19. Jahrhunderts in Espírito Santo (Brasilien). Eine Pilotstudie*. Neumünster.

Ratzlaff, G. (1989), Die deutschen Volksgruppen in Paraguay – ein kurzer Überblick. In: Ratzlaff, G. (Hg) (1989), *Deutsches Jahrbuch für Paraguay 1989*. Asunción: 11–14.

Ratzlaff, G. (1990), Immigrantensiedlungen in Paraguay in chronologischer Reihenfolge. In: Ratzlaff, G. (Hg) (1990), *Deutsches Jahrbuch für Paraguay 1990*. Asunción: 114–117.

Ratzlaff, G. (1996), Menno Simons' Vermächtnis bei den Mennoniten in Paraguay. (Vortrag, gehalten im Rahmen der theologischen Sommerkurse des IBA und CEMTA, 23.–25.2.1996). Asunción, Paraguay.

Reiter, E. K (1993), *Die Deutschen in Chile*. Ms. Diplomarbeit Johannes-Gutenberg-Universität Mainz.

Rohde, M. W. (1996[2]), *Pioniergeist, der Väter Erbe*. Nova Petrópolis.

Schabus, W. (1994), Beobachtungen zu Sprachkontakt, Varietätenausgleich, Sprachloyalität und Sprachwechsel in Pozuzo (Peru) und bei den 'Ländlern' in Siebenbürgen. In: Mattheier, K./Berend, N. (Hg) (1994), *Sprachinselforschung. Eine Gedenkschrift für Hugo Jedig*. Frankfurt/M.: 273–287.

Scharf, C. (1996), *Parallele linguistische Akkulturation mennonitischer Einwanderer in Uruguay*. Ms. Diss. Johannes-Gutenberg-Universität Mainz.

Schmidt, A. (1996), *Doppelte Emigration – Wolgadeutsche in Argentinien*. Essen.

Schnitzspahn, E./Rudolph, M. (1995[2]), *"Wie sag' ich's richtig?" Kleiner plattdeutsch-hochdeutscher Sprachkurs. Ein Nachschlagewerk für alle, die Mennonitenplatt sprechen und ihr Deutsch verbessern wollen*. Loma Plata, Kol. Menno.

Schwade Sufredini, L. C. (1993), *Aspectos do bilingüalismo alemão/português numa comunidade rural do oeste catarinense*. Ms. Magisterarbeit Universidade Federal de Santa Catarina, Floriánopolis.

Thiessen, J. (1984), Die Mennoniten-Kolonie Volendam in Ostparaguay. In: *Jahrbuch für ostdeutsche Volkskunde* 27. Marburg: 333–352.

Tornquist, I. M. (1997), *"Das hon ich von meiner Mama" – zu Sprache und ethischen Konzepten unter Deutschstämmigen in Rio Grande do Sul*. Umeå.

Willems, E. (1940), *Assimilação e populações marginais no Brasil*. São Paulo.

Ziebur, U. (in Vorbereitung), *Soziolinguistische Situation der Chilenen deutscher Abstammung*. Ms. Diplomarbeit Europa-Universität Frankfurt/Oder.

Deutsche Minderheiten in Lateinamerika im Vergleich

	Argentinien	**Brasilien**	**Chile**	**Paraguay**
Anzahl (Schätzung)	*300.000* (– 700.000)	*500.000* (– 1,4 Mill.)	(65.000 –) *85.000*	*20.000* (–35.000)
Regionen	Prov./Stadt Buenos Aires Entre Ríos Misiones, Chaco, Pampa	Rio Grande do Sul Santa Catarina Paraná, Espírito Santo	Llanquihue Valdívia, Osorno Santiago, Concepción	Chaco/Ostparaguay (Mennoniten) Itapuá, Guaira, Asunción
Erhalt der deutschen Sprache	geringer bis mittlerer Erhaltungsgrad	mittlerer bis örtlich höherer Erhaltungsgrad	geringer bis mittlerer Erhaltungsgrad	höherer Erhaltungsgrad
deutsche Varietäten	rußlanddt. Dialekte u.a. (Wolga, Schwarzmeer)	Dialekte: Hunsrück., Pommersch, menn. Plautdietsch u.a.	hochdt. Standardsprache (Ältere und Schüler)	menn. Plautdietsch hd. Standardsprache Hunsrückisch
Bilingualismus	Spanisch-Deutsch	(bras.) Portug-Deutsch	Spanisch(-Deutsch) „Lagunendeutsch" (mit span. Interferenzen)	Deutsch-Spanisch (z.T. indigene Sprachen) (bras. Portugiesisch)
Sprachdomänen des Deutschen	nicht-öffentliche Sphäre (Familie, dörfl. Bereich) Schule: Dialektunterricht Verein „Konie 2000"	nicht-öffentliche Sphäre (Familie, dörfl. Bereich) Kontakt mit Angehörigen der älteren Generation	Kontakt unter Angehörigen der älteren Generationen Vereine, ev. Gottesdienste	Kolonien: Deutsch in allen Bereichen Alltagssphäre: Plautdt. Kirche/Schule: Hd.
soziolinguistische Faktoren des Spracherhalts	Alter, Dorf, Honoratioren, Entfernung von Zentren/Städten, (Schule)	Alter, Dorf, konfessionelle Gruppen (Evang., Menn.)	Alter Deutschunterricht	Region, Konfession (Mennoniten)
Nationalitätenpolitik	Einwanderungsland „weißes Land" liberale Schulpolitik ständ. wirtsch. Verbind./ Einwand. aus Deutschl.	multiethnischer Staat anfängl. Ausschluß von Nicht-Katholiken von öffentl. Funktionen „Brasilianisierung"	Einwanderungsland Prestige des Deutschen Deutsche: o. Mittelschicht ständ. wirtsch. Verbind./ Einwand. aus Deutschl.	zweisprachiges Land (Span., Guaraní) Förderung der Menn. Religionstoleranz Marginalis. d. Indianer

	Argentien	Brasilien	Chile	Paraguay
historische Entwicklung	ab Mitte 19. Jh.: Einwand. aus Deutschland (dt.-evang. Gem. 1843) Rußlanddt. seit 1877/78: Entre Ríos/Buenos Aïres Wolgadt./Schwarzmeerdt. 1930er: NSDAP-Org. 1933-38: 45.000 Juden Unterschlupf für führende Nationalsoz. bis 1945: 22 dt. Schulen Perón: Nationalisierung und „Antifaschismus" 1950: 3 dt. Schulen Modernisierung des Landes: Hispanisierung (Italiener frühzeit. assim.) 1989: 24 „dt. Schulen" (15 bis zum Abitur) (15.680 Schüler) FREIE PRESSE (Tagesztg.) ARGENTIN. TAGEBLATT (Wochenzeitung) Ev. Kirche am Río de la Plata (70 Gemeinden in Arg./Urug./Parag.)	seit 1818: Einwand. aus Deutschl. (Leopoldina, Bahia) Rio Grande do Sul (1824) 1922 Rio Grande do Sul: 698 dt. Schulen 1930/37: Getúlio Vargas („Estado Novo") Nationalisierung/ Brasilianisierung 1938: Schulspr. Portug./ Verbot ausl. Schulen 1939: Kanzelverbot Fremdspr. 1940: Unterr. sämtl. Fremdspr. verboten 1942: Kriegseintritt Bras. Deutsch verboten (Gefängnisstrafen) Stigmatis. Des Deutschen heute: 200 Schulen DaF BRASIL POST/DT. ZEITG. (Wochenzeitungen) 13 relig. Blätter 7 Ztg. Wirtsch. Themen Blumenau: zweitgrößtes Oktoberfest der Welt (1 Mill. Besucher)	seit 1846: Einwanderung aus Deutschl. 1853: Llanquihue Alle Berufsgruppen (inkl. Gebildete/"1848er") Prestige des Deutschen dt. Einfluß im chil. Staat Deutsche: z. T. o. Mittelschicht (Kaufl., Farmer) seit 1900: beginnende Erschließung des Südens 1930er: NSDAP-Org. nach 1945: Modernis. der Wirtsch./Infrastruktur Angleichung sozialer Unterschiede Hispanisierung Rückgang des Deutschen heute: 26 Schulen (8 in Santiago) mit DaF (12.327Schüler)/2 Kindergärten Dt.-chil. Bund Vereine (8.000 Mitgl.) Radioprogr. (dt.+span.) CONDOR (Wochenztg.) dt. Evang. Gottesdienste (Llanquihue)	seit 1881: dt. Siedl. 1900: Dt.-Brasil. 1927: Menno (Kanada) 1930: Fernheim (SU) 1947/48: "Warthegau" 1945-: Mexiko/USA ab 1970: Brasiliendt. Gesetz Nr. 514 (1921) (Religionsfreiheit, Militärdienstbefreiung, eigene Schulen) deutschfreundl. Politik unter Stroessner Entwickl.-rückstand des Landes fördert Erhalt der Sprachinseln (geringe Urbanisierung/ Industrialisierung/Modernisierung/ Bev.-dichte) menn. Wirtschaftskraft menn. Netzwerke 63 Privatschulen menn. Lehrerseminar MENNOBLATT (14tägig) Radiosender „La Voz del Chaco Paraguayo" (22% dt. Sendungen) Dt.-brasil. Einwand.

Martina Rost-Roth (Berlin)

Modalpartikeln in Argumentationen und Handlungsvorschlägen

1. Einführung

Argumentationen erweisen sich als ein Verwendungskontext, in dem Modalpartikeln (MP) mit besonderer Häufigkeit und mit besonderer Regelmäßigkeit verwendet werden. Ausgangspunkt für den vorliegenden Beitrag war die Beobachtung, daß in einer anderweitig angelegten Datensammlung zu gesprochener Sprache verschiedene Sprecher in Meinungsäußerungen, bei denen jeweils das Problem "Hunde in der Großstadt und mögliche Gegenmaßnahmen" argumentativ erörtert wird, auffällige Gemeinsamkeiten in der Partikelverwendung zeigen. Auf diesen Befund stützt sich die Untersuchungshypothese, daß hier eine engere Verbindung zwischen der MP-Verwendung und Argumentationen und folglich MP-Funktionen und Textkonstitution bestehen könnte. Um dieser Verbindung nachzugehen, werden die Gesprächstexte exemplarisch daraufhin untersucht, welche Partikeln zum Einsatz kommen und welche Funktion diese Partikeln im Textzusammenhang erfüllen. Um argumentative Strukturen des Gesamttextes und die Distribution der MP zu erfassen, wird auf das "Mannheimer Kategoriensystem zur Auswertung von Argumentationen (MAKS)" zurückgegriffen. In Hinblick auf die Distribution der MP zeigt sich, daß diese sowohl bei der Realisierung einzelner argumentativer Schritte als auch bei der Formulierung von Positionen in Form von Vorschlägen zur Problemlösung bzw. den jeweils formulierten Handlungsvorschlägen eine besondere Rolle spielen. Diese zeigen wiederum auffallende Übereinstimmung mit der MP-Verwendung bei Handlungsvorschlägen in anderen Kontexten. Für einen Vergleich werden Beispiele aus anderen Datensammlungen mit ganz unterschiedlichen Diskurstypen – nämlich Beratungsgesprächen einerseits und informellen Verabredungen andererseits – herangezogen. Aufgrund der MP-Vorkommen in diesen Verwendungskontexten wird die Annahme gestützt, daß Handlungsvorschläge als eigene Kategorie direktiver Äußerungen betrachtet werden können.

Anliegen der Analyse ist, empirische MP-Vorkommen in übergreifenden Textzusammenhängen zu dokumentieren und Prinzipien der MP-Verwendung sowie MP-Funktionen im Kontext zu rekonstruieren. Von Belang ist hierbei auch die Frage, wie sich die einzelnen MP (hier insbesondere *ja, auch, eben, halt* und *doch,* sowie *einfach, vielleicht* und *mal*) in den gegebenen Gesprächskontexten zueinander verhalten und welche Rückschlüsse sich hieraus wiederum auf MP-Funktionen generell ziehen lassen.

Im folgenden kurzen Forschungsüberblick in Teil 2 werden einige Ansätze zur Analyse von MP und Argumentationen sowie MP und direktiven Äußerungen zusammengefaßt. Darauf wird in Teil 3 das Mannheimer Kategoriensystem zur Analyse von Argumentionen dargestellt, und als Grundlage verwendet, MP-Distributionen in den Argumentationen zu untersuchen. Hierauf aufbauend werden dann die Funktionen der jeweils zum Einsatz kommenden Partikeln einer eingehenderen Betrachtung unterzogen. Dabei wird zunächst die Rolle der MP bei der Formulierung von Argumenten analysiert. Anschließend wird die Rolle von MP bei der Formulierung von Vorschlägen zur Problemlösung in Argumentationen untersucht. Entsprechende Parallelen zur MP-Verwendung bei Handlungsvorschlägen in anderen Diskurstypen, i. e. Beratungsgesprächen und Verabredungen, werden in Teil 4 dargestellt. In Teil 5 findet sich eine Zusammenfassung der Ergebnisse.

2. Forschungsüberblick

Eine Untersuchung von MP in konkreten Verwendungskontexten ist nicht zuletzt auch deshalb von Interesse, weil in der Partikelforschung insgesamt noch viele Fragen ungelöst sind. Hierzu zählen u. a. die Wortartenproblematik, diachrone Aspekte der Sprachentwicklung und sprachtypologische Aspekte (vgl. hierzu beispielsweise Jacobs 1991, Burckhardt 1994:131 sowie Abraham 1996:95, 99). Vor allem die Frage nach der Funktion und der Bedeutung der Partikeln ist ein nicht nur häufig thematisierter, sondern auch höchst kontrovers diskutierter Bereich (vgl. z.B. Weydt 1969, Burckhardt 1994 und König 1996).[1] Die Uneinheitlichkeit verschiedener Partikel-Phänomene (wie z.B. die Wortartenproblematik, die Distribution nach Satzarten und Sprechakten, Intonation, Syntax und Partikelkombinationen) erschwert die Beschreibung des Gesamtphänomens. Die Komplexität des Phänomens bedingt, daß für Beschreibungen häufig nur einzelne Partikeln herausgegriffen werden, wodurch sich die Disparatheit der Befunde verstärkt.

In Anbetracht der mittlerweile recht umfangreichen Literatur zu MP konzentriert sich der folgende Forschungsüberblick darauf, eine kurze Übersicht zu einigen Befunden zu geben, die speziell in Hinblick auf die hier relevanten Verwendungskontexte, i.e. "Argumentationen" und "Handlungsvorschläge bzw. Aufforderungen", von Bedeutung sind.

2.1 Modalpartikeln und Argumentationen

In zahlreichen Bedeutungsbestimmungen für einzelne MP oder auch MP generell wird zwar immer wieder mehr oder weniger explizit auf argumentative Funktionen Bezug genommen, jedoch gibt es noch vergleichsweise wenig Untersuchungen, die sich gezielt mit der Funktion von MP in Argumentationen befassen.

Ein solcher Ansatz liegt mit Settekorn (1977) vor, der MP als "minimale Argumentationsformen" betrachtet. Dabei vertritt er die Auffassung, daß den Partikeln *ja* und *doch* eine bestätigungsheischenden Funktion immanent ist und daß mit dem Einsatz dieser MP ein Gültigkeitsanspruch in bezug auf die jeweilige Proposition erhoben wird. Modalpartikeln wird hier eine metakommunikative Funktion zugesprochen, die Settekorn auch unmittelbar in Zusammenhang mit der von Wunderlich (1972) formulierten Begründung von Wissensbehauptungen sieht. Hentschel 1986 exemplifiziert argumentative Funktionen von MP in ihrer Studie zur *Funktion und Geschichte deutscher Partikeln* am Beispiel eines Gespräches aus dem Freiburger Korpus, wobei sie insbesondere auf die Funktionen von *ja*, *doch*, *eben* und *halt* eingeht. Sie zeigt anhand eines Fallbeispiels, wie sich diese Partikeln in kontroversen Diskussionen zum Ausbau von Argumentationen nutzen lassen, und vergleicht statistische Häufigkeiten der MP-Verwendung in unterschiedlichen Kontexten. Brausse (1986) befaßt sich mit dem Problem der

1 Von Interesse in Hinblick auf die Bedeutungsentwicklung und Funktionsdifferenzierung sind auch diachrone Aspekte der Sprachentwicklung. Vgl. hierzu insbes. Burckhardt (1994) und Hentschel (1986).

"sog. Polyfunktionalität" von MP. Am Beispiel der MP *ja* und *eben* wird dann gezeigt, wie eine einheitliche Funktionsbestimmung, die die MP-Verwendung in allen gegebenen Kontexten abdeckt, gerade auf der Ebene argumentatorischer Implikationen geleistet werden kann. Auch Krivonossov (1977 und 1989) analysiert MP-Vorkommen in Verbindung mit logischen Strukturen. Er stellt fest, daß MP in Satzverschmelzungen und in aufeinanderfolgenden Sätzen, die zum Ausdruck logischer Syllogismen in natürlichen Sprachen dienen, besonders häufig vorkommen. Dabei ist in den untersuchten Beispielen der Anteil von MP entsprechend höher, wenn die Syllogismen Verneinungen beinhalten. Ferner spricht auch Ickler (1994) argumentative Funktionen in Zusammenhang mit der Bedeutung der MP an. Dabei werden die MP *ja* und *doch* mit der "Kunst der Argumentation" in Zusammenhang gebracht, wobei insbesondere auf die Bedeutungsbestimmung von Thurmair (1989) Bezug genommen wird. Rudolph (1989) analysiert die Funktion der MP *ja* und *auch* in Erzähltexten, wobei sich insbesondere in Hinblick auf die Textkohärenzen Partikelfunktionen zeigen, die auch auf Argumentationen übertragbar sind.

Aus diesen verschiedenen Studien ist ersichtlich, daß MP recht weitreichende Funktionen in Hinblick auf Argumentationen zugeschrieben werden. Dabei bleibt jedoch festzuhalten, daß argumentative Aspekte bisher nur in bezug auf eine begrenzte Auswahl von MP thematisiert wurden und die empirische Basis noch dürftig ist. Eine intensivere Auseinandersetzung mit der Rolle von MP allgemein in Argumentationen als Textsorte steht noch weitgehend aus – eine Auseinandersetzung, die vor allem auch deshalb vielversprechend erscheint, weil aufgrund der Tatsache, daß in Bedeutungsbestimmungen für MP immer wieder argumentative Aspekte angesprochen werden, nicht auszuschließen ist, daß Analysen von argumentativen Funktionen in konkreten Verwendungskontexten auch aufschlußreich in Hinblick auf generellere MP-Funktionen sein können.

2.2 Modalpartikeln in Aufforderungen und anderen direktiven Sprechakten

Auch die Auseinandersetzung mit der Rolle von MP bei Aufforderungen ist von Bestrebungen, allgemeine Funktionsbestimmungen für MP zu finden, bestimmt. So wird MP oft eine "illokutionsindizierende" oder eine "illokutionsmodifizierende" Funktion zugesprochen.[2] Bei solchen sprechaktbezogenen Funktionsbestimmungen werden als Standardbeispiele häufig Aufforderungen herangezogen.

Beschreibungsprobleme ergeben sich vor allem auch in bezug auf Distributionsbeschränkungen für einzelne MP, da das komplizierte Verhältnis von Satzarten und Sprechakttypen auch Verwendungsbeschränkungen für MP bei Aufforderungen, Bitten

---

2 So sprechen z. B. Wunderlich (1972), Helbig (1977) und Helbig/Kötz (1981) in bezug auf MP von 'illokutiven Indikatoren' (vgl. hierzu auch Helbig/Buscha 1981:479f und Jacobs 1991:141ff). Franck (1980) spricht hingegen von einer illokutionsmodifzierenden Wirkung der MP, die sie in Abhängigkeit von anderen Illokutionsanzeigern und Satzmodi sieht. Auch Jacobs (1984, 1991) sieht eine illokutionsmodifizierende Wirkung von MP, insofern diese mit dem illokutiven Typ eines Satzes interagieren und sich hieraus spezifische illokutive Typen ergeben. Andere Autoren hingegen beziehen die Position, daß keine so enge Verbindung zwischen MP und der Illokution anzunehmen sei. So vertritt Burckhardt (1982) die Auffassung, daß MP weder die Illokution indizieren noch modifizieren, sondern ein Mittel des Vollzugs präsuppositioneller Akte sind. Doherty (1985) sieht den illokutiven Charakter als Ergebnis der epistemischen Bewertungen, die durch die MP zum Ausdruck gebracht werden. König (1996) geht wiederum davon aus, daß zwar ein Bezug zwischen MP und illokutiver Kraft besteht, hierin aber nicht die zentrale Bedeutung der MP zu sehen sei.

oder ähnlichen direktiven Sprechakten berührt.[3] Ferner werden Modalpartikel im allgemeinen immer dann erwähnt, wenn von Imperativen (vgl. hierzu beispielsweise Hentschel/Weydt 1990:115f, Rosengren 1993), sowie der sprachlichen Realisierung von Aufforderungen (vgl. beispielsweise Wunderlich 1984) oder Aspekten der Höflichkeit die Rede ist (vgl. beispielsweise Schmelz 1994:180ff). Da dieser Bereich jedoch relativ breit gefächert ist und es sich hier im allgemeinen um globalere Thematisierungen handelt, die sich dahingehend zusammenfassen lassen, daß MP-Gebrauch in Zusammenhang mit diesen sprachlichen Äußerungsformen eher die Regel als die Ausnahme darstellt, beschränke ich mich im folgenden auf eine kurze Darstellung von Untersuchungen, die sich direkter mit den hier relevanten Verwendungskontexten befassen.

In einer Studie zu Aufforderungen differenziert Hindelang (1978) verschiedene Untertypen von Aufforderungen und "sprachlichen Realisierungsformen". Den engsten Bezug zum hier analysierten Material weist dabei der Untertyp "Vorschlag" auf, der weiter unterteilt ist in "Anregungen" und "Problemlösungsvorschläge". Diese Sprechhandlungstypen werden in Hinblick auf ihre jeweiligen "Handlungsbedingungen" unterschieden und mögliche sprachliche Realisierungsformen durchgespielt. Hier finden sich in den angeführten Beispielen einzelne Partikel-Verwendungen (insbes. *ja* und *mal* wieder ebd.:494ff), ohne daß aber der Gebrauch der Partikeln oder MP-Funktionen in den Erläuterungen weiter thematisiert werden.

Speziell mit der Funktion von MP bei "auffordernden Sprechakten" hat sich Held (1983) im Deutsch-Italienischen Vergleich befaßt. In Anschluß an Rehbein (1977) unterscheidet sie handlungsinitiierende, handlungsunterstützende und regulative Aufforderungen, nach denen sie MP gruppiert. Dementsprechend werden Aufforderungen mit *mal, doch, schon* als handlungsinitiierend, solche mit *nur, ruhig, halt, eben* als handlungsunterstützend und solche mit betontem *nur, bloß,* und *ja* als regulativ bezeichnet (Held 1983:319).

2.3 Fazit

Bei allgemeinen Bedeutungs- und Funktionsbestimmungen von MP wird immer wieder auf argumentative Aspekte einerseits und auffordernde Sprechhandlungen andererseits Bezug genommen. Dabei bleiben diese Bezugnahmen aber oft relativ implizit. Exemplifizierungen werden häufig mit konstruierten Beispielen vorgenommen. Demgegenüber gibt es nur wenig Untersuchungen, die MP-Verwendungen in Argumentationen als umfassenderen Äußerungskontexten empirisch untersucht haben und dokumentieren, welche Funktionen MP – und gerade auch unterschiedliche MP – in den jeweiligen Kontexten ausüben.

3. Partikeln in Argumentationen

3.1 Verwendungskontexte und Argumentkategorien

Zunächst sollen die folgenden Gesprächsausschnitte veranschaulichen, in welcher Weise MP in den untersuchten argumentativen Texten der Datensammlung zur Anwen-

---

[3] So können Aufforderungen z.B. durch Imperativsätze, Aussagesätze oder Interrogativsätze realisiert werden.

dung kommen.[4] Als Gesprächsanlaß diente ein Zeitungsartikel, anhand dessen ein Experimenter das Thema "Hunde in Berlin" einführt. Es wird problematisiert, daß aus der großen Zahl von Hunden zahlreiche Belästigungen resultieren (u. a. täglich mehrere Tonnen Hundekot, verunreinigte Kinderspielplätze) und aus diesen Gründen immer wieder Forderungen laut würden, die Hundesteuer zu erhöhen oder Hundehaltung ganz zu verbieten. In diesem Zusammenhang ergeht die Aufforderung an die Informanten, ihre Meinung zu diesem Problem zu äußern. Hierzu ein Beispiel für die Ausgangsfrage:[5]

e: deshalb gibt es viele forderungen die fordern *eben* dass die hundesteuer erhöht werden soll oder hunde in berlin ganz vertrie/ eh verboten werden sollen ?was meinst du *denn* zu diesem hundeproblem?

Im weiteren einige Ausschnitte aus den Stellungnahmen der verschiedenen Sprecher[6]:

i: hm also + beide argumente stellen keine lösung dar weder also die hundesteuer zu erhöhen noch dass hunde ganz abgeschafft werden sollen eh weil offensichtlich-n bedürfnis besteht dass hunde/ dass hunde da sind und aber über die scheisse auf der strasse ärger ich mich genauso wie die meisten m/ eh bürger hier in der stadt berlin mh es gibt *ja auch* vorschläge dazu *eben* dass die hundebesitzer den kot anschliessend wegmachen (....)also irgendwie is *einfach* schwierig beiden seiten da gerecht zu werden aber ich denke d/ also für mich ich würd das so lösen dass man da *eben* strikter drauf achtet oder/ (h) +dass da *eben* nich mehr mitten auf d/ auf/ dass man auf/ bei spielplätzen also da kann man *ja auch* sowas wie hundeverbote *mal* aussprechen dass also keine hunde auf die spielplätze gelassen werden (HUN, C)

i: + und + eh ich denke *einfach* dass + da der mensch sich + relativ + breit gemacht hat^ + so eh + im/ in der gesamten welt^ + und es nur noch wenig freiraum gibt wo tiere eigentlich + leben können + oder *eben* frei leben können + und ma(l) im natürlichen rahmen leben können + hat der mensch *eben auch* ne gewisse verantwortung für die tiere die/ die es heute *halt* so gibt + und

---

4 Die Texte stammen aus dem Projekt P-MoLL (Modaliät von Lernervarietäten im Längsschnitt), das an der Freien Universität Berlin unter der Leitung von Norbert Dittmar durchgeführt wurde. Beteiligt waren Heiner Terborg, Romuold Skiba, Astrid Reich und Magdalena Schumacher. Die Datensammlung diente primär der Untersuchung von zweitsprachlichen Erwerbsprozessen. Da das Erhebungsdesign sehr unterschiedliche Diskurstypen (u.a. Erzählungen, freie Konversationen, Instruktionen und eben auch Meinungsäußerungen und Argumentationen) umfaßt und systematisch muttersprachliche Kontrolldaten erhoben wurden, ist diese Datensammlung auch ein Fundus für die Untersuchung von Aspekten gesprochener Sprache generell.
In bezug auf die Analyse von MP bietet diese Datensammlung den Vorteil, daß dieser Phänomenbereich zunächst nicht im Untersuchungsinteresse lag und somit auch nicht durch das Untersuchungsdesign manipuliert wurde.

5 Für die Verschriftlichung der Tonbandaufnahmen wurden in Anlehnung an das P-MoLL-Projekt die folgenden Transkriptionszeichen verwendet:

:	Dehnung	&xx&	simultanes Sprechen
+	Pause (z.T. mit Sekunden)	(xx)	vermutete Lexeme
@	Lachen (z. B. mit Sekunden)	=	direkter Anschluß
(h)	hörbares Atmen	*xx*	anderssprachige Äußerungen
^	steigende Intonation	/	Abbruch
_	fallende Intonation	\	Unterbrechung
<<	lauter werden	?xx?	Fragen
>>	leiser werden		

6 Auf die verschiedenen Sprecher wird mit den Siglen C, M, P und R verwiesen.

deswegen + denke ich *einfach* man muss *vielleicht* ne andere lösung gerade jetzt mit der hundescheisse finden^ + (h) aber eh + grundsätzlich zu sagen + eh hundesteuer hoch oder sowas ich find da gibt-s andere dinge die + sehr viel belästigender sind als wenn man irgendwo mal in-nen hundehaufen tritt (HUN, P)

i: na ja is nach wie vor det alte problem^ eh eh dat/ eh dat eh wom/ wo *och* die mehrzahl der/ der/ der tierhalter *eben* ältere leute sind^ &die\ (...)die/ die/ die eh die die viecher *ebent och* brauchen^ + und wenn man denen jetzt eh die beseitigung des kots eh also finanziell aufdrücken würde^ + denn eh + wär dat-n sehr teurer spass und dann könnten sich die ganzen ollen omis die dann ihre kleene rente nur kriegen dit *ja* nich leisten (HUN, M)

i: da müssten-se *halt* rigoroser durchgreifen dass die leute *halt* ihre + hunde nicht mehr auf die spielplätze und so was lassen und ich meine beispielsweise in so-ner stadt wie new york geht-s *ja auch* dass die leute die da hunde halten &(ebent)& mit-nem tütchen und ner schaufel hinterherflitzen und &den& kot wieder zusammenkehren (HUN, R)

Diese Ausführungen sind in der Hauptstruktur eher monologisch strukturiert, werden aber zuweilen von kürzeren Nachfragen oder Einwänden unterbrochen:

i: es gibt *ja auch* dieses handwerkszeug da/ dafür diese tüten und diese/ diese besen dass/ dass also anschliessend weggemacht wird von den/ von den hundebesitzern

e: ja is *halt* die frage wieweit solche massnahmen eh greifen können *einfach* weil die lobby von den hundebesitzern unheimlich stark is ?ne?

i: hm

e: also wenn eh/ja solche/ solche regeln muss man *ja auch* durchsetzen können

i: ja aber ich kann durch das ge/ durch diese/ diese regelung oder durch das gesetz kann ich zumindest bewirken wenn ich mich in dem moment drüber ärgere eh dann kann ich die person anzeigen

Die Gesprächstexte umfassen durchschnittlich 692 Worte.[7] Der Modalpartikel-Quotient liegt in diesen Gesprächstexten bezogen auf beide Gesprächspartner bei einem Durchschnitt von 4.22:[8]

	R	P	M	C	Durchschnitt
Partikelquotient bezogen auf Experimenter und Informanten	2.48	4.39	6.24	3.78	4.22
Partikelquotient bezogen auf die Informanten allein	4.28	5.32	5.28	3.94	4.70

Tabellarische Übersicht I: Modalpartikel-Quotienten

[7] Der Gesprächsumfang beträgt im einzelnen 545 (M), 706 (P), 711 (C) und 808 (R)Worte.

[8] Der Partikelquotient gibt die Zahl der Partikeln bezogen auf je 100 Worte an. Zum Vergleich hier die Befunde aus Hentschel (1986). Bei den von Hentschel untersuchten Gesprächen aus dem Freiburger Korpus liegt der Partikelquotient bei einem Durchschnitt von 2,39% und schwankt zwischen 0,91% und 5,13% (vgl die Angaben zu den einzelnen Gesprächen ebd.:250ff).

Errechnet man die Partikelquotienten allein bezogen auf die Texte der Informanten, was insofern sinnvoll ist, als die von ihnen produzierten Argumentationsstrukturen und der entsprechende Partikelgebrauch im Zentrum des vorliegenden Beitrags stehen, erhöht sich der durchschnittliche Partikelquotient auf 4.70%, wobei sich zugleich auch die Spanne zwischen den einzelnen Partikelquotienten verringert. Somit verstärkt sich auch in quantitativer Hinsicht der Eindruck eines relativ frequenten und homogenen Partikelgebrauchs bei den verschiedenen Sprechern.

Abgesehen von der Häufigkeit des Partikeleinsatzes zeigen die Texte der verschiedenen Sprecher auch auffällige Gemeinsamkeiten in bezug auf die Auswahl der zum Einsatz gebrachten MP. Die folgende Übersicht verzeichnet sämtliche MP, die von den vier Informanten in diesem Gesprächskontext verwendet werden:[9]

	Martin	Christa	Paul	Rita	Summe
aber					
auch	4	4	7	2	17
bloß					
denn					
doch				1	1
eben	2	7	11	3	23
einfach		4	3	1	8
erst					
etwa					
halt			1	5	6
ja	8	4	4	5	21
mal		1			1
nur					
schon	2	1			3
vielleicht			1		1
wohl					
Summe	16	20	29	17	81

Tabellarische Übersicht II: Partikelverwendung verschiedener Informanten im Gesprächstext HUN

Die MP *auch*, *eben* und *ja* werden hier von allen Sprechern mehrfach gebraucht. Um der Frage nachzugehen, welche Verbindung zwischen der Verwendung dieser Partikeln und der Textsorte "Argumentation" bestehen, wird auf das "Mannheimer Kategoriensystem zur Auswertung von Argumentationen (MAKS)" zurückgegriffen.[10] Mithilfe dieses Kategoriensystems werden die einzelnen Äußerungseinheiten mit MP-Verwendungen in Hinblick auf ihre Funktion im Gesamtzusammenhang der Argumentationen er-

[9] Die Auswertung und Analyse konzentriert sich auf die MP-Verwendung der Informanten; MP-Verwendungen der Experimenter in den einleitenden Äußerungen und im weiteren Gesprächsverlauf werden nicht mitgezählt. Der Grund hierfür ist, daß die Fallstudie auf einen Vergleich des MP-Gebrauchs bei den vier Informanten und den von diesen konstituierten Argumentstrukturen abzielt.

[10] Dieses Kategoriensystem wurde zunächst am empirischen Material von Konfliktgesprächen entwikkelt, eignet sich aber prinzipiell auch für die Auswertung allgemeiner argumentativer Gespräche (s. ebd.:367).

faßt.[11] Dem Kategoriensystem liegt folgende Definition des Begriffs "Argument" zugrunde:"[12]

> "Argumente" werden (...) verwendet, um die eigene Position oder damit zusammenhängende andere "Argumente" eines Beteiligten zu stärken oder um die Position oder damit zusammenhängende andere "Argumente" des Interaktionspartners zu problematisieren. (Spranz-Fogasy et al. 1992:351)
>
> Ein "Argument" ist eine sprachliche Handlung der Realisierung eines Elementes einer motivational gebundenen Wissensstruktur zur interaktiven Lösung eines Konflikts oder eines Problems (ebd.).

Das Kategoriensystem umfaßt verschiedenen Analyseebenen, wobei im folgenden vor allem die Inhaltsebene und die Funktionsebene von Belang sind.[13]

1. Auf der Inhaltsebene wird unterschieden, ob es sich um initiative (hier insbesondere Vorschläge zur Problemlösung) oder reaktive Äußerungen (hier insbesondere Reaktionen auf Argumente oder Positionen des Gesprächspartners) oder um Argumente handelt. Dabei werden wiederum verschiedene Argumentinhalte unterschieden.
2. Auf der Ebene der Argumentfunktion werden einzelne Äußerungen daraufhin überprüft, inwiefern sie zur Stützung der eigenen Position oder zur Problematisierung anderer Positionen beitragen. Auf dieser Kodierebene wird wiederum zwischen verschiedenen Argumentfunktionen unterschieden.

Die folgende Auflistung gibt einen Überblick über die verschiedenen Inhalts- und Funktionskategorien und die entsprechenden Kürzel für ihre Kodierung (in Klammern sind in Anlehnung an Spranz-Fogasy et al. (1992) "typische Indikatoren" oder kurze Erläuterungen zur Verdeutlichung angeführt):

1. Inhaltsebene
1.1 Initiativen (I)
1.1.1 Aufforderungen/Handlungsvorschlag (IA) *(mach doch)*
1.1.2 Begründungsfrage (IB) *(warum)*
1.1.3 Informationsfrage (II) *(wie)*
1.2 Argumente
1.2.1 Bewertung (W) *(ich finde es (nicht) gut)*
1.2.2 Präferenz (P) *(ich habe lieber)*
1.2.3 Emotion (E) (Sorge, Freude, Angst)
1.2.4 Fakt (F) *(was ist)*
1.2.5 Einschätzung (S) (Kennzeichnung als Meinung)
1.2.6 Konnex (K) (*wenn, dann,* konditionale, konsekutive und kausale Zusammenhänge)
1.2.7 Normen (N) (Nennung von Rechten oder Pflichten, Einsatz von Modalverben)

---

[11] Die Analyseeinheiten sind dabei geschlossene Aussagen, die unterschiedlicher Größe sein können. Indikatoren für Grenzen zwischen Einheiten sind z.B. die meisten Konjunktionen, Pausen, tag-Nachfragen, Fragebetonungen, Hörersignale u.ä.. Maßgeblich sind jedoch Sinneinheiten (vgl. hierzu Spranz-Fogasy et al. 1992:357).

[12] Zur Definition von Argumenten allgemein vgl. auch Klein 1980 und Wunderlich 1980. Grundsätzlich zu Argumentationen vgl. Toulmin 1958, Öhlschläger 1977 und Kopperschmidt 1989 sowie Nussbaumer 1995.

[13] Im Prinzip beinhaltet das MAKS als weitere Kodierebene noch den 'Referenzbereich'; da diese Ebene hier jedoch relativ konstant ist und nicht im engeren Untersuchungsinteresse liegt, wird dieser Bereich im folgenden nicht weiter ausgeführt.

1.3 Reaktiven (=Reaktionen auf Initiativen)

1.3.1 Reaktionen auf Initiativen (R)
uneingeschränkte Zustimmung (R1)
teilweise Zustimmung/Ablehnung (R2)
Ablehnung (R3)

1.3.2 Reaktionen auf Argumente (T) *(explizite Wertung)*
Akzeptieren (T1)
teilweise Zustimmung/Ablehnung (T2)
In Frage stellen (T3)

1.4 Metakommunition (M)

1.5 Unkodierbar (?)

2. Argumentfunktion (Beitrag zur Stützung oder Problematisierung einer *Position)*

2.1 Begründung (B) (kausale Stützung, *denn*, *nämlich*)

2.2 Erläuterung (L) (*wobei* und *zwar*)

2.3 Relativierung (R) (Einschränkung v. Geltungsbereich voriger Äußerung *aber*, *trotzdem*, *obwohl*)

2.4 Gegenbehauptung (G) (Negation, alternative Attribution *nur*, *sogar*, *sehr*, *etwas*, *bißchen*, *ziemlich*)

2.5 Einwand (E) (neuer Sachverhalt, der Partneraussage in Frage stellt, *aber*, *trotzdem*, *dennoch*, *bloß*)

2.6 Initiativen/Reaktiven (sofern diese Argumentfunktion haben)

Bezogen auf die Klassifikation der Inhaltsebene ergibt sich folgende Verteilung für die von den vier Sprechern in HUN verwendeten Modalpartikeln:

	auch	*doch*	*eben*	*ein-fach*	*halt*	*ja*	*mal*	*schon*	*viel-leicht*	Summe
Initiativen										
– IA	1		9	3	4	2	1		1	21
– IB										
– II										
Argumente										
– W = Bewertungen										
– P = Präferenz	1		1							2
– E = Emotion										
– F = Fakt	13		10	1	1	10		1		36
– K = Konnexe	1		1		1	5				8
– N = Normen						1				1
– S = Einschätzung			1	3		2		2		8
– ?	1									1
Reaktionen										
– R		1								1
– T										
Metakommunikation										
?			1	1		1				3
Summe	17	1	23	8	6	21	1	3	1	81

Tabellarische Übersicht III: Partikeln und Inhaltsebenen[14]

[14] An dieser Stelle noch eine grundsätzliche Anmerkung zu quantifizierenden Angaben in diesem Beitrag: Da die Gesamtzahl der Vorkommen in eher bescheidenem Rahmen bleibt, werde ich im

Hier zeigt sich, daß die in Erscheinung tretenden MP vor allem in zwei Verwendungskontexten eingesetzt werden, nämlich erstens in Handlungsvorschlägen (IA) und zweitens in Argumenten, wobei besonders häufig der Argumenttyp Fakt (F) vertreten ist. Diese Verwendungskontexte und die hierin häufiger vorkommenden MP werden im folgenden einer genaueren Betrachtung unterzogen.

Welchen Beitrag die MP im einzelnen im argumentativen Kontext leisten, zeigt sich vor allem dann, wenn man die Ebene der Kodierung der Argumentfunktionen einbezieht: Dann ist ersichtlich, daß diese MP hier vor allem bei Begründungen – Argumentfunktion (B) – eine besondere Rolle spielen. Aber auch Erläuterungen (L) und Einwände (E) sind häufiger erscheinende Argumentfunktionen.[15]

	Begründung (B)	Einwand (E)	Erläuterung (L)	Gegenbehauptung (G)	Relativierung (R)	?	Summe
auch	13 (+1)	2	1				16 (+1)
doch							
eben	4		9 (+2)				13 (+2)
einfach	1		1			2	4
halt			2				2
ja	9 (+1)	5	3		1		18 (+1)
mal							0
schon		1			1	1	3
vielleicht							0
	27 (+2)	8	16 (+2)		2	3	56 (+4)

Tabellarische Übersicht IV: MP und Argumentfunktionen:[16]

In Hinblick auf die Argumentfunkionen zeigen sich folgende Tendenzen in der Distribution einzelner MP:

- *auch* erscheint vorwiegend in Zusammenhang mit begründenden Argumentfunktionen (B), ist aber auch bei Einwänden (E) zu beobachten,
- *eben* erscheint vor allem im Zusammenhang von erläuternden Argumentfunktionen (L),

weiteren auf prozentuale Angaben verzichten, um keine falschen Eindrücke zu erwecken und die empirische Basis durchschaubarer zu halten.

[15] Hier ist grundsätzlich anzumerken, daß die konstatierten Verwendungskontexte unmittelbar von der Struktur der Textsorte und der zugrundeliegenden Gesprächskonstellation abhängig sind. Dies bedeutet, daß beispielsweise die Kategorie 'Gegenbehauptungen' (G) im gegebenen – eher monologisch strukturierten und nicht sehr kontroversen oder konfliktären Argumentationszusammenhang – vergleichsweise selten repräsentiert ist. Aus der Verteilung der MP kann folglich nicht der Umkehrschluß gezogen werden, daß z.B. in Gegenbehauptungen keine MP aufträten.

[16] Diese Tabelle verzeichnet nur die MP, die in Verbindung mit der Inhaltskategorie 'Argument' und ihren weiteren Spezifizierungen eingesetzt werden. In Klammern sind jedoch Vorkommen angeführt, in denen MP bei weiteren Äußerungen (d.h. nicht-klassifizierbaren Äußerungen oder Handlungsvorschlägen/Initiativen) vergleichbare Funktionen zugeschrieben werden können.

- *ja* erscheint vor allem im Zusammenhang von begründenden Argumentfunktionen (B), aber auch im Kontext von Erläuterungen (L) und Einwänden (E).

Im folgenden werden nun die Funktionen dieser MP in den jeweiligen Verwendungskontexten einer genaueren Betrachtung unterzogen werden.

3.2 *ja* bei Argumenten

Bezogen auf die Inhaltskategorien kommt die MP *ja* am häufigsten bei dem Argumentinhalt Fakt (F) zum Einsatz, bezogen auf die Argumenfunktionen am häufigsten bei Begründungen (B). Hierzu einige Beispiele, in denen solchermaßen Fakten als Argumente mit begründender Funktion angeführt werden:

die summe is *ja* nicht unbeträchtlich (HUN, P, 51, F, B)

die *ja* so ziemlich isoliert sind (HUN, P, 64, F, L)

Es ist wohl kein Zufall, daß die MP *ja* (und desgleichen wie im folgenden ausgeführt die MP *auch*) besonders in Verbindung mit dem Argumenttyp Fakt (F) zum Einsatz kommt. Da bei Fakten – anders als beispielsweise bei Konnexen Bezüge nicht weiter expliziert werden, ist der Einsatz der MP auf der Ebene der Versprachlichung alleiniger logischer Operator, mit dem Verbindungen zum sprachlichen oder außersprachlichen Kontext hergestellt werden.

Die Bedeutung der MP *ja* in Assertionen wird von Weydt (1969) u. a. mit den beiden Komponenten "Begründung" und "Bekanntheit" charakterisiert (ebd.:32f).[17] Weydt/Hentschel (1983) verweisen darauf, daß der geäußerte Sachverhalt als bekannt bezeichnet wird und eine "konsensuspräsupponierende" Wirkung erzielt wird. Auch Lütten (1979) sieht die MP *ja* neben *eben* und *doch* als "Konsensus Konstitutivum". Settekorn (1977) betrachtet *ja* als "minimale Argumentationsform". Er sieht in der Partikel eine "bestätigungsheischende" Komponente, insofern mit *ja* ein Gültigkeitsanspruch in bezug auf die Proposition erhoben wird und zugleich erwartet werde, daß der Hörer die Einschätzung teile (Settekorn 1977:395). Auch Franck (1980:231) sieht bei *ja* einen direkten Zusammenhang zwischen MP und Argumentationen und beobachtet, daß die MP *ja* in Aussagesätzen häufig in längeren Sprechaktsequenzen mit argumentativem Charakter vorkommt. Franck sieht die übergeordnete Bedeutung von *ja* in der Unterstellung, daß die im *ja*-Satz ausgedrückte Behauptung evident ist bzw. als dem Hörer bekannt oder zumindest für ihn unproblematisch betrachtet werden darf (ebd.:232). Hentschel (1986) gibt als Konsens unter den meisten Autoren an, daß *ja* in Assertionen auf Bekanntes oder Evidentes verweist (vgl. hierzu auch Helbig 1988). So führt auch Burckhardt (1994) "allseitige Bekanntheit" als eines der "im Gesamtwortfeld distinktiven Seme" an (ebd.:135f, vgl. auch Burckhardt 1989:359). König (1996) wiederum sieht das Gemeinsame für die MP *ja* in einem Evidenzindikator. Andere Autoren gewichten hingegen stärker den begründenden Charakter von *ja*. So argumentiert Brausse (1986), daß die grundlegende Komponente bei der Suche nach einer Gesamtbedeutung für die MP *ja* weniger in der Bedeutungskomponente "bekannt" als vielmehr in einer Begründung signalisierenden Funktion zu sehen sei. Auch Borst (1985) sieht Bedeu-

[17] Es geht mir im folgenden nicht darum, Bedeutungs- und Funktionsanalysen umfassend zu referieren, sondern lediglich darum, einige Tendenzen für Bedeutungsbestimmungen und angesprochene Merkmalskomponenten exemplarisch zu verdeutlichen.

tungsähnlichkeiten zwischen Sätzen mit der MP *ja* und der Konjunktion *weil* und unterscheidet verschiedene Arten von Relationsgefügen.[18]

Die Bedeutungs- und Funktionsbeschreibungen in der Literatur lassen sich im wesentlichen als die vier Komponenten <BEKANNTHEIT>, <KONSENSUS>, <EVIDENZ> und <BEGRÜNDUNG> (mit wechselnder Gewichtung bei den einzelnen Autoren) resümieren. Im Kontext der Argumentationen entsteht der Eindruck, daß diese unterschiedlichen Merkmalskomponenten in verschiedenen Dimensionen wirken. Bei der Formulierung von Argumenten scheint mit Einsatz der MP *ja* die begründende Relation zu anderen Äußerungen im Kontext, sowie eine Konsens-unterstellende Komponente in Hinblick auf die Argumentfunktion im Vordergrund zu stehen, wohingegen die Bekanntheit- oder Evidenz-unterstellende Bedeutungskomponente den Aspekt der Verwendungsbedingungen in Hinblick auf Wissensbestände der Beteiligten (insbes. im Kontrast zu *auch*, vgl. hierzu Abschnitt 3.3) zu betreffen scheint.[19]

Die Konsens suggerierende Bedeutungskomponente[20] kann in Argumentationen auch genutzt werden, wenn es sich um weniger "faktische" Aussagen handelt und die Übereinstimmung des Gesprächspartners nicht unbedingt vorausgesetzt werden kann. Dies ist z.B. dann der Fall, wenn persönliche Einschätzungen (S) als Begründung angeführt werden:

> werden *ja* sicherlich nich viele machen (HUN, M, 99, S, B)
>
> is *ja* nich weiter problematisch (HUN, R, 77, S, B)

Obgleich es sich hier offensichtlich um subjektive Einschätzungen des Sprechers handelt, wird durch *ja* eine Übereinstimmung mit Wissensbeständen der Rezipienten suggeriert und hierdurch nicht nur das Argument selbst, sondern – durch die begründende Bezugnahme – auch die Position selbst gestützt.

Dasselbe Prinzip ist wirksam, wenn die MP *ja* bei der Anführung von Normen als Argument eingesetzt wird:

> man soll *ja auch* nich vergessen dass...(HUN, P, 61, N, B)

Die Konsens unterstellende Wirkung von *ja* zeigt sich auch als geschicktes argumentatives Mittel in Verbindung mit dem Argumenttyp "Konnex" (K), wenn beispielsweise konsekutive o.ä. Zusammenhänge konstruiert werden:

> is *ja* nich so dass die ihre hunde nich mehr laufen lassen können
> (HUN, M, 15, K, B)
>
> machen se det *ja* deswegen och wohl (HUN, M, 6, K, L)

In diesen Konnexen suggeriert die Verwendung von *ja* nicht nur einen Begründungszusammenhang, sondern zugleich durch die Unterstellung von Bekanntheit, daß zumindest ein Teil der logischen Verbindung in Übereinstimmung mit dem Wissen des Rezipienten steht.

---

[18] Zur Bedeutung und Funktion der MP *ja* vgl. ferner Bublitz 1978:94ff, Rudolph 1983:505ff, Doherty 1985:77ff, Thurmair 1989:103, Jacobs 1991:145ff.

[19] Dies muß allerdings nicht heißen, daß die genannten Bedeutungsdimensionen auch tatsächlich für den dargestellten Sachverhalt zutreffen. Entsprechendes kann durch den Einsatz der entsprechenden MP auch nur strategisch unterstellt werden.

[20] Zur MP *ja* und anderen 'Konsensus-Präsupponenten' vgl. insbes. auch Burckhardt (1989:136f). Vgl. auch Lütten (1979) zu 'Konsensus-Konstitutiva'.

Auffällig ist, daß Konnexe insbesondere auch dann zu beobachten sind, wenn Einwände (E) formuliert werden:[21]

bloss im Grunde genommen is et *ja* dann ne missachtung (HUN, M, 14, K, E)

das soll *ja* nur dazu dienen dass (...) (HUN, C, 25, K, E)

dann könnten sich die ganzen ollen omis (...) dit *ja* nich leisten (HUN, 5, K, E)

In diesen Konnexen wird eine logische Verbindung zwischen zwei Komponenten durch lexikalische Elemente, wie z. B. *bloss..., das..., dann...* explizit hergestellt, wobei der Einsatz der MP *ja* in den Folgerelationen wiederum als Konsens unterstellendes Element fungiert.

3.3 *auch* bei Argumenten

Die MP *auch* kommt, ebenso wie *ja*, hauptsächlich bei der Formulierung von Argumenten, und auch hier vor allem dann, wenn Fakten (F) als Argument angeführt werden, zur Anwendung. Die Kombination Argumentinhalt-Fakt (F) und Argumentfunktion-Begründung (B) ist bei Vorkommen der MP *auch* auffallend häufig:[22]

weil-s *auch* wirklich sehr viele alte leute sind (HUN, P, 59, F, B)

wie man *auch* jetzt glascontainer aufstellt (HUN, P, 53, F, B)

dass hunde *auch* ne soziale funktion haben (HUN, P, 62, F, B)

Die begründende Funktion der Argumente ist dann ganz offensichtlich, wenn sie mit *weil* expliziert wird. Die MP *auch* kann aber ebenso ohne die Konjunktion *weil* erscheinen. In diesem Fall ist der Grad der Explizitheit herabgesetzt und der begründende Rückbezug des Arguments auf eine andere Äußerung wird allein durch die MP hergestellt. Ebenso wie für die MP *ja* festgestellt wurde, kann hierdurch auch die MP *auch* eine begründende Argumentfunktion zum Ausdruck bringen.

Die begründende Funktion der MP *auch* wurde von Franck (1980) sowohl für dialogische (ebd.:211ff) als auch für monologische Texte (ebd.:214ff) herausgearbeitet. Die Funktion dieser MP wird in einer implizit bestätigenden Bezugnahme auf die Vorgängeräußerung gesehen, wobei jedoch mit der die MP enthaltenden Äußerung zugleich Implikationen oder mögliche Schlußfolgerungen aus der Vorgängeräußerung bestritten werden. Im selben Zuge erfolgt hierfür eine Erklärung, die auf Sachverhalte rekurriert, die nicht als bekannt vorausgesetzt werden können. Burckhardt (1989:361) paraphrasiert die Bedeutung der MP *auch* knapp mit "es war nach aller Erfahrung erwartbar" und Thurmair 1989 nennt <ERWARTET> und <KONNEX> als grundlegende Merkmalskomponenten.[23] König (1996:11f) sieht die übergeordnete Funktion von *auch* in einer Steuerung der Kontextauswahl und der Herstellung von "inferentiellen Verbindungen zwischen der neuen Proposition und bestehenden Annahmen". Die spezifische Bedeutung

[21] Bei Einwänden ist auch öfter die Kombination mit anderen Partikeln (insbes. mit *auch*) zu beobachten (vgl. hierzu Abschnitt 3.5).

[22] 11 von 18 Vorkommen.

[23] Unter Verweis auf die textkonnektierende Bedeutungskomponente weist Ickler (1994:385) auch auf die Bedeutungsbestimmungen von *auch* bei Hermann Paul hin. Zur Kritik an diesen Bedeutungsbestimmungen vgl. Burckhardt (1989:361).

von *auch* wird darin gesehen, daß eine Äußerung als "Vorbedingung, Grund oder Ursache für eine Annahme im Kontext" gekennzeichnet wird (ebd. 20).[24]

Diese recht unterschiedlich ansetzenden Bedeutungsbestimmungen lassen sich letztendlich dahingehend zusammenfassen, daß die MP *auch* die beiden Merkmale <ERWARTBARKEIT> und <BEGRÜNDUNG> inkorporiert. Wichtig ist m. E. jedoch eine darüber hinausgehende Präzisierung in Abgrenzung zu den zuvor analysierten Merkmalen der MP *ja*. Eine Opposition zu der Merkmalskomponente <BEKANNTHEIT> bei der MP *ja* besteht darin, daß sich das Merkmal <ERWARTET> bei der MP *auch* nur auf den Wissensbestand des Sprechers bezieht. Zudem scheint sich bei der MP *auch* der Begründungsaspekt – anders als bei *ja,* wo es sich um einen Bestätigungszusammenhang handelt – auf eine Widerspruchsrelation zu beziehen.

Daß der Einsatz der MP *auch* eine Verbindung mit impliziten Widersprüchen zeigt, wird besonders dann deutlich, wenn diese MP bei der Formulierung von Einwänden zum Einsatz kommt:

> wollten se aber irgendwie einführen und ehm +
>
> sie haben *ja auch* schon kostenlos die tüten verteilt (HUN, M, 12, F,E)
>
> ich bin *ja* in hamburg *auch* schon in hundescheisse getreten aber (HUN, P, 45, F,E)

Die MP *auch* signalisiert eine implizite Bestätigung der Vorgängeräußerung, wobei jedoch zugleich angekündigt wird, daß bestimmte Folgerungen aus dieser Äußerung bestritten werden (vgl. hierzu insbes. Franck 1980:212). Der Widerspruch des Einwands wird hier mit *aber* expliziert.[25] Auffällig ist in diesem Zusammenhang auch die Kombination der Partikeln *ja, auch* und *schon.* Selbst wenn in einzelnen Fällen der Gebrauch von *auch* oder *schon* so interpretiert werden kann, daß es sich nicht um eine MP-Funktion handelt, sondern um eine Verwendung als Fokuspartikel[26] bzw. Temporaladverb,[27] legt das wiederholte Auftauchen dieser Partikelkombinationen zumindest eine Verbindung zum MP-Gebrauch nahe (vgl. hierzu auch die Ausführungen zu Partikelkombinationen in Abschnitt 3.5).

---

[24] Allgemein zu Bedeutungsbestimmungen der MP *auch* vgl. zudem Rudolph (1983:505ff), Heiss (1993:74), Thurmair (1989:155ff), Burckhardt (1989:360f) und König (1991).

[25] Diese Kookkurrenz von *auch* und *aber* ist auch in anderen Teilen der Datensammlung häufiger zu beobachten (vgl. Rost-Roth im Druck a).

[26] Bei der Partikel *auch,* die einerseits als Fokuspartikel, andererseits als Modalpartikel auftreten kann, ist empirisch zuweilen schwer eine Entscheidung zu treffen, welche Verwendung im Einzelfall vorliegt. Zur Unterscheidung werden im allgemeinen die folgenden Kriterien herangezogen:
- Nur unbetont ist *auch* als MP zu werten.
-*Auch* im Vorfeld kann nicht als MP angesehen werden.
- Semantisch hat *auch* als Fokuspartikel additive Funktion, während sich der Einsatz als MP aus impliziten Begründungszusammenhängen und Zurückweisungen bzw. Entkräftungen von impliziten Implikaturen (wie. z. B. Erstaunen, Vorwürfe) erklärt, wobei der Wahrheitsgehalt der Vorgängeräußerungen jedoch nicht bestritten wird.

Dennoch gibt es immer wieder Fälle, in denen eine eindeutige Zuordnung nicht vorzunehmen ist, da beide Lesarten (Fokuspartikel und MP-Funktion) möglich sind. In den meisten Fällen sind aber im gegebenen argumentativen Kontext die Kookkurenzen mit anderen Phänomenen auffallend: So kommt die oben beschriebene Konstruktion *weil...auch* bzw. *auch...weil* häufig vor, oder es treten Kombinationen mit anderen MP auf (insbes. *ja auch* und *eben auch*).

[27] Auch für *schon* sind zuweilen beide Lesarten (Temporaladverb und MP) möglich. Gerade aber bei der Partikel *schon* ist in diesen Kontexten auch eine konzessive Bedeutungskomponente, die sich mit entsprechenden Bedeutungskomponenten der MP *auch* deckt, in Betracht zu ziehen.

In bezug auf die Verwendungskontexte ergeben sich für den Einsatz der MP *auch* in mehrfacher Hinsicht Überschneidungen mit dem Einsatz der MP *ja*. Beide sind häufig in Verbindung mit dem Argumentinhalt Fakt (F) und den Argumentfunktionen Begründung (B) oder Einwand (E) zu beobachten. Von daher ist zu fragen, inwiefern die beiden Partikeln in diesen argumentativen Kontexten vergleichbare oder unterschiedliche Funktionen erfüllen.

Zunächst gibt es eine Reihe von Übereinstimmungen in den zugeschriebenen Bedeutungskomponenten. So wird *ja* – ebenso wie *auch* – "textkonnektierende" und "rückweisende Funktion", die "einen Begründungszusammenhang herstellt", zugeschrieben. Ein wesentlicher Unterschied bleibt jedoch für die beiden MP in bezug auf den Bekanntheitsgrad des im argumentativen Schritt angeführten Faktums bestehen. Aus den Bedeutungsbestimmungen für die MP *ja* geht hervor, daß mit *ja* auf bekanntes oder vorhandenes Wissen referiert wird. Hierin liegt, wie bereits angedeutet, ein wesentlicher Unterschied zur MP *auch*, die nicht auf für den Hörer Bekanntes referiert, sondern vielmehr zum Einsatz kommt, um etwas für den Gesprächspartner Unerwartetes zu begründen. In dieser Verwendungsbedingung und Merkmalskomponente steht die MP *auch* folglich in deutlichem Kontrast zur MP *ja*.

Oblgeich *ja* und *auch* in den gleichen Verwendungskontexten erscheinen und teilweise auch Überschneidungen in einzelnen Bedeutungsmerkmalen (insbes. eine textkonnektierende und begründende Komponente) aufweisen, zeigt sich also in Argumentationen ein grundlegender Unterschied in Hinblick auf Konsensaspekte bzw. Widerspruchsrelationen (vgl. hierzu auch die Ausführungen zur MP *ja* am Ende von Abschnitt 3.2). Von daher ergeben sich auch in bezug auf die begründende Funktion unterschiedliche Verknüpfungen und Bezugsmöglichkeiten. Unterschiedliche Argumentfunktionen werden besonders auch dann deutlich, wenn *ja* und *auch* als Partikelkombination erscheinen und beide Partikeln zusammenwirken (vgl. hierzu Abschnitt 3.5).

3.4 *eben* und *halt* bei Argumenten

Die Distribution der MP *eben* gestaltet sich relativ einheitlich bezogen auf Argumentinhalte und -funktionen: *Eben* kommt fast ausschließlich in der Argumentfunktion Erläuterung (L) zur Anwendung und erscheint hauptsächlich in Verbindung mit Argumentinhalten, die der Kategorie Fakt (F) zuzurechnen sind.[28]

Das folgende Beispiel verdeutlicht diese erläuternde Funktion im Äußerungszusammenhang:

> und dann das eingeschlossensein in der stadt + also konzentriert sich *einfach* in der stadt es gibt *eben* nich den auslauf also wie in anderen städten mit den tieren (HUN, C,F, L)

Hierzu weitere Beispiele, in denen *eben* in erläuternder Funktion zur Anwendung kommt:[29]

> grade für alte leute *eben* (HUN, P, 63, F, L)
>
> oder *eben* frei leben können (HUN, P, 38, F, L)
>
> das problem is *eben* der hundekot (HUN, C, 34, F, L)

[28] Des weiteren erscheint *eben* vor allem in Vorschlägen zur Problemlösung (IA).

[29] Eine erläuternde Funktion von *eben* kann auch bei der Formulierung von Handlungsvorschlägen gesehen werden (vgl. hierzu Abschnitt 4.1).

In vielen der üblicherweise für *eben* gegebenen Bedeutungsbestimmungen wird mehr oder weniger direkt auf argumentative Funktionen Bezug genommen. So findet sich in Helbig (1988) folgende Zusammenfassung von Bedeutungsbestimmungen für die MP *eben* in Aussagesätzen:[30] "*Eben* macht eine Aussage kategorisch, stellt sie als evident und allgemeingültig hin, immunisiert sie weitgehend gegen andere Begründungen und suggeriert die innere Notwendigkeit des Sachverhalts" (ebd.:121). Sowie: "*Eben* wirkt textverknüpfend, indem es die Folgerung aus der vorangegangenen Äußerung zieht". Die argumentative Funktion des logischen Schlusses wird insbes. auch von Brausse (1986) und Thurmair (1989:191) als übergreifendes Merkmal der MP *eben* angesehen. Für *eben,* ebenso wie für *halt,* wird auch immer wieder "Unabänderlichkeit" als Bedeutungskomponente angeführt (vgl. auch Weydt/Hentschel 1983:9, Hentschel 1986:167 sowie Burckhardt 1994:136). Insgesamt dominieren bei diesen Bedeutungsbestimmungen die Merkmalsbestimmungen <KATEGORISCH> bzw. <UNABÄNDERLICH>, <EVIDENT> und <KONNEX bzw. FOLGERELATION>.[31]

Die empirischen Vorkommen der vorliegenden Studie lassen darüber hinaus erkennen, daß in argumentativen Zusammenhängen insbesondere Rückbezug zu einem wesentlichen Funktionselement wird und hiermit auch eine erläuternde Funktion einhergehen kann. Diese erläuternde Qualität zeigt sich u. a. darin, daß *eben* nicht selten in Nebensätzen wie z. B. Relativsätzen und vergleichbaren Bestimmungen erscheint,[32] oder sich zuweilen auch ganz einfach mit "nämlich...." paraphrasieren läßt. Zudem findet sich häufig auch *also* als Paraphraseindikator (vgl. hierzu Gülich/Kotschi 1983).

Da die MP eben meist in Zusammenhang mit der MP *halt* behandelt wird, und es zwischen beiden MP viele Gemeinsamkeiten, aber auch einige Unterschiede gibt,[33] sind auch Beobachtungen zum Einsatz von *halt* in den untersuchten Gesprächstexten von Interesse. Auffälliger Unterschied ist im untersuchten Material, daß *halt* nur von einer Sprecherin mehrfach benutzt wird, *eben* dagegen von allen muttersprachlichen Informanten. In bezug auf die Distribution im Text zeigt *halt* ebenso wie *eben* eine engere Verbindung mit der Argumentfunktion Erläuterung (L).[34]

> die es heute *halt* so gibt (HUN, P, 41, F, L)
>
> dass die leute *halt* ihre hunde nicht mehr auf die spielplätze lassen
> (HUN, R, 68, K,L)

Auf der Ebene dieser Argumentfunktion zeigen sich also keine Unterschiede. Da die Sprecherin, die hier *halt* verwendet, zugleich aber *eben* verwendet, scheint auch hier ein Hinweis darauf vorzuliegen, daß mit der Wahl der jeweiligen MP Unterschiede in der Bedeutung oder den Verwendungsbedingungen verbunden sind. Thurmair (1986) sieht den Unterschied im wesentlichen darin, daß mit *eben* die Evidenz und mit *halt* Plausibilität signalisiert wird und *halt* vergleichsweise weniger apodiktisch wirke (ebd.:124) (zu weiteren Unterschieden vgl. Abschnitt 4.1).

---

[30] Zu *eben* in Aufforderungssätzen vgl. Abschnitt 4.1.

[31] Zu Bedeutungsbestimmungen für die MP *eben* vgl. außerdem Franck (1980:235), Hartog/Rüttenauer (1982), Trömel-Plötz (1979) und Abraham (1995:132ff).

[32] Vgl. hierzu auch die folgenden Beispiele zu *halt*.

[33] Vgl. hierzu auch Hentschel (1982) und Hentschel (1986:164ff), Burckhardt (1989:133ff) sowie Dittmar (1997).

[34] Eine weitere Gemeinsamkeit zeigt sich darin, daß beide MP auch bei Handlungsvorschlägen (IA) eingesetzt werden (vgl. Abschnitt 4.1).

3.5 Partikelkombinationen in Argumenten: *ja auch*, *eben auch*, *auch schon*

In den Ausführungen zu den einzelnen MP wurde bereits deutlich, daß diese relativ häufig in Kombinationen auftreten.[35] Insbesondere die Partikelkombination *ja auch* ist häufiger zu beobachten und vor allem bei der Argumentart (F) zu finden:

für falsches parken gibt-s *ja auch* ne strafe (HUN, R, 82, F, B)

in so-ner stadt wie new york geht-s *ja auch* dass.. (HUN, R, 70, F, B)

es gibt *ja auch* vorschläge (HUN, C, 18, F, B)

Nach Thurmair (1989) handelt es sich bei *ja auch* um eine sehr häufige Partikelkombination. Ihrer Auffassung nach behält *auch* in diesen Kombinationen die ursprüngliche MP-Bedeutung, stellt den Bezug zur Vorgängeräußerung her (Merkmal <KONNEX>) und signalisiert, daß der dort geäußerte Sachverhalt erwartbar ist (Merkmal <ERWARTBAR>), wobei die Äußerung mit *auch* die Begründung hierfür liefert. Die Kombination mit *ja* bewirkt nun, daß das Merkmal <BEKANNT> hinzugefügt wird (Thurmair 1986:208f).

Die Belegstellen lassen erkennen, daß sich *ja auch* hierdurch in Argumentationen als ein "zugkräftiges" und auch für Manipulationen geeignetes Mittel erweist, da mit *ja* auf gemeinsames Wissen Bezug genommen wird, wodurch mit *auch* die dem Hörer bislang "unbekannte" Begründung selbst in einen Bestand gemeinsamen Wissens gestellt und hiermit implizit eine bestätigende Haltung des Hörers unterstellt wird.

Bei der Partikelkombination *ja auch* ist zudem häufig eine weitere Kombination mit der Partikel *schon* zu beobachten:

sie haben *ja auch schon* kostenlos die tüten verteilt (HUN, M, 12, F, E)

ich bin *ja* in hamburg *auch schon* in hundescheisse getreten aber (...)
(HUN, P, 45, F, E)

Auch wenn bezüglich *schon* nicht immer eindeutig geklärt werden kann, ob es sich hier um einen MP-Gebrauch oder das Temporaladverb handelt, ist doch die Kookkurrenz der Lexeme auffallend.[36] Dies gilt umso mehr, als sich zeigt, daß diese Kombination besonders auch zur Realisierung von Einwänden zum Einsatz kommt und auch in anderen Kontexten häufiger zu beobachten ist.

Weiterhin ist die Partikelkombination *eben auch* häufiger zu beobachten. Auch hier dominiert wiederum der Argumentinhalt Fakt (F).

wo *och* die mehrzahl der tierhalter *eben* ältere leute sind (HUN, M, 01, F, L)

die viecher *ebent och* brauchen (HUN, M, 03, F, L)

hat der mensch *eben auch* ne gewisse verantwortung HUN; P, 40, F, B)

---

35 Zu Partikelkombinationen allgemein vgl. Weydt (1969:74ff), Thurmair (1989:203ff), Hundsnurscher (1990), Meibauer (1991) und Abraham (1996:102ff).

36 Hierbei handelt es sich um eine Partikelkombination, die nach Thurmair (1989:231) nur in w-Fragesätzen, und speziell mit rhetorischem Charakter denkbar ist, aber nicht in Aussagesätzen, da sich beide MP in sich widersprechender Weise auf die Vorgängeräußerung bezögen; *auch* liefere eine Begründung für den vorausgehenden Beitrag und bestätige ihn damit, *schon* hingegen schränke ihn in seiner Gültigkeit ein. Evtl. läßt sich aber dieser Widerspruch auflösen, wenn man davon ausgeht, daß mit *auch* ein Begründungszusammenhang nicht nur als Rückbezug, sondern auch vorgreifend signalisiert werden kann. Insofern können sich die begründende Bedeutungskomponente von *auch* und die konzessive, Widerspruch signalisierende Bedeutungskomponente von *schon* durchaus ergänzen.

Jedoch ist diese MP-Verwendung nicht auf diesen Argumentinhalt beschränkt, sondern kommt z.B. auch bei dem Argumentinhalt Präferenz (P) zur Anwendung.

ich find andere dinge *eben auch* nich grade so toll (HUN, P, 48, P, B)

Thurmair zufolge zeigen Sprecher durch *auch* in dieser Partikelkombination, daß der aus der Vorgängeräußerung ableitbare Sachverhalt erwartbar ist, und liefern mit der *auch* enthaltenden Äußerung hierfür eine Begründung. *Eben* signalisiere in diesem Zusammenhang, daß der Inhalt der Aussage eine evidente Tatsache ist (bzw. sein sollte) (ebd.:228). Aufgrund dieser *auch* und *eben* jeweils zugeschriebenen Eigenschaften haftet argumentativen Schritten mit dieser Partikelkombination sowohl eine erläuternde als auch eine begründende Funktion an.

Des weiteren findet sich die Partikelkombination *eben halt* (in genau dieser Reihenfolge) im Korpus, was insofern bemerkenswert ist, als Thurmair (1989) nur Belegstellen für die umgekehrte Reihenfolge findet.[37]

da kann man das *ebent halt* wie gesagt anders regeln (HUN, R, 73, IA)

In der Möglichkeit, daß diese oft als ähnlich oder als rein regionale Varianten angesehenen MP auch kombiniert werden können, sieht Thurmair auch einen Beleg für Bedeutungsunterschiede.[38] Die Bedeutung der Kombination wird dahingehend interpretiert, daß durch *halt* der durch *eben* angezeigte kategorische Charakter der Ausssage gemindert wird. Eine andere – aus den hier analysierten argumentativen Bezügen abzuleitende – Interpretation besteht darin, den Einsatz von *eben* vor allem auch mit einer erläuternden Funktion in Zusammenhang zu bringen.

So wie Thurmair (1989) in bezug auf die Bedeutungen der beschriebenen MP-Kombinationen feststellt, daß sich diese durch eine Addition der Einzelbedeutungen erklären lassen (ebd.:228), zeigt sich auch in Hinblick auf Argumentfunktionen, daß der Einsatz der MP ein Mittel ist, unterschiedliche Argumentfunktionen in einer Äußerung zu vereinen. Infolgedessen stellen MP ein besonders geschicktes Mittel dar, quasi "verschränkte" logische Verknüpfungen vorzunehmen. Da diese durch MP realisierten Referenzierungen und Verknüpfungen vergleichsweise implizit bleiben, sind sie schwerer in Kontroversen aufzugreifen, als wenn die entsprechenden Bezüge durch andere sprachliche Mittel explizit gemacht worden wären.

4. Vorschläge zur Problemlösung und Handlungsaufforderungen in Argumentationen

Neben der Formulierung von Argumenten läßt sich mithilfe des Mannheimer Kategoriensystems die Formulierung von Positionen als weiterer Verwendungskontext identifizieren, in dem MP häufiger zum Einsatz kommen (vgl. hierzu die tabellarische Übersicht III unter 3.1. Dabei zeigt die empirische Befassung mit Argumentationen, daß Positionen vielfach in Form von Vorschlägen zur Problemlösung oder Handlungsvor-

[37] Bei Hentschel (1986:165) findet sich hingegen auch ein Beispiel für die hier belegte Reihenfolge. Allerdings wird von Thurmair (1989) kein Bedeutungsunterschied zwischen den beiden Reihenfolgen gesehen.

[38] Vgl. hierzu auch Dittmar 1997.

schlägen vertreten werden.[39] Im Zusammenhang des Mannheimer Kategoriensystems findet sich hierfür folgende Definition:

> Eine Aufforderung bzw. ein Handlungsvorschlag liegt dann vor, wenn eine Sprecherin versucht, ihre Partnerin mit sprachlichen Mitteln zum Ausführen oder Unterlassen einer Handlung zu bewegen oder ihr eine Handlungsalternative im Sinne einer Problemlösung anzubieten. (Spranz-Fogasy et al. 1992:357)

Weiter heißt es zu Handlungsvorschlägen:

> Sie enthalten eine Aufforderungskomponente, aber ohne deren direktiven Charakter. Handlungsvorschläge werden als Aussage- und als Fragesätze (im Sinne von "könntest du nicht...") realisiert. (ebd.:358).[40]

In den hier untersuchten Argumentationen liegen Vorschläge zur Problemlösung und Handlungsvorschläge in den als "Initiative: Aufforderung/Handlungsvorschlag (IA)" kodierten Äußerungen vor. Hier nun einige Beispiele für den Partikelgebrauch in diesen Verwendungskontexten:[41]

> man kann *ja auch* sowas wie hundverbote *mal* aussprechen (HUN, C, 29, IA)
>
> man muss *vielleicht* ne andre lösung finden (HUN, P, 43, IA)
>
> da müssten-se *halt* rigoroser durchgreifen (HUN, R, 67, IA)
>
> ich würd das so lösen dass man da *eben* strikter drauf achtet (HUN, C, 27, IA)
>
> dass-se da also *einfach* n-bisschen gezielter aufpassen (HUN, R, 74, IA)

Da das Spektrum der hier verwendeten MP relativ breit ist (*eben, halt, ja, einfach, mal, vielleicht*) wird im folgenden auf die einzelnen MP unter Einbezug weiterer Belegstellen näher eingegangen.

4.1 *eben* und *halt* bei Handlungsvorschlägen in Argumentationen

Ein erheblicher Anteil der Vorkommen der MP *eben* (9 von 20) entfällt in den Argumentationen auf die Formulierung von Handlungsvorschlägen:

> das muss *eben einfach* mehr gehalten werden (HUN, C, 20, IA)
>
> und die können dann *eben* von dem geld... (HUN, P, 57, IA)
>
> ich würd das so lösen dass man da *eben* strikter drauf achtet (HUN, C, 27, IA)
>
> könnte man *eben* (HUN, P, 54, IA)

Abgesehen von einer grundsätzlich anzunehmenden Gesamtbedeutung der einzelnen MP handelt es sich im Unterschied zu den in bezug auf Argumentfunktionen erläuterten

[39] Dies gilt wohl nicht nur für das hier untersuchte Material, sondern auch für andere Datensammlungen. Auch die Bestimmung der Kategorie '(IA)' im Mannheimer Kategoriensystem unter Bezugnahme auf Handlungsvorschläge untermauert diesen Eindruck.

[40] Im Unterschied zu Spranz-Fogasy (1992) wird hier nicht die Auffassung vertreten, daß Handlungsvorschläge unmittelbar an die entsprechende Person gerichtet formuliert werden müssen; wie die folgenden Ausführungen und Belegstellen zeigen, können Handlungsvorschläge auch unpersönlicher formuliert werden.

[41] Nur ein Sprecher präsentiert seine Positionen im Texttyp HUN nicht als Problemlösungen in Form von Handlungsvorschlägen, sondern stellt im Gegensatz dazu dar, was man alles nicht tun kann. Aber auch dort findet sich in der resümierenden Stellungnahme 'det halt ich *schon* für jerechtfertigt wiederum eine MP-Verwendung.

Vorkommen von *eben*, die mit den üblichen Bedeutungsbestimmungen für *eben* in Assertionen in Einklang stehen,[42] hier um eine Funktion der MP *eben*, die im allgemeinen für Realisierungen in Aufforderungssätzen beschrieben wird. So gibt Helbig (1988) diesbezüglich folgende Bestimmung für *eben*: "Dieses drückt aus, daß die Handlung (zu der aufgefordert wird) sich als (einzig mögliche) Konsequenz aus dem vorhergehenden Geschehen ergibt, zumeist resignierend und mit Einsicht in die Unabänderlichkeit des Geschehens" (ebd.:121), und: "Signalisiert keinen strikten Befehl, sondern modifiziert die Illokution der Aufforderung so, daß die empfohlene Handlung als Kompromiß oder Zugeständnis des Sprechers gewertet wird".[43] Hentschel (1986) sieht die Funktion der MP *eben* und *halt* bei Imperativen darin, zu signalisieren, daß sich die Handlung als einzig mögliche Konsequenz aus dem vorangegangenen verbalen oder situativen Kontext ergibt (ebd.:169).

Obgleich es sich bei den Vorkommen von *eben* in Vorschlägen zunächst einmal um Assertionen handelt, ergeben sich doch Übereinstimmungen mit diesen Bedeutungszuschreibungen. Erklärt werden könnte dieser "Transfer" durch die Tatsache, daß es sich bei diesen Formulierungen von Positionen und Handlungsvorschlägen quasi um indirekte Aufforderungen handelt. Ferner ist für die Funktion der MP *eben* in diesen Verwendungskontexten bedeutsam, daß nicht nur ein Bezug zur direktiven Sprechhandlung festzustellen ist, sondern auch im Äußerungskontext die vollzogene Sprechhandlung als Konsequenz aus dem zuvor Gesagten markiert wird. Dies bedeutet speziell im Kontext von Argumentationen, daß die Position als Konsequenz und logischer Schluß aus dem zuvor Gesagten präsentiert wird. Entsprechend ist der Einsatz von *halt* in Handlungsvorschlägen auffällig:

> da müssten-se *halt* rigoroser durchgreifen (HUN, R, 67, IA)
>
> dass die hunde *halt* nich auf spielplätzen freigelassen werden (HUN, R, 75, IA)
>
> dass !dann! *halt* für so-ne sachen..... (HUN, R, 78, IA)

Die MP-Funktionen von *halt* können in diesem Verwendungskontext (IA) als weitgehend äquivalent mit denen von *eben* angesehen werden. Jedoch scheint die Bedeutungskomponente der Konsequenz und des Rückbezugs weniger ausgeprägt.[44] Auch scheint sich ein Unterschied in der signalisierten Sprecherhaltung auszudrücken: Bei *eben* entsteht der Eindruck, daß die Sprecher sich mit der als unabänderlich dargestellten Tatsache bzw. Konsequenz mehr oder weniger decken, was eventuell damit zu erklären ist, daß *eben* als Schlußfolgerung eine mehr oder weniger explizite Argumentation voraussetzt, wohingegen bei *halt* der Eindruck entsteht, daß die Sprecher selbst eher eine distanzierte Haltung einnehmen und sich – quasi gleichermaßen – der unabänderlichen, und im folgenden nicht weiter zu begründenden, Gegebenheit zu beugen haben.[45]

---

42 Vgl. hierzu '*eben1* in Aussagesätzen' bei Helbig (1988:120), sowie die Ausführungen in Abschnitt 3.4.

43 Vgl. hierzu auch Franck (1980:236), die ebenso in *eben* und *halt* eine illokutionsmodifizierende Wirkung sieht.

44 Hiermit läßt sich eventuell auch die Partikelkombination (vgl. z.B. 'da kann man das *ebent halt* wie gesagt anders regeln', HUN, R, 73, IA) erklären.

45 Es handelt sich bei dieser Bedeutungsdifferenzierung jedoch noch um eine relativ vorläufige Unterscheidung, die an weiteren Kontexten zu untersuchen wäre.

4.2 *ja* bei Handlungsvorschlägen in Argumentationen

Mehrfach ist die MP *ja* in Handlungsvorschlägen zur Problemlösung zu beobachten:[46]

> dann kann man dafür *ja* ne strafe verlangen (HUN, R, 80, IA)
>
> man kann *ja* auch sowas wie hundverbote mal aussprechen (HUN, C, 29, IA)

Die MP *ja* wird in diesen Handlungsvorschlägen häufig in Verbindung mit der Wendung "*man kann*" eingesetzt. Verbindungen des Modalverbs *können* und der MP *ja* sind auch bei Handlungsvorschlägen in anderen Kontexten häufig festzustellen (vgl. Hindelang 1978:494, sowie Abschnitt 5.1 und 5.2).

Da ansonsten als Verwendungsbedingung für die MP *ja* in Assertionen der Bezug auf Bekanntes angegeben wird, ergibt sich allerdings insofern ein gewisser Widerspruch, als Propositionen in Vorschlägen nicht unmittelbar auf Bekanntes referieren, sondern vielmehr Neues einführen. Damit liegt bei der Verwendung der MP *ja* in Handlungsvorschlägen das gleiche Phänomen vor wie bei Verwendung der MP *ja* in Exklamationen (vielzitiertes Beispiel ist hier: "du blutest *ja*"). In der Literatur gibt es unterschiedliche Versuche für Exklamationen, diesen Widerspruch aufzulösen: Einerseits wird als Grundbedeutung der MP *ja* angenommen, daß solchermaßen gekennzeichnete Sachverhalte im Prinzip auch für den Hörer "überprüfbar" sind (vgl. Hentschel 1986:164) oder daß die Sachverhalte vor allem auch evident sind (ebd., sowie König 1996:17ff). Andererseits wird für die MP *ja* als grundlegende Bedeutung eine begründende Relation angenommen, und auch ein überraschender Sachverhalt als Bestandteil eines Bedingungsgefüges angesehen (so Brausse 1986:213ff), wodurch ebenso die Annahme einer gemeinsamen Grundbedeutung aufrechterhalten werden kann. Entsprechend könnte die Funktion der Verwendung der MP *ja* bei Vorschlägen darin gesehen werden, daß ein zunächst einseitig und neu eingeführter Vorschlag durch die MP-Verwendung mit einem gemeinsamen Wissensspektrum in Bezug gesetzt und die benannte Möglichkeit als evident und begründet markiert wird, womit sich die unterbreitete Möglichkeit als prinzipiell konsensfähig präsentieren läßt. Eventuell ist ein solcher Rückgriff auf Gemeinsames bei Handlungsdirektiven (analog zu Direktiven, die mit "wir" formuliert sind, obwohl es sich sinngemäß nur um Anweisungen an die Adressaten handelt) auf gesichtswahrende und mit "negative politeness" in Zusammenhang stehende Prinzipien zurückzuführen.

Anders als bei der MP *eben* in Handlungsvorschlägen, bei der eine engere Verbindung zum Einsatz dieser MP in Aufforderungen besteht, läßt sich der Einsatz der MP *ja* in Vorschlägen nicht direkt mit Beschreibungen der entsprechenden MP-Verwendung in Aufforderungssätzen in Verbindung bringen.[47] Mit der MP *ja* scheint einerseits eher das Neue in Analogie zu Exklamationen und andererseits in Einklang mit den sonstigen MP-Funktionen in Assertionen die Evidenz und ein Begründungszusammenhang und damit Konsensfähigkeit markiert zu werden.

Der Einsatz der MP *ja* in Handlungsvorschlägen ist aber vor allem auch deshalb bedeutsam, weil sich ein aufschlußreicher Kontrast zum Einsatz der MP *eben* bei Hand-

---

[46] Es handelt sich hier wohlgemerkt um unbetonte Realisierungen von *ja*, die in klarem Kontrast zu den betonten MP-*já*-Verwendungen in Aufforderungen stehen, deren Bedeutung im allgemeinen mit einem drohenden Unterton umschrieben wird.

[47] Bei der MP *ja* in Verbindung mit Aufforderungen oder Imperativen handelt es sich um eine betonte Variante, die mit Drohungen und Warnungen in Zusammenhang gebracht wird (vgl. beispielsweise Weydt/Hentschel 1983:13, Helbig 1988:167f).

lungsvorschlägen ergibt. Während letztere den Problemlösungsvorschlag als logische Konsequenz aus dem zuvor Gesagten verorten, scheint *ja* in Handlungsvorschlägen hierzu in paradigmatischer Opposition zu stehen und gerade dann verwendet zu werden, wenn bislang nicht näher beschriebene Möglichkeiten eingeführt werden.

4.3 *vielleicht, einfach, mal* bei Handlungsvorschlägen in Argumentationen

MP werden auch bei Formulierungen, mit denen Stellungnahmen eingeführt werden, eingesetzt. Im einzelnen handelt es sich hier um die MP *einfach* und *mal*, die in Verbindung mit Wendungen wie "ich denke" u.ä. eingesetzt werden:

ich denke *einfach* dass... (HUN, P, 37,)

ich frag mich *einfach* wozu... (HUN, P, 50).

auf jeden fall + denke ich *mal* (BER, BAU2DEU1)

Hier handelt es sich im Prinzip um Partikeln, die ansonsten insbesondere bei Aufforderungen zu beobachten sind. Ebenso wie bei Aufforderungen eine obligationsschwächende Wirkung angenommen wird (s.u.), scheint auch für die formulierte Annahme der Verbindlichkeitsgrad herabgesetzt zu werden. Auch hier liegt ein Phänomen vor, daß m.W. noch nicht entsprechend in Hinblick auf seine MP-Relevanz behandelt worden ist.

Dieselben Partikeln erscheinen auch auffällig häufig in der Formulierung von Handlungsvorschlägen:

das muss *eben einfach* mehr gehalten werden (HUN, C, 21, IA)

dass-se da also *einfach* n-bisschen gezielter aufpassen (HUN, R, 74, IA)

man kann *ja auch* sowas wie hundverbote *mal* aussprechen (HUN, C, 31, IA)

Hervorzuheben ist insbesondere der Einsatz von *mal*, einer MP die im übrigen geradezu als prototypisch für Aufforderungen angesehen wird. So finden sich bei Weydt/Hentschel 1983 folgende Ausführungen zu *mal*: "In umgangssprachlichen Aufforderungen ist *mal* ein hochgradig konventionalisierter Bestandteil des Satzes. Vor allem einzelne Imperative werden nur in Ausnahmefällen ohne *mal* gebraucht" (ebd.:14). Die Funktion dieser MP wird in Aufforderungen vor allem als Zeichen für eine Minderung direkter Verbindlichkeit interpretiert; und im Gebrauch von *mal* vornehmlich eine Verfolgung von Höflichkeitsprinzipien gesehen (vgl. beispielsweise Franck 1980:248ff sowie Thurmair 1989:184ff).[48] Auch Helbig (1988:132f) faßt die Funktion von *mal* mit "mildert die Aufforderung zum Ratschlag" ab zusammen.

Ebenso finden sich für die MP *einfach* bei Aufforderungen Funktionsbestimmungen, in denen direkt ein Bezug zur Kategorie Ratschlag hergestellt wird. So ist bei Franck (1980) zu lesen: "In Sätzen, die illokutiv als Aufforderung erscheinen (...) hat *einfach* die Wirkung, sie als Ratschläge zu kennzeichnen wobei 'Ratschlag' charakterisiert wird als Empfehlung einer Handlung für den Hörer; im weiteren wird dann wiederum eine Verbindung zu 'Vorschlägen' gezogen" (ebd.:243ff).

Die Funktion der MP wird in der Signalisierung gesehen, daß weitere komplizierende oder erschwerende Alternativen und Begleitumstände nicht relevant sein sollen

---

[48] Thurmair (1989:185) erwähnt auch insbesondere die Kombination von *mal* und Modalverben in Aufforderungen, die die Form von Aussagesätzen haben.

(vgl. hierzu z. B. Burckhardt 1989:362f sowie Thurmair 1989:128ff). Erzielt wird mit dem Einsatz dieser Partikel folglich der Eindruck einer Minderung bzw. Ausschaltung hinderlicher Umstände, welche indirekt auch den Zumutungscharakter im Sinne des "negative politeness"-Prinzips abschwächt.[49] Aufschlußreich sind in diesem Zusammenhang auch die Ausführungen von Thurmair, die in der Verwendung von *einfach* eine Paralle zur Verwendung von *eben* und *halt* sieht. Sie geht davon aus, daß eine Merkmalskomponente von *einfach* ist, anzuzeigen, daß etwas für den Sprecher, jedoch nicht für den Hörer evident ist.[50] Hierin sieht sie wiederum einen engeren Bezug zu *halt* als zu *eben*. Hinzuzufügen wäre, daß sich hieraus auch eine inhaltliche Paralle zu den in Abschnitt 3.3 geschilderten Merkmalskomponenten der MP *auch* ergeben.

Des weiteren wird bei der Formulierung von Handlungsvorschlägen die Partikel *vielleicht* eingesetzt:

> man muss *vielleicht* ne andre lösung finden (HUN, P, 43, IA)

Vielleicht erscheint in diesen Verwendungskontexten auch häufig in Verbindung mit Modalverben und wird meist nachgestellt. Der Einsatz der Partikel *vielleicht* ist in den Handlungsvorschlägen nicht immer (allein) aus der Epistemik heraus zu erklären.[51] Es hat vielmehr den Anschein, daß *vielleicht* in diesen Kontexten weniger als Modalwort fungiert, sondern vielmehr auch systematische MP-Funktionen übernehmen kann – und dies, obgleich nach gängigen Bechreibungen die Distribution der MP *vielleicht* auf Entscheidungsfragesätze und Ausrufesätze beschränkt ist.[52] *Vielleicht* zeigt in den untersuchten Verwendungskontexten dieselbe Distribution wie *mal* und *einfach*. Übereinstimmung zeigt sich auch in semantischen Komponenten, die auf eine Einschränkung oder Minderung hindeuten, weshalb für alle drei Partikeln auch in Hinblick auf MP-Funktionen das gemeinsame Merkmal <ABSCHWÄCHUNG> angenommen werden kann.[53]

4.4 Fazit: MP-Verwendung bei Handlungsvorschlägen in Argumentationen

Zusammenfassend kann festgehalten werden, daß Handlungsvorschläge in Argumentationen in Teilen ähnlichen Partikelgebrauch aufweisen wie Aufforderungen. Selbst wenn man Handlungsvorschläge als indirekte Aufforderungen begreift, ist dies insofern erstaunlich, als sich in den untersuchten argumentativen Texten die indirekten Aufforderungen nicht an die Gesprächspartner richten. Die Äußerungen mit Aufforderungscha-

---

[49] Vgl. hierzu Brown/Levinson (1978:145ff) ("hedges on illocutionary force" und "particles") sowie ebd.:176 ("strategy 4: minimize the impositon").

[50] Hier liegen nach Thurmair (1989:131ff) die Merkmalskomponenten <EVIDENT>s, <KONNEX> und <ABSCHWÄCHUNG> vor.

[51] Dieselbe Beobachtung wurde bei Aufforderungen im Rahmen von Instruktionen gemacht (Vgl. Rost-Roth, im Erscheinen a). Auch in diesem Kontext konnte der Einsatz von *vielleicht* in Entsprechung zur MP *mal* beobachtet werden (hierauf wird auch in Abschnitt 5.3 noch einmal eingegangen). Zudem gibt es auch Anhaltspunkte aus der ZSE-Forschung, daß *vielleicht* in Lernersprachen als generalisierter Marker für eine herabgesetzte Verbindlichkeit von Obligationen fungieren kann (vgl. Rost-Roth, im Druck). Auch bei Schmelz (1994:80ff) finden sich Beobachtungen zur Verwendung von *vielleicht* bei höflichen Aufforderungen. Zu *vielleicht* allg. vgl. Zifonun (1982).

[52] Vgl. hierzu auch Helbig (1988:228ff).

[53] Die Annahme, daß eine engere Verbindung zwischen diesen MP und Handlungsvorschlägen allgemein zu existieren scheint, wird zusätzlich durch die Beobachtung gestützt, daß viele Bedeutungs- und Funktionsbestimmungen dieser MP in der Literatur auf Termini wie "Problemlösung" und "Vorschlag" oder gar "Handlungsvorschlag" rekurrieren und entsprechende Beispiele konstruiert oder herangezogen werden.

rakter betreffen hier lediglich Nicht-Anwesende und darüber hinaus nicht näher bestimmte Personen ("man"). Der Verbindlichkeitsgrad der Vorschläge ist äußerst gering und liegt im rein potentiellen Bereich. Um so bemerkenswerter ist bei diesen in Form von Aussagesätzen formulierten Handlungsvorschlägen der Gebrauch der Partikeln *einfach*, *mal* oder *vielleicht*, die ansonsten auf direkt adressierte Aufforderungen und höfliche Bitten beschränkt gesehen werden. Gleichermaßen zeigt der Einsatz von *eben* in argumentativen Problemlösungsvorschlägen Parallelen zur Verwendung der entsprechenden MP in Aufforderungen. Im Gegensatz dazu läßt sich der Einsatz der MP *ja* in Vorschlägen jedoch nicht analog zur Verwendung dieser MP in Aufforderungen interpretieren. Mit der MP *ja* scheint eher in Analogie zu Exklamationen Neues eingeführt und in Einklang mit den ansonsten für Assertionen angeführten Funktionen der Begründungscharakter markiert zu werden.

Somit zeigt der Partikelgebrauch in Handlungsvorschlägen einerseits Übereinstimmungen und andererseits Unterschiede zum Partikelgebrauch in Aufforderungen. Von daher läßt sich auch auf der Ebene des Partikel-Einsatzes die Annahme konsolidieren, daß Vorschläge einen eigenen Untertyp der Kategorie "direktiver Sprechhandlungen" darstellen.[54] Diesbezüglich ist auch ein Vergleich mit anderen Kontexten aufschlußreich, um zu zeigen, daß dort in Handlungsvorschlägen dieselben Partikeln zum Einsatz kommen.

5. Modalpartikel-Verwendung und Vorschläge in anderen Diskurstypen

Ohne zunächst weitere Ausführungen zur Textsortenproblematik notwendig zu machen, zeigen die folgenden Beispiele, daß nicht nur in Argumentationen, sondern auch in anderen Diskurstypen Vorschläge häufig mit verstärktem MP-Einsatz realisiert werden. Dies soll im folgenden anhand von Beispielen aus Beratungsgesprächen und Verabredungen verdeutlicht werden.

5.1 Modalpartikel-Verwendung bei Handlungsvorschlägen in Beratungsgesprächen

Besonders in der für Beratungsgespräche konstitutiven Phase der Problemlösung sind bei der Formulierung von Problemlösungsvorschlägen[55] häufig MP zu beobachten:

aber das kann *ja* n-bißchen erweitert werden (...)
daß wir dann *vielleicht* die gelegenheit nutzen^ (EIEC1DE2)

aber um ganz sicher zu gehen würde ich *vielleicht* an ihre stelle
noch mal persönlich mit der einstufung herkommen (h)
sie können das *ja* gleich erstmal veranlassen^ &*vielleicht*& (AA1E1)

und eh sie könnten *vielleicht* dann/ sich auch für ihn

---

[54] Vgl. hierzu auch Hindelang (1978). Bedeutsam ist hier auch, daß anders als bei Spranz-Fogasy (1992) und Hindelang beschrieben, Vorschläge nicht für die 2. Person Singular oder Plural oder 1. Person Plural formuliert werden, sondern als Handlungsträger wiederum auch die 3. Person oder unpersönlichere Referenten wie '*man*' als Adressaten der Direktiven in Erscheidung treten können.

[55] Die Datensammlung wurde in einem Projekt zur Untersuchung von Kommunikationsproblemen in Sprechstunden und Studienberatungen aus dem universitären Kontext angelegt, das an der Freien Universität Berlin unter Mitwirkung von Norbert Dittmar und Bernt Ahrenholz durchgeführt wurde (vgl. Rost-Roth im Druck b). Zu Beratungsgesprächen im allgemeinen und zur Phase der Problemlösung im besonderen vgl. insbes. Nothdurft/Reitemeier/Schröder (1994).

um einen doktorvater bemühen (AA1E1)

ich kann ihn da keine vorschriften machen aber was so "f:ür ihr eignes projekt + günstig ist *ja*^ also diese genannten könn sie *ja mal* angucken (CAU1DEU3)

wenn sie da nur *einfach* zuordnen (CAU1DEU3)

und die fragn könn sie *ja* entweder sagn oder anschreibm an die& tafel (TCH1DEU1)

mal/ mal vielleicht auch äh unter den einzelnen aspekten wo sich-s "anbietet äh und (also) ich denke bei einigen der aspekten bietet sich-s direkt an *mal* sowas zu/ zu versuchen (TCH1DEU1)

und sie können *ja* versuchen + trotzdem *vielleicht* als externe scheine zu machen dann könnte man *ja* u/ unter umständen sich dann auch für ein höheres fachsemester
bewerben (TTB1DE1)

könn-se *ja* nochmal wiederkomm oder anrufen^ (TIECDE0)

Auch hier sind die Partikeln *ja*, *mal*, *einfach* und *vielleicht* bei der Formulierung von Handlungsvorschlägen zu beobachten. Dabei liegen in bezug auf den Diskurstyp und Rollenbeziehungen ganz andere Rahmenbedingungen als in den zuvor untersuchten Argumentationen vor. In bezug auf die Adressierung der Handlungsvorschläge ist ein wesentlich höherer Direktheitsgrad gegeben, da diese hier unmittelbar an die Hörer gerichtet werden und ihnen höhere Handlungsrelevanz zukommt als den Problemlösungsvorschlägen aus den argumentativen Erörterungen der Hundeproblematik. Insofern ist bemerkenswert, daß bei den Handlungsvorschlägen trotz dieser unterschiedlichen Gesprächsbedingungen und -konstellationen der gleiche Partikelgebrauch konstatiert werden kann.

5.2 Modalpartikel-Verwendung bei Handlungsvorschlägen in Verabredungen

Auch im Rahmen von Verabredungen und Terminabsprachen, die als klar eingrenzbarer "speech event"[56] in unterschiedliche Gesprächssituationen eingebettet sein können, sind entsprechende MP-Verwendungen mit auffallender Häufigkeit zu beobachten:

Hierzu eine Reihe von Äußerungssequenzen aus informellen Telefongesprächen, in denen Handlungsvorschläge in Zusammenhang mit Verabredungen gemacht werden:[57]

ich kann *ja auch* früher kommn und dir "helfn (VER1, B1)

na *ja* ne des is glaub ich nich so schlimm
aber komm *doch* gegen sechs *vielleicht* (VER1, A1)

"ne lass uns *mal* sonntag machn, is *doch* gut (VER2, B1)

ja ich kann dich *ja* be"suchn (VER3, B1)

und da wollt ich hingehen
aber ich kann *ja* vorher dich ma/vo/be"suchn kommn (VER3, B2)

---

[56] Vgl. hierzu Hymes (1964).

[57] Sofern in einzelnen Gesprächen mehrere Vorschläge gemacht wurden, sind diese in der ursprünglichen Reihenfolge wiedergegeben. Die Siglen verweisen hier zuerst auf die Aufnahme (VER1, VER2, usw.), dann auf die Sprecher (A bzw. B) und die folgende Zahl auf die Reihenfolge der Vorschläge.

ich kann *ja*/wir könn *ja auch* was essn zusamm
ich kann (dir) *ja* was mitbringn (VER3, B4)

dann hol ich dich irgendwo ab oder sonstwas
dass wir *halt* dann zusammn zu dem *taken* fahrn (VER4, B1)

ja und dann machn wer *halt* danach des treffn (VER4, B2)

ja dann ruf mich *einfach* hier an (VER4, B3)

ja ich dachte nur *vielleicht* tust-e irgendwas schon in n ofen oder so (VER5, A1)

aber dreiviertel neun reicht *doch* auch oder^ (VER5, B1)

ja ich wollte *halt* vorher noch bei euch/
wir wolltn dich *ja* "abholn (VER5, A1)

und dann könn wer *ja* so machn
dass wer sagn wer *mal* um halb "kommn (VER5, A2)

und dann gehn wer *halt* los (VER5, A3)

und "ich wollte gerne dann nochma mm/ eh/in/ in würgeengel
irgendwie mit m/ *vielleicht* mit n paar/ zwei drei leute
also tina und eh: noch n paar leute treffen (VER6, B1)

dass man *doch* irgendwie noch was trinken geht
oder was macht (VER 6, A1)

Auch hier tauchen wiederum die MP *einfach, vielleicht, halt, mal* und *ja* auf. Und auch hier ist dieser Befund wieder insofern bemerkenswert, als im Unterschied zu den Argumentationen und den Beratungsgesprächen eine ganz andere Gesprächskonstellation vorliegt, die sich vor allem hinsichtlich des Bekanntheitsgrads der Gesprächsteilnehmer und des informellen Charakters der Gesprächssituation erheblich unterscheidet. Bemerkenswert ist dies auch insofern, als gerade auch diese Aspekte als wesentlich für die Häufigkeit von MP-Einsatz angesehen werden (vgl. insbes. Hentschel 1986: 238ff). Hinzu kommt die MP *doch,* deren Gebrauch in Handlungsvorschlägen den Funktionsbestimmungen der MP *doch* in Aufforderungen und bei Imperativen entspricht.[58] Sie findet hier vor allem dann Anwendung, wenn Handlungsalternativen angesprochen werden.

5.3 Fazit: Modalpartikeln in Handlungsvorschlägen

Unabhängig von verschiedenen Diskurstypen mit unterschiedlichen Gesprächsrollen, unterschiedlichen Formalitätsgraden und unterschiedlichen Implikationen bezüglich des Direktheitsgrades der Vorschläge zeigen sich bei Handlungsvorschlägen auffallende Übereinstimmungen im Partikelgebrauch. Diese Übereinstimmungen betreffen nicht nur das Repertoire der jeweils zum Einsatz gebrachten Partikeln, sondern auch deren Funktionen.

Zunächst ist der übereinstimmend zu beobachtende Einsatz der MP *ja* bei den Handlungsvorschlägen bemerkenswert. Bemerkenswert ist dieser Einsatz vor allem auch deshalb, weil er abgesehen von einer begründenden Bedeutungskomponente, die auch sonst in Aussagesätzen vorliegt, in einer anderen oft als wesentlich für die MP *ja* in As-

[58] Vgl. hierzu (Helbig 1988:113), Franck (1980:166ff), Hentschel (1986:123ff), Thurmair (1989:110), König (1996:15ff).

sertionen angesehenen Merkmalskomponente – nämlich <BEKANNTHEIT> – in gewisser Weise abweicht und hiermit in Analogie zur MP *ja* in Exklamationen steht. Entsprechende Analogien zur betonten MP *ja* in Aufforderungen zeigen sich hingegen nicht, was wiederum bedeutsam ist, da dies für mehrere andere MP in Handlungsvorschlägen zutrifft. So kann beispielsweise der Gebrauch der MP *doch* in Handlungsvorschlägen analog zum Einsatz von *doch* in Aufforderungen interpretiert werden. Dies steht wiederum in Einklang mit dem Einsatz anderer MP, die als typisch für Aufforderungen anzusehen sind. Zugleich zeigt der MP-Gebrauch (insbes. bei *eben*, *ja* und *auch*) aber auch Übereinstimmungen mit den üblichen Funktionsbestimmungen für Assertionen, wodurch auch bei Handlungsvorschlägen die zuvor geschilderten logischen Verknüpfungen und argumentativen Bezüge impliziert bleiben.

Der Einsatz der MP wirkt also in unterschiedlichen Dimensionen: In bezug auf den Aufforderungscharakter direktiver Sprechhandlungen ist der Einsatz einer Reihe von Partikeln, die ansonsten als typisch für Aufforderungen, und insbesondere Imperativgebrauch, betrachtet werden (*mal* und *einfach,* aber auch *vielleicht*) als obligationsschwächende Markierung mit Prinzipien der Höflichkeit in Verbindung zu bringen. Insbesondere durch den Einbezug umfassenderer Gesprächskontexte wird aber zugleich deutlich, daß die MP-Verwendung auch bei Aufforderungen einen engeren Zusammenhang mit dem sprachlichen Kontext aufweist und Rückbezug auf vorausgehende Äußerungen zeigt. Die MP *eben*, *ja* und *auch* scheinen besonders dann zum Einsatz zu kommen, wenn Handlungsvorschläge argumentativ verankert werden sollen.

Dabei werden sowohl Begründungszusammenhänge (insbes. durch *ja* und *ja auch*) als auch Schlußfolgerungen (insbes. durch *eben)* kodiert. Gleichzeitig wird durch den Einsatz dieser Mittel der Eindruck einer Konsolidierung der Vorschläge erreicht (dies gilt insbes. für *eben*, trifft aber in gewissem Maße auch für *ja* und *ja auch* zu). Zudem werden Vorschläge durch den Einsatz entsprechender MP auch als "alt" bzw. "neu" oder als Alternativen gekennzeichnet (*ja, vs. eben* und *doch*) und somit ihr Status im Äußerungszusammenhang markiert.

Obgleich hier alle Vorschläge im Satzmodus der Assertion geäußert werden, zeigt die MP-Verwendung also auch hier eine engere Verbindung zur Ebene direktiver Sprechhandlungen. Gleichzeitig ist aber festzuhalten, daß die MP-Verwendung in Handlungsvorschlägen – und dies dürfte auch für Aufforderungen und andere direktive Sprechakte allgemein gelten – dazu beiträgt, daß nicht (nur) isoliert erscheinende Sprechakte präsentiert werden, sondern gerade auch die MP-Verwendung dazu beiträgt, die Verankerung und Situierung im umfassenderen Äußerungskontext zu markieren.

6. Zusammenfassung

Ausgehend von der Beobachtung, daß sich auffällige Gemeinsamkeiten in der Partikelverwendung bei verschiedenen Sprechern zeigen, konnte mit der Analyse des MP-Gebrauchs im Kontext von Argumentationen eine enge Verbindung zwischen MP-Gebrauch und Äußerungsfunktionen im Gesamttext festgestellt werden. Mit Hilfe des "Mannheimer ArgumentationsKategorienSystems MAKS" ließ sich sowohl ein Zusammenhang der MP-Verwendung mit Äußerungsinhalten als auch mit Äußerungsfunktionen zeigen. Der auffallend häufige Gebrauch von MP, wenn Fakten als Argumentinhalte formuliert werden, scheint nicht zuletzt darauf zurückführbar zu sein, daß durch eine "reine" Formulierung der Proposition allein der Kontextbezug oft nicht ausreichend deutlich würde, und MP hier ein vergleichsweise sprachökonomisches Mittel darstellen, eine Bezugnahme auf andere Äußerungen und logische Beziehungen herzustellen.

MP signalisieren dabei nicht nur, welcher Art der Bezug zu anderen Äußerungen im sprachlichen Kontext ist, sondern gleichzeigitg, welcher Art der Bezug zu außersprachlichen Kontexten wie Erwartungshaltungen und Wissensbeständen der Beteiligten ist. Von daher sind auch Partikelkombinationen in Argumenten besonders effizient. Sie zeigen einen direkten Zusammenhang mit der Komplexität von Argumentstrukturen, da mittels Partikelkombinationen auch unterschiedliche Argumentfunktionen gleichzeitig realisiert werden können. Aufgrund dieser Möglichkeiten erweisen sich MP auch als äußerst wirksames Mittel, mehrdimensionale logische Bezüge zu etablieren.

Die Auseinandersetzung mit empirischen MP-Vorkommen in konkreten Verwendungskontexten bietet den Vorteil, daß empiriegesteuert auch eine Auseinandersetzung mit weniger erwarteten Phänomenen stattfinden muß.[59] So zeigte sich in der vorliegenden Studie zu Argumentationen nicht nur ein enger Zusammenhang zwischen der MP-Verwendung und der Konstitution von Argumenten, was durch die Textsorte und Verweise in Bedeutungsbestimmungen bestimmter MP bereits erwartbar war, sondern bei der Analyse des Datenmaterials stellten sich auch systematischere Bezüge zwischen argumentativen Problemlösungsvorschlägen und Handlungsvorschlägen als generellerer Kategorie direktiver Sprechhandlungen heraus.

Vorteile empiriegeleiteten Vorgehens zeigen sich weiterhin darin, daß eine empirische Verwendungskontexte zum Ausgangspunkt nehmende Distributionsanalyse auch in Hinblick auf Einsatzmöglichkeiten und Funktionen einzelner MP erhellend sein kann. So erwies sich insbesondere die MP *ja* im Kontext von Handlungsvorschlägen als ein Phänomen, das bei Funktionsbestimmungen dieser Partikel noch nicht entsprechend beschrieben wurde. Vor allem aber wurden hiermit Handlungsvorschläge als Präsentationen von argumentativen Problemlösungen und Vorschläge als generellere Kategorie direktiver Sprechhandlungen auch in Hinblick auf Charakteristika der MP-Verwendung faßbar. Die MP-Verwendung in Vorschlägen erwies sich auch im Kontext ganz verschiedenartiger Diskurstypen als erstaunlich konstant – selbst unter Maßgabe sehr unterschiedlicher Grade an Formalität und Direktheit – und erscheint diesbezüglich auch von Interesse für eine generellere Auseinandersetzung mit unterschiedlichen Formen direktiver Sprechakte und entsprechenden MP-Verwendungen.

Abschließend kann festgehalten werden, daß MP eine tragende Rolle bei der Konstitution von Argumenten und der Herstellung von Äußerungsbezügen und logischen Strukturen in Argumentationen spielen. Auch bei der Formulierung von Positionen in Form von Handlungsvorschlägen übernehmen MP mehrfache Funktionen. Dabei erweisen sich Handlungsvorschläge über die Textsorte "Argumentation" hinaus als eine eigene Kategorie direktiver Äußerungen, in der ausgesprochen frequenter MP-Einsatz zu beobachten ist. Diese Verwendungskontexte zeigen wiederum, daß die Funktion der MP auch hier nicht nur auf einzelne Propositionen oder Äußerungen bezogen zu sehen

[59] Gleichzeitig bringt natürlich auch ein empiriegesteuertes Vorgehen Beschränkungen mit sich, da nur Phänomene, die im Material nachvollziehbar sind, zum Gegenstand der Analyse gemacht werden können. Dies betrifft hier insbesondere die Auswahl der analysierten MP und die in Erscheinung tretenden übergeordneten Argumentationsstrukturen.

ist, sondern vielmehr auch ein enger Zusammenhang mit Äußerungsrelationen und makrostrukturellen Aspekten der Textorganisation besteht.

Bibliographie

Abraham, W. (1991), Modal Particles and their Combinations. *Linguistics* 29: 103–122.

Abraham, W. (1995), Why not all Modal Particles are to be Found in all Types of Sentences. *Deutsche Sprache* 23: 124–146.

Abraham, W. (1996), Modalpartikeln in Fragesätzen. Restriktionen und Funktionen: die Nullhypothesen. In: Schecker, M. (Hg) (1996), *Fragen und Fragesätze im Deutschen.* Tübingen: 95–110.

Altmann, H. (1976), *Die Gradpartikeln im Deutschen. Untersuchungen zu ihrer Syntax, Semantik und Pragmatik.* Tübingen.

Altmann, H. (1978), *Gradpartikelprobleme.* Tübingen.

Bastert, U. (1985), *Modalpartikel und Lexikographie: DOCH.* Tübingen.

Borst, D. (1985), *Die affirmativen Modalpartikeln doch, ja und schon. Ihre Bedeutung, Funktion, Stellung und ihr Vorkommen.* Tübingen.

Brausse, U. (1986), *Zum Problem der sogenannten Polyfunktionalität von Modalpartikeln.* In: ZPSK 39: 206–233.

Brown P./Levinson, S. (1978), *Politeness. Some Universals in Language Use.* Cambridge.

Bublitz, W. (1978), *Ausdrucksweisen der Sprechereinstellung im Deutschen und Englischen. Untersuchungen zur Syntax, Semantik und Pragmatik der deutschen Modalpartikeln und Vergewisserungsfragen und ihrer englischen Entsprechungen.* Tübingen.

Burckhardt, A. (1982), Die kommunikativen Funktionen von "ja" und ihre lexikographische Beschreibung in Wörterbüchern. *Muttersprache* 92: 337–361

Burckhardt, A. (1989), Partikelsemantik. In: Weydt, H. (Hg) (1989): *Sprechen mit Partikeln.* Berlin/New York: 354–369.

Burckhardt, A. (1994), Abtönungspartikeln im Deutschen: Bedeutung und Genese. *Zeitschrift für germanistische Linguistik* 2: 129–151.

Dittmar, N. (1996), *halt* und *eben.* Tischvorlage zum Vortrag im Rahmen von LiMo. 25. 11. 1996, Freie Universität Berlin.

Dittmar, N. (1997), *Grundlagen der Soziolinguistik. Ein Arbeitsbuch mit Aufgaben.* Tübingen.

Doherty, M. (1985), *Epistemische Bedeutung.* Berlin.

Duden (1995^5) *Grammatik der deutschen Gegenwartssprache.* Mannheim etc.

Eisenberg, P. (1989^2), *Grundriß der deutschen Grammatik.* Stuttgart.

Engel, U. (1988^2), *Deutsche Grammatik.* Heidelberg.

Franck, D. (1980), *Grammatik und Konversation.* Königstein/Ts.

Gornik-Gerhardt, H. (1981), *Zu den Funktionen der Modalpartikel "schon" und einiger ihrer Substituentia.* Tübingen.

Gülich, E./Kotschi, Th. (1983), Partikeln als Paraphrasen-Indikatoren (am Beispiel des Französischen). In: Weydt, H. (Hg) (1983), Partiklen und Interaktion. Tübingen: 249–262.

Hartmann, D. (1994), Particles. In: Asher, R. E./Simpson, J. M. (eds) (1994), *The Encyclopedia of Language and Linguistics*, Vol. 6. Oxford etc.: 2953–2958.

Hartog, J./ Rüttenauer, M. (1982), Über die Partikel "eben". *Deutsche Sprache* 10/1982: 69-82.

Heiss, M. (1993), *Modalpartikeln in Fragesätzen – Linguistische und didaktische Überlegungen.* In: Goethe-Institut München 1993. München.

Helbig, G. (1977), Partikeln als illokutive Indikatoren im Dialog. In: *Deutsch als Fremdsprache* 1/1977.

Helbig, G. (1988), *Lexikon deutscher Partikeln.* Leipzig.

Helbig, G./Buscha, J. (1981), *Deutsche Grammatik. Ein Handbuch für den Ausländerunterricht.* Leipzig.
Helbig, G./Kötz, W. (1981), *Die Partikeln.* Leipzig.
Held, G. (1983), "kommen sie doch"! oder "venga pure" – Bemerkungen zu den pragmatischen Partikeln im Deutschen und Italienischen am Beispiel auffordernder Sprechakte. In: Dardano, M./Dressler, W. (Hg) (1983), *Parallela. Akten des 2. italienisch-österreichischen Linguistentags 1983.* Tübingen: 316–336
Hentschel, E. (1982), halt und eben. In: Detering, K. et al. (Hg), *Sprache erkennen und verstehen. Akten des 16. Linguistischen Kolloquiums.* Kiel. Vol. 2., Tübingen: 231–241.
Hentschel, E. (1983), Partikeln und Wortstellung. In: Weydt, H. (Hg) (1983): 46–53.
Hentschel, E. (1986), *Funktion und Geschichte deutcher Partikeln. ja, doch, halt und eben.* Tübingen.
Hentschel, E./Weydt, W. (1990), *Handbuch der Deutschen Grammatik.* Berlin/New York.
Hindelang, G. (1978), *Auffordern. Die Untertypen des Aufforderns und ihre sprachlichen Realisierungsformen.* Göppingen.
Hundsnurscher, F. (1990), Modal particles and their combinations. *Zeitschrift für Dialektologie und Linguistik* 2: 234–236.
Hymes, D. (1964), *Language in Culture and Society. A Reader in Linguistics and Anthropology.* New York.
Ickler, T. (1994), Zur Bedeutung der sogenannten "Modalpartikeln". *Sprachwissenschaft* 3/4: 374–404.
Jacobs, J. (1983), *Fokus und Skalen. Zur Syntax und Semantik der Gradpartikeln.* Tübingen.
Jacobs, J. (1984), Funktionale Satzperspektive und Illokutionssemantik. *Linguistische Berichte* 91: 25–28.
Jacobs, J. (1991), On the semantics of modal particles. In: Abraham, W. (ed) (1991), *Discourse Particles.* Amsterdam: 141–162.
Klein, W. (1980), Argumentation und Argument. In: Klein, W. (Hg) 1980: 9–57.
Klein, W. (Hg) (1980), *Argumentation. Zeitschrift für Literaturwissenschaft und Linguistik* 38/39.
Köller, W. 1995), Modalität als sprachliches Grundphänomen. In: *Der Deutschunterricht* 4: 37–50.
König, E (1977), Modalpartikeln in Fragesätzen. In: Weydt, H. (Hg) 1977: 115-130
König, E. (1991), Gradpartikeln. In: Stechow, A. von/Wunderlich, D. (Hg) (1991), *Semantik. Ein internationales Handbuch der zeitgenössichen Forschung.* Berlin/New York: 786–803.
König, E. (1991), *The Meaning of Focus Particles. A Comparative Perspective.* London/New York.
König, E. (1996), *Zur Bedeutung von Modalpartikeln im Deutschen: Ein Neuansatz im Rahmen der Relevanztheorie.* Ms. Freie Universität Berlin.
Kopperschmidt, J. (1989), *Methodik der Argumentationsanalyse,* Stuttgart-Bad Canstatt.
Krivonossov, A. (1977), *Die modalen Partikeln in der deutschen Gegenwartssprache.* Göppingen.
Krivonossov, A. (1989), Die Rolle der modalen Partikeln in logischen Schlüssen der natürlichen Sprache. In: Weydt, H. (Hg) (1989): Sprechen mit Partiklen. Berlin/New York: 370–377.
Lütten, J. (1979), Die Rolle der Partikeln *doch, eben* und *ja* als Konsensus-Konstitutiva in gesprochener Sprache. In: Weydt, H. (Hg) (1979): *Die Partikeln der deutschen Sprache.* Berlin 30–38.
Meibauer, J. (1991), Modal particles and their combinations. *Beiträge zur Geschichte der deutschen Sprache und Literatur* 113: 105–109.
Niederhauser, J. (1994), Kleine Pinseldrucke des Gedankens (Wezel, Johann Karl 1781). An example of early studies on modal particles. *Zeitschrift für Literaturwissenschaft und Linguistik* 22: 249–254.

Nothdurft, W./Reitermeier, U./Schröder, P. (1994), *Beratungsgespräche. Analyse asymmetrischer Dialoge*. Tübingen.
Nussbaumer, M. (1995), *Argumentation und Argumentationstheorie*. Heidelberg.
Öhlschläger, G. (1977), Argumentieren. In: Heringer, J. et al. (Hg) 1977: *Einführung in die praktische Semantik*. Heidelberg.
Rehbein, J. (1977), *Komplexes Handeln*. Stuttgart.
Rosengren, I. (1993), Imperativsatz und "Wunschsatz" – zu ihrer Grammatik und Pragmatik. In: Rosengren, I. (Hg) (1993), *Satz und Illokution*. Tübingen.
Rost-Roth, M. (im Druck a), Der (Nicht-)Erwerb der Modalpartikeln. Eine Fallstudie zum Partikelerwerb einer italienischen Deutschlernerin mit Vergleichen zu anderen Lernervarietäten. In: Dittmar, N./Giacalone Ramat, A. (Hg), *Grammatik und Diskurs/Grammatica e discorso. Studi sull'acquisizione dell'italiano e del tedesco/Studien zum Erwerb des Deutschen und des Italienischen.*Tübingen.
Rost-Roth, M. (im Druck b) Kommunikative Störungen in Beratungsgesprächen. Problempotentiale in inter- und intrakulturellen Gesprächssituationen. In: Fiehler, R. (Hg), *Verständigungsprobleme und gestörte Kommunikation*. Opladen.
Rost-Roth, M. (unter Mitarbeit von Oliver Lechlmair) (1995), *Sprachenlernen im Kontakt. Autonomes Tandem in Südtirol. Eine Fallstudie*. Meran.
Rudolph, E. (1983), Argumentationsfiguren in der Wissenschaftssprache. In: *Sprache, Diskurs und Text. Akten des 17. Linguistischen Kolloquiums Brüssel*. Tübingen: 191–201.
Rudolph, E. (1989), Partikeln in der Textorganisation. In: Weydt, H. (Hg) (1989), *Sprechen mit Partikeln*. Berlin/New York: 498–510.
Schecker, M. (Hg) (1977), *Theorie der Argumentation*. Tübingen.
Schecker, M. (Hg) (1996), *Fragen und Fragesätze im Deutschen*. Tübingen.
Schmelz, M. P. (1994), *Psychologie der Höflichkeit. Analyse des Aufforderns im betrieblichen Kontext am Beispiel von Arbeitsanweisungen*. Frankfurt a. M. etc.
Settekorn, W. (1977), Minimale Argumentationsformen. Untersuchungen zu Abtönungen im Deutschen und Französischen. In: Schecker, M. (Hg) (1977): 391–415.
Spranz-Fogasy, Th/Hofer, M./Pikowsky, B. (1992), Mannheimer Argumentationssytem (MAKS). Ein Kategoriensystem zur Auswertung von Argumentationen in Konfliktgespräche. *Linguistische Berichte* 141/1992: 350-370.
Thurmair, M. (1989), *Modalpartikeln und ihre Kombinationen*. Tübingen.
Thurmair, M. (1993), Form or Function of Utterance – Requirements Governing the Occurence of Modal Particles in German. *Deutsche Sprache* 21: 22–43.
Toulmin, S. (1958), *The Uses of Argument*. Cambridge 1958.
Trömel-Plötz, S. (1979), "Männer sind eben so": Eine linguistische Beschreibung von Modalpartikeln aufgezeigt an der Analyse von dt. *eben* und engl. *just*. In: Weydt, H. (Hg), (1977): 318–334.
Weydt, H. (1969), *Abtönungspartikel. Die deutschen Modalwörter und ihre französischen Entsprechungen*. Bad Homburg.
Weydt, H. (Hg) (1977), *Aspekte der Modalpartikeln*. Tübingen.
Weydt, H. (Hg) (1979), *Die Partikeln der deutschen Sprache*. Berlin
Weydt, H. (Hg) (1981), *Partikeln und Deutschunterricht. Abtönungspartikeln für Lerner des Deutschen*. Heidelberg.
Weydt, H. (Hg) (1983), *Partikeln und Interaktion*. Tübingen.
Weydt, H. (Hg) (1989), *Sprechen mit Partikeln*. Berlin/New York.
Weydt, H. /Ehlers, K.-H. (1987): *Partikelbibliographie*. Frankfurt/M.
Weydt, H./Hentschel, E. (1983), Kleines Abtönungswörterbuch. In: Weydt, H. (Hg) (1983), *Partikeln und Interaktion*. Tübingen: 3–24.
Wunderlich, D. (1972), Zur Konventionalität von Sprechhandlungen. In: Wunderlich, D. (1992), *Linguistische Pragmatik*. Frankfurt/M.: 11–58.
Wunderlich, D. (1980), Pro und Kontra. *Zeitschrift für Literaturwissenschaft und Linguistik* 10:109–128.

Wunderlich, D. (1984), Was sind Aufforderungssätze? In: Stickel, G. (Hg) (1984), *Pragmatik in der Grammatik*. Düsseldorf: 92-117.
Zifonun, G. (1982), Ein Versuch über die propositionale Bedeutung von "vielleicht" und "sicher". *Deutsche Sprache* 10: 33–52.

Brigitte Schlieben-Lange (Tübingen)

Partikeln bei Bernhardi

Als Harald Weydt und ich uns vor 10 Jahren intensiv mit August Ferdinand Bernhardis *Sprachlehre* beschäftigten,[1] haben wir eine Passage, die doch Haralds besonderes Interesse hätte erregen müssen, nicht ausführlich diskutiert. Ich zitiere sie zunächst, um sie dann in ihrem Kontext in der *Sprachlehre* zu situieren und um schließlich über einige sprachwissenschaftsgeschichtliche Überlegungen zu einer sprachtheoretischen Würdigung zu kommen:

> Er [d. h. die Konjunktion BSL] ist der am schwersten zu übersehende, der am schwierigsten zu bestimmende Redetheil; und wenn man von der griechischen Sprache nichts als die Conjunktion kennt, und es versteht, was Bildung einer Sprache heißt: so könnte man schon aus dieser Parthie allein, auf eine sehr hohe Bildung schließen. Hier sind indeß einige historische Ursachen, welche die Vollkommenheit einer Sprache in diesem Puncte befördern. Dies geschieht, wenn die Nation lebhaft ist, und ihre Sprache lange blos gesprochen wird. Eine lebhafte Nation hat das Bedürfniß einer raschen Darstellung, und dies verhindert die Deutlichkeit derselben. Um nun diese zu befördern, und jene nicht aufzuhalten, bedarf sie einer Menge von Zeichen, welche den allgemeinen Sinn der Darstellung bestimmen, und gleichsam die Seele im voraus von der zu erhaltenden Idee benachrichtigen. Diese Zeichen werden eine ungemeine Aehnlichkeit mit Interpunctions-Zeichen haben, welche auch nichts anders sind, als die sichtbare Darstellung des Verhältnisses der einzelnen Sätze, und vorläufige Benachrichtigung davon. Je länger nun eine Sprache blos gesprochen wird, je mehr Gelegenheit erhält die Nation, empirisch die Mängel ihrer Darstellung zu bemerken und zu verbessern. Ist eine Nation besonders so organisirt, daß sie Redner und Sänger hat: so werden nicht nur jene, um verständlich und schnell darstellen zu können, diese Partikeln vermehren, sondern auch diese, um mit Leichtigkeit darstellen zu können. Dies ist der Ursprung der sogenannten Expletiv-Partikuln im Griechischen, welche man theils musikalisch, theils rhetorisch erklären muß, und welche nur ein so organisirtes Volk, wie das griechische, erfinden konnte. (Bernhardi 1801:337f)

Zunächst einmal ist natürlich Vorsicht geboten bei der Identifikation der hier erwähnten Partikeln mit jenen Partikeln (Abtönungs-, Modal-, Gesprächspartikeln), die Harald Weydt und seine Schüler gründlich untersucht haben. Der Begriff der Partikel wird im Laufe der Geschichte der Sprachwissenschaft für ganz Unterschiedliches verwendet, so besonders in allen Grammatiken, die in der aristotelischen Tradition nur drei Wortarten unterscheiden (wie z. B. Sanctius) für die dritte Wortart außer Nomen und Verb. Es würde sich wohl lohnen, eine Geschichte des Begriffs zu schreiben.[2] Umgekehrt kön-

[1] Wir haben seinerzeit einen Präsentationsartikel vorgelegt (Schlieben-Lange/Weydt 1988), um diesen völlig zu Unrecht vergessenen, schlimmer noch: stereotyp und falsch dargestellten Sprachtheoretiker, in Erinnerung zu bringen. Gleichzeitig sind auch einige andere Arbeiten zu Bernhardi erschienen: Wild-Schedlbauer (1987), Zollna (1990), Gessinger (1990), Thouard (1992).

[2] Seit mehreren Jahren wird am CNRS unter Leitung von Sylvain Auroux und Bernard Colombat ein Großprojekt zur Geschichte der Wortartdefinitionen durchgeführt, vgl. dazu *Langages* 92 (1988) und *Linguistik und Literarturwissenschaft* 76 (1989).

nen wir nicht davon ausgehen, daß die Sache, nämlich Abtönungspartikeln oder Verfahren der Abtönung, notwendigerweise an den Begriff der "Partikel" gebunden ist. Es gilt auch in der Sprachwissenschaftsgeschichte sorgfältig zwischen semasiologischer und onomasiologischer Perspektive zu unterscheiden. In der zitierten Passage geht es jedoch offensichtlich um die uns interessierenden Partikeln, wenn auch in einer uns zunächst vielleicht befremdlich erscheinenden Nähe zu den Konjunktionen.

Einige Beobachtungen Bernhardis wollen wir bereits jetzt festhalten, ehe wir nach einigen Umwegen wieder zu ihnen zurückkehren: die Partikeln werden der raschen Darstellung zugeordnet, in der sie kataphorische Funktion haben. Sie gehören der Mündlichkeit an, allerdings durchaus der elaborierten Mündlichkeit der "Redner und Sänger".

Welches ist nun der systematische Ort der zitierten Passage in Bernhardis *Sprachlehre* (1801/1803)? Sie findet sich am Ende des dritten Buches, und zwar in dem historischen Durchgang, der jeweils auf den systematischen folgt. Was den Gesamtplan des Werks angeht, so möchte ich auf den oben erwähnten Präsentationsaufsatz verweisen. Bernhardi re-interpretiert ja das gesamte sprachbezogene Wissen der Aufklärung auf dem Hintergrund der in diesen Jahren heiß diskutierten idealistischen Philosophie. Dabei ist für ihn ein leitender Gesichtspunkt, daß Verstandestätigkeit und Sprachtätigkeit nicht vollständig zusammenfallen. Das liegt einerseits am Wirken der Einbildungskraft,[3] andererseits an historischen Zufälligkeiten:

> Nun ist es von äußerster Wichtigkeit, sich das Verhältniß zwischen den reinen Verstandes-Begriffen und den Sprachformen richtig zu denken. Jene sind gleichsam nothwendige Organe, welche die Vernunft sich anerschaft, und welche die Philosophie nur zu entdecken und zu erklären hat, die Sprache dagegen bildet sich nach und nach, unter der Willkühr, und dem unbedingten Einflusse der Einbildungskraft; und so gewiß daher der Sprache die reinen Denkformen zum Grunde liegen müssen; so gewiß die Sprache sie darstellen muß: so läßt sich doch durchaus kein Grund finden, durch den es nothwendig würde, sie auf eine eben so einfache Art in der Sprache dargestellt vorzufinden, als der Philosoph sie auffaßt. (ebd.:135)

Es liegt aber vor allem daran, daß die Sprache nicht nur *Vorstellung*, sondern vor allem auf *Mitteilung* gerichtete *Darstellung* ist und daher systematisch die Gesprächskonstellation einbeziehen muß, d. h. daß in ihr eine Logik des Dialogs waltet und die entsprechenden Kategorien (wie Pronomen, Dual) sprachnotwendig sind:[4]

> Denn der Nahme drückt ja das doppelte Verhältniß nicht aus, welches dargestellt werden soll, einmahl als darstellendes oder empfangendes Subjekt, und dann dasselbe als darzustellende Substanz. Daher erhellt sofort die Nothwendigkeit einer neuen Wortart, welche die Subjekte der Darstellung als darzustellende Substanzen bezeichnet. (ebd.:260)
>
> Demnach sind diese Pronominal-Formen, dieser doppelten Beziehung wegen, gleichsam die ganze Sprache repräsentirend, und man kann sie ansehen als die höchsten und sublimirtesten Aeußerungen der menschlichen Darstellung. (ebd.: 264)

---

3 Dazu Zollna (1990).

4 Zu den Pronomen in der Sprachwissenschaft um 1800 vgl. Schlieben-Lange (1989). Zu den dialogischen Kategorien bei Humboldt vgl. Trabant (1986).

Bernhardi entfaltet sein System in zwei Büchern zu je drei Kapiteln, die hier einfachheitshalber und der Subtilität der Argumentation Bernhardis keineswegs entsprechend traditionellen Wissensbeständen zugeordnet werden sollen:

Reine Sprachlehre:

Erstes Buch: Zeichentheorie

Zweites Buch: Wortartenlehre

Drittes Buch: Syntax

Angewandte Sprachlehre:

Viertes Buch: Poetik

Fünftes Buch: Wissenschaftssystematik

Sechstes Buch: Metrik

Jedes dieser Bücher besteht aus einem systematischen Teil, in dem die entsprechenden Begriffe sprachtheoretisch "deducirt" werden und einem – kürzeren – historischen Teil, in dem Bernhardi an Beispielen deutlich macht, wie sich die solchermaßen "deducirten" Kategorien historisch konkretisieren. Dabei handelt es sich natürlich nicht um historische Betrachtungen im Sinne der sich wenig später entwickelnden historischen Sprachwissenschaft (weshalb Jacob Grimm denn auch Bernhardi harsch kritisierte), sondern um eine sprachtheoretisch geleitete Rekonstruktion der Sprachentwicklung, wie sie um 1800, auf dem Kipp-Punkt zwischen genetisch-konjekturaler und historisch-"empirischer" Geschichtsbetrachtung allgemein verbreitet ist.[5]

Im dritten Buch, in dem sich unsere Passage findet, geht es um "die Lehre von dem Satze, die Sprache als Darstellung der Urtheilskraft betrachtet" (ebd.:316). Die Betrachtungen kreisen um zwei Wortarten, nämlich um das Verb "sein" und die Konjunktion. Wir fühlen uns an die Grammatik von Port-Royal erinnert, in der die Wortarten in zwei Gruppen eingeteilt werden, solche, die die "objets de nos pensées" bezeichnen, und solche "qui signifient la forme de nos pensées". Diese zweite Gruppe enthält nur Verb (und dies bedeutet in Port-Royal "etre") und Konjunktion. Diese beiden Wortarten sind es, die die Operation des *juger* (Verb) und des *raisonner* (Konjunktion) ermöglichen, dies im Gegensatz zu den Wortarten der ersten Gruppe, die dem *concevoir* zugeordnet sind. Genau gleichzeitig wie Bernhardi greift auch Destutt de Tracy auf diese alte Intuition von Port-Royal zurück, indem er dem Grundverb *etre* eine Basiskonjunktion *que* zur Seite stellt. Ähnlich wie Bernhardi ist auch bei Destutt die Argumentation systematisch, genetisch und historisch. Die Verknüpfung von Urteilen im *raisonnement* bedarf der Konjunktion: die Ur-Konjunktion *que* erfüllt diese Funktion, und erst in einem logisch nachgeordneten Schritt und zu einem historisch späteren Zeitpunkt wird das *que* in verschiedene Konjunktionen entfaltet.

[5] Das bekannteste Beispiel ist wohl Condorcets *Esquisse*. Zu konjekturalen Elementen in der Literaturgeschichtsschreibung des frühen 19. Jh. Schlieben-Lange (1996). Übrigens sind "genetisch spekulative" Elemente gerade aus den besten sprachtheoretischen Ansätzen (wie etwa Cassirer und Bühler) und letztlich auch aus der empirischen Sprachgeschichte keinesfalls wegzudenken. Man denke an die Kasusdiskussionen bei den Junggrammatikern und auch an die neuesten Entwicklungen in der Grammatikalisierungsforschung.

Bernhardi nun argumentiert folgendermaßen: die in Substanz und Akzidenz auseinandergelegten Ideen werden im Urteil von einer Intelligenz synthetisiert. Diese setzende, synthetisierende Intelligenz manifestiert sich durch das Verb *sein*:

> Diese Operation des Verstandes soll dargestellt werden; nun wissen wir, ist das Substantiv die Darstellung der Substanz, und das Attributiv die des Accidenz; das Verhältniß beider aber zu einer Intelligenz wird durch Sein ausgedrückt. (ebd.:315)

Jedes Urteil kann seinerseits wieder Subjekt eines neuen Urteils werden. Der urteilende Verstand bleibt nicht bei einzelnen Urteilen stehen, sondern verknüpft diese weiter:

> (...) ein jedes Urtheil bejahend oder verneinend gilt hier gleich, schafft ein neues Subjekt des Urtheils, einen neuen Begriff, und hierdurch ist sofort die Unendlichkeit der Urtheilskraft begründet. (ebd.:319)

Dem entspricht in der Sprache die Verknüpfung der Sätze als sprachlicher Form der Urteile:

> Durch einen jeden Satz wird nicht nur ein einzelnes Substantiv, mit einem einzelnen Attributiv dermalen und ohne weiteres verbunden, sondern es entsteht in der That ein ganz neues Zeichen, ein neues Substantiv, welches nun wieder Subjekt eines neuen Satzes werden kann, wodurch nun auf dieselbe Art eine Unendlichkeit der Sprachdarstellung begründet wird. (ebd.:319)

Um nun aber zu verhindern, daß ein Chaos von ungeordneten Urteilen entsteht – Bernhardi spricht davon, daß die Sprache sich selbst "überspringt" und danach strebt, "ihr eigenes Werk zu vernichten" – , muß die Sprache Mittel entwickeln, die Verhältnisse zwischen den einzelnen Urteilen darzustellen. Diese müssen die Synthesis (Copulation) und darüber hinaus auch die Hierarchisierung der Urteile, anders gesagt: die Subordination, anzeigen können. Diese notwendige gesuchte Form ist nichts anderes als die Konjunktion:

> Die Antwort darauf wird sein: durch die Conjunktion. Von dieser wissen wir vorläufig, daß sie das für ganze Sätze sei, was die Präposition für einzelne Substanzen, und daß sie wesentlich eine copulative Kraft einschließen müsse. Man kann aber die Natur dieses Redetheils noch weiter bestimmen, indem man ihm eben durch diese Verbindung der Sätze zu einem eine modale Kraft zuschreibt. (ebd.:326)

Die Konjunktion also ist der Ort der Unendlichkeit innerhalb der Sprachdarstellung. Anschließend behandelt Bernahrdi weitere Ausfaltungen: das Relativpronomen ist eine Weiterentwicklung der Konjunktion, die sozusagen mit einem Pronomen verbunden wird.[6] In einem weiteren Schritt kann dann auch die Art des Verhältnisses zwischen den synthetisierten Sätzen bestimmt werden, weshalb dann auch diese entfalteten Konjunktionen immer "Modalität in sich schließen" (ebd.:329). Die Konjunktionen sind also, nach dem Verb *sein*, das die Setzung des Urteils darstellt, der zweite Ort der Synthesis und ermöglichen die prinzipiell unabgeschlossene Verknüpfung von Urteilen:[7]

---

6 Hier wären die Lösungen von Destutt de Tracy und von Humboldt für die Beschreibung des Zusammenhangs zwischen Konjunktionen und Relativpronomen zu vergleichen.

7 Auch bei Humboldt finden wir Verb und Konjunktion als Orte der Synthesis in der Sprache. Zur sich verändernden Bewertung dieser Wortarten um 1800 vgl. Schlieben-Lange (1989).

> Nun ist es allemahl möglich, die bloße Succession einer Anschauung nach einer andern und nach einer dritten anzugeben und darzustellen. Dieses Darstellen aber muß ebenfalls durch Conjunktionen geschehen, und so begründet dieser Redetheil demnach die Unendlichkeit der Sprachdarstellung in der Succession, wie das Adverbium die Unendlichkeit der Inhärenz. (ebd.:330)

Am Ende des systematischen Teils stellt Bernhardi, wie im vorstehenden Zitat schon angedeutet, die Beziehung zwischen drei Wortarten her, die Verhältnisse darstellen: die Präpositionen stellen Verhältnisse zwischen Substantiven dar, die Adbverbien Verhältnisse von Attributiven, die Konjunktionen Verhältnisse von Urteilen. So gehört zu jeder der drei Grundwortarten: Substantiv, Attributiv und *sein* eine Verhältniswortart: "So wie nun aber die Conjunktion auf der einen Seite an die Präposition gränzt: so gränzt sie auf der anderen Seite an das Adverbium." (ebd.:333)

Die Nähe dieser Wortarten zueinander illustriert Bernhardi an Beispielen aus historischen Einzelsprachen.[8] An die systematischen Ausführungen, die ich eben skizziert habe, schließt Bernhardi nun die historischen Überlegungen an, in denen wir die eingangs zitierte Passage über Partikeln finden.

Ehe ich wieder zu dieser Passage zurückkehre, seien nur noch einige Bemerkungen zur Sprachwissenschaftsgeschichte gestattet. Wenn wir Sprachwissenschaftsgeschichte betreiben, so können wir das in verschiedenen Einstellungen tun: archivarisch, um ihren Verlauf zu dokumentieren, monumentalisch, in Bewunderung für die Großen unseres Fachs, kritisch aus der Perspektive des gegenwärtigen Stands der Sprachwissenschaft und ihrer aktuellen Fragestellungen. Daneben gibt es noch weitere mögliche Einstellungen: eine legitimatorische, die die vorangegangene Geschichte als eine solche von Vorläufern interpretiert, eine prozessuale, die sich für die Prozesse der Durchsetzung und des Vergessens interessiert, eine kulturhistorische, die die Sprachwissenschaftsgeschichte als eine – wesentliche – Komponente der Kulturgeschichte auffaßt. An dieser Stelle möchte ich, entgegen meiner sonstigen Praxis (die eher in prozessualer und kulturhistorischer Einstellung erfolgt), Bernhardi in monumentalisch-kritischer Perspektive begegnen.

Die Wortartenlehre ist von Dionysios Thrax bis Hermann Paul das Kernstück der Grammatik. Das Korpus von Klassifikationen und Definitionen ist fast unverändert über 2000 Jahre überliefert, aber in dieser langen Zeit auch immer wieder neu geordnet und re-interpretiert worden. Entgegen allen üblichen Schmähungen hat die Wortartenlehre erhebliche Vorteile.[9] Ein ganz pragmatischer Vorteil ist der, daß sie hinreichend flexibel zwischen Einzelsprachlichem und Universellem angesiedelt ist, daß sie, umsichtig angewandt, ein nicht zu verachtendes Raster für die Erfassung der unterschiedlichen Organisation der Einzelsprachen ist.[10] Unter sprachtheoretischen Gesichtspunkten verdient die Konzeption der Wortarten insofern Beachtung, als Wortarten ja gewissermaßen Kategorisierungen von Kategorisierungen sind. Und wenn es eine zentrale Lei-

---

[8] Dieser Nexus ist uns aus vielen Sprachen bekannt. Man vergleiche im Deutschen: *nach – danach – nachdem*. Man könnte noch anfügen, daß zu dieser Reihe im Bairischen, wo das entsprechende Adverb *hernach* ist, noch eine konsekutive (Paraphrase: "wenn das so ist") Partikel *nacha* gehört.

[9] Dazu Ivo (1989).

[10] Als solches ist sie bei der "Grammatisierung" (S. Auroux) der Volkssprachen in Europa verwendet worden. Die Grammatiken der amerikanischen, afrikanischen und asiatischen Sprachen, die die Jesuitenmissionare schrieben, entstanden in der Erprobung der Reichweite der lateinischen Grammatiken, insbesondere derjenigen von Nebrija und von Alvares.

stung von Sprache ist – wie es durch die kognitive Semantik wieder ins Blickfeld gerückt ist –, Kategorisierungen zur Verfügung zu stellen, so ist es nur konsequent, auch der Tatsache Beachtung zu schenken, daß diese Kategorisierungen in natürlichen Sprachen in übergeordneten Kategorien, den Wortarten eben, organisiert sind. Der Gesichtspunkt dieser Meta-Kategorisierung ist der, für gleiche Funktionen Kategorien zu bilden. Diese Meta-Kategorisierung kann nur orientiert sein an den allgemeinsten Notwendigkeiten und Techniken des Sprechens. Hubert Ivo (1989) hat in seiner Donat-Interpretation fünf solcher Grundaktivitäten herausgearbeitet:

Referieren
Alterieren
Setzen
Determinieren
Ordnen/Verknüpfen

So wäre die Wortartenlehre eine "Proto-Grammatik", die die Grundtechniken des Sprechens und die dazu nötigen sprachlichen Kategorisierungen erfaßt. Die immer neuen Interpretationen der Wortartenlehre im Lichte neuer Sprachkenntnisse und veränderter philosophischer Prämissen im Laufe der zweitausendjährigen europäischen Tradition wären nichts anderes als die Manifestationen der unabgeschlossenen Arbeit, die konstitutiven Merkmale des Sprechens möglichst genau zu erfassen. Es geht darum, gewissermaßen am Widerstand des überlieferten Korpus einen onomasiologischen und konstitutionsanalytischen Zugriff auf Sprechen und Sprache zu entwickeln. Dieser konstitutionsanalytische Duktus ist allen großen Re-Interpretationen der Wortartenlehre eigen, und gerade das ist es, was uns an ihnen immer wieder und immer noch fasziniert. Zu diesen großen Interpreten würde ich, vielleicht unter anderen, die Grammatiker von Port-Royal rechnen, Beauzée, Destutt de Tracy, Harris, Humboldt und eben auch Bernhardi.

In dieser Optik möchte ich nun, monumentalisch-kritisch gestimmt, zu Bernhardis Partikel-Passage zurückkehren. Was hat er gesehen, was heute noch für unser Verständnis von Partikeln interessant sein könnte? Was hat er möglicherweise nur implizit formuliert, was wir im Vollzuge des hermeneutischen "den Autor besser verstehen als er sich selbst" explizieren könnten?

Erinnern wir uns: Bernhardi hatte über die Partikeln im historischen Teil seiner Syntax gesprochen. Offensichtlich faßt er die Partikeln als Vorformen, möglicherweise auch als eine Unterart von Konjunktionen auf. Partikeln verweisen, um die Verbindung von Geschwindigkeit und Deutlichkeit zu ermöglichen, auf Nachfolgendes. Die zentrale Intuition Bernhardis ist also die, daß Partikeln genau so oder ähnlich wie Konjunktionen funktionieren. Gemeinsam ist beiden die verknüpfende, "copulirende" Funktion. Was aber wird im Falle der Partikeln verknüpft? Bernhardi meint: ein gerade eben gesprochener Satz mit einem (noch) nicht geäußerten Satz. Interessant ist hier auch die Parallelisierung mit den "Interpunctions-Zeichen": Partikeln sind die sichtbare/hörbare "Darstellung des Verhältnisses der einzelnen Sätze und vorläufige Benachrichtigung davon". Sie stellen also ein Verhältnis zwischen einem aktuellen, tatsächlich geäußerten Satz und einem zweiten Satz dar, der nicht geäußert wird/wurde. Der Unterschied zu den Konjunktionen (den Bernhardi nicht expliziert), wäre der, daß die zu verknüpfenden Sätze nicht unmittelbar aufeinander folgen und nicht hierarchisch geordnet sind.

Bernhardi spricht explizit nur von der kataphorischen Funktion. Könnte man seine Intuition nicht ausweiten und formulieren:

Konjunktionen und Partikeln verknüpfen Sätze. Im Falle der Konjunktionen stehen die zu verknüpfenden Sätze nebeneinander, im Falle der Partikeln ist diese Nähe nicht gegeben.

Und wir könnten weiter präzisieren:

Partikeln verknüpfen einen geäußerten Satz mit einem nicht benachbarten Satz, sei er vorher geäußert worden, später zu erwarten (dies entspräche Bernhardis Intuition) oder auch nur implizit unterstellt.

Das Verhältnis zwischen den beiden solchermaßen verknüpften Sätzen kann genau so wie im Falle der Konjunktionen modal ausgedeutet werden, und die verschiedenen Partikeln stellen gerade auch die Modalität der Verknüpfung dar, wie dies auch bei den Konjunktionen der Fall war. Dies entspricht der Intuition der engen Verknüpfung von Partikeln und Modalität, die sich im Terminus "Modalpartikel" niederschlägt.

Bernhardi gibt uns noch einen weiteren wichtigen Hinweis. Die Aufgabe der Partikeln ist es, "gleichsam die Seele im voraus von der zu erhaltenden Idee zu benachrichtigen". Die zu benachrichtigende Seele ist natürlich die des "empfangenden Subjekts". Die Partikeln sind also konstitutiv auf den Gesprächspartner gerichtet. Sie orientieren *alter* auf einen nicht präsenten Satz, der verknüpft werden soll mit einem aktuell geäußerten. Dies mag ein in der Vergangenheit geäußerter, in der Zukunft zu äußernder oder aber auch einfach ein dem als gemeinsam unterstellten Alltagswissen zugehöriger Satz sein. Im Gegensatz zu schriftverfertigten Texten sind mündliche Gespräche nicht autonom.[11] So insistiert Bernhardi in unserer Passage gerade auf die Mündlichkeitsgebundenheit der Partikeln: "Je länger nun eine Sprache blos gesprochen wird (...)" Genauso wie Referentialisierungen in Gesprächen Situation und gemeinsame Wissensbestände unterstellen, so bleiben auch die Verknüpfungen zwischen Sätzen, ja eben häufig sogar ein Teil des zu Verknüpfenden implizit. Die Gesprächspartner sind aufgefordert, das nicht Versprachlichte zu ergänzen. Dadurch ist ein Gespräch auch immer gemeinsame Arbeit, nicht einfach Informationsaustausch.

Partikeln würden demnach (wie die Konjunktionen) verknüpfen; darüber hinaus wären sie in besonderer Weise an die *Mitteilung* gebunden, also an das *empfangende Subjekt* gerichtet. *Partikeln verbinden also die Funktionen des Verknüpfens und des Alterisierens.*

Damit gehen wir über Bernhardis Interpretation der Partikeln hinaus, indem wir aber in Bernhardis System bleiben. Wir erinnern uns, daß für Bernhardi die dialogische Konstellation (und die ihr zugeordneten Redeteile)[12] den Unterschied zwischen Verstandesbegriffen und sprachlicher Darstellung begründet. Die Partikeln würden zu jenen Elementen gehören, in denen dieser Unterschied manifest wird: *Konjunktionen des Dialogs* sozusagen, und wie dieser insgesamt auf Gemeinsamem und Implizitem basierend.

---

[11] Ich denke hierbei an die Arbeiten zu Mündlichkeit und Schriftlichkeit. Zu diesem Diskussionszusammenhang: Günther/Ludwig (1994/96) (darin besonders die Aufsätze von Raible, Ehlich, Koch/Oesterreicher).

[12] Vgl. die schematische Darstellung in Schlieben-Lange/Weydt (1988:88).

Abschließend seien mir noch einige wenige Bemerkungen zu den historischen Implikationen der Bernhardi-Passage gemacht. Eine von Bernhardis Intuitionen scheint mir unproblematisch zu sein. Partikeln sind zu finden bei "Nationen, deren Sprache lange blos gesprochen wird". Solche Sprachgemeinschaften werden vor allem Gesprächswörter aufweisen, die erst spät vollständig verschriftlicht worden sind und in denen mündlichkeitsnahe Traditionen des Sprechens nicht völlig verpönt sind.[13] Freilich ist eine solche historische Konstellation kein hinreichender Grund für die Ausbildung von Partikeln als Verfahren der Abkürzung des Verweises auf geteilte Annahmen.

Eine zweite Überlegung ist irritierender: Bernhardi sieht in den Partikeln ja Vorformen der Konjunktionen, in vorschriftlicher Zeit. Die Bindung an Dialog und Mündlichkeit, die er so sehr betont, scheint dies auch nahezulegen. Wie aber ist es dann zu erklären, daß die Partikeln des Deutschen aus anderen Wortarten teilweise recht spät entstanden sind? Oder noch allgemeiner grammatikalisierungstheoretisch formuliert: wie ist es zu erklären, daß es eine Grammatikalisierungsrichtung zu geben scheint, die von konkreten lokalen und temporalen hin zu subjekts- und diskursorientierten Kategorien geht, wenn doch Gesprächswörter archaischer sein müßten als Kategorien, die in autonomen Texten Verwendung finden? Die Klärung dieses scheinbaren Paradoxon werde ich aber wohl auf eines der nächsten Arbeitstreffen mit Harald Weydt verlegen müssen.

Bibliographie

Bernhardi, A. F. (1801/03), *Sprachlehre*. Berlin.

Coseriu, E. (1980), Partikeln und Sprachtypus. Zur strukturell-funktionellen Fragestellung in der Sprachtypologie. In: Brettschneider, G./Lehmann, C. (Hg) (1980), *Wege zur Universalienforschung. Sprachwissenschaftliche Beiträge zum 60. Geburtstag von Hans Jakob Seiler*. Tübingen: 199-206.

Gessinger, J. (1990) A. F. Bernhardi. In: *History and Historiography of Linguistics (ICHOLS IV)*, Amsterdam: 561–575.

Günther, H./Ludwig, O. (Hg) (1994/96), *Schrift und Schriftlichkeit*. Berlin.

Ivo, H. (1989), Donatschnitzer. *Linguistik und Literaturwissenschaft* 76: 29–55.

Schlieben-Lange, B./Weydt, H. (1988), August Ferdinand Bernhardi. *Histoire, Epistémologie, Langage* 10: 81–100.

Schlieben-Lange, B. (1989), Elemente einer pragmatischen Sprachtheorie in den Grammaires générales um 1800. *Linguistik und Literaturwissenschaft* 76: 76–93.

Schlieben-Lange, B. (1996), Das Nordlicht, das aus dem Süden kam. In: Baasner, F. (Hg) (1996), *Spanische Literatur, Literatur Europas*. Tübingen: 363–370.

Thouard, D. (1992), Une philosophie de la grammaire d'après Kant: La "Sprachlehre" d'A. F. Bernhardi. *Archives de Philosophie* 55/1: 409–435.

Trabant, J. (1986), *Apeliotes*. München.

Wild-Schedlbauer, R. (1987), Reflexionen über A. F. Bernhardis Leben und sprachwissenschaftliches Werk. In: Asbach-Schnitker, B. (Hg) (1987), *Festschrift für H. E. Brekle*. Tübingen: 367–385.

Zollna, I. (1990), *Einbildungskraft (imagination) und Bild (image) in den Sprachtheorien um 1800*. Tübingen.

[13] Wenn Coseriu (1980) das Griechische und das Deutsche, vor allem unter Hinweis auf den Partikelreichtum, als Dialogsprachen charakterisiert, ist wohl vor allem auch an die Mündlichkeitsnähe zu denken.

Jürgen Trabant (Berlin)

Verspätete Bemerkungen über den unendlichen Gebrauch von endlichen Mitteln (UGVEM)

Vorbemerkung

> The idea that a language is based on a system of rules determining the interpretation of its infinitely many sentences is by no means novel. Well over a century ago, it was expressed with reasonable clarity by Wilhelm von Humboldt in his famous but rarely studied introduction to general linguistics (Humboldt, 1836). His view that a language "makes infinite use of finite means" and that its grammar must describe the process that make this possible is, furthermore, an outgrowth of a persistent concern, within rationalistic philosophy of language and mind, with this "creative" aspect of language use. (Chomsky 1965:v)

Mit diesen Sätzen beginnt bekanntlich Chomskys wohl berühmtestes Buch. Die prominente Stelle der Wendung vom "unendlichen Gebrauch von endlichen Mitteln" (UGVEM) verweist auf deren zentrale Bedeutung für das Sprachdenken Noam Chomskys. Die Formel "makes infinite use of finite means" ist kein genaues Zitat, greift aber die folgende Passage aus Humboldts *Kawi-Einleitung* auf:

> Denn sie [die Sprache] steht ganz eigentlich einem unendlichen und wahrhaft gränzenlosen Gebiete, dem Inbegriff alles Denkbaren gegenüber. Sie muss daher von endlichen Mitteln einen unendlichen Gebrauch machen, und vermag dies durch die Identität der Gedanken- und Spracheerzeugenden Kraft. (Humboldt VII:99)

Vor nunmehr fünfundzwanzig Jahren hat Harald Weydt in einem geradezu klassisch gewordenen Artikel über das Verhältnis dieser beiden Textpassagen folgendes festgestellt:

> Humboldt hat zwar etwas "unendlich" genannt, aber eindeutig nicht die Zahl der Sätze in der Sprache, sondern die Menge des Denkbaren. Das heißt: der Gegenstand, über den man mit der Sprache sprechen kann, ist unendlich. Für Humboldt besteht der unendliche Gebrauch der Sprache darin, daß es unendlich viele Gedanken oder Sachverhalte gibt, die man mit der Sprache ausdrücken kann. Über die Zahl der Sätze hat er sich nicht geäußert. (Weydt 1972:250)

Diesem ebenso einfachen wie durch die Lektüre der beiden Passagen unmittelbar einsichtigen Fazit ist auch fünfundzwanzig Jahre später eigentlich nichts hinzuzufügen – außer dem, was Weydt selbst in seiner Studie zum UGVEM hinzugefügt hat,[1] nämlich erstens – sprachtheoretisch – daß unabhängig vom Humboldtschen Unendlichen des *Denkbaren* die Zahl der *Sätze* einer Sprache gar nicht wirklich unendlich ist, wohl aber die Zahl der *Äußerungen* oder *Texte* (wie Hjelmslev sagt und was ja nicht ganz dasselbe ist), und zweitens – wissenschaftsgeschichtlich – daß Humboldt nicht wirklich

[1] Vgl. auch Weydt (1976), in das der Aufsatz über den UGVEM integriert wurde.

Chomskys Inspirationsquelle gewesen ist, sondern daß Chomsky seiner Theorie post festum eine Humboldt-Lektüre unterlegt hat,[2] d.h. daß sich die Chomskysche Linguistik mit einer nachträglichen und oberflächlichen Humboldtanrufung eine Legenda aurea konstruiert, eine "monumentalische" Geschichte, die mit den wirklichen Traditionen der Sprachwissenschaft nichts zu tun hat. Wenn ich die Festschrift für Harald Weydt zum Anlaß nehme, noch einmal auf das Thema zurückzukommen, dann vor allem, weil in den fünfundzwanzig Jahren nach dem Weydtschen Aufsatz der UGVEM der Kristallisationspunkt einer linguistikgeschichtlichen Entwicklung geworden ist, zu der sich dann doch noch ein paar – rettungslos verspätete – Bemerkungen machen lassen.

Bemerkung 1: Unendlichkeiten

Als erstes muß gesagt werden, daß nach fünfundzwanzig Jahren UGVEM-Diskussion, die von Weydt genannten drei Optionen des Unendlichen immer noch im Spiel sind: erstens die Humboldtsche Unendlichkeit des Denkbaren und Auszudrückenden und zweitens die (Hjelmslevsche) Unendlichkeit der Äußerungen oder Texte, die Weydt zurecht als miteinander vereinbar ansieht: "für unendlich viele, neue, vorher nicht kommunizierte Nachrichten schafft sich der Mensch die entsprechenden Texte" (1972:266). Die Erweiterung des Formats der Sprachwissenschaft auf Texte in dem uns hier interessierenden Zeitraum in der sogenannten Textlinguistik hat diese (traditionelle) Auffassung vom UGVEM gestärkt. Zu dieser Tradition der Unendlichkeit des Denkbaren und der Äußerungen, die Weydt mit Passagen aus Bühler, Martinet und Hjelmslev belegt, sei hier noch folgende schöne und deutliche Passage Trubetzkoys nachgetragen:

> Die Zahl der verschiedenen konkreten Vorstellungen und Gedanken, die in den verschiedenen Sprechakten bezeichnet werden können, ist unendlich. Die Zahl der Wortbedeutungen aber, die im Sprachgebilde bestehen, ist beschränkt, und das "Beherrschen der Sprache" besteht eben darin, daß man mit den vom Sprachgebilde zur Verfügung gestellten, immer beschränkten, semantischen und grammatischen Mitteln alle konkreten Vorstellungen, Gedanken und ihre Verbindungen ausdrückt. Das Bezeichnete des Sprachgebildes besteht also im Gegensatz zum Bezeichneten des Sprechaktes aus einer endlichen (zählbaren), beschränkten Anzahl von Einheiten. Dasselbe Verhältnis zwischen Sprachgebilde und Sprechakt besteht aber auch auf dem Gebiete des Bezeichnenden. Die artikulatorischen Bewegungen und die ihnen entsprechenden Lautungen, die in verschiedenen Sprechakten vorkommen, sind unendlich mannigfaltig, aber die Lautnormen, aus welchen die Einheiten der bezeichnenden Seite des Sprachgebildes bestehen, sind endlich (zählbar), der Zahl nach beschränkt. (Trubetzkoy 1939/1967:6)

Das klingt geradezu, als hätte Trubetzkoy folgende Passage aus Humboldts erster Akademierede von 1820 gelesen, in der das Prinzip der *Artikulation* oder *Gliederung* als der für die Sprache wesentliche UGVEM skizziert wird:[3]

> Es vereinigen sich also im Menschen zwei Gebiete, welche der Theilung bis auf eine *übersehbare Zahl* fester Elemente, der Verbindung dieser aber bis ins *Unendliche* fähig sind, und in welchen jeder Theil seine eigenthümliche Natur immer zugleich

[2] In Chomsky (1964:17–21) und in Chomsky (1966).

[3] Vgl. "Da die Articulation das Wesen der Sprache ausmacht (...), und der Begriff der Gliederung sich über ihr ganzes Gebiet (...) erstreckt" (V:115).

> als Verhältniss zu den zu ihm gehörenden darstellt. Der Mensch besitzt die Kraft, diese Gebiete zu theilen, geistig durch die Reflexion, körperlich durch die *Articulation*, und ihre Theile wieder zu verbinden, geistig durch die Synthesis des Verstandes, körperlich durch den Accent, welcher die Silben zum Worte, und die Worte zur *Rede* vereint. (IV:4) [Hervorhebungen J. T.]

Den referentiellen und textuellen Unendlichkeiten steht, drittens, bei den Chomsky-Anhängern nach wie vor die Unendlichkeit der Sätze gegenüber: "each of us is capable of uttering an *infinite* number of different sentences" und: "there must be an infinite number of sentences" (Pinker 1994:86).

Bemerkung 2: Chomsky-Humboldt

Die Forschung hat in den vergangenen fünfundzwanzig Jahren Weydts wissenschaftshistorisches Fazit voll bestätigt, daß Chomskys Berufung auf Humboldt illegitim ist, und zwar nicht nur, weil Humboldt an der zitierten Stelle zum UGVEM etwas anderes meint, sondern weil in jeder Hinsicht eine tiefe Unvereinbarkeit zwischen der Sprachauffassung Chomskys und Humboldts besteht. Hans-Werner Scharf (1994) hat die diesbezüglichen Untersuchungen kürzlich resümiert[4] und selber noch einmal Punkt für Punkt die Chomskyschen Humboldt-Reklamationen glänzend widerlegt. Dabei herrscht bei allen sonstigen Differenzen unter den Humboldt-Spezialisten hinsichtlich Chomskys Humboldt-Lektüre völlige Einigkeit. Humboldt unterscheidet sich von Chomsky nicht nur darin, daß er noch keinen Einblick in die neuesten mathematischen Grundlagenstudien hatte, wie Chomsky (1965:8f) meint, sondern die beiden Sprachtheoretiker bewegen sich geradezu auf zwei verschiedenen Sternen. Um nur telegrammartig die tiefen Differenzen anzudeuten, sei hier noch einmal darauf hingewiesen, daß Chomsky die Linguistik ausdrücklich als Naturwissenschaft anlegt, Humboldt sich dagegen ebenso ausdrücklich im Gebiet der "Geschichte" bewegt; daß Chomskys Interesse auf das (natürliche, biologische) Universelle geht,[5] Humboldts Thema prononciert die (historische, kulturelle) "Verschiedenheit" ist; daß die Beschreibung der Struktur der Sprachen, Grammatik und Lexikon, für Humboldt zwar ein notwendiges Zwischenstück der Sprachuntersuchung ist, daß aber das letztlich anvisierte Objekt der Forschung der sich in (literarischen) Texten manifestierende "Charakter" ist, dessen hermeneutisches "Erahnden" der Schlußstein des Sprachstudiums ist, während wir es bei Chomsky mit einer gänzlich anderen Forschungslogik zu tun haben etc.

Bemerkung 3: UGVEM und Energeia in der kognitiven Linguistik

Meine verspäteten, zusätzlichen Bemerkungen würden sich natürlich völlig erübrigen, wenn das in den siebziger/achtziger Jahren vorhergesagte Ende der Chomskyschen Lin-

---

4 Siehe die dortigen Hinweise (Scharf 1994:14) auf die Arbeiten von Coseriu, Leppin, Bossong, Borsche u.a. Vgl. unbedingt auch Meschonnic (1978).

5 Es geht so parteiisch ums Universelle, daß Weydt (1976:50) zurecht statt einer Sprachbeschreibung eine "Sprachbeschimpfung" am Werk sieht, ein Zug, der sich bis heute verschärft hat und der offensichtlich geradezu eine Phobie gegenüber der Verschiedenheit bei den Anhängern ausgelöst hat: "differences between individuals are so boring!" erregt sich Pinker (1994:428). Aber sie waren gerade dasjenige, wofür sich Humboldt interessierte.

guistik eingetreten wäre.[6] Dies ist natürlich überhaupt nicht der Fall, sondern sie hat im Gegenteil – nach dem pragmatischen und soziolinguistischen Intermezzo der Linguistik – eine fulminante Reprise unter dem Etikett der "kognitiven Sprachwissenschaft" erlebt. Und in diesem Wiedererstarken Chomskyscher Linguistik, deren Grundintentionen trotz aller Umformulierungen dieselben geblieben sind, spielt der UGVEM nach wie vor eine zentrale Rolle: Daß Sprache ein Mechanismus ist, mit dem mit einer endlichen Menge von Regeln unendliche viele Sätze erzeugt werden können, ist nach wie vor die Grundauffassung der sich jetzt "kognitiv" – nicht mehr "generativ" oder "transformationell" – nennenden Linguistik Chomskyscher Prägung. Und mit dieser Kontinuität ihres theoretischen Kernsatzes schleppt die Chomsky-Schule die Humboldtsche Phrase vom UGVEM wie ein Schibboleth mit sich herum, als hätte es die seit Weydt (1972) von zahlreichen Autoren differenziert entfaltete Kritik an der illegitimen Humboldt-Aneignung niemals gegeben.[7] Als Beleg für die ungebrochene Anrufung Humboldts seien Passagen aus neueren Arbeiten prominenter kognitiver Linguisten zitiert:

Bei Steven Pinker, dem shooting star der Chomsky-Schule, dessen brillante Propagandaschrift *The Language Instinct* die Vermählung Chomskys mit Darwin feiert, da die von Chomsky angestrebte Vernaturwissenschaftlichung der Linguistik nunmehr auch genbiologisch beglaubigt werden kann, liest man:

> The second trick behind the language instinct is captured in a phrase from Wilhelm Von Humboldt that presaged Chomsky: language "makes infinite use of finite media." (...) A finite number of discrete elements (in this case, words) are sampled, combined, and permuted to create larger structures (in this case, sentences) with properties that are quite distinct from those of their elements. (...) In a discrete combinatorial system like language, there can be an unlimited number of completely distinct combinations with an infinite range of properties. (Pinker 1994:84).

Und Manfred Bierwisch, seit dem *Kursbuch*-Artikel 1966 bekannter Statthalter Chomskys in Deutschland, schreibt heute:

> Einfacher gesagt: Gedanken werden ausdrückbar. Das Wesentliche ist, daß diese Wissensstruktur von endlichen Mitteln einen unendlichen Gebrauch macht, um eine Formulierung Wilhelm von Humboldts zu benutzen, das heißt, daß Aufbau, Zuordnung und Interpretation von Laut- und Bedeutungsform für eine unbegrenzte Menge von sprachlichen Ausdrücken berechnet werden können. (Bierwisch 1994a:19).

Wenn hier von "Ausdrücken" und nicht von "Sätzen" die Rede ist, so könnte dies vielleicht ein Hinweis darauf sein, daß man sich doch nicht mehr genau festlegen will, was denn nun eigentlich unendlich ist. In einem anderen Aufsatz meint Bierwisch, nachdem er den Unterschied zwischen äußerer Sprache, E-Sprache ("die manifesten Akte des Sprachverhaltens", "Texte, Daten, Corpora") und interner Sprache, I-Sprache ("die der E-Sprache zugrundeliegenden Kenntnisse, die Signalstrukturen und konzeptuelle Strukturen rekrutieren und einander zuordnen", "ein Erzeugungs- oder Berechnungssystem"), eingeführt und letztere zum Gegenstand der Linguistik erklärt hat:

---

6 Weydt (1976:106) bedauerte, daß sich die linguistische Forschung von der TG abwenden könnte, und Borsche (1981:12) diagnostizierte etwas verfrüht den Abstieg der TG.

7 Grewendorf (1995) ist der einzige mir bekannte Sprachtheoretiker der "Chomsky-Seite", der die rituellen Hinweise auf Humboldt für verfehlt hält.

> Wilhelm von Humboldt hat für den Unterschied die Termini Ergon und Energeia geprägt und letztere als Erzeugungssystem charakterisiert, das von endlichen Mitteln einen unendlichen Gebrauch macht. (Bierwisch 1994b:190).[8]

Zu dem beliebtesten Humboldt-Zitat, der UGVEM-Stelle (VII:99), gehört in der Chomsky-Linguistik also, das wird bei Bierwisch deutlich, eng ein zweites, nämlich das der berühmtem Humboldtschen Bestimmung der Sprache als Energeia, also die Stelle (VII:6). Diese lautet bekanntlich folgendermaßen:

> Sie [die Sprache] selbst ist kein Werk (Ergon), sondern eine Thätigkeit (Energeia). Ihre wahre Definition kann daher nur eine genetische seyn.

Auch bei Chomsky selbst erscheinen die beiden kurzgeschlossenen Humboldt-Zitate nach wie vor, in neuerer Zeit systematisch in einem Problemfeld, das er "Humboldts Problem" nennt und das die erste und wichtigste Frage seiner Theorie des Geistes (theory of mind) sei, nämlich die Frage, was Sprachkenntnis ausmache:

> We might plausibly refer to the first and central question – what constitutes knowledge of language? – as *Humboldt's problem*, referring, in the first place, to his insight that language is a system that provides for *infinite use of finite means*. We might take these *finite means* to constitute a particular language; to know a language is to have these *finite means* represented in the mind/brain. Crucially, Humboldt regarded language not as a set of constructed objects, say, utterances or speech acts, but rather as a process of generation; language is *eine Erzeugung*, not *ein todtes Erzeugtes*.[9] With a bit of interpretive license, we could understand him to be saying that a language is a generative procedure that enables articulated structured expressions of thought to be freely produced and understood. (1991a:7) [Hervorhebung J. T.]

Ob wirklich die Frage, was Kenntnis der Sprache ausmache, Humboldts Problem gewesen ist, sei hier einmal dahingestellt. Zeigen wollte ich, daß der Bezug auf den UGVEM und seine vermeintliche Herkunft aus Humboldt auch in den neueren Texten des Meisters rekurriert, geradezu in einem unendlichen Gebrauch dieses äußerst endlichen Mittels. Durch den letzten Satz, daß eine Sprache eine generatives Verfahren sei, das artikulierte, strukturierte Ausdrücke – auch hier wieder die geheimnisvollen "Ausdrücke" (expressions) – von Gedanken dazu befähige, frei erzeugt und verstanden zu werden, schimmert natürlich Humboldts klassische "Definition" von der Sprache als einer "sich ewig wiederholenden Arbeit des Geistes, den articulirten Laut zum Ausdruck des Gedanken fähig zu machen" (VII:46), die sich an die Ergon-Energeia-Stelle anschließt. Ohne große interpretatorische Freiheit können wir aber Chomskys Quasi-Zitat von Humboldt selber interpretieren lassen: Humboldt nennt, noch im selben Absatz, die "generative procedure", die Chomsky hier meint, nämlich Grammatik und Wortschatz einer Sprache, "das Zerschlagen in Wörter und Regeln" und dieses "ein todtes Machwerk wissenschaftlicher Zergliederung". Das Ensemble der "endlichen Mittel" ist also für Humboldt eindeutig "todtes Erzeugtes". Dagegen ist "Erzeugung" und "Arbeit des

[8] In der zu dem UGVEM-Zitat gehörigen Anmerkung weist Bierwisch zwar darauf hin, daß die Deutung der Humboldt-Stelle strittig sei, bleibt aber dem Leser sowohl den genauen Nachweis der Stelle schuldig als auch den Beweis für die Behauptung, daß es sich bei dem Chomskyschen Bezug auf Humboldt um eine "einzulösende [?] Traditionslinie" handele (Bierwisch 1994b:214).

[9] Dies bezieht sich auf die Stelle VII: 44: "Man muss die Sprache nicht sowohl wie ein todtes Erzeugtes, sondern weit mehr wie eine Erzeugung ansehen". Was dies heißt, erläutert die Ergon-Energeia-Stelle (VII:46).

Geistes" die konkrete Tätigkeit des Sprechens. Humboldts Energeia ist "Rede", "jedesmaliges Sprechen". D. h. Humboldts Sprache ist "linguistic performance", E-Sprache. Ich kann den folgenden Satz mit bestem Willen nicht anders verstehen, was immer Chomsky und Bierwisch dazu meinen. Sprache ist für Humboldt eindeutig "utterances and speech acts". Allerdings ist Sprache nicht "a set", eine feste Menge, solcher Äußerungen und Sprechakte, sondern deren "Totalität", also deren Unendlichkeit. Im Anschluß an das Energeia-Ergon-Zitat heißt es nämlich erläuternd:

> Sie [die Sprache] ist nemlich die sich ewig wiederholende Arbeit des Geistes, den articulirten Laut zum Ausdruck des Gedanken fähig zu machen. Unmittelbar und streng genommen, ist dies die Definition *des jedesmaligen Sprechens*; aber im wahren und wesentlichen Sinne kann man auch nur gleichsam die *Totalität dieses Sprechens* als die Sprache ansehen. [...] Gerade das Höchste und Feinste [...] kann nur [...] in der verbundenen *Rede* wahrgenommen werden. Nur sie muss man sich überhaupt in allen Untersuchungen, welche in die lebendige Wesenheit der Sprache eindringen sollen, immer als das Wahre und Erste denken. Das Zerschlagen in Wörter und Regeln ist nur ein todtes Machwerk wissenschaftlicher Zergliederung. (VII:46) [Hervorhebungen J.T.]

Oder, derselbe Gedanke – blitzartig und prägnant und überhaupt nicht mißverständlich – in den Worten eines anderen Textes:

> Die Sprache liegt nur in der verbundenen Rede, Grammatik und Wörterbuch sind kaum ihrem todten Gerippe vergleichbar. (VI:147).

Falls sich die in ganz anderem Zusammenhang geäußerte UGVEM-Passage (VII:99) auf diese "Definition der Sprache" in (VII:46) zurückbinden läßt, dann eben auf das "jedesmalige Sprechen", auf "Rede", welche die von Humboldt gemeinte Energeia, Tätigkeit und Erzeugung ist. Die Humboldt-Lektüre bestätigt Weydts schon zitierte Auffassung von der Vereinbarkeit von Humboldts UGVEM mit Hjelmslevs UGVEM, d. h. daß sich der Mensch dem Unendlichen des Denkbaren durch die unendlich vielen sprachlichen Texte und Äußerungen, eben durch die "Totalität dieses Sprechens" annähert.

Ein drittes Humboldtsches Motiv bei Chomsky sei noch en passant erwähnt, nämlich die Gleichsetzung von Tiefenstruktur und "innerer Form" (Chomsky 1965:198f). Dieses taucht, so scheint mir, in der neueren Literatur nicht mehr auf, wahrscheinlich weniger, weil die schon von Coseriu (1970) gezeigte Absurdität dieser Gleichsetzung eingesehen worden wäre, sondern eher, weil Chomsky selbst diese Identifizierung gleichsam von Anfang an wieder zurücknimmt, "to avoid the question, here of textual interpretation" (Chomsky 1965:199), und weil er neuerdings nicht mehr von Tiefenstruktur spricht.[10]

Bemerkung 4: Vom Nutzen der Wissenschaftsgeschichte

Der bisher geschilderte Sachverhalt gibt uns Gelegenheit, über den Nutzen der Wissenschaftsgeschichte für das "Leben", also den Forschungsbetrieb, nachzudenken. Die wissenschaftsgeschichtlich instrumentierte Kritik ist in unserem Fall so gut wie wirkungslos. Dies ist deswegen so verwunderlich, weil doch die wissenschaftsgeschichtli-

[10] Vgl. Chomsky (1991b) und Pinker (1994:120ff).

che Verankerung der Chomsky-Theorie so zentral zu sein scheint. Chomsky zitiert ja nicht nur hier und da einmal klassische Autoren als seine Gewährsleute, sondern er wendet erhebliche Kraft auf, eine eigene Linguistikgeschichte zu verfassen. Es wird aber deutlich, daß Wissenschaftsgeschichte, wie sie Chomsky und seine Schule verstehen, offensichtlich nichts mit einer verstehenden Lektüre von Texten der Vergangenheit zu tun hat, daß sie also auch nur ansatzweise "antiquarisch" wäre, um Nietzsches diesbezüglichen Terminus aufzugreifen. Sie dient allein der Rechtfertigung eigener Bemühungen, sie ist also geradezu hemmungslos "monumentalisch". Philologischer und hermeneutischer Geist ist dieser Sprachwissenschaft so fremd, daß alle klassischen Texte ohne jedes Gespür für historische und kulturelle Differenz und für die eigene Würde dieser Texte ins Raster der eigenen Theorie gepreßt und auf die Nützlichkeit oder Schädlichkeit für dieselbe abgeklopft werden. Fast wie in der Reklame, wo irgendein modernes Produkt sich den Glanz klassischer Musik leiht: Vivaldi fürs frühlingsfrische Achselspray, Mozart – là ci darem la mano – fürs schicke Sportcoupé und Richard Strauß für das neueste Waschmittel mit der Superwaschkraft. Diese Mesalliancen basieren hier wie dort nicht nur auf einem "Mißverständnis", wie Weydt (1972) gesagt hat, sondern auch auf einer profunden Mißachtung der Klassiker. Auch deswegen hat sich nichts geändert seit fünfundzwanzig Jahren, so daß man auch ein Vierteljahrhundert später noch an das scharfe Verdikt erinnern darf, das Hans Aarsleff (1970) über Chomskys Version der Linguistikgeschichte fällte:

> That version is fundamentally false from beginning to end – because the scholarship is poor, because the texts have not been read, because the arguments have not been understood, because the secondary literature that might have been helpful has been left aside or unread, even when referred to. (Aarsleff 1970/1982:110).

Diesem für die Behandlung des "Cartesianismus" gefällten Urteil muß auch die Humboldt-Forschung zustimmen. Wenn es noch weiterer Belege bedürfte, so könnte man das auch für Vico zeigen, dessen Philosophie in *Rules and Representations* zur Besetzung einer bestimmten polemischen Position in Form einer lächerlichen Karikatur aufgerufen wird.

Aus der rein "monumentalischen" Funktion von Wissenschaftsgeschichte resultiert die völlige Impermeabilität der Schule für philologische Argumente: Es geht gar nicht um das Verstehen und die Rekonstruktion einer historischen sprachphilosophischen und sprachwissenschaftlichen Position. Deshalb wird auch nur das zur Kenntnis genommen und zitiert, was zum eigenen Umfeld gehört und was die eigenen Interpretationen bestätigt. So zitiert Chomsky noch 1991 zur Interpretation der Humboldt-Stellen eine unveröffentliche Magisterarbeit aus dem eigenen Umfeld (1991a:24) statt auch nur einen der zahlreichen gedruckten Arbeiten der fleißigen Humboldtforschung.

In diesem Zusammenhang bestätigt sich auch, was vor fünfundzwanzig Jahren noch nicht in dieser Deutlichkeit Gewißheit war, nämlich daß heute am MIT – und in Amerika ganz generell und damit bei den linguistischen Masters of the Universe – nichts mehr wahrgenommen wird, was in einer anderen Sprache als Englisch geschrieben wird. Nun, über letzteres wollen wir nicht weiter klagen, sondern uns den Freuden unserer eigenen Multilingualität hingeben und dem Genuß, als letzte Generation von Sprachwissenschaftlern noch in unserer Muttersprache schreiben zu dürfen – für die Katz natürlich.

Bemerkung 5: Vom Nutzen für die Wissenschaftsgeschichte

Während die Entwicklungen der Chomsky-Schule in keiner Weise von wissenschaftshistorischen Forschungen getrübt worden sind, haben allerdings umgekehrt, wie schon deutlich geworden ist, die Chomskyschen Fehl-Lektüren die Wissenschaftsgeschichte überhaupt und die Humboldt-Forschung im besonderen außerordentlich inspiriert. Chomsky ist ein großer Initiator der aktuell sehr aktiven Geschichte der Sprachwissenschaft, allerdings nicht nur, weil er selber Bücher auf diesem Gebiet geschrieben hätte – vor allem *Cartesian Linguistics* -, sondern vor allem auch, weil diese Bücher lebhaftesten Protest hervorgerufen haben und wissenschaftgeschichtliche Korrekturen nötig gemacht haben.

Was die Humboldtforschung angeht, so verdankt sie ganz ohne Zweifel ihre aktuelle Blüte nicht unwesentlich dem Protest gegen Chomsky. Hans-Werner Scharfs (1994) Arbeit, die auf eine Dissertation aus dem Jahre 1977 zurückgeht, ist die ausführlichste Rekonstruktion des Chomskyschen Humboldt-Mißverständnisses und ein bedeutsamer Beitrag zur linguistischen und philosophischen Humboldt-Deutung. Tilman Borsches (1981) Buch, das die gesamte Humboldtsche Sprachphilosophie systematisch entfaltet, gewinnt sein kritisches Potential aus der Auseinandersetzung mit Chomsky, der sich indirekt auch meine Arbeiten zu Humboldt verdanken.[11] In diesem lebendigen Forschungskontext führte Mueller-Vollmers (1993) Untersuchung des sprachwissenschaftlichen Nachlasses zum Projekt der Edition der Humboldtschen Schriften zur Sprachwissenschaft. Durch das sensationelle Wiederaufleben der Chomskyschen Linguistik als "kognitiver Linguistik" und der dortigen Präsenz Humboldts haben diese Arbeiten sogar eine ganz unerwartete Aktualität gewonnen.[12]

Eigentlich sollten wir uns also freuen, daß Chomsy dies alles in Gang gesetzt hat. Das tun wir auch, um aber im gleichen Atemzug wieder undankbar zu kritisieren, was im Umfeld Chomskys aus Humboldt wird. Dies gilt auch für einen weiteren Aspekt der Humboldt-Rezeption, die Übersetzung ins Englische: Bis zu Chomskys Humboldt-Anrufung lag kaum etwas von Humboldt in englischer Übersetzung vor. Im Nachgang zu Chomskys Humboldt-Begeisterung enstand die erste amerikanische Übersetzung von *Ueber die Verschiedenheit des menschlichen Sprachbaues und ihren Einfluss auf die geistige Entwicklung des Menschengeschlechts*. Das ist die gute Botschaft. *The bad news* ist aber, daß diese Übersetzung (Humboldt 1971) ein Fiasko erster Güte ist. Es ist eine Übersetzung Humboldts ins Chomskysche, eine übersetzerische Katastrophe, von der schon der Titel beredte Kunde ablegt: *Linguistic variability and intellectual development*. Das klingt nach einer Vermittlung von Soziolinguistik und Kinderpsycholgie, die bei Humboldt bekanntlich nicht gemeint war.[13]

Bemerkung 6: Vom Nachteil der Wissenschaftsgeschichte

Chomsky ist allerdings – zumindest indirekt – auch der Ausgangspunkt einer neuen Stimme in der Humboldt-Rezeption in Amerika und der anglophonen Welt. Dort ver-

[11] Vgl. Trabant (1986 und 1990). Es ist hier nicht möglich, erschöpfend zu sein, verwiesen sei aber noch auf die Arbeiten von Müller-Sievers, Di Cesare und Meschonnic.

[12] Vgl. Trabant (1996) über eine diesbezügliche Diskussion in der deutschen Sprachwissenschaft.

[13] Zur Kritik an dieser Übersetzung vgl. Meschonnic (1978:363ff, 1985:187).

breitet sich nämlich im Gefolge und als Reaktion auf Chomskys Humboldt-Lob zunehmend eine negative Rezeption, eine Humboldt-Beschimpfung. Die Humboldt-Rezeption war in Amerika seit den Lebzeiten Humboldts positiv: Humboldt war als bester europäischer Kenner amerikanischen Indianersprachen der geschätzte Korrespondent der beiden Begründer der amerikanischen Sprachwissenschaft Duponceau und Pickering;[14] Brinton in der zweiten Generation hat linguistische Arbeiten Humboldts ins Englische übersetzt; die aus Deutschland stammenden Boas und Sapir standen in der Humboldtschen Tradition; und Bloomfield hat in Humboldt einen Wegbereiter der deskriptiven Linguistik gesehen.[15] Der gehässige Ton aber und die ungerechtfertigen Verurteilungen Humboldts als eines langweiligen und epigonalen kleinen preußischen "philosophe", die Hans Aarsleff (1977 und 1988) in die anglophone Welt eingeführt hat, sind vermutlich teilweise auch eine Reaktion auf Chomsky. Aarsleff hatte, wie wir gesehen haben, Chomsky hinsichtlich seiner Lekürе von Autoren des 17. und 18. Jahrhunderts geradezu wütend kritisiert. Humboldt wird nun bei Aarsleff vor allem als ein von der bösen deutschen Philosophie-Geschichtsschreibung seiner französischen Wurzeln beraubter Philosoph und daher völlig überschätzter Proto-Rassist dekouvriert. Dabei ist er sicher auch das Opfer einer Übertragung der Wut gegen Chomsky geworden. Wenn Aarsleff schreibt: "Chomsky admires Herder, F. Schlegel, A. W. Schlegel, Coleridge, and Wilhelm von Humboldt as exponents of certain doctrines and views which Chomsky derives from 'Cartesian' linguistics" (Aarleff 1982:170), so können wir sicher sein, daß die hier Aufgezählten schon wegen der Chomskyschen Wertschätzung dem Aarsleffschen Verdikt verfallen.

Auch in diesem Kontext ist eine englische Übersetzung von *Ueber die Verschiedenheit* entstanden, die zwar besser ist als die erste, aber immer noch voll schlimmer Irrtümer.[16] Vor allem ist diese Übersetzung mit einer Einleitung versehen – von Aarsleff –, die keine Einführung in, sondern eine Ausführung aus Humboldt ist. Wer die Einleitung liest, wird den Humboldt-Text gar nicht erst lesen. Warum sollte man einen unoriginellen preußischen "philosophe" lesen, der zu allem Unglück die französische Philosophie auch noch in einem dunklen Deutsch schreibt und sie – deutsch eben – ins Rassistische wendet. Wer nur den englischen Humboldt-Text liest, wird sowieso nichts verstehen, da der vermeintlich dunkle – in Wirklichkeit aber ganz klare – Text durch die Übersetzung erheblich eingedunkelt worden ist. Gerade die Energeia-Stelle (VII:46), die in unserer Diskussion zusammen mit der UGVEM-Passage auftritt, ist z. B. vom Übersetzer völlig verpatzt worden. Der Energeia-Absatz beginnt:

> Die Sprache, in ihrem wirklichen Wesen aufgefasst, ist etwas beständig und in jedem Augenblick Vorübergehendes.

Der Übersetzer versteht nicht, daß "beständig" sich adverbial auf "Vorübergehendes" bezieht. Der englische Leser wird daher, falls er trotz der Aarsleffschen Warnungen Humboldts Text liest, über dem folgenden englischen Satz grübeln:

---

[14] Was ja nicht bedeuten muß, daß deren Humboldt-Lektüre unkritisch sein mußte. Ihre Differenzen zu Humboldt werden bei Aarsleff nun geradezu zu Waffen gegen Humboldt geschmiedet (1988:lxiff).

[15] Zur Geschichte der Linguistik in den USA vgl. Andresen (1990).

[16] Humboldt (1988). Vgl. die ausführliche Kritik dieser Ausgabe in Mueller-Vollmer (1992).

> *Language*, regarded in its real nature, is an enduring thing, and at every moment a *transitory* one. (Humboldt 1988:49)[17]

Wahrscheinlich aber wird der anglophone Leser den unsinnigen Satz eben als einen der typisch Humboldtschen Widersprüche und Dunkelheiten lesen, auf die ihn das Vorwort ja vorbereitet hat.[18]

Bemerkung 7: Gen (-erativ, -etisch, -ie)

In meiner nächsten Bemerkung möchte ich ein Moment der Diskussion um den UGVEM noch einmal hervorheben, das die Differenz zwischen Chomskys und Humboldts Sprachauffassung vielleicht am deutlichsten markiert. Es geht dabei um das Verständnis der von Chomsky in diesem Zusammenhang ins Spiel gebrachten Ausdrücke "kreativ" und "generativ". In der eingangs zitierten Passage aus den *Aspects* nennt Chomsky ja den UGVEM auch den "kreativen" Aspekt der Sprache der rationalistischen Sprach- und Geistes-Philosophie. "Creative Aspect of Language Use" heißt das entsprechende Kapitel in *Cartesian Linguistics* (Chomsky 1966:3–31). Bekanntlich entdeckt Chomsky diesen bei Descartes. Er meint damit die in der Tat im *Discours de la méthode* als typisch menschlich betrachtete Unabhängigkeit der Sprache von der Determiniertheit durch die Situation und den Körper, genauer: die Freiheit des menschlichen Denkens,[19] aufgrund deren die Menschen, anders als Tiere und Automaten, Wörter frei kombinieren können. Nach Descartes können Menschen – selbst sehr dumme – die Wörter auf verschiedene Art ordnen, um auf alles zu antworten, was in ihrer Gegenwart gesagt wird, während die Maschine das nicht kann: "mais non pas qu'elle les [les paroles] arrange diversement pour répondre à tout ce qui se dira en sa présence" (Descartes 1637/1960:95f). Dieser "kreative" Aspekt der Sprache, d.h. das Arrangement verschiedener Wörter zu einer Rede ("arranger ensemble diverses paroles, et d'en composer un discours", 96), um jeden möglichen Sinn auszudrücken, entspricht in der Tat dem Humboldtschen oder Hjelmslevschen UGVEM (nicht allerdings unbedingt der Unendlichkeit der Sätze). Diese Freiheit des "discours" trifft ziemlich genau Humboldts "Verbindung dieser [der zahlenmäßig 'festen Elemente' der Sprache] aber bis ins Unendliche" (IV:4) in der Rede.

Die Redeweise vom "Unendlichen" im "creative use of language" ist offensichtlich neu bei Humboldt. Descartes spricht noch nicht vom "Unendlichen", sein Wort ist "tout", "Alles". Für Humboldt selber ist der Ausdruck allerdings nicht neu, wenn er ihn 1835 in der *Kawi-Einleitung* (VII:99) wieder aufgreift. Tilman Borsche (1981:140ff) hat in der Auseinandersetzung mit Chomsky auf die Herkunft der Wendung vom UGVEM aus Humboldts frühen anthropologischen Schriften hingewiesen und die

---

[17] Nicht nur der logische Widersinn, auch die Hervorhebungen stammen nicht von Humboldt, sondern vom Übersetzer, der sich die Freiheit nimmt, den ganzen englischen Text mit seinen zweifelhaften Hervorhebungen zu skandieren.

[18] Demgegenüber steht Humboldt in Italien unter einem glücklichen Stern, wie man an der vorbildlchen italienischen Ausgabe der *Kawi-Einleitung* von Donatella Di Cesare (Humboldt 1991) sehen kann.

[19] D. h. genau genommen ist bei Descartes die Kognition "kreativ", nicht die Sprache. Diese dient bei Descartes – gut aristotelisch – allein der Komunikation, sie ist allenfalls eine "Zeugin" des kreativen Denkens. Unrecht hat Chomsky damit mit seiner zweiten Behauptung, daß Descartes schon eine "kognitive" Auffassung von Sprache habe. Das kognitive Potential der Sprache wird gerade nicht von den "Rationalisten", sondern von den verhaßten Empiristen entdeckt.

Folgen dieser Herkunft analysiert: Sie stammt aus einem Aufsatz über den Geschlechtsunterschied von 1795, und sie wird diesen Ursprung auch nicht mehr los, d. h. sie meint auch im Spätwerk, aus dem die Formel in die moderne Linguistik gekommen ist, immer noch dasselbe. Es gibt in Humboldts Schriften eine ganze Reihe solcher Formulierungen, die sich durch das ganze Werk ziehen und die in verschiedenen thematischen Bereichen strukturell dieselbe Argumentationsfigur bezeichnen.

Auf der Suche nach den geheimnisvollen Wurzeln der Kantischen Einbildungskraft, welche Erkenntnis als Synthesis von Sinnlichkeit und Verstand schafft, d. h. auf der Suche nach den Quellen jeder geistigen Schöpfung des Menschen, findet der junge Humboldt in der Natur ein Modell, auf das er diese Vereinigung zurückführt, eben die Unterscheidung der beiden Geschlechter und die daraus notwendig werdende geschlechtliche Vereinigung. Der Geschlechtsunterschied ist für Humboldt die alles antreibende Produktivkraft, die jeglicher Kreativität und jeglicher Neuschöpfung zugrundeliegt. Ohne den Geschlechtsunterschied wäre die Natur nicht Natur, "ihr Räderwerk stände still" (I:311). Seine Wirksamkeit bleibt aber nicht auf die Natur im engeren Sinne beschränkt, sondern er durchwaltet die Welt überhaupt, auch die Welt des Geistes:

> Diesem gegenseitigen Zeugen und Empfangen ist nicht bloss die Fortdauer der Gattungen in der Körperwelt vertraut. Auch die reinste und geistigste Empfindung geht auf demselben Wege hervor, und selbst der Gedanke, dieser feinste und letzte Sprössling der Sinnlichkeit, verläugnet diesen Ursprung nicht. Die geistige Zeugungskraft ist das Genie. (I:316).

Humboldt beschäftigt sich 1795 noch nicht mit der Sprache (sondern vor allem mit der Kunst), sein Problem aber – Humboldt's problem! –, nämlich die menschliche Kreativität, das *Genie*, sowie die Lösung für dieses Problem hat er schon entdeckt. Wenn er sich später der Sprache zuwendet, so tut er dies auch deswegen, weil er damit ins Zentrum des menschlichen Genies vorzudringen meint: die Sprache ist das Genie des Menschen. Und deren Synthesis wird immer noch nach dem Modell der geschlechtlichen Vereinigung gedacht.[20] In der Mitte des Aufsatzes über den Geschlechtsunterschied von 1795, gleichsam in seinem Omphalos, erscheint nun der Satz, der die Überlegungen der geradezu kosmischen Wirkung der geschlechtlichen Trennung und Vereinigung zusammenfaßt:

> Die Natur, welche mit endlichen Mitteln unendliche Zwecke verfolgt, gründet ihr Gebäude auf dem Widerstreit der Kräfte. (I:322)

Der "Widerstreit" der sexuellen Kräfte und die aus ihm hervorgehende Zeugung des Neuen ist sozusagen der Ur-UGVEM. Und auch wenn Humboldt sich anderen Gegenständen des menschlichen Genies zuwendet, so wird er durch sein ganzes Werk hindurch dessen Schöpfungen immer als das Produkt einer Verbindung zweier getrennter Kräfte denken, die dem Modell der sexuellen Vereinigung und Zeugung folgt. Sprache ist vielfältige Synthesis – von Sinnlichkeit und Verstand, von Außenwelt und "Innenwelt", von Laut und "Begriff", von Ich und Du, von Du und Ich –, die sich letztlich der körperlichen generativen Kraft verdankt. "Erzeugung", das Wort, das Humboldts Werk von den frühen anthropologischen Schriften bis zur späten Sprachtheorie durchzieht, meint auch bei der sprachlichen "Arbeit des Geistes" immer noch eine sub-

---

[20] Eine glänzende Studie des naturwissenschaftlichen Hintergrundes dieser Vorstellungen in der biologischen Diskussion der Zeit hat Müller-Sievers (1993) vorgelegt.

limierte Form von Sexualität. In VII:46 nennt Humboldt die Definition der Sprache ja nicht leichthin eine "genetische", d.h. eine, die im konkreten Sinne des Wortes "kreativ" oder "generativ" ist. Wenn 1835 die Sprache "von endlichen Mitteln unendlichen Gebrauch" macht, so macht sie genau dasselbe wie die Natur 1795: Sie erzeugt – unendlich – Neues durch die Vereinigung ihrer getrennten Kräfte.

Diese Schöpferkraft nannte man zu Humboldts Zeiten das Genie. An dessen Stelle sind in der biologisch gewendeten kognitiven Linguistik die Gene getreten,[21] die trotz des gemeinsamen griechisch-lateinischen Stammes der Wörter – gen – nicht dasselbe sind.

Schlußbemerkung: Von der Schönheit der Sprache

Nach all den Abgründen und Differenzen zwischen Chomsky und Humboldt möchte ich versöhnlerisch mit einer Bemerkung über eine meines Erachtens bisher noch nicht bemerkte Übereinstimmung zwischen Chomsky und Humboldt schließen, nämlich mit dem Hinweis auf den ästhetischen Urgrund der Sprache. Chomsky hat immer dagegen gekämpft, daß Sprache wesentlich etwas mit Kommunikation zu tun hat: "language is not intrinsically a system of communication, nor is it the only system used for communication" (Chomsky 1991b:51). Sprache ist primär Kognition: "a cognitive system, a system of knowledge" (ebd.), und Linguistik daher ein Teilgebiet der kognitiven Psychologie. Auch hier ruft er Descartes – allerdings zu Unrecht – als den Entdecker des kognitiven Hauptzwecks der Sprache an. Humboldt paßt in dieser Hinsicht sicher besser in Chomskys Ahnengalerie: Denn Humboldt hält in der Tat, im Anschluß an Herder, Kommunikation nicht für das primäre Motiv der Erzeugung der Sprache. Primär ist die Kognition, die Umschaffung der Welt in das "Eigenthum des Geistes".[22] Daher spricht er ja an der eingangs zitierten UGVEM-Stelle auch von der "Identität der Gedanken- und Spracheerzeugenden Kraft" (VII:99). Allerdings ist bei Humboldt die Beziehung zum anderen, das Dialogische-Kommunikative, immer dabei. Sprachliche Kognition ist immer zugleich kommunikativ, nicht einfach Denken, sondern "Mitdenken" (VII:583):

> Schon das Denken ist wesentlich von Neigung zu gesellschaftlichem Daseyn begleitet, und der Mensch sehnt sich [...] auch zum Behuf seines blossen Denkens nach einem dem Ich entsprechenden Du. (VI:26)

Die Frage nach dem geheimnisvollen letzten Zweck der Sprache führt Chomsky nun zu der interessanten Antwort, daß Sprache gar keinen Zweck hat – also auch keinen kognitiven –, sondern daß sie letztlich eine zweckfreie Produktion der Natur sei, die der Schönheit und der Eleganz wegen existiert:

> The general conclusion that seems to come to the fore, [...] is that language is designed as a system that is "beautiful," but in general unusable. It is designed for elegance, not for use, though with features that enable it to be used for the purposes of normal life. (Chomsky 1991b:49)

[21] Vgl insbes. Pinker (1994).
[22] Vgl. (IV:420).

Auch Humboldt führt, wo er nach dem letzten Grund der Sprache fragt, ein ästhetisches Motiv an. Daher schreibt er auch, übrigens in unmittelbarem Zusammenhang mit unserer UGVEM-Stelle:

> Die künstlerische Schönheit der Sprache wird ihr daher nicht als ein zufälliger Schmuck verliehen; sie ist, gerade im Gegentheil, eine in sich nothwendige Folge ihres übrigen Wesens, ein untrüglicher Prüfstein ihrer inneren und allgemeinen Vollendung. (VII:98)

Wie immer bei Humboldt, der niemals "abschneidend" argumentiert, wird dieser ästhetische Grund aber zu dem Kognitiven und Kommunikativen des "Mitdenkens" hinzugefügt und nicht von den anderen Ursachen isoliert:

> In der Sprache, wie in der menschlichen Brust, liegt ein dichterisches, und wie in noch unerschlossener Knospe mit diesem verbunden, ein philosophisches Streben. (VI:149)

Schon bei manchen Tieren findet Humboldt ein "Gefallen am Schmettern der Töne". Dieses sei "das Poëtische, ein aufglimmender Funke in der thierischen Dumpfheit" (VI:156). Als "Gefallen am Sprechen" verbindet es sich in der menschlichen Sprache mit dem "Gedanken" und der "geselligen Mittheilung", so daß er zusammenfassen kann:

> Die Worte entquillen freiwillig, ohne Noth und Absicht, der Brust (...), denn der Mensch, als Thiergattung, ist wesentlich ein singendes Geschöpf, nur Ideen mit den Tönen verbindend. (VI:156f)

Sprache verdankt sich also weder allein der Notwendigkeit praktischer Kommunikation zu gegenseitiger Hilfeleistung, wie etwa Condillac das angenommen hatte und wie jede gute empiristische Sprachursprungstheorie auch heute immer noch annimmt. Dazu hätte, so Humboldt (VI:156), ein Kommunikationssystem genügt, wie es auch die Tiere haben. Sie ist aber auch nicht nur Bildung der Gedanken oder der "Ideen", sondern sie ist gleichzeitig etwas Überschüssiges, Luxurierendes, Poetisches, ohne das es sie nicht gäbe.[23]

Dieses ästhetische Moment wird nun aber bei Humboldt ausdrücklich als ein "sinnlicher Entstehungsgrund der Sprache" (VI:157) bezeichnet. Diese körperlichen ästhetischen Freuden des Singens und des "Gefallens am Sprechen" sind dann doch wieder sternenweit von der Schönheit der Chomsky-Sprache entfernt. Die Schönheit und Eleganz, von der Chomsky spricht, hat nichts mit dem Schmettern von Tönen, mit dem Körper, mit den Sinnen zu tun, es ist eine rein geistige, formale – mathematische – Schönheit: Nicht nur Platon, wie Chomsky (1991a:23) meint, wäre zufrieden, Plotin wäre es noch mehr. So daß am Ende auch hier der genauere Blick auf das – oberfächlich gemeinsame – Motiv der Schönheit der Sprache eher Differenzen als Identitäten zutage fördert.

[23] Vgl. zu diesem Gedankengang die Parallelstellen (VII:61, 69f).

Nachbemerkung

Lange vor Chomsky war schon ein Echo des UGVEM – allerdings ein gänzlich verdrehtes, nämlich sprach-kritisches – in Amerika zu vernehmen.[24] Emerson (1836/1950:25) schrieb 1836 in seinem berühmten Essay *Nature*:

> Words are finite organs of the infinite mind.

Bibliographie

Aarsleff, H. (1970), The History of Linguistics and Professor Chomsky. *Language* 46: 570–585 (jetzt in: Aarsleff 1982: 101–119).

Aarsleff, H. (1982), *From Locke to Saussure. Essays on the Study of Language and Intellectual History*. Minneapolis.

Aarsleff, H. (1988), Introduction. Zu: Humboldt 1988: vii–lxv.

Andresen, J. T. (1990), *Linguistics in America 1769–1924. A Critical History*. London/New York.

Bierwisch, M. (1966), Strukturalismus. Geschichte, Probleme und Methoden. *Kursbuch* 5: 77–152.

Bierwisch, M. (1987), Linguistik als kognitive Wissenschaft – Erläuterungen zu einem Forschungsprogramm. *Zeitschrift für Germanistik* 8: 654–667.

Bierwisch, M. (1994a), Sprache als Berechnungssystem. Strukturelle Grammatik zwischen Geistes- und Naturwissenschaft. *MPG-Spiegel* 2/94: 18–23.

Bierwisch, M. (1994b), Kommunizieren und Berechnen. Linguistik zwischen Biologie und Geisteswissenschaft. *Berlin-Brandenburgische Akademie der Wissenschaften. Jahrbuch 1992/93*: 187–215.

Bloomfield, L. (1970[12]), *Language*. London.

Borsche, T. (1981), *Sprachansichten. Der Begriff der menschlichen Rede in der Sprachphilosophie Wilhelm von Humboldts*. Stuttgart.

Chomsky, N. (1964), *Current Issues in Linguistic Theory*. Den Haag/Paris.

Chomsky, N. (1965), *Aspects of the Theory of Syntax*. Cambridge, Mass.

Chomsky, N. (1966), *Cartesian Linguistics. A Chapter in the History of Rational Thought*. New York/London.

Chomsky, N. (1980), *Rules and Representations*. New York.

Chomsky, N. (1991a), Linguistics and Adjacent Fields: A Personal View. In: Kasher, A. (ed), (1991), *The Chomskyan Turn*. Cambridge, Mass. und Oxford: 3–25.

Chomsky, N. (1991b), Linguistics and Cognitive Science: Problems and Mysteries. In: Kasher, A. (ed) (1991), *The Chomskyan Turn*. Cambridge, Mass. und Oxford: 26–53.

Coseriu, E. (1970), Semantik, innere Sprachform und Tiefenstruktur. In: Coseriu, E. (1970), *Sprache – Strukturen und Funktionen*. Tübingen: 213–224.

Descartes, R. (1637), *Discours de la méthode*. Hg. L. Liard. Paris 1960.

Emerson, R. W. (1836), Nature. In: Emerson, R. W., (1836) *The Complete Essays and Other Writings*. Hg. B. Atkinson. New York 1950: 3–42.

Grewendorf, G. (1995), *Sprache als Organ. Sprache als Lebensform*. Frankfurt/M.

Humboldt, W. von (1903–36), *Gesammelte Schriften*. 17 Bde. Hg. A. Leitzmann et al. Berlin (Nachdruck: Berlin 1967).

Humboldt, W. von (1994), *Über die Sprache. Reden vor der Akademie*. Hg. J. Trabant. Tübingen und Basel.

Humboldt, W. von (1971), *Linguistic variability and intellectual development* Übers. G. C. Buck und F. A. Raven. Coral Gabels, Fla.

[24] Den Hinweis hat kürzlich Kurt Mueller-Vollmer in einem Vortrag über die europäisch-amerikanischen Transfers zu Beginn des 19. Jahrhunderts gegeben.

Humboldt, W. von (1988), *On Language. The Diversity of Human Language Structure and its Influence on the Mental Development of Mankind.* Übers. von P. Heath. Cam bridge.

Humboldt, W. von (1991), *La diversità delle lingue*. Hg. von D. Di Cesare. Rom/Bari.

Meschonnic, H. (1978), Théorie du langage, théorie politique, une seule stratégie (Humboldt, Saussure selon Chomsky). In: Meschonnic, H. (1978), *Poésie sans réponse*. Paris: 317–395.

Meschonnic, H. (1985), Poétique d'un texte de philosophe et de ses traductions: Humboldt, Sur la tâche de l'écrivain de l'histoire. In: Berman, A. u. a. (eds), *Les tours de Babel*. Mauvezin: 181–229.

Müller-Sievers, H. (1993), *Epigenesis. Naturphilosophie im Sprachdenken Wilhelm von Humboldts*. Paderborn.

Mueller-Vollmer, K. (1992), Wilhelm von Humboldt's Introduction to the Kawi Language. *Semiotica* 92: 129–144.

Mueller-Vollmer, K. (1993), *Wilhelm von Humboldts Sprachwissenschaft. Ein kommentiertes Verzeichnis des sprachwissenschaftlichen Nachlasses*. Paderborn.

Pinker, S. (1994), *The Language Instinct. The New Science of Language and Mind.* New York.

Scharf, H.-W. (1977), *Chomskys Humboldt-Interpretation. Ein Beitrag zur Diskontinuität in der Geschichte der neueren Linguistik.* Diss. Düsseldorf.

Scharf, H.-W. (1994), *Das Verfahren der Sprache: Humboldt gegen Chomsky*. Paderborn.

Trabant, J. (1986), *Apeliotes oder Der Sinn der Sprache. Wilhelm von Humboldts Sprach-Bild.* München.

Trabant, J. (1990), *Traditionen Humboldts*. Frankfurt/M.

Trabant, J, (1996), Humboldt über eine aktuelle Kontroverse um die Aufgaben der Sprachwissenschaft. In: Coseriu, E./Ezawa, K./Kürschner, W. (Hg) (1996), *Sprachwissenschaftsgeschichte und Sprachforschung. (Sprachform und Sprachformen: Humboldt, Gabelentz, Sekiguchi).* Tübingen: 71–82.

Trubetzkoy, N. S. (1939), *Grundzüge der Phonologie*. Göttingen 1967[4].

Weydt, H. (1972), Unendlicher Gebrauch von endlichen Mitteln. Mißverständnisse um ein linguistisches Theorem. *Poetica* 5: 249–267.

Weydt, H. (1976), *Noam Chomskys Werk: Kritik, Kommentar, Bibliographie*. Tübingen.

Heinrich Weber (Heidelberg)

Substanz und Substantiv
Zur kategoriellen Bedeutung einer grammatischen Kategorie

1. Einführung und Fragestellung

Die grammatische Terminologie verweist auf antike Voraussetzungen der modernen Grammatik. So betont Peter Eisenberg in seinem *Grundriß der deutschen Grammatik* "den engen Zusammenhang zwischen philosophischen und grammatischen Kategorien" und stellt die historische Beziehung her zwischen den grammatischen Kategorien als "klassifikatorischen Begriffen" und den aristotelischen Kategorien als nicht weiter ableitbaren "Grundbegriffen des jeweiligen Systems". Als Beispiel führt er das Substantiv an: "Unser Substantiv ist die Bezeichnung für Wörter, die etwas 'Substantielles' bezeichnen, etwas, das Substanz im Sinne der aristotelischen Kategorie hat." (Eisenberg 1994:33f)

Eisenberg steht damit in einer Tradition. Als Gewährsmann nennt er John Lyons, der das Substantiv aus dem Substanzbegriff herleitet. In der aristotelischen Theorie gebe es zwischen der Kategorie der "Substanz" und den anderen "akzidentiellen" Kategorien einen grundlegenden Unterschied: Die "Substanz" sei das individuelle Ding; die übrigen Kategorien bezeichneten dagegen Eigenschaften, Größen, Verhältnisse u.a. dieses Dings. Da nach mittelalterlicher Auffassung "die Struktur der Sprache ein Niederschlag der Struktur der Welt sei", entspreche die grammatische Kategorie "Substantiv" der ontologischen Kategorie "Substanz" (Lyons 1971:275). Ähnlich hat sich auch der französische Linguist E. Benveniste geäußert: "La notion de ***usía*** indique la classe des substantifs." (Benveniste 1958:66).

Die Gleichsetzung von Substantiv und Substanz ist in dieser undifferenzierten Form jedoch unzutreffend; die Zusammenhänge sind komplizierter. Wir wollen versuchen, sie wenigstens andeutungsweise zu klären. Die Gesichtspunkte, die wir dazu heranziehen, stammen zum größeren Teil aus einer bisher unveröffentlichten Untersuchung über die aristotelische Tradition in der Sprachwissenschaft (Weber 1981). Wir betrachten im folgenden

- die Ausdifferenzierung der Wortart "Substantiv" aus der klassischen Wortart "Nomen"
- die Kategorie "Substanz" in der aristotelischen Kategorienlehre
- die Verwendung von Substantiven zur Bezeichnung verschiedener Kategorien in Wesens- und akzidentiellen Prädikationen
- Vorschläge von Grammatikern, die Inkongruenz von Substanz und Substantiv zu überwinden.

2. Nomen, Nomen substantivum und Substantiv

Die Antike kannte die Wortart "Substantiv" noch nicht, sondern nur die Wortart "Nomen". Aristoteles definiert das Nomen über seine Zeichenhaftigkeit als kleinste ***phonè semantiké*** (De Int. 1:16a20; Poet. 20:1457a12), d.h. als "Laut, der Bedeutung hat" bzw. – wenn man zwischen Bedeutung und Bezeichnung unterscheidet (vgl. Coseriu 1970) und den referentiellen Gesichtspunkt betont – "etwas bezeichnet", dessen Teile für sich aber keine Bedeutung hätten bzw. nichts bezeichneten. Er grenzt es ab von den Bindewörteren, die bedeutungslos (***ásemos***) seien bzw. nichts bezeichneten, von den Verben, die die Zeit mitbezeichneten, und von den Sätzen, bei denen auch die Teile Bedeutung hätten. Auch die Verben seien Nomina, wenn man von der Zeit absehe (vgl. De Int. 2–4, Poet. 20). Die Nomina umfassen also für Aristoteles den gesamten benennenden Wortschatz, d.h. den Wortschatz, mit dem man auf die Welt und ihre verschiedenen Aspekte referiert.

Die antike Elementargrammatik differenziert die Wortarten weitgehend so aus, wie wir sie heute noch kennen, subsumiert unter die Wortart "Nomen" aber nicht nur Substantive, sondern auch Adjektive, Zahlwörter und einen Teil der Pronomina im heutigen Sinne.

Dionysios Thrax, der Verfasser der ältesten überlieferten griechischen Grammatik, charakterisiert das Nomen formal durch die Kasus und inhaltlich als die Wortart, die einen Körper oder eine Sache bezeichnet (***sôma è prâgma semaînon***), z. B. *Stein, Erziehung*, und die allgemein oder individuell gesagt wird (***koinôs te kaì idíos legómenon***), z. B. *Mensch, Pferd* vs. *Sokrates*. (Dionysios 1883:24). Von "Substanz" ist nicht die Rede, und *Erziehung* (griech. ***paideía***) ist Beispiel für ein Substantiv, das keine Substanz bezeichnet. Der aristotelische Terminus für die Substanz, ***usía***, tritt jedoch bei der Subklassifikation der Nomina auf. So finden wir den Eigennamen (***kyrion***) definiert als "Bezeichnung der individuellen Substanz" (***tò tèn idían usían semaînon***) und das Appellativum (***prosegorikón***) als "Bezeichnung der allgemeinen Substanz" (***tò tèn koinèn usían semaînon***) (Dionysios 1883:33–34). Außerdem unterscheidet Dionysios u.a. zwischen Relativa (***prós ti échon***), Homonymen, Synonymen, Gattungsnomina (***genikón***), Artnomina (***idikón***) und Zahlwörtern (***arithmetikón***). Auch das Adjektiv (***epítheton***) tritt hier auf als ein Wort, das Eigen- und Gattungsnamen homonym hinzugefügt werde und Lob oder Tadel ausdrücke, z. B. *weise, zügellos; langsam, schnell; reich, arm* (Dionysios 1883:34–46). In dieser etwas verwirrenden Liste stehen Unterscheidungen nach der äußeren Form und der Stellung, Unterscheidungen hinsichtlich Mehrdeutigkeit und Bedeutungsgleichheit, kategoriale Unterscheidungen und Unterscheidungen der Prädikabilien "Art" und "Gattung", die bei Aristoteles einen ganz unterschiedlichen Stellenwert haben, gleichberechtigt nebeneinander. Daß Substanzen bezeichnet würden, wird nur bei drei von vierundzwanzig Subklassen des Nomens gesagt.

Der römische Grammatiker Aelius Donatus, der der lateinischen Grammatik im 4. Jh. ihre klassische Form gegeben hat, setzt die Tradition der griechischen Grammatik fort. Er definiert das Nomen als Redeteil mit Kasus, der einen Körper oder eine Sache als Eigen- oder Gattungsname bezeichne (*pars orationis cum casu corpus aut rem proprie communiterue significans*) (Donatus, Ars. Mai. 2, ed. Holtz 1981:614). Bei der Subklassifikation der Nomina betont er ausdrücklich, daß es viele Arten von Appellativen gebe, von denen einige unkörperlich seien, z. B. *Frömmigkeit*, *Gerechtigkeit* und *Würde*:

> Appellatiuovrum nominum species multae sunt. Alia enim sunt corporalia, ut homo, terra, mare; alia incorporalia, ut pietas, iustitia, dignitas. (Donatus, Ars. Mai. 2, ed. Holtz 1981:615)

Nach Ausweis des Registers kommt der Begriff *substantia* bei Donat überhaupt nicht vor. Bei dem spätantiken Grammatiker Priscian wird er immerhin indirekt über die Adjektive mit den Nomina in Verbindung gebracht. Priscian sagt nämlich, daß die Adjektive "von den Akzidentien der Substanz der Nomina herrühren" (*quae sumuntur ex accidentibus substantiae nominum*) (zitiert nach Jellinek 1913–1914:79).

Die um 1300 entstandene *Grammatica speculativa* des Thomas von Erfurt, die bekannteste theoretische Grammatik der Scholastik, subklassifiziert das Nomen in einem ersten Schritt in Gattungsnamen und Eigennamen und in einem zweiten Schritt den Gattungsnamen in das "nomen substantivum" und das "nomen adiectivum". Thomas begründet diese Unterscheidung nicht kategorial nach "Substanz" und "Akzidenz", sondern nach dem Kriterium der Bestimmtheit und Selbständigkeit. Dem substantivischen Nomen entspreche der Modus der Selbständigkeit (*modus per se stantis*) und wesensmäßigen Bestimmtheit (*modus determinati secundum essentiam*), dem adjektivischen Nomen der Modus der Beifügung (*modus adiacentis*) und der seinsmäßigen Befindlichkeit in einem anderen (*modus inhaerentis alteri secundum esse*). Als Beispiele für das substantivische Nomen führt er *albedo* und *lapis* an, als Beispiele für adjektivische Nomina *albus* und *lapideus* (vgl. Thomas 1972:158). Die Wahl von Beispielen gleicher lexikalischer Bedeutung, von denen das eine kategorial eine Qualität (weiße Farbe), das andere eine Substanz (Stein als Körper) bezeichnet, macht deutlich, daß die Unterscheidung nicht mit der kategorialen Unterscheidung gleichgesetzt werden kann.

Die Grammatik von Justus Georg Schottelius, die erste wissenschaftliche deutsche Grammatik, schließt sich hier an die scholastische Tradition an. Schottel teilt das Nennwort in "das Selbstendige (*Substantivum*), wessen Andeutung an sich selbst bestehet/und dadurch ein Ding/ohne zuthun eines andern Wortes ausgedrükket wird", und das Beistendige (*Adjectivum*), "welches ohne Beistand eines anderen Wortes keine völlige Deutung eines Dinges austrükket" (Schottel 1663:232–33).

Die Grammatik von Port-Royal verwendet zwar ebenfalls das Kriterium der Selbständigkeit, bringt es aber jetzt in Verbindung mit der Unterscheidung von Substanz und Akzidenz: Die substantivischen Nomina seien primär Bezeichnungen der Substanzen, die adjektivischen Nomina Bezeichnungen der Akzidentien. Die Verfasser betonen aber, daß man dabei nicht stehen geblieben sei:

> (...) parce que la substance est ce qui subsiste par soy-mesme, on a appellé noms substantivs tous ceux qui subsistent par eux-mesmes dans le discours, sans avoir besoin d'vn autre nom, encore mesme qu'ils signifient un accidens. (Arnauld/Lancelot 1676:31)

Der deutsche Philosoph Adolf Trendelenburg leitete 1846 in seiner *Geschichte der Kategorienlehre* nicht das Substantiv aus der Substanz, sondern die ganzen aristotelischen Kategorien aus der erst später explizit beschriebenen Wortarteneinteilung und damit auch die Substanz aus dem Substantiv ab:

> Bei dieser Verwandtschaft der logischen Kategorien mit grammatischen Verhältnissen leiteten auch zunächst grammatische Unterschiede den Entwurf der Geschlechter. – Es wird dies zunächst deutlich, wenn man die später und namentlich durch die Stoiker ausgebildeten Redetheile mit den Kategorien vergleicht. Die ***usía*** entspricht dem Substantiv, das ***posón*** und ***poión*** dem Adjektiv (...) (Trendelenburg 1846:23)

Er nahm an, daß Aristoteles bei der Erstellung der Kategorienliste dem "leitenden Gesichtspunkt der Sprache" folgte. Gegen Trendelenburg hat Hermann Bonitz allerdings eingewandt, daß die Betrachtung der Sprache den Wortarten und den Kategorien zwar gemeinsam sei, der Gesichtspunkt aber jeweils ein anderer: die Wortarten würden sich auf die sprachliche Form in einer bestimmten Sprache beziehen, die Kategorien dagegen auf begriffliche Unterschiede (vgl. Bonitz 1853:640–41).

Die angeführten Belege aus der Geschichte der Wortartenlehre zeigen, daß die Wortart "Nomen" zunächst keine Affinität zur Kategorie "Substanz" hatte, sondern alle Wörter zusammenfaßte, die nicht nur als grammatische Hilfsmittel fungierten, sondern auch Referenz- oder Bezeichnungsfunktion hatten, d.h. als Zeichen für Aspekte der Wirklichkeit dienten. Die Kategorie "Substanz" spielte zunächst bloß bei einigen Subklassen der Nomina eine Rolle und konkurrierte erst in der Neuzeit bei der Abgrenzung von Substantiven und Adjektiven mit dem Kriterium der Selbständigkeit.

3. Die Kategorie Substanz und die Wortart Nomen

In den "Kategorien" unterscheidet Aristoteles die zehn Kategorien "Substanz", "Qualität", "Quantität", "Relation", "Zeit", "Ort", "Lage", "Haben", "Leiden" und "Tun". Ob diese Kategorien ontologische, logische oder sprachliche Kategorien sind, ist in der Philosophiegeschichte umstritten geblieben. Wir haben die Frage nach dem Zusammenhang zwischen der Wortart "Substantiv" und der Kategorie "Substanz", die Teil dieser Diskussion ist, im vorausgehenden Abschnitt aus der Perspektive der Grammatik beleuchet. Im folgenden wollen wir sie aus der Perspektive der aristotelischen Kategorien betrachten.

Die Kategorienlehre ist wohl der historisch einflußreichste und erfolgreichste Versuch, die unüberschaubare Vielfalt möglicher Sprachinhalte in eine akzeptable und in der Praxis brauchbare Ordnung zu bringen. Es wäre ein Fehler, sie dogmatisch aufzufassen, wie es insbesondere im Mittelalter geschehen ist. Für Aristoteles selbst stellt sie kaum mehr als einen Vorschlag dar, einen Ansatzpunkt zur Klärung inhaltlicher Probleme, wie sie aus den athenischen didaktischen und philosophischen Diskussionen erwachsen sind; er stellt sie zur Diskussion und modifiziert sie, wenn es der Untersuchungsgegenstand erfordert.

Aristoteles behandelt in vier Kapiteln der Kategorienschrift etwas ausführlicher die Kategorien "Substanz", "Quantität", "Relation" und "Qualität". Im fünften Kapitel stellt er die Kategorie der Substanz im einzelnen vor. Der Aufbau des Kapitels ist unübersichtlich, da bestimmte Argumentationen mehrfach in leichter Variation wiederholt werden. Zur besseren Orientierung sei der wesentliche Inhalt im folgenden zusammengefaßt.

Aristoteles unterscheidet zunächst zwischen ersten Substanzen und zweiten Substanzen. Die ersten Substanzen sind die eigentlichen und primären Substanzen. Sie sind nur Subjekt, niemals Prädikat, d.h. sie werden weder von einem Subjekt gesagt noch sind sie in einem Subjekt. Erste Substanzen sind beispielsweise *dieser Mensch, dieses Pferd*. Die erste Substanz bezeichnet das Das-da (***tóde ti semaínei***) (Cat. 5:3b13). Sie ist das, was das Individuum und das der Zahl nach Eine, d.h. das Einzelding, zum Ausdruck bringt (***átomon gàr kaì hén arithmô tò delúmenón estin***) (Cat. 5:3b13–15).

Alle Prädikate werden letzten Endes entweder von einer ersten Substanz ausgesagt oder sind in einer ersten Substanz als ihrem Subjekt. Wenn die ersten Substanzen nicht wären, dann könnte es unmöglich etwas anderes geben (***mè usôn ûn tôn próton usiôn adynaton tôn állon ti eînai***) (Cat. 5:2b5–6).

Die ersten Substanzen, z. B. *dieser Mensch, dieses Lebewesen*, haben niemals ein Gegenteil, sind aber als einzige Kategorie aufnahmefähig für Gegenteiliges (z. B. wird *dieser Mensch*, obwohl er ein und derselbe ist, manchmal *weiß*, manchmal *schwarz*, und *warm* und *kalt*, und *schlecht* und *gut*), und zwar weil sie sich selbst verändern können (... ***tò katà tèn heautês metabolèn dektikèn tôn enantíon eînai***) (Cat 5:4b4). Dagegen kann ein und dieselbe Farbe nicht *weiß* und *schwarz*, ein und dieselbe Handlung nicht *gut* und *schlecht* sein.

Die Zusammenfassung macht deutlich, daß die Kriterien, durch die die erste Substanz bestimmt wird, sprachlicher Art sind. Sie drehen sich darum, wie die Ausdrücke für erste Substanzen im Satz verwendet werden: daß sie nur als Subjekt gebraucht werden und daß sie kein Gegenteil haben, aber für Gegenteiliges aufnahmefähig sind. Bewertungsmaßstab ist die sprachliche Kompetenz der Teilnehmer an der dialektischen Diskussion. Obwohl die ersten Substanzen die eigentlichen und prototypischen Substanzen sind, werden sie, wie die Beispiele zeigen, nicht nur durch Nomina, genauer durch Eigennamen wie *Sokrates*, ausgedrückt, sondern auch durch deiktische Pronomina wie *das da* (***tóde ti***) und Kombinationen von Pronomen und Nomen wie *dieser Mensch*. Die aristotelischen Beispiele selbst zeigen, daß “erste Substanz” und “Substantiv” sich nicht entsprechen.

Die zweiten Substanzen sind für Aristoteles die Arten und Gattungen der ersten Substanzen, z. B. *Mensch* und *Lebewesen*. Sie sind Prädikate, und zwar solche, die von ihrem Subjekt ausgesagt werden, aber niemals in ihrem Subjekt sind. Sie bringen als einzige Prädikate die ersten Substanzen der Subjekte zum Ausdruck (***móna gàr [tà eíde kaì tà géne] deloî tèn próten usían tôn kategoruménon***) (Cat. 5:2b32–33), d.h. sie antworten auf die Frage “Was ist das?”

Bei den zweiten Substanzen kann man sowohl den Namen wie die Definition vom Subjekt prädizieren, z. B. *Sokrates ist ein Mensch, ist ein vernünftiges Lebewesen*. Bei den Prädikaten, die im Subjekt sind, kann man allenfalls den Namen, nie aber die Definition prädizieren, z. B. *Dieser Körper ist weiß*, aber nicht: **Dieser Körper ist hellste Farbe*.

Die Arten sind mehr Substanz als die Gattungen, weil sie den ersten Substanzen näher stehen, d.h. weil sie erkennbarer und angemessener angeben, was die ersten Substanzen sind. Durch die Arten *Mensch* und *Baum* werden erste Substanzen eindeutiger charakterisiert als durch die Gattungen *Lebewesen* und *Pflanze*, die allgemeiner sind.

Die Art ist Subjekt der Gattung, so wie die erste Substanz Subjekt aller Prädikate ist. Arten und Gattungen können wie die erste Substanz Subjekt aller anderen Prädikate sein, z. B.: *Dieser Mensch kann lesen und schreiben, Menschen können lesen und schreiben, Lebewesen können lesen und schreiben.*

Arten und Gattungen werden von ihrem Subjekt, den ersten Substanzen, synonym prädiziert, weil sie sowohl den Namen wie die Definition mit ihnen gemeinsam haben.

Arten und Gattungen scheinen ihrer sprachlichen Form nach das Das-da zu bezeichnen, z. B. in *Der Mensch ist weiß, das Lebewesen ist sterblich.* Dies ist jedoch nicht richtig; sie bezeichnen eher eine Qualität. Denn das Subjekt ist keine Einheit wie bei der ersten Substanz, sondern wird von vielen gesagt. Arten und Gattungen bezeichnen aber nicht Qualitäten an sich wie *weiß*, sondern bezeichnen die qualitativ bestimmte Substanz (***poiàn gár tina usían semaínei***) (Cat. 5:3b22).

Wie die ersten Substanzen haben zweite Substanzen kein Gegenteil, sind aber für Gegenteiliges aufnahmefähig.

Auch bei der Bestimmung der zweiten Substanzen verwendet Aristoteles Kriterien des Sprachgebrauchs, z. B. die Verwendung als Subjekt oder Prädikat. In sprachlicher Hinsicht entsprechen den zweiten Substanzen die konkreten appellativen Substantive, die als prototypischer Kernbereich der Wortart "Substantiv" gelten. Bei den zweiten Substanzen konstatiert Aristoteles aber eine abnehmende Substanzhaftigkeit, insofern die allgemeineren Gattungen weniger Substanz seien als die spezielleren Arten. Außerdem bringt er sie mit der Kategorie der "Qualität" in Verbindung, insofern sie Substanzen qualitativ bestimmten. Selbst die konkreten appellativen Substantive entprechen also nach der aristotelischen Analyse nicht völlig der Substanzkategorie.

4. Die aristotelischen Kategorien und das Substantiv

Wir haben schon gesehen, daß alle Wörter, die etwas bezeichnen und damit einer Inhaltsanalyse zugänglich sind, für Aristoteles in gewissem Sinne Nomina (***ónoma***) sind. Da auch Verben und Adjektive substantiviert und im Modus der Selbständigkeit gebraucht werden können, ist der Bereich alles Seienden, das versprachlicht werden kann, auch durch die enger definierten Substantive im modernen Sinne vollständig abgedeckt. Wenn dies so ist, entsprechen Substantive allen Kategorien. Daß es so ist, soll im folgenden herausgearbeitet werden.

In den athenischen Diskussionsübungen, aus denen die logischen Analysen von Aristoteles hervorgegangen sind, spielten die Wesensprädikationen eine zentrale Rolle. Sie sind Antworten auf die Frage "Was ist das?" und führen, auf beliebige Subjekte angewandt, letztlich auf die zehn Kategorien als die höchsten Gattungen. Mittels fortgesetzter Was-ist-das?-Fragen ermittelt man, zu welcher Kategorie ein Subjekt (z. B. *Sokrates*) oder ein als Subjekt gesetztes Prädikat (z. B. *Mensch, Lebewesen, weiß, Farbe*) gehört. Das Verfahren beinhaltet, daß man immer in der gleichen Kategorie antwortet, d.h. daß Subjekt und Prädikat kategorial übereinstimmen.

In den Wesensprädikationen können Substantive sowohl als Subjekt wie als Prädikat auftreten. Bei Wesensprädikationen mit individuellem Subjekt stehen Eigennamen in der Subjektposition, z. B. ***Sokrates*** *ist ein Mensch.* Sie bezeichnen Individuen bzw. erste Substanzen. Eigennamen dem Inhalt, aber nicht der Form nach sind auch Wortgruppen aus Artikel bzw. Pronomen und Substantiv, z. B. ***Dieser Mensch*** *ist ein Mensch/ein Lebewesen.* Individuen werden nicht nur durch Substantive, sondern auch durch deiktische Pronomina bezeichnet, z. B. ***Dies*** *ist ein Mensch.*

In der Prädikatsposition nach individuellem Subjekt stehen ausschließlich konkrete Appellativa, z. B.: *Sokrates ist (ein)* ***Mensch****. Sokrates ist (ein)* ***Lebewesen****.* Konkrete Appellative geben an, was die Individuen (ersten Substanzen) sind, d.h. sie bezeichnen die Arten und Gattungen der ersten Substanzen. Sie sind sprachlicher Ausdruck der zweiten Substanzen.

Bei Wesensprädikationen mit universellem Subjekt, z. B. *Der Mensch ist ein Lebewesen, Der Mut ist eine Tugend* stehen in der Subjektposition speziellere Appellativa, z. B. *Mensch, Mut.* Sie bezeichnen absolute und relative Arten in allen Kategorien. In der Prädikatsposition stehen allgemeinere Appellativa, z. B.: *Lebewesen, Tugend.* Sie bezeichnen absolute und relative Gattungen in allen Kategorien. Die Wesensprädikationen mit universellem Subjekt sind analytische Sätze. Sie charakterisieren inhaltliche Zusammenhänge zwischen spezielleren und allgemeineren Ausdrücken in allen Kategorien, z. B.:

Der Mensch ist ein Lebewesen (Substanz)
Der Mut ist eine Tugend (Qualität)
Die Drei ist eine Zahl (Quantität)
Die Ehe ist eine Beziehung (Relation)
Die Zukunft ist eine Zeit (Zeit)
Der Gipfel ist ein Ort (Ort)
Das Sitzen ist eine Lage (Lage
Die Bewaffnung ist ein Besitz (Haben)
Das Beschenktwerden ist ein Empfangen (Leiden)
Das Schenken ist ein Geben (Tun)

In den universellen Wesensprädikationen stehen nur Substantive. Das Substantiv ist hier die Wortart, die angibt, was etwas ist, die das Wesen ausdrückt. Das Subjekt ist jedoch kein Individuum (erste Substanz), sondern ein Art- oder Gattungsbegriff. Die Substantive in der universellen Wesensprädikation sind teils einfache Substantive, z. B. *Mensch, Mut, Tugend*, teils aus anderen Wortarten durch Konversion (z. B. *Drei*), Flexion (z. B. *Schenken*) oder Ableitung (z. B. *Bewaffnung*) gebildet. Das grammatische Mittel der Wortbildung ermöglicht es, Inhalte aller Kategorien durch Substantive auszudrücken.

Die akzidentiellen Prädikationen sind dagegen für die Frage nach dem Wesen ohne Interesse. Sie sind Antworten auf die Frage "Wie groß ist das?", "Wie (beschaffen) ist das?", "Worauf bezieht sich das?", "Welche Lage nimmt das ein?" usw. Ihr Zweck besteht darin, einzelne Gegenstände der Wirklichkeit unter verschiedenen Gesichtspunkten zu erfassen und zu beschreiben. Sie sind jedoch nicht mehr Gegenstand der Wissenschaft im aristotelischen Sinne, da es "von dem in akzidentiellem Sinn Seienden" "keine wissenschaftliche Betrachtung gibt." (vgl. Met. VI,2:1026b4, übers. Schwarz 1970:158)

Ist das Subjekt bei der akzidentiellen Prädikation ein Individuum, stehen in der Subjektposition dieselben Ausdrücke wie bei der individuellen Wesensprädikation, z. B. *Sokrates sitzt, dieser Mensch sitzt, dieser sitzt.* Außerdem können individualisierte Paronyme (Denominativa) stehen, d.h. Substantive, die aus den Arten und Gattungen der akzidentiellen Kategorien abgeleitet sind, z. B.: *Dieser Riese schläft, Dieser Faulpelz ist gescheit, Dieser Schreiner arbeitet sorgfältig.* So findet man z. B. substantivische Bezeichnungen für den Menschen in allen akzidentiellen Kategorien:

Quantität: Riese, Zwerg,...

Qualität: der Dumme, der Geizkragen, der Faulpelz, das Bleichgesicht,...

Relation: Vater, Vorgesetzer, Angestellter, Freund, Ehemann,...

Ort: Nebenmann, Nachbar, Beisitzer, Stuttgarter, Eingeborener,...

Zeit: Vorfahre, Nachkomme,...

Lage: der Sitzende, der Liegende, der Gehenkte,...

Haben: der Bewaffnete, der Nackte, der Zerlumpte,...

Tun: Wanderer, Fahrer, Bäcker, Schreiner, Student,...

Leiden: Patient, Angeklagter, Opfer, Begünstigter, Bestohlener,...

In der Prädikatsposition stehen Ausdrücke in allen prädikatsfähigen Wortarten. Auch die in einfachen, nur mit *sein* gebildeten Prädikaten auftretenden Substantive sind durchweg Paronyme (Denominative). Allerdings muß man hier mit lexikalischen Lükken rechnen, z. B. in der Kategorie der Zeit:

Sokrates ist ein Riese (Quantität)
Sokrates ist ein Held (Qualität)
Sokrates ist ein Ehemann (Relation)
Sokrates ist ein Athener (Ort)
Sokrates ist einer aus der Antike (Zeit)
Sokrates ist ein Sitzender (Lage)
Sokrates ist ein Barfüßiger (Haben)
Sokrates ist ein Lehrer (Tun)
Sokrates ist ein Angeklagter (Leiden)

Neben den akzidentiellen Prädikationen von Individuen gibt es noch akzidentielle Prädikationen, bei denen von einem universellen Subjekt etwas akzidentiell prädiziert wird, z. B. *Der Maurer ist gebildet, Der Akademiker ist Maurer, Der Mensch baut Schiffe, Die Lage ist ernst, Dieser Mensch ist Sokrates* usw. (vgl. Met. V,7:1017a7–23).

Die kategoriale Klassifikation der Substantive, die wir hier vorgestellt haben, kann in folgendem Baumgraphen zusammengefaßt werden:

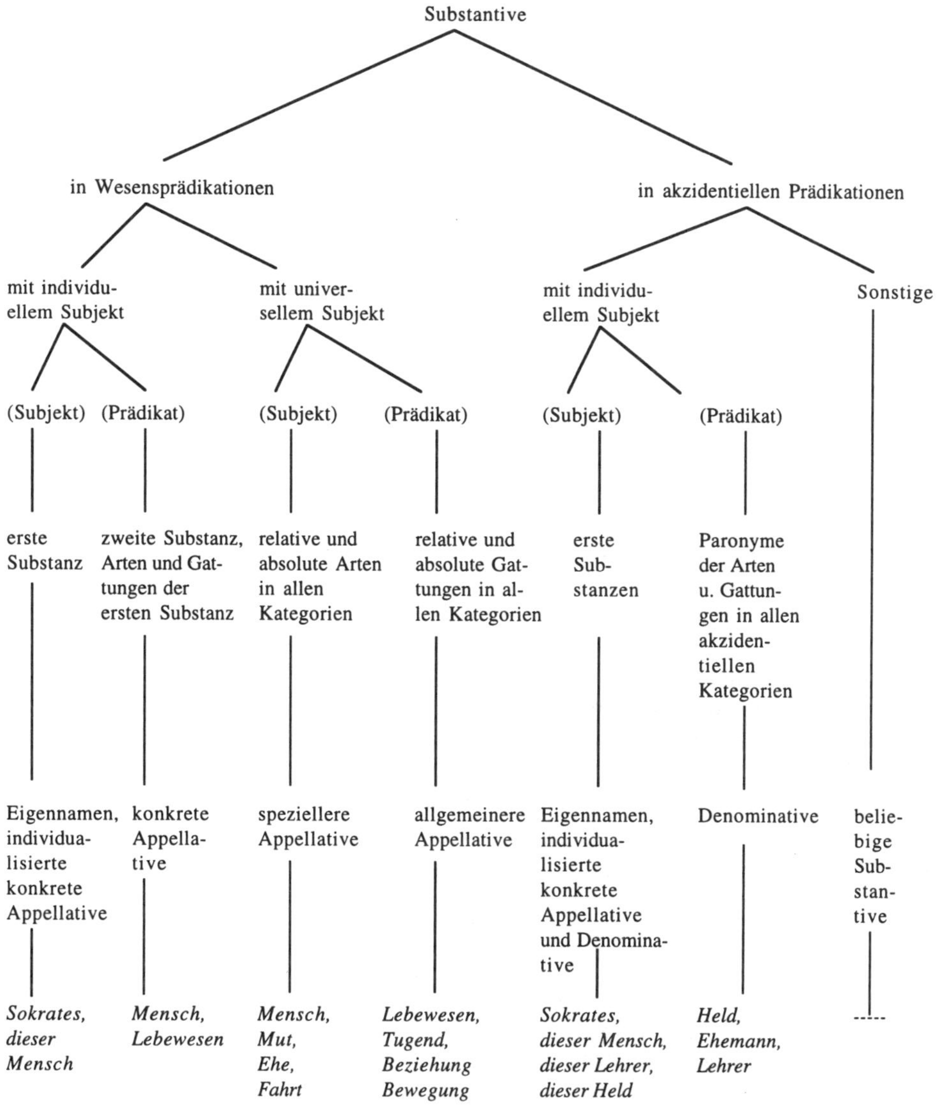

Der Überblick über die verschiedenen Möglichkeiten, Substantive zum Ausdruck aristotelischer Kategorien zu verwenden, macht deutlich, daß eine eindeutige Zuordnung der Wortart "Substantiv" zur Kategorie der "Substanz" nicht möglich ist. Substantive treten in allen Kategorien auf. Gleichwohl ist die Wortart "Substantiv" enger auf die Substanz bezogen als alle anderen Wortarten. In der individuellen Wesensprädikation, die sagt, was die ersten Substanzen sind, stehen als Prädikat ausschließlich Substantive, und als Subjekt nur Substantive und Pronomina. Nimmt man diesen zentralen Prädikationstyp zum Ausgangspunkt, so hat man einen Ansatz für die oben skizzierten Versuche, Substanz und Substantiv einander zuzuordnen.

5. Die Auflösung der Inkongruenz von Substanz und Substantiv

Die Grammatiker standen und stehen vor einem Dilemma. Einerseits ist nicht zu leugnen, daß Eigennamen und konkrete Appellative etwas mit der Welt der Substanzen oder Einzeldinge zu tun haben. Ebenso offenkundig ist aber auch, daß es viele "akzidentielle" Substantive gibt. Um das Dilemma aufzulösen, kann man zwischen verschiedenen Möglichkeiten wählen: Man kann das Substanzkriterium ersetzen durch ein anderes, wenn auch verwandtes Kriterium, man kann zwischen einem primären substantiellen Kernbereich und einem sekundären akzidentiellen Randbereich der grammatischen Kategorie "Substantiv" unterscheiden, und man kann schließlich das Substantiv auf andere Weise, z. B. rein formalgrammatisch, definieren und die Kategorien bloß zur inhaltlichen Subklassifikation heranziehen.

Die erste Lösung wurde von der scholastischen Grammatik gewählt, als sie anstelle des Substanzkriteriums die Kriterien der Selbständigkeit und Bestimmtheit wählte. Eine Variante dieser Lösung findet sich auch im *Deutschen Sprachbau* von Wladimir Admoni. Admoni sieht den "verallgemeinerten grammatischen Bedeutungsgehalt" des Substantivs darin, daß "jeder Begriff und jede Vorstellung, die in der Form des Substantivs zum Ausdruck gelangen, (...) als ein Ding, als etwas Dinghaftes, als eine Substanz (bei H. Glinz als Größe) aufgefaßt" werden, hält aber einen Widerspruch zwischen grammatischer und lexikalischer Bedeutung für möglich, wenn "das Substantiv unmittelbar den Begriff nicht eines Dinges, sondern eines Prozesses, einer Eigenschaft oder einer Beziehung bezeichnet." (Admoni 1982:87) Die Inkongruenz zwischen Wortart und Kategorie wird also aufgelöst dadurch, daß eigenständige grammatische Bedeutungen eingeführt werden, die von der Kategorie der lexikalischen Bedeutung abweichen können.

Die zweite Lösung, nämlich zwischen primären substantiellen und sekundären akzidentiellen Substantiven zu unterscheiden, haben wir schon in der Grammatik von Port-Royal kennengelernt. Explizit findet sie sich wieder in den *Éléments de syntaxe structurale* von Lucien Tesnière. Nach seiner Auffassung stehen Substantive für Substanzen:

> Une **première subdivision** opposera les idées de **substances** à celles de **procès**.
>
> Les substances sont les choses perçues par les sens et conçues par l'esprit comme douées d'une existence distincte, p. ex. *cheval, table, quelqu'un*. Les mots pleins éxprimant l'idée d'une substance sont appelés **substantifs**. (Tesnière 1965:61)

Daß auch andere kategoriale Inhalte durch Substantive ausgedrückt werden können, erklärt Tesniere mit dem Begriff der Translation, d.h. des syntaktisch bedingten Wortartwechsels:

> La translation peut être comparée au subterfuge des sacripants que Prosper Mérimée met en scène dans la *Chronique du règne de Charles IX* (chap. 23), et qui, envahissant le cabaret de Beaugency un vendredi, alors qu'ils ont la dent longue, et désireux de pouvoir faire maigre tout en mangeant de la viande, y obligent un moine alsacien, à transformer des poulets en poissons, en leur administrant le baptème: "Je te baptise carpe." C'est, en effet, par un subterfuge analogue, que le sujet parlant prête inconsciemment a un substantif la qualité d'adjectif avec l'acquiescement complice et tacite de ses interlocuteurs.

La translation est ainsi un des principaux mécanismes par lesquels se réalise **l'indépendence du structural et du semantique** (...) (Tesnière 1965:366)

Tesnières Lösung besteht also in der Unterscheidung zwischen primären oder eigentlichen Substantiven, die Substanzen bezeichnen, und sekundär durch Translation gebildeten Substantiven, die auch andere kategoriale Inhalte wiedergeben können.

Die dritte, wohl am ehesten aristotelische Lösung besteht darin, das Substantiv kategorial unbestimmt zu lassen, die Unterscheidung von Kategorien und Unterkategorien aber zur Subklassifikation zu verwenden. Man findet diese Lösung beispielsweise in so entfernt liegenden Ansätzen wie in der generativ-transformationellen Grammatiktheorie Noam Chomskys oder der eher normativ orientierten *Duden-Grammatik der deutschen Gegenwartssprache.*

Chomsky subklassifiziert die Substantive in den "Aspects" mittels der kreuzklassifizierten, in der Graphik aber hierarchisch dargestellten binären Merkmale [± Appellativum], [± Individuativum], [± Abstrakt], [± Belebt], [± Menschlich] (Chomsky 1969:112):

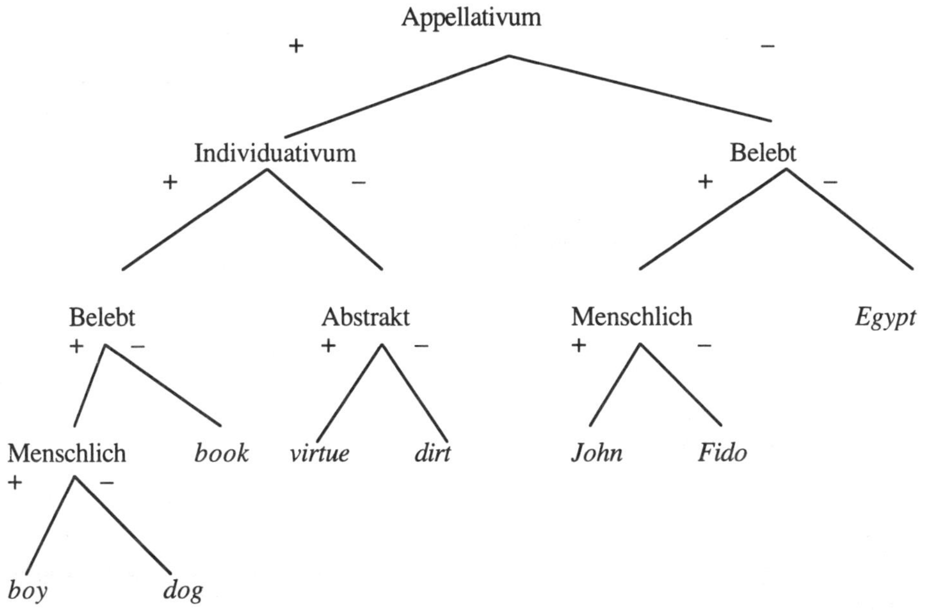

Die Auswahl der Merkmale, mit der das Substantiv subklassifiziert wird, umfaßt das inhaltliche Spektrum, das wir auch in der aristotelischen Tradition festgestellt haben. Im Merkmal [± Appellativum] erkennen wir die Unterscheidung von Gattungsnamen und Eigennamen und die damit verwandte Unterscheidung von erster und zweiter Substanz. Die Unterscheidung [± Abstrakt] trennt die akzidenzbezeichnenden abstrakten Substantive ab, die Merkmale [± belebt] und [± menschlich] entsprechen der klassischen Subklassifizierung der Substanzkategorie (vgl. Porphyrios, Kap. 2, übers. Rolfes 1925:15). Nur das Merkmal [± Individuativum], das sowohl konkrete wie abstrakte nicht-zählbare Substantive abgrenzt, tritt in dieser Form in der alten Logik und Grammatik nicht auf, ist aber durch die aristotelische Unterscheidung von Gestalt und Form vorgeprägt, nach der der Stoff nicht "der Verwirklichung nach, doch dem Vermögen nach ein Das [Einzelding] ist" (***hè̱ mè̱ tóde ti ûsa energeía dynámei estì tóde ti***) (vgl. Met. VIII,1:1042a27–31, übers. Schwarz 1970:208).

Auch die Duden-Grammatik subklassifiziert die Substantive in ein breites Spektrum verschiedener Inhalte. Hauptunterscheidung ist die zwischen Konkreta, "mit denen etwas Gegenständliches bezeichnet wird", und Abstrakta, "mit denen etwas Nichtgegenständliches bezeichnet wird, etwas Gedachtes (Begriffe (...))" (Duden 1995:192). Als Untergruppen der Konkreta werden Eigennamen, Gattungsbezeichnungen, Sammelbezeichnungen und Stoffbezeichnungen angeführt; die Untergruppen der Abstrakta stehen in einer Liste, die mindestens teilweise an der aristotelischen Kategorieneinteilung orientiert ist (Duden 1995:192). Den Kategorien "Tun, Leiden, Haben" entsprechen ungefähr "Handlungen, Vorgänge und Zustände", der Kategorie "Qualität" die "Eigenschaften", der Kategorie "Relation" die "Verhältnisse oder Beziehungen". Mit "Quantität" und "Zeit" können die "Maß- und Zeitbegriffe" in Verbindung gebracht werden. Nur die "menschlichen Vorstellungen" und die "Wissenschaften, Künste" fallen aus dem Kategorienschema heraus. Auch für die Duden-Gramnmatik bezeichnen Substantive das ganze Spektrum des Benennbaren.

Der aristotelische Substanzbegriff ist also als definierendes Merkmal für das Substantiv ungeeignet: Nicht nur Substantive bezeichnen Substanzen, sondern auch Pronomina, und Substantive bezeichnen nicht nur Substanzen, sondern auch alle akzidentiellen Kategorien. Die Substanzkategorie könnte jedoch herangezogen werden, wenn man das "prototypische" Substantiv erfassen will: So wie der prototypische Vogel fliegen kann (vgl. Kleiber 1993:37), so steht das prototypische Substantiv für die Substanz, genauer der prototypische Eigennamen für die "erste Substanz" und der prototypische Gattungsname für die "zweite Substanz".

Bibliographie

Admoni, W. G. (1982[4]), *Der deutsche Sprachbau*. München.

Aristoteles (1831–1870), *Aristotelis Opera*. Ex recensione I. Bekkeri ed. Academia Burussica. Berlin [Seitenangaben nach dieser Ausgabe].

Aristoteles (1925), *Kategorien – Lehre vom Satz*. Übersetzt von E. Rolfes. Hamburg.

Aristoteles (1970), *Metaphysik*. Schriften zur ersten Philosophie. Übers. von F. F. Schwarz. Stuttgart.

Aristoteles (1982), *Poetik*. Griechisch/Deutsch. Übers. und hg. von Manfred Fuhrmann. Stuttgart.

Arnauld, A./Lancelot, C. (1676), *Grammaire générale et raisonnée*. Troisième Edition Paris. [1. A. 1660, éd. critique par H. Brekle, Stuttgart-Bad Cannstadt 1966, dt. Übers. im Auszug, in: Weber, H. (Hg) (1987), *Formen der Grammatik*. Tübingen: 30–43]

Benveniste, E. (1958), Catégories de pensée et catégories de langue. *Les études philosophiques* 4. (Wieder in: Benveniste, E. (1966), *Problèmes de linguistique générale*. Paris: 63–74.)

Bonitz, H. (1853), Über die Kategorien des Aristoteles. In: *Sitzungsberichte der phil.-hist. Classe der kaiserlichen Akademie der Wissenschaften*, Wien. Bd. 10: 591–651.

Chomsky, N. (1969), *Aspekte der Syntax-Theorie*. Frankfurt/M.

Coseriu, E. (1970), Bedeutung und Bezeichnung im Lichte der strukturellen Semantik. – In: Hartmann, P./Vernay, H. (Hg) (1970), *Sprachwissenschaft und Übersetzen*. München: 104–21.

Dionysios Thrax (1883), *Dionysii Thracis ars grammatica*. Hg. von Gustavus Uhlig. Leipzig (= Grammatici Graeci, I, 1). (Dt. Übers. von W. Kürschner. In: Weber, H. (Hg) (1992), *Formen der Grammatik*. Tübingen: 1–18).

Duden (1995[5]), *Grammatik der deutschen Gegenwartssprache*. Mannheim etc.

Eisenberg, P. (1994[3]), *Grundriß der deutschen Grammatik*. Stuttgart.

Holtz, L. (1981), *Donat et la tradition de l'enseignement grammatical*. Étude et édition critique. Paris.

Jellinek, M. H. (1913–14), *Geschichte der neuhochdeutschen Grammatik von den Anfängen bis auf Adelung*. Heidelberg.

Kleiber, G. (1993), *Prototypensemantik*. Eine Einführung. Tübingen.

Lyons, J. (1971), *Einführung in die moderne Linguistik*. München.

Porphyrios (1925), Einleitung in die Kategorien. In: Aristoteles: *Kategorien – Lehre vom Satz*. Hamburg: 11–34.

Schottelius, J. G. (1663), *Ausführliche Arbeit Von der Teutschen HaubtSprache*. 2 Bde. Braunschweig. (Neudruck Tübingen 1967).

Tesnière, L. (1965[2]), *Éléments de syntaxe structurale*. Paris.

Thomas von Erfurt (1972), *Grammatica speculativa*. An edition with translation and commentary by G. L. Bursill-Hall. London: Longman [dt. Übersetzung im Auszug in: Weber, H. (Hg) (1992), *Formen der Grammatik*. Tübingen: 36–66].

Trendelenburg, A. (1846), *Geschichte der Kategorienlehre. Zwei Abhandlungen*. Berlin.

Weber, H. (1981), *Aristotelische Sprachwissenschaft. Studien zur Semantik des Aristoteles und zur "Renaissance" des Aristotelismus in der modernen Linguistik*. Tübingen: Typoskript.

Herbert Andreas Welker (Brasília)

Das *futurum praeteriti* im Deutschen[1]

Die Frage ist: Wie drückt man im Deutschen zukünftige Ereignisse in einer Vergangenheitserzählung aus? Manch einer wird da sagen: Das ist doch kein Problem. Das weiß man doch, und wenn nicht, dann schaut man in eine Grammatik. So einfach ist das aber nicht. Und genau das will ich im folgenden zeigen – wobei das Sigel "VV" für das gewählte Thema ("Vorausperspektive gegenüber Vergangenheitstempora", Nieder 1987:53) stehen soll.

1. Die VV in deutschen Grammatiken und wissenschaftlichen Arbeiten

Angenommen, ein in seinem Heimatland lebender Deutschlerner stellt sich die obige Frage und sieht in Deutschgrammatiken nach, die in seiner Sprache verfaßt sind, dann wird er meistens überhaupt keine Information darüber finden. Zumindest ist dies in Brasilien der Fall, wo ich die vorhandenen sieben älteren und neueren Deutschgrammatiken durchgesehen habe.

Richtet er sich nun an seinen Lehrer und dieser (oder der Lerner selbst) will sich in einer deutschen (d.h. deutschsprachigen) Grammatik vergewissern, dann geht es zunächst einmal darum, wo man denn Informationen über VV finden kann. Bei den Tempora wird man nichts finden, denn das *futurum praeteriti* ist kein Tempus des Deutschen. Bleibt also nur das Sachregister. Aber steht da so etwas wie "VV" oder *futurum praeteriti* oder ein anderes Schlagwort, das zum entsprechenden Kapitel führen könnte?

Ich habe die folgenden mir zur Verfügung stehenden Grammatiken durchgesehen: Stolte (1949), Glinz (1961), Admoni (1970), Schulz/Griesbach (1972), Engelien (1972), Erben (1972), Duden (1984), Dreyer/Schmitt (1985), Rogalla/Rogalla (1985), Eichler/Bünting (1986), Eisenberg (1986), Griesbach (1986), Helbig/Buscha (1987), Nieder (1987), Engel (1988), Hoberg (1988), Kars/Häussermann (1993), Weinrich (1993).

In einer einzigen findet sich im Sachregister ein Hinweis auf VV: bei Erben, wo das *futurum praeteriti* aufgelistet ist.Was tun, wenn man nicht zufällig auf Erben gestoßen ist? Weiß man, daß im Portugiesischen das *futuro do pretérito* früher als *condicional* bezeichnet wurde und daß auch im Englischen und Französischen die VV mit dem Konditional ausgedrückt wird[2], dann sucht man selbstverständlich auch in Grammati-

---

[1] Eine portugiesischsprachige Kurzfassung dieses Beitrags wurde 1996 auf dem 3. Brasilianischen Deutschlehrerkongreß vorgetragen und in den entsprechenden Akten veröffentlicht

[2] Übrigens ist es auch in den Grammatiken dieser Sprachen nicht einfach, das richtige Kapitel zu finden; d.h. man muß schon wissen, daß die VV mit dem Konditional ausgedrückt wird, und selbst da gibt es keine Übereinstimmung bei allen Autoren. Nur als Beispiel folgende Zitate und Bemerkungen: "*The present conditional tense (...) is used: (...) 3 As a past equivalent of the future tense. should/would must be used instead of shall/will when the main verb of the sentence is in the past tense...*" (Thomson/Martinet 1981:185). In anderen von mir eingesehenen Englischgrammatiken gibt es gar keinen Konditional, sondern die VV wird in den Kapiteln über *would* behandelt: "*'Future in the past' – It was late in the year. Soon it would be Christmas. – They were worried, because they wouldn't know the results until the following Friday.*" (Chalker 1984:125, siehe auch

ken des Deutschen danach. Aber: ein Konditional als Verbalmodus kommt nur bei Glinz, Admoni, Engelien und Nieder vor, und in keiner der ersten drei Grammatiken wird die VV behandelt.

Bleibt also nur Nieder, wo der Konditional in der Inhaltsangabe aufgeführt ist. Im entsprechenden Abschnitt, der zum Kapitel "Gebrauch der Konjunktivformen von 'werden'" gehört, findet man folgendes:

> Für Nachzeitigkeit = Vorausperspektive gegenüber Vergangenheitstempora steht Konjunktiv II, häufig *würde* + Infinitiv.
> Bastian schwieg. Er hatte erwartet, daß Herr Koreander zornrot auf ihn losfahren würde, daß er ihn anschreien würde (...). (Nieder 1987:53)

Obwohl der Autor nicht erläutert, daß er *würde* + Infinitiv als Konditional ansieht und obgleich seine Formulierung Laien nicht ohne weiteres verständlich sein muß, läßt das Beispiel – für den, der schon gut Deutsch kann – keinen Zweifel daran, was gemeint ist. Allerdings entspricht die Behauptung "steht der Konjunktiv II" (was bedeutet, daß man normalerweise den Konjunktiv II gebraucht), auch wenn sie durch den Zusatz "häufig *würde* + Infinitiv" eingeschränkt ist, nicht den Tatsachen (siehe weiter unten).

Bei dem schon erwähnten Erben findet man auf den Seiten, auf denen das *futurum praeteriti* erwähnt wird, folgende Bemerkungen:

> 2. ein 'Bezugssystem der Vergangenheit' (...)
> b) 'Erwartungsstufe', 'Präteritum des "Prospektivs"' (...) oder 'Futurum praeteriti'(...):
> *es würde/sollte (bald) regnen* (= damals bevorstehend, nachfolgend aktuell); (Erben 1972:86)
> Zu beachten ist, daß die "Erwartungsstufe" sowohl auf der Ebene des "nunc" wie des "tunc" ausgedrückt werden kann (...): *Man spürt es, es wird bald regnen. Man spürte es, es würde bald regnen.*
> Als Variante für das 'Futurum praeteriti' findet sich der Typus *(jedoch) es sollte bald regnen (, so daß der geplante Ausflug unterbleiben mußte),* gewöhnlich wohl eine unerwartete Wendung ankündigend, daher beinahe ein 'schicksalbestimmtes futurum in praeterito'. (ebd.:99)

Erstens ist das gewiß keine didaktisch gute Darstellung, zweitens ist die Erwähnung von *sollte* irreführend (vor allem auf Seite 86, wo überhaupt nichts über den Gebrauch dieses Modalverbs gesagt wird), und drittens stimmt es nicht, daß die VV nur durch *würde* und *sollte* ausgedrückt wird.

Ich rekapituliere: Einerseits muß man das Glück haben, auf Erben oder – an den Konditional denkend – Nieder zu stoßen, andererseits fehlen in beiden Grammatiken

---

Christophersen/Sandved 1969). Wieder andere erwähnen die VV im Kapitel über die indirekte Rede: "*Tenses that express FACT (...), since they are related to time, change (...) in the case of the future tenses, by converting will/shall to the conditional would/should (...)*" (Gethin 1983:134). Manche behandeln die VV überhaupt nicht (Jespersen 1950, Zandvort 1957). Leicht zu finden ist die VV bei Quirk/Greenbaum (1973:50), die sie im Kapitel "*Future time in the past*" besprechen: "*Some of the future constructions just discussed can be used in the past tense to express time which is in the future when seen from a viewpoint in the past*". In der französischen Grammatik wird die VV meistens kurz beim Konditional erwähnt, der dort zu den Verbalmodi gehört. "*Du fait de son origine, et de sa valeur d'éventuel, le conditionnel présent (ou passé) remplace le futur (ou le futur antérieur) dans une subordonnée dépendant d'un verbe au passé: On savait qu'il pardonnerait un jour – qu'il aurait pardonné d'abord.*" (Mauger 1968:251) Im Inhaltsverzeichnis oder im Sachregister findet man jedoch kaum einen Hinweis auf die VV.

ausführliche und den Tatsachen entsprechende Erläuterungen. Wo könnte man denn noch etwas über VV entdecken? Selbstverständlich im Kapitel über den Konjunktiv, mögen manche antworten. Aber das ist nicht so selbstverständlich, da die VV schließlich ein Zeitphänomen ist, kein modales. Kommt man trotzdem auf die Idee, beim Konjunktiv nachzuschauen, dann findet man in den folgenden oben erwähnten Grammatiken Informationen über die VV: Schulz/Griesbach, Duden, Helbig/Buscha sowie Engel. In der erstgenannten muß man sich im Kapitel über den Gebrauch des Konjunktivs bis zum Abschnitt über die indirekte Rede vorlesen, um diese kargen Auskünfte zu erhalten:

> In der indirekten Rede gibt es nur drei Temporalbildungen: (...)
> Den weiterberichteten Sachverhalt in der Gegenwart oder Zukunft drückt der Konjunktiv I (II) des sinntragenden Verbs aus (...).
> Gegenwart: Er sagte mir, daß er bei der Firma Müller & Co. *arbeite.*
> daß sie bei der Firma Müller & Co. *arbeiteten.*
> Zukunft: Karl erzählte, sein Freund *fahre* im Sommer nach Italien.
> seine Freunde *führen* im Sommer nach Italien.
> Wenn aus dem Zusammenhang der Rede die Zukunft nicht deutlich wird, gebraucht man den Konjunktiv I (II) von *werden* mit dem Infinitiv des sinntragenden Verbs (...).
> Er schreibt mir, daß er *kommen würde.* – Sie sagt, daß ihre Eltern *kommen würden.*
> (Schulz/Griesbach 1972:56)

Die VV wird erstens nicht gut erklärt, und zweitens stimmt es nicht, daß man *würde* nur dann gebraucht, wenn "aus dem Zusammenhang der Rede die Zukunft nicht deutlich wird". Den gleichen Mangel an Klarheit stellt man bei Engel fest, wo auf mehr als sieben Seiten über den Konjunktiv nur folgendes über das "Futur" zu lesen ist (daß es sich um die VV handelt, wird überhaupt nicht klar):

> Und das *werden*-Gefüge ("Futur") des Konjunktiv I entspricht sowohl dem Präsens als dem (nicht-konjunktivischen) *werden*-Gefüge. Der konjunktivische Satz
> *Er werde im Herbst nach Neuseeland gehen.*
> entspricht also den beiden Sätzen
> *Er geht im Herbst nach Neuseeland.*
> *Er wird im Herbst nach Neuseeland gehen.* (Engel 1988:421)
> Auch als Wiedergabe-Indikator ist der Konjunktiv II gewöhnlich durch die *würde*-Umschreibung ersetzbar. Es bestehen allerdings erhebliche Einschränkungen. Zulässig ist die *würde*-Umschreibung vor allem bei perfektiven Verben (...):
> *Sie schreibt, sie würde jetzt mit dem Rauchen aufhören.*
> In solchen Äußerungen ist aber zusätzlich ein Merkmal 'zukünftig' enthalten. (...)(ebd.:424)

Bei Helbig/Buscha findet man im ersten Teil des Kapitels über den Gebrauch der Modi, wo der Konjunktiv in der indirekten Rede behandelt wird, die folgenden Erklärungen:

> (3) Zum Ausdruck der *Zukunft* dienen Konjunktiv Futur I und *würde* + Infinitiv I. Daneben können auch die zum Ausdruck der Gegenwart dienenden konjunktivischen Tempusformen des Präsens und Präteritums verwendet werden:
> Sie hat mir gesagt: "Ich werde den Roman in nächster Zeit lesen."
> Sie hat mir gesagt, sie werde den Roman in nächster Zeit lesen.
> sie würde den Roman in nächster Zeit lesen.
> sie lese den Roman in nächster Zeit.
> sie läse den Roman in nächster Zeit.

Diese Bemerkungen – zusammen mit den Beispielen – sind zweifelsohne klar, aber man gewinnt den Eindruck, daß die vier erwähnten Formen unterschiedslos benutzt werden können bzw. vorkommen – was nicht der Realität entspricht.

Obwohl es gar nicht so selbstverständlich ist, daß die VV mit der indirekten Rede zu tun hat (s. unten), muß man auch beim Duden im Kapitel über den Konjunktiv bis zur indirekten Rede vordringen, um Erläuterungen zur VV zu finden.

> b) Wenn der Indikativ der direkten Rede nicht beibehalten wird, vollzieht sich die Umwandlung der indikativischen Tempora in die entsprechenden konjunktivischen Tempora nach folgenden Regeln: (...)
> 5. Indikativ Futur – Konjunktiv Futur I/würde-Form:
> In einem Sachbuch heißt [hieß] es: "Ohne Sauerstoffmaske wird man sich auf dem Mars nicht bewegen können." – In einem Sachbuch heißt [hieß] es, daß man sich ohne Sauerstoffmaske auf dem Mars nicht werde/würde bewegen können. (Duden 1984:167)

Auch hier erfährt man nicht, welche Form (*werde/würde*) häufiger verwendet wird. In einem Unterkapitel aber, das speziell der Form "*würde + Infinitiv*" gewidmet ist, steht noch folgendes über die VV in der indirekten Rede:

> 3. Die *würde*-Form konkurriert häufig mit dem Konjunktiv Futur aus *werden* + Infinitiv, besonders dann, wenn das redeeinleitende Verb im Präteritum (Perfekt, Plusquamperfekt) steht und das in der indirekten Rede Berichtete auf ein Geschehen in der Zukunft zielt:
> *... und sie sahen an kleinen, gegen Mitternacht bei ihm auftretenden Zeichen, daß er heute nicht den Weg nach Haus nehmen würde* (statt: nehmen werde). (H. v. Doderer) *und es war vorauszusehen, daß er mir schließlich die Zähne zeigen werde* (auch möglich: zeigen würde). (Lernet-Holenia)
> Zwischen diesen beiden Formen besteht kein kommunikativer, sondern allenfalls ein stilistischer Unterschied der Art, daß die *werde*-Form "gewählter" und "vornehmer" wirkt als die mit *würde* + Infinitiv.

Das ist sicherlich die ausführlichste und beste Darstellung. Dagegen fällt die jüngste und sehr umfangreiche Grammatik (Weinrich 1993) stark ab. Im Kapitel über den Konjunktiv steht überhaupt nichts über die VV, und in dem über die indirekte Rede findet sich im Abschnitt *Temporale Transposition* nur diese absolut ungenügende Information:

> Bei den Tempora gibt es in der indirekten Rede nur begrenzte Möglichkeiten der Transposition. (...) Die Rück- und Vorausperspektive können jedoch, wie bei der Vorstellung der Konjunktivformen (...) beschrieben, ausgedrückt werden (er sei/sei gewesen/werde sein). (ebd.:907)

Nachdem wir uns Grammatiken – also Bücher, die sich ans allgemeine Publikum wenden – angesehen haben, nun noch ein paar kurze Bemerkungen zu einigen wissenschaftlichen Arbeiten:

In einem Werk mit dem Titel *Studien zum Tempusgebrauch im Deutschen* (Gelhaus/Latzel 1974) wird die VV in keiner Weise erwähnt. Das hat sicher seinen Grund darin, daß die VV kein Tempus ist und auch nicht mit einem bestimmten Tempus ausgedrückt wird, aber zumindest eine kurze Andeutung hätte nicht geschadet.

Auch Gelhaus 1975 (*Das Futur in ausgewählten Texten der deutschen Sprache der Gegenwart)* erwähnt die VV nicht. Bei der Diskussion der *consecutio temporum* zitiert er lediglich einen französischen Autor, der behauptet, daß das Futur im Nebensatz, wenn das Hauptsatzverb in der Vergangenheit stehe, zum Konditional werde, d. h. daß man *würde* benutze. In der ausführlichen Studie *Der Konjunktiv in der deutschen Sprache der Gegenwart* (Jäger 1971) werden viele VV-Beispiele zitiert, aber unter den zahlreichen Kapiteln ist keines der VV gewidmet. Es gibt also keine allgemeine Darstellung oder Erklärung. Dagegen findet man in dem relativ kurzen Werk *Die Tempora* (Dieting/Kempter 1983) im Kapitel "Pragmatisch markierte Tempora" die folgenden klaren, aber immer noch recht kargen Informationen:

> Dem Refer-Prät/Zuk eng verwandt ist die Form *würde* + Infinitiv mit der Bedeutung "Zukunft von der Vergangenheit aus", die wir Refer-Fut genannt haben. Die Form hat in dieser Bedeutung ihren konjunktivischen Charakter verloren und drückt die auf die Zukunft gerichteten Gedanken einer Person aus, deren Handlungen als in der Vergangenheit liegend beschrieben werden.
> *In fünf Minuten würde er hier sein. (...) Er würde heraufblicken und mich erkennen...* (ebd.:60)

Im Unterkapitel "Der Tempusgebrauch in der indirekten Rede" geben die Autoren einige Beispiele, allerdings ohne weitere Erklärungen:

Er hat gesagt,	daß er morgen zurückkommt/ heute zurückkommt.
Er hat gestern gesagt,	daß er morgen zurückkommt.
*Er hat vorgestern gesagt,	daß er gestern zurückkommt.
Er hat vorgestern gesagt,	daß er gestern zurückkomme/zurückkommen werde/ würde.
Eva hat vorgestern gesagt,	daß sie den Brief gestern schreibe/schreiben würde.

(ebd.:61–63)

2. Exkurs über indirekte, erlebte und Erzählerrede

In den meisten Werken, die die VV behandeln, geschieht dies im Kapitel über die indirekte Rede. Ist es aber zwingend, daß ein Informationssuchender gerade dort nachsieht? Durchaus nicht. Erstens: Die Erläuterungen des Gebrauchs des Konditionals – bzw. von *would* – zum Ausdruck der VV in portugiesischen, englischen und französischen Grammatiken lassen keineswegs darauf schließen, daß es um die indirekte Rede geht – siehe als Beispiel die schon in der Anmerkung 3 zitierten Erklärungen: "*As a past equivalent of the future tense, should/would must be used instead of shall/will when the main verb of the sentence is in the past tense (...).*" (Thomson/Martinet 1981:185); "*to express time which is in the future when seen from a viewpoint in the past*". (Quirk/Greenbaum 1973:50); "*le conditionnel présent (ou passé) remplace le futur (ou le futur antérieur) dans une subordonnée dépendant d'un verbe au passé*" (Mauger 1968:251). Der Terminus "indirekte Rede" (*discurso indireto, indirect speech, style indirect*) wird nicht benutzt, und die Feststellung, daß das Hauptsatzverb in der Vergangenheit stehe, läßt auch nicht unbedingt auf die indirekte Rede schließen (siehe weiter unten die Definitionen der indirekten Rede). Zweitens: Viele Sätze, in denen die VV vorkommt, sind keine indirekte Rede, auch nicht im weitesten Sinne des Begriffs. Beispiel:

> Von links unten dehnte sich die Gruppe, in ihrer erregten, ineinandergreifenden Gestik, nach rechts oben aus, zielend auf den winzigen Mast, der gleich von einer heranrollenden Welle verdeckt *werden würde*. (Strauß 1984:49)

2.1 Definitionen der indirekten Rede

In verschiedenen Grammatiken wird die indirekte Rede überhaupt nicht definiert (z. B. in den in Brasilien herausgegebenen Grammatiken des Deutschen, aber auch in deutschsprachigen), andere erklären zwar – oft sehr lakonisch –, worum es geht, geben aber nicht an, von welchen Hauptsatzverben die indirekte Rede abhängt (Engel 1988, Erben 1972, Mauger 1968, Grévisse o. J.), bei wieder anderen ist die Bedingung für indirekte Rede, daß jemand etwas zu jemandem sagt (Cunha 1976, Mesquita/Martos 1987). Daß es sich um indirekte Rede auch handelt, wenn jemand etwas denkt oder fühlt, wird nur in wenigen Grammatiken klar (Gethin 1983:334, Chalker 1984:257, Dubois/Lagane 1973, Quirk/Greenbaum 1973:342). Im Duden (1984:164ff) muß man mehrere Seiten über die indirekte Rede lesen, bevor man auf die folgende Bemerkung stößt: "(...) vor allem die Verba dicendi et sentiendi, die Verben des Sagens und Denkens, und die ihnen entsprechenden Substantive (...)". Deutlicher wird es bei Helbig/Buscha (1987:197):

> Um indirekte Rede handelt es sich auch nach Verben des Denkens und Fühlens und anderen Ausdrücken für redebegleitendes Tun. Entscheidend ist nicht, ob im aktualen Satz ein Verb des Sagens vorkommt, sondern ob ein solches zu ergänzen ist:
> *Er hat geglaubt/gewußt/gehofft/ sich vorgestellt/geahnt/... (und gesagt), daß ...*

Noch weiter ausgelegt wird der Begriff "indirekte Rede" bei Jäger (einem kaum dem allgemeinen Publikum zugänglichen Werk) nach dessen Meinung sie von einer großen Anzahl von Verben, Substantiven und Adjektiven abhängen kann, z. B.: *Angst haben, Ablehnung, bedanken, bestehen auf, deutlich sein, erwarten, Glaube, Illusion, klar werden, raten, Sorge haben, vereinbaren, sich vorstellen, Wahrheitssinn, Zeichen, Zweifel* (1976:36–63).

In vielen Fällen, in denen die VV vorkommt, wird man nur dann an die indirekte Rede denken (und im entsprechenden Kapitel der Grammatiken nachschlagen), wenn man diesen Terminus so umfassend begreift wie bei Jäger. Und selbst dann sind noch nicht alle Möglichkeiten der VV erschöpft, denn sie findet sich auch in der erlebten Rede und in der "Erzählerrede".

2.2 Definitionen der erlebten Rede und die VV

Nieder (1987: 53) erklärt die erlebte Rede kurz und gibt ein Beispiel, erläutert aber nicht, welche Verbform im Fall der VV benutzt wird:

> Die Wiedergabe innerer Vorgänge, die der erlebenden Person in den Mund gelegt werden, erfolgt in der 3. Person. Dabei wechselt die Sprache zwischen Präteritum und Formen mit *würde* oder Konjunktiv II. (...)
> *Und wenn er nun krank würde – was würde dann aus ihm werden? Er konnte zum Beispiel eine Lungenentzündung bekommen. Dann würde er ganz allein auf dem Speicher sterben müssen. (...)*

Bei Helbig & Buscha (1987:149) findet man lediglich zwei Anmerkungen im Kapitel über das Präteritum (!), wobei in der zweiten zwar die VV erwähnt wird, aber als Verbform eben nur das Präteritum – das in Wirklichkeit viel seltener vorkommt als die *würde*-Form..

Weinrich (1993:910f) widmet der erlebten Rede ein eigenes Unterkapitel, in dem er ein Textbeispiel gibt (aus *Tonio Kröger*). Darin kommen einige Fälle von VV, von denen zwei kurz kommentiert werden:

> *Es würde (13) ihn beglücken, er sehnte (14) sich danach; er würde (15) dann zufriedener in sein Zimmer zurückkehren (...)*
> (13/14/15) Übergang in die Voraus-Perspektive, die in erlebter Rede immer mit dem analytischen Restriktiv (würde – beglücken, würde – zurückkehren) signalisiert wird. Dazwischen ein Päteritum (sehnte sich), das wiederum seinen Seelenzustand erlebbar macht.

Die Behauptung, daß die "Voraus-Perspektive" in der erlebten Rede immer mit dem "analytischen Restriktiv" (womit der Autor die *würde*-Form meint) signalisiert wird, wird durch ein anderes im selben Text vorkommendes Beispiel (*vermöchte*) widerlegt.

> *(...) sie würden (20) ihn nicht verstehen, würden (21) befremdet auf das horchen, was er zu sagen vermöchte (22).* (ebd.:910)

In einem kurzen Abschnitt über die erlebte Rede erklärt der Duden (1984:173), daß bei der Verwandlung der direkten in die erlebte Rede das "Futur I mit Zukunftsbezug" vorzugsweise zur "*würde-Form*" wird, und gibt folgendes Beispiel (aus *Ansichten eines Clowns):*

> *Hans würde "Don Carlos" lesen, und dann würden sie etwas miteinander haben, worüber weder Jammerthal noch irgendein anderer mitreden könnte (...).*

Im Unterkapitel über die *würde*-Form führt der Duden dann weiter aus:

> 4. Die *würde*-Form wird in der erlebten Rede (...) häufig an Stelle des Indikativs/Konjunktivs Präteritum gesetzt:
> *Morgen ging er ins Theater. Er würde sich die 'Nashörner' ansehen.*
> Hier könnte auch der Indikativ Präteritum des ersten Satzes (ging) durch die würde-Form ersetzt werden. (ebd.:172)

Diese Bemerkungen sind insofern nicht sehr hilfreich, als nicht klar wird, wann man in der erlebten Rede den Indikativ oder den Konjunktiv des Präteritums und wann die *würde*-Form benutzt.

Fazit: In den Kapiteln über die indirekte Rede werden die – in der Literatur sehr zahlreichen – Fälle von VV in der erlebten Rede nicht besprochen. Die erlebte Rede selbst wird nur in ganz wenigen Grammatiken behandelt, und nur im Duden, Nieder und Weinrich gibt es Beispiele von VV mit *würde*-Form. Wer also wissen will, wie man einen Satz wie "Er würde sich die Nashörner ansehen" aus einer Fremdsprache ins Deutsche übersetzt – oder (angenommen es ist ein Muttersprachler) wer einfach wissen will, warum man die *würde*-Form benutzt –, muß erstens schon einmal wissen, daß es sich dabei um erlebte Rede handelt, und zweitens das Glück haben, auf eins der drei genannten Werke zu stoßen.

2.3 Die Erzählerrede

In der erlebten Rede "werden die Gespräche bzw. Gedanken aus der Perspektive der handelnden Person wiedergegeben" (Helbig/Buscha 1987:149). Womit haben wir es dann zu tun, wenn keine handelnde Person in der beschriebenen Szene ist? Z. B. wenn der Erzähler die Natur beschreibt ("Schwarze Wolken standen am Himmel. Bald würde es regnen."), bevor Personen ins Bild kommen.

Nennen wir das "Erzählerrede". Sie wird in keiner Grammatik behandelt. Nur Weinrich macht dazu eine Bemerkung (im Kapitel über die erlebte Rede), ohne freilich den Terminus zu gebrauchen:

> Lediglich aus den gelegentlich (...) auftretenden Referenzsignalen und einigen anderen auffälligen Signalen der Authentizität und Spontaneität kann man nämlich entnehmen, daß nun nicht mehr der Erzähler spricht, sondern die Gedanken oder Gefühle einer erzählten Person 'erlebt' werden. (Weinrich 1993:909)[3]

Da die VV sowieso allgemein stiefmütterlich behandelt wird und noch dazu in der "Erzählerrede" sehr selten vorkommt, ist es natürlich verständlich, daß beides zusammen – VV in der "Erzählerrede" – völlig unbesprochen bleibt.[4]

3. Die VV in der Praxis

Wir haben festgestellt:

a) daß die VV nur in wenigen Grammatiken behandelt wird;
b) daß sie im allgemeinen im Kapitel über die indirekte Rede besprochen wird (was dem Auskunftsuchenden nicht unbedingt klar sein muß);
c) daß die Informationen über die VV unzureichend und z.T. widersprüchlich sind.

Um herauszufinden, wie die Realität aussieht, d.h. mit welchen Verbformen die VV im Deutschen *de facto* ausgedrückt wird, habe ich folgende Werke durchgesehen: Andersch, A. (1980), *Der Vater eines Mörders*, Böll, H. (1970), *Ansichten eines Clowns*, Brecht, B. (1953), *Kalendergeschichten*, Gregor-Dellin, M. (Hg) (1977), *Deutsche Erzählungen aus drei Jahrzehnten*, Musil, R. (o.J.), *Der Mann ohne Eigenschaften*, Strauß, B. (1984), *Der junge Mann*, Walser, M. (1979), *Seelenarbeit*, Jäger, S.: *Der Konjunktiv in der deutschen Sprache der Gegenwart.* (Die in dieser Studie zitierten Beispiele von VV gehen nicht in die weiter unten vorgenommene Berechnung der Prozentzahlen ein.)
Weiterhin habe ich verschiedene Ausgaben der *Frankfurter Allgemeinen Zeitung* und der *Süddeutschen Zeitung* sowie – in bezug auf die mündliche Sprache – *Gesprochenes Standarddeutsch* (Brons-Albert) und die drei Bände der *Texte gesprochener deutscher Standardsprache* (Steger et al.) untersucht. Die Ergebnisse werden getrennt erwähnt.

3.1 Nichtbeachtete Verbformen

Da die – hauptsächlich in der indirekten und der erlebten Rede vorkommende – VV ein Futur beinhaltet (wie der Terminus *futurum praeteriti* besagt), wird man keine ungewöhnliche Verbform finden, wenn in der *direkten* Rede für Zukünftiges das Präsens verwendet wird. Dies geschieht im Deutschen im allgemeinen:

---

[3] Nebenbei bemerkt wird die Sache noch komplizierter in einer "Ich–Erzählung", da dann Erzähler und handelnde Person identisch sind, so daß man nur durch eine sorgfältige Analyse feststellen kann, ob die Gedanken des Erzählers (*erzählendes Ich*) oder der handelnden Person (*erzähltes Ich*) wiedergegeben werden.

[4] In einer anderen Erzählform, dem inneren Monolog, gibt es keine VV, da darin "seelische Zustände ohne vermittelndes oder kommentierendes Dazwischentreten des Erzählers (direkt) zum Ausdruck" (Weinrich 1993:902) gebracht werden. Während in der erlebten Rede z. B. stünde "dann würde er nach Haus gehen", hieße es im inneren Monolog: "dann gehe ich nach Haus".

a) bei den Modalverben: Obwohl auch das Futur möglich ist (*Er wird das morgen machen müssen.*), benutzt man meistens das Präsens (*Er muß das morgen machen.*). Demzufolge bleibt auch in der VV das Verb im Präsens, allerdings im Konjunktiv I oder II, wie es in der indirekten Rede die Regel ist (*Sie sagte, er müsse/müßte das am folgenden Tag machen*).
b) nach gewissen Konjunktionen: Nach verschiedenen Konjunktionen (*bis, wenn, damit, sobald, solange*) gebraucht man in der direkten Rede das Präsens, obwohl sich die von ihnen eingeleiteten Sätze auf die Zukunft beziehen (*Er sagte: Ich werde mit ihr sprechen, sobald ich sie sehe.*). Auch hier darf man in der VV also das Präsens des Konjunktiv I oder II erwarten (*Er sagte, er werde mit ihr sprechen, sobald er sie sehe*).

Bei der Berechnung der Prozentzahlen der in der VV benutzten Verbformen habe ich die Modalverben nicht in Betracht gezogen. Die in (b) genannten Fälle werde ich getrennt erwähnen.

3.2 Vorbemerkungen über den Gebrauch des Konjunktivs

Da ich nicht nur untersuchen wollte, *welche* Verbformen in der VV benutzt werden, sondern auch die Häufigkeit ihres Vorkommens, muß noch folgendes vorausgeschickt werden:

a) Der Konjunktiv I hat teilweise die gleichen Formen wie der Indikativ, weshalb an seiner Stelle der Konjunktiv II verwendet wird. Im Fall des Verbs *werden* geschieht das in der ersten Person Singular, in der ersten und dritten Person Plural und bei *Sie*. D.h. daß anstatt *ich/wir/sie/Sie werde(n)* immer *ich/wir/sie/Sie würde(n)* gesagt wird. Demzufolge ist es – wenn in einem Text mit VV *würde* steht – nicht klar, ob der Autor eigentlich das Futur vom Konjunktiv I oder die *würde*-Form benutzen wollte. Nur wenn er in den anderen Personen – in denen der Konjunktiv I sich vom Indikativ unterscheidet – auch die *würde*-Form verwendet, kann man schließen, daß er diese im Fall von *ich/wir/sie/Sie* nicht zwangsweise (aufgrund von Grammatikregeln), sondern aus freier Entscheidung gebraucht. Auf jeden Fall habe ich das hier erwähnte Faktum – *würde* anstatt *werde* – gesondert behandelt (vgl. 3.3.2).
b) Da die *würde*-Form nicht nur zum Ausdruck der VV dient, sondern u.a. auch – neben dem Konjunktiv II – in irrealen Konditionalsätzen (*Wenn ich könnte, würde ich heute zu Haus bleiben.*) und in Wunschsätzen (*Ich wünschte, es würde nicht regnen.*) benutzt wird, ist in einigen Fällen nicht klar, ob sie speziell wegen der VV verwendet wurde oder ob sie auch in der direkten Rede gebraucht würde.

Beispiel:

> An diesem Morgen wäre ich am liebsten liegen geblieben und wünschte, sie würde nie mit dem Anziehen fertig. (Böll 1970:51)

In der direkten Rede gäbe es folgende Möglichkeiten:

> Ich dachte: "Ich wünsche, sie wird nie mit dem Anziehen fertig."
> Ich dachte: "Ich wünschte, sie würde nie mit dem Anziehen fertig."

Die zweideutigen Vorkommen von *würde* (bei denen aber die Wahrscheinlichkeit groß ist, daß damit auch die VV ausgedrückt werden sollte), habe ich bei der Prozentberechnung mitgezählt, nicht aber diejenigen, bei denen klar ist, daß *würde* auch in der direkten Rede benutzt würde.

3.3 Ergebnisse der Untersuchung[5]

Konjunktiv I Futur

In meinem – zweifellos recht beschränkten – Corpus wurde das Futur des Konjunktiv I in 12,26% der Fälle von VV verwendet. Ginge man von einem anderen Corpus aus, könnten die Zahlen selbstverständlich etwas anders aussehen. Musil und Walser z. B. ziehen diese Verbform vor: Musil benutzt sie in 50% der 38 gezählten Fälle, Walser in 55% der 67 Vorkommen von VV.

Offenbar besteht aber die Tendenz, das Futur des Konjunktiv I weniger zu gebrauchen. Das wird in Gregor-Dellin (Untertitel: *Deutschsprachige Prosa seit 1945*), einer Anthologie von Erzählungen einer großen Anzahl von Autoren (genau 110), ganz deutlich: Nur 8,57% der VV-Vorkommen sind mit diesem Modus ausgedrückt. Außerdem erscheint er bei Andersch, Böll und Strauß überhaupt nicht, bei Brecht ein einziges Mal.

Wichtig ist die Feststellung, daß der *Konjunktiv I Futur nur in der indirekten Rede* (also nie in der erlebten oder der Erzählerrede) vorkommt.

Da die indirekte Rede in Zeitungen sehr häufig Verwendung findet und dabei der Konjunktiv I benutzt wird, ist es nicht erstaunlich, daß Journalisten im Fall von VV praktisch immer den Konjunktiv I Futur (bzw. die Ersatzform mit *würde,* s 3.2.a) wählen. In den wenigen Fällen, in denen *würde* nicht als Ersatzform benutzt wird, besteht die Möglichkeit, daß sie den Irrealis ausdrücken soll. Beispiel.

> In Rabat galt es als wahrscheinlich, daß sich die zweitgrößte Gewerkschaft UGTM (...) dem Streikaufruf anschließen würde. (Frankfurter Allgemeine Zeitung, 18.2.1994:8)

Bei dieser Meldung könnte man hinzufügen: "*falls es wirklich zum Streik käme*".

Die *würde*-Form anstelle des Konjunktiv I Futur

In 3.2.a habe ich daran erinnert, daß die *würde*-Form in gewissen Situationen immer den Konjunktiv I Futur ersetzt. Kommt nun in einem Fall von VV *würde* vor, weiß man nur dann, daß der Autor wirklich diese Form benutzen wollte, wenn er auch in den anderen Situationen, in denen er nicht dazu gezwungen ist, sie verwendet.

Gebraucht er aber ab und zu den Konjunktiv I Futur, dann kann man nicht wissen, ob er in den erwähnten Ersatz-Situationen, wo *würde* unausweichlich ist, tatsächlich diese Form wählen wollte oder den Konjunktiv I Futur vorgezogen hätte, wenn das möglich gewesen wäre. Diese Vorkommen, bei denen die Absicht des Autors nicht klar ist, sollten gesondert behandelt und berechnet werden. In meinem Corpus machen sie 17,65% der Fälle von VV aus.

Die *würde*-Form

Diese Form wird zum Ausdruck der VV am häufigsten benutzt: 44,79% (ohne die oben bereits erwähnten Vorkommen). Ganz allgemein zieht die Mehrheit der Autoren sie vor

---

[5] Die Hervorhebungen in den Beispielen sind von H. A. Welker.

oder gebraucht sie neben dem Konjunktiv I Futur. In der erlebten Rede und in der – recht seltenen – Erzählerrede ist sie mit 57,28% vorrangig, und rechnet man auch die nicht eindeutigen Fälle dazu, dann sind es 84%.

3.4 Andere Möglichkeiten, die VV auszudrücken

Der Konjunktiv II

Wenn man die Modalverben nicht mitrechnet (vgl. 3.1a), befinden sich nur 4,64% der VV-Vorkommen in diesem Modus. In der Hälfte der Fälle steht der Konjunktiv II – zwangsweise – an Stelle des Konjunktiv I. Dieser wiederum wäre damit zu begründen, daß in der direkten Rede normalerweise das Präsens statt des Futurs stünde. Beispiel:

> Er fürchtete immer, sie kämen plötzlich zu ihm (...). (Walser 1979:193)

Hier muß der Konjunktiv II (*kämen)* an Stelle des Konjunktiv I (*kommen)* benutzt werden. In der direkten Rede würde der Satz lauten:

> (Er sagte:) Ich fürchte, sie kommen plötzlich zu mir.

Sowohl in solchen Fällen als auch in jenen, in denen der Konjunktiv II nicht den Konjunktiv I ersetzt, kommt er im allgemeinen in Nebensätzen vor, in denen in der direkten Rede das Präsens steht (vgl. 3.1 b). Beispiele:

> (...) eigentlich wollte niemand etwas anderes damit, als die Zeit ausfüllen, bis mit der Rettungsgesellschaft sachkundige und befugte Hilfe *käme*. (Musil o. J.:11)

> Er sei Jude und sein Haus würde seit zwei Tagen von verkleideter Gestapo bewacht, die nur darauf warteten, daß einer seiner längst gesuchten Verwandten sich zu ihm *stähle*. (Gregor-Dellin 1977:41)

Der Konjunktiv II scheint auch gebraucht zu werden, wenn man eine Wiederholung von *würde* vermeiden will. Beispiel:

> Franz und alle seine Mitschüler hatten eine Zeit lang beobachtet, ob Kandlbinder (...) sich einen Liebling aussuchen würde, oder auch einen, bei dem es klar *wäre*, daß er ihn nicht leiden konnte (...) (Andersch 1980:16)

Das Präteritum

Ein Kuriosum im Deutschen ist, daß man in gewissen Fällen einerseits an Stelle des Konjunktiv I den Konjunktiv II benutzen muß (siehe oben) und daß dieser andererseits mit dem Präteritum identisch ist. Das kommt in meinem Corpus einige Male vor. Man weiß also nicht, ob der Autor den Indikativ oder den Konjunktiv gebrauchen wollte. Beispiel:

> Nur so könne man erreichen, daß die Zofen mit blutigem Ernst *spielten* und sich wirklich von ihrer psychischen Unterdrückung befreien *wollten*. (Strauß 1984:40)

Abgesehen von diesen zweideutigen Fällen wird das Präteritum fast nur verwendet, wenn in der direkten Rede das Präsens steht, also z. B. nach den Konjunktionen *wenn, bevor, bis, damit, ohne daß, sodaß* und bei den Modalverben. Beispiel:

> Agnes mußte morgen dort anrufen (...). Und wenn sie um die Rechnung für den angerichteten Schaden *bat*, *konnte* sie durchblicken lassen (...). (Walser 1979:200)

Das Präteritum kommt auch in einigen Relativsätzen vor, u.a. zur Vermeidung einer Wiederholung von *würde*. Beispiel:

> 69 Tage lang sollte sie jetzt spielen, bis im und am Haus keine Stelle mehr sein würde, von der nicht Töne *sprangen*. (Walser 1979:285)

(Übrigens befindet sich in diesem Zitat eins der sehr wenigen Beispiele von *würde* nach einer der oben genannten Konjunktionen: *bis*.)

Schließt man die ambigen Fälle ein, dann hat das Präteritum einen Anteil von 9,29% an den in der VV möglichen Verbformen.

Verbformen, die in der VV äußerst selten verwendet werden

a) Konjunktiv I: Wie in 3.2.a dargelegt, ist in gewissen Situationen (bei Modalverben, nach verschiedenen Konjunktionen) dieser Modus zu erwarten, weshalb ich solche Fälle nicht gezählt habe. Aber der Konjunktiv I wird auch in ganz wenigen anderen VV-Vorkommen gebraucht – in dem von mir untersuchten Corpus in 1,3%. Beispiel:

   > Um ein Uhr erfuhr er, daß man erst morgen *weiterfahre*. (Walser1979:48)

b) Futur I: In dem von mir benutzten Corpus kommt dieses Tempus ein einziges Mal vor:

   > Ich haue ab (...), jeder hat davon gesprochen, was er tun *wird* (...). (Gregor-Dellin 1977:135)

   Allerdings habe ich es auch fünfmal in Jäger gefunden: viermal handelt es sich um Zitate aus *Homo Faber,* und dreimal ist die Verbform mit dem Konjunktiv I identisch; d.h. insgesamt bin ich nur auf drei unzweideutige Fälle von Futur I gestoßen. Hinzufügen kann man noch, daß es sich bei den Texten um "Ich-Erzählungen" handelt, in denen sich die Sprache häufig der mündlichen Sprache annähert.

c) Präsens: Von vier Vorkommen von Präsens in der VV (drei in Jäger und eins in Gregor-Dellin) befindet sich nur eins *nicht* in einer "Ich-Erzählung":

   > Und er stellte sich vor, woran er wohl denken würde, wenn sie ihm die Hände *binden* (...). (Gregor-Dellin 1977:132)

   Dabei ist festzustellen, daß sich das Präsens in einem Nebensatz befindet und nahe bei *würde*, dessen Wiederholung der Autor vielleicht vermeiden wollte.
   In einem Fall deutet nur die Zeichensetzung auf die indirekte Rede. Im Grunde genommen handelt es sich um direkte Rede:

   > Aber dann sagte ich mir, wenn etwas Unglückliches *geschieht,* dann *ist* es besser, die Eltern *wissen* von nichts und *können* dann sagen, das war eine Kinderei (...). (Jäger 1971:371)

   Mit anderer Zeichensetzung:

   > Aber dann sagte ich mir: "Wenn etwas Unglückliches geschieht ...".

d) *würde*: Entgegen dem, was laut 3.2.a zu erwarten ist, wird die *würde*-Form manchmal bei Modalverben (1,85%) oder nach den erwähnten Konjunktionen (0,55%) benutzt. Beispiele:

Es handelte sich um eine (...) Arbeit, die ich, wie sie meinten, inzwischen leicht alleine *würde* bewältigen *können*. (Strauß 1984:285)

(...) und zuerst einmal mußte das vormalige und ursprüngliche Rahmenbild mit aller Raffinesse zur Erscheinung gebracht werden, bevor man irgendwelche Angleichungen vornehmen *würde*. (Strauß 1984:287)

e) *sollte*: Im genannten Corpus erscheint dieses Modalverb nur ein einziges Mal in der VV. Die sehr allgemein gehaltene Bemerkung von Erben über den Gebrauch von *sollte* (1972:86, s.o.) muß also sicher revidiert werden.

(...) es war zum erstenmal, daß sie sich wieder sehen *sollten*. (Musil o. J.:158)

3.5 Die VV im gesprochenen Deutsch

Auf den mehr als 800 Seiten des von mir untersuchten Corpus (Steger et al.: *Texte deutscher gesprochener Standardsprache*, Brons-Albert: *Gesprochenes Standarddeutsch*) befinden sich nur drei (!) Fälle von VV. Das bedeutet natürlich nicht, daß die VV im gesprochenen Deutsch so selten ist, sondern mag am Typ der aufgenommenen Gespräche und anderen Texte liegen.

In den drei erwähnten Fällen – alle im dritten Band von *Texte (...)* – wurde der Indikativ benutzt: Einmal ist er mit dem Konjunktiv II identisch (Zitat a), und zweimal hat er die gleiche Form wie der Konjunktiv I (der jedoch normalerweise durch den Konjunktiv II ersetzt werden müßte: b, c). Freilich ist es unwahrscheinlich, daß die Sprecher beabsichtigten, diese Modi zu gebrauchen. In den beiden letzten Fällen scheint es sich sowieso um die direkte Rede zu handeln, d.h. die Autoren hätten Doppelpunkte setzen können.

a) (...) weil sie gerne wollte, daß ihr Mann *aufhörte* mit der Seefahrt. (Steger et al. 1975:109)

b) (...) und während der Feier, da hab ich gesagt, die nächsten hundertfünfzig Jahre *mache* ich nich mehr mit. (ebd.:86)

c) (...) weil wir gedacht haben, sie *schmeißen*'s auch weg. (ebd.:81)

Diese winzige Anzahl von belegten Beispielen erlaubt natürlich keine Schlußfolgerungen über die im Mündlichen in der VV verwendeten Verbformen. Man weiß zwar, daß der Konjunktiv I ganz allgemein im gesprochenen Deutsch kaum benutzt wird, und man darf sicher sein, daß in der VV praktisch nur der Indikativ, die *würde*-Form und der Konjunktiv II (in gehobenem Stil auch der Konjunktiv I) Anwendung finden, aber genaue Angaben über eine zahlenmäßige Verteilung der verschiedenen Möglichkeiten muß einer zukünftigen Untersuchung vorbehalten bleiben.

4. Für eine bessere Behandlung der VV in den Grammatiken

Damit Auskunftsuchende rasch die entsprechenden Informationen finden können, sollten in neuen Grammatikbüchern – oder in Neuauflagen schon existierender – im Sachregister verschiedene Termini bzw. Ausdrücke wie "*futurum praeteriti*", "Zukunft in der Vergangenheit", "Nachzeitigkeit", "Vorausperspektive gegenüber Vergangenheitstempora" u.ä. aufgeführt werden. Geschieht das, dann ist es nicht wichtig, in welchem Kapitel die VV besprochen wird, sei es beim Konjunktiv, bei der indirekten Rede, bei den

Tempora (wo man die Bemerkung machen müßte, daß es für die VV im Deutschen kein spezifisches Tempus gibt) oder sonstwo: Aufgrund der Seitenangaben im Sachregister könnte der Wissensdurstige an der richtigen Stelle nachschlagen.

Wie detailliert die VV behandelt werden sollte, müssen die Grammatikbuchautoren entscheiden. Was wir in dieser Untersuchung festgestellt haben, ist jedenfalls folgendes: Die VV kommt hauptsächlich in der indirekten und der erlebten Rede vor, selten auch in der "Erzählerrede". In literarischen Werken wird in fast zwei Dritteln der Vorkommen die *würde*-Form benutzt, u.a. auch weil sie manchmal notwendigerweise das Futur des Konjunktiv I ersetzt. In der erlebten Rede herrscht die *würde*-Form mit einem Anteil von über 80 % vor. Das Futur des Konjunktiv I – das nur in der indirekten Rede erscheint – ist mit rund 12% vertreten, in Zeitungen wiederum wird nur dieser Modus, bzw. die Ersatzform *würde*, verwendet.

Sowohl der Konjunktiv II als das Präteritum (Indikativ) werden manchmal gebraucht (in weniger als 10% der Vorkommen von VV), wenn in der direkten Rede das Präsens stünde, vor allem bei Modalverben und nach bestimmten Konjunktionen. Modalverben setzt man in diesen Fällen auch oft in den Konjunktiv I (Präsens), der sonst in der VV äußerst selten ist. Zahlenmäßig völlig unbedeutend ist der Gebrauch des Präsens und des Futurs (Indikativ) sowie des Modalverbs *sollte* (das übrigens mehr als nur die VV ausdrückt).

Bibliographie

Admoni, W. (1970^3), *Der deutsche Sprachbau.* München.

Andersch, A. (1980), *Der Vater eines Mörders.* Zürich.

Böll, H. (1970^9), *Ansichten eines Clowns.* München.

Brecht, B. (1953), *Kalendergeschichten.* Hamburg.

Brons-Albert, R. (1984), *Gesprochenes Standarddeutsch.* Tübingen.

Chalker, S. (1984), *Current English Grammar.* London.

Cristophersen, P./Sandved, A. O. (1969), *An Advanced English Grammar.* London.

Cunha, C. (1976^6), *Gramática do português contemporâneo.* Belo Horizonte.

Dieling, K./Kempter, F. (1983), *Die Tempora.* Leipzig.

Dreyer, H./Schmitt, R. (1985), *Lehr- und Übungsbuch der deutschen Grammatik.* München.

Dubois, J./Lagane, R. (1973), *La nouvelle grammaire du français.* Paris.

Duden (1984^4), *DUDEN: Grammatik der deutschen Gegenwartssprache.* Mannheim etc.

Eichler, W./Bünting, K.-H. (1986^3), *Deutsche Grammatik.* Königstein/Ts.

Eisenberg, P. (1986), *Grundriß der deutschen Grammatik.* Stuttgart.

Engel, U. (1988), *Deutsche Grammatik.* Heidelberg.

Engelien, A. (1972^5), *Grammatik der neuhochdeutschen Sprache.* Hildesheim/New York.

Erben, J. (1972^{11}) *Deutsche Grammatik. Ein Abriß.* München.

Frankfurter Allgemeine Zeitung. (Verschiedene Ausgaben der ersten Monate des Jahres 1994)

Gelhaus, H. (1975), *Das Futur in ausgewählten Texten der geschriebenen deutschen Sprache der Gegenwart.* München.

Gelhaus, H./Latzel, S. (1974), *Studien zum Tempusgebrauch im Deutschen.* Mannheim.

Gethin, H. (1983), *Grammar in Context: Proficiency Level English.* London.

Glinz, H. (1961^2), *Die innere Form des Deutschen.* Berlin.

Gregor-Dellin, M. (Hg) (1977^3), *Deutsche Erzählungen aus drei Jahrzehnten: Deutschsprachige Prosa seit 1945.* Tübingen/Basel.

Grévisse, M. (o. J.), *Précis de Grammaire française.* Gembloux.

Griesbach, H. (1986), *Neue deutsche Grammatik*. Berlin/München.
Helbig, G./Buscha, J. (1987[10]), *Deutsche Grammatik: ein Handbuch für den Ausländerunterricht*. Leipzig.
Hoberg, R. (1988), *Der kleine Duden: Deutsche Grammatik*. Mannheim etc.
Jäger, S. (1971), *Der Konjunktiv in der deutschen Sprache der Gegenwart*. München.
Jespersen, O. (1950), *Essentials of English gramma*. London.
Kars, J./ Häussermann, U./ Hime-Everschor, J. (1993), *Grundgrammatik Deutsch*. Frankfurt/M.
Mauger, G. (1968[5]), *Grammaire pratique du français d'aujourd'hui: langue parlée, langue écrite*. Paris.
Mesquita, R.M./Martos, C. R. (1987[14]), *Gramática pedagógica*. São Paulo.
Musil, R. (o. J.), *Der Mann ohne Eigenschaften*. Reinbeck.
Nieder, L. (1987), *Lernergrammatik für Deutsch als Fremdsprache*. Ismaning.
Quirk, R./Greenbaum, S. (1973), *A University Grammar of English*. London.
Rogalla, H./Rogalla, W. (1985), *Grammar Handbook for Reading German Texts*. Berlin/München.
Schulz, D./Griesbach, H. (1972[9]), *Grammatik der deutschen Sprache*. München.
Steger, H. et al. (Hg) (1978[2]), *Texte gesprochener deutscher Standardsprache I*. München.
Steger, H. et al. (Hg) (1974), *Texte gesprochener deutscher Standardsprache II*. München.
Steger, H. et al. (Hg) (1975), *Texte gesprochener deutscher Standardsprache III*. München.
Stolte, H. (Hg) (1949), *Kurze deutsche Grammatik auf Grund der fünfbändigen deutschen Grammatik von Hermann Paul*. Halle (Saale).
Strauß, B. (1984), *Der junge Mann*. München/Wien.
Süddeutsche Zeitung (Verschiedene Ausgaben der ersten Monate des Jahres 1994).
Thomson, A. J./Martinet, A. V. (1980[3]), *A Practical English Grammar*. Oxford.
Walser, M. (1979), *Seelenarbeit*. Frankfurt/M.
Weinrich, H. (1993), *Textgrammatik der deutschen Sprache*. Mannheim etc.
Zandvort, R. W. (1957), *A Handbook of English Grammar*. London etc.

Werner Wolski (Heidelberg)

Partikeln im Werk Paul Celans

1. Einleitung

Ich habe meinem Beitrag einen Titel gegeben, in dem die zu wählende partikeltheoretische Orientierung ebenso erläuterungsbedürftig ist wie die Bezugnahme auf das Werk Paul Celans. Nach dem Austausch ganz unterschiedlicher Positionen, der bis in die 90er Jahre reichte, scheint in der Partikelforschung mittlerweile eine Ruhephase eingetreten zu sein. Ausgehend von bekannten Initialzündungen (Krivonosov 1963 und sodann vor allem Weydt 1969) hatte die Partikelfoschung im Rahmen der sich entwickelnden konversationstheoretischen Ansätze sowie der sich immer stärker profilierenden neueren Wörterbuchforschung einen zunehmenden Stellenwert erhalten. Die in den letzten Jahren hervortretende "kognitive Linguistik" hat zu den Partikelproblemen, soweit es um Partikeln im engeren Sinne geht (vgl. 2.), bisher wenig beizutragen. Das gilt für die z. B. in Schwarz (1994) präsentierten Versionen wie für die Orientierung an Prototypeneffekten und schemaorientierten Ansätzen (Bildschemata, Frames, Scripts, Szenarios, idealisierte kognitive Modelle), in deren Rahmen – in Überwindung der Merkmaltheorie – allerdings im Bereich der Nennlexik und für die Phraseologie ganz wichtige erkenntniserweiternde Einsichten zu verzeichnen sind (vgl. für die Phraseologie Dobrovol'skij 1995). Noch weniger brauchen in der neueren Fachsprachenforschung – wegen der vornehmlichen Orientierung an propositionalen Ausdrucksmitteln – Partikelprobleme in den Blick geraten.

Es ist von hierher zu befürchten, daß die vielen fruchtbaren Ansätze, die seit den ersten Arbeiten von H. Weydt – im Rahmen ganz unterschiedlicher theoretischer Orientierungen – wesentlich zum Aufschwung der Partikelforschung beigetragen haben, mit der Zeit in Vergessenheit geraten und an überholte Traditionen des theoretischen Redens über Partikeln angeschlossen wird.

In vorliegendem Beitrag kann aber weder der Versuch unternommen werden, die Partikelforschung neu zu beleben (für so wünschenswert das auch gehalten wird), noch bedarf es der ausführlichen Wiederholung vertrauter Positionen. Ich gehe unter 2. lediglich auf einige für wichtig gehaltene Bezugspunkte der hier verfolgten partikeltheoretischen Orientierung ein. Die Bezugnahme auf das Werk P. Celans steht im Zusammenhang einer größeren Arbeit, in der ich ausführlich auf die in der Celan-Philologie artikulierten Grundfragen (um Sprache und Wirklichkeit, Hermetik, Verstehen, Wissen, Interpretieren u. a. m.) eingegangen bin (Wolski 1996). Erste Überlegungen zu einem möglichen Autoren-Bedeutungswörterbuch habe ich in Wolski (1995) skizziert. Dort wird von mir als wichtiges Teilanliegen bezeichnet, auch Spezifika der Partikeln im Werk P. Celans in geeigneter Weise zu präsentieren. In vorliegendem Beitrag kann der Anspruch, auf Partikelprobleme im Werk P. Celans einzugehen, allerdings nur in ganz bescheidenem Rahmen eingelöst werden; auf den Status der hier vorzutragenden vorläufigen Recherchen zur Rolle von Partikeln im Werk Paul Celans sowie auf dabei bislang hervortretende Besonderheiten gehe ich unter 3. ein.

2. Zur partikeltheoretischen Orientierung

Es wird hier davon ausgegangen, daß es die entscheidende Bewährungsprobe (mindestens) für jede lexikalisch-semantische Theoriebildung ist, Partikelprobleme so umfassend wie möglich erklären und beschreiben zu können. Die dazu aufzuwerfenden Sprachsachfragen fallen ausschließlich in den sprachwissenschaftlichen Kompetenzbereich; sie können nicht in Arbeitsteilung mit Fachkompetenzen anderer Disziplinen bewältigt werden. Sprachwissenschaftlich zu leistender Analyseaufwand ist bereits bei der einzelfallspezifischen Kommentierung bzw. Interpretation (Bedeutung bzw. Funktion einer Partikel X im Kotext/Kontext A) erforderlich; funktionstypspezifische Mehrfachzuordnungen (Partikel X als Adverb, Abtönungspartikel, Gradpartikel u. a. m.), die selbst wiederum nur theorieabhängig als solche erfaßbar sind, potenzieren diesen Analyseaufwand. Denn anders als für viele Bereiche aus der Nennlexik, für welche an gute und erfragbare Intuitionen angeschlossen werden kann, sind dem alltaglichen Bewußtsein kaum nennenswerte Spezifika (für Abtönungspartikeln z. B. solche wie: "drückt ein Erstaunen/Überraschung aus") dieser Einheiten zugänglich, die für die Theoriebildung nutzbar gemacht werden könnten.

Der grundlegenden theoretischen Orientierung dient hier ein handlungssemantischer Ansatz, von dem her Bedeutungsfragen sprachwirklichkeitsnah, plausibel, sprachphilosophisch durchdacht und sowohl einheitlich, als auch unter Berücksichtigung wortartenspezifischer Charakteristika bewältigt werden können. Verbunden ist damit, daß die Annahme "eigentlicher" Bedeutungen (vgl. Wolski 1986: 224ff) und eine Orientierung an semsemantischen Auffassungen abgelehnt wird, wie sie z. B. im Wiederaufleben überstanden geglaubter Diskussionen zuletzt in Burkhardt (1994 und 1995) vertreten werden. Die ausführlichsten Begründungen für die Entscheidung zugunsten eines handlungssemantischen Ansatzes (dargelegt in kritischer Auseinandersetzung mit merkmal- und komponentensemantischen Orientierungen) finden sich in den zahlreichen Arbeiten H. E. Wiegands zur handlungstheoretischen Grundlegung der Wörterbuchforschung (vgl. z. B. Wiegand 1985, 1987, 1989). Wenngleich am Beispiel nennlexikalischer Ausdrücke entwickelt, scheint es sich hierbei (auch wegen der genauen Abklärung von Handlungsbegriff, Regelbegriff, von Klassifikationsproblemen u. a. m.) um den am weitesten entwickelten handlungssemantischen Ansatz zu handeln; die anhand anderer Orientierungen in Rolf (1992) vorgetragene skeptische Einschätzung von Perspektiven einer "Gebrauchstheorie der Bedeutung" ist auf diesen Ansatz nicht beziehbar; an ihn kann – jedenfalls, was die bedeutungstheoretische Grundorientierung angeht – auch zu Partikelfragen angeschlossen werden.

Dieser Ansatz kann hier nicht ausführlich entfaltet werden; in Absehung von metalexikographischen Bezugspunkten sei er folgendermaßen skizziert: Bedeutungen sprachlicher Ausdrücke werden als Regeln für den Gebrauch, als semantische Gebrauchsregeln, aufgefaßt, die in Bedeutungsbeschreibungen (Regelformulierungen) angegeben werden. Im Bereich der Nennlexik kann für zu veranschlagende Bedeutungen von einem spezifischen "Handlungswissen" (vgl. Wiegand 1989:559) ausgegangen werden. Dies besteht (im Unterschied zu Fragen des Typs: Welche Seme bzw. Noeme sind anzusetzen?) darin zu wissen, was man mit einem sprachlichen Ausdruck tun kann und läßt sich in die Satzform fassen: "A kann verwendet werden/wird verwendet, um H zu tun". Für eine große Klasse von Ausdrücken (für traditionell so bezeichnete Autosemantika bzw. kategorematische Ausdrücke) kann "H zu tun" ausbuchstabiert werden als "auf etwas Bezug zu nehmen", "auf etwas referieren" etc.; entsprechende Regeln sind zusammenfaßbar als Bezugsregeln. Für die Theoriebildung im Bereich der Nennlexik wird dabei im einzelnen (vgl. "usuelle Texte", "usuelle Benennungskontexte") auf die Sprach- und Sachbezüglichkeits-Ambiguität von Alltagsdialogen über Bedeutungen rekurriert, in denen Sprecher nicht strikt zwischen Sprache und nichtsprachlicher Welt trennen (vgl. Wiegand 1985:24, vgl. auch Wiegand 1989:554ff).

Für Partikeln sind allerdings weder Fragen der Separierung oder Nicht-Separierung von sprachlichem und enzyklopädischem Wissen von Belang, noch ist eine sprachwirklichkeitsnahe theoretische Rekonstruktion an solche Alltagsdialoge anschließbar, in denen die Bedeutungen entsprechender Einheiten thematisiert werden (dies geschieht in Alltagsdialogen nur in Ausnahmefällen; vgl. das Beispiel *Ich liebe dich doch* aus Wolski 1986:374f). Für Ausdrücke, zu deren Bedeutungsspezifika es gehört, daß für sie keine Bezugsregeln zu formulieren anstehen (Partikeln als nicht-propositionale Ausdrucksmittel), kann im Rahmen der handlungssemantischen Grundorientierung aber gleichfalls an die Formel "A wird verwendet, um H. zu tun" angeschlossen werden (vgl. auch Wolski 1989). Wenn man dazu – im Unterschied zu Einheiten mit Bezugsregeln – eine generelle Fassung (entsprechend der traditionellen Unterscheidung nach Auto- und Synsemantika) vorschlagen wollte, wäre ein guter Kandidat der Ausdruck operationale Bedeutung (nach Lang 1982). Im einzelnen scheint es sinnvoll zu sein, "A wird verwendet, um H zu tun" für jeweilige Funktionstypen (Modalpartikel, Gradpartikeln etc.) bzw. traditionell so bezeichnete Wortarten (Konjunktionen, Adverbien u. a. m.) auf einer weiteren generellen Ebene unterschiedlich zu fassen. Davon ist, unabhängig von jeweiligen theoretischen Orientierungen, in der Partikelforschung durchaus immer ausgegangen worden. Bezogen auf den Funktionstyp 'Modalpartikeln' und mit Blick auf die Ausführungen aus Wolski (1986:383) kann dann "H zu tun" (entsprechend der dort gegebenen Bestimmung als "einstellungsreguierende Ausdrucksmittel") z. B. ausbuchstabiert werden als "Das Verhältnis von Einstellungen regulieren, die mit anderen Mitteln ausgedrückt werden".

Die z. B. nach Satzarten oder sonstigen Aspekten zu differenzierenden Funktionstypen resp. Wortarten werden hier wie in Wolski (1986) als Verwendungstypen bezeichnet. Soweit Aussagen zum Zusammenhang der jeweiligen "homonymen" Funktionstypen ("übergreifende Bedeutung" nach Weydt/Hentschel 1983, "Gesamtbedeutung" nach Helbig 1988, z. B. für auch als Konjunktion, Abtönungspartikel und Gradpartikel) gemacht werden sollen bzw. können, sind für entsprechend zwischengelagerte Abstraktionsstufen Formulierungsresultate anzubieten. Entgegen der diesbezüglich skeptischen Einschätzung aus Wolski (1986:389ff) sei hier darauf hingewiesen, daß wahrscheinlich durchaus solche Effekte zwischen den "Homonymen" wirksam werden, die man als Prototypeneffekte auffassen könnte und die von den jeweils dominanten Funktionstypen resp. traditionellen Wortarten (Konjunktion, Adverb, Adjektiv) abgezogen zu sein scheinen; erklärbar sind derartige Effekte teils historisch (vgl. Hentschel 1986), teils darüber, daß (im Unterschied zu Funktionstypen wie Abtönungs- oder Gradpartikeln) eine stärkere bewußtseinsmäßige Präsenz von Gebrauchsregeln für Konjunktionen, Adverbien und Adjektive durchaus gegeben zu sein scheint.

Die Besonderheiten zumindest einiger Funktiontypen machen es erforderlich, zur Erfassung entsprechender lexikalisch-semantischer Spezifika einen Anschluß an syntaktische und satzsemantische Ansätze herzustellen. Für einen derartigen Anschluß können (wie für die Orientierung an einer Handlungssemantik) grundsätzlich ganz unterschiedliche Theorien in Betracht gezogen werden. In Wolski (1986) ist in dem Ansatz aus Doherty (1985) ein fruchtbarer und nicht zu übergehender Zugriff auf einen bestimmten Typ von Partikeln erkannt worden; für verschiedene, damit in Zusammenhang stehende Fragen, wurde in der Rolle einer Integrationsbasis auf den damit theoretisch verwandten sog. "Bierwisch-Tupel" (z. B. nach Bierwisch 1983) zurückgegriffen, der in Lang (1983) am Beispiel der Modaladverbien erprobt wurde und der mittlerweile auch für Fragen der Syntax und Semantik von Modalverben nutzbar gemacht werden konnte (Öhlschläger 1989). Daß das Bezugsmodell aus Bierwisch (1983) mit dem hier vertretenen handlungssemantischen Ansatz weitgehend unvereinbar ist, muß dessen Nutzbarmachung zur Bewältigung von Partikelfragen nicht grundsätzlich im Wege stehen (vgl. dazu schon Wolski 1986:360ff); ermöglicht wird in dessen Rahmen unter anderem eine integrierte Betrachtung von Bedeutungs- bzw. Funktionszuschreibungen von der Ebene angesetzter bzw. konstruierter Bedeutungen bis zu der Interpretation ihres kommunikativen Sinns unter Zurkenntnisnahme ausführlicher Kontextfaktoren.

Abgelehnt wird (wie schon in Wolski 1986) ein Vorgehen, demgemäß Ergebnisse von Interpretationen (des sprachlichen Kotextes und des Kontextes einer Äußerungseinheit mit Partikel) auf entsprechende Partikel projiziert und dieser als deren Funktion bzw. Bedeutung gutgeschrieben werden. Die Berechtigung von Interpretationen relativ zu einem Interaktionsrahmen mit kalkulierbaren Variablen (die Eruierung des kommunikativen Sinns einer partikelhaltigen Äußerung) ist damit in keiner Weise infrage gestellt.

Ausgegangen wird davon, daß (entgegen anderer Auffassungen dazu; vgl. z. B. *Duden. Das große Wörterbuch der deutschen Sprache* von 1994, hier unter "Partikel") den Funktionstypen jeweiliger Partikel-Kandidaten eine lexikalische Bedeutung zugeschrieben werden kann, wenngleich derartige Konstruktionen das Ergebnis aufwendigerer Abstraktionsleistungen sind als für die Nennlexik und ihrer sprachlichen Fassung nach (je nach Textsorte und Zielsetzung in unterschiedlichem Ausmaß) die Rückbindung an theoretische Prämissen erkennen lassen. Würde z. B. ausschließlich für Ausdrücke aus dem Bereich der Nennlexik (wie *Tisch*) der Bedeutungsbegriff reserviert und nur für Ausdrücke dieses Typs eine lexikalische Bedeutung angenommen, für Abtönungspartikeln (*ja* in *Das ist ja schlimm*) hingegen der Funktionsbegriff, würde dies in ungünstiger Weise das Vorurteil einer sprachwissenschaftlichen Randständigkeit entsprechender Einheiten betonen. Gerade von einem handlungssemantischen Ansatz ließe sich ebenso gut für Ausdrücke wie *Tisch* in Anspruch nehmen, daß sie unter Zuschreibung der "Funktion" dazu verwendet werden, mit ihnen auf gewisse Gegenstände und Klassen von Gegenständen Bezug nehmen zu können.

Im Rahmen des vorliegenden Beitrags brauchen weitere partikeltheoretische Detailfragen nicht detailliert erläutert zu werden. Zu Problemen der nach wie vor in Grammatiken und Partikelarbeiten unterschiedlich gehandhabten Klassifikation von Subtypen der Partikeln kann auf Hentschel/Weydt (1994:245ff) und vor allem auf Helbig (1988:27ff) verwiesen werden, wo zudem ganz kontroverse Positionen der bisherigen Partikelforschung zu Wort kommen und gegeneinander abgewogen werden. Auch in den beiden Arbeiten werden ganz unterschiedliche Zuordnungen getroffen: In Hentschel/Weydt (1994) zählen zu "Partikeln im weiteren Sinne": Präpositionen, Konjunktionen, Konjunktionaladverbien, Modalwörter, Abtönungspartikeln, Intensivpartikeln, Fokuspartikeln, Antwortpartikeln, Negationspartikeln (vgl. Hentschel/Weydt 1994:248); in Helbig (1988) werden in einem aussondernden Vorlauf schließlich als Subklassen behandelt: Abtönungspartikeln, Gradpartikeln, Steigerungspartikeln, Negationspartikeln, Infinitivpartikel (Helbig 1988:31). In Hentschel/Weydt (1994) sind die in Henne (1978) so bezeichneten Gesprächswörter nicht erwähnt, von denen in Wolski (1986:396) aus den dort genannten Gründen solche in engerem Sinne wie *hm, na, ne* in Orientierung an die Duden-Wörterbücher (vgl. zuletzt auch so *Das große Wörterbuch der deutschen Sprache,* Neuauflage 1994) als Gesprächspartikel bezeichnet werden. G. Helbig geht auf diesen Partikeltyp immerhin in dem Vorspann seines Lexikons ausführlich ein (Helbig 1988:52ff).

An dieser Stelle braucht zu diesen Einteilungen von Partikeln nicht Stellung genommen zu werden. Hingewiesen sei allerdings darauf, daß für eine umfassende Einschätzung des Verhältnisses von nennlexikalischen Ausdrücken zu allen anderen Ausdrücken aus dem Funktionswortschatz (Partikeln im allerweitesten Sinne) mindestens alle Adverbien und Präpositionen exhaustiv zu erfassen wären. Eine solche, unter quantitativen und qualitativen Gesichtspunkten durchzuführende Analyse kann in vorliegendem Beitrag nicht geleistet werden; deshalb wird hier in einem, unter 3.2 erläuterten, bescheideneren Rahmen vorgegangen. Bereits für die unter 3.2 (so exhaustiv wie hier möglich) berücksichtigten Abtönungs- bzw. Modalpartikeln treten in den erwähnten und in anderen Arbeiten erhebliche Unterschiede dazu hervor, welche Ausdrücke ihnen als Kandidaten zugerechnet werden. In Hentschel/Weydt (1994) wird in Einleitung des Abschnitts zu den Abtönungspartikeln festgestellt:

> Unter Abtönungspartikeln (Terminus von Weydt 1969) versteht man Partikeln wie ja, denn, doch, wohl, wenn sie in bestimmten Kontexten vorkommen, z. B.: *Das ist ja unerhört! Wie heißt du denn? Mach doch kein so böses Gesicht! Warum hat er das wohl getan?* Sie werden gelegentlich auch Modalpartikeln genannt; gegen diesen Terminus kann man einwenden, daß 'mit der 'Modalität' die Funktion der Abtönungspartikeln nur sehr vage beschrieben ist und außerdem eine Vermengung mit den 'Modalwörtern' vermieden werden soll (Helbig 1988:31). (Hentschel/Weydt 1994:280)

Dazu kann nur festgestellt werden, daß es vollkommen egal ist, welche Bezeichnung man für diesen Subtyp wählt (auch gegen den Ausdruck Abtönungspartikel ist wegen unerwünschter Assoziationen in Richtung des Tönens und Ein- bzw. Abfärbens polemisiert worden), wenn nur Klarheit darüber herrscht, nach welchen Kriterien man welche Einheiten darunter fassen will; man kann den Subtyp ebenso gut als "Alpha"- oder "Beta"-Partikeln bezeichnen. Ich wähle hier in Anschluß an Weydt (1969) und im Unterschied zu Wolski (1986) den Ausdruck Abtönungspartikel(n).

3. Partikel-Aspekte bei Paul Celan

3.1 Vorbemerkungen

Paul Celan (1920–1970) kann als der bedeutendste deutsche Nachkriegs-Lyriker angesehen werden. Während die Celan-Philologie seit den 60er Jahren eine kaum noch übersehbare Flut an Veröffentlichungen aufweist, dürfte ein Laienwissen zu Autor und Werk im wesentlichen auf das Celan-Stereotyp beschränkt sein: 'Dichter der Todesfuge', 'Autor schwerverständlicher Gedichte'.

In diesem Zusammenhang ist es nicht nötig, tiefergreifend auf Fragen der Einordnung des Werks einzugehen. Hingewiesen sei lediglich darauf, daß der in besonderem Maße bewußte Umgang mit Sprache, wie er für Lyrik von Rang generell vorauszusetzen ist, in vielen Partien des Werk von P. Celans das Niveau einer linguistischen Sprachreflexion erreicht zu haben scheint, worauf zahlreiche Interpreten hinweisen. Abgesehen davon, daß P. Celan offenbar mit sprachwissenschaftlichen Konzeptionen seiner Zeit vertraut war, kann dies anhand sprachreflexiver Stellungnahmen in Reden und zahlreicher müdlich bezeugter Äußerungen sowie anhand von (interpretativ sich als solche erschließender) Passagen aus zahlreichen Gedichten belegt werden (vgl. dazu Menninghaus 1980; vgl. allerdings für treffende Kritik an der Auffassung einer gleichsam linguistischen Lyrik Allemann 1970:270).

Von daher muß ein kooperativer Zugriff von Literaturwissenschaftlern und Experten für Sprachfragen mit Blick auf die entlang des Werks immer wieder aufgeworfenen, aber bisher unbewältigt gebliebenen, Sprachfragen als in besonderer Weise wünschenswert angesehen werden. Für sprachwissenschaftliche Annäherungen an das Werk und die in der bisherigen Celan-Philologie diskutierten Sprachsachverhalte wäre es im Sinne einer notwendigen Kooperation allerdings der denkbar ungünstigste Ausgangspunkt, entsprechende Annäherungen darin erkennen zu wollen, das Werk und damit verbundene Probleme – im Sinne einer Hilfsleistung für Literaturwissenschaftler – mit vorgefaßten linguistischen Theoremen und Terminologien einzudecken. Deshalb werden in Wolski (1996) Grundfragen der Celan-Philologie unter ausführlicher Zurkenntnisnahme literaturwissenschaftlicher Problemstellungen (und anhand sämtlicher verfügbarer Monographien, Sammelbände sowie der Aufsatzliteratur) behandelt.

Wie in Wolski (1996) wird in vorliegendem Zusammenhang nicht von der Konstruktion einer dichterischen Sondersprache bzw. poetischen Funktion der Sprache ausgegangen. Die Unterschiede zwischen dichterischen Texten einerseits, gemeinsprachlichen und fachlichen Texten andererseits können nicht an Poetizitätskriterien und Fiktionalität versus Nicht-Fiktionalität festgemacht werden, sondern verlaufen im Rahmen der in Schmidt (1991) festgehaltenen Konventionen, für welche sprachliche Spezifika jeweiliger Texte (schon wegen der Heterogenität von Texten, welche der Ästhetik-Konvention unterliegen; vgl. zu dieser Schmidt 1991:110ff) eine untergeordnete Rolle spielen. Es wird auch nicht davon ausgegangen, daß P. Celan sprachlich irgendwo abseits bzw. jenseits sozial verbindlicher Regeln agiert hat; allerdings zeichnet sich das Werk durch einen erheblichen Grad an Textverdichtung (zu diesem Ausdruck vgl. Wolski 1991) aus und dadurch, daß textinterne und textexterne Bezüglichkeiten oft ein ungewohntes Ausmaß annehmen.

Entsprechend der vorab nur grob skizzierten Ausgangspunkte kann kein Erkenntnisgewinn darin gesehen werden, das Werk bzw. Partien des Werks lediglich in dem Sinne zur Exemplifikation von Partikel-Kandidaten heranzuziehen, daß entsprechende Ausdrücke in dichterischen Texten aufgesucht und aufgefunden werden. Wie für die (hier nicht angestrebte) Interpretation einer Partikelverwendung im jeweiligen sprachlichen Kotext würden sich Texte anderer Textzugehörigkeit ebenso gut eignen. Da nicht von einer poetischen Sonderfunktion der Sprache ausgegangen wird, kann für sämtliche Typen von Partikeln vorausgesagt werden, daß deren Einsatz nicht abseits der anhand von Gebrauchstexten entwickelten Partikelspezifika erfolgt. Unter partikeltheoretischen Gesichtspunkten kann für die meisten Fälle ein unauffälliger Gebrauch entsprechender Einheiten angenommen werden; das gilt mindestens für Präpositionen, Konjunktionen, Konjunktionaladverbien, Modalwörter, Negationspartikeln aus der Menge der "Partikeln im weiteren Sinne" nach Hentschel/Weydt (1994:245) sowie auch für die Infinitivpartikel, die in Helbig (1988:31) nach einem aussondernden Vorlauf als "Subklasse" angeführt wird. Unter Gesichtspunkten literarischer Interpretation allerdings ist, wegen des außerordentlich bewußten Einsatzes sämtlicher sprachlicher Ausdrucksmittel (qua Heraushebung in exponierter Stellung auf einer Zeile, Enjambement u. a. m.), jede Verwendung einer Partikel gedichtsintern spezifisch. Vorausgesagt werden kann außerdem, daß die in Wolski (1986) berücksichtigten Gesprächspartikeln im Werk P. Celans nicht vorkommen (dies aber mehr aufgrund des Charakters dieser Dichtung, als wegen ihrer Beschränkung auf mündliche Äußerungen; denn diese könnten im Schriftlichen durchaus nachgebildet sein, wofür es Beispiele in anderen dichterischen Texten gibt). Vorausgesagt werden zu können scheint ebenfalls, daß mit Antwortpartikeln in dem Sinne des Ausdrucks nicht zu rechnen ist, in dem für sie die "isolierte (oder abgesonderte) Stellung außerhalb des Satzverbandes" (Helbig 1988:49) kriteriell ist.

Daher kann lediglich darauf abgezielt werden, hervortretende Besonderheiten des Partikelgebrauchs im Werk P. Celans auszumachen, ohne diese allerdings als Eigenarten einer "poetischen Sprache" mißzuverstehen. Zu solchen Besonderheiten zählt die Heraushebung einer Einheit in exponierter Stellung und das Hervortreten von Kombinationen mit anderen Einheiten. Für ein Autorenwörterbuch habe ich deshalb vorgeschlagen, für jeweilige Partikel-Lemmata ausschließlich derartige Spezifika zu verzeichnen und ansonsten auf gesondert angesetzte Artikel zu Abtönungspartikeln etc. zu verweisen (vgl. Wolski 1995). Obwohl im Rahmen der vorliegenden Arbeit keine statistischen Aussagen über die Häufigkeit der einen oder anderen Partikel in den einzelnen Gedichtbänden gemacht werden, lassen sich Partikel-Spezifika im Werk Paul Celans in hinreichendem Maße aufweisen.

Der Bezugnahme auf Funktions- und Verwendungstypen von Partikeln dient nachfolgend die übersichtliche und reichhaltige Darstellung aus Helbig (1988), auch wenn sie in Einzelheiten nicht konsensusfähig sein mag.

3.2 Untersuchungsergebnisse

Zitiert wird nach der Ausgabe der "Gesammelten Werke" von 1986 (herausgegeben von Beda Allemann und Stefan Reichert); mit römischen Ziffern wird auf die Bände Bezug genommen, mit arabischen auf die Seitenzahlen.

Die Untersuchungsbasis bilden ausschließlich die Gedichte (je nach Zählung 600 an der Zahl), nicht die wenigen Prosatexte und Reden P. Celans: "Der Sand aus den Urnen" (1948), "Mohn und Gedächtnis" (1952), "Von Schwelle zu Schwelle" (1955), "Sprachgitter" (1959), "Die Niemandsrose" (1963), "Atemwende" (1967), "Fadenson nen" (1968), "Lichtzwang" (1970), "Schneepart" (1971), "Zeitgehöft" (1976). Hinzu kommen "Verstreute Gedichte" (aus 1948 bis 1967); darunter befindet sich der fragmentarische Zyklus "Eingedunkelt" (1968), entstanden 1966 und vorher in einem Sonderband erschienen (vgl. das editorische Nachwort aus Allemann/Reichert 1986).

Etliche Gedichte (auch die in rumänischer Sprache) sind nicht in dieser Ausgabe der "Gesammelten Werke" enthalten. Der Gedichtband "Sand aus den Urnen" wurde von P. Celan aufgrund zahlreicher Druckfehler zurückgezogen; etwa die Hälfte der Gedichte, darunter die "Todesfuge", nahm er (mit Textveränderungen) in den nächsten Band mit dem Titel "Mohn und Gedächtnis" auf. Daher gibt es in dieser Ausgabe einige Doppelaufführungen von Gedichten, und zwar aus "Der Sand aus den Urnen" (1948) – mit "An den Toren", "Mohn und Gedächtnis" und "Todesfuge" – sowie aus "Mohn und Gedächtnis" (1952), mit "Der Sand aus den Urnen", "Todesfuge", "Gegenlicht" und "Halme der Nacht". Die dadurch entstehenden Verwirrungen sind allerdings für vorliegende Bezugnahme auf Verwendungsinstanzen solcher Ausdrücke, die als Kandidaten für Partikeln gelten können, bedacht. Die editorischen Probleme spielen auch insofern keine Rolle, als eine statistische Auswertung nicht vorgenommen wird; außerdem finden sich im Frühwerk (einschließlich der "Todesfuge") nur vereinzelt Vorkommen von Partikeln, die in den Untersuchungsbereich des vorliegenden Beitrags fallen.

"Lichtzwang" und "Schneepart" können als autorisiert gelten; um eine "Nachlaßpublikation im eigentlichen Sinn" handelt es sich bei "Zeitgehöft", da P. Celan die darin enthaltenen Gedichte "nicht mehr für den Druck vorbereitet" hat (vgl. das editorische Nachwort aus III/210).

Für die Zitierung von Passagen aus den Gedichten wird folgendermaßen verfahren: Soweit die Titel von Gedichten genannt werden, wird der Schreibung in Kapitälchen gefolgt; erwähnte Gedichtbände werden in Anführungszeichen gesetzt. Ausgelassene Passagen, die den zitierten vorangehen und/oder nachfolgen, werden durch runde Klammern angezeigt: "(...)". Bei Anführung von Passagen als fortlaufender Text wird der Zeilensprung, der üblichen Konvention gemäß, durch Querstrich mit Spatiierung angezeigt: "/"; in diesem Falle wird auf runde Klammern (für Auslassungen) nur dann nicht verzichtet, wenn am Ende ein Komma steht und wenn zu Beginn eine Zeile nicht vollständig zitiert ist. Zitierte Passagen sind strikt an Textauszeichnungen (recte, kursiv, Kapitälchen) der zitierten Ausgabe orientiert; somit werden auch kurze Passagen aus Gedichten in Anführungszeichen gesetzt; lediglich einzelne sprachliche Ausdrücke werden abweichend davon wie sonstige objektsprachliche Ausdrücke behandelt und kursiv gesetzt.

Nur für einige Funktionstypen entsprechender Partikel-Kandidaten wurde der Versuch unternommen, entsprechende Verwendungsinstanzen exhaustiv zu erfassen: für Einheiten, für welche dies nicht angestrebt ist, wird im Rahmen der Ausführungen darauf hingewiesen.

Nachfolgend wird zunächst darauf eingegangen, in welchem Zusammenhang in der Celan-Philologie auf Partikelprobleme Bezug genommen wird (1). Unter (2) werden Spezifika solcher Einheiten aufgezeigt, die nicht dem Funktionstyp der Abtönungspartikeln zugerechnet werden können; unter (3) schließlich wird auf die Rolle von Abtönungspartikeln im Werk P. Celans eingegangen. Überschneidungen ergeben sich vor allem zwischen den Aspekten (2) und (3).

Zu (1): Interpretationen einzelner Gedichte (und um so mehr solche ganzer Gedichtzyklen) sind in der Celan-Philologie durchweg im wesentlichen an einzelnen sprachlichen Auffälligkeiten aus dem Bereich der Nennlexik orientiert. P. H. Neumann, der auf "Schlüsselworte Celans" (Neumann 1990, 15; zuerst 1968) zielt, untersucht außerdem die "Wortzerlegung" anhand von Substantiv, Verb, Adjektiv und Adverb, welche "die der Wortkomposition zugänglichen Wortarten" (11) sind. Beispiele für "Wortzerlegung" findet er außerdem in der Abtrennung von Vorsilben und der "Substantivierung der Partikeln" wie für "Men" aus "Schen" aus "mit den Men, mit den Schen, mit den Menschen (...)" (I/237). Mit "Wortzersplitterung, Wortbildung durch Zersplitterung, Zersplitterung aber auch der soeben erst erfundenen Worte" reagiert, so P. H. Neumann, "diese Dichtersprache auf die im Gedicht vermessene Grenze menschlichen Sprechens" (27); exemplarisch sei dies "ablesbar" an einer Passage wie folgender (vgl. I/237):

(...)
Ihr meine mit mir ver
krüppelten Worte, ihr
meine geraden.
(...)

Die Ausdrücke Partikel und Sprachpartikel werden auch von anderen Interpreten stets ausschließlich für Segmentationsaspekte in Anspruch genommen, festgemacht an ähnlichen Passagen wie denen aus Neumann (1990); vgl. z. B. Burger (1989:113).

Ausgelöst worden sein dürfte die Bezugnahme auf Partikelprobleme in diesem Sinne vor allem durch das Vorkommen des Ausdrucks Partikelgestöber in dem Gedicht "Engführung" (I/200–202), welches das längste Gedicht P. Celans ist:

(...)
Orkane.
Orkane, von je,
Partikelgestöber, das andre,
(...)
Ja.
Orkane. Par-
tikelgestöber, es blieb
Zeit, blieb,
(...).

Schon P. Szondi, an dessen Ausführungen die Celan-Philologie (neben Arbeiten von H. Weinrich; vgl. z. B. Weinrich 1968) in vielen zentralen Punkten orientiert ist, hat dazu festgestellt:

> Die Welt entsteht nach Demokrit, ebenso wie die einzelnen Dinge und Lebewesen, aus dem Atom-Gestöber. Dieses bildet mit dem Leeren die Grundlage des Kosmos, alles andere ist bloße Meinung (Anm.: 'Diogenes Laertius, IX, 44') (Szondi 1972:78).

Klaus Voswinckel hat zu dem Gedicht folgendermaßen Stellung genommen:

> Im Gedicht herrscht 'Partikelgestöber'. Die Sprache stellt keine Kohärenzen von Welt her, sondern zerfällt unter dem Druck einer chaotischen Erfahrung in lauter Einzelteile, beziehungslose Partikel und Worte. (Voswinckel 1974:179).

Als charakteristisch werden von K. Voswinckel für große Teile des Werks angesehen: "Vereinzelung des Wortes", "Verkürzung von Sätzen zu einzelnen Wörtern", "Verselbständigung von syntaktischen Funktionsträgern (*War*)" u. a. m. (Voswinckel 1974:180). Ebenso konstatiert Monika Schmitz-Emans eine "für Celan charakteristische Zersplitterung von Sprachlichem", eine "Segmentierung zu Silben" (Schmitz-Emans 1993:191), "Zersplitterung von Wörtern zu Partikeln" und "Präsentation von Sprachlichem im Aggregatzustand von Wort-Teilchen" (192). Für die "Engführung" wird die Aufhebung derjenigen "Grunddifferenz" konstatiert, die "zwischen 'verdinglichter' Sprache und sprachloser Materie" besteht (228); denn inspiriert durch Mallerm, finde sind die "Zerstreuung von Sprachpartikeln auf der Fläche" (228). M. Schmitz-Emans begreift (ähnlich wie K. Voswinckel) das Vorhandensein der von ihr so bezeichneten Sprachpartikel im Sprachgebrauch P. Celans im wesentlichen als "Verweis auf deren Zerbrechlichkeit und Hinfälligkeit", poetisch z. B. dargestellt als "Verkrüppelung"

(191, Bezug ist die zitierte Partie aus I/237). Demgegenüber wird von Klaus Manger darauf hingewiesen, daß die "abgesprengten Silben, die Zeilen- und Wortbrechungen" im Werk P. Celans "keineswegs von Sprachzerstörung" zeugen, sondern "allein von freigesetzter Semantik, von Zugewinn an Bedeutung" (Manger 1995:16).

Unter Berücksichtigung der genannten und zahlreicher anderer Arbeiten kann als erster durchaus bemerkenswerter Befund angesehen werden, daß in der Celan-Philologie auf den Ausdruck Partikel bzw. Sprachpartikel in dem Sinne, wie er in der Sprachwissenschaft verwendet wird, bisher überhaupt nicht Bezug genommen wurde. Dies kann im Vorgriff auch auf die beiden nachfolgend zu berücksichtigenden Aspekte (2) und (3) konstatiert werden. Damit wird hier allerdings nicht ausgeschlossen, daß im Rahmen von Interpretationen zumindest die eine oder andere auffallende Passage mit Partikeln berücksichtigt worden ist und daß auch abseits von sprachwissenschaftlichen Reflexionen in nicht minder plausibler Weise auf entsprechende Einheiten eingegangen wird.

Zu (2): Bezug genommen wird nachfolgend auf diejenigen Typen von Partikeln, die außer den Abtönungspartikeln in Helbig (1988) angeführt sind. Zusätzlich berücksichtigt werden allerdings auch Spezifika von Konjunktionen, die dort nach einem ausfilternden Vorlauf in den jeweiligen Artikeln nur noch als "Homonyme" zu den anderen Funktionstypen verzeichnet sind. Die hier unter (2) berücksichtigten Einheiten sind nicht stets exhaustiv erfaßt.

a) Als Konjunktionen kommen (offenbar) solche Einheiten vor, die unter partikeltheoretischen Gesichtspunkten sonst auch anderen Funktionstypen zugerechnet werden können: *aber*, *denn*, *doch*. Außerdem finden sich – abgesehen von und – wenige ausschließliche Konjunktionen: *dennoch*, *wenn*, *weil*, letztere in "Verstreute Gedichte". Dabei heben sich als Besonderheiten zunächst hervor die Setzung:

- im Titel und in Erststellung: "UND JETZT" (II/409), "UND DAS SCHÖNE" (I/115), "UND MIT DEM BUCH AUS TARUSSA" (I/287);
- im Titel zweifach sowie in Anschluß an die in Kapitälchen gesetzte Titelpartie; vgl.: "UND KRAFT UND SCHMERZ" (II/398), "HURIGES SONST". Und die Ewigkeit/blutschwarz umbabelt." (II/339);
- als Titel: "ABER" (I/182), evtl. auch als substantiviert aufzufassen. Am Rande verzeichnet sei, daß außerhalb der Nennlexik als Titel lediglich vorkommen: "EINMAL" (II/107; II/249), auffaßbar als Adverb oder Zahlwort, sowie eine Präposition und zwei Adverbien: "UNTEN" ((I/157), "HEUTE" (II/47) und "JETZT" (II/258). Des weiteren seien folgende Aspekte hervorgehoben:
- Konjunktionen stehen in Kombination mit Einheiten des Funktionstyps 'Abtönungspartikel' in folgenden Fällen: "Denn wo/dämmerts denn, sag, als bei dir, (...)" (I/139), "Krumm war er, ja/denn, ja,/er war gerade." (I/229), "und - ja -/die Bälge der Feme-Poeten" (I/275).
- Konjunktionen stehen im Zeilen- bzw. Strophenbeginn, und zwar einzeln, in Kombination mit Abtönungspartikeln (wie vorstehend verzeichnet), sowie gedoppelt: "Aber,/aber er bäumt sich, der Baum." (I/230), "aber seltsam und geschickt" (III/127; 1948), "Und glimmt in den Augen aus Samt nicht (...)" (III/130; 1948), "Und der ganze Laden da – (...)" (III/133; 1958), "denn sind sie nicht Glas?" (III/31), "Doch in dir, von/Geburt,/schäumte die andre Quelle" (II/23), "doch nie/warst du nur Vogel und Frucht" (II/222), "doch stehen die Zahlen bereit, der Träne zu leuchten, (...)" sowie "doch geht in die große Silbenschrift ein, (...)" aus (II/311), "Doch konnten wir nicht" (II/239), "wenn du schwebend darangehst, (...)"

(III/137; 1967). Häufungen von und unter diesem Aspekt finden sich in UND DAS SCHÖNE: "Und das Schöne", "Und die Steine", "Und der Wind" (I/115); sie finden sich ähnlich auch in "UND KRAFT UND SCHMERZ", dem Titel ohne Spatiierung nachgestellt: "und was mich stieß/und trieb und hielt:" (II/398); aus "UND MIT DEM BUCH AUS TARUSSA (I/287) sei erwähnt: "und nachtfasernah" (Zeilenanfang).

- Bemerkenswert sind des weiteren und-Fügungen sowie Fügungen mit substantiviertem *aber*: "Nacht-und-Nacht" (I/199), "Träne-und-/Träne" (I/237), "Aber-Nacht" und "Aber-Du" (I/239); aus "Verstreute Gedichte" läßt sich nachweisen: "Du-weißt-und-Du-weißt." (III/137; 1967). Dazu wird in der Sekundärliteratur meist auf die Ausführungen von Klaus Reichert zurückgegriffen, wo "der parataktische Stil" Paul Celans als die "auffälligste Gemeinsamkeit zwischen dem Hebräischen (...) und der Sprache Celans" (Reichert 1988:157) bezeichnet wird. Dort wird auf die "hebräische Superlativbildung durch Wortverdopplung wie in 'Nachtnackte' oder 'Immerimmer'" (158) hingewiesen. Zu den hier infrage stehenden Kombinationen stellt K. Reichert fest, daß das "Bindewort und (ve)" das "häufigste Wort der hebräischen Bibel" ist, "das häufig sogar noch den wenigen, Nebensätze einleitenden Konjunktionen vorangestellt ist" (157). K. Reichert führt dazu weiter aus:

  > Vielleicht hat auch die häufige Verwendung nebeneinander gestellter, intensivierender Wiederholungen ('Wort und Wort', 'zu/jeder Not, jeder Not') in einer Schicht etwas mit der Superlativform zu tun. (Reichert 1988:158).

- Als nicht sich hervorhebend kann der Gebrauch von Konjunktionen in den wenigen anderen Fällen angesehen werden, in denen Konjunktionen in fortlaufende Zeilen integriert sind: "Und das schöne, das du rauftest, und das Haar, (...)" (I/115), "Hellstern darin und der Zwerg-/leuchte, die mitwebt" (I/287), "nur lallen und lallen" (I/226 aus TÜBINGEN, JÄNNER; in der Verbindung gleicher Ausdrücke (vgl. andere Doppelungen in dem Gedicht) hebt sich dieser Beleg allerdings hervor); "ist wirksam, doch nicht/die Reitgarbe machts:" (II/185); ; "du lebst auf mich zu, dennoch,/im Steigrohr, (...)" (II/270), "Umhergeworfenen, dennoch/Fahrenden:" (III/151; "Eingedunkelt"); vgl. aus "Verstreute Gedichte": "Verweilt, wenn die Wolke ertönt, (...)" (III/130; 1948), "Du aber bereitest dich jetzt, (...)" (III/130; 1948) und die sprachspielerisch-scherzhafte Partie "Wozu – weil – Jaweilwozu/Hättenhätten wirdenn ruh." (III/133; 1958). In DAS EINZIGE LICHT aus "Sand aus den Urnen" findet sich dreimal gesetztes doch: "Dein Haus ritt die finstere Welle, doch barg es ein Rosengeschlecht;", "O Schlittenflug durch die Luft – doch du kehrtest zurück, (...)", "es schwimmt jene Arche noch nah, doch füllen die Rosen sie ganz, (...)" (III/42). Darüber hinaus gibt es etliche weitere Fälle insbesondere unspezifischer und-Verwendungen zu registrieren, die hier nicht angeführt werden. Ein Großteil entfällt auf die dem Band "Der Sand aus den Urnen" (1948) zugeordneten Fassungen von "Mohn und Gedächtnis" (III/31–64) und den separat (I/11–78) erfaßten Versionen aus "Mohn und Gedächtnis" (1952), also auf die frühen Gedichte.

b) Gradpartikeln und Steigerungspartikeln: Relativ zu theoretischen Annahmen sind in der Partikelforschung (und auch in Wörterbüchern) zur Einteilung entsprechender Partikel-Kandidaten ganz unterschiedliche Positionen vertreten worden und vertretbar. Für einige Ausdrücke kann die Zuordnung zu Funktionstypen von Partikeln nur als ganz unbefriedigend bezeichnet werden, z. B. für den Ausdruck so. Für viele der in Helbig (1988) differenzierten Verwendungstypen sind die Zuordnungen wenig einsichtig. Zum gegenwärtigen Stand der Partikelforchung kann daher eigentlich nur dafür plädiert werden, aus der traditionellen Wortart der Adverbien nicht zu viele Sonderfunktionen an Partikel-Subtypen zu delegieren.

In vorliegendem Zusammenhang wird nicht angestrebt, über die vorhandenen Ausführungen zu den in Helbig (1988) so bezeichneten Gradpartikeln und Steigerungspartikeln bzw. Intensivpartikeln und Fokuspartikeln nach Hentschel/Weydt 1994) hinauszugehen. Bezugspunkt ist, wie bereits erwähnt, die diesbezüglich nicht unproblematische Einteilung aus Helbig (1988). In Einzelheiten können die Zuordnungen zu den dort verzeichneten Verwendungstypen nur interpretationsabhängig (als Adverb bzw. Grad- und/oder Steigerungspartikel) vorgenommen werden; um dem nicht vorzugreifen, werden die beiden Funktionstypen Grad- und Steigerungspartikel hier zusammengefaßt. Bemerkenswert ist zunächst, daß nur wenige Ausdrücke für eine Deutung als Grad- und/oder Steigerungspartikel infrage kommen, nämlich *auch, ganz, nicht einmal, noch, nur, so*; Anschlußpunkte für entsprechende Partikel-Deutungen finden sich für folgende Partien mit diesen Partikeln, die hier der Reihenfolge nach erfaßt sind:

- *auch*: "auch jetzt" (II/124), "Auch das noch/bergen, (...)" (II/139), "auch über dich" (II/163), "und meinst, auch diesmal/sei's Gott." (II/269), "(...) sie hat/auch für uns eine Stunde, hier,/in der Sandstadt" (I/188), "Wirf auch die Abendtür zu, Rabbi." (I/243), "Er, auch er/steht gegen/die Pest" (I/230), "Ja, auch von ihm." (I/288), "Mit allem, was darin Raum hat,/auch ohne/Sprache" (II/23). "auch über dich, (...)" (II/163) "von Inbrunst, von/Äugigem, auch/hier, wo du mich abliest vom Blindblatt,/auch/hier,/wo du mich so genau/widerrufst." (III/92);
- *ganz*: "und zuweilen, wenn/nur das Nichts zwischen uns stand, fanden/wir ganz zueinander." (I/217); hier ist *ganz* aber eher als Adverb zu deuten.
- *nicht einmal*: "Tausend ist/noch nicht einmal Eins." (II/164).
- *noch*: "Alles,/das Schwerste noch, war/flügge, nichts/hielt zurück." (I/274), "Noch hier in diesem/Gewitter/reitest du's zu." (II/263), "noch im letzten zerschlissenen Knoten Atems/steckst du mit einem/Splitter/Leben." (II/261).
- *nur*: "neben den weltlichen Mündern – ich nenne nur sie –, (...)" (II/52);
- *so*: "was den Augen so weh tut, (...)" (I/156), "Augen und Mund stehn so offen und leer, Herr." (I/163), "(...) so/viel/wird gefordert von dem,/den die Hoffnung herauf- und herabkarrt/den Herzbuckelweg – so/viel." (I/282), "so feurig der Preis dieser Schützen": (...)" (III/47), "so/weiß/will sie sein, (...)" (III/137; "Verstreute Gedichte" 1967). Nicht dazuzurechnen sind: "so muß ich zum Kuß mich wohl bücken zuletzt" (III/31), "so binde die Maske dir um und (...)".

Auch wenn ggf. die eine oder andere Verwendungsinstanz übersehen worden sein sollte, läßt sich festhalten: Der Zahl nach sind es wenige Einheiten, die als Kandidaten für die Zuordnung als Gradpartikel infrage kommen; dazu lassen sich auch nur wenige Belege anführen. Eine Verwendungsinstanz dieser Einheiten, welche als Steigerungspartikel gedeutet werden könnte, findet sich nicht. Steigerungspartikeln beziehen sich im Unterschied zu Gradpartikeln "nicht auf unterschiedliche syntaktische Zuordnungskonstituenten und semantische Skopustypen", sondern "zumeist nur auf Adjektive (oder Adjektiv-Adverbien)" (Helbig 1988:46). Von hierher scheint das Fehlen von Steigerungspartikeln im wesentlichen damit in Verbindung gebracht werden zu können, was auch sonst (zumindest für zentrale Phasen des Schaffens von P. Celan) als stilprägend herauszustellen ist: hoher Textverdichtungsgrad, verbunden mit isolierender Setzung von Ausdrücken bzw. einer "kahlen Thetik" (Menninghaus 1980:242) und kreativ (über konventionelle Prägungen hinausgehend) gebildeten Adjektiven, sowie Fehlen poetisierender Zusätze oder (im traditionellen Sinne) spezifizierender Epitheta.

c) Antwortpartikel: Verwendungsinstanzen als Antwortpartikel finden sich bei enger Auslegung des Ausdrucks Antwortpartikel nicht: Etliche – dann aber auch ausschließlich auf den Ausdruck ja begrenzte – Verwendungen in Nachstellung heben sich insofern heraus, als sie weder dem Funktiontyp 'Abtönungspartikel', noch dem der Gradpartikel, noch (jedenfalls) dem in Helbig (1988) verbleibenden Funktionstyp der Antwortpartikel zugeordnet werden können; vgl. aus ENGFÜHRUNG (I/201):

> (...)
> grün, ja,
> hing, ja,
> unter hämischem
> Himmel.
>
> An, ja,
> Pflanzliches.
>
> Ja.
> Orkane, Par-
> tikelgestöber, es blieb
> Zeit, blieb,
> (...)

Mit Blick auf andere Partikelarbeiten allerdings und bei weiterer Fassung von Antwortpartikel bzw. Satzäquivalent ließe sich dieser Verwendungstyp dem der "bestätigenden Wiederaufnahme von sprachlich Vorausgegangenem" (vgl. Wolski 1986:467) durchaus zuordnen. Auch in einigen weiteren Gedichten treten Instanzen dieses Verwendungstyps mit der Partikel *ja* hervor; auf diese Partikel wird gesondert zusammen mit dem Funktionstyp 'Abtönungspartikel' eingegangen; vgl. unter (3).

d) Negationspartikel: Nach einem auswählenden Vorlauf verbleibt in Helbig (1988:50) unter den Negationswörtern ausschließlich der Ausdruck nicht als so bezeichnete Negationspartikel. Verwendungsinstanzen der Negationspartikel sind hier nicht exhaustiv belegt.

– Der Ausdruck findet sich – in unspezifischer Verwendung vorkommend – allerdings öfters in Kombination mit Verwendungsinstanzen des Funktionstyps 'Abtönungspartikel'; vgl.: "wie denn auch nicht (...)" (I/188), "(...) Wir/wissen ja nicht, weißt du,/wir/wissen ja nicht,/was/gilt." (I/214–215), "wir wußten nicht, wir/waren ja da und nicht dort, (...)" (I/217), "(...) – und nicht nur sie – (...)" (II/172), "(...) Auch Blau/ist wirksam, doch nicht/die Reizfarbe machts:" (II/185), "Doch konnten wir nicht" (II/239), "du/kommst nicht/zu/dir" (II/253), "zwei Sonnen gibts, hörst du,/zwei, nicht eine –/ja und?" (III/118); vgl. auch aus "Verstreute Gedichte": "den das Land nicht ließ", "Die Insel blaut nicht mehr, (...)", "Ich will nicht mehr hinauf ins Hügelland." (III/128; 1948), "Nicht will deine Wimper (...)", "(...) und ich segne ihn nicht." (III/130; 1948), "das weiß die Welt nicht mehr." (III/132; 1951), "nicht usurpierbare, (..) (III/151; "Eingedunkelt").
– Die einzige ganz auffällige Häufung von Verwendungsinstanzen der Negationspartikel findet sich in dem schon erwähnten Gedicht mit dem Titel ABER; vgl.: "daß

ichs/schwirren hör, näher – nicht/neben mir, nicht,/wo du nicht sein kannst." (I/182).

e) Infinitivpartikel: Als Spezialität aus Helbig (1988:30–31) kann erkannt werden, daß im Unterschied zu den meisten anderen Darstellungen die auf den Ausdruck zu und damit auf bloße syntaktische Funktion (vor dem Bezugswort, nämlich Infinitiv des Verbs) beschränkte Infinitivpartikel den anderen Subtypen parallelisiert wird.

– Verwendungsinstanzen dieses Partikeltyps sind nicht nachweisbar; allerdings wurde diesbezüglich nicht gründlich recherchiert. Als abgetrennter Verbteil kommt zu gelegentlich in Verb-Nachstellung vor; vgl.: "Wirf auch die Abendtür zu, Rabbi." (I/243), "Die Gewalten, ernüchtert,/nähn den Lungenstich zu." (II/163), "du/kommst nicht/zu/dir." (II/253), "Noch hier in diesem/Gewitter/reitest du's zu." (II/263), "du lebst auf mich zu, dennoch,/im Steigrohr,/im/Steigrohr." (II/270). Vgl. auch: "und sprechen Gewalt zu." (III/147; "Eingedunkelt"), "gesteh's der/notreifen Nacht zu." (III/152; "Eingedunkelt")

Exkurs: Bereits unter letztem Aspekt ist über die in Helbig (1988) erfaßten Subtypen von Partikeln (Partikeln in dort engerem Sinne) hinausgegangen worden. Wie bereits erwähnt, müßte eine exhaustive Analyse den gesamten Funktionswortschatz (Partikeln im allerweitesten Sinne) unter Einschluß von Präpositionen und Pronomina sowie Adverbien berücksichtigen; eine solche Analyse kann hier nicht durchgeführt werden. Allerdings seien im Exkurs einige Verwendungsinstanzen von Ausdrücken angeführt, welche den abgesteckten Untersuchungsrahmen überschreiten:

f) Den Adverbien (in einem hier nicht zu spezifizierenden Sinne) sind zuzuordnen: *da*, *diesmal*, *dort* und *dorthin*, *einmal* (Schlußstellung), *hier* (isoliert auf der Zeile, mit vorausgehendem und nachfolgendem Spatium; am Zeilenbeginn), *immer* (relativ häufig vorkommend, manchmal in markanter Stellung am Schluß, auch substantiviert; gedoppelt, aber als immerzu rekonstruierbar, in I/226 vorkommend), *je* (idiomatisch, in der Kombination von je), *jetzt* (auch im Titel), *nah* (im Komparativ), *noch*, *oben* (im Titel; substantiviert), *schon* (jeweils am Zeilenbeginn), *sonst* (als Titel; auch isoliert auf der Zeile, mit vorausgehendem und nachfolgendem Spatium), *soviel* (am Zeilenende; isoliert auf der Zeile), *vorbei* (substantiviert; isoliert auf der Zeile), *wann* (in einem Gedicht in Häufung vorkommend), *wo* (auch isoliert auf der Zeile; mit vorausgehendem und nachfolgendem Spatium), *wohin* (im Zeilensprung):

– *da*: "waren da und nicht dort, (...)" (I/217), "da, nicht wahr, gab es/ein Oben." (I/229), "da, wo du hinmußt, der eine/genaue/Kristall." (I/283); vgl. auch aus "Verstreute Gedichte": "da hängt ein blauer Page.", "Da hängt er, im Lasso:", "Da könnt ihr ihn suchen.", "Da könnt ihr ihn finden, (...)" (III/134; 1962) sowie "(...) Grab in den Wolken da liegt man nicht eng" (I/42; TODESFUGE);
– *diesmal*: "und meinst, auch diesmal/sei's Gott." (II/269);
– *dort/dorthin*: "waren ja da und nicht dort, (...)" (I/217), "mit deinen Händen dorthin" (I/239);
– *einmal*: "In die Schlafgrätsche/gehn, o einmal." (II/260); "zieh ihn zu Rate, einmal, (...)" (III/135; "Verstreute Gedichte" 1966);
– *hier*: "(...) hier (...)" (II/151), "hier, wo du mich abliest vom Blindblatt,/auch/hier,/wo du mich so genau/widerrufst." (III/92);
– *immer*: "unsre immer noch trunknen, (...)" (II/52), "tranken noch immer, (...)" (II/63), "Wir sind es noch immer" (II/88), "die Zwischenlaute/(noch immer?)/die

Schattenpalaver, (...)" (II/157), "Strahlengang, immer, (...)" (I/182), "begegnet dein über-/sterniges/Immer." (II/284), "Du weißt: der Sprung/geht über dich, immer." (II/272), "für immer, (...)" (III/135; "Verstreute Gedichte" 1966), "immer-, immer-/zuzu." (I/226 aus "TÜBINGEN, JÄNNER; anderen Doppelungen parallelisiert);
- *je*: "Orkane, von je, (...)" (I/200);
- *jetzt*: JETZT (II/258), "denk mir, als Auge, jetzt zu:" (I/182), "Gefaltetes geht jetzt/atemberaubend vor sich." (II/273), "sucht jetzt sein Eisen, (...)" (III/141; "Eingedunkelt");
- *nah*: "daß ichs /schwirren hör, näher – nicht/(...)" (I/182), "(...) Beglänztes/rückt näher." (III/143; "Eingedunkelt");
- *oben*: OBEN, GERÄUSCHLOS (I/188); "(...) gab es/ein Oben." (I/229);
- *schon*: "schon tief in der Macchina, (...)" (II/239), "schon fortgeschwungen aus der Flocke Welt, (...)" (II/313), "machen sich über/die schon/angeröteten Schlagschatten her, (...)" (II/157);
- *sonst*: "(...) Sonst?/Halb- und Viertel-/verbündete (...)" (II/47), "Gedanken, was sonst,/stellen sich quer." (II/409), HURIGES SONST (II/339);
- *soviel*: "ins Ziel einer Seele: soviel/Zeit /" (I/182), "soviel/Unverfenstertes dort, (...)" (II/414);
- *vorbei*: "(...) Vorbei (...)" (I/182); "dem ich absagte, an dir/vorbei, (...)" (III/152; "Eingedunkelt");
- *wann*:"Wann/wann blühen, wann,/wann blühen die, (...)" (I/275);
- *wo*: "(...) Wo? (...)" (II/123), "wo du nicht sein kannst" (I/182), "wo sie den Sommer gezeigt, (...)" (III/132; 1951), "Wo tut es ihn hin?" (III/134; 1962);
- *wohin*: "(...) wo-/hin/kämst du nicht mit mir zu liegen, (...)" (II/51).

Des weiteren sind zu nennen: häufig verwendetes *noch* sowie *nun* als Adverb. Die meisten Verwendungsinstanzen von *nun* finden sich, wie auch weitere nachfolgend erfaßte Adverbien, in "Verstreute Gedichte"; vgl.:
- *noch*: ICH KANN DICH NOCH SEHN: ein Echo, (...) (II/275), "Wir sind es noch immer." (II/88), "Eingedämmert wuchert,/was du noch hast." (II/294), "Ein Trittstein, noch fern deinem Fuß. (...)" (II/263), "grapscht sich noch ein/einziges taufrisches Dunkel." (II/210), "als hungerte noch/irgendein Magen, als flügelte noch (...)" (II/197), "Vielleicht noch zu leistenden" (II/179), "noch säumt, wenn ich hinseh, (...)" (II/179), "Auch das noch/bergen, (...)" (II/139), "Damals, als es noch Galgen gab, (...)" (I/229), "ein von Steinwut schwingendes Tor noch, (...)" (III/152; "Eingedunkelt"), "(...) den noch keiner noch keiner übertraf, (...)" (III/131; 1951);
- *nun*: "(...) nun hebt sich der Schleier vom Spiegelbild.", "Nun tröstet mein Blut (...)" (III/130; 1948), "(...) trägt nun deine Schläfe." (III/131; 1951);
- *auch*, *abermals*, *dann*, *deutlich*, *erst*, *wer*, *weithin*, *woher*, *woraus*, *wozu*: "das also warst du/auch." (III/147); "wird abermals laut, (...)" (III/143), "Erst der gelbe,/Dann derselbe,/Dann der schwarze (...)" (III/133; "Verstreute Gedichte" 1958), "dann habt ihr ein Grab in den Wolken (...)" (I/42; TODESFUGE), "dann erscheinst du -" (III/152), "DEUTLICH, weithin, das Offne (...)" (III/143), "Wer hängt ihn ab?" (III/134; "Verstreute Gedichte" 1962), "Woher, aus Menschenhautnähe, (...)" (III/141), "Woraus die Herzen sind, (...)" (III/132; "Verstreute Gedichte" 1951), "Wozu – weil – Jaweilwozu (...)" (III/133; "Verstreute Gedichte" 1958).

g) An traditionellen Interjektionen kommen vor: *O* sowie *hei* (isoliert auf der Zeile; mit vorangehendem und nachfolgendem Spatium):

- "O diese Ver-/freundung. Doch wieder, (...)" (I/283), "In die Schlafgrätsche/gehen, o einmal." (II/260), "O Schlittenflug durch die Luft – (...)" (III/42), "O steinerne Masten der Schwermut/O ich unter euch und/lebendig!/O ich unter euch (...)" (III/49). Vgl. auch aus "Verstreute Gedichte": "O das Gift von deinem Pfeile." (III/129; 1948); "(...) hei, (...)" (II/122).

Aus der Verteilung der Interjektionen (auf die Bände des Werks) lassen sich, auch aufgrund ihrer geringen Anzahl, keine weiterreichenden Gesichtspunkte ableiten; als überraschend mag angesehen werden, daß die Interjektion (abgesehen von hei) nicht auf das Frühwerk beschränkt ist. Für die Adverbien läßt sich allerdings (wenn auch unter Vorbehalt, da nicht alle Einheiten erfaßt sind) als Tendenz verzeichnen: Verwendungsinstanzen dieser Einheiten fallen vor allem in das (traditionell gehaltene) Frühwerk sowie in Bände des Spätwerks, hier vor allem "Lichtzwang" (1970). In "Sprachgitter" und "Die Niemandsrose" finden sich (die oben verzeichneten) Adverbien auf wenige Gedichte konzentriert und in markanten Positionen.

Zu (3): Für Abtönungspartikeln ist versucht worden, entsprechende Verwendungsinstanzen so exhaustiv wie möglich aufzuzeigen. Eine Interpretation jeweiliger Kotexte mit Abtönungspartikeln ist allerdings von nachstehenden Ausführungen nicht zu erwarten; nur ansatzweise wird auf Bezugspunkte einer Einordnung der sich hervorhebenden Spezifika eingegangen.

a) Dem Funktionstyp 'Abtönungspartikeln' zuzurechnen sind Verwendungsinstanzen folgender Ausdrücke: *auch*, *denn*, *ja*, *nicht*, *nun*, *nur*. Ein Sonderfall ist unter b) aufgeführt, Kombinationen gesondert unter d), potentiell (aber nicht in vorliegenden Fällen) diesem Funktionstyp zuzurechnende Einheiten werden unter c) erfaßt. Auf die Rolle von *ja* wird unter Berücksichtigung des bereits aufgezeigten Verwendungstyps (nachgestellt, Bestätigung vorausgehender Partien) gesondert eingegangen.

- Für den Ausdruck *denn* ist nur ein Beleg nachweisbar, ein zweiter in Kombination mit Einheiten des gleichen Typs (sh. b): "Denn wo/dämmerts denn, sag, als bei dir, (...)" (I/139).
- Auch für *nicht* als Abtönungspartikel (vgl. Helbig 1988:179–182) finden sich nur zwei Belege (beide aus dem Frühwerk), ein weiterer in Kombination mit Einheiten gleichen Typs (sh. unter b): "du wünschst, sie zerschellten an dir, denn sind sie nicht Glas?" (III/31), "Und glimmt in den Augen aus Samt nicht das herbstliche Licht?" (III/130; "Verstreute Gedichte" 1948), "wo-/hin/kämst du nicht mit mir zu liegen, auch/auf die Bänke/bei Mutter Clausen (...)" (II/51).
- Die einzige Verwendungsinstanz von *nun*, die als Abtönungspartikel (vs. betontem Adverb) interpretiert werden kann, ist: "Kommst du nun, schwimmendes Licht?" (I/154). Diese Passage korrespondiert (in der Rolle gleichsam von Minimalpaaren) den ebenfalls gesondert auf eine Zeile gesetzten: "Kommst du, schwimmendes Licht?" sowie schließlich "Komm, schwimmendes Licht." Die Problematik von Bedeutungs- bzw. Funktionszuschreibungen (die hier undiskutiert bleiben sollen) mag der Kommentar verdeutlichen: "Signalisiert, daß der vorangegangene Redebeitrag nicht die gewünschte Information enthalten hat, daß der Sprecher nun mit Nachdruck (z.T. auch mit Ungeduld) diese Information erhalten möchte." (Helbig 1988:188).
- Als Abtönungspartikel deutbar ist *nur* in *warum nur*? und *sieh nur*: "(...) das übergewisse/pillenhörige/Nichts,/das deine – warum nur? – auch heute/hochzuckende Braue/noch säumt (...)" (II/179), "soviel/Unverfenstertes dort,/sieh nur, (...)" (II/414).

– Die Verwendungsinstanzen von *ja* als Abtönungspartikeln heben sich als besonders auffällig hervor: "(Du fragst ja, ich/sags dir:)" (I/182), "(...) ich/bin es noch immer, ihr/schlaft ja." (I/198), "du/weißts ja, wir/lasens im Buche, war/Meinung." (I/200), "wir/wissen ja nicht,/was gilt." (I/215), "wir wußten nicht, wir/waren ja da und nicht dort, (...)" (I/217).

b) Darüberhinaus findet sich ein einziger Beleg, in dem ein Ausdruck interpretativ dem Funktionstyp 'Abtönungspartikel' zugeordnet werden kann, nämlich *getrost*; vgl.: "DU DARFST mich getrost/mit Schnee bewirten: "(II/11). Darauf wird bereits von Herbert Bornebusch hingewiesen, der *getrost* in "abtönungsähnlicher Funktion" (Bornebusch 1989:485) verwendet sieht und die gleichen Charakteristika ausmacht wie für das bereits in Weydt/Hentschel (1983) aufgeführte *ruhig*. Daraus wären (mindestens mit Blick auf Teil-Synonymitätsverhältnisse) für künftige Partikelwörterbücher bzw. wörterbuchähnliche Darstellungen (wie Weydt/Hentschel 1983 und Helbig 1988) die nötigen Schlüsse zu ziehen.

c) Hingewiesen sei darauf, daß die Verwendungsinstanzen von *vielleicht* und *wohl* als Modalwort vorkommen und nicht als Abtönungspartikel; des weiteren findet sich der Ausdruck *man*, der dem Funktionstyp nach unbestimmt-unpersönliches Pronomen ist; vgl.: "Um des darunter/vielleicht noch zu leistenden/Augenschwurs willen." (II/179), "Vielleicht ist es wahr, (...)" (II/204); "Also stehen noch Tempel. Ein/Stern/hat wohl noch Licht." (I/2o4), "so muß ich zum Kuß mich wohl bücken zuletzt (...)" (III/31), "Unter den giftigen Himmeln sind andere Halme wohl falber, (...)" (III/50), "Ihr mahnt uns: Ihr lästert -/Wir wissen es wohl,/es komme die Schuld über uns." (III/58); "es ist Zeit, daß man weiß." (III/59).

d) Das Problem von Partikelkombinationen ist in der Partikelforschung bisher kaum hinreichend geklärt; auch darauf kann hier nicht ausführlich eingegangen werden. Zu den Bedingungen ihrer Kombinatorik finden sind (für eine begrenzte Auswahl von Partikeln) erste Ansätze z. B. in Doherty (1985). Soweit es sich um blockverfügbare idiomatische Prägungen handelt, wäre auch für ein Speziallexikon der Partikeln der Anschluß an die (im wesentlichen allerdings an Einheiten aus der Nennlexik orientierte) Phraseologieforschung herzustellen (in Helbig 1988 finden sich erste Ansätze dazu: einzig und allein, nicht einmal, nicht etwa, nicht gar, nicht gerade, nicht zuletzt); vgl.: "(...) unten, nach allem, wir,/zehn an der Zahl, das Sandvolk. Die Zeit,/wie denn auch nicht, sie hat/auch für uns eine Stunde, hier,/in der Sandstadt." (I/188), "Nun ja, wär ich/die – wohin gebogene? –/Esche draußen, (...)" (II/90), "zwei Sonnen gibts, hörst du,/zwei,/nicht eine -/ja und?" (III/118).

Zur Spezifik der Abtönungspartikeln im Werk Paul Celans seien nachfolgend einige Gesichtspunkte übergreifenden Charakters erfaßt. Ausgegangen werden kann dazu von der Beobachtung, daß die dem Funktionstyp der Abtönungspartikeln zuzurechnenden Verwendungsinstanzen nicht auf alle Phasen des Schaffens von P. Celan gleich verteilt sind; vielmehr finden sich Konzentrationen von Partikeln dieses Funktionstyps in denjenigen Gedichtbänden, welche die Mitte des Werks bilden: "Sprachgitter" (1959), "Die Niemandsrose" (1963), "Atemwende" (1967; ein erster Zyklus daraus entstand bereits 1965). Die früheren Bände "Der Sand aus den Urnen" (1948), "Mohn und Gedächtnis" (1952) und "Von Schwelle zu Schwelle" (1955) enthalten überwiegend Gedichte, die an traditionellen Mustern (teils gereimte Lyrik, ohne Enjambement) aus der Zeit ihrer Entstehung orientiert sind. Dies trifft sich mit Erkenntnissen aus der Celan-Philologie, wonach es einen "deutlichen Zeitpunkt" gibt, "von dem aus sich die Richtung seines Werks ändert" (Manger 1995:14). Es ist die Zeit "reger Tätigkeit" (14), nämlich die Zeit von 1958 bis 1960, wo Paul Celan den Bremer Literaturpreis (1958) erhielt sowie den Büchner-Preis (1960). In diese Zeit fällt das Gedicht mit dem Titel ENGFÜHRUNG, in welchem der Ausdruck Partikelgestöber zweimal vorkommt und ein solches "Partikelgestöber" mittels Häufung zahlreicher kleiner sprachlicher Einheiten (in Verbindung mit Enjambement, Wortzerlegungen im Zeilensprung und Rechtsversetzungen) im Gedicht vorgeführt wird.

Im wesentlichen läßt sich folgender Zusammenhang zu Paul Celans poetologischen Auffassungen herstellen: In der Büchner-Preisrede ("Der Meridian") stellt P. Celan fest:

> Das Gedicht wird – unter welchen Bedingungen! – zum Gedicht eines – immer noch – Wahrnehmenden, dem Erscheinenden Zugewandten, dieses Erscheinende Befragenden und Ansprechenden; es wird Gespräch – oft ist es verzweifeltes Gespräch. (III/198).

Ähnlich hat P. Celan in der Bremer Rede das Gedicht als "seinem Wesen nach dialogisch" erfaßt; es könne "eine Flaschenpost sein, aufgegeben in dem – gewiß nicht immer hoffnungsstarken – Glauben, sie könnte irgendwo und irgendwann an Land gespült werden" (III/186).

In der Celan-Philologie werden in Anschluß an Paul Celans Ausführungen zum Gedicht als "Gespräch", an Dialogizität des Gedichts sowie mit Blick auf den frühen Text GESPRÄCH IM GEBIRG (III/169) sehr unterschiedliche Gesichtspunkte ins Spiel gebracht; Versuche, die Ausdrücke Gespräch und Dialog in Anschluß an Gesprächsanalyse bzw. Konversationstheorie abzuklären (vgl. zur Orientierung Henne/Rebock 1982:7–38), sind nicht bekannt. Daß P. Celan dem "Prinzip des Dialogs verpflichtet" ist, wird (durchweg in der Celan-Philologie) vor allem an der häufigen Apostrophierung des "Du" festgemacht und als "indirekte Antwort auf den Monologismus Gottfried Benns" (Gellhaus 1995:67) verstanden. K. Manger faßt die Bezugnahme auf das "Gespräch" folgendermaßen: "Der poetische Imperativ, der sich in Celans Gedichten auffallend häufig findet, birgt einen Impuls zum Gespräch." (Manger 1995:15).

Für einen solchen "Impuls zum Gespräch" kommen sicher nicht nur die Abtönungspartikel als Kandidaten infrage, sondern (oft zusammen damit) sämtliche Mittel, mit denen ein Gegenüber angesprochen wird; mindestens sind dies Pronomina sowie Frage- und Imperativformen, die sich in allen Phasen seines Schaffens nachweisen lassen: "Denn wo/dämmerts denn, sag, (...)" (I/139; der einzige Beleg aus "Von Schwelle zu Schwelle"), "da, nicht wahr, gab es/ein Oben." (I/229 aus "Die Niemandsrose"), "Weißt du noch, daß du schwammst?" (I/233 aus "Die Niemandsrose"), "Wir werden das Kinderlied singen, das,/hörst du, das (...)" (I/237 aus "Die Niemandsrose") und ebenso auch "Zwei Sonnen gibts, hörst du, (...)" (III/118 aus dem Nachlaßband "Zeitgehöft"), "Unverfenstertes dort,/sieh nur, (...)" (II/414; aus "Schneepart").

Die von Herbert Bornebusch konstatierte "Vernachlässigung der Abtönungspartikeln im Akt des Interpretierens" (Bornebusch 1989:477) kann auch aus einer Perspektive bestätigt werden, in der Arbeiten zu Paul Celan ausführlich zur Kenntnis genommen worden sind. Zurückzuführen ist derartige Enthaltsamkeit offenbar auf die "Lehre traditioneller Stilistiken, bei den Abtönungspartikeln handele es sich um Füll- und Flickwörter" und "das angeblich Überflüssige" sei zu meiden (Bornebusch 1989:477; unter Bezugnahme auf Weydt 1969:83ff.). Immerhin sind dementsprechend, so H. Bornebusch, "in der Volkspoesie, z. B. in den Bänkelgesängen, Liedern, Volksballaden etc., kaum Abtönungspartikeln zu finden (...)": "Dort hält man sich an die Regeln der Stilistiken und meidet beim Versemachen die Füll- und Flickwörter." (Bornebusch 1989:482).

H. Bornebusch zeigt Partikelverwendungen anhand verschiedener (neuerer) Gedichte auf – darunter DU DARFST (II/11) – und gelangt zu folgender Differenzierung:

> In diesem Sinne möchte ich drei verschiedene Vorkommensweisen der Abtönungspartikeln in lyrischen Texten und zugleich damit drei Formen des Dialogischen unterscheiden: 1. die verdeckte Replik, 2. die wörtliche Rede als Gestus, 3. die gestische oder szenische Dialogizität (...). (Bornebusch 1989:480).

Diese Unterscheidung kann hier nicht problematisiert werden. Festzuhalten sei allerdings, daß die "verdeckte Replik" (in Form nicht-expliziter Bezugnahmen auf Texte ganz unterschiedlicher Textsortenzugehörigkeit sowie auch auf eigene Gedichte) im Werk P. Celans eine ganz außerordentlich große Rolle spielt; daß auch Abtönungspartikeln in entsprechende Passagen eingebunden sind, kann an dieser Stelle nicht belegt werden. Ebenso ist im Werk Paul Celans eine "szenische Dialogizität" (analog der von H. Bornebusch dazu angeführten Gedichte) nicht nachweisbar.

Für jede Passage mit Abtönungspartikel gilt allerdings der "Gestus der wörtlichen Rede, durch den das monologische Sprechen das Kolorit einer antwortenden, beziehungsreichen, dialogischen Sprache gewinnt (...)" (Bornebusch 1989:481).

Im Gedicht, so H. Bornebusch, "erinnert" die Partikel bloß "an die wörtliche Rede, ohne dabei ein definiertes Gegenüber zu haben" (481). Für eine tatsächlich "dialogische Sprache" ist die Büchner-Preisrede ein ganz herausragendes Beispiel partikelhaltiger Rede; sie fällt nicht von ungefähr in die Zeit partikelhaltiger Gedichte; vgl.: "Dichtung, die doch den Weg der Kunst zu gehen hat? Dann wäre hier ja wirklich der Weg (...) gegeben!" (III/193), "Aber auch die Dichtung eilt uns ja manchmal voraus." (194), "Aber Dichtung versucht ja, wie Lucile, (...)" (194), "Das ist (...) so doch wohl die der Dichtung (...)" (195), "Gewiß, das Gedicht (...) zeigt, und das hat, glaube ich, denn doch nur mittelbar mit den (...) zu tun" (197), "Dieses Immer-noch kann doch wohl nur ein Sprechen sein." (197), "Dieses Immer-noch des Gedichts kann ja wohl nur in dem Gedicht dessen zu finden sein, der (...)" (197), "(...) das schließlich ja doch nur in der Gestalt Luciles sichtbar wurde." (200).

Nicht unzutreffend, aber eben nicht deshalb (nicht aufgrund ihrer Partikelhaltigkeit), wird diese Rede – in Absehung textsortenspezifischer Unterschiede – manchmal als dichterisch erfaßt und darauf hingewiesen, man dürfe sie nicht "auf eine ästhetisch-theoretische Abhandlung reduzieren" und müsse die "Poetizität, die auch diesen Text kennzeichnet" (Sevenich 1985:31, Anm. 6), erfassen.

Da dem Ausdruck ja nicht nur in quantitativer Hinsicht, sondern auch unter den genannten poetologischen Gesichtspunkten ein ganz wichtiger Stellenwert zukommt, soll anschließend etwas genauer auf Verwendungsinstanzen dieses Ausdrucks eingegangen werden. Diese Partikel ist – unter jedem Partikelbegriff – als die Partikel par excellence angesehen worden. In einfachen Worten (und nicht wie später von anderen formuliert als: "Konsensus-Konstativa", "Konsensus-Konstitutiva", "präsuppositionskonstituierende Partikeln" u. a. m.; vgl. schon Wolski 1986:405 kritisch dazu) hat bereits H. Weydt in seiner frühen Arbeit das Wesentliche so erfaßt: "Bei ja will der Sprecher gleichsam seine und die gleichlaufende Meinung des Hörers wiedergeben." (Weydt 1969:31).

In diesem Sinne nimmt die Partikel ja (wie einige andere Partikeln) "die Funktion der Rekurrenz auf Alltagswissen" (Luchtenberg 1989:663) wahr. Im einzelnen läßt sich das interpretativ unterschiedlich ausbuchstabieren: In "da, nicht wahr, gab es/ein Oben" (I/229) wird an "gleichlaufende Meinung" appelliert bzw. daran, sich an gleiche Daten (an gemeinsames Wissen) zu erinnern wie in "Weißt zu noch, daß (...)" (I/233), auch mit direkter Aufforderung zur Stellungnahme wie in "Denn wo,/dämmerts denn, sag, als bei dir, (...)" (I/139), usw.

In den Fällen, in denen ja einzelnen sprachlichen Ausdrücken nachgestellt ist (vgl. die aus ENGFÜHRUNG zitierten Passagen des Typs "grün, ja") oder isoliert auf einer Zeile steht ("Ja./Orkane, Par-/tikelgestöber (..)") bleibt die grundlegende Bedeutung – über Funktionstypen-Spezifika hinweg – erhalten: "Festlegung des Sprechers auf assertive Haltung" (Helbig 1988:172) bzw. "Mit ja bestätigt der Sprecher, was gesagt oder erfragt wurde" (Wolski 1986:504). Bei entsprechender Fassung ist (wie schon angesprochen) die Zuordnung zu einem Verwendungstyp als 'Satzäquivalent' bzw. 'Antwortpartikel' nicht ausgeschlossen, der in Wolski (1986:467) gefaßt ist als: dient "zur bestätigenden Wiederaufnahme von Vorausgegangenem"; mit Blick auf Helbig (1988) allerdings wären Verwendungsinstanzen dieses Typs nicht einzuordnen.

Für ja, das diesem Verwendungstyp zugeordnet werden kann, läßt sich folgendes ausmachen: Es handelt sich um eine sprachreflexive Bezugnahme auf unmittelbar vorausgehende (manchmal auch auf nachfolgende) sprachliche Ausdrücke; der Einbezug eines Gegenüber tritt zurück zugunsten der Bestätigung der ins Spiel gebrachten Ausdrücke. Diese Konzentration auf den einzelnen sprachlichen Ausdruck, welcher bzw. sogar dessen Wahl (in manchen Fällen) damit sukzessive bestätigt wird, gibt entsprechenden Passagen den Eindruck von Spontaneität und wirkt zugleich emphatisch. Dies gilt z. B. für dasjenige, was in ENGFÜHRUNG (qua nachgestelltem ja) Schritt für Schritt mit- bzw. nachvollzogen wird, aber auch für die anderen Vorkommen von ja, welche diesem Verwendungstyp zuzurechnen sind.

Neben den bereits unter (2c) aus ENGFÜHRUNG (I/197–204) zitierten Verwendungsinstanzen von ja (in der Rolle einer Bestätigung voranstehender oder nachfolgender Passagen) kann auf folgende weitere Beispiele hingewiesen werden:

"Krumm war der Weg, den ich ging,/krumm war er, ja,/denn, ja,/er war gerade." (I/229), "(...) das/mit den Men, mit den Schen, mit den Menschen, ja das/mit dem Gestrüpp und mit/dem Augenpaar, (...)" (I/237), "Ja/wie man zum Stein spricht, wie/du /mit meinen Händen dorthin (..)" (I/237), "Von/einem Baum, von einem. Ja, auch von ihm." (I/288), "bei Mutter Clausen, ja sie/weiß, wie oft ich dir bis/in die Kehle hinaufsang (...)" (II/51), "vertausendfacht, ja" (II/180), "wir stehen hier/im Geruch/der Heiligkeit, ja" (II/192); vgl. auch aus HUHEDIBLU (I/275):

> (...)
> Und – ja –
> die Bälge der Feme-Poeten
> lurchen und vespern und wispern und vipern,
> episteln.
> (...)

Wann,
wann blühen, wann,
wann blühen die, hühendiblüh,
huhediblu, ja sie, die September-
rosen?

Hüh - on tue... Ja wann?

Wann, wannwann,
Wahnwann, ja Wahn, -
Bruder
Geblendet, Bruder
Erloschen, du liest,
dies hier, dies:
Dis-
parates - : (...)

4. Schlußbemerkungen

Ohne daß dazu in ausführliche Erörterungen eingetreten werden mußte, dürfte deutlich geworden sein, daß Partikeln im Werk Paul Celans (abgesehen von Passagen des Frühwerks) auch in dem Sinne bewußt eingesetzt sind, daß ihnen niemals die Rolle bloßer (z. B. aus reimtechnischen bzw. rhythmischen Gründen eingefügter) Redefüllsel zukommt. Immer sind entsprechende Verwendungsinstanzen von Partikeln in allen denkbaren Hinsichten (phonologisch-phonetisch, syntaktisch, semantisch, prosodisch-rhythmisch) mit anderen Ausdrucksmitteln vernetzt; insofern können sie im Rahmen von (zumindest einigermaßen ausführlichen) Interpretationen nicht unbeachtet bleiben.

Bemerkenswert ist allerdings, daß auf ein Gedicht, in dem eine Partikel sogar den Titel bildet und somit das Thema, in der Celan-Philologie bisher nur unter Berücksichtigung einiger ausgewählter Substantiva (Du, Strahlengang, Schwäne, Nichts, Auge, Herz, Wurfholz) eingegangen worden ist, nämlich ABER (I/182 aus "Sprachgitter"); zitiert seien nur die Anfangspartien:

ABER

(Du
fragst ja, ich
sags dir:)

Strahlengang, immer, die
Spiegel, nachtweit, stehn
gegeneinande
r, ich bin,
hingestoßen zu dir, eines
Sinnes mit diesem
Vorbei.
(...)

Eine sprachliche Analyse des Gedichts (die in weiterreichende Interpretationshinsichten wie z. B. Paul Celans leidvolle Holocausterfahrungen, chassidische Mystik, literarische

Traditionen etc. zu integrieren wäre), hätte bereits von der Titelgebung auszugehen. Und mit Blick auf diese dürfte sich – auch abseits von partikeltheoretischem Spezialwissen – durchaus dem Laienwissen erschließen, daß hier (was für Alltagsdialoge als ganz untypisch anzusehen ist) ein ausschließlich sprachbezogener Ausdruck thematisiert wird. Auch die Erkenntnis, daß es sich um eine Konjunktion handelt (evtl. um eine Substantivierung der Konjunktion), mit der ein Gegensatz ausgedrückt wird, ist zunächst keine wissenschaftliche Erkenntnis, sondern gründet (sollte in diesem Fall gründen können) auf Alltagswissen über Sprache. (Daß es sich nicht um das Substantiv handelt, kann eine genaue Analyse erweisen, die hier aber nicht durchgeführt werden soll). Eine ausführliche Analyse hätte diesen Aspekt auf allen Ebenen weiterzuverfolgen (vgl. z. B. Du – ich und zweimal gesetztes ich – dir). Es geht also zunächst darum, Partikeln und ihre (wie auch immer zu fassenden/gefaßten) Bedeutungen überhaupt zu registrieren.

Das gilt auch für die in Klammern dargebotene (somit herausgehobene) Partie "(Du/fragst ja, ich/sags dir:)", die *ja* als Abtönungspartikel enthält. Hier wird nicht lediglich die Schroffheit der (auch ohne die Partikel gegebenen) Bezugnahme auf eine vorausgegangene Frage abgemildert, wie man in Anlehnung an ältere Auffassungen darüber befinden könnte. Denn bei genauerer Analyse würde sich erweisen, daß der Ausdruck *ja* rhythmisch funktional eingesetzt wird und die umklammerte Partie im Gedicht musterbildend ist. Ein Blick auf Ergebnisse aus der Partikelforschung (wo der Verwendungstyp 'ja in Aussagesätzen; unbetont' hinlänglich behandelt ist) würde sich zudem als sehr fruchtbar dafür erweisen, das mit *ja* zum Ausdruck Gebrachte begründeter mit anderen (im Rahmen einer Analyse sukzessiv gewinnbaren) Aspekten vernetzen zu können, als dies ohne Zurkenntnisnahme des bisher dazu bereitgestellten Wissens möglich wäre. Das gilt insbesondere auch für etliche der unter (2) verzeichneten Verwendungsinstanzen von Ausdrücken (z. B. "Kommst du nun, schwimmendes Licht?" – I/154), denen zunächst eine Deutung als Abtönungspartikel ebenso zugeordnet werden kann wie eine als Adverb. Partikeln sind gleichrangige Wahrnehmungsangebote bei der Erarbeitung eines Verständnisses; nicht nur die Nennlexik gilt es bei dem zu bedenken, was Winfried Menninghaus als "Imperativ für jede Celan-Interpretation" (Menninghaus 1980:79) bezeichnet hat:

> Mach den Ort aus, machs Wort aus.
> Lösch. Miß. (II/123; aus "Fadensonnen").

5. Bibliographie

Allemann, B. (1970), Das Gedicht und seine Wirklichkeit. *Etudes Germaniques (Hommage à Paul Celan)* 25/3: 266–274.

Allemann, B./Reichert, S. (Hg) (1986), *Paul Celan. Gesammelte Werke in fünf Bänden.* Frankfurt/M.

Bierwisch, M. (1983), Semantische und konzeptuelle Repräsentation lexikalischer Einheiten. In: Ruzick, R./Motsch, W. (Hg) (1983), *Untersuchungen zur Semantik.* Berlin: 61–99.

Bornebusch, H. (1989), Abtönungspartikeln als Dialogizitätsindikatoren in lyrischen Texten. In: Weydt, H. (Hg) (1989): 477–487.

Burger, H. (1989), *Paul Celan. Auf der Suche nach der verlorenen Sprache.* Frankfurt/M.

Burkhardt, A. (1994), Abtönungspartikeln im Deutschen: Bedeutung und Genese. *Zeitschrift für Germanistische Linguistik* 22: 129–151.

Burkhardt, A. (1995), Zur Übersetzbarkeit von Abtönungspartikeln. Am Beispiel von Hoffmannsthals Der Schwierige. *Zeitschrift für Germanistische Linguistik* 23: 172–201.

Dobrovol'skij, D. (1995), *Kognitive Aspekte der Idiom-Semantik. Studien zum Thesaurus deutscher Idiome*. Tübingen.

Doherty, M. (1985), *Epistemische Bedeutung*. Berlin.

Duden. (1994^2), *Das große Wörterbuch der deutschen Sprache in acht Bänden*. Mannheim etc.

Gellhaus, A. (1995), Die Polarisierung von "Poesie" und "Kunst" bei Paul Celan. In: *Celan-Jahrbuch* 6: 51–91.

Hausmann, F. J. et. al. (Hg) (1989), *Wörterbücher. Ein internationales Handbuch zur Lexikographie*. 1. Teilbd. Berlin/New York.

Hausmann, F. J. et. al. (Hg) (1991), *Wörterbücher. Ein internationales Handbuch zur Lexikographie*. 3. Teilbd. Berlin/New York.

Helbig, G. (1988), *Lexikon deutscher Partikeln*. Leipzig.

Henne, H. (1978), Gesprächswörter. In: Henne, H. et. al. (Hg) (1978), *Interdisziplinäres deutsches Wörterbuch in der Diskussion*. Düsseldorf : 42–47.

Henne. H./Rehbock, H. (1982^2), *Einführung in die Gesprächsanalyse*. Berlin/New York.

Hentschel, E. (1986), *Funktion und Geschichte deutscher Partikeln. Ja, doch, halt und eben*. Tübingen.

Hentschel. E./Weydt, H. (1994^2), *Handbuch der deutschen Grammatik*. Berlin/New York.

Krivonosov, A. T. (1963), *Die modalen Partikeln der deutschen Gegenwartssprache*. Berlin.

Lang, E. (1982), Die Konjunktionen im einsprachigen Wörterbuch. In: Agricola, E. et. al. (Hg) (1982), *Wortschatzforschung heute. Aktuelle Probleme der Lexikologie und Lexikographie*. Leipzig: 72–106.

Lang, E. (1983), Einstellungsausdrücke und ausgedrückte Einstellungen. In: Ruzicka, R./Motsch, W. (Hg) (1983), *Untersuchungen zur Semantik*. Berlin: 305–341.

Luchtenberg, S. (1989), Partikeln und Alltagswissen. In: Weydt, H. (Hg) (1989): 661–672.

Manger, K. (1995), "... machs Wort aus." Celans poetischer Imperativ. In: *Celan-Jahrbuch* 6: 7–23.

Menninghaus, W. (1980), *Paul Celan. Magie der Form*. Frankfurt/M.

Neumann P. H. (1990^2), *Zur Lyrik Paul Celans. Eine Einführung*. Göttingen.

Öhlschläger, G. (1989), *Zur Syntax und Semantik der Modalverben im Deutschen*. Tübingen.

Reichert, K. (1988), Nachbemerkung. In: Celan, P. (1988). *Ausgewählte Gedichte*. Frankfurt/M.: 187f.

Rolf, E. (1992), Gibt es so etwas wie eine "Gebrauchstheorie der Bedeutung"? In: *Münstersches Logbuch zur Linguistik* 1: 49–64.

Schmidt, S. J. (1991), *Grundriß der empirischen Literaturwissenschaft*. Frankfurt/M.

Schmitz-Emans, M. (1993), *Poesie als Dialog. Vergleichende Studien zu Paul Celan und seinem literarischen Umfeld*. Heidelberg.

Schwarz, M. (Hg) (1994), *Kognitive Semantik/Cognitive Semantics. Ergebnisse, Probleme, Perspektiven*. Tübingen.

Sevenich, G. (1985), *Sprache in Person. Versuche authentischen Sprechens am Beispiel Paul Celan*. Düsseldorf.

Szondi, P. (1972), *Celan-Studien*. Frankfurt/M.

Voswinckel, K. (1974), *Paul Celan. Verweigerte Poetisierung der Welt. Versuch einer Deutung*. Heidelberg.

Weinrich, H. (1968), Kontraktionen. In: Meinecke, D. (Hg) (1968), *Über Paul Celan*. Frankfurt: 214–225. (zuerst in: *Neue Rundschau* 79/1, 79ff).

Weydt, H. (1969) *Abtönungspartikel*. Bad Homburg.

Weydt, H. (Hg) (1983), *Partikeln und Interaktion*. Tübingen.

Weydt, H. (Hg), (1989), *Sprechen mit Partikeln*. Berlin/New York.

Weydt, H./Hentschel, E. (1983), Kleines Abtönungswörterbuch. In: Weydt, H. (Hg.), (1983): 3–24.

Wiegand, H. E. (1985), Eine neue Auffassung der sog. lexikographischen Definition. In: Hyldgaard-Jensen, K./Zettersten, A. (eds) (1985), *Symposium on Lexicography* II. Tübingen: 15–100.

Wiegand, H. E. (1987), Zur handlungstheoretischen Grundlegung der Wörterbuchbenutzungsforschung. *Lexicographica* 3: 178–227.

Wiegand, H. E. (1989), Die lexikographische Definition im allgemeinen einsprachigen Wörterbuch. In: Hausmann, F. J. et. al. (Hg) (1989): 530–588.

Wolski, W. (1986), *Partikellexikographie. Ein Beitrag zur praktischen Lexikologie*. With an English Summary. Tübingen.

Wolski, W. (1989), Die Synonymie im allgemeinen einsprachigen Wörterbuch. In: Hausmann, F. J. et. al. (Hg) (1989): 614–628.

Wolski, W. (1991), Formen der Textverdichtung im zweisprachigen Wörterbuch. In: Hausmann, F. J. et. al. (Hg) (1991): 2837–2854.

Wolski, W. (1995), Ein Wörterbuch zum Werk Paul Celans. Vorüberlegungen zu einer extremen textlexikographischen Unternehmung. *Lexicographica* 10: 61–89.

Wolski, W. (1996), *Gedeutetes verstehen – Sprachliches wissen. Grundfragen der Celan-Philologie aus sprachwissenschaftlicher Sicht.* (unveröffentlichtes Ms.)